अभी हाल ही में

भाग २

एन. सी. ब्योहार

ISBN 979-8-88503-049-6

विषय सूची

प्रस्तावना

मेरा सौभाग्य है कि मेरे अनेक लेख विगत वर्षों में विभिन्न दैनिक समाचार पत्रों में प्रकाशित हुये हैं और अब तक उनका एक अच्छा खाशा संग्रह मेरे पास एकत्रित हो गया है. सन २००२ में मैंने अटलांटा अमरीका स्थित वर्ल्ड ऐसोसियेशन फोर वेदिक स्टडीस नामक संस्था की आजीवन सदस्यता ग्रहण कर लीं थीं। यह संस्था वैदिक संस्कृति को पाश्चात्य जगत में प्रोत्साहित एवं प्रसारित करती है। इसकी स्थापना गणित के प्रोफेसर डॉक्टर भूदेव शर्मा ने की है और इसे वर्तमान में इन्फिनिटी फाउन्डेशन के संस्थापक श्री राजीव मल्होत्रा, डॉक्टर बलराम सिंह और डॉक्टर श्रीमती शशि तिवारी आदि समर्पित पदाधिकारियों द्वारा प्रज्वलित रखा है। मुझे इस महती संस्था के अनेक अधिवेशनों में अमरीका, नेपाल और भारत के अनेक स्थानों में अपने पेपर्स प्रस्तुत करने के अवसर प्राप्त हुये जिन्हें मैंने अगले उपखंड समाहित किया है.आगे चल कर मैंने भारतीय स्वतंत्रता संग्राम एवं महात्मा गांधी संबंधित राष्ट्रीय महत्व के विषयों पर किताबें लिखीं और आज दिनांक तक मेरी सात किताबें प्रकाशित हो चुकी हैं। परंतु फिर स्थानीय समाचार पत्रों में लिखने के क्रम में गतिरोध आया. निसन्देह मुझे अपना बहुत समय अपने अधिवक्ता के व्यवसाय को देना पड़ा क्योंकि अपने पक्षकार के हित को मैंने सर्वोपरि समझा. इन परिसीमाओं के भीतर मैंने अपना लेखन कार्य संपादित किया है.लेखन के प्रारम्भिक दिनों में मैंने कुछ कहानियाँ लिखीं थीं जिन्हें इस व्यवस्था के अंतिम उपखंड–3 में समाहित किया जा रहा है ताकि वे भी प्रकाशन का प्रकाश देख सकें.

लगभग सभी लेखों का आरंभ 'अभी हाल ही में ' शब्दों से किया गया है. लिहाजा मैंने इन पुस्तकों का शीर्षक ' अभी हाल ही में ' रखा है. मेरा सदैव प्रयास यही रहा है कि मैं सामाजिक, वैधानिक, राष्ट्रीय, एवं अन्तराष्ट्रीय महत्व के तत्कालीन विषयों पर अपने विचार व्यक्त करूँ. मैं मान कर चलता हूँ कि मैं अपने इन प्रयासों में आंशिक रूप से सफल हो सका हूँ. मुझे समय समय पर प्रबुद्ध पाठकों से प्रोत्साहन मिलता रहा है, मैं उनका हृदय से आभारी हूँ.

अत्यंत विनम्रता पूर्वक मैं आप सभी प्रबुद्ध पाठकों के समक्ष 'अभी हाल ही में' उपखंड volume २प्रस्तुत करता हूँ. अपने समस्त लेखन कार्य में मेरा प्रयास यही रहा है कि मेरे लेखन से किसी भी सम्मानीय पाठक की भावनाओं को किसी भी प्रकार की चोट न पहुंचे.मैं यह भी मान कर चला हूँ कि लेखक का यह भी दायित्व है कि वह अपने समाज को अपने रचनात्मक लेखन से सकारात्मक मार्ग–प्रदर्शन प्रदान करे और यह दायित्व मैंने निर्वाह करने का भरपूर प्रयास किया है. अपनी सीमाओं का उलंघन न करते हुये मेरा प्रयास रहा है कि अपनी अन्तः स्थिति अपने सम्मानीय पाठकों के समक्ष प्रस्तुत करूं. मैं यह भी निवेदन करना चाहूंगा कि यदि इस प्रयास के क्रियान्वयन में किसी भी सम्मानीय पाठक को किसी भी सीमा तक आघात पहुंचा हो तो मैं सह्रदय क्षमा प्रार्थी हूँ एवं मैं खेद प्रकट करता हूँ.

इन विनम्र शब्दों के साथ सादर प्रस्तुत है 'अभी हाल ही में' श्रंखला का भाग २.

दिनांक
एन.सी.ब्योहार
जबलपुर

आभार प्रदर्शन

"अभी हाल ही में ' के निर्माण में सर्व प्रथम मैं उन सभी प्रतिष्ठित विभिन्न समाचार पत्रों के स्वत्वाधारी एवं सम्मानीय संपादकों को आभार प्रदर्शन हेतु स्मरण करना अपना नैतिक दायित्व समझता हूँ जिन्होंने मेरे लेखों को अपने लोकप्रिय समाचार पत्रों में प्रकाशनार्थ योग्य समझा और जिन्हें उन्होंने अपने पत्रों में उचित स्थान प्रदान कर प्रकाशित किया और असंख्य सम्मानीय पाठकों तक पहुंचाया. समय समय पर मुझे अनेक पाठकों के प्रोत्साहन वर्धक पत्र प्राप्त हुये एवं अनेक पाठकों से मुझे समय समय पर व्यक्तिगत स्तर पर मार्ग-दर्शन प्राप्त हुआ। उक्त प्रोत्साहन के फल स्वरूप मुझे अपनी लेखनी को और आगे निरंतर दौड़ते रहने की प्रेरणा मिली। मैं अपना उन सभी हितैषियों के प्रति अपना सह्रदय आभार प्रदर्शित करता हूं.

संस्कारधानी के लगभग सभी समाचार-पत्रों ने मेरे लेखों को अविलंभ प्रकाशित किया, उदाहरणार्थ नव-भारत, युगधर्म, नई दुनिया, नवीन दुनिया, ज्ञान युग प्रभात, देश बंधु, दैनिक भास्कर हितवाद इत्यादि. मेरी जानकारी के मुताबिक देश के कुछ दूसरे समाचार पत्रों ने भी मेरे लेखों को अपने पत्रों में प्रकाशित किया और मेरे विचारों को स्थानीय पाठकों तक पहुंचाया.मैं अपना उन सभी हितैषियों के प्रति सह्रदय आभार प्रदर्शन करता हूँ। उन सभी सम्मानीय एव प्रतिष्ठित संपादकों का स्मरण करना मैं अपना सर्वोपरि कर्तव्य समझता हूँ जिन्होंने मेरे लेखों को अविलंभ अपने समाचार-पत्रों में प्रकाशित किया. श्री मदनलाल माहेश्वरी, श्री बब्बन मिश्रा, श्री भगवती धर वाजपेयी, श्री मुन्दर शर्मा, श्री मायाराम सुरजन, श्री पी.सी.गोयल, श्री गोकुल शर्माएश्री सुशील तिवारी आदि सम्मानीय संपादकों को मैं विशेष तौर पर स्मरण करता हूं.मैं उन सभी का सह्रदय आभार प्रदर्शन करता हूँ. मैंने अपने समस्त लेख कुछ लोकप्रिय एवं मान्य पुस्तकों से पढ़कर निर्मित किये हैं और इस प्रकार मेरे विचार परिपक्व हुये हैं। मैं उन समस्त सम्मानीय लेखकों उदाहरणार्थ श्री हरिशंकर परसाई एवं समस्त प्रतिष्ठित प्रकाशकों का आभारी हूं एवं अपना आभार प्रदर्शित करता हूं।

विधि जगत से मुझे प्रचुर मात्रा में प्रोत्साहन प्राप्त हुआ. उच्चतम न्यायालय के अवकाश प्राप्त माननीय न्यायाधीश द्वय श्री डी.एम. धर्माधिकारी एवं श्री प्रकाश नावलेकर ने मुझे उनके अधिवक्ता रहने के दौरान समय समय पर प्रोत्साहित किया. मध्य प्रदेश उच्च न्यायालय के मुख्य न्यायमूर्ति श्री गुरु प्रसन्न सिंह ने मेरे द्वारा प्रकाशित Jabalpur Legal Quarterly लिख कर मुझे आभारित किया, उन्होंने मेरे लेखों को हमेशा सराहा.उच्चतम न्यायालय के वरिष्ठ अधिवक्ता एवं वर्तमान में राज्य सभा सदस्य श्री विवेक कृष्ण तंखा ने मेरे लेखों को पढ़ कर उन पर चर्चा की.मेरे अधिवक्ता मित्रों का भी मुझे हमेशा प्रोत्साहन मिला.विशेष कथन के लिए मैं श्री पी.सी.पालीवाल, वरिष्ठ अधिवक्ता श्री टी.एस.रूपराह, श्री राजीव श्रीवास्तव, श्री गणेश सोनी, श्री श्याम बाबू वर्मा, श्री अमित शुक्ला, श्री रवींद्र गुप्ता, श्री आर.पी.मिश्राको उल्लेखित करना चाहूंगा. और भी मेरे हितैषी हैं जिन्हें मैं अपना साधुवाद प्रेषित करना दायित्व समझता हूँ.

मुझे विगत दिनों आचार्य श्री कृष्ण कान्त चतुर्वेदी, हिन्दी की कवित्री डॉक्टर श्रीमती सलमा जमाल एवं श्री राजेश पाठक प्रवीण ने अपने पुराने लेखों को पुस्तक के रूप में लाने के लिए उत्प्रेरित कया है.मैं आप सभी का आभारी हूँ.

सफलता के लिए पारिवारिक सहयोग प्रथम आवश्यकता है.मुझे अपने परिवार से यह नितान्त आवश्यक सहयोग हमेशा प्राप्त हुआ.मेरे पूज्य पिता स्वर्गीय श्री जीवनलाल ब्योहार ने मुझे हमेशा और ज्यादा लिखने के लिए प्रोत्साहित किया.मेरी पत्नी श्रीमती रूपाली ब्योहार ने मुझे हमेशा लिखने के लिए अग्रसित किया.मेरे मित्र श्री निखलेश निगम ने भी मुझे हमेशा सराहित किया.मैं उन सभी पाठकों एवं अनेक शुभ चिंतकों का आभार प्रदर्शन करना चाहूंगा जिन्होंने मेरे लेखों को पढ़ा और सराहा. मैं अपना आभार अपनी बड़ी बहिन डॉक्टर श्रीमती शशि श्रीवास्तव के प्रति भी प्रादर्शित करना चाहता हूं जिन्होंने मुझे हमेशा प्रोसाहित किया

अंत में मैं इस पुस्तक के प्रकाशक और प्रिंटर के प्रति आभार प्रदर्शित करता हूं जिन्होंने इसे सफलता पूर्वक निर्मित किया है.

भवदीय

एन.सी.ब्योहार

जबलपुर

दैनिक भास्कर–दिनांक–27/05/1991

राजनीतिक हिंसा के शिकार – राजीव गांधी

अभी हाल ही में भूतपूर्व प्रधानमंत्री और कांग्रेसाध्यक्ष श्री राजीव गांधी के आत्म बलिदान से असिमित दुख के साथ सहसा हमें याद आ जाता है कि अनेकानेक युग–निर्माताओं ने इसी तरह कुर्बानियाँ दी हैं और सारा विश्व इतिहास इन अमर गाथाओं से रंगा हुआ है। सौभाग्यवश मनुष्य जाति प्रगतिशील स्वभाव की धनी है। उसने पिछली गलती से सीख सबक लेकर आगे बढ़ना सीखा है। एक महान विभूति द्वारा सुलगाई गई मशाल उसके उठ जाने के बाद और भी तेजी से जलने लगती है और अगले उतने ही दिव्य पुरूष के हाथों में थम जाती है। जिस तरह ओलंपिक खेलों की मशाल एक धावक के हाथ से अगले धावक के हाथ में थमते हुए अपनी मंजिल तक पहुंचती है, कुछ उसी तरह मानवीय मूल्यों के संदेश की मशाल एक महापुरूष की जिन्दगी के रूप में जल उठती है और कुछ और समय पश्चात् तथा किसी और स्थान पर उस मशाल से चिनगारी लेकर अगली मशाल जल उठती है। मशालों के जलने बुझने का क्रम जारी है, बस अन्तर इतना ही है कि यह नहीं कहा जा सकता कि यह मशाल अपनी मंजिल तक पहुंच गई है। मनुष्य के दिमाग की कन्दराओं में अभी भी नफरत का अन्धेरा छिपा हुआ है जिसे दूर करने के लिये अनेक मशालों को अभी और जलना होगा और अनेक महापुरूषों को बलिदान की बेदी पर चढ़ना होगा।

इस गौरवशाली परम्परा की शुरूआत आज से चार हजार वर्ष पूर्व यूनानी दार्शनिक सुकरात के बलिदान से आरंभ होती है। सुकरात ने यूनानियों को तर्क और विवेक को अपने जीवन का मार्ग दर्शक बनाने का पाठ सिखाया था । शासक वर्ग को सुकरात का दर्शन पसंद नहीं आया । सुकरात पर आरोप लगाया गया कि उनके दर्शन से ही युवक प्रथभ्रष्ठ हो रहे हैं और उन्होने सुकरात को जहर का प्याला थमा दिया। जानते हुये कि उस जहर को गले से नीचे उतारने का अंजाम चुप चाप मौत की गोद में समा जाना होगा, यह कहते हुये सुकरात नें घातक प्याला होंटों

से लगा लिया कि उनके विचारों से शायद आगे आने वाली पीढ़ियों को कुछ रोशनी मिल सकेगी। ईशा मसीह के संदेशो से पिछले दो हजार वर्षों के दौरान असंख्य नर, नारियों को सुख–शांति मिली है। किन्तु उन्हें तो सूली पर चढ़ना पड़ा। महाप्रयाण के पहले उन्हों ने कहा कि उनके आततायियों को यही नहीं पता कि वे गलत कर रहे हैं या सही, इसलिये उन्हें सजा देने या माफ कर देने का सवाल ही नहीं उठता । तेरहवीं सदी में इतालवी वैज्ञानिक गॅलिलिओ ने अपनी दूरबीन की मदद से यह सिद्ध कर दिया कि सूर्य स्थिर है, और पृथ्वी सहित अन्य ग्रह सूर्य की परिक्रमा करते रहते हैं । गॅलिलिओ के पहले धर्म यह सिखलाता था कि पृथ्वी स्थिर है और सूर्य पृथ्वी के चारों ओर घूमता रहता है। गेलीलिओ की खोज धर्म शिक्षा के खिलाफ मानी गयी। उन्हें नास्तिक कहा गया और सजा के रूप में उनकी दोनों आखें निकाल दी गयीं दुखित गैलीलियो ने कहा – जिस ब्रम्हान्ड को मैंने अपनी दूरबीन की सहायता से कई गुना ... . बडा कर दिया है, वही ब्रम्हांन्ड आज सिकुडकर मेरे लिये उतने ही महत्व का रह गया है जितनी जमीन पर ... मैं खड़ा हूं। सदियों से गुलामी की जंजीरों में जकड़े हुये नीग्रो लोगो को नागरिक और बुनियादी अधिकार दिलाकर अब्राहम लिन्कन ने सारी दुनिया तक यह पैगाम पहुंचाया कि सारी मनुष्य जाती एक है, भले ही लोगों के रंग, भाषा धर्म अलग अलग हैं। देश के दक्षिण भाग ने टूटकर अपना अलग अस्तित्व बनाने की चेष्ठा की तो राष्ट्रपति लिन्कन ने अलगाववाद के सामने झुकने के बजाय गृह युद्ध की लपटों से झुलसना बेहतर समझा और अंत में एक सुद्रढ़ संगठित राष्ट्र निर्माण के कार्य में सफल रहे। लेकिन साथ ही साथ खुद नफरत का शिकार होते रहे और गोली से हताहत हुये । महात्मा गांधी ने गौतम बुद्ध एवं ईशा मसीह के द्वारा बताये गये शांति और अहिंसा के रास्ते को ऐसे विश्व में व ऐसे वक्त पर अपनाया जबकि सारा विश्व दो विश्व युद्धों की आग से झुलस चुका था, उन्होंने धर्म और निरपेक्षता की राजनीति के जरिये देश को आजादी दिलायी, आपसी भाई चारे का पाठ सिखाया पर खुद एक समुदाय विशेष की घृणा के पात्र होते रहे और हत्यारे की गोली का शिकार बने। जान फित्जगैराल्ड कैनेडी का भी यही हस्र हुआ। राजनैतिक विचारधाराओं के कारण बने अंतर्राष्ट्रीय खिचाव तनाव को दूर करने का पैगाम राष्ट्रपति कैनेडी से सब देशों को मिला और अपने

अल्पकालीन शासन काल में वे बहुत कुछ सफल हो रहे थे। तब ही एक क्रूर हत्यारे ने उन्हें असामयिक चिर निद्रा में सुला दिया। डाक्टर मार्टीन लूथर किंग ने सोचा कि संयुक्त राष्ट्र अमेरिका अब्राहम लिन्कन के आदर्शो से दूर हटता जा रहा है और कालों को उनके नागरिक अधिकार नहीं मिल रहे है। इन्हें दूर करने के लिये उन्होंने धर्म, शांति और अहिंसा की नीति का पालन किया पर खुद अपने आदर्श पुरूषों अब्राहम लिन्कन और महात्मा गांधी की भांति गोली से मार गिराये गये। इस्लाम धर्म में इसी प्रकार शहादत का इतिहास है.

शहादत की इस श्रंखला में 31 अक्टूबर 1984 को एक नाम और जुड़ा प्रियदर्शनी इन्दिरा गांधी । उन्होंने न सिर्फ अपने देश को एक सशक्त नेत्रत्व प्रदान किया वरन विश्व के सारे राष्ट्रों को आपस में बांधने में महत्वपूर्ण योगदान प्रदान किया। करोड़ों देश वासियों की गरीबी हटाने को उन्होंने प्राथमिकता दी और साथ ही साथ गरीब और पिछडे तृतीय विश्व को इस अभिशाप से मुक्ति दिलाने के अभियान को भी उन्होंने गति दिलायी । इसी कारण उन्हें सारी दुनिया में तृतीय विश्व का निर्विवाद नेता माना गया । शासक को धार्मिक संकीर्णता से उपर उठकर सारे धर्मो को एक बराबर आदर देना चाहिये इस नीति को इन्दिरा गांधी ने दुनिया के सारे शासकों के समक्ष जीवंत उदाहरण के रूप में बखूबी पेश किया। देश के विभिन्न स्थानों पर प्रवासों के दौरान उस स्थान के प्रसिद्ध मंदिर, मस्जिद, गिरजाघर या गुरूद्धारे में प्रार्थना करना इन्दिरा गांधी के जीवन की एक सुनिश्चित नीति थी। आगे आने वाले वर्षों में इतिहास का फैसला उनके इस महान गुण पर भरपूर रोशनी डालेगा, पर विडंबना यह है कि उन्हें ही धर्मान्धता से जन्मी नफरत का शिकार होना पड़ा।

निसंदेह इस परंपरा में एक नया नाम और जुड़ गया है– राजीव गांधी सैतालीस वर्ष की अपेक्षाकृत कम उम्र में ही क्रूर आतंकियों ने उन्हें हम सब से ऐसे वक्त पर बरहमेश के लिये दूर कर दिया है जबकि वे अपनी जिन्दगी के सारे मकसद पूरे भी नहीं कर पाये थे और जबकि सारे देश को उनकी नितान्त आवश्यकता थी। लगभग सारा देश अशांन्त होते जा रहा है, केन्द्र में राजनैतिक अस्थिरता के बादल गहराते जा रहे हैं। नजर यही आ रहा था कि वे ही सारे देश को इन मुसीबतों से दूर करने में

सक्षम हैं। धर्म निरपेक्षता आज हमारी सबसे बड़ी प्राथमिकता है। यह जरूर है कि अभी हमारी इस नीति में काफी कुछ सुधार की गुन्जाईश है, पर फिर भी यही दिखता था कि देश को इस रास्ते पर आगे बढ़ाने में वे ही सबसे ज्यादा सक्षम हैं। धर्म निरपेक्षता आज हमारी सबसे बड़ी प्राथमिकता है। यह जरूर है कि अभी हमारी इस नीति में काफी कुछ सुधार की गुंजाईश है, पर फिर भी यही दिखता था कि देश को इस रास्ते पर आगे बढ़ाने में वे ही सबसे ज्यादा सक्षम थे राजीव गांधी ने देश को इक्कीसवी सदी में ले जाने की बात कही थी। उनका आशय यही था कि हमें दूरदर्शी होना चाहिये। संकीर्णता और छोटी मोटी बातों से उपर उठकर हमें प्रगतिशील कदम आगे बढ़ाना चाहिये ताकि हमारे व्यक्तित्व का पूर्ण विकास हो सके, हम भरपूर जिंदगी जी सकें और राष्ट्र निर्माण के कार्य में हम अपना योगदान प्रदान कर सकें । उनकी इस उक्ति से उनके विशाल दृष्टिकोंण का पता चलता है और एक अच्छे शासक की यही सबसे बड़ी पहचान है।

राजीव गांधी के बारे में अक्सर यही आलोचना होती थी कि उनके पास जो भी था वह उन्हें विरासत में मिला और उन्होंने परिवारवाद को ही आगे बढ़ाया। यदि राजीव गांधी ने अपना जन्म भारत के प्रथम परिवार में प्राप्त किया तो इसमें उन्हें दोषी नहीं ठहराया जा सकता । ना सिर्फ भारत में बल्कि सारी दुनिया में नेहरू परिवार के माफिक गौरवशाली परंपरा के धनी कम ही परिवार होंगे। मोती लाल नेहरू, स्वरूपा नेहरू, कमला नेहरू, जवाहर लाल नेहरू, विजया लक्ष्मी पंडित, इंदिरा गांधी ने देश को स्वतंत्रता संग्राम के दौरान और उसके बाद असाधारण सेवायें प्रदान की हैं। स्वभाविक ही है कि इस इतिहास का लाभ परिवार की आगामी पीढ़ी को अवश्य मिलेगा और फिर यह भी निर्वविवाद सत्य है जिसका पिछले कुछ वर्षों का इतिहास साक्षी है कि राजीव गांधी के नेतृत्व में केन्द्र में स्थिरता एवं गति कायम रही आयी । इसी स्थिरता की आज सबसे ज्यादा आवश्यकता है और इसे प्रदान करने में मौजूदा हालातों में राजीव गांधी ही सबसे ज्यादा सक्षम नजर आ रहे थे और इसी वक्त उनकी सेवाओं से देश को वंचित कर दिया गया है।

दुख और चिन्ता का विषय है कि आज हमारे देश में जहां तहां हिन्सा का सिर उठ रहा है। अपने राजनीतिक लक्ष्य को प्राप्त करने के लिये हम हिंसा का सहारा ले रहे हैं । वैसे तो लगभग सारा विश्व आज हिंसात्मक प्रवृर्ति से जकड़ा हुआ है और इस पर काबू पाना आज सबसे बड़ी अंतर्राष्ट्रीय समस्या है। किन्तु हिंसा की राजनीति को भारतीय प्रजातंत्र में कोई जगह इसलिये भी नहीं मिलना चाहिये क्योंकि यह गौतम बुद्ध का देश है उन्होंने सत्य, अहिंसा और धर्म के रास्ते से विमुख हो गये संसार को फिर सही दिशा दिखाई । इस देश का सदा सौभाग्य रहा है कि इसे संकट से उबारने वाले महापुरूष हर समय मिलते रहते हैं। यही आशा हमें संकट और राष्ट्रीय दुख की इस गहन घडी में साहस और ताकत दिला रही है।

– एन.सी.ब्योहार

नव भारत–दिनांक 21 अगस्त 1991

सोवियत संघ की उथल पुथलः आखिर अंजाम क्या निकलेगा

वैसे तो 1985–86 में जब राष्ट्रपति मिखाइल गोर्वाच्योव ने ग्लास्तनोस्त अर्थात खुला पन और पेरेस्त्रोईका अर्थात आर्थिक और सामाजिक पुनः निर्माण की नीतियों का ऐलान किया था तब से ही सोवियत संघ में लगभग हर दिन कुछ ना कुछ नई बात हो रही है परंतु अभी हाल ही में बुरी तरह असफल हो गयी क्रान्ती और राष्ट्रपति की अपने पद पर वापसी के रूप में वहां पर जो कुछ भी हुआ उस सब की कम ही लोगों ने कल्पना की थी। 18 अगस्त को राष्ट्रपति गोर्वाच्योव आराम के लिये क्रीमिया गये हुये थे और 19 अगस्त को वापस मास्को लौटने वाले थे, जहां पर गणराज्यों और रूसी संघों के बीच संधि पर नुमाईन्दों के दस्तखत होने वाले थे। शाायद इसी संधि को रोकने की जल्दबाजी में पूर्व उपराष्ट्रपति गेन्नाड़ी यानायेव ने घोषणा कर दी कि बीमारी के कारण मिखाईल गोर्वाच्योव सत्ता संभाले में असर्थ हैं और अब वे यानि गिन्नाडी यानायेव राष्ट्रपति का पद भार संभालेंगे । परंतु इधर सोवियत संघ के सबसे बड़े रूसी गणराज्य के राष्ट्रपति गोर्वाच्येव के मददगार साबित हुये और उन्होंने रूसी जनता से अपील की कि सत्ता छीनने की इस नाजायज कार्यवाही को आम हड़ताल और मुखालफत से नाकाम कर दिया जाये। अपील का तुरंत असर हुआ, रूसी जनता विरोध में सड़कों पर आ गयीं, हड़तालें होने लगीं, सैनिकों ने भी नये सत्ताधारियों का कहना मानना बंद कर दिया। उधर अमरीकी राष्ट्रपति जार्ज बुश नें घोषणा कर दी कि नये हालातों के रहते हुये सोवियत संघ को दी जाने वाली आर्थिक मदद बंद रखी जायेगी। लिहाजा अब गेन्नाडी यानायेव को दिखा कि मुल्क के भीतर और बाहर कहीं से भी उन्हें समर्थन नहीं मिल पा रहा था तो उन्होंने कहना शुरू किया कि ठीक हो जाने पर मिखाईल गोर्वाच्येव फिर अपनी पुरानी जवाबदारी संभाल लेंगे। 21 अगस्त को सारा ड्रामा समाप्त हो गया, राष्ट्रपति गोर्वाच्येव वापस मास्को लौटे और

अपने पुराने राष्ट्रपति पद पर तैनात हो गये । आज स्थिति यह है कि विद्रोह करने वाले गेन्नाडी यानायेव के जी.बी. प्रमुख ब्लादीमिर कुछ्कोब रक्षा मंत्री मार्शल डिमित्री यात्रोव, पूर्व प्रधान मंत्री यूरी पावलोव सोवियत संसद के अध्यक्ष अनातोली ल्यूकोव आदि सभी हिरासत में ले लिये गये हैं और उन पर मुकदमे चलाने की तैयारी की जा रही है। सारी घटनाओं का एक नतीजा यह भी रहा है कि गणराज्य रूस के राष्ट्रपति बोरिस येल्तसिन सबसे ज्यादा प्रभावशाली नेता के रूप में उभरे हैं। राष्ट्रपति गोर्वाच्येव लगभग पूरी तरह उनके ही नियंत्रण में हैं। ये इसी बात से जाहिर होता है कि पिछले दिनों में राष्ट्रपति गोर्वाच्येव ने जो नई नियुक्तियां की हैं, उनमें से ज्यादातर बोरिस येल्तसिन के ही कहने पर की गयी हैं। बोरिस येल्तसिन और भी ज्यादा उदार और सुधार वादी हैं। राष्ट्रपति गोर्वाच्येव की इच्छा के खिलाफ उन्होंने एक पक्षीय आजादी की घोषणा करने वाले गणराज्यों तलाबिया, एस्टोनिया और लिथुआनिया को मान्यता दे दी है। आगे देखना यही है कि बोरिस येल्तसिन के प्रभाव में सोवियत संघ किन आयामों पर पहुंचता है।

मिखाईल गोर्वाच्येव पहले प्रधान मंत्री थे। उनकी बढ़ती हुयी लोकप्रियता को मद्देनजर रखते हुये सुप्रीम सोवियत ने उन्हें राष्ट्रपति बना दिया और यहीं से शुरू हो गया उनके सुधारों का सिलसिला। सुपर पावर का दर्जा बरकरार रखने के लिये सोवियत संघ की सुरक्षा पर अरबों–खरबों रूबल्स का खर्चा हर वर्ष करना पड़ा, अंतरिक्ष अभियानों पर भी इसी प्रकार बड़े प्रावधान डालने पड़े, और दूसरे कम्यूनिष्ट मुल्कों को कायम रखने के लिये उन्हें भी अपनी कीमत पर भारी मदद देनी पड़ी। इन तमाम योजनाओं का सारा भार आम सोवियत जनता पर पड़ा। उनकी हालत लगातार कमजोर होती गयी, खाने–पीने की चीजें दुकानों से गायब होने लगीं असंतोष बढ़ते दिखा तो राष्ट्रपति ने आर्थिक सुधारों वाली पेरेस्त्रोइका नीति की घोषणा कर दी, जिसके अनुसार उत्पादन और वितरण पर सरकारी नियंत्रण कम से कम कर दिया गया, आर्थिक व्यवस्था बाजार–उन्मुख कर दी गयी आदि। साथ ही साथ ग्लास्तनोस्त माने खुलेपन की दूसरी सुधारवादी नीति की घोषणा भी की गयी। इसके तहत आम नागरिकों को और ज्यादा राजनीतिक सामाजिक, अधिकार

दिये गये, संपत्ति रखने की मौलिक आजादी दी गयी, कम्यूनिष्ट पार्टी की संप्रभुता समाप्त कर दूसरी पार्टियों को सक्रिय होने का मौका प्रदान किया आदि ।

अंतर्राष्ट्रीय जगत में राष्ट्रपति गोर्वाच्येव ने इसी प्रकार लोक तांत्रिक भावनाओं का आदर किया। बर्लिन दीवार गिरा दी गयी, बर्लिन और जर्मनी का एकीकरण कर दिया गया । सोवियत प्रभाव क्षेत्र में आने वाले बुलगारिया और रूमानिया पर नियंत्रण... ढीला कर दिया गया। इसका एक सीधा नतीजा यह रहा कि पूर्वीय यूरोप में साम्यवाद के खिलाफ खुली बगावत की एक भीषण आंधि चल पड़ी। रूमानिया के विद्रोह में करीब 10 हजार आदमी मारे गये, निकोलाई चाउसेस्कू को तानाशाह ठहराया गया और सपत्नीक उनकी हत्या कर दी गयी, कम्युनिस्ट पार्टी गैर कानूनी करार दी गयी। आज देखना यही है कि इस प्रकार की आंधि की चपेट में सोवियत संघ आता है कि नहीं। आजकल हम दूरदर्शन पर वह नजारे देख रहे हैं जिनकी कुछ ही वर्ष पहले सपने में कल्पना नहीं की गयी थी जैसे कि वाल्टिक गणराज्यों में लेनिन की आदमकद मूर्तियां हटायी जा रही हैं, कम्युनिस्ट झंडे नीचे उतारकर उन्हें लातों से कुचला-समला जा रहा है और उनकी जगह पर गणराज्यों के झंडे फहराये जा रहे हैं, कम्युनिस्ट पार्टी को अवैध करार दिया जा रहा है । आश्चर्य इस बात का है कि मिखाईल गोर्वाच्येव खामोश हैं, वे कुछ भी नहीं कर रहे हैं। आशंका तो यही दिखती है कि कहीं उनकी भी खामोश मंजूरी तो नहीं है। कोई आश्चर्य नहीं कि आगे आने वाले दिनों में बोरिस येल्तसिन भी सोवियत संघ से गणराज्य रूस को अलग आजाद ऐलान न कर दें। फिर और दूसरे गणराज्य भी ऐसा ही कर सकते हैं। यदि ऐसा ही हुआ तब एकीकृत सोवियत संघ का क्या हस्र होगा, समझ से परे है।

1917 में जब ब्लादीमिर लेनिन ने ज़ारों का तख्ता पलट कर बोल्शेविक क्रांति द्वारा रूस में प्रोलीटेरियट गणराज्य की स्थापना की, तब से आज तक लगातार रूसी जनता को सख्त फौजी अनुशासन के तले रहना पड़ा है। इसका एक परिणाम यह रहा कि रूसी नागरिकों को दैनिक जीवन की सभी आवश्यक वस्तुयें सरकारी जवाबदारी के तौर पर मुहैया करायी गयीं, मुल्क के राजनैतिक, आर्थिक, कला और खेल कूद

सभी क्षेत्रों में अमरीका के समकक्ष तरक्की कर दिखायी। हालाकि फौजी खर्चो और अंतरिक्ष अनुसंधानो के कारण भीतरी आर्थिक स्थिति लगातार बिगड़ती भी गयी। इस अनुशासन का एक दूसरा पहलू यह भी रहा कि रूसवासी लोकतांत्रिक आजादियों के लिये घुटन सी महसूस करने लगे। नोबल पुरूस्कार विजेता रूसी वैज्ञानिकों और साहित्यकारों ने पश्चिमी मुल्कों में पनाह लेना शुरू कर दिया। अंतर्राष्ट्रीय प्रतियोगिताओं को जीतने वाले रूसी खिलाड़ियों ने इस बात पर खिन्नता जाहिर करना शुरू कर दिया कि इनाम की राशि का एक छोटा हिस्सा ही उन्हें दिया जाता था और बाकी बड़ा हिस्सा खेल कूद संघ के खाते में जाता था। खुली विचारों वाली पाश्चात्य सभ्यता से निरंतर संपर्क का एक स्वभाविक परिणाम यह भी होना था कि सोवियत नागरिक भी इसी प्रकार स्वच्छंद जिन्दगी की मनोकामना करने लगते। मुमकिन है कि एक ना एक दिन ज्वालामुखी के माफिक खुली बगावत टूट पड़ती। मिखाइल गोरवाच्येव ने इन संकेतों को देखा, सुधारवादी नीतियों की योजना बनायी और उन्हें अमल में लाना आरंभ कर दिया। इस सीमा तक उन्होंने दूरदर्शिता का परिचय ही दिया है। परंतु फिर समझ से परे यह है कि सोवियत संघ को टूटते–बिखरते वे क्यों चुपचाप देख रहे हैं और कुछ कर क्यों नहीं रहे हैं ताकि मुल्क में वांछित सुधार भी लागू कर दिये जायें और एकीकृत मजबूत संघीय सरकार का ढ़ांचा सुरक्षित रहा आये।

आज इस मोड़ पर कई सवाल उठ रहे हैं। जिस समतावादी व्यवस्था ने सोवियत संघ और कई दूसरे मुल्कों को इतने ज्यादा आगे बढ़ा दिया था उसमें एकाएक क्या खराबी आ गयी कि उसे पूरी तरह त्यागना जरूरी हो गया है। कहीं ऐसा तो नहीं कि दोष उन शीर्षस्थ नेताओं में रहा हो जो आम जनता के दुख–दर्दो से दूर हो गये थे। आगे आने वाले दिन बता देंगे कि सोवियत संघ किस अंजाम पर पहुंचता है।

दुनिया में मुख्यता दो प्रकार की प्रणालियां रही हैं। दो मुख्य विचारधाराये हैं । पहली विचारधारा को व्यक्तिवाद कहते हैं जिसके मुताबिक राज्य शासन का एक मात्र मकसद यह रहता है कि नागरिकों

को उनके व्यक्तित्व विकास के लिये अधिक से अधिक मौके प्रदान करें, नियंत्रण न्यूनतम हों। इस विचारधारा से पूंज़ीवादी व्यवस्था संबद्ध है पूंज़ीवाद के मुताबिक उत्पादन और वितरण ज्यादा से ज्यादा हद तक प्रायवेट व्यक्तियो के हाथों में रहते हैं और शासकीय देखभाल आवश्यक सीमा तक रहती है। पश्चिमी मुल्क और खासकर अमरीका, जर्मनी, और जापान व्यक्तिवादी पूंज़ीवादी व्यवस्था है जिसे उन्नीसवीं सदी में कार्ल मार्क्स और फ्रेडरिक ईगल ने डास केपिटल और कम्युनिस्ट मेनीफेस्टो में प्रतिपादित किया है। इसके मुताबिक उत्पादन और वितरण की सारी जिम्मेदारी शासन के हाथो में होना चाहिये, इसमें सहकारिता पर बल दिया गया है। डास केपिटल और कम्युनिस्ट मेनीफेस्टो में दर्शाया गया है कि पूंज़ी वादी व्यवस्था में कामगार मजदूरों को मालिकों द्वारा सिर्फ उतना ही दिया जाता है ताकि वे अगले दिन काम पर वापस आ सकें, ज्यादा हिस्सा मालिकों द्वारा हथिया लिया जाता है। मार्क्स का यह भी कहना था कि प्रोलीटेरियट और पूंज़ीवाद के दरमियान बरहमेश वर्ग संघर्ष चलता रहेगा और अंत में पूंज़ीवाद की ही पराजय होगी। परंतु फिर बोल्शेविक क्रान्ति के बाद हुआ यह कि सभी मुल्कों में कामगार –मजदूरों के हितरक्षक कानून बनाये गये ताकि उनका शोषण न हो सके। आगे चलकर जेट–सेट युग में सारी दुनिया के लोगों का आपस में मिलना जुलना इतना ज्यादा हो गया कि वर्ग संघर्ष की सारी संभावना ही समाप्त हो गयी और सहअस्तित्व नितान्त आवश्यक और स्वभाविक हो गया। इन तमाम घटना क्रमों से मार्क्सवाद का पैनापन समाप्त सा हो गया।

दूसरी तरफ पूंज़ीवाद की सबसे बड़ी कमजोरी यही रहती है कि इस व्यवस्था में इने–गिने व्यक्तियों को या व्यवसायी परिवारों को और ज्यादा मौके मिल जाते हैं जो पहले से ही साधन संपन्न हैं। साथ ही होड़ में शुरू से ही पीछे रह गये। साधन विहीन लोगों को आगे बढ़ने, उठने के कम ही मौके मिल पाते हैं। साम्यवादी व्यवस्था में शासकीय नियंत्रण ज्यादा होने के परिणाम स्वरूप मौलिक आजादियां दब कर रह जाती हैं। कहा जा सकता है कि ऐसी कोई भी प्रणाली अभी तक विकसित नहीं हुई है जो पूरी तरह दोष मुक्त हो।

चार हजार वर्ष पहले यूनानी दार्शनिक अरस्तू एक चिरस्थायी सत्य कह गये हैं और वह यह है– राज्य शासन महज व्यक्ति का बड़ा रूपान्तर है। माने राज्य शासन और कुछ नहीं व्यक्तियों का समूह मात्र है और इस कारण राज्य शासन को जो कुछ भी करना है वह सिर्फ प्रजा के हितों को ध्यान में रखकर ही करना है। अरस्तू ने व्यक्तिवाद पर जोर दिया है तब से ही लगातार आज तक इतिहास चला आ रहा है कि व्यक्ति अपने बुनियादी अधिकारों को बचायें रखना चाहता है, अपनी जिन्दगी अपनी आजादियों के मुताबिक जीना चाहता है जिसमें शासकीय दखलअंदाजी कम से कम हो, अधिक से अधिक दौलत जमा करना चाहता है तरीका फिर चाहे नैतिक–अनैतिक कुछ भी क्यों द हो। इसका नतीजा यह रहता है कि काले धन की समानान्तर भूमिगत अर्थ–व्यवस्था चल पड़ती है, जिसके दुष्परिणामों को दूर करने के लिये व्यक्तिगत–उद्योग क्षमता पर नियंत्रण लगाना अनिवार्य हो जाता है। मतलब यही रहा कि सारा विवाद घूम फिरकर उसी स्थान पर रहा आया और हम इस घेरे में से बाहर नहीं निकल पाये।

सोवियत संघ के बाद जब जन वादी चीन और क्यूबा ही कम्युनिस्टओं के दो ... गढ़ रहे गये हैं। ग्लास्तनोस्त और पेरेस्त्रोइका के कदमों पर चीन में भी दो वर्ष पहले मौलिक आजादियों के लिये छात्रों द्वारा जन आंन्दोलन किया गया था जिसके दौरान तीन–अन–मन चौराहे पर हजारों आंन्दोलनकारी मारे गये थे। चीनी महात्वाकांक्षाये बहरहाल कुचल दी गयी हैं, पर फिर विद्रोह किसी भी समय दोबारा भड़क सकता है।

क्यूबा में फीडल कास्ट्रो पिछले 30 वर्षो से लगातार अपनी सत्ता बरकरार रखे हैं, वहां पर विद्रोह के आज तक संकेत नहीं मिले हैं। रही बात सोवियत संघ की, तो यही कहा जा सकता है कि स्थिति काफी कुछ राष्ट्रपति गोर्वाच्येव के हाथो से निकल चुकी है। शायद ही मुमकिन है कि वे मुल्क को सुपर पावर का दर्जा दिलाये रखने में सक्षम सफल होंगे। मनुष्य के जन्मजात स्वभाव में है कि उसे आजादी मिली कि वह उच्चश्रृंखल हो जाता है, सब तरफ अव्यवस्था, गैरअनुसाशन और उच्चश्रृंखलता फैल जाते हैं। स्वतंत्रता मौलिक अधिकार और व्यक्तिगत

आजादी मिलना स्वागत योग्य हैं परंतु फिर इसी अनुपात में सामाजिक व राष्ट्रीय दायित्व भी बढ़ जाते हैं। नियंत्रण के लगभग पूरी तरह उठा लिये जाने के बावजूद भी यदि सोवियत नागरिक अपने मुल्क को पहले जैसे ही अनुशासित रखते हैं और तरक्की–समृद्धी के स्तर में किसी प्रकार की गिरावट नहीं आने देते हैं तो निसंदेह यह एक सर्वकालीन ऐतिहासिक कामयाबी हो जायेगी।

– एन.सी ब्योहार

दैनिक भास्कर–14 फरवरी 1992

प्रमुख समाज सेवी संस्था – रोटरी अंतराष्ट्रीय

फरवरी 14,15,16 को स्थानीय वैभव ऑडिटोरियम में रोटरी डिस्ट्रिक्ट 3260 का सालान डिस्ट्रिक्ट कॉन्फ्रेन्स होने जा रहा है जिसमें 1 हजार से ज्यादा रोटरी जनों और उनके परिवारों के भाग लेने की संभावना है। रोटरी अंतर्राष्ट्रीय अध्यक्ष के प्रतिनिधि की हैसियत से फैसलाबाद पाकिस्तान से भूतपूर्व प्रांतपाल मुहम्मद अश्गर कुरैसी सपत्निक पधार रहे हैं। रोटरी डिस्ट्रिक्ट 3260 पूर्वी मध्य प्रदेश और समुचे उड़िसा के क्लबों से मिलकर बनी है। कॉन्फ्रेंस इस बार इस कारण हो रहा है क्योंकि डिस्ट्रिक्ट 3260 के वर्तमान प्रांतपाल न्यायमूर्ति गुलाब गुप्ता जबलपुर के हैं। इस सम्मान को उनके पहले जबलपुर से डॉ. आर.के. दुबे, सरदार राजेन्द्र सिंह, न्यायमूर्ति राजकृष्ण तन्खा, डॉ. डी. के. गुप्ता और डॉ. जी. एन. दुबे हासिल कर चुके हैं।

3 दिवसीय इस कॉन्फ्रेंस को सफल बनाने के लिये सामान्यतः संस्कारधानी के तमाम क्लब, रोटरीजन और पदाधिकारी व्यस्त हैं। परंतु विशेष कर प्रांतपाल महोदय के नेतृत्व में एक समिति बनायी गई है जिसके चेयरमेंन भूतपूर्व प्रांतपाल सरदार राजेन्द्र सिंह हैं। समिति के दूसरे सदस्य हैं कॉन्फ्रेंस सेकेटरी जी.एस.मेंनी, कोषाध्यक्ष बी.एल. नेमा और डिस्ट्रिक्ट सेक्रेटरी डॉ. हरदेव आनंद अनेक स्थायी व्यवसायी सभ्रांत नागरिक और प्रशासनिक अधिकारी भी बहुमूल्य योगदान प्रदान कर रहे हैं इन कार्यक्रमों में नोटरी डिस्ट्रिक्ट से सम्बद्ध समस्याओं पर गोष्टियां होगीं, विभिन्न प्रतियोगिताएँ होगीं और सांस्कृतिक कार्यक्रम होंगे। बहुत कुछ मायनों में डिस्ट्रिक्ट कॉन्फ्रेंस एक ऐसा सालाना जलसा है जो विभिन्न स्थानों से आये प्रतिनिधियों को एक दूसरे से मिलने जुलने और आपसी विचार विमर्स का मौका प्रदान करता है।

उल्लेखनीय यह है कि इस साल रोटरी अंतर्राष्ट्रीय के अध्यक्ष रोटेरियन राजेन्द्र कुमार साबू हैं जो इस प्रकार इस महान गौरव को प्राप्त करने वाले दूसरे भारतीय बने हैं। उनके पहले 1962–63 में कलकत्ता

निवासी रोटेरियन नितिश चंद्र लहरी को यह सम्मान मिला था। तमाम रोटरीजनों में रोटेरियन राजा के नाम से लोकप्रिय अध्यक्ष राजा साबू चंडीगढ़ के एक जाने माने व्यवसायी हैं। अत्यंत ही मधुर स्वभाव के धनी एवं मिलनसार रोटेरियन राजा 1990 में जबलपुर पधार चुके हैं जब वे रोटरी अंतर्राष्ट्रीय अध्यक्ष निर्वाचित थे। दुनिया भर के रोटरी जनों को उन्होने संदेश दिया है। 'देखो स्वंय से परे' उनके शब्दों में अपने अंतःकरण को खोजती हुई हमारी दृष्टि उस आंतरिक शक्ति को उजागर करती है जिसमें हम अपने मन वचन और कर्म की समुचित सीमाओं से उपर उठकर 'स्वंय से परे' देख सकते हैं। यह असीम व गतिशील आंतरिक शक्ति मनुष्य के संकल्पों को अर्थ देती है जिससे एक नयी दृष्टि और कर्म यात्रा का सूत्रपात होता है। यह दृष्टि ही अंदर की शांति है, और है एक ऐसी सुखी दुनिया की परिकल्पना जो भय और आवश्यकताओं से मुक्त हो हमारा यह संकल्प इसी दृष्टि को, हमें पूर्ण रूपेण सेवारत् साकार रूप देने को प्रेरित करता है। आपके माध्यम से रोटरी के सम्मुख एक मिशन है, दृष्टि है क्योंकि 'स्वयं से परे' देखने की शक्ति और क्षमता आप में ही है।

आज रोटरी विश्व की सबसे बड़ी अंतर्राष्ट्रीय संस्था है 174 देशों में इसके लगभग 26000 क्लब हैं और इसकी प्राथमिक सदस्यता लगभग 12 लाख है। ये सारे क्लब सुविधा को ध्यान में रखते हुये 491 रोटरी डिस्ट्रिक्ट में संगठित किये गये हैं। रोटरी का मुख्यालय शिकागो इलिनांय अमरिका में है। 1989–90 से रोटरी का पदार्पण तत्कालीन सोवियत यूनियन तथा पूर्वी यूरोप के साम्यवादी देश चैकोस्लोवाकिया, रूमानिया आदि में हो गया है और इस प्रकार अब गर्व किया जा सकता है कि रोटरी सच्चे अर्थों में अंतराष्ट्रीय संस्था है। दरअसल में विश्व संस्था संयुक्त राष्ट्र संघ की तुलना में रोटरी का विस्तार ज्यादा देशों में हुआ है।

रोटरी अंतराष्ट्रीय अपनी प्रशासनिक कुशलता के लिये भी विश्व प्रसिद्ध है और कई देशों में रोटरी की प्रशासनिक पद्धति का अनुसरण किया है रोटरी के माननीय कार्यक्रम इतने ज्यादा विश्वव्यापी और सफल रहे हैं कि संयुक्त राष्ट्र संघ में इसे एक प्रेक्षक का दर्जा दिया गया है तथा यूनीसेफ व यूनेस्को जैसी ऐजेंसियाँ रोटरी को अपनी सभाओं में

आमंत्रित करती हैं रोटरी के अंतराष्ट्रीय अध्यक्ष को लगभग राष्ट्राध्यक्ष जैसा आदर सत्कार मिलता है। रोटरी की अंतराष्ट्रीय प्रतिष्ठा और साख में दो मत नहीं हो सकते।

इस समय भारत में कुल 1669 रोटरी क्लब हैं जिन्हें 27 रोटरी डिस्ट्रिक्ट में संगठित किया गया है। कुल सक्रिय सदस्य संख्या लगभग 62 हजार हैं। भारत में सबसे पहला रोटरी क्लब 1930 में कलकत्ता में बना था। जबलपुर में पहला रोटरी क्लब 1932 में आरंभ हुआ जो इस समय अहूजा भवन पचपेढ़ी में सभारत् होता है। यह भारत के सबसे पुराने क्लबों में एक है। आज जबलपुर में 7 रोटरी क्लब हैं और इस प्रकार हफ्ते हर दिन रोटरी क्रियाशील रहती है।

आइये इस अग्रणी अंतराष्ट्रीय संस्था के बारे में कुछ बुनियादी जानकारी हासिल कर लें। रोटरी की स्थापना 23 फरवरी 1905 में पॉल हैरिस द्वारा शिकागो इलिनॉय अमरिका में की गई थीं संस्थापक पॉल हैरिस पेशे से वकील थे जिन्होंने अपनी जिंदगी के एक मोड़ पर व्यवसायिक परिस्थितियों में उपजी एक लयता और निरंतरता का अनुभव किया था। उन्होंने विचार किया कि क्यों न दूसरे व्यवसायों के प्रतिष्ठित व्यक्तियों से संपर्क कायम किया जाये ताकि उनके बारे में जानकारी मिल सके। लिहाजा 23 फरवरी 1905 को पॉल हैरिस और उनके तीन अन्य साथी पहली बार एक साथ बैठे। उसके बाद ये चार संस्थापक दूसरे के निवास स्थान या दफ्तर में बैठे और इस प्रकार बारी बारी से एक दूसरे के स्थान पर हर हफ्ते एक दिन एक साथ बैठने का सिलसिला चल पड़ा। रोटेशन में बैठने के कारण ही संस्था का नाम रोटरी पर गया इन तीन संस्थापकों का नाम है – गुस्ताब लोहर, सिल्वेस्टर सील और हीरम सोरी। कुछ समय बाद हैरी रिंगल्स ने सदस्यता हासिल की और यह तय किया गया कि हर हफ्ते एक ही स्थान पर मिला जाये धीरे–धीरे सारे अमरिका में रोटरी क्लब खुल गये। फिर अमरिका से रोटरी का पदार्पण कनाडा, इंग्लैंड, फ्रांस आदि यूरोपीय और पश्चिमी मुल्कों में हुआ।

1905 से 1990 तक रोटरी सदस्यता सिर्फ पुरूषों को ही उपलब्ध थीं। पर अब महिलाएं भी पूर्ण रूपेण रोटरी सदस्य बन सकती हैं ।आज रोटरी में महिलाएं और पुरूष दोनों बराबर हैं। इस बराबरी का एक अच्छा

उदाहरण रोटरी जबलपुर मध्य में मिलता है जिसकी अध्यक्ष डॉ. ऊषा गुप्ता हैं और सचिव श्रीमति गीता तिवारी हैं जबकि मेंम्बरान पुरूष रोटेरियन हैं।

रोटरी पर अक्सर यह आरोप लगाया जाता है कि यह महज पैसे वाले बड़े लोगो की संस्था है जिन्हें समाज सेवा से कुछ लेना देना नहीं रहता। इन आम गलत फेमियों को दूर करने के लिये आईये रोटरी के कुछ योगदानों पर नजर डाले–

1. रोटरी फाउंडेशन इस न्यास की स्थापना 1917 में की गई थीं। न्यासियों का उद्येश्य अंतर्राष्ट्रीय जगत में मानवींय, शैक्षणिक तथा अन्य सभी सामाजिक क्षेत्रों में सेवाएँ प्रदान करना था। इस न्यास के कोषालय में आज 555 मिलियन डॉलर से ज्यादा राशि जमा है। इसके जमाकर्ता सामान्य रोटरी सदस्य तथा अनेक उदार दानकर्ता होते हैं। फांउडेशन राशि का एक बड़ा हिस्सा पॉल हैरिस–फैलोस तथा पॉल हैरिस सस्टेनिंग– फैलोस द्वारा दी गई अनुदान राशि से भी बनता है। रोटरी जगत में पॉल हैरिस – फैलो बनना सबसे बड़ा सम्मान माना जाता है। इसे पाने के लिये रोटेरियन को 1 हजार डॉलर अथवा लगभग 26 हजार रूपये जमा करने होते हैं। सस्टेनिक – फैलो बनने के लिये इतनी ही राशि सालाना किश्तों में जमा की जाती है। रोटरी में इस समय लगभग 36 हजार पॉल हैरिस – फैलोस तथा 16 हजार सस्टेनिक सदस्य हैं।

   इससे जाहिर होता है कि रोटरीजनों में दान की भावना कितनी ज्यादा प्रबल है। विगत 75 वर्षों में रोटरी फाउंडेशन ने 21 हजार से भी ज्यादा विद्यार्थियों को उच्च शिक्षा हासिल करने के लिये 2 हजार मिलियन डॉलर से भी ज्यादा खर्च किये हैं। इसी अवधि के दौरान लगभग 28 करोड़ बच्चों को पोलियो से बचाया गया है। विकासशील आफ्रिकी, लैटिन अमरिकी और एशियाई देशों में असंख्य बच्चों को पीने का साफ पानी मुहैया कराया गया है प्राथमिक चिकित्या केन्द्र और दूर – दराज स्थानों पर स्कूल खोले गये हैं ।बुनियादी और प्रौण शिक्षा के क्षेत्रों में भी रोटरी की

सेवायें असाधारण रहीं हैं ।इन तमाम कार्यक्रमों पर रोटरी फाउंडेशन द्वारा सालान कम से कम 30 मिलियन डॉलर खर्च किये जाते हैं।

2. पोलियो–प्लस प्रोग्राम रोटरी का यह अत्यंत अभिलाषी कार्यक्रम है। रोटरी ने अपना ध्येय बना रखा है कि रोटरी के वर्ष 2005 तक दुनिया से पोलियो का नामो निशान तक मिट जाये जिस गति से रोटरी द्वारा इस प्रेाग्राम को आगे चलाया जा रहा है उसे देखकर ऐसा लगता है कि यह ध्येय पूरा हो जायेगा। मिशाल के तौर पर 1989–90 में 47 देशों के 24.5 करोड़ बच्चों को पोलियो ड्रॉप्स दिये गये थे, जिस पर 22 मिलियन डॉलर का खर्च आया। इसके अतिरिक्त इसी वर्ष पोलियो उन्मूलन संबंधित अंतर्राष्ट्रीय कार्यक्रमों पर रोटरी द्वारा लगभग 20 मिलियन डॉलर अतिरिक्त राशि का प्रावधान किया गया था।

3. हेल्थ हंगर एण्ड ह्यूमेनिटी (3–एच) प्रोग्राम – विभिन्न प्रकार की बीमारियों और भूख को दुनिया के नक्शे से मिटाने के लिये चलाये गये। रचनात्मक कार्यक्रमों के लिये रोटरी द्वारा 1 लाख से 3 लाख तक राशि का अनुदान दिया जाता है। वर्ष 1989–90 मात्र में रोटरी ने इस कार्यक्रम के तहत् 3.9 मिलियन डॉलर खर्च किये थे।

4. ग्रुप स्टडी एक्सचेंज प्रेाग्राम – 1965 से शुरू किये गये इस प्रोग्राम के अंतर्गत होनहार गैर – रोटरी नवयुवक युवतियों की टीमों को दूसरे देशों में डेढ़ माह के प्रवास पर भेजा जाता है ताकि ये लोग अंतर्राष्ट्रीय दृष्टिकोण अपना सकें। अब तक 3300 जी.एस.ई.टीमें इस कार्यक्रम में शरीक हो चुकी हैं जिन पर 30 मिलियन डॉलर से भी ज्यादा खर्च हो चुके हैं।

5. प्रिजर्व – प्लैनिट अर्थ प्रोग्राम – विश्व के लगभग सभी देश पर्यावरण का संतुलन बनाये रखने पर बल दे रहे हैं। इस अंतर्राष्ट्रीय चेतना को ध्यान में रखते हुये रोटरी ने इस महत्वकांछी कार्यक्रम की घोषणा की है। इसके तहत तमाम रोटरी

क्लबों तथा गैर–सरकारी संस्थाओं को उदार आर्थिक सहायता दी जाती हैं जो प्रदुषण रोकने तथा पर्यावरणी संतुलन बनाये रखने वाले कार्यक्रम चला रहे हैं।

6. अंतर्राष्ट्रीय छात्र – वृत्तियां – रोटरी द्वारा प्रतिवर्ष विकासशील देशों के छात्रों, शिक्षकों, प्रोफेसरो, पत्रकारों आदि को उदार छात्रवृत्तियां दी जाती हैं ताकि वे उन्नत देशों में जाकर तकनीकी शिक्षा प्राप्त कर सकें। इस प्रोग्राम के अंतर्गत विश्वविद्यायीन प्राध्यापकों को विकासशील देशों में पढ़ाने के लिये भेजा जाता है।

इनके अतिरिक्त रोटरी के कई और इतने ही महत्वकांछी कार्यक्रम चल रहे हैं। जैसे कि रोटरी पीस फोरम, रोटरी वालंटियर्स, रोटरी विलेज कॉर्प्स आदि।

अपंगों, विकलांगों और वृद्धों के लिये भी रोटरी के अनेक समाजसेवी कार्यक्रम हैं मनुष्य जीवन का शायद ही कोई ऐसा पहलु होगा जिसमें रोटरी ने योगदान न दिया हो। उपरोक्त सभी अंतर्राष्ट्रीय कार्यक्रम हैं। इनके अतिरिक्त अनेकानेक बहुउद्देशीय कार्यक्रम क्लब स्तर पर चल रहे है जो समाज को उपयोगी सेवा प्रदान कर रहे हैं।

– एन.सी ब्योहार

दैनिक भास्कर–25 अगस्त 1991

सोवियत रूस के नागरिकों की अग्नि परीक्षा का समय

संपादकीय लेख रूस....... में स्टालिनवाद के विरूद्ध लोकतंत्र की विजय 23 अगस्त 1991 में लिखा गया है– इस घटना चक्र के दौरान मिखाइल गोर्वाच्योव की कार्यप्रणाली और स्वभाव को लेकर जो टिप्पणियां की गयीं हैं उनके बारे में सोवियत नेता को बहुत ही गंभीरता पूर्वक विचार करना होगा। मोटे तौर पर यही तथ्य उभरकर आया है कि मिखाइल गोर्वाच्योव काफी अधिक उदार हो गये थे और लगभग प्रत्येक मामले में आत्म समर्पण का रवैया अपनाने लगे थे– दरअसल में वापस लौटने पर उन्होंने यही कहा है कि उन्हें उन्हीं लोगों ने धोखा दिया है जिन पर उन्होंने विश्वास किया था। असफल साजिश की रूप रेखा पर्दे के पीछे सोवियत संसद के अध्यक्ष अनातोली ल्यूकोनोव ने बनायी थीं ।ऐसा कहा जा रहा था कि इसे अमलीकरण का जामा पहनाने वाले गेन्नाडी यानामेव कुछ समय पहले तक मिखाइल गोर्वाच्येव के निकटतम विश्वास पात्रों में से एक रहे हैं और उपराष्ट्रपति का ओहदा एक वर्ष पूर्व उन्हें राष्ट्रपति गोर्वाच्येव ने ही दिया था। प्रकार अभी हाल ही में सोवियत संघ में वही हुआ जो सभी जगह सत्ता पाने के लिये किया जाता रहा है और जिससे सारी दुनिया का इतिहास भरा पड़ा है, माने विश्वासघात ।

मिखाइल गोर्वाच्योव 1986 से ग्लास्नोत और पैरेस्त्रोईका की नीतियों पर चल रहे हैं। इन नीतियों का मतलब यह है कि मुल्क की सामाजिक व्यवस्था और शासकीय प्रणाली में और ज्यादा खुलापन तथा और ज्यादा लोकतांत्रिक आजादियां। 1917 में जब ब्लादीमिर लेनिन ने तानाशाह ज़ारों का तख्ता पल्टा और बोल्सेविक क्रान्ति के बाद साम्यवादी रूसीगण राज्य की स्थापना की, तब से लगातार रूसी जनता को कसे हुये फौजी शासन जैसी हुकूमत के आधीन जीना पड़ा । इस अनुशासन का एक परिणाम निःसंदेह यह रहा कि इतने वर्षों तक रूसी नागरिकों को दैनिक जीवन की सभी आवश्यक वस्तुयें शासकीय जवाबदारी के तौर पर

मिलती रही और विज्ञान, तकनीकी, कृषि, खेल–कूद आदि सभी क्षेत्रों में सोवियत संघ` निःसंदेह अमरीका के समकक्ष आ बैठा । परंतु दूसरी तरफ आम नागरिक धीरे धीरे एक घुटन सी महसूस करने लगे । दूसरे महायुद्ध के बाद स्टालिनवाद का कठोर कालखंड आया, सोवियत नागरिकों को पूरी तरह दबाकर रखा गया। स्टालिन के जाने के बाद कम्युनिस्ट पार्टी के महासचिव निकिता ख्रुश्चेव ने अमरीका तथा दूसरे पश्चिमी देशों के साथ हाथ मिलाने की चेष्ठा की तो उन्हें तत्कालीन माओवादी चीनी गणराज्य ने रिवीजनिष्ट कहा। जिस प्रकार पिछले कुछ दशकों में पाश्चात्य सभ्यता की खुली जिन्दगी का असर चारों तरफ फैला है और जिसमें सोवियत वैज्ञानिक, कलाकार, पत्रकार और खिलाडी भी अछूते नहीं रह सके, उन तमाम घटना क्रमों को देखते हुये यह लगभग स्वभाविक तथा आवश्यक भी था कि सोवियत संघ में भी लोकतांत्रिक बदलाव लाया जाये। नोबल इनाम विजेता सोवियत विज्ञानिकों और साहित्यकारों ने रूस को छोड़कर पश्चिमी देशों में बसना शुरू कर दिया था। रूसी खिलाडियों ने इस बात पर खिन्नता जाहिर करना शुरू कर दिया था कि अंतर्राष्ट्रीय प्रतियोगिताओं को जीतने से मिली इनामी राशि का एक छोटा हिस्सा ही विजेता खिलाडी को दिया जाता था और बाकी सारा बड़ा हिस्सा रूसी खेल कूद संघ को चला जाता था। लगभग सभी स्तरों पर असंतोष जमा हेाते जा रहा था और ऐसा दिखने लगा था कि यदि बढ़ती व्यक्तिगत महात्वाकान्क्षाओं को और ज्यादा दबाकर रखा जाता है, तो ज्वाला मुखी की तरह किसी भी दिन बगावत भड़क सकती थी। इस तमाम संकेतों को मिखाइल गोर्वाच्योव ने देखा, समझा, और पहले से ही कुछ व्यवस्था बना लेने की योजना तैयार कर ली । निःसंदेह इस सीमा तक उन्होंने दूरदर्शिता का परिचय ही दिया है।

दुनिया में दो एक दम आपस में विरोधी विचारधारायें हैं । पहली विचारधारा है व्यक्तिवाद की, जिसके मुताबिक व्यक्ति को अधिकत राजनैतिक, सामाजिक, आर्थिक व धार्मिक आजादियां दी जानी चाहिये तथा शासकीय नियंत्रण न्यूनतम होना चाहिये ।

इस विचारधारा से जुड़ी हुई है पूंजीवादी व्यवस्था, जो कि पश्चिमी मुल्कों में सामान्यतया और अमरीका, जापान, जर्मनी में खासकर

विकसित हुई है। दूसरे छोर पर है साम्यवादी व्यवस्था जिसके अनुसार महत्वपूर्ण सामग्रियों का उत्पादन और विक्रय शासन के हाथों में होना चाहिये और आम नागरिकों को उतनी ही आजादी मुहैया कराना चाहिये जिनसे आम–जन –जीवन का व्यवस्थित गुजारा संभव हो । कार्ल मार्क्स और फ्रेडरिक ईगल द्वारा उन्नीसवीं सदी में प्रतिपादित 'डास केपिटल' और कम्युनिस्ट मेनीफेस्टो में प्रकाशित इस विचारधारा ने पूंजीवादी व्यवस्था पर प्रहार किया है जिसके अनुसार कामगार–मजदूरों को मालिकों द्वारा महज उतना ही दिया जाता था ताकि वे दूसरे दिन मिल–कारखानों पर काम करने के लिये वापस आ सकें। 1917 में ब्लादीमिर लेनिन द्वारा रूस में इस व्यवस्था को लागू लाने के तुरंत बाद से इन दोनों विचारधाराओं में टकराव होने लगा जिसके सबसे बड़े सबूत के रूप में दोनों बड़े मुल्को के दरमियान 'शीत युद्ध' सामने आया। अब यह भी इतिहास है कि रूस वासियों को बरहमेश के लिये बिहाइन्ड दी आयरन कर्टेन रखना उनके शासकों के बस के बाहर की बात थी।

लार्ड पामस्टर्न कह ही चुके हैं कि राजनीति में स्थायी दोस्त या दुश्मन नहीं होते– राजनीति में सिर्फ स्थायी व्यक्तिगत हित ही होते हैं। लिहाजा रूसी कम्यूनिष्टों ने धीरे धीरे उस कट्टर पंथी विचार–अंश को छोड़ना शुरू कर दिया जिसके अनुसार पूंजीवाद और प्रोलिटेरियट के दरमियान सदैव संघश चलते रहेगा और अंत में जाकर प्रोलिटेरियट की ही फतह होगी। मार्शल बुलगानिन–निकिता ख्रुश्चेव के जमाने से आइजनआवर–केनेडी के अमेरिका की तरफ साम्य वादी रूस ने आपसी सहयोग का हाथ बढ़ाना शुरू कर दिया। आज नतीजा यह है कि लगभग अपने आर्थिक अस्तित्व के लिये रूस को उसी अमरीका की तरफ कातर दृष्टि से देखना पड़ रहा है जो अमरीका कुछ ही वर्ष पहले सबसे बड़ा दुश्मन था।

चार हजार साल पहले यूनानी दार्शनिक अरस्तु दुनिया के सबसे बड़े और सबसे ज्यादा स्थिर सत्य को प्रतिपादित कर गये हैं, जो इस प्रकार है–राज्य शासन महज नागरिक का एक बड़ा रूपान्तर है। माने राज्य शासन का महत्व सिर्फ इतना है कि उसमें बसने वाले नागरिकों के हितों की ही रक्षा की जाये। व्यक्तिगत अधिकार और आजादियां हासिल

करना मनुष्य का जन्मजात स्वभाव है । इस प्रवृति पर स्थायी अंकुश लगाना असंभव है। आम आदमी अपनी जिन्दगी अपनी इच्छा मुताबिक जीना चाहता है, अधिक से अधिक धन दौलत कमाना चाहता है। इसका दूसरा पहलू यह रहता है कि विशुद्ध ईमान्दारी से सारे सामाजिक आर्थिक, दायित्वों का निर्वाह करते हुये दौलत इकट्‌ठी करना कोई नहीं चाहता। परिणाम स्वरूप काले धन की समानान्तर भूमिगत व्यवस्था चल पड़ती है और फिर तमाम सारी आर्थिक –सामाजिक बीमारियां फैल जातीं हैं– जिसके एक उदाहरण के रूप में मौजूदा मिली जुली भारतीय व्यवस्था को लिया जा सकता है।

आजादी–अधिकार मिलने का एक पहलू यह भी रहता है कि उच्चश्रृंखलता फैलती है, अनुशासन कम हो जाता है, अव्यवस्था का दौर शुरू हो जाता है। ग्लास्नोस्त पैरेस्त्रोइका के बाद से हम देख रहे हैं कि रूसीगण राज्य अपनी अपनी आजादी घोषित कर रहे हैं, लेनिन की मूर्तियां हटायी जा रही हैं, कम्युनिस्ट पार्टी को गैरकानूनी घोषित करने का सिलसिला शुरू हो गया है, रूसी संघ का नाम बदल दिया गया है, लेनिनवाद को वापस पीटर्सबर्ग बनाने का इरादा है, आदि । देखना यही है कि मिखाइल गोर्वाच्योव किस प्रकार सोवियत यूनियन का सुपर–पावर का दर्जा बरकरार रख पाते हैं । सबसे बड़ी परीक्षा रूसी आम नागरिकों की होने वाली है कि क्या वे अनुशासित रह सकेंगे और क्या वे अव्यवस्था– उच्चश्रृंखलता फैलने नहीं देंगे।

– एन.सी.ब्योहार

नव भारत–दिनांक 6 फरवरी 1992

भारत रत्न अलंकरण को विवाद का विषय ना बनाया जाये

अभी हाल ही में प्रमुखतम उद्योगपति जे.आर.डी. टाटा को गणतंत्र दिवस के अवसर पर महामहीम राष्ट्रपति द्वारा भारत रत्न से सम्मानित किया गया है। नागरिक उड्यन और उद्योग कि क्षेत्र में श्री टाटा ने जो असाधारण सेवायें देश को दी हैं उन्हें मद्दे नजर रखते हुये कहना होगा कि वे इस सर्वोच्च नागरिक सम्मान के पूरे हकरदार हैं। उनके पहले इन विभूतियों को यह सम्मान दिया जा चुका है। चक्रवर्ती राजगोपालाचार्य, जवाहर लाल नेहरू, डा. राजेन्द्र प्रसाद, डा. भगवानदास, डा. विधान चन्द्र राय, राजश्री पुरूषोत्तम दास टंडन, डा. सर्वपल्ली राधा कृष्णन, मोक्षगुडम विश्वैश्वरैया, साहित्यकार पी.वी. कणे, प्रख्यात वैज्ञानिक चंन्द्रशेखर वैंकट रमण, समाज सुधारक डी.के. कवै, अचार्य विनोवा भावे, मदर टेरेसा, पं. गोविन्द बल्लभ पंत, डां. जाकिर हुसैन, लाल बहादुर शास्त्री, श्रीमति इन्दिरा गांधी, वी.वी.गिरी, के कामराज, एम.जी.रामचन्द्रन, नेल्सन मंडेला, सहरदी गांधी खान अब्दुल गफ्फार खान, डा. भीमराव अंबेडकर, मोरारजी भाई देसाई, राजीव गांधी, व सरदार बल्लभ भाई पटैल ।

भारत रत्न तथा अन्य सभी दूसरे राजकीय सम्मानों के बारे में एक आश्चर्य जनक तथ्य यह है कि हमारी संवैघानिक व्यवस्था के अनुसार इनके दिये जाने के खिलाफ सरकार पर पाबंदी है। संविधान का अनुछेद 18 कहता है कि सेना या विद्या से संबंधित सम्मानों को छोड़कर राज्य सरकार द्वारा उपाधि अलंकरण प्रदान नहीं किये जाएंगे। इसका सीधा साधा मतलब यही रहा कि भारत रत्न, पद्मविभूषण, पद्मभूषण, पद्मश्री आदि सम्मान नहीं दिये जाने चाहिये। जबकि वास्तविकता यह है कि दिनों दिन दिये जाने वाले इन राजकीय सम्मानों की संख्या बढ़ती जा रही है। इस वर्ष इन सम्मानों की संख्या 135, रही, जबकि विगत वर्ष इनकी संख्या 115 थी।

संविधान लागू होने के 4 वर्ष बाद यानि 1954 में से सम्मान दिये जा रहे हैं। 1954 में जब पहली बार इन सम्मानों की घोषणा की गयी तब ही कुछ लोगों ने इसका विरोध किया था पर सरकारी पक्ष द्वारा तब यह बचाव किया गया कि ये सम्मान राजकीय उपाधि या पदवी नहीं है बल्कि ये सिर्फ इस कारण दिये जा रहे हैं ताकि विशिष्ट नागरिकों को उनकी महान उपलब्धियों और सेवाओं के लिये राष्ट्र द्वारा पहचाना जा सके। आज यह बात लगभग पूरी तरह स्थापित हो चुकी है कि ये तमाम राजकीय सम्मान पदवी, उपाधि अलंकरण के सिवाय और कुछ नहीं हैं विगत 38 वर्षों से ये लगातार दिये जा रहे हैं और अब यह प्रथा भलि भांति स्थापित हो गयी है । लिहाजा अब यह आम धारणा सी हो गयी है कि सरकार द्वारा बिना किसी कानून के उल्लंघन के ये राजकीय सम्मान या अलंकरण दिये जा सकते हैं।

ऐसा शायद ही कोई सम्मान या पुरूस्कार होगा जो विवाद से परे हो । दरअलस में पुरूस्कार जितना बड़ा हो, उससे जुड़े विवाद भी उतने ही बड़े होते हैं। नोबल प्राईज से बड़ा पुरूस्कार और कौन सा होगा। पर इन्हें दिये जाने में भी तरह तरह की राजनीति कारगर रहती है। मिशाल के तौर पर सोवियत राष्ट्रपति मिखाइल गोर्वाच्योव को दिये गये शांति के नोबल पुरूस्कार को लेकर यह आम चर्चा रही कि उन्हें तो यह पुरूस्कार इसलिये दिये जाना था क्योंकि वे ऐसी नीतियां अमल में ला रहे थे जो पश्चिमी देशों को सुविधाजनक और फायदे मंद थीं। लिहाजा यदि भारतीय नागरिक सम्मान विवादों के कारण बनाते है, तो इसमें कोई तदजुब की बात नहीं परंतु पिछले कुछ वर्षों से विवाद कुछ ज्यादा गंभीर होते जा रहे हैं और निःसंदेह यह चिन्ता का विषय है।

भारत रत्न को लेकर विवाद शायद सबसे ज्यादा उस समय गहराया जब विश्वनाथ प्रताप सिंह सरकार ने 1990 में डा.भीमराव अंबेडकर को उनके जन्म शति वर्ष के दौरान भारत रत्न से अलंकृत किया । संविधान निर्माता डा. भीमराव अंबेडकर की मृत्यु इस सम्मान दिये जाने के 38 वर्ष पूर्व हो चुकी थी। इस अवसर पर उनकी आदमकद फोटो संसद भवन में लगायी गयी और सरकार द्वारा दलील दी गयी कि इस महान राष्ट्र नेता के साथ अभी तक जो गलती की गयी थी, महज उसे ही दुरूस्त किया

जा रहा था। इसमें दो मतभेद नहीं हो सकते कि डा अम्बेडकर भारत के महानतम सपूतों में से एक हैं और बड़े से बड़ा सम्मान उनकी सेवाओं का पूरी तरह से मूल्यांकन नहीं कर सकता। पर उस समय सवाल यही उठा कि इतने वर्ष बीत जाने के बाद इस सम्मान के दिये जाने का क्या औचित्य था।

1991 में तीन भारत रत्न दिये गये। तत्कालीन प्रधानमंत्री चंन्द्रशेखर ने अपने शासन के चार काम चलाऊ माहों में राजीव गांधी और सरदार पटैल को एक साथ मरणोपतरांत अलंकृत किया । भारत रत्न पाने वाले तीसरे सम्मानीय नागरिक हैं – भूतपूर्व प्रधानमंत्री मोरारजी भाई देसाई श्री राजीव गांधी को उनकी ....असामयिक मृत्यु के डेढ़ महीने के भीतर ही भारत रत्न बना दिया गया, जबकि लौह पुरूष सरदार पटैल को इस प्रकार उनकी मृत्यु के लगभग 41 वर्ष बाद याद किया गया।......सच्चाई तो यह है कि सरदार पटैल के परिवारजनों ने सम्मान की घोषणा का पहले तो विरोध किया पर बाद में जब कुछ प्रभावशाली व्यक्तियों ने जोर डाला तब भारत को संगठित करने वाले प्रथम गृहमंत्री के पोते विपिन पटेल राष्ट्रपति भवन जाने के लिये तैयार हुये।

इसी तरह श्री मोरारजी भाई देसाई इस सम्मान को गृहण करने के लिये तैयार नहीं थे। उनके ''निशान ए पाकिस्तान '' मिलने में भी राजनीति है। जब जुल्फिकार अलि भुट्टो को जनरल ज़िया उल हक द्वारा फांसी की सजा दी गयी तब मोरारजी भाई देसाई प्रधान मंत्री थे। जबकि दुनिया के सारे नेता पाकी सरकार पर दबाव डाल रहे थे कि भुट्टो की जान बख्श दी जाये, तब भारतीय प्रधानमंत्री ने यह कहकर कोई अपील नहीं की कि यह पाकिस्तान का आंतरिक मामला था। ....1977 में जनता शासन काल में श्री मोरारजी भाई देसाई ने एक अधिसूचना जारी करके इन अलंकरणों के दिये जाने पर रोक लगा दी थी और जनता शासन के बीस महीनों के दौरान इन्हें नहीं दिया गया । पर 1980 में जब हलदर निशान वाली जनता सरकार का खात्मा हो गया, तब श्रीमति इन्दिरा गांधी की इन्का सरकार ने इस रोकथाम को वापस उठा लिया।

सरहदी गांधी खान अब्दुल गफ्फार खान और अफ्रकीय नेता नेलशन मंडेला ही दो विदेशी हैं जिन्हें इस सम्मान से नवाजा गया है। सरहदी

गांधी को शायद पूरी तरह विदेशी नहीं भी कहा जा सकता क्योंकि उनकी जिन्दगी के अनेक वर्ष भारत में आजादी के लिये बीते। परंतु डां. नेलशन मंडेला को दिये गये सम्मान को हर किसी ने पूरी तरह स्वीकार नहीं किया। कहा गया कि उनका भारत के साथ उस प्रकार का तारतम्य नहीं था जैसा कि सरहदी गांधी का था। मदर टैरेसा यूगोस्लाव हैं, पर जिन्दगी के अधिकांश वर्ष उन्होंने भारत में ही गुजारे हैं और अब वे पूरी तरह भारतीय हैं। दरअसल में इस सर्वोच्च अभिनन्दन के लिये उनके बराबर योग्य पात्र कम ही होंगे।

अभी हाल ही में समाचार प्रकाशित हुआ है कि नेताजी श्री सुभाष चन्द्र बोस तथा मौलाना अब्दुल कलाम आजाद को मरणोपरांत भारत रत्न दिया जायेगा।......मौलाना आजाद को उनकी मृत्यु के सत्ताईस– अट्ठाईस वर्ष बाद याद किया जा रहा है ।आजादी की लड़ाई के दिनों में मौलाना साहब ने मुहम्मद अली जिन्ना के तर्को का भरपूर मुकाबला किया और आजादी मिलने पर सफल शिक्षा मंत्री साबित हुये तुरंत नवाजे जाने के ये दो ही प्रवल कारण थे, पर उन्हें उस वक्त नजर अंदाज किया गया।

इस मोड़ पर सबसे ज्यादा ध्यान देने योग्य बात यह है कि नेताजी और मौलाना आजाद जैसी विभूतियां किसी भी राजकीय सम्मान से परे हैं। बड़े से बड़ा सम्मान उनके योगदानों का समुचित मूल्यांकन नहीं कर सकता। लिहाजा उन्हें यदि किसी प्रकार का सम्मान घोषित किया जाता है तो उसका मतलब नहीं कि इस सम्मान को पाने के बाद अब वे सम्मानित हो रहे हैं, ठीक जिस प्रकार सम्मान नहीं दिये जाने की स्थिति में यह नहीं कहा जा सकता कि उनका सम्मान नहीं किया गया है। समूचा राष्ट्र इन महान राष्ट्र–नेताओं के योगदानों को अजर– अमर याद करता रहेगा और यही उनका सबसे बड़ा सम्मान है।

लेकिन इस घोषणा ने दूसरे प्रकार के तथा सर्वथा निरर्थक विवाद को एक बार फिर उभार दिया है और वह यह कि कई अन्य और दूसरी इतनी ही महान विभूतियां हैं जिन्हें मरणोपरांत भारत रत्न से अलंकृत किया जाये या नहीं । क्या हमारा यह कहना है कि अब इसके बाद और दूसरे स्वाधीनता संग्राम सेनानियों को इसी प्रकार सम्मानित नहीं किया

जायेगा. क्या सरकार ने ऐसी कोई खास तिथि निर्धारित कर ली है कि उसके पहले स्वर्गवासी होने वाले नेताओं को अलंकृत नहीं किया जायेगा. क्या सरकार का यह कहना है कि भविष्य में सम्मान का मरणोपरांत दिया जाना उस वक्त की मौजूदा परिस्थितियों पर निर्भर करेगा जिसका सीधा साधा मतलब यही निकला कि आगे चलकर इस सम्मान का मरणोपरांत दिया जाना या न दिया जाना गुण दोष पर निर्भर नहीं करेगा. आज सवाल यही उठ रहा है कि क्यों न इतने ही महान दूसरे राष्ट्र पुरुषों को इसी प्रकार सम्मानित कर दिया जाये।

– **एन.सी.ब्योहार**

नव भारत–14 फरवरी 1992

मानवता की सेवा में रत संस्थाः रोटरी अंतर्राष्ट्रीय

स्थानीय वैभव आडिटोरियम में फरवरी 14, 15 और 16, 1992 को रोटरी डिस्ट्रिक्ट 3260 का सालाना कान्फ्रेन्स होने जा रहा है। इसमें लगभग एक हजार रोटेरियन्स और अन्य दूसरे प्रतिनिधियों के भाग लेने की संभावना है। रोटरी डिस्ट्रिक्ट 3260 पूर्वी म.प्र. तथा समूचे उडीसा के रोटरी क्लबों से मिलकर बनी है। कान्फ्रेन्स इस बार जबलपुर में इस कारण हो रहा है क्योंकि इस डिस्ट्रिक्ट के वर्तमान प्रांतपाल न्यायमूर्ति रोटेरियन गुलाब गुप्ता जबलपुर के हैं। उनके पहले जबलपुर से यह सम्मान डा.आर.के.दुबे, सरदार राजेन्द्र सिंह, न्यायमूर्ति राजकृष्ण तन्खा, डॉ.डी के गुप्ता, और डॉ. जी.एन दुबे को मिल चुका है। ......स्थानीय व्यवसायी डॉ.जी.पी. मिश्रा.... रोटरी अन्तर्राष्ट्रीय अध्यक्ष के प्रतिनिधी के रूप में फैसलाबाद पाकिस्तान से भूतपूर्व प्रांतपाल मो. अशगर कुरैशी सपत्निक पधार रहे हैं ।

तीन दिन तक चलने वाले इन कार्यक्रमों को सफल बनाने में प्रांतपाल गुलाब गुप्ता के नेतृत्व में संस्कारधानी के सभी रोटरीजन तथा पदाधिकारी समान्यतया कार्यरत हैं। परंतु विषेश जवाबदारी के तौर पर एक कान्फ्रेन्स समिति बनायी गयी है जिसके चेयरमेंन पूर्व प्रांतपाल सरदार राजेन्द्र सिंह हैं और इस समिति के दूसरे सदस्य हैं कान्फ्रेन्स सेकेटरी जी.एस. मेंनी, कोषाध्यक्ष बी.एल नेमा और डिस्ट्रिक्ट सेकेटरी डां हरदेव आनंद ।तीन दिवसीय इस कान्फ्रेन्स के दौरान रोटरी प्रशासन की समस्याओं पर गोष्ठियां परिचर्चायें होंगी, विभिन्न प्रतियोगितायें होंगी, सांस्कृतिक कार्यक्रम होंगे और आगामी प्रांतपाल का चुनाव होगा। बहुत कुछ मायनों में डिस्ट्रिक्ट कान्फ्रेन्स एक ऐसा सालाना जलसा है जिसमें विभिन्न स्थानों से आये प्रतिनिधियों को एक दूसरे से मिलने जुलने और आपस में विचार विमर्श का मौका प्रदान करता है।

उल्लेखनीय है कि इस बार रोटरी अंतर्राष्ट्रीय के अध्यक्ष बनने का सौभाग्य रोटेरियन राजेन्द्र कुमार साबू के रूप में एक भारतीय को मिला है जो तमाम रोटरीजनों में रोटेरियन राजा के नाम से लोकप्रिय हैं। इस प्रतिष्ठित सम्मान को प्राप्त करने वाले दूसरे भारतीय हैं इसके पहले 1962–63 में कलकत्ता वासी नितिश चन्द्र लहरी पहले भारतीय के तौर पर रोटरी अंतर्राष्ट्रीय अध्यक्ष बने थे ।अत्यंत ही मधुर और मिलनसार स्वभाव के धनी रोटेरियन राजा चंडीगढ़ के एक जाने माने व्यवसायी हैं। प्रांतपाल न्यायमूर्ति गुलाब गुप्ता अपने समाज सेवी स्वभाव और अकादमी सम्मान के लिये ख्यातिलब्ध हैं।

दुनियाभर में रोटरी जनों को अंतर्राष्ट्रीय अध्यक्ष राजा साबू ने जो संदेश दिया है वह है 'देखो स्वयं से परे ' और इसका खुलासा उनके ही शब्दों में इस प्रकार हैं। अपने अंतहकरण को खोजती हुये हमारी दृष्टि उसे आंतरिक शक्ति को उजागर करती है जिससे हम अपने मन, वचन और कर्म की सीमित सीमाओं से उपर उठकर स्वयं से परे देख सकते हैं ।यह असीम व गतिशील आंतरिक शक्ति मनुष्य के संकल्पों को अर्थ देती है जिससे एक नयी दृष्टि कर्म यात्रा का सूत्रपात होता है। यह दृष्टि ही हमारे अंदर की शांति है, और है एक ऐसी सुखी दुनिया की परिकल्पना जो भय और आवश्यकता से मुक्त हो, हमारा यह संकल्प, इस दृष्टि को हमें पूर्ण रूपेण सेवारत होकर साकार रूप देने को प्रेरित करता है। आपके माध्यम से रोटरी के सम्मुख एक मिशन है, दृष्टि है क्योंकि स्वयं से परे देखने की शक्ति और क्षमता आप में ही है।

आज रोटरी विश्व की सबसे बड़ी अंतर्राष्ट्रीय संस्था है जो 173 देशों में फैली है। कुल क्लब संख्या 24000 से ज्यादा है और सदस्य संख्या 12,50,000 है और तमाम रोटरी क्लबों को लगभग 490 डिस्ट्रिक्ट में संगठित किया गया है। 1989–90 में पूर्वी यूरोप के तत्कालीन साम्यवादी देशों चेकोस्लोवाकिया, रूमानिया, बुल्गारिया में रोटरी क्लब संगठित किये गये हैं और इन दिनों मास्को में भी पहला रोटरी आज एक अंतर्राष्ट्रीय संस्था है। रोटरी संस्था अपनी प्रशासनिक व्यवस्था और कार्य कुशलता के लिये भी प्रतिष्ठित है और तमाम देशों के लिये एक अनुकरणीय प्रशासनिक उदाहरण बनी हुयी है। रोटरी के मानवीय

कार्यक्रम इतने व्यापक और सफल रहे हैं कि संयुक्त राष्ट्र संघ में उसे एक प्रेक्षक का दर्जा दिया गया है तथा यूनिसेफ व यूनेस्को जैसी एजेन्सियां रोटरी को अपनी सभाओं में आमंत्रित करती हैं। रोटरी के अतःराष्ट्रीय अध्यक्ष को लगभग राष्ट्राध्यक्ष जैसा आदर सत्कार मिलता है।

इस समय भारत में कुल 1669 रोटरी क्लब हैं जो 27 रोटरी डिस्ट्रिक्ट में संगठित हैं। कुल सक्रिय सदस्यता 61021 है भारत में सबसे पहले रोटरी क्लब की स्थापना कलकत्ता में 1930 में हुई है। जबलपुर में पहला रोटरी क्लब 1932 में आरंभ हुआ जो इस समय अहूजा भवन पचपेढ़ी में कार्यरत है। इस प्रकार यह क्लब सारे भारत में सबसे पुराने रोटरी क्लबों में से एक है। आज जबलपुर में क्लब संख्या सात है, जिसका मतलब यह रहा कि हफ्ते के हर दिन यहां रोटरी क्रियाशील रहती हे।

रोटरी की स्थापना 23 फरवरी 1905 को हुयी और उसका फैलाव कनाडा, इग्लैण्ड, फ्रान्स आदि पश्चिमी और यूरोपीय देशों में होने लगा।

– एन.सी.ब्योहार

दैनिक भास्कर–27 नवम्बर 1992

मंडल शिफारिशों पर सुप्रीम कोर्ट का फैसला

अभी हाल ही में सुप्रीम कोर्ट ने आरक्षण नीति पर एक महत्वपूर्ण निर्णय सुनाया है। कुछ लोग इसे मण्डल निर्णय कहना चाहेंगे हालाकि स्वयं सुप्रीम कोर्ट ने स्पष्ट कर दिया है कि उनका निर्णय यह तय नहीं करता कि मंडल आयोग कि सिफारिशें सही हैं या गलत। 9 सदस्यीय संविधान पीठ ने 6–3 के बहुमत से निर्णय दिया है कि राष्ट्रीय मोर्चा सरकार द्वारा 13 अगस्त 1990 को जारी किया गया वह नोटिफिकेशन वैधानिक है जिसके द्वारा सरकारी नौकरियों में पिछड़े वर्ग या ओबीसी के लोगों के लिए 27 प्रतिशत सीटें आरक्षित की गई हैं बशर्ते इस 27 प्रतिशत में से पिछड़े वर्ग या ओ.बी.सी. के उन लोगों को अलग कर दिया जाता है जो अब साधन संपन्न हो गये है, सुप्रीम कोर्ट ने इन लोगों को 'क्रीमी लेयर' कहा है। परंतु निर्णय ने मौजूदा सरकार के 25 सितम्बर 1991 को जारी किये गये उस नोटिफिकेशन को अवैध ठहरा दिया है जिसमें 90 प्रतिशत आरक्षण की सुविधा आर्थिक रूप से पिछड़े लोगों के लिये प्रस्तावित की गई है जिनके लिए आरक्षण की कहीं भी व्यवस्था नहीं की गई है। निर्णय में कहा गया है कि कुल आरक्षण 50 प्रतिशत होना चाहिए हालाकि अपवाद के रूप में इस सीमाबंदी का उल्लंघन उस हालत में स्वीकार किया जा सकेगा जब ऐसा दिखे कि किसी वर्ग या समुदाय को नौकरियों में समुचित प्रतिनिधित्व नहीं मिल पा रहा है। निर्णय का एक उल्लेखनीय पहलू यह है कि आरक्षण की सुविधा नौकरियों में सिर्फ भरती के समय दी जा सकेगी और तरक्की के मौकों पर सामान्यता सीटें आरक्षित नहीं रखी जायेंगी। कहा गया है कि तरक्की के बावत् यह नियम भविष्य में होने वाले मामलों पर ही लागू होगा। यह नियम उन मामलों पर ही लागू होगा जहां तरक्की के लिए आरक्षण नियम इस निर्णय के पहले से ही बनाया जा चुका है। लेकिन यह नियम भी निर्णय दिनांक से 5 वर्ष तक ही प्रभावशाली रहेगा। सुप्रीम कोर्ट की इस मुद्दे पर मंशा यही दिखती है कि जिन लोगों को आरक्षण की मदद से भरती में सहूलियत मिल चुकी है ।वे अब और दूसरे के समकक्ष आ गये हैं और

इस कारण तरक्की के मामले में उन्हें सभी के साथ बराबरी के स्तर पर प्रतियोगिता करनी चाहिये। मंडल आयोग ने तरक्की के मामलों में भी आरक्षण की शिफारिश की थी ।परंतु सुप्रीम कोर्ट ने इसे यह कहकर खारिज कर दिया है कि यह प्रस्तावना संविधान के अनुच्छेद 16 (4) के खिलाफ जाती है। निर्णय का एक अन्य महत्वपूर्ण पहलू यह है कि हर प्रकार की सरकारी नौकरियों में आरक्षण की सुविधा उपलब्ध न हो सकेगी। कुछ नौकरयिों को आरक्षण के दायरे से बाहर कर दिया गया है जैसे कि सुरक्षा सेवायें, आयुर्विज्ञान के क्षेत्र में उच्च विशेषज्ञ अनुशासन, इंडियन एयर लाइंस तथा एयर इंडिया के पायलटों की सीटें, विज्ञान के क्षेत्र में तकनीकी पद, इत्यादि। निर्णय की दिनांक से 4 माह के भीतर केन्द्र तथा राज्य सरकारों को समय दिया गया है, जिसके भीतर उन्हें उन आयोगों का गठन कर लेना होगा जो यह तय करेंगे कि पिछड़े वर्ग में किन्हें रखना, ये आयोग उन तमाम विवादों का निपटारा करेंगें जो उन शिकायतों को लेकर उत्पन्न होते हैं जिनमें कहा जाता है कि पिछड़े वर्ग की लिस्ट में ऐसे लोगों को शामिल कर दिया गया है जो पिछड़े नहीं हैं या फिर इसमें ऐसे लोग शामिल नहीं किये गये हैं जो वास्तव में पिछड़े हैं। 'क्रीमी लेयर' लोग कौन हैं – यह निर्धारित करना आसान काम नहीं है और इस मुद्दे पर भी सुप्रीम कार्ट ने अपना मार्गदर्शन प्रदान किया है। केंन्द्र सरकार को निर्देशित किया गया है कि इस निर्णय की दिनांक से 4 माह के भीतर ऐसे सामाजिक–आर्थिक मापदंडो की रचना कर लें जिनकी मदद से पिछड़े वर्ग में से संपन्न या 'क्रीमी लेयर' लोगों को छांटकर अलग किया जा सकेगा। सुप्रीम कोर्ट ने यह व्यवस्था दी है कि इन मामलातों के बारे में विवादों का निराकरण सिर्फ सुप्रीम कोर्ट द्वारा ही किया जा सकेगा तथा ये मामले दूसरी अदालतों में दायर नहीं किये जा सकेंगें।

शीर्षस्थ न्यायमूर्तियों के कथन के बावजूद भी इसे मंडल–निर्णय ही कहा जायेगा क्योंकि निर्णय ने मण्डल सिफारिशों की सामान्यतया पुष्टि ही की है। निर्णय ने मंडल आयोग की उस महतवपूर्ण सिफारिश पर अदालती मुहर लगा दी है जिसमें अनुशंसा की गई है कि सरकारी नौकरियों में पिछड़े वर्ग ओ.बी.सी के लोगों के लिए 27 प्रतिशत स्थान

आरक्षित रखे जाने चाहिये। इसके पहले व्यवस्था यह थी कि सिर्फ अनुसूचित जाति और अनुसूचित जनजाति के लोगों को क्रमशः 15 तथा 9 प्रतिशत स्थान आरक्षित दिये गये थे। मंडल आयोग के सामने मूलभूत सवाल यही था कि अनुच्छेद 16 (4) के प्रावधानों के तहत् क्या सामाजिक आर्थिक रूप से पिछड़े लोगों के लिये या ओ.बी.सी. 'अदर बैकवर्ड क्लासेस' के लिए भी कुछ सरकारी नौकरियां आरक्षित रखी जा सकती हैं या नहीं। और फिर यदि उत्तर हाँ में रहा तो फिर आरक्षण का अंश कितना हो सकता है। 1980 में प्रस्तुत की गई मंडल–सिफारिशों की 1990 में तत्कालीन प्रधानमंत्री विश्वनाथ प्रताप सिंह ने नाटकीय ढ़ंग से ठंडे बस्ते में से बाहर निकालते हुये लागू करने वाला नोटिफिकेशन जारी कर दिया था। परिणाम स्वरूप लगभग सारे देश में भीषण आरक्षण–विरोध हुआ, लगभग 400 लड़के–लड़कियों ने आत्मदाह रूपी अभूतपूर्व विरोध प्रकट किया। लिहाजा मसला सुप्रीम कोर्ट गया जहां मुद्दा विचारणीय यही रहा कि ओ.बी.सी. लोगों को 27 प्रतिशत आरक्षण दिया जाना चाहिए या नहीं। इस मुद्दे पर उच्चतम न्यायालय ने प्रमाणिक उत्तर दिया है कि इस प्रकार आरक्षण की व्यवस्था की जा सकती है।

सुप्रीम कोर्ट के इस ताजे फैसले में एक प्रकार का विरोधाभास दिखता है। एक तरफ तो यह कहा गया है कि पिछड़ेपन का निर्धारण आर्थिक मापदंड से नहीं किया जा सकेगा और इस प्रकार राव–सरकार के 1991 के नोटिफिकेशन को निरस्त कर दिया गया है तो दूसरी तरफ शीर्षस्थ न्यायाधीश यह भी चाहते हैं कि सामाजिक–आर्थिक रूप से पिछड़े वर्ग में से 'ज्यादा पिछड़े लोगों को प्राथमिकता के आधार पर आरक्षण दिलाया जाए। 'ज्यादा पिछड़े तथा सबसे ज्यादा पिछड़े' वर्ग के रूप में एक नये अस्तित्व को शीर्षस्थ मान्यता भी मिल गई है। इस विराधाभास का एक स्त्रोत यही दिखता है कि अनुच्छेद 16 (4) में सामाजिक आर्थिक रूप से पिछड़े लोगों को विशेष सुविधायें मुहैया कराने के लिए सरकारों को निर्देशित किया गया है। निर्णय का एक परिणाम यह भी है कि भविष्य के लिए गैर–हिन्दू समुदायों के आर्थिक और सामाजिक रूप से पिछड़े लोगों को आरक्षण के छत्ते के नीचे खड़ा कर दिया गया है, उदाहरणार्थ ईसाई और सिखों में से उन लोगों को आरक्षण

मिल सकेगा जो सामाजिक, आर्थिक रूप से पिछड़े है। परन्तु सुवर्ण हिन्दुओं के उन निचले स्तर के लोगों को आरक्षण की सुविधा नहीं मिलेगी जो आर्थिक रूप से पिछड़े है। इस प्रकार कोर्ट द्वारा आर्थिक मापदंड को पिछड़ेपन के सबूत के रूप में ठुकरा दिया गया है। निर्णय के इस भाग को लेकर राव–सरकार की आलोचना की जा रही है क्योंकि उनका 25 सितम्बर 1991 को जारी किया गया नोटिफिकेशन खारिज कर दिया गया है। भला राव सरकार भी अपनी हार क्यों मान ले। सरकार द्वारा अभी से इशारे किये जा रहे हैं कि आर्थिक रूप से पिछड़े सुवर्णो के लिए 10 प्रतिशत आरक्षण दिलाने के लिए संविधान में संशोधन किया जायेगा ताकि इन लोगों को संवैधानिक गारंटी मिल सके। उच्चतम न्यायालय के निर्णयों को राजनीतिक संशोधनों से धुला देना कोई नई बात नहीं है। ऐसे संशोधन पहले भी कई बार हो चुके हैं, उदाहरणार्थ संपत्ति के बुनियादी अधिकार पर किया गया संशोधन तथा शाहबानो निर्णय के बाद दंड प्रकरण संहिता में किया गया संशोधन। हम यही कहना चाहेंगे कि यदि राव–सरकार द्वारा इस प्रकार का संशोधन लाया जाता है तो यह एक साफ राजनीतिक निर्णय ही होगा जिसका एकमात्र मकसद राजनीतिक लाभ हासिल करना ही होगा। सुप्रीम कोर्ट का एक नजरिया यह रहा है कि न्यायोचित लोगों को सामाजिक और वैधानिक सुरक्षा प्रदान की जाये और साथ ही साथ निपुणता–कुशलता–योग्यता का नुकसान न हो। हम सुझाव देना चाहेंगे कि हमारी सरकारों द्वारा सुप्रीम कोर्ट की अनुशंसा का भरपूर पालन करना चाहिये तथा कुछ इस प्रकार के रचनात्मक कार्यक्रम अमल में लाना चाहिये जिनसे पिछड़े वर्ग के लोगों की आर्थक निर्धनता दूर हो। उल्लेखनीय है कि न्यायमूर्ति डॉ. टी. के. थाम्मन, न्यायमूर्ति श्री कुलदीप सिंह तथा न्यायमूर्ति श्री आर.एम. सहाय ने अपने 84 पृष्ठीय अल्पमतीय फैसले में यही कहा है कि गरीबी या निर्धनता के कारण ही समाज में पिछड़ापन आता है और इस कारण यदि सामाजिक पिछड़ेपन को दूर करना है तो हमें सबसे पहले निर्धनता दूर करनी होगी। अल्पमतीय इन निर्देशों का पालन करते हुये केन्द्र सरकार के लिए बेहतर यही होगा कि गरीबी उन्मूलन के कार्यक्रम ईमानदारी के साथ क्रियान्वित किये जावें।

यह अल्पमतीय फैसला अपने आप में एक मिसाल है। शायद यह पहला फैसला होना चाहिए जबकि इतने न्यायमूर्तियों ने एक साथ आरक्षण के मसले पर विरोध मत जाहिर किया है हालाकि विद्वान न्यायमूर्तियों ने आरक्षण नीति को उचित ही ठहराया है, परंतु उन्होनें 13 अगस्त 1990 तथा 25 दिसम्बर 1991 को जारी किये गये दोनों नोटिफिकेशन अवैध ठहराये हैं। पहले वाले नोटिफिकेशन को अवैध ठहराना ज्यादा ध्यान में रखने योग्य है क्योंकि यह नोटिफिकेशन मंडल शिफारिशों में संबंध है।

मंडल शिफारिशों से ही संलग्न एक ओर मुद्दा है जिस पर सुप्रीम कोर्ट का यह निर्णय महत्वपूर्ण माना जायेगा। यह मुद्दा पिछड़े वर्ग और जाति की व्याख्या से सरोकार रखता है। शीर्षस्थ न्यायाधीशों के सामने मुद्दा यह था कि पिछड़ा वर्ग किन्हें कहा जाये, क्या जातियों को पिछड़ा वर्ग कहा जा सकता है, क्या जो व्यक्ति समुदाय सामाजिक रूप से पिछड़े हैं उन्हें पिछड़ा वर्ग कहा जाये या फिर जो आर्थिक रूप से पिछड़े हैं उन्हें पिछड़ा वर्ग कहा जाये। उन्होंने स्वतः यह निर्धारित करने की कोशिश नहीं की है कि कौन पिछड़े वर्ग का है। उन्होंने यह भी कहा है कि पिछड़े वर्गों को पहचानने का काम सरकार द्वारा गठित संस्था द्वारा किया जाना चाहिए। साथ ही साथ सुप्रीम कोर्ट ने एक हल्का प्रयास इस प्रकार किया है कि पिछड़े वर्ग को जातियों के रूप में पहचाना जा सकता है, कुछ व्यवसायिक समुदायों को पिछड़े वर्ग में रखा जा सकाता है तथा कुछ खास व्यक्ति–समुदायों को भी पिछड़े वर्ग में रखा जा सकता है। विद्वान न्यायमूर्तियों ने इस तर्क को भी मान्यता दी है कि पिछड़े वर्ग को भी 'ज्यादा पिछड़े तथा सबसे ज्यादा पिछड़े' उपवर्ग में बांटा जा सकता है और उन्होंने अपना मत व्यक्त किया है कि आरक्षण के मामले में इस उपवर्ग को प्राथमिकता दी जा सकती है। इस प्रकार स्पष्ट है कि सुप्रीम कोर्ट ने जातिगत आरक्षण पर अपनी प्रमाणिक मुहर लगा दी है। निसंदेह इससे उन लोगों को निराशा होगी जो उम्मीद लगाये बैठे थे कि सुप्रीम कोर्ट द्वारा जातिवाद को बढ़ावा देने वाली मंडल शिफारिशों को ठुकरा दिया जावेगा। निःसंदेश संविधान के अनुच्छेद 16 (4) ने कहा है कि पिछड़े वर्ग के नागरिकों के लिए सरकारी नौकरियों में सीटें आरक्षित

रखी जा सकेंगी जिन लोगों को समुचित प्रतिनिधित्व नहीं मिला हो। इसी संवैधानिक निर्देश के बल पर 13 अगस्त 1990 के नोटिफिकेशन को वैध ठहराया गया है। पर फिर आगे बढ़कर सुप्रीम कोर्ट ने पिछड़े वर्ग और पिछड़ी जातियों को लगभग एक ही मान लिया है और इस सीमा तक कहा जा सकता है कि यह निर्णय जातिगत तर्क को प्रोत्साहित करना है।

सुप्रीम कोर्ट के इस निर्णय के बाद अब सवाल यह है कि इसके निर्देशों को कैसे अमल में लाया जाये। क्या हमारे मन में ईमानदारी के साथ यह भावना है कि समाज के पिछड़े लोगों के उद्धार के लिए वाकई कुछ किया जाये, क्या हमारी आरक्षण नीति की आधार–शिला राजनीतिक लाभ–हानि के गुणाभाग से प्रभावित होती है या नहीं, क्या ऐसा नहीं कहा जा सकता कि मंडल आयोग की सिफारिशें सिर्फ इस कारण से एकाएक लागू कर दी गई थीं कि तत्कालीन सरकार को समयानुकूल फायदा मिल सके, अनुसूचित जाति तथा अनुसूचित जनजातियों के लिए आरक्षण की व्यवस्था 1950 से लगातार चली आ रही है ।आज हमारे पास आंकड़े नहीं है कि इस 42 वर्षो में इनमें से कितनों को कितना फायदा मिला, अजा और अजजा के लोगों को नौकरियों में प्रवेश के वक्त से अब तक कितने पद आरक्षण से मिले हैं, इनके कितने स्थान आज भी खाली पड़े हैं, आदि। सरकार द्वारा ये आंकड़े आज तक आम जनता तक पहुंचाये नहीं गये हैं। इस जानकारी के अभाव में आरक्षण नीति की सफलता–असफलता पर पूरे विश्वास के साथ कुछ भी कहना संभव नहीं है। हालाकि स्वयं आरक्षित लोगों की तरफ से आये दिन आवाज उठते रहती हैं कि आरक्षण का फायदा उन लोगों तक नहीं पहुंच पाता है जो इस सुविधा के वास्तविक पात्र हैं। जब आरक्षण का विवाद शांत रहता है तब यही लोग कहते सुनाई देते हैं कि आरक्षण के जरिये उनका राजनीतिक उपयोग किया जा रहा है और जब यह चरम सीमा पर रहता है है तब यही लोग मांग करते हैं कि उन्हें आरक्षण चाहिए। गरीब और पिछड़े लोगों को आगे बढ़ाने के मामले का हर कोई पूरी तरह पक्षधर हैं। और यह भी हो सकता है कि कुछ सीमा तक आरक्षण आज भी जरूरी हो। पर फिर यह भी निसंदेह सही दिखता है कि हमारे आज के राजनेता दूध के इतने धुले नहीं हैं कि वे व्यक्तिगत

या दलगत राजनितिक स्वार्थो से उपर उठ कर गरीबों और पिछड़ों के हित मात्र की हिमायत कर रहे हैं। जाहिर है कि वे राजनितिक स्वार्थो से प्रेरित हैं और इस कारण उनके द्वारा चलाई जा रही आरक्षण की मौजूदा नीति भी प्रश्नवाचक चिन्ह के घेरे में आती है। यदि आरक्षण से आम भला होता है तो इसके खिलाफ कोई नहीं है। पर आरक्षण के राजनीतिकरण के खिलाफ हर कोई है।

– एन.सी. ब्योहार, भूतपूर्व अध्यक्ष रोटरी क्लब जबलपुर पश्चिम

नव भारत–दिनांक 12.12.1992

अयोध्या कांड धर्म के राजनितिकरण का दुष्परिणाम

हाल ही में अयोध्या में हुई घटनाओं के परिणाम स्वरूप इन लाइनों के लिखे जाने तक अखबारी जानकारी के मुताबिक लगभग एक हजार जानें गई हैं, कई लोग घायल हुए हैं तथा करोड़ों की सम्पत्ति का नुकसान हुआ है। ये सब भारत के भीतर हुआ है भारत के बाहर कुछ मुल्कों में और भी कई जानें गई हैं, अनेक मंदिर तोड़े गये हैं और संपत्ति का भारी नुकसान हुआ है। इस समय सारे भारत का सभी जगह लगभग पूरा करोबार बन्द पड़ा है।

आम आदमियों की दैनिक जिन्दगी में जो रूकावटें आई हैं उनका कोई हिसाब नहीं है नवम्बर 1990 में भी देश लगभग इसी प्रकार के माहौल से गुजर चुका है। रथ यात्रा के बाद लगभग सारे देश में साम्प्रदायिक खिंचवा, तनाव बना रहा, दंगे–फसाद हुये जिनसे सैकड़ों निर्दोश जानें गई थीं व सम्पत्ति का भारी नुकसान हुआ था।

लेकिन यदि आप इन तमाम आन्दोलन का नेतृत्व करने वाले नेताओं से पूछेंगे तो उनका उत्तर रहेगा कि जवाबदारी उनकी नहीं हैं। सितम्बर 1990 में विश्वनाथ प्रताप सिंह ने ऐसा कभी नहीं कहा था कि उनकी घोषणा के नतीजन आत्मदाह हुये। लम्बे अरसे तक तो उन्होंने चुप्पी साध रखी थी फिर कहीं जाकर उन्होंने अफसोस जाहिर किया। 1990 में ही रथ यात्रा के बाद आडवाणी जी ने भी ऐसा ही कहा था कि उनकी रथ यात्रा से साम्प्रदायिक दंगे नहीं हुए थे। रविवार को बाबरी मस्जिद ढ़हाये जाने के बाद की घटनाओं के बाद भाजपाई नेता अपनी जवाबदारी से साफ इंकार कर रहे हैं। उन्होनें सारी जवाबदारी विहिप, शिवसेना और बजरंग दल पर डाल दी है। दूसरी तरफ इन अतिवादी संगठनों का यह कहना है कि 6 दिसम्बर 1992 को जो कुछ भी हुआ उसे गैर सामाजिक तत्वों ने किया है। शायद शिवसेना मात्र ने ही मर्दानगी के साथ घटनाओं के लिये श्रेय लिया है। बाकी सारे नेता इस प्रकार की घटनाओं के लिये

अपने आप को जवाबदार कहने से कतराते हैं जो घटनायें क्रियाकलापों के फलस्वरूप घटी हैं। इस का अर्थ यही निकल सकता है कि इन नेताओं को भी इस बात का अहसास रहता है कि उनके कारण भारी खून–खराबा हुआ है, उन्हें अन्दर मन में एक पछतावा सा रहता है भले ही वे उसे खुलासा शब्दों में जाहिर नहीं करते। परिणामों की भयानकता को देखने समझने के बाद और बावजूद भी हमारे राजनेता सीख–सबक लेने को तैयार नहीं रहते। आगे चलकर वे फिर उसी प्रकार की राजनीति खेलने के लिये तैयार रहते हैं।

ऐसे इन आन्दोलनों के चलते आम जनता की प्रवृत्ति भीड़–तंत्र जैसी ही रहती है। समझदार से समझदार इंसान भीड़ का हिस्सा बन जाने पर अपना संयम खो बैठता है और वह भी वैसा ही करता है जैसा कि भीड़ करती है। भीड़ सिर्फ नुकसान बरबादी, सत्यानाश ही कर सकती है। लेकिन जब वही इंसान भीड़ से अलग हटकर अपने व्यक्तिगत संयम से काम लेता है तब उसे अपने किये करे पर पछतावा होता है। वैसे तो आम इंसान अपने दैनिक पारिवारिक जीवन की अनिवार्यताओं के निर्वाह में इतना ज्यादा मशगूल रहता है कि इसे सामान्यतः आजू–बाजू होने वाली घटनाओं में शामिल होने की फुरसत ही नहीं रहती, पर यदि उसे उसकी निजी परेशानियों जवाबदारियों से कुछ समय के लिये विमुख कर दिया जाता है और उसका सारा ध्यान कुछ ऐसे सामाजिक राष्ट्रीय मुद्दों की तरफ केन्द्रित कर दिया जाता है जिन्हें वह व्यक्ति अपने व्यक्तिगत हितों से भी ज्यादा महत्वपूर्ण मानता है, जिन मुद्दों से वह व्यक्ति भावनात्मक रूप से पूरी तरह जुड़ा रहता है तब दैनिक और व्यक्तिगत जीवन की चार दीवार तोड़कर आंदोलन में कूद पड़ता है।

देश की राजनीतिक जिन्दगी में इस प्रकार का क्रम चलते रहता है। एक खून–खराबे से दूसरा राजनेता सीख सबक नहीं लेता। वह ऐसा नहीं सोचता कि मौका आने पर में ऐसा कोई भी काम नहीं करूं जिससे दोबारा खून–खराबा हो या तो राजनेता में इस प्रकार की सोच–समझ नहीं रहती या फिर वह राजनेता अपने राजनीतिक ध्येय की प्राप्ति में इतना मदहोश रहता है वह यह मानकर चलता है कि भले ही कितनी ही जानें क्यों न जाये, देश का कितना ही नुकसान क्यों न हो जाये, हमें तो

अपना ध्येय पूरा करना ही है। देश के मौजूदा राजनीतिक परिवेश में हमारे अलग–अलग राजनेताओं का एक मात्र ध्येय यही दिखता है कि किस प्रकार अपने–अपने अलग–अलग वोट बैंक बना लिये जायें। किस को फिकर है कि किस प्रकार पिछड़े समुदाय के वोटों पर कब्जा कर लिया जाये जो लगभग 40 प्रतिशत है। कुछ दूसरों को चिन्ता है कि हिन्दू मतदाताओं को एक थैले में बन्द कर दिया जाये और इस वोट बैंक पर अपना अकेले का कब्जा जता दिया है। कहना गलत नहीं होगा कि सारी लड़ाई इन वोट बैंको को हासिल करने की है और फिर हमारे राजनेता भली भांति जानते हैं कि उनके राजनीतिक अस्तित्व को बरकरार रखने वाले ये वोट बैंक सिर्फ आम भावना भड़काने से ही बनाये जा सकते हैं, वोट बैंक सार्वजनिक भला करने से भी बनाये जा सकते है पर इसमें लम्बा समय लगेगा हो सकता है। इस तपस्या के लिये हमारे राजनेता तैयार नहीं हैं। उन्हें तुरन्त के परिणाम चाहिये। तुरन्त के परिणाम भावनाओं के दोहन से मिल सकते हैं। हमारे देश में आजकल हो यही रहा है– आम जनता की भावनाओं का एकत्रीकरण और फिर उनका व्यक्तिगत या दलगत लाभों के लिये राजनितिक दोहन।

6 दिसम्बर 1992 को अयोध्या में यही हुआ है हिन्दु श्रद्धालुओं की धार्मिक और मार्मिक भावनाओं का समूहीकरण और एक पार्टी विरोधियों द्वारा राजनीतिक दोहन। वर्षों से इन करोड़ों श्रद्धालुओं के अन्तः में यह भावना सुप्त बैठी थी कि उनके ईष्टदेव का जन्म इसी स्थान पर हुआ था और उन्हें यहॉ पर मंदिर बनाना चाहिये। वैसे तो निरन्तर बढ़ती जा रही आर्थिक परेशानियों के बोझ में वे दबते ही जा रहे थे और उन्हें कुछ और सोचने की फुरसत ही नहीं थी। पर फिर उनके सामने एक प्रतिष्ठाजनक प्रश्नवाचक चिन्ह खड़ा कर दिया गया। फिर क्या था, घटना के दिन लाखों श्रद्धालु घटना स्थल पर इकट्ठे हो गये जिन्हें दोस्तनुमा शासन तंत्र से किसी प्रकार का प्रतिकार नहीं झेलना पड़ा। घटनाक्रम के सारे परिणाम आज हमारे सामने है।

राजनीतिक पृष्ठभूमि में देखते हुये हमें समझ में आयेगा कि 6 दिसम्बर को अयोध्या में जो कुछ हुआ वह हमारी वर्षों से चली आ रही तुष्टीकरण की राजनीतिक का चरमोत्कर्ष ही था। भावनायें सबकी होती

है, बहुसंख्यकों को भी भावनायें होती हैं, अल्पसंख्यकों की भावनायें होती हैं। सभी की भावनाओं का एक बराबर आदर करना जरूरी है।

अखण्ड भारत की बात करना अच्छा है, मंदिर बनाना भी जरूरी हो सकता है। निसंदेह ये अच्छे गन्तव्य हैं। पर सबसे सर्वोपरि यह है कि देश एकीकृत रखा जाये। अभी तक जिस प्रकार अखण्ड भारत की बात कही गई है उससे संकीर्ण दलगत लाभ की गंध आती है। यदि हम वास्तव में अखण्ड भारत की भावना ध्यान में पूर्ण निष्ठा से रखते है तो हमें यही दिखेगा कि अब यहाँ सभी को रहना है, यहाँ सभी धर्मो को विकसित होना है, सभी धर्मावलम्बियों को अब यहाँ बराबरी से पूरी सुरक्षा के साथ रहना है। सारे देशवासी भारतवासी हैं। अपने धार्मिक ध्येयों को पूरा करने का एक समुदाय के धर्मस्थल को ढ़हाने का तरीका हमें खण्डित भारत ही दिला सकेगा। हमें ध्यान में यह बात सबसे उपर रखनी होगी कि हमारे यहाँ सभी धर्म के लोग रहते हैं तो हम फिर एक नये अलगाववाद को बढ़ावा देंगे।

पिछ्ल तीन–चार वर्षों के राजनीतिक घटनाक्रमों का एक सबसे बडा सबक क्या है। वह यह है कि हमें राजनीतिक और धर्म को अलग रखना होगा। हमारी राजनीति धर्म आधारित सिद्धांतों से प्रभावित नहीं रही। यदि ऐसा रहता तो मस्जिद न तोड़ी जाती तथा श्रीराम मंदिर भी बन जाता। हमारे यहाँ धर्म का दूषित राजनीतिकरण किया गया। धर्म का दलगत लाभों के लिये उपयोग किया गया। धर्म के इस राजनीतिक दोहन की परिणिति हमने अभी पिछले दिनों अयोध्या में देखी है। सारे धर्म वैसे मानवीय धर्म की बात करते हैं जो धार्मिक किताबों में नहीं लिखा मिलेगा, जो धार्मिक देवालयों में अस्तित्व नहीं रखता । यह मानवीय धर्म है जो एक–दूसरे के प्रति सहनशीलता सिखलाता है जो एक दूसरे की भावनाओं का आदर करने की समझाइश देता है। वह स्वर्णिम दिन होगा जब इस प्रकार का इंसानियत का धर्म सारी दुनिया में फैल जायेगा। जब तक इंसानियत का धर्म निर्मित नहीं हो जाता तब तक धर्म की हमारी यही दूषित व्याख्या ही कायम रही आयेगी। हमें बहरहाल तो इसी व्याख्या के साथ रहना है। तो फिर क्यों न ऐसे प्रयास किये जायें कि 'सामान्य राजनिति से धर्म को दूर रखा जाये'। क्यों न हम व्यक्तिगत स्तर पर

कोशिश करें कि 'हम अपने–अपने धर्मो का पालन अपने व्यक्तिगत प्रयासों से अपने 'राजनेताओं को अपने धार्मिक क्षेत्रों से दूर रखें। इस सुझाव पर भी ध्यान दिया जा सकता है कि ''एक कानून बनाया जाये कि राजनीतिक दल भविष्य में धार्मिक मुद्दों को न उठावें''

– एन.सी. ब्योहार,

दैनिक भास्कर–दिनांक : 08.12.1992

लाटरी से जुड़े कुछ नैतिक और सामाजिक पहलू

अभी हाल ही में मध्यप्रदेश उच्च न्यायालय ने मेसर्स सुगाल एण्ड दामाणी तथा अन्य द्वारा दायर की गई याचिका पर एक अन्तरिम आदेश पारित किया है जिसके द्वारा मध्य प्रदेश सरकार द्वारा जारी किए गए अध्यादेश दिनांक 29 नवम्बर 1992 पर स्थगन पारित करने से इंकार कर दिया है। याचिका में इस अध्यादेश की वैधानिकता को अनेक आधारों पर चुनौती दी गई हैं जिनमें से एक यह है कि अध्यादेश से याचिकाकर्ताओं का जीवनयापन का मौलक अधिकार उनसे वंचित किया जा रहा था। याचिकार्ताओं का यह भी कहना है कि उन्हें जो नुकसान हुआ है उसके लिए सरकार मुआवजा भुगतान करे। अन्तरिम राहत के रूप में उन्होंने यह मांग की थी कि जब तक मामले का आखिरी फैसला नहीं हो जाता है तब तक अध्यादेश के लागू होने पर रोक लगा दी जाए। इसका मतलब यह रहा कि यदि रोक लगा दी जाती है तो याचिकाकर्ताओं को लाटरी फिर से चलाने दी जाएगी। 2 दिसम्बर 1992 को दिए गए इस अंतरिम आदेश का परिणाम यह है कि बहरहाल तो मध्यप्रदेश राज्य की चारों लाटरियां बंद रहेंगी तथा दूसरे राज्यों की लाटरियां यहां नहीं बेची जाएंगी।

यह अंतरिम आदेश उच्च न्यायालय की उस खण्डपीठ द्वारा दिया गया है जिसका गठन.....न्यायमूर्ति श्री शशिकांत सेठ मध्यप्रदेश उच्च न्यायालय के दूसरे कम के वरिष्ठ न्यायाधीश हैं तथा न्यायमूर्ति श्री प्रकाश प्रभाकर नावलेकर कनिष्ठ न्यायाधीशों में से एक हैं। दोनों न्यायमूर्ति प्रसिद्ध विधि परिवारों के सदस्य रहे हैं तथा न्यायमूर्ति बनाए जाने के पहले वे सफल वकील माने जाते थे।

मामला माननीय उच्च न्यायालय के सामने विचाराधीन है, और हो सकता है कि इसे उच्चतम न्यायालय ले जाया जाए। मध्य प्रदेश सरकार ने उच्चतम न्यायालय में पूर्वानुमान लगाते हुए केविएट लगा रखा है। इस

कारण उसके कानूनी गुण–दोषों पर कुछ भी कहना उचित न होगा। परंतु लाटरी से संबंधित सामाजिक पहलुओं पर निःसंदेह कहा जा सकता है।

ऐसा नहीं है कि लाटरियां इसके पहले नहीं चलती थीं। लाटरियां पहले भी चलती थीं, पर पहले की लाटरियां ने इतनी ज्यादा खलबली कभी नहीं मचाई थीं। पहले राज्य सरकारों ने लाटरियां को इस प्रकार के शासकीय स्तर पर नहीं चलाया था। पहले लाटरियां प्रायवेट पार्टियां चलाती थीं, पर अब राज्य सरकारें इन्हें चलाती हैं। मौजूदा मामले में राज्य सरकार का यही कहना रहा है कि ये सरकारी लाटरियां नहीं थीं। पर दरअसल में हर मायने में ये सरकारी लाटरियां ही थीं, क्योंकि सारा नियंत्रण और संचालन राज्य सरकार का ही था। सरकारों के सामने लाटरियों का प्रलोभन हमेशा से ही रहा है। सवाल यही रहा है कि लाटरियां चलाई जाएं या नहीं। लाटरियां चलाना लगभग अनैतिक है। लेकिन इन्हें नहीं चलाते हैं तो करोड़ों की सालाना आमदनी का नुकसान होता है ।इसी उधेड़बुन में उलझीं सरकारें आखिरकार करोड़ों की कमाई के पक्ष में निर्णय लेती हैं, लाटरियां चल पड़ती हैं, आमदनी होती है पर दूसरी तरफ असीमित नुकसान भी होता है। लिहाजा आगे चलकर लाटरियां बंद कर दी जाती हैं। ये चक्कर चलते रहते हैं।

इन चार लाटरियों के पहले सट्टा चलता था। रतन खत्री के बरली मटके में लाखों सटोरिये समा गए थे। इस सट्टे का अभिशाप कुछ कम नहीं था। स्कूलों, कॉलजों, दफ्तरों में सभी जगह सट्टा फैला हुआ था। अखबारों में बंद और खुले नंबर रोज छपते थे। पर इस सबके बावजूद भी सट्टे का आतंक लॉटरी के स्तर पर नहीं फैला था। सट्टे के कारण लोग बाग तबाह जरूर हुए पर आत्म हत्याओं के मामले प्रकाश में नहीं आए जैसा कि लाटरी के साथ हुआ है। इस कारण लाटरी का दुष्परिणाम सट्टे की तुलना में कहीं ज्यादा अनुभव किया गया है।

इस बात से बहुत कम लोग इंकार करेंगे कि लाटरी एक खराब व्यसन है। इसे सिर्फ वही दो चार लोग अच्छा कह सकते हैं जो इससे लाभान्वित होते हैं। जैसे कि स्टाकिस्ट, थोक व्यापारी, बाकी छोटे–मोटे दुकानदार और लाखों दीगर खरीददार सभी नुकसान ही नुकसान सहते रहते हैं। पर फिर भी दिन–प्रतिदिन लाटरी का प्रसार बढ़ता ही जाता है।

और ज्यादा लोग इसकी चपेट में आते जाते हैं। लोगों की जमा पूंजी लाटरी के चक्कर में समाप्त होते रहती है, तबाही चारों तरफ फैलती जाती है, पर फिर भी लोग बाग इसके प्रभाव से अपने आपको नहीं बचाते हैं। ऐसा क्यों होता है.

सिगरेट–शराब पीने वाला हर आदमी जनता है कि ये खराब चीजें हैं। इनसे सेहत को नुकसान होता है और फिजूलखर्ची होती है। इन्हें स्टेट्स सिममबल माना जाता है। इनका उपयोग निरन्तर बढ़ते ही जा रहा है। नैतिक पतन के और भी दूसरे जरिये हैं जिनमें जानते हुए भी इंसान फंसता है। मनुष्य के स्वभाव की यह कुदरतन कमजोरी है जो आरंभिक काल से चली आ रही है और जिस पर काबू पा लेने की निकट भविष्य में कोई संभावना नहीं दिखती। साथ ही साथ इंसान की एक कमजोरी यह भी है कि वह बिना मेहनत किए पैसा कमाना चाहता है। सट्टा, जुआ, लाटरी सब्जबाग दिखाते हैं कि बिना ज्यादा मेहनत किए तकदीर अच्छी रही तो धन–दौलत कमाई जा सकती है। लाटरी खेलने वाले के सामने एक उम्मीद बनी रहती है कि एक रूपए का टिकट खरीद कर क्यों न एक लाख रूपया कमाने की चेष्टा की जाए, यदि तकदीर रही तो मालामाल हो गए वरना एक रूपए का नुकसान क्या चीज है। हारने पर वह खिलाड़ी फिर रूपया लगाता है और जीतने पर फिर रूपया लगाकर पूंजी निवेश जैसा काम करता है। इस प्रकार वह इंसान निरंतर लाटरी के मायाजाल में फंसते जाता है और अक्सर भारी नुकसान का भागीदार होता है।

जुए, सट्टे के खराब और नुकसानदायक होने की जानकारी हजारों वर्षों से चली आ रही है। कम से कम महाभारत के समय से तो हमें जानकारी है कि जुआ किस कदर का कहर बरसा सकता है। पर फिर भी हम सुधरने सम्हलने को तैयार नहीं रहते। ऐसा क्यों है।

इसका निःसंदेह एक कारण यह हो सकता है कि इन व्यसनों को शासकीय स्तर पर बढ़ावा और प्रलोभन दिया जाता है। हमने अभी–अभी देखा है कि इन चार लाटरियों ने किस कदर चारों तरफ बरबादी का ताण्डव फैला दिया था। लाटरी के इन आठ नौ महीनों के पहले लोग बाग अपने–अपने कामों में लगे रहते थे, पढ़ने वाले पढ़ रहे थे, ग्रहणियां

अपनी–अपनी गृहस्थियां देख रही थीं, मजदूर मजदूरी करके अपने परिवार का पेट पाल रहे थे कि सहसा राज्य सरकार ने अपनी ये चार लाटरियां आरंभ कर दीं। लोगों के मन में भुचाल–सा मच गया। अब राज्य सरकार भले ही कहें कि ये शासकीय लाटरियां नहीं थीं, पर वास्तविकता तो यही रहेगी कि ये पूरी तरह राज्य सरकार की सरकारी लाटरयिां ही थीं, उन्हें राज्य सरकार का पूरा प्रश्रय मिला था। इन चारों लाटरियों के प्रचलन ने निरंतर बढ़ती हुई तबाही को जन्म दिया। लाखों विद्यार्थियों की पढ़ाई का नुकसान हुआ, अनेकानेक गृहणियां कर्तव्य विमुख हो गईं, अनेकों घर बरबाद हो गए। बताया जाता है कि कम से कम 27 निराश लोगों ने सारे प्रांत में आत्महत्यायें की हैं। सवाल यही है कि इस समूची सत्यानाशी के लिए जवाबदार कौन है, क्या राज्य सरकार द्वारा यह बचाव लिया जा सकता है कि मनुष्य के स्वभाव में कुदरतन यह है कि वह व्यसनों में फंसता है. इन तमाम आत्महत्याओं के लिए अपरोक्ष रूप से नैतिक जवाबदारी किसकी है। ऐसा नहीं है कि आम जनता ने कहा कि सरकार उनके लिए लाटरियां चलावें। ऐसा भी नहीं कहा जा सकता कि इन्हें चलाने के पहले राज्य सरकार को मालूम नहीं था कि लाटरियां खराब होती हैं। उच्चतम न्यायालय के 1953,1957,1978, तथा 1984 के फैसले आ चुके हैं कि लाटरी खराब चीज है। कई उच्च न्यायालयों के भी ऐसे ही फैसले हैं। इस समस्त जानकारी के बावजूद भी लाटरियां चलाई गईं। जाहिर है कि हुई सारी सत्यानाशी के लिए नैतिक जवाबदारी केन्द्र सरकार की है। जिसने राज्य सरकारों को लाटरियां चलाने की हरी झण्डी दिखाई तथा उन समस्त राज्य सरकारों की भी जवाबदारी है जिन्होंनें लाटरियां बेलगाम चलाईं।

उच्च न्यायालय में राज्य सरकार ने तर्क पेश किए हैं कि लाटरी खराब चीज हैं जिससे आम जनता का नुकसान हो रहा है, आत्म हत्यायें हो रही हैं। सरकार को अपनी आमदनी जायज तरीके से अर्जित करनी चाहिए, हमारा संविधान हमारे देश को एक समाज कल्याणकारी राष्ट्र बनाता है, आदि–आदि। ये सब बहुत ही लभावने तर्क हैं, पर सवाल यही उठता है कि ये सारे तर्क पहले कहां थें। क्या राज्य सरकार को आठ महीने पहले नहीं मालूम था कि लाटरियां खराब होती हैं। क्या इन

आत्महत्याओं और तबाही के बाद ही राज्य सरकार की आँखे चेतीं. इन तमाम बरबादियों के लिए किसे दोषी ठहराया जाए। या फिर जो कुछ हुआ है उसे सरकार अब किस प्रकार से भरपाई करने जा रही है। माना कि आम आदमियों की प्रवृत्ति रहती है कि लाटरी जुआ, सट्टा खेले जाऐं, शराब–सिगरेट पिये जाऐं। पर सरकार की क्या जवाबदारी होती है। क्या सरकार को इन प्रवृत्तियों को और ज्यादा बढ़ावा देना चाहिए। या फिर क्या इन्हें दबाने चाहिए। कहीं ऐसा तो नहीं राजनितिक नफा–नुकसान के समीकरण ने लाटरियां बंद करा दी हैं। आज सरकार कहती है कि आम जनता के हित में यह कदम उठाया गया है।

निःसंदेह हम लाटरियों के बंद होने का भरपूर स्वागत करते हैं। लाटरियों से होने वाली अवश्यंभावी बरबादी को समय पर रोक दिया गया है। इस सीमा तक सरकार ने सही कदम उठाया है। पर फिर सरकार द्वारा शुरू से ही क्यों न सूझबूझ का परिचय दिया जाए। व्यापारिक–व्यवसायिक क्षेत्र में सरकार सबसे बड़ा व्यापारी है। सरकार को अपना करोबार कुछ इस प्रकार चलाना चाहिए जिससे सरकार की साख बढ़े, दूसरे दीगर व्यापारियों के सामने अच्छा उदाहरण पेश हो सके। ऐसा न दिखे कि सरकार ही गलत और अनैतिक व्यवसायिक आचार संहिता का उपयोग कर रही है, तब फिर क्यों कर आम व्यापारी अपनी पुरानी मान–मर्यादाओं से जुड़े रहें।

लाटरियों की बात करते समय शराब और सिगरेटों का जिकर किया जाना स्वाभाविक है। कौन नहीं जनता कि शराब और सिगरेट दोनों हानिकारक हैं। इनके मामले में सरकारी नीति में विरोधाभास है। एक तरफ तो सरकार कानून बनाती है कि सिगरेटों पर लिखा जाए कि सिगरेट पीना स्वास्थ्य के लिए हानिकारक है, सिगरेटों के विज्ञापन दूरदर्शन पर प्रतिबंधित है। इसी प्रकार शराबखोरी पर अनेकों सरकारी प्रतिबंध हैं। लेकिन इसके ठीक दूसरी तरफ सरकार को शराब के ठेके लाखों पर जाते हैं। सरकार जानती है कि आम लोग शराब और सिगरेट तो पियेंगे ही। तो फिर अपना करोड़ों का नुकसान क्यों होने दिया जाए। कुछ ऐसी ही बात लाटरी के मामले में है। सरकार भली भांती जानती है

कि आम आदमी लाटरी खेलना चाहता है। तो फिर क्यों न चलते–चलते कुछ कमा लिया जाए। किसी का नुकसान होता है तो होता रहे।

सरकारी टेलीफोन मुहकमे को ले लीजिए। आम उपभाक्ताओं के टेलीफोन हफ्तों डैड पड़े रहते हैं और दूसरी शिकायतें बनी रहती हैं। उपभोक्ता परेशान रहता है, उसे अच्छी सर्विस नहीं मिलती। पर उसे भाड़ा पूरा ं देना पड़ता है। यदि टेलीफोन कटा तो पुनः कनेक्शन के सौ रूपए देना पड़ते हैं। यदि दीगर व्यापारी कोई वस्तु नहीं बेच पाता है तो वह खरीददार का पैसा लौटा देता है। जब सरकार व्यापार करती है तब वह भी ऐसा सलूक क्यों नहीं पेश करती। कहीं गैर जवाबदेही की यही प्रवृत्ति लाटरी के पीछे क्रियाशील तो नहीं है।

सवाल यह कि इतना सब होते हुए भी सरकार द्वारा लाटरियां किस अधिकार के तहत चलाई जाती हैं। संविधान की लिस्ट प्रथम की प्रविष्टि 40 यह दर्शाती है कि लाटरी केन्द्रीय मसला है जिस पर सिर्फ केन्द्र सरकार ही कानून बना सकती है। राज्य सरकारों ने 1968 में सबसे पहली बार इस स्तर पर लाटरियां आयोजित करने का इरादा जाहिर किया। लाटरियां चलाने के लिए केन्दीय सरकार की अनुमति ली गई हालाकि शुरू में तो केन्द्र सरकार का मन नहीं था पर बाद में जब राज्य सरकारों ने समझाया कि लाटरियों से राज्य सरकारों की योजनाओं के लिए महती आमदनी जुटाई जा सकती हैं तब तक केन्द्र सरकार ने अनुमति दे डाली। यह अनुमति 1 जुलाई 1968 के पत्र में अंकित थी जो सभी राज्यों के सचिवों को लिखा गया था। मध्य प्रदेश सरकार ने ये चारों लाटरियां 1968 के इसी केन्द्रीय निर्देश के तहत जारी की हैं।

जब ये लाटरियां चालू की जाने वाली थीं, तब चार कंपनियों ने अपने–अपने कोटेशन भेजे थे। मेसर्स सुगाल एण्ड दामाणी का काटेशन सबसे अच्छा था। उन्होंने 64 हजार रूपए प्रति ड्रा की रायल्टी देने का प्रस्ताव दिया था ।पर बाद में उभय पक्षकारों के बीच 32 हजार रूपये प्रति ड्रा की रायल्टी देने का करार तय हुआ। इसका कारण नहीं मालूम। चारों लाटरियों की प्रतिदिन लगभग तीन करोड़ टिकटें बिकती थीं जिनसे राज्य सरकार को अमूमन 80 लाख प्रतिदिन की आमदनी लगभग 1.25 लाख रूपए रही। इन तमाम सवालातों पर आम जनता को उत्तर चाहिए।

यदि राज्य सरकार ने इस उदाहरण से सीख–सबक ले ली हो तो खैरियत है। यदि इसके बाद तमाम सरकारों ने अच्छे ईमानदार व्यापारी बनने का निर्णय ले लिया तो हम समझेंगे कि बेहतरी के दिन आगे हैं।

– एन.सी. ब्योहार, जबलपुर

सन् 1991

.....लिए सिर्फ इंका ही क्यों राजनैतिक स्थिरता के.....

दसवीं लोक सभा के लिये जबलपुर लोक सभाई क्षेत्र में चुनावी टक्कर मुख्यतया भारतीय जनता पार्टी के वयोवृद्धा नेता एवं मौजूदा सांसद श्री बाबूराव परांजपे और कांग्रेस आई के युवा प्रतिनिधि एवं भूतपूर्व विधायक श्री श्रवण भाई पटेल के बीच ही है, हालाकि बाकी सभी पार्टियों ने अपने–अपने उम्मीदवार खड़े किये हैं और कई निर्दलीय उम्मीदवार भी मैदान में हैं। श्री बाबूराव परांजपे अपनी सीट बचाने की कोशिश कर रहे हैं तो दूसरी तरफ श्री श्रवण भाई पहली बार लोकसभा में प्रवेश पाने का प्रयास कर रहे हैं। ठीक इसी प्रकार जहां एक तरफ भाजपा अपनी इस सीट पर अपना कब्जा बरकरार रखने की चेष्टा कर रही है, तो दूसरी तरफ इंका अपनी खोई हुई इस परम्परागत सीट को हासिल करने का प्रयास कर रही है। स्वर्गीय सेठ गोविन्ददास जी ने लगभग बावन वर्ष तक इस क्षेत्र का प्रतिनिधित्व किया। यह रिकार्ड तोड़ सिलसिला १९७४ में टूटा जबकि सीधे मुकाबले में विरोधी दलों के संयुक्त उम्मीदवार शरद यादव ने इंका के रवि मोहन दास को हराया। श्री शरद यादव 1977 में अपनी सीट की रक्षा करने में सफल रहे। पर फिर उसके बाद आगामी चुनावों में श्री मुन्दर शर्मा और श्री अजय नारायण मुशरान इंका की ओर से सफल रहे। परंतु पिछले चुनाव में श्री बाबूराव परांजपे सफल रहे। 1989 में चुनाव के पहले भी श्री परांजपे एक बार सफल रह चुके हैं और अब वे तीसरी बार लोक सभा में जाने का मौका ढूंढ़ रहे है। इस प्रकार जाहिर है कि जबलपुर चुनाव क्षेत्र के ये दो दल ही परम्रागत विरोधी के रूप में स्थापित हो चुके हैं। बाकी उम्मीदवारों के बारे में तो सिर्फ यही देखना है कि किसे कितने बोट मिलते हैं और कितने अपनी जमानतें बचा पाते हैं।

श्रवण भाई उस पार्टी का प्रतिनिधित्व कर रहे हैं जिसका मुख्य नारा है – देश में स्थिरता हो। श्री बाबूराव परांजपे की पार्टी इस तर्क पर

जनमत मांग रही है कि कांग्रेस को आजमा कर देखा अब एक बार हमें भी केन्द्र में शासन करने को मौका दो। हालाकि इस तर्क में बहुत ज्यादा बल नहीं दिखता कि भाजपा को आज तक शासन करने का मौका ही नहीं मिला है। मिली–जुली सरकार का सबसे पहला केन्द्रीय प्रयोग 1977 में हुआ जब हलधर निशान वाली जनता पार्टी सत्ता में आई। उस सरकार में भाजपा के उस वक्त के रूपांतर जनसंघ ने सक्रिय भागीदारी निभाई और श्री लालकृष्ण अडवानी व श्री अटल विहारी बाजपेयी दोनों सांझा सरकार में मंत्री बने। 1977 का प्रयोग बुरी तरह असफल रहा और सबसे ज्यादा नुकसान जन संघ का ही हुआ जिसके अगले संस्करण माने मौजूदा भारतीय जनता पार्टी को अगले चुनाव में मात्र दो ही सीटें मिल सकीं। इस अनुभव से सीख लेकर भाजपा ने अगले दो मिले–जुले प्रयोगों में मंत्री मंडलीय साझेदारी निभाने से साफ इंकार कर दिया इस प्रकार यह कहना एकदम ठीक नहीं है कि केन्द्रीय स्तर पर भाजपा को एक भी मौका नहीं मिला है। राज्य स्तर पर भाजपा को आजमाया जा चुका है। आज भी इस वक्त मध्य प्रदेश, राजस्थान और हिमाचल प्रदेश में पूर्णतया भाजपाई सरकारें ही विराजमान है। दूसरे शब्दों में यह कह सकते हैं कि भाजपा के इस नारे में बहुत ज्यादा वक्त नहीं है कि अब उन्हें आजमाया जाये। वैसे यह भी जवाब दिया जा सकता है कि देश की अखंडता और एकता की कीमत पर किसी भी प्रकार की आजमाइश नहीं की जा सकती। पिछले तीन अनुभवों से आम मतदाता ने निसंदेह यही सबक लिया है कि केन्द्रीय प्रशासन के साथ किसी भी प्रकार का अब और अधिक खिलवाड़ नहीं किया जा सकता। केन्द्र में अब आम नागरिक ऐसी ही पार्टी चाहता है जो पूरे पांच साल स्थिर सरकार दे सके। प्रयोग के तौर पर राज्य स्तर पर दूसरों को मौका मिल सकता है पर केन्द्रीय स्तर पर केन्द्रीय प्रशासन और राष्ट्रीय एकता को आम नागरिक द्वारा एक दूसरे को पर्यायवाची ही माना है। सामान्य भावना का डर यही है कि यदि केन्द्र कमजोर हो जाता है तो देश को भीतर और बाहर दोनों तरफ से खतरा पैदा हो सकता है। यह जरूर है कि यह किसी का भी कहना नहीं है कि केन्द्र में किसी की पार्टी का स्थाई वर्चस्व बना रहे, पंरतु अब यदि किसी की भी इच्छा नहीं है कि केन्द्रीय स्तर पर नव–सीखियों को अपने–अपने प्रयोग करने का मौका दिया जाये। अब सामान्य नागरिक

और प्रबुद्ध बुद्धिजीवी सभी यही कह रहे हैं– पहले परिपक्व हो जाओ फिर देश की बागडोर हाथ में लेने का विचार करो। निसंदेह आज इस मोड़ पर इंका की सबसे बड़ी मजबूती यही है कि यह पार्टी अपेक्षित स्थिरता दिलाने में दूसरी पार्टियों की तुलना में कहीं ज्यादा भरोसेमंद, अनुभवी और परिपक्व है.

भारतीय जनता पार्टी के पास आज 86 सांसद हैं। इस पार्टी को कितनी ही ज्यादा कामयाबी क्यों न मिल जाये, यह नामुमकिन ही दिखता है कि इसे 267 सीटें मिल जायेंगी ताकि अकेले अपने बलबूते पर केन्द्र में भाजपा सरकार बनाई जा सके। इसके दूसरी तरफ इंका के आज 195 सांसद हैं। अतः यह साफ मुमकिन दिखता है कि इंका के पास 267 का अंक पार करने की काबिलियत है। इंका को 195 से ज्यादा ही सीटें मिली हैं। लिहाजा इस बार जबकि माहौल इंका के खिलाफ नहीं दिखता, तो पूरी संभावना है कि सिर्फ इंका ही बहुमत हासिल कर सकती है। तदस्द मतदाताओं के सामने यही सवाल मौजूद है और वे धीरे–धीरे इसी निष्कर्ष पर पहुंच रहें है कि उन तमाम पार्टियों के उम्मीदवारों को क्यों वोट दिया जाये जिनके जीतने की संभावना कम है ।ऐसे उम्मीदवारों को वोट देने का मतलब यही निकाला जा रहा है कि उनका वोट खराब गया। दरअसल में स्थिरता बनाम अस्थिरता का एक मनोविज्ञान एक वास्तविकता है, यह इंका की बनाई गई कपोल कल्पना ही नहीं है ताकि वोट हासिल किया जा सके।

भाजपाईयों द्वारा प्रचार किया जा रहा है कि इंका द्वारा गैर ईंकाई राज्य सरकारें गिराई गई हैं, या फिर केन्द्र में मंत्री आये दिन बदले जाते हैं आदि इस आरोप में इस कारण बल नहीं है कि आम मतदाता केन्द्र में दूसरी ही प्रकार की स्थिरता अस्थिरता की बात कर रहा है हो सकता है कि इंका सरकार के मंत्रियों के विभाग कुछ लोगों की नजर से कुछ ज्यादा जल्दी ही बदले गये हों, पर इससे सरकार तो वही बनी रही मंत्रियों के विभाग बदलने से केन्द्र में न तो किसी प्रकार की अस्थिरता और न ही किसी राष्ट्रीय संकट का मौका बना। स्थिरता का मतलब यह है कि केन्द्र में ऐसी सरकार कायम हो जो पूरे पांच साल सत्ता में सफलापूर्वक बनी रहे। अस्थिरता का मतलब यह है कि हम सभी के

सामने बरहमेश यही खतरा बना रहे कि सरकार कब और किस क्षण गिरती है आम धारणा यही है कि आज सिर्फ इंका ही केन्द्र में टिकाउ सरकार दे सकती है।

इंका के पक्ष में एक बड़ा तर्क यह भी है कि इस पार्टी का नजरिया राष्ट्रीय है। यह पार्टी किसी एक धर्म–संप्रदाय मात्र का ही प्रतिनिधित्व नहीं करती। बल्कि यह पार्टी देश के सभी धर्मावलंबित को अपने साथ लेकर चलती है इसके द्वारा सभी धर्मों का प्रतिनिधित्व होता है। हिंदू और मुस्लिम दोनों बराबरी से इसे अपनी पार्टी समझ सकते हैं, दोनों को इसमें बराबरी से सुरक्षा महसूस होती है। इसके दूसरी तरफ भाजपा ने अपने आप को एक सांप्रदायिक राजनैतिक दल के रूप में स्थापित कर लिया ।न सिर्फ गैर हिंदू मतदाता इस पार्टी से कोसों दूर हो गये हैं, बल्कि अनेकानेक राष्ट्रावादी हिंदू भी भाजपा की सांप्रदायिक नीतियों से सहमत नहीं हैं भले ही वे किसी भाजपाई से कम राम भक्त न होंगे। निःसंदेह धर्म के उत्थान की बात करना फिर इस दिशा में सशक्त कदम उठाना अच्छी बात है। पंरतु फिर ऐसा करना एक रचनात्मक कार्य है और धार्मिक भावनाओं का राजनैतिक लाभ उठाना बिल्कुल दूसरी बात है।

हम यह कह सकते हैं कि चुनावों के मौके पर वायदे करना और नारे देना एक आम बात हो गयी है और अब आम आदमी इन सबसे लगभग त्रस्त हो चुका है। पंरतु यहां यह कहना भी जरूरी है कि इस बार आम आदमियों का अपने आप यही कहना है कि राजनैतिक स्थिरता प्रदान करने की क्षमता इंका में दूसरे दलों की तुलना में कहीं ज्यादा है ।यदि इंका ने यह नारा न भी दिया होता तो भी सभी के मन में यह सच्चाई घर चुकी थी। इंका ने अपने इस नारे में सिर्फ इस वास्तविकता को शब्दों का रूप ही दिया है। यही कारण है कि स्थिरता प्रदान करने वाला इंका का यह वायदा ज्यादा से ज्यादा मतदाताओं द्वारा आसानी से स्वीकार किया गया है।

दूसरी प्रमुख पार्टियों द्वारा मंदिर और मंडल के वायदे किये हैं। देश की आज की स्थिति को देखते हुए यह कहना शायद कठिन ही है कि क्या मंदिर और मंडल हमारी सबसे पहली प्राथमिकताएं हैं जिन्हें पूरा किये बिना देश का भला नहीं किया जा सकता । निसंदेह गरीबों और पिछड़े

वर्ग के लोगों का भला करना एक अनिवार्यता है और इसी प्रकार देश के सबसे बड़े सांप्रदायिक समाज की धार्मिक भावनाओं का समुचित आदर करना भी सभी पार्टियों के लिये नितांत आवश्यक है परंतु फिर ये दोनों जवाबदारियां उन्हीं जनप्रतिनिधियों द्वारा ही निभाई जा सकती हैं जिनसे पूरे समय बने रहने की उम्मीद की जा सकती है, किसी भी दृष्टिकोंण से देखिये निष्कर्ष यही निकलता है कि सारी राष्ट्रीय समस्याएं सिर्फ उसी पार्टी द्वारा हल की जा सकती हैं जिसमें सबसे ज्यादा सामर्थ्य हो ।मौजूदा हालातों में सिर्फ कांग्रेस आई में यह क्षमता निर्विवाद रूप में दिखाई देती है।

शालीनता एवं संस्कृति के धनी उम्र में अपेक्षाकृत कम पर राजनैतिक एवं सामाजिक परिपक्वता की कसौटी पर पूरी तरह सफल उतरने वाले श्रवण भाई हमारी इन तमाम आंकाक्षाओं का प्रबल प्रतिनिधित्व करने की योग्यता रखते हैं जो आज हमारे सामने चुनौती बनी हुई है।

– एन.सी. ब्योहार, जबलपुर

वर्ष 1991

हत्याओं की राजनीति और राष्ट्रीय चिंतन

स्वर्गीय श्री राजीव गॉधी की तुलना अमरीकि राष्ट्रपति जान फिज्जगराल्ड कैनेडी से की जाती थी। तैतालीस साल की अपेक्षाकृत कम उम्र में राष्ट्रपति बनने वाले जान कैनेडी एक बहुत ही आकर्षक व्यक्तित्व के धनी थे, उनके विचार साफ सुधरे थे और किसी भी प्रकार की संकीर्णता का उनकी जिंदगी में कोई स्थान नहीं था, राजीव गॉधी चालीस साल की युवा उम्र में प्रधानमंत्री बने जो एक कीर्तिमान है। शालीनता, गंभीरता .... उनके लुभावने व्यक्तित्व के प्रमुख अंग थे। निःसंदेह यही कारण है कि उनके प्रमुखतम विरोधी श्री लालकृष्ण आडवानी ने उन्हें श्रद्धांजलि देते हुये कहा कि कठिन से कठिन परिस्थितियों में जूझते समय भी राजीव गॉधी विचलित नहीं होते थे। जॉन कैनेडी के बारे में यह कहा जाता था कि राष्ट्रपति पद के दो सत्र पूरे करने के बाद भी उनकी उम्र बावन–तिरपन वर्ष की ही होगी और फिर उसके बाद वे क्या करेंगे। कहा जाता था कि आठ वर्ष राष्ट्रपति रह चुकने के बाद जिस उम्र में वे अवकाश प्राप्त करेंगे, उस उम्र में तो बाकी कई लोग ज्यादा कुछ भी नहीं कर पाते हैं। सहसा इन तमाम अनुमानों का निदान ली हार्वे ओसवाल्ड ने दक्षिणी राज्य टैक्सास में गोली मारकर उनकी असामयिक हत्या के साथ कर दिया। हालाकि राजीव गॉधी के साथ इस प्रकार के अनुमान नहीं लगाये जा रहे थे क्योंकि अभी सारी जिंदगी उनके सामने थी, परंतु उनका भी जीवन कुछ इसी प्रकार काट दिया गया है। राष्ट्रपति कैनेडी के समान राजीव गॉधी भी संकीर्णता से कोसों दूर थे और भविष्य की खिड़की में झॉकने की क्षमता रखते थे। राजीव गॉधी इक्कीसवीं शदी की बात करते थे और यह उनकी एक कपोल कल्पना में ही नहीं थी। वे वास्तव में अपने देशवासियों को आगे बढ़ने का आवाह्न कर रहे थे, उनके सामने कल्पनायें थी कि मात्र एक दशक बाद भारत कैसा होगा, भारतवासियों की समस्यायें क्या होंगी और उन तमाम समस्याओं से जूझने की यथार्थवादी तैयारी वे कर रहे थे। मिसाल के तौर पर उन्होंने जगह–जगह कम्प्यूटर स्थापित किये और इस प्रकार देश में कम्प्यूटर युग का आगमन

हुआ। शुरू में तो उनकी इस नीति का विरोध इस आधार पर हुआ कि कम्प्यूटरों से मानवीय श्रम शक्ति को नुकसान पहुंच रहा है, पर अब सभी संस्थानों में कार्य कुशलता बढ़ती जा रही है। हजारों नवयुवकों को भी राहत का अहसास हो रहा है। हजारों नवयुवकों को रोजगार का एक जरिया मिल गया है। आज उनकी दूरदर्शिता की तारीफ उनके आलोचक तक कर रहे हैं। आगे आने वाले समय का स्वागत करने के लिए उनकी और भी कई योजनाएँ थीं और यदि वे अपनी जिन्दगी जी लेते तो निःसंदेह उन्हें पूरा भी कर दिखाते।

उनकी दूरगामी विचार शक्ति का एक सबूत यह भी है कि वे समस्याओं को बनाये रखने में जरा भी भरोसा नहीं रखते थे। वे समस्याओं से सीधे निपटने में दिलचस्पी रखते थे और आवश्यकता पड़ने पर यदि कोई हल निकलता दिखाई देता था तो वे दूसरे पक्ष को रियायतें देने से भी नहीं चूकते थे। ऐसा वे सिर्फ इसलिए कर पाते थे क्योंकि आम आदमियों के माफिक दैनिक जीवन के छोटे–मोटे पहलू उन्हें रोक नहीं पाते थे। अपनी इस कूटनीतिक व्यवहार कुशलता के ही कारण उन्होंने पंजाब पर लोंगोवाल समझौता हस्ताक्षरित किया, हालाकि आगे चलकर संत लोंगोवाल की हत्या कर दी गयी और पंजाब सामस्यायें .... की त्यों कायम रही आई। परंतु उनका यह जन्मजात गुण गोरखा लैण्ड और असम के मामलों में पूरी तरह कारगर साबित हुआ। दोनों पक्षों के प्रतिनिधियों ने हस्ताक्षर किये। इसी प्रकार तमिल समस्या को भी वे लगभग सुलझाये दे रहे थे। पंजाब समस्या निःसंदेह उन्हें ज्यादा ही परेशान कर रही थी। किंतु यदि यह मामला आज भी उनकी टेबिल पर विचाराधीन रह गया है तो इसमें उनकी किसी भी प्रकार से प्रयास की कमी नहीं निकाली जा सकती ।

राजीव गॉधी पर सबसे आम आरोप यही रहा कि अपनी मॉ श्रीमति इंदिरा गॉधी के साथ उन्होंने परिवारवाद को आगे बढ़ाया। दूसरे शब्दों में उनके आलोचक यही कहना चाहते थे कि वे जो कुछ भी बन पाये उसका एकमात्र कारण यही है कि उन्हें हर चीज एक सम्पन्न घर में बनी बनायी मिल गयी। छोटे भाई संजय की हवाई हादसे में अचानक मृत्यु हो जाने के फलस्वरूप छत्तीस वर्ष की उम्र में सांसद बनने से लेकर श्रीमति इंदिरा गॉधी की क्रूरतम हत्या के नतीजन चालीस वर्ष की कच्ची उम्र में प्रधान

मंत्री पद सम्हालने के प्रांरभिक दिनों उनके खिलाफ यह आवाज ही उठाई जाती थी।

पर आगे चलकर यह आलेचना लगभग समाप्त हो गयी। इसकी वजह सिर्फ यही है कि बहुत ही कम समय में उन्होंने राजनीतिक परिपक्वता हासिल कर लीं और सूझबूझ की एक आसाधरण शक्ति उन्होंने अपने आप में विकसित कर लीं। 1989 के लोक सभाई चुनावों में उनकी पार्टी को जो आघात सहना पड़ा, उसने इतने कम समय में उभर कर यदि मई 1989 में वे पुनः प्रधानमंत्री पद के प्रबलतम दावेदार समझे जाने लगे थे तो इस कामयाबी का श्रेय उनकी व्यक्तिगत दक्षता को ज्यादा और उनकी पारिवारिक पृष्ठभूमि को कम ही जायेगा। निःसंदेह यदि उनमें नेतृत्व के गुण मौजूद न होते तो अपने से ज्यादा वरिष्ठ और इतने ज्यादा मँजे तपे कांग्रेसजनों को वे इतने दिनों तक एक सूत्र में बाँधे रखने में सफल न होते। पार्टी में अनेक महत्वकांक्षी सदस्य मौजूद हैं और उनका व्यक्तिगत अभिलाषायें पार्टी को बिखेर देतीं। यह कहना सरासर गलत होगा कि ये तमाम दिग्गज कांग्रेसजन सिर्फ इस कारण चुप सहमें बैठे थे कि नेहरू परिवार के व्यापक प्रभाव के आगे बगावत न करने में ही उन्होंने अपनी खैर समझीं और राजीव गाँधी के तले उन्हें जो कुछ भी मिल रहा है उसी को ले लेने में उन्होंने अपना भला समझा। सच्चाई तो यह है कि पिछले कुछ वर्षो में अपने बलबूते पर राजीव गाँधी पार्टी के निर्विवाद नेता के रूप में स्थापित हो गये।

यदि परिवारवाद की ही बात की जाती है तो सिर्फ नेहरू परिवार ही एकमात्र ऐसा परिवार नहीं है जिसमें अगली पीढ़ी को अपने पूज्यों के पुण्य का लाभ मिला हो। कैरो, त्रिपाठी, देवीलाल, रामाराव आदि ऐसे कितने ही खानदान न होंगे जिनमें निकटतम परिवारजनों को विधायक, सांसद या मंत्री बनने के मौके सिर्फ इस कारण मिले क्योंकि परिवार का मुखिया राष्ट्रीय स्तर पर गणमान्य था। किंतु एक–दो अपवादों को छोड़कर ऐसे कितने उदाहरण हैं कि इस सहूलियत का फायदा उठाकर उस परिवारजन ने अपनी अलग स्वतंत्र छवि स्थापित की। जाहिर है कि परिवारिक देन का भरपूर लाभ उठाना और अपना खुद का अस्तित्व कायम कर लेना हर पूत के बस की बात नहीं है, और फिर भारत जैसे विभिन्नताओं और विवादों वाले देश में प्रधानमंत्री जैसे जवाबदारी वाले

ओहदे को सफलता पूर्वक वही व्यक्ति निवाह सकता है जो साधारण धातु का न बना हो। इसमें कोई शक नहीं कि राजीव गांधी को भारत के पहले परिवार में जन्म लेने का सौभाग्य मिला। पर कहानी यही पर समाप्त नहीं हो जाती, बल्कि बाकी इतिहास उनके व्यक्तिगत कौशल का गवाह है। दरअसल में उन पर यह आरोप मुख्यतया इसी कारण से लगाया जाता था कि वे पारिवारिक सुविधाओं का पूरा लाभ उठाने में कामयाब रहे। यदि वे बीच रास्ते में ही धराशायी हो जाते तो फिर इस प्रकार की बातें कहने की किसी को जरूरत न पड़ती, लिहाजा यह आरोप यही सिद्ध कर देता है कि राजीव गाँधी की कामयाबी का रहस्य इतना ही नहीं है कि उन्हें अपनी जिंदगी में बहुत ही अच्छी शुरूआत मिली थी।

श्रीमति इंदिरा गाँधी की हत्या के समय जिस खतरे की आशंका की जा रही थी, वह खतरा अब इस बार फिर जीवंत सा हो उठा है। नवंबर 1984 में यही आशंका जाहिर की गयी थी कि क्या हमारे शांत प्रजातंत्र में राजनीतिक हत्याओं का दौर शुरू हो गया है। देश के अनेक भागों में हिंसा के अलग–अलग मुखौटे दिन–प्रतिदिन ज्यादा ही दिखायी देने लगे हैं। जैसे कि कुछ स्थानों पर अलगाववाद की नीति से उपजी हत्यायें रोज की घटनायें हो गयी हैं, तो दूसरे कई स्थानों पर धार्मिक उन्मादों ने हिंसा का घिनौना रूप हमारे सामने आये दिन उजागर करना जारी रखा। इस प्रकार की हत्याओं ने भी सारे देश की आस्था को झकझोर कर रख दिया है। पर फिर भी यही कहा जाता था कि महत्वपूर्ण सार्वजनिक व्यक्तियों की हत्याओं के खौफ से यह देश अपेक्षाकृत बचा ही है। फिर एकाएक श्रीमति इंदिरा गाँधी की नृशंस हत्या ने हमारे इस गर्व को सहसा चकनाचूर सा कर गया। आज फिर सात साल बाद हम दुबारा ठीक उसी प्रकार के गमगीन माहौल में घिरे हुये हैं और हमारा भय इस बार कुछ ज्यादा ही गहरा गया है कि कहीं राजनीतिक हत्याओं का रिवाज हमारे यहां भी दूसरे मुल्कों के माफिक अब आम बात तो नहीं होते जा रहा है। हम कितना ही आशावादी दृष्टिकोण क्यों न अपनायें, सच्चाई यही नजर आने लगती है कि भाषा, धर्म आदि पर आधारित संकीर्ण पृथक राष्ट्रवाद खास स्थानों पर अब अपनी जड़े मजबूत गड़ा चुका है और निराशा यही दिखती है कि इस पर बुलैट या बैलट किसी भी हथियार से काबू पाना कठिन होते जा रहा है । इस राष्ट्रवाद की घातकता इसी बात से ऑकी

जा सकती है कि मौत के इन सौदागरों को इतनी भी चिंता नहीं है कि उनके लक्ष्य–व्यक्ति के सिवाए दूसरे निर्दोष व्यक्तियों की जाने क्यों जायें। उदाहरण के तौर पर भूतपूर्व प्रधानमंत्री के साथ सोलह और बेगुनाह जनों का नुकसान हुआ है। आम आदमी के मन में भी यह धारणा है कि जब प्रधानमंत्री ही सुरक्षित नहीं है तब उनकी जिंदगी की क्या गारंटी। अब शायद यह भी दिखने लगा है कि राष्ट्र निर्माण का काम अभी अधुरा है और शायद यदि ये हत्यायें समाप्त नहीं होती हैं तो फिर हमारे देश को भी उथल–पुथल के एक दूसरे दौर से अभी और गुजरना होगा, जिस प्रकार अमरीका, फ्रांस, ब्रिटेन, जापान आदि ने इतिहास के खास मोड़ों पर ऐसी परिस्थितियों का सामना किया था। आजादी की लड़ाई के दौरान भारत वर्ष ने हर प्रकार का संकट बरदास्त किया, बड़ी से बड़ी कुर्बानियां दीं और लगभग एक शताब्दी के अनवरत संघर्ष के बाद भारतवासी राहत की साँस लेने लगे थे कि उनके संकट के बादल अब छँट चुके हैं।

आजादी के तुरंत बाद राष्ट्रीयता की हत्या की गयी। उसके बाद कुछ और राजनीतिक हत्यायें हुईं। पर श्रीमती इंदिरा गाँधी की हत्या के समय सबसे पहले हमें इस भयानक डर का एहसास हुआ और आज फिर वही आशंका प्रबल हो उठी है। संकट और दुख की इस घड़ी में यह तमाम चिंतायें आज हमें परेशान कर रही हैं।

हो सकता है कि हमारे कर्णधार भी उन दोष पूर्ण नीतियों के परिणामों के लिए जवाबदार हों जो कि फ्रैन्किस्टीन मान्स्टर की भाँति अपने निर्माता को ही निगले जा रही हैं। अधिक से अधिक इस तर्क में आंशिक सत्य ही हो सकता है।

ज्यादा दोषी तो ये निजी स्वार्थ के पोषक क्षेत्रीय नेतागण हैं जो कि अपने इलाके की खास भावनाओं को भड़का कर अपना भला पूरा कने में लगे हैं। लिहाजा शांति और कानून–व्यवस्था की स्थापना अब आगे चलकर इस बात पर ज्यादा निर्भर करेगी ये लोग इस आत्मघाती नीति का त्याग कब कर देते हैं और राष्ट्र की मुख्य धारा में ये कब शामिल हो जाते हैं। इस राष्ट्रीय त्रासदी पर यह मुख्य विचार है।

– एन.सी. ब्योहार

नव भारत–29 मई 1992

क्या भारत की परमाणु नीति पर पुनर्विचार जरूरी है

हाल ही, भारत के राष्टपति श्री रामास्वामी वेकटरामन् के शासकीय दौरे के बीच में चीन ने अत्यंत शक्तिशाली आण्विक बम का विस्फोट किया है। लगभग सारी दुनिया में इस चीनी कार्यवाही की यह कहकर आलोचना की गई है कि चीन ने इस परीक्षण को इस वक्त किया जबकि शीतयुद्ध समाप्त हो गया है और आण्विक अस्त्र परिसीमन की चर्चा चल रही है। इधर भारत में भी तीखी प्रतिक्रिया हुई है। अंदाज लगाया जा रहा है कि जिस वक्त भारतीय राष्ट्रपति के स्वागत में हिन्दी चीनी भाई–भाई के नारे लगाये जा रहे थे, उसी समय इतने शक्तिशाली आण्विक परीक्षण से चीन का क्या मकसद हो सकता है। क्या यह परीक्षण पहले से ही तयशुदा कार्यक्रम के अनुसार किया गया था जिसे किसी भी कीमत पर नहीं टाला जा सकता था या फिर क्या इसे जानबूझ कर ऐसे वक्त किया गया जब भारतीय राष्ट्रपति चीन के शासकीय प्रवास पर थे। अभी तक स्वयं चीन की तरफ से किसी भी प्रकार का स्पष्टीकरण नहीं दिया गया है जिससे इन तमाम प्रश्नों के संतोषजनक उत्तर मिल सकें ।लिहाजा इसी आशंका को बल मिलता है कि जब इतने वर्षो तक इस प्रकार का विस्फोट नहीं किया गया तब इस परीक्षण को कुछ दिनों के लिए स्थगित किया जा सकता था, यदि ऐसा ही है तो फिर चीन इस परीक्षण के जरिये किस प्रकार के संदेशों चेतावनियों को भारत तक पहुँचाना चाहता है।

यदि चीन की पिछले कुछ दशकों की विदेश नीति पर नजर डाली जाती है तो पाया जायेगा कि इसमें कपोल काल्पनिक आदर्शवाद को कम और वास्तविक यथार्थवाद को ज्यादा जगह दी गई है। माओत्से तुंग ने अपनी लाल किताब में लिखा था कि सारी राजनीतिक शक्ति बंदूक के बैरल से ही प्रवाहित होती है। कहने का अर्थ यह कि राजनीतिक शक्ति सिर्फ सामरिक शक्ति के जरिये ही हासिल की जा सकती है। 1949 में

जनवादी चीन की स्थापना के बाद से ही चीन इसी व्यवहारिक नीति पर अमल करता चला आ रहा है। विश्व शॉति और आपसी सामंजस्य को जुबानी समर्थन देते हुए चीन ने चुपचाप अपने आपको भीतर से शक्तिशाली बना डाला। सहसा सारी दुनिया ने देखा कि अमरीका और तात्कालीन सोवियत संघ के समकक्ष चीन आ बैठा था और अब सोवियत संघ के विघटन के बाद शायद ही दूसरा सुपर पॉवर बन कर उभरा है।

इस नीति का अनुपालन करते हुए चीन परमाणु अस्त्र परिसीमन संधि 1979 पर आज तक हस्ताक्षर नहीं किये हैं। चीन का स्पष्ट कहना है कि परिसीमन संधि पर हस्ताक्षर उन्हीं पक्षकारों द्वारा किया जा सकता है जो इस मामले में एक बराबर हों। चीन का यह मानना है कि आण्विक क्षेत्र में सबसे ज्यादा तरक्की कर गुजरे देश द्वारा किसी ऐसे देश को हस्ताक्षर करने के लिए बाध्य नहीं किया जा सकता जो इस दिशा में अभी बहुत पिछड़ा है। दूसरे शब्दों में चीन का सतत् प्रयास यही है कि जल्दी ही जल्दी अपने आपको अमरीका की बराबरी पर बिठा लिया जाये। अपने इसी अत्यंत महत्वाकांक्षी लक्ष्य को पूरा करने के रास्ते में चीन द्वारा समय समय पर परमाणु विस्फोट किये जाते हैं। मौजूदा विस्फोट को इसी श्रृंखला का एक अंग माना जाना चाहिए। चीन ने ऐसा नहीं कहा है कि यह उनका आखिरी परीक्षण है।

निःसंदेह अमरीका द्वारा आण्विक परिसीमन तथा निशस्त्रीकरण की बात आज बहुत ज्यादा प्रचार के साथ की जा रही है। लेकिन इसके पहले ही अमरीका ने आण्विक अस्त्रों का दुनिया का सबसे बड़ा जखीरा अपनी गोदामों में जमा रखा है और अब स्टार वार प्रोग्राम पर अमरीका द्वारा अरबों डालर खर्च किये जा रहे हैं। चीन ने देख लिया है कि किस प्रकार खाड़ी युद्ध 1991 के दौरान अमरीका ने इराक की अपराजेय सी दिखने वाली सैन्य शक्ति को नाभकीय पक्षेपास्त्रों से कुछ ही दिनों में तहस नहस कर डाला था ।इन तमाम अंतर्राष्टीय वास्तविकताओं को ध्यान में रखकर ही चीन ने एक ठोस यशार्थवादी नीति का निर्माण किया है और उस पर अमल किया जा रहा है।

इस परीक्षण का एक संदेश हमारे लिए निःसंदेह यही होना चाहिए कि हम भी खोखले आदर्शवादों को छोड़कर एक यथार्थवादी नीति बनायें और

उसके मुताबिक आगे बढ़ते चलें। भारत के लिए चेतावनी दी गई है कि आण्विक शक्ति को सिर्फ शॉतिपूर्ण उद्देश्य को पूरा करने के लिए विकसित करने की बात करना गैर व्यवहारिकता का परिचय देना मात्र है। उपलब्ध जानकारी के आधार पर आज यह नहीं कहा जा सकता कि भारत ने परमाणु बम` बनाने की तकनीकी दक्षता हासिल कर ली है या नहीं। जबकि पड़ोसी देश पाकिस्तान आये दिन दम्भ भरते रहता है कि पाकिस्तान जब चाहे तब परमाणु बम बना सकता है। पाकिस्तानी वैज्ञानिकों का दावा है कि उन्होंने इस क्षेत्र में भारत से कम से कम दश वर्षों की बढ़त हासिल कर ली है। पाकिस्तानी अखबार आये दिन लिखते रहते हैं कि पाकिस्तान ने इस्लामिक बम तैयार कर लिया है। पिछले इतिहास और कश्मीर तथा पंजाब में पाकिस्तान की नियत को मद्देनजर रखते हुये भारत के लिए नितांत आवश्यक है कि आण्विक अस्त्र बनाने की क्षमता हासिल कर लीं जावे।

भारत चीन के हाल के आपसी संबंधो के परिपेक्ष में लार्ड पामर्स्टन की एक उक्ति याद आती है। लार्ड पामर्स्टन उन्नीसवी शदी के आखिरी दिनों में इंग्लैण्ड के विदेश मंत्री थे। उन्होनें कहा था राजनीति में स्थाई दोस्त नहीं होते और न ही राजनीति में स्थाई दुश्मन होते हैं, राजनीति में सिर्फ व्यक्तिगत स्वार्थ ही स्थाई होते हैं। पिछते कुछ महिनों में इन दोनों देशों को एक दूसरे के नजदीक लाने में इनके अलग-अलग व्यक्तिगत स्वार्थ क्या हो सकते हैं। हमने देखा है कि पहल चीन की तरफ से इतनी ज्यादा नहीं हुई है जितनी भारत की तरफ से हुई है। चीन का झुकाव भारत की तुलना में पाकिस्तान की तरफ हमेशा की तरह कायम था, हालाकि यह झुकाव पिछले कुछ दिनों से उतना ज्यादा नहीं था जितना जुल्फीकार अली भुट्टो के जमाने में था।

सोवियत संघ के विघटन हो जाने से भारत ने अनुभव किया कि सुरक्षा परिषद् ने उसका सबसे भरोसेमंद मददगार अब नहीं रहा। इस कारण भारत को नये दोस्त ढूंढना नितांत में आवश्यक हो गया था। उसकी नजर चीन की तरफ गई जो सोवियत संघ के विघटन से बनी खाली जगह भरने में सक्षम है। विदेश मंत्रालय में सोचा गया कि चीन के साथ मौजूदा सीमा विवादों को सिर्फ वार्ता के द्वारा ही हल किया जा

सकता है तो फिर क्यों न इस दिशा में अपनी ओर से ही पहल की जाये।

यदि वास्तव में चीन भारत के साथ सद्भावना के साथ भविष्य में आग बढ़ना चाहता था तो फिर निःसंदेह इस भीषण आण्विक विस्फोट को कुछ दिनों टाला जा सकता था। इन तमाम घटनाओं को ध्यान में रखते हुए चींन की तरफ से भारत को यही चेतावनी दी गई है कि भारत भी अपने आण्विक कार्यक्रम का विस्तार अपनी सुरक्षा के लिए करने विचार करे।

– एन.सी. ब्योहार

नव भारत–दिनांक 22.08.199

हरिशंकर परसाई का जीवन दर्शन और उनका लेखन

हरिशंकर परसाई की सबसे पहली रचना पैसे का खेल है जो प्रहरी में 23 नवम्बर 1947 को छपी थी। ये एक बहुत ही सीधी सादी छोटी कहानी है जिसमें बताया गया है कि एक सेठ जी अपनी नई चमचमाती कार लेकर दीपावली पर बाजार आते हैं और चीजें खरीदने लगते हैं, पास ही एक मां अपने 9–10 वर्ष के बच्चे को लेकर आती है, बच्चे को खिलाने के लिये मां के पास कुछ नहीं रहता, बच्चा कार पर अपना हाथ लगा देता है और तुरंत डांट खाता है। कुछ देर बाद सेठ जी कार में बैठकर चले जाते हैं, गरीब मां और बच्चा देखते रह जाते हैं और कहानी खत्म हो जाती है। इस मार्मिक कहानी में बहुत कुछ है–गरीबी के प्रति करूणा की भावना"– गरीबों के प्रति करूणा की भावना और विपुलता अपने आप तक सीमित रखने वाले धनाईयों के खिलाफ आक्रोश। पैसे का खेल लिखते समय हरिशंकर परसाई 22–23 वर्ष के अल्हड़ नवजात रहे होगें, जिसका मतलब यह रहा कि गरीबों और पीड़ितों के प्रति आजीवन चलने वाला उनका नजरिया उनके साथ कुदरतन शुरू से ही रहा है। पैसे का खेल के बाद अपने शुरूआती दिनों में उन्होनें कुछ और ऐसी ही भावना प्रधान कहानियाँ लिखी जैसे कि धोखा, भीतर का घाव, किताब का एक पन्ना, सेवा का शौक, स्मारक, जिंदगी और मौत, दुख का ताज इत्यादि। 1958–59 के पहले लिखी गई ये कहानियां एक उदीयमान, उत्साही आदर्शवादी लेखक की कर्मजोशी दर्शाती हैं. इनमें उस प्रकार का व्यंग्य नहीं है जिसके लिये ....हरिशंकर परसाई आगे चलकर सारे साहित्य जगत में पर्यायवाची बन जाते हैं।

1958 के बाद के लेखों में एकाएक गुणात्मक परिवर्तन नजर आने लगता है। किताबी आदर्शवाद के स्थान पर यथार्थवादी परिपक्वता नजर आने लगती है। भाषा और शैली में बदलाव नजर आने लगता है।

इन कहानियों के कुछ जाने माने उदाहरण ये हैं – सदाचार का ताबीज, साधना का फौजदारी अंत, इंस्पेक्टर मातादीन चांद पर, अन्न की मौत, चूहा और मैं, बारात की वापसी, ठिठुरता हुआ गणतंत्र, हस्ती मिटती नहीं हमारी आदि। इन रचनाओं ने तथा और दूसरी इस स्तर की रचनाओंने परसाई जी को व्यंग्यकारों की प्रथम श्रेणी में लाकर खड़ा कर दिया। 1958–1959 का समय निःसंदेह परसाई जी के लेखक जीवन में एक महत्वपूर्ण मील का पत्थर है क्योंकि इन्हीं दिनों उन्होनें हिसाब लगाया कि यदि आम जनता तक अपना संदेश सफलता पूर्वक पहुंचाना है तो बोलने लिखने की भाषा वही होना चाहिये जिसे आम पाठक हर दिन इस्तेमाल करता है। लिहाजा इस अहसास के बाद परसाई जी ने अपने लिखने के तरीके को पूरी तरह बदल डाला, भाषा सरल कर डाली भावनात्मक आदर्शवाद के स्थान पर यथार्थवाद को आसीन कर दिया। नतीजे विस्मयकारी साबित हुये। उनके पाठकों की संख्या दिन दूनी रात चौगुनी बढ़ने लगी और शीघ्र ही अपने क्षेत्र में वे स्थापित हो गये।

लगभग आधी शताब्दी के लेखक जीवन में परसाई जी ने सामाजिक, राजनीतिक, आर्थिक, धार्मिक, नैतिक, अध्यात्मिक, सांस्कृतिक आदि सभी विषयों पर लिखा है। व्यक्तिगत, पारिवारिक तथा सामान्य जीवन का ऐसा शायद ही कोई पहलू बचा होगा जिस पर उनकी कलम न छेड़ी हो। मनुष्य का जीवन अनेकों विसंगतियों, विरोधाभासों, कमजोरियों, दुर्बलताओं आदि से बनता बिगड़ता है। परसाई जी ने इन्हें अपनी सूक्ष्म अन्वेषणात्मक नजर से देखा, परखा और इन पर अपने बेलाग विचार व्यक्त किये। उदाहरण के लिये निन्दा रस नामक लेख उन्होंने उन लोगों पर लिखा है जिन्हें दूसरों की बुराई करने में आनंद आता है और जो दूसरों की पीठ पीछे बुराई बताकर अपना मन हल्का करते रहते हैं। इस लेख का एक अंश है– 'निंदा का उद्‌गम ही हीनता और कमजोरी से होता है। मनुष्य अपनी हीनता से दबता है। वह दूसरों की निंदा करके ऐसा अनुभव करता है कि वे सब निकृष्ट है और वह उनसे अच्छा है। उसके अहं की इससे तुष्टि होती है। 'खोखली औपचारिकता के निर्वाह स्वरूप सहानुभूति दर्शाने की प्रवृत्ति पर दो लेख हैं, भूख के स्वर तथा सहानुभूति। व्यक्तिगत विसंगतियों के सिवाय परसाई जी ने उनकी

सामाजिक विसंगतियों पर भी अपनी सटीक टीका–टिपपणियां की हैं। उनकी जानी–मानी कहानी छुट्टीवाला शोक का यह अंश उपयुक्त उदाहरण के तौर पर आंसू बहाता है जो राजनैतिक सत्ता पर रहते हुये मर जाते हैं। निराला होंगे युगान्तरकारी कवि, पर वे इलाहाबाद नगर पालिका के सदस्य तक नहीं थे। उनका शोक सार्वजनिक क्यों हो। बड़े से बड़ा कवि मर जाये, राष्ट्र की बला से। पर अगर पुलिस मंत्री मर जाये तो राष्ट्र–फूटकर रोता है।

आम आदमियों की दैनिक जिंदगी की ये सब साधारण घटनायें हैं जिन पर परसाई जी अपनी असाधारण टिप्पणियां करते रहते हैं। परसाई जी का सब कुछ साधारण है, उनके विषय साधारण हैं, उनकी भाषा साधारण है। पर इन सब साधारण तत्वों का सामूहिक असर यह रहता है कि एक आसाधरण रचना का निर्माण हो जाता है, और इन तमाम साधारण रचनाओं का सामूहिक असर यह रहता है कि एक असाधरण साहित्य संसार का निर्माण हो जाता है। जिंदगी आखिरकार इन्हीं साधारण घटनाओं के ताने–बाने बचती है। आम तौर पर हम इन साधारण घटनाओं में डूबे रहते हैं, सुध बेसुध इस प्रकार की गलतियां हम करते रहते हैं। यदि कोई बोल कर हमें इनसे वाकिफ कर दे तो इसका असर पड़ता है। यदि वही बात लिखी हालत में पढ़ने को मिलती है तो असर और ज्यादा गहरा पड़ता है। हम चौक उठते हैं, हमारी चेतना जाग उठती है। हरि शंकर परसाई लगातार यही करते रहते हैं, हमें जगाते हैं, हमें झकझोरते रहते हैं, हमें सोचने विचारने पर विवश करते हैं।

धार्मिक पाखण्ड, धर्मान्यता, अंध विश्वासों, गैर–प्रासंगिक, एवं पुरातन रीति–रिवाजों, साम्प्रदायिकता, संकीर्णता आदि से संबंधित विषयों पर भी परसाई जी ने बेवाक कलम चलाई है। एक गो भक्त भेंट नामक लेख में वे लिखते है कि गौ–वध के विरोध में आंदोलन तो चलाया जा रहा है पर सड़कों पर गायें मारे–मारे फिरती रहती हैं। क्षमावाणी में वे दो जैन भाइयों की बखिया उधेड़ते हैं ।क्षमावाणी पर्व पर अपनी पिछली गल्तियों की क्षमा याचना तो करते हैं, पर आपस में एक दूसरे से बातचीत तक नहीं करते हैं।

परसाई जी लिखने से नहीं चूके, हिंदू समाज की रीति–रिवाजों, कुप्रथा आदि पर उन्हें ज्यादा लिखने का मौका मिला। ब्राम्हण होते हुये भी ब्राम्हणवाद पर उनकी कलम अपनी पूरी ताकत से चली है। सुपारी की सभ्यता नामक चर्चित लेख लिखने का साहस करते हैं कि ब्राम्हणों ने अपना कारोबार जिंदगी की हर छोटी बड़ी जरूरतों तक फैला रखा है, बच्चे का जन्म होता है तो ब्राम्हण बुलाया जायेगा, मृत्यु होती है तो ब्राम्हण भोजन इत्यादि। वे लिखते हैं कि जितना व्यवस्थित ब्राम्हणों का धंधा है उतना मारवाड़ियों का भी नहीं।

कुण्डली मिलान, लड़की का मंगली होना आदि विषयों पर परसाई जी के कथनों से असहमत होना मुश्किल है। आदमखोर संस्कार नामक उनका एक चर्चित लेख है जिसमें वे लिखते हैं – ये कुण्डलियां सब झूठी होती हैं। इसे सब जानते हैं। कौन गृह कहां था, कब था, इसका कोई ठिकाना नहीं। सारे अनिष्टकारी ग्रह इसी हिन्दू जाति के सिर पर। पैसे वाला हिंदू तो ग्रहों को भी अपने इशारे पर चलाता है।

परसाई जी बीमारी के दौरे से गुजर रहे हैं, वे संघर्षरत् हैं और निरंतर लिखते जा रहे हैं ताकि उनके जिंदगी भर के अनुभवों का फायदा हर वर्ग के लोगों को मिल सके। निश्चय एक सजग लेखक का धर्म वे पूरी निष्ठा और दिलेरी के साथ निभा रहे हैं।

– एन.सी.ब्योहार

नव भारत दिनांक 29.04.1992

क्या अगला राष्ट्रपति पिछड़े वर्गों में से चुना जाये।

हाल ही में इस बात ने जोर पकड़ना शुरू किया है कि भारत के नवमे राष्ट्रपति के पद पर अनुसूचित जाति या अनुसूचित जनजाति के किसी योग्य उम्मीदवार को पदासीन किया जाये। महामहिम वैकटरामन का कार्यकाल 24 जुलाई 1992 को समाप्त हो रहा है। निसंदेश यदि उन्हें दुबारा मौका मिलता है तो वे फिर राष्ट्रपति बनना चाहेंगे। हो सकता है कि उन्होंने पहले से ही भांप लिया है कि इस बार सर्वहारा समुदाय के पक्ष में जनमत तैयार होते जा रहा है। राष्ट्रपति पद के लिये दूसरे सशक्त उम्मीदवार हो सकते हैं। मौजूदा उपराष्ट्रपति डॉ. शंकर दयाल शर्मा में राष्ट्रपति पद ग्रहण करने की सभी योग्यतायें मौजूद हैं। वे एक कुशल और अनुभवी राजनयिक हैं। उनकी कर्तव्यनिष्ठा के बारे में कभी दो मत नहीं रहे। उपराष्ट्रपति और राज्य सभा के अध्यक्ष के रूप में उन्होंने पूर्ण कुशलता का परिचय दिया है। यदि उन्हें भारत का प्रथम नागरिक बना दिया जाता है तो उम्मीद की जाती है कि वे प्रथम राष्ट्रपति डा. राजेन्द्र प्रसाद की सादगी पूर्ण परिपाटी का अनुशरण करेंगे। डा. शंकर दयाल शर्मा ने ऐसा नहीं कहा है कि वे इस....में शामिल नहीं है, परंतु अभी तक उन्होनें अपने अभियान को गतिशील नहीं बनाया है। उनके बारे में आज यही कहना बेहतर दिखता है कि वे खामोशी के साथ घटनाओं का अवलोकन कर रहे हैं।

पिछड़े वर्ग के अभियान को गति अभी कुछ ही दिन पहले मिली है जबकि अनुसूचित जाति और अनुसूचित जनजाति वर्गों के संसद सदस्य अभी कुछ समय पहले सरदार बूटा सिंह के निवास स्थान पर मिले बैठे और एक प्रस्ताव पारित किया गया कि आगामी राष्ट्रपति इसी वर्ग में से चुना जाये। इस प्रस्ताव को कांग्रेस सांसद एच, हनुमन्थप्पा द्वारा पेश किया गया था जो स्वयं अनुसूचित जाति से आते हैं। प्रस्ताव का समर्थन सांसद रामविलास पासवान द्वारा किया गया जो जनता दल के के

सदस्य हैं। जाहिर है कि यह अभियान बहुत पुराना नहीं है, पर इतने कम समय में इसने जो गति पकड़ ली है उससे सभी हतप्रभ रह गये हैं। इस गतिशीलता का मुख्य कारण पिछले कुछ वर्षो के दौरान पनप उठे मण्डलवाद की पृष्ठभूमि में ही खोजना होगा। आज मण्डलवाद सबसे ज्यादा प्रासंगिक सामाजिक और आर्थिक मुद्दा बन कर उभरा है। चुनावी रणक्षेत्र में मंडलवाद ही आज सबसे अधिक ज्यादा अचूक अस्त्र है। अनुसूचित जाति अनुसूचित जनजाति अपना सर्वोपरि कर्तव्य समझता है। अभियान को गति प्रदान करने में संविधान निर्माता डा. भीमराव अम्बेडकर शताब्दी समारोह ने भी योगदान प्रदान किया है। तर्क दिया जा रहा है कि डा. अम्बेडकर को सबसे अच्छी श्रद्धांजलि यही रहेगी कि उनके शताब्दी वर्ष में राष्ट्रपति भवन में एक ऐसे समुदाय के प्रतिनिधि को इस पद पर प्रविष्ट किया जाये जिस समुदाय के लिये डॉ. अम्बेडकर ने आजीवन संघर्ष किया।

इस अभियान के पीछे एक सुसंगठित शक्ति भी काम कर रही है। लोकसभा में अनुसूचित जाति और अनुसूचित जनजातियों के सदस्यों की संख्या क्रमश : 79 और 49 है। इस प्रकार इन दोनों की मिली जुली शक्ति 128 है जो कि कुल सदस्य संख्या 542 की 22.10 प्रतिशत बनती है इसी प्रकार सारे भारत के 4047 विधायकों में से इन दोनों समुदायों की सम्मिलित सदस्य संख्या 1084 बनती है जो कि 26.7 प्रतिशत होती है। जाहिर है कि सदस्य संख्या कम नहीं है ।इनकी शक्ति इस कारण से भी और ज्यादा प्रभावशाली हो जायेगी कि मतदान के मौके पर पूरी संभावना है कि वे सभी जनप्रतिनिधि किसी एक निर्धारित उम्मीदवार के पक्ष में रखते हुये......अंदाज यह लगाया जा सकता है कि उंची जाति के अनेक सांसद और विधायक भी पिछड़े उम्मीदवार के पक्ष में शामिल शरीक हो सकते हैं। हमारे देश में राष्ट्रपति का चुनाव अप्रत्यक्ष तरीके से सांसदों और विधायकों द्वारा मतदान द्वारा किया जाता है। आबादी और प्रतिनिधित्व को ध्यान में रखकर सांसदों और प्रतिनिधित्व को ध्यान में रखकर सांसदों और विधायकों के मतों की चुनावी कीमत आंक ली जाती है। स्पष्ट है कि सर्वहारा जन प्रतिनिधियों की चुनावी

कीमत पर्याप्त है और उनमें इतनी क्षमता है कि वे संतुलन को अपनी तरफ झुका लें।

राष्ट्रपति जैसे उंचे पद के लिये किसी ऐसे ही व्यक्ति का नाम आगे बढ़ाया जाना चाहिये जिसकी योग्यता, कार्य कुशलता आदि गुण विवाद से परे हो और जो हर वर्ग को स्वीकार हो। यदि योग्यता ही सर्वप्रथम और सर्वोच्च अर्हिता होना चाहिये, तब फिर इन गुणा भागों का समावेश नहीं चाहिये कि अगला राष्ट्रपति किसी एक धर्म संप्रदाय का हो या फिर देश के उत्तरी भाग से आये या दक्षिणी भाग से। ये हर किसी का कहना रहेगा कि इस सर्वोच्च पद के लिये विशुद्ध योग्यता पर ही पूरा बल देना चाहिये। लेकिन पिछले कुछ चुनावों में......इस चुनाव में भी राजनैतिक पैतरेबाजी का पदार्पण हो गया। 1969 में इस प्रकार के राजनैतिक नजारे सबसे ज्यादा देखने को मिले। संगठन कांग्रेस द्वारा श्री नीलम संजीव रेडी का नाम प्रस्तावित किया गया था और उनका जीतना एक समय लगभग सुनिश्चित दिख रहा था। तब उस समय इंदिरा कांग्रेस द्वारा श्री वी.वी. गिरि का नाम प्रस्तावित किया गया और अपील की गई कि मतदाता अपनी आत्मा की आवाज के आधार पर उम्मीदवार का चुनाव करें। इस अपील का असर हुआ, मतदाताओं ने पार्टी बद्धता तोड़कर मत डाले और चौथे राष्ट्रपति के रूप में पूर्व श्रम नेता वी.वी. गिरी आसीन हो गये। ये बात अलग है कि श्री नीलम संजीव रेड्डी 1977 में होने वाले चुनाव में सफल रहे और भारत के छठवे राष्ट्रपति बने।

अभी तक हमारे आठ राष्ट्रपतियों में से पांच हिन्दू,एक सिख और दो मुस्लिम रहे हैं वैसे कुछ समय उच्चतम न्यायालय के मुख्य न्यायमूर्ति श्री हिदायतुल्ला भी कार्यवाहक राष्ट्रपति रहे थे।

हमारे धर्म निरपेक्ष ढ़ांचे की यह एक अच्छाई है कि हमारे देश में किसी भी धर्म का अनुयायी सर्वोच्च स्थान पर आसीन हो सकता है।

योग्यता के अतिरिक्त एक अन्य समीकरण कारगर है और वह यह कि यदि राष्ट्रपति उत्तर भारत से है तो उप राष्ट्रपति दक्षिण भारतीय होना चाहिये। 1955 से 1962 तक डा. राजेन्द्र प्रसाद हमारे राष्ट्रपति रहे जो कि बिहार उत्तर भारत के थे और उस वक्त हमारे उप राष्ट्रपति डा.

सर्वपल्ली राधाकृष्णन थे जो कि दक्षिण भारतीय थे। वैसे डा. राजेन्द्र प्रसाद 1950 में हमारे पहले राष्ट्रपति बने थे। 1962 में डा. राधाकृष्णन राष्ट्रपति बने, तब उप राष्ट्रपति पद पर उत्तर भारतीय बिठाये गये, जो कि डा. जाहिर हुसैन थे। ज्ञानी जैल सिहं यदि पंजाब, उत्तर भारत के थे तो उनके समय में उप राष्ट्रपति श्री बी.डी. जत्ती दक्षिण भारत के थे। वर्तमान में भी यही समीकरण कार्यरत् है। श्री रामास्वामी वैकटरामन दक्षिण भारत के हैं तो डॉ. शंकर दयाल शर्मा उत्तर भारत के हैं।

उपरोक्त समीक्षा से सिर्फ यही सिद्ध होता है कि जरूरी नहीं कि विशुद्ध योग्यता पर ही पूरा जोर दिया जाये। कम से कम दो मौकों पर तो ऐसा हो चुका है कि प्रत्याशी के चयन में धर्म संप्रदाय का ध्यान रखा गया। अब आज नवमे चुनाव के मौके पर कहा जा रहा है कि इस बार जाति के आधार पर राष्ट्रपति का निर्वाचन होना चाहिये। कहा जा रहा है कि हम मुस्लिम और सिख समुदाय को प्रतिनिधित्व दे चुके हैं ।लिहाजा इस बार अनुसूचित जाति, अनुसूचित जनजाति या किसी पिछड़े वर्ग से आने वाले उम्मीदवार को अवसर दिया जाना चाहिये। सवाल यही है कि क्या ऐसा उम्मीदवार उपलब्ध है। पिछड़े वर्गो से भी जो संभावित नाम` हैं – सरदार बूटासिंह, सीताराम केशरी और बी. शंकरानंद ।जिस नाजुक दौर से आज देश गुजर रहा है उसे मद्देनजर रखते हुये आवश्यक यही दिखता है कि ऐसे व्यक्ति को ही राष्ट्रपति बनाया जाये जो सारे देश की एकता के सूत्र में बांध कर रख सके, चाहे वह किसी भी धर्म या जाति का हो या फिर देश के किसी भी भाग से क्यों न आता हो।

– एन.सी.ब्योहार

नवीन दुनिया

चुनाव–1991 में इंका का लेखा जोखा

अभी हाल ही में संपन्न हुये दसवीं लोक सभा के चुनावों को यदि कांग्रेस आई के दृष्टिकोण से देखा जाता है तो एक नतीजा जो शायद सबसे ज्यादा खुलासा सामने आता है वह यह है कि 1989 के चुनावों की तुलना में कहा जा सकता है कि उसकी स्थिति में आंशिक रूप से ही सुधार आया है, 1989 में इंका लोक सभा में 194 सीटें लेकर सबसे बड़ी पार्टी थी, सो आज 31 सीटें ज्यादा हासिल करके 225 सीटों के साथ सबसे बड़ी पार्टी का दर्जा फिर दुबारा इंका के ही साथ है।

वैसे हमें यह भी कहना पड़ेगा कि जिस प्रलयकारी तीव्रता से भारतीय जनता पार्टी ने देश के लगभग सभी भागों में और जनता दल राष्ट्रीय मोर्चे ने कुछ भागों में एक–एक सीट के लिये लोहे के चने दबाने वाला संघर्ष पैदा कर दिया था, उसे देखते हुये इतनी सीटें हासिल कर लेना तारीफ का काम कहलाया जा सकता है, परंतु इंका का मकसद सिर्फ पहला स्थान हासिल करना ही नहीं था। फरवरी 1989 में जब विश्वनाथ प्रताप सिंह की मोर्चा सरकार ने शपथ ग्रहण की, तब भी इंका के 194 सांसद थे और जब 10 नवम्बर 1990 में चंद्रशेखर सरकार ने पदभार सम्हाला तक स्थिति यह थी कि 53 सांसदों वाली सजपा को इंका ने ही सहारा दिया। यदि राजीव गांधी चाहते तो दोनों मौकों का फायदा उठा सकते थे। पर ऐसा करने के बदले उन्होंने स्पष्ट जनादेश हासिल करने का फैसला लिया। निःसंदेह यह मकसद पूरा नहीं हो पाया है। यह बात अलग है कि इंका की ही सरकार बनी है और पी.बी. नरसिंहराव मंत्री मंडल ने शपथ ग्रहण भी कर ली है। आज की स्थिति उसी प्रकार संशय और शंका की बनी हुई है। नई सरकार के दफ्तर में जाने के पहले से ही अटकल बाजियां लगाई जा रही हैं कि यह सरकार कितने दिन चलेगी या फिर अगले चुनाव कब होंगे। दरअसल में चुनावी समीक्षा के दौरान दूरदर्शन पर भाजपा के अध्यक्ष डॉ. मुरली मनोहर जोशी कह भी चुके हैं कि उनकी पार्टी अगले दो साल कोई चुनाव नहीं नहीं

चाहती। हालाकि यह भी जरूर है कि शायद ही कोई ऐसी पार्टी होगी जो निकट भविष्य में इंका सरकार को गिराने का कारण बनकर मतदाताओं के चुनावी प्रकोप का शिकार होना चाहेगी, पर फिर भी अनिश्चय की वही स्थिति आज भी बनी हुई सिर्फ जिसे ही दूर करने के लिये ये खर्चीले और जानलेवा चुनाव कराये गये थे। देश को इस संभावित संकट से दूर करने में इंका पूरी तरह कामयाब नहीं रही है। भले ही इसमें मतदाताओं की भी उतनी ही जिम्मेदारियां हैं जिन्होंने किसी भी एक पार्टी को स्पष्ट बहुमत नहीं दिया।

महज ईकाई दृष्टिकोण से चुनाव मई जून 1991 की सबसे बड़ी घटना निसंदेह भूतपूर्व प्रधानमंत्री एवं पार्टी के अध्यक्ष राजीव गांधी की नृशंस ही मानी जायेगी ।यह विवाद का विषय हो सकता है कि यदि राजीव जीवित रहते तो इंका को कितनी सीटे मिलती। हो सकता है कि केंन्द्रीय मंत्री राजेश पायलट के इस विश्वास में बल हो कि यदि राजीव गांधी नेतृत्व देते रहते तो इंका को और ज्यादा वोट मिलते जैसा कि हम आगे चलकर देखेंगे। इंकाई उम्मीदवारों को सहानुभूति लहर का निसंदेह फायदा मिला है। पर यह पूरे विश्वास के साथ कहा जा सकता है कि किसी भी हालत में इंका को ही सबसे ज्यादा सीटें मिलतीं और राजीव गांधी ही दुबारा प्रधान मंत्री बनते। दूसरे दौर के मतदान के पहले चुनावी हिंसा में 287 जानें जा चुकी थीं। फिर उसके बाद पंजाब का भीषण रेल नरसंहार हुआ जिसमें 110 निर्दोष आदमी मारे गये। यह सभी लोग जानते हैं कि आतंकियों ने चुनाव की समूची लोक तांत्रिक प्रक्रिया को ही पंजाब में जड़ से उखाड़ फेंकने के लिये यह कार्यवाही की थी। इस कारण से 110 के इस आंकड़े को भी चुनावी हिंसा में जोड़ना होगा। भूतपूर्व केंद्रीय गृहराज्य मंत्री सुबोधकांत सहाय की हत्या की कोशिश भी इस दिशा में एक और कदम था। हालाकि ऐसा तो नहीं कहा जा सकता कि राजीव गांधी भी ठीक इसी मकसद को पूरा करने में मारे गये, पर बेशक यह कहा जा सकता है कि उनकी हत्या का सीधा परिणाम यह रहा कि हमारे लोकतंत्र को एक भीषण खतरा पैदा हो गया है। पंजाब में आखिरकार चुनाव तीन महीनों के लिये टाल ही दिये गये हैं और इस सीमा तक विघटनकारी ताकतें अपने ध्येय में सफल रहीं हैं।

सारी चुनावी हिंसाओं की पृष्ठभूमि में लोकप्रिय जननेता राजीव गांधी की हत्या इस दुखद सच्चाई की तरह स्पष्ट इशारा करती है कि इस विकराल रूप से बढ़ती हुई हिंसक प्रवृत्ति पर काबू पाने के मामले में किस प्रकार हमारा राज शासन निरन्तर पंगु–लाचार सा साबित होता जा रहा है। हो सकता है कि चुनाव आयुक्त टी.एन. शेषन ठीक ही कहते हों कि सामान्य तथा सारे चुनाव निष्पक्ष ही रहे हैं। परंतु प्रश्नचिन्ह यह है कि बढ़ती हुई इस अराजकता पर कैसे काबू पाया जाये जिसकी चरमसीमा राजीव गांधी की हत्या ही थी।

चुनावी नतीजों के विश्लेषण से जाहिर हुआ है कि चुनाव के दूसरे चरण में इंका को वोटों और सीटों दोनों के मामले में फायदा हुआ है और पहले चरण की तुलना में उसकी स्थिति सुधरी है। प्रथम चरण के 28 स्थानों वाले चुनाव में मतदान प्रतिशत कम रहा और दूसरे चरण में यह प्रतिशत कम रहा और दूसरे चरण में यह प्रतिशत कम बढ़ गया। दूसरे चरण में यहां इंका ने अपनी स्थिति और ज्यादा सुधार लीं। कर्नाटक, केरल और तमिलनाडु में मतदान जून 1991 में हुआ जिसके पहले 21–22 मई को जघन्य हत्याकांड हो चुका था। कर्नाटक में इंका और भाजपा को 23 और 5 सीटें मिली हैं। केरल में इंका के प्रभाव वाले यूनायटेड डैमोक्रेटिक फ्रंट को 20 में से 15 सीटें मिली हैं और तमिलनाडु में 39 में से इंका को 28 और अन्नाद्रमुक को 11 सीटें मिली हैं जबकि करूणानिधि की दमुका खाता भी न खुल सका। विधान सभाई चुनावों में भी स्थिति यह रही कि न सिर्फ श्री करूणानिधि की चीफ मिनिस्ट्री गई बल्कि 195 में से उनकी पार्टी को सिर्फ 5 सीटें ही मिलीं। वैसे यह जरूर कहना पड़ेगा कि इन तीन राज्यों ने कांग्रेस का साथ हमेशा दिया है और यदि यह दुर्घटना न भी हुई होती, तो भी पहले से यही उम्मीद थी कि यहां से इंका का ही झंडा फहरायेगा। जयललिता शायद ठीक ही कहती हैं कि लोकप्रिय नेता राजीव गांधी की हत्या ने उनके समर्थकों को उनकी पार्टी के पक्ष में वोट डालने के लिये पहले से ज्यादा वचनबद्ध कर दिया। और शायद यही बात केरल और कर्नाटक के वोटरों के लिये कही जा सकती है।

देश के दो सबसे बड़े राज्यों उत्तर प्रदेश (85 सीटें) और बिहार (54 सीटें) ने इस बार इंका का साथ छोड़ दिया है। इन दो राज्यों की कुल 139 सीटों में से इंका को उत्तर प्रदेश में 8 सीटें मिली हैं और बिहार में इसे खाली जेब रहना पड़ा। उत्तर प्रदेश में दूसरे चरण में इंका के वोटों में इजाफा हुआ और इसे अंत में 18 प्रतिशत मत मिल गये जो कि पिछली बार की तुलना में 12 प्रतिशत कम रहे। बिहार में लालू प्रसाद यादव और मण्डलवाद भाजपा तथा कांग्रेस दोनों पर ज्यादा भारी साबित हूए। जबकि उत्तर प्रदेश में भगवा लहर के सामने सिर्फ मण्डल सिफारिशें ही टिक पाईं और यहां इंका के पंजे उखड़ गये। केन्द्र शासित दिल्ली में भाजपा ने 5 और इंका ने 2 सीटें जीतीं। यहां सहानुभूति या राम लहर या मण्डलवाद उतने प्रभावशाली साबित नहीं हुए। दिल्ली के मतदाताओं का झुकाव सामान्यतया भाजपा की तरफ इंका की तुलना में ज्यादा रहा है और यही अनपात इस चुनाव में सामने आया है यहां भाजपा की जीत का अंतर बहुत ही कम रहा है ।कहा जाता है कि जनता दल उम्मीदवारों ने इंका के वोट बैंक में सेंध मारी है और दो की लड़ाई तीसरे की भलाई के सिद्धांत पर भाजपाई उम्मीदवारों की जीत हुई है। बाकी सारे राज्यों और केन्द्र शासित स्थानों के चुनावी नतीजे भी लगभग यही कहानी दोहराते हैं।

सहानुभूति लहर की तुलना में 1991 के दूसरे चरण की सहानुभूति लहर उतनी ज्यादा प्रभावशाली साबित नहीं हुई। उसका एक कारण एक यह भी हो सकता है कि इस बार 21–22 मई की घटना के बाद नेहरू गांधी परिवार का कोई भी सदस्य चुनावी क्षेत्र में आगे नहीं आया पर ज्यादा बडा कारण यही है कि इस बार पिछले मौके से सीख सबक लेकर भाजपा, जद तथा दूसरे दल सतर्क थे और उन्होंने सक्षम जवाबी कार्यवाही करके सहानुभूति के प्रभाव को काफी कुछ सीमित कर लिया।

मौजूदा चुनावों में रामलहर, मण्डलवाद और स्थिरता व सहानुभूति भावना ने अपने–अपने क्षेत्रों में अपना–अपना प्रभाव दिखाया है। हमारे लोकतांत्रिक अनुभव के मुताबिक अभी तक सिर्फ एक ही तथ्य स्थायी रूप से स्थापित हुआ और वह यह है कि जो भी पार्टी केन्द्र या राज्यों में सत्तारूढ़ होती है उसे उखाड़ फेंका जाता है। मतदाता सत्तारूढ़ सरकार की विफलता के खिलाफ अपना रोष जाहिर करते हैं और विकल्प के प्रति

अपनी आशा दर्शाते हैं कि अब ये आम जनता का कुछ भला कर दिखायें। बैलट की मदद से सरकारें उखाड़ने बनाने का सिलसिला चल रहा है और अभी आगे कितने साल और ऐसा होगा यह नहीं कहा जा सकता है। कहने का मतलब यह भी रहा कि अकेले उम्मीदवार की योग्यता और साख के बल पर हार–जीत के फैसले अभी हमारे यहां नहीं होते। ऐसा होने के लिये अभी परिपक्वता की काफी कुछ गुंजाइश है।

– एन.सी.ब्योहार

नव भारत–8 जून 1992

मध्य प्रदेश विद्युत मण्डल का नेतृत्वकारी कदम

गत 3 जून 1992 को मध्यप्रदेश विद्युत मण्डल के आहते में जो हंगामा हुआ उसके संबंध में नवभारत ने काफी विस्तार पूर्वक विवरण छापे हैं। घटना के लिये जिम्मेदार कारणों को खोजने की कोशिशें हैं और उभय पक्षों के कथनों के पेश किया गया है। इससे पाठकों के सामने सही तस्वीर उभरी है और अब वे अपना खुद का निष्पक्ष मत बना सकते हैं।

मध्यप्रदेश विद्युत मण्डल जैसे शासकीय उपक्रमों में आये दिन इस प्रकार के मामले होते रहते हैं। आम जनता यही मानकर चलती है कि प्रबंधकों और कर्मचारियों के बीच इस प्रकार के आपसी विवाद होते ही रहते हैं। लिहाजा और दूसरे मामलों के समान यह मामला भी कुछ समय बाद अपने आप शांत हो जायेगा, निकाले गये कर्मचारी वापिस ले लिये जायेंगे दोनों पक्ष थोड़ा बहुत, झुकेंगे और समझौते के रूप में मामला समाप्त हो जायेगा, किंतु इस आश्चर्य जनक घटना क्रम ने जिस सबसे अहम मुद्दे की आग बढ़ायी है वह शायद इस शैलाब के नीचे दबा ही रह जायेगा। यह अहम मुद्दा है विद्युत मण्डल द्वारा छुट्टियों में कटौती किया जाना और कामकाज का समय सुबह 11 बजे से शाम 5 बजे के स्थान पर सुबह 10 बजे से शुरू करने संबंधित निर्णय लेना। शायद मध्यप्रदेश विद्युत मण्डल ही पहला उपक्रम होना चाहिये जिसने इस प्रकार का न सिर्फ क्रांतिकारी निर्णय लिया बल्कि उस पर सख्ती से पालन करने का साहस बटोरा। इसे निसंदेह क्रांतिकारी निर्णय ही कहना पड़ेगा क्योंकि हमारी राष्ट्रीय मानसिकता ही यही है कि हमें अधिक से अधिक अवकाश मिले और बचे खुचे कामकाज के दिनों में भी कम से कम काम लिया जाये। रेल्वे स्टेशन की आरक्षण खिड़कियों में कामकाज जब आधा घंटा देर से शुरू होता है और खिड़की के पटल ठीक 12 बजे उपभोक्ता के हाथ पर निर्ममता से गिरा दिये जाते हैं या फिर जब टेलीफोन दफ्तर में खिड़की आधा घंटे बाद खुलती है जब उपभोक्ताओं की लंबी कतार बैचैनी से हल्ला मचाने लगती है तब हमें अपनी इस मानसिकता के नजारे देखने को मिलते हैं। निसंदेह हमारे देश में दूसरे देशों की तुलना में कहीं ज्यादा धार्मिक और राष्ट्रीय त्यौहार होते हैं जो कि` बिना छुट्टियों के मनाये ही

नहीं जा सकते, आश्चर्य और गंभीर दुख का विषय है कि भारत जैसे विकासशील देश में जहां कि कामकाज का समय और ज्यादा होना चाहिये और कर्तव्य का निर्वाह भरपूर ईमानदारी से होना चाहिये ताकि राष्ट्रीय उत्पादन और ज्यादा बढ़ सके, तब हमारे यहां और अधिक धार्मिक छुट्टियों के लिये केन्द्रिय और राज्य सरकारों पर लगातार दबाव डाला जाता है ।इस समय म.प्र. विद्युत की कमी के दौर से गुजर रहा है। सारे उपभोक्ता परेशान हैं। जाहिर है कि कामकाज के कम समय के रहते उत्पादन नहीं बढ़ाया जा सकता। यह बात न सिर्फ विद्युत मण्डल पर लागू होती है बल्कि उन सभी राष्ट्रीय उपक्रमों पर प्रासंगिक है जहां अरबों रूपयों की पूंजी लगाये जाने के बावजूद भी वाछित लाभ नहीं मिल रहा है। लिहाजा हम यही कहना चाहेंगे कि इस दिशा में म.प्र. विद्युत मण्डल ने एक नेतृत्वकारी कदम उठाया है।

हो सकता है कि यदि 3 जून को विद्युत मण्डल के अधिकारियों ने और ज्यादा व्यवहार कुशलता से काम लिया होता, तो शायद यह अप्रिय घटना टल जाती। पर फिर यह कहना भी आसान नहीं दिखता कि विभिन्न मजदूर संगठनों ने नेताओं ने भी जिम्मेदारी का परिचय दिया। निसंदेह किसी भी नये नियम का पालन या क्रियान्वन करते समय सबसे पहले अफसर को व्यक्तिगत उदाहरण पेश करना चाहिये। पर यह कहना कि यदि अफसर ट.... आ रहा है तो संगठन नेता के लेट आने को माफ किया जा सकता है। किसी भी मायने में राष्ट्रीय हित का पोषक नहीं कहा जा सकता।हरि शंकर परसाई से ज्यादा बडा मार्क्सवादी लेखक कौन होगा। मजदूर संगठनों ने एक आयोजन पर मुख्य अतिथि के रूप में उन्होनें इन तमाम संगठनों तथा नेताओं को आड़े हाथ लिया और कहा कि इनका काम सिर्फ वेतन भर बढ़वाने के लिये आंदोलन कराना ही है जबकि इन्हें चाहिये कि ये मजदूरी को राष्ट्रीय हितों से अवगत करायें और बतायें कि किस प्रकार इन राष्ट्रीय प्राथमिकताओं का पूरा किया जा सकता है। आम आदमी आज यही सवाल पूछता है कि क्या हमारे संगठन नेता इस प्रकार का रचनात्मक रोल अदा कर रहे हैं। विद्युत मण्डल को अपनी स्थिति में सुधार और जनता को राहत पहुंचाना चाहिये।

– एन.सी. ब्योहार, एडवोकेट, जबलपुर

नव भारत–26 नवम्बर 1992

आरक्षणः सर्वोच्च न्यायालय के फैसले पर एक दृष्टि

अभी हाल ही में सुप्रीम कोर्ट ने आरक्षण के संबंध में एक महत्वपूर्ण फैसला सुनाया है। 9 सदस्यीय संविधान पीठ ने 6–3 के बहुमत से निर्णय दिया है कि राष्ट्रीय मोर्चा सरकार द्वारा 13 अगस्त 1990 को जारी की गयी वह अधिसूचना वैधानिक है जिसके तहत पिछड़े वर्गों के लोगों को सरकारी नौकरियों में 27 प्रतिशत सीटें आरक्षित कर दी गयी है। इस 27 प्रतिशत में से पिछड़े वर्गों के ऐसे लोगों को अलग कर दिया गया है जो पिछड़े वर्ग के होते हुये भी साधन संपन्न हो गये हैं और जिन्हें अब आरक्षण की सुविधा दिया जाना जरूरी नहीं रह गया है। परंतु सुप्रीम कोर्ट ने नरसिंहराव सरकार द्वारा 25 सितम्बर 1991 को जारी किया गया वह नोटिफिकेशन अवैध घोषित कर दिया है जिसमें 10 प्रतिशत आरक्षण की सुविधा आर्थिक रूप से पिछड़े लोगों के लिये प्रस्तावित की गयी है। निर्णय में कहा गया है कि समूचा आरक्षण कुल सीटों का 50 प्रतिशत से ज्यादा नहीं होना चाहिए।

निर्णय का एक उल्लेखनीय पहलू यह है कि आरक्षण की सुविधा सिर्फ शुरू में नौकरियों में भरती के मौके पर ही मिल सकेगी तथा एक बार आरक्षण की मदद से नौकरी मिल जाने पर आगे चलकर तरक्की के मामले में आरक्षण की सुविधा नहीं मिल सकेगी। हालाकि तरक्की के बावत यह नियम भविष्य में होने वाले मामलों पर ही लागू होगा, यह नियम उन मामलों पर लागू नहीं होगा जहां तरक्की के लिये आरक्षण नियम इस निर्णय के पहले से ही बनाया जा चुका है ।लेकिन यह नियम भी निर्णय के 5 साल बाद तक ही अमल में लाया जा सकेगा। उल्लेखनीय है कि मण्डल आयोग ने तरक्की के मामलों में भी आरक्षण का प्रावधान प्रस्तावित किया था, परंतु सुप्रीम कोर्ट ने इसे यह कह कर खारिज कर दिया है कि यह प्रस्तावना संविधान के अनुच्छेद 16 (4) के खिलाफ जाती है। निर्णय का एक दूसरा महत्वपूर्ण पहलू यह है कि सभी

प्रकार की सरकारी नौकरियों में आरक्षण की सुविधा उपलब्ध नहीं हो सकेगी। कुछ क्षेत्रों को आरक्षण के दायरे से बाहर कर दिया गया है, जैसे कि सुरक्षा सेवायें, आयुर्विज्ञान के क्षेत्र में उच्च विशेषज्ञ अनुशासन, इंडियन एयर लाइंस और एयर इंडिया के पायलटों की सीटें, शिक्षा के क्षेत्र में प्रोफेसरों की सीटें, वैज्ञानिक क्षेत्र में तकनीकी पद, इत्यादि। निर्णय की दिनांक से केंद्र और राज्य सरकारों को चार माह का समय दिया गया है जिसके भीतर उन्हें उन आयोगों का गठन कर लेना होगा जो यह तय करेंगे कि पिछड़े वर्ग में किन्हें रखना है।

केन्द्र सरकार को निर्देशित किया गया है कि इस निर्णय की दिनांक से 4 माह के भीतर सामाजिक–आर्थिक मापदण्डों की रचना कर ले जिनकी मदद से पिछड़े वर्ग में से संपन्न लोगों को छांटकर अलग किया जा सके। निर्णय में एक व्यवस्था यह की गयी है कि इन मामलातों के बारे में विवादों का निराकरण सिर्फ सुप्रीम कोर्ट द्वारा ही किया जा सकेगा तथा मामला दूसरी अदालतों में दायर नहीं किये जा सकेंगे।

विद्वान न्यायमूर्तियों ने अपने निर्णय में यह खुलासा कर दिया है कि वे मण्डल आयोग की सिफारिशों पर किसी भी प्रकार से निर्णय नहीं दे रहे हैं, परंतु निर्णय ने मण्डल आयोग की उस महत्वपूर्ण सिफारिश को वैधानिक करार दिया है जिसमें प्रस्तावित किया गया है कि समाज के सामाजिक–आर्थिक रूप से पिछड़े लोगों को 27 प्रतिशत आरक्षण मुहैया कराया जाना चाहिये। मण्डल आयोग की सिफारिशों को लागू किए जाने के पहले आरक्षण संबंधी सिर्फ अनुसूचित जाति और अनुसूचित जनजाति के लोगों को ही दी जाती थी। मण्डल आयोग ने आरक्षण की सुविधा को ओ.बी.सी. लोगों तक भी पहुंचा दिया है। अतः निर्णय का एक दूरगामी फल यह है कि आरक्षण के विस्तार को अदालती मुहर लग गई है। अजा. और अजजा. को क्रमशः 15 और 10 प्रतिशत आरक्षण की गारंटी पहले से ही दी गयी है। सुप्रीम कोर्ट के इस फैसले के बाद कुल आरक्षण की संख्या 42 प्रतिशत हो जाती है जबकि स्वीकृत सीमाबंदी 50 प्रतिशत निर्धारित कर दी गयी है। सुप्रीम कोर्ट के कथन के बावजूद भी इस निर्णय को मण्डल निर्णय ही कहा जायेगा।

सुप्रीम कोर्ट के इस फैसले में एक विरोधाभास दिखता है। एक तरफ तो यह कहा गया है कि पिछड़ेपन का निर्धारण आर्थिक मापदण्ड से नहीं किया जा सकेगा और इस प्रकार राव सरकार के 1991 के नोटिफिकेशन को निरस्त कर दिया गया है तो दूसरी तरफ शीर्षस्थ न्यायाधीश चाहेंगे कि सामाजिक–आर्थिक रूप से पिछड़े वर्ग में से ज्यादा पिछड़े तथा सबसे ज्यादा पिछड़े लोगों को प्राथमिकता के आधार पर आरक्षण दिलाया जाये। इस विरोधाभास का कारण यही दिखता है कि संविधान के अनुच्छेद 16 (4) में सामाजिक आथिक रूप से पिछड़े लोगों को विशेष सुविधायें मुहैया कराने के लिये सरकार को निर्देशित किया गया है। परंतु अनुच्छेद 16 (4) में उच्च वर्गों के सामाजिक–आर्थिक रूप से पिछड़े लोगों के लिये किसी प्रकार की विशेष सुविधा मुहैया नहीं कराई गई हे। निर्णय का एक परिणाम यह भी है कि आगे चलकर गैर–हिन्दु समुदायों के आर्थिक और सामाजिक रूप से पिछड़े लोगों को आरक्षण के छत्ते के नीचे खड़ा कर दिया गया है, उदाहरणार्थ ईसाई और सिखों में से उन लोगों को आरक्षण मिल सकेगा जो सामाजिक–आर्थिक रूप से पिछड़े हैं। परंतु सवर्ण हिन्दुओं के उन निचले स्तर के लोगों को आरक्षण की सुविधा नहीं मिलेगी जो आर्थिक रूप से कमजोर हैं। इस प्रकार कोर्ट द्वारा आर्थिक मापदण्ड को पिछड़ेपन के प्रतीक के रूप में ठुकरा दिया गया है।

अतः राव–सरकार द्वारा इस संभावना का इशारा किया जा रहा है कि संविधान में इस आशय का संशोधन लाया जायेगा कि आर्थिक रूप से पिछड़े सुवर्णो को 10 प्रतिशत आरक्षण मुहैया कराया जाये। हम यह कहना चाहेंगे कि यदि राव सरकार द्वारा इस प्रकार का संशोधन लाया जाता है तो यह एक साफ राजनैतिक निर्णय ही होगा। सुप्रीम कोर्ट के इस फैसले का एक नजरिया यह रहा कि न्यायोचित लोगों को सामाजिक और वैधानिक सुरक्षा प्रदान की जाये और साथ ही साथ निपुणता–कुशलता योग्यता का कम से कम नुकसान हो । न्यायालय की स्पष्ट मंशा यही है कि आरक्षण को वांछित सीमा तक सीमित रखा जाये। बेहतर तो यही होगा कि सरकार द्वारा न्यायालयीन व्याख्या का आदर किया जाये तथा जरूरत मंद लोगों के हालात सुधारने के लिये दूसरे कार्य किये जायें।

अनुच्छेद 16 (4) में यह कहा गया है कि सरकार द्वारा पिछड़े वर्ग के लोगों के लिये भी नौकरियों में सीटें आरक्षित की जा सकेंगी। इसी प्रावधान को आधार बनाते हुये मण्डल आयोग ने अपनी सिफारिशें दी थीं कि पिछड़े वर्ग के लोगों को 27 प्रतिशत स्थान आरक्षित किये जायेंगे। मण्डल आयोग ने अनेकानेक जातियों और उपजातियों को पिछड़े वर्ग के दायरे में रखा था और यहीं कारण है कि इन सिफारिशों पर यह तोहमत लगायी गयीं कि इन्होनें जातिवाद को बढ़ावा दिया। सुप्रीम कोर्ट के इस फैसले का एक महत्वपूर्ण परिणाम यह भी है कि इन जातियों, उपजातियों को पिछड़े वर्ग की मान्यता मिल गई हैं। निर्णय ने कहा कि सामान्यतया जातियां` सामाजिक रूप से पिछड़ी पाई जाती हैं तो उन्हें अनुच्छेद 16 (4) के मकसद के लिये पिछड़ा वर्ग ठहराया जा सकता है। दूसरे शब्दों में सामाजिक रूप से पिछड़ी जातियों को आरक्षण की सुविधा दी जा सकेगी।

निर्णय का एक उल्लेखनीय पहलू यह है कि तीन न्यायमूर्तियों ने 13 अगस्त 1990 तथा 25 दिसंबर 1991 को जारी किये गये दोनों नोटिफिकेशन्स को अवैध ठहराया है। ये तीन न्यायमूर्ति है डा. टी.के. थाम्मन, श्री कुलदीप सिहं और श्री आर.एम. सहाय। अपने 84 पृष्ठीय विरोधी फैसले में उन्होंने मौजूदा आरक्षण नीति को जारी रखने का अनुमोदन जरूर किया है, पर साथ ही साथ यह भी कहा है कि ऐसे सकारात्मक प्रयास किये जाने चाहिये जिनसे गरीबी हट सके, क्योंकि गरीबी के ही कारण पिछड़ापन आता है। निसंदेह यह ध्यान देने योग्य बात है कि शीर्षस्थ न्यायाधीशों द्वारा इस प्रकार के इशारे व्यक्त किये जाने लगे हैं कि गरीब और पिछड़े लोगों की माली हालत सिर्फ आरक्षण की सहायता से ही नहीं सुधारी जा सकतीं। यह भी ध्यान में रखने योग्य बात है कि 3 न्यायमूर्तियों ने सरकारी अधि–सूचनाओं को गैर कानूनी ठहराया है।

निर्णय के परिणाम स्वरूप अनेक शंकाओं और समस्याओं को बढ़ावा मिला है। निर्णय ने सामाजिक–आर्थिक रूप से पिछड़े वर्ग में भी ऐसे उप–वर्ग के अस्तित्व को मानयता दी है जो ज्यादा पिछड़े तथा सबसे ज्यादा पिछड़े लोगों से बनता है। समस्या यही है कि इन लोगों का भी

पहचान जाये। वैसे तो सुप्रीम कोर्ट ने केन्द्र की राज्य सरकारों को इन्हें पहचानने की जवाबदारी सौंपी है।

अजा. और अजजा. के लोगों को दी जाने वाली आरक्षण की सुविधा 1950 में ही लागू हो गयी थी जब संविधान अमल में लाया। पहले इसकी म्याद 10 वर्ष के लिये तय की गयी थी। उसके बाद संविधान में संशोधन के द्वारा यह म्याद निरंतर बढ़ाई गई। जाहिर है कि पहले 10 वर्षो में अजा. और अजजा. के लोगों की हालत सुधारने की दिशा में ज्यादा काम नहीं किया गया। सरकार ने हमें ऐसे आंकड़े उपलब्ध नहीं कराये हैं कि आरक्षण का लाभ किसको कितना मिलेगा, इतने वर्षों में अजा. और अजजा. के कितने विद्यार्थी आरक्षण की सहायता से मेडिकल, इंजीनियरिंग तथा दूसरे कॉलेजों में भरती हुये, इनके कितने लोगों की सरकारी नौकरियों में इसकी सहायता से प्रवेश मिला, कितने लोगों को पदों में तरक्की आरक्षण की सीढ़ी से मिली, कितनी आरक्षित सीटें खाली चली आ रही हैं और ये अभी तक क्यों नहीं भरी गईं, इत्यादि।

सारे तर्क वितर्क महज राजनीतिक कारनों से प्रभावित नजर आते हैं, शायद सिर्फ इसके कारण ही सुप्रीम कोर्ट का यह नियम ऐतिहासिक है कि यह पहला निर्णय है जिसमें आरक्षण को सीमित करने की बात कही गई है।

–..... एन.सी.ब्योहार, एडवोकेट जबलपुर

दैनिक भास्कर–03 अक्टूबर 1992

महात्मा गॉधी होने का मतलब

अभी हाल ही में बातचीत के दौरान मेरे एक मित्र एकाएक बोल बैठे–मजबूरी का नाम महात्मा गॉधी। याद नहीं किस विषय पर बातचीत चल रही थी, किन्तु विषय का महात्मा गॉधी से किसी भी प्रकार का संबंध नहीं था। इस उपवाक्य को उन्होंने अत्यंत ही गैर–जिम्मेदारी के साथ कहा था। मैंने उनसे पूछा कि उनका क्या आशय था मजबूरी का नाम महात्मा गॉधी कहने से। पहले तो उन्होंने विषय को बदलने की कोशिश की। किंतु मेरे बार–बार पूछने पर उन्होंने समझाया कि महात्मा गॉधी की वकालत नहीं चली थी, इसलिये उन्हें मजबूरी में राजनीति में आना पड़ा। मैंने देखा कि इस वाक्य को समझाने में उन्हें काफी परेशानी जा रही थी, थोड़ा शब्दों के लिये वे लड़खड़ा रहे थे और वाक्य के समाप्त होते तक उनके चेहरे पर कुछ मलीनता सी आ गयी थी। मैं समझ गया कि वे अपराध भावना का अनुभव सा कर रहे थे। स्पष्ट शब्दों से उन्होनें अपनी गल्ती स्वीकार नहीं की पंरतु उनके हाव–भाव और अन्य संकेतों ने उनकी स्वीकृति जाहिर कर दी थी।

कई लोगों को मैंने यह वाक्य कहते सुना है। अशिक्षित या अधशिक्षित, देहाती, रिक्शा ठिलिया चलाने वाले कामगार, रोज की बनी मजदूरी कमाने वाले मजदूर, छोटी मोटी पान की दुकान चलाने वाले दुकानदार या टपरानुमा होटल चलाने वाले आम आदमी ही यह वाक्य कहते हों, सो ऐसी बात नहीं है। उंची से उंची डिग्री वाले प्रोफेसरों, उंचे ओहदों पर आसीन व्हाइट कालर आफसरों तथा सामाजिक क्षेत्रों में प्रतिष्ठित कहे जाने वाले गणमान्य व्यक्तियों को भी यही वाक्य कभी न कभी कहते सुना जा सकता है। बच्चे क्यों इस गलत बात को कहते हैं उसका एक ही कारण होना चाहिये और वह यह कि यही बात उन्होनें अपने से बड़ों को कहते सुना होगी। कहने का मतलब यह है कि सब न सही, अधिकांश न सही, सभी तबकों के बहुत लोग यदा–कदा यही कहते रहते हैं...मजबूरी का नाम महात्मा गॉधी।

यह भी नहीं है कि इन अपमान जनक और फूहड़ शब्दों का उच्चारण लोग टॉकीज के बाजू की चलती होटल में चाय पीते समय या हल्की–फूल्की गप्प चलते समय या ऐसे ही किसी अन्य दीगर मौके पर बोल आते हैं। व्यवस्थित आम सभाओं में तथा और दूसरे जिम्मेदारी के मौकों पर सार्वजनिक मंचो पर भी कभी–कभी यह वाक्य सुनने में आ जाता है। ऐसा भी नहीं होता कि जिसके दौरान यह वाक्य आपको सुनने मिलता हो। राजनीति, खेलकूद, सिनेमा, मनोरंजन, पढ़ाई–लिखाई कानून व्यवस्था की स्थिति, मॅंहगाई आदि किसी भी विषय पर बातचीत चल रही होगी और तब ही एकाएक महात्मा गॉंधी का नाम ले लिया जावेगा और वह भी इस प्रकार के गलत नजरिये के साथ।

ऐसा भी नहीं होता कि सामना किये जाने पर हर व्यक्ति अपनी गल्ती स्वीकार कर लेता है और फिर आगे दुबारा इन शब्दों का उपयोग न करने का निश्चय कर लेता है। हालाकि दो चार व्यक्ति मुझे ऐसे भी मिले हैं जिन्होंने खुलासा अपनी गलती स्वीकार कर ली है और फिर दुबारा न दुहराने का संकल्प लिया है, पर फिर इस प्रकार के साफ–दिल इंसान कम ही होते हैं ।कुछ ऐसे व्यक्ति भी मिले हैं, जैसे कि मेरे उपरोक्त मित्र, जिन्होंने शब्दों के बजाय मौन स्वीकृति को अपने अन्तः स्थल की बात कहने का माध्यम चुना है। इसके दूसरी और ऐसे भी व्यक्ति मिले हैं जो आदतन इस वाक्य को कहा करते हैं, जिनका एक तकिया कलाम यह रहा है मजबूरी का नाम महात्मा गॉंधी और टोके जाने पर फिर दुबारा इसी वाक्य को कहने से बाज नहीं आते। कुछ समय पूर्व इसी आदत के शिकार एक अन्य मित्र को मैंने इस वाक्य को आगे न कहने की सलाह देने की ध्रष्टता की। उत्तर में उल्टे मुझे ही सलाह दी गई.. हंसी मजाक में कही गयी इस बात को इतनी गंभीरता से नहीं लेना चाहिए। वैसे एक बात यह भी कहना जरूरी है कि आपत्ति उठाने वालों की संख्या नगण्य ही है। मैंने सिर्फ एक या दो लोगों को ही इतने वर्षों में आपत्ति करते देखा है। जहॉं तक मेरा खुद का सवाल है ....मैं एक असहय पीड़ा से झटपटा सा जाता हूँ जब इन अपमानजनक शब्दों को सुनता हूँ। तरस आता है कहने वाले की गिरी हुई मानसिकता पर, उसके छोटे ओछे नैतिक स्तर पर, पर कुछ भी नहीं किया जा सकता। दो चार

बार विवादों– बवालों में मैं फंस चुका हूँ। इस कारण अब आपत्ति भी सोच समझ उसी स्थान पर उठाना सीख गया हूँ जहाँ पर समझने की कुछ गुंजाईश नजर आये। एक बार एक खादीधारी गाँधी टोपी पहनने वाले कांग्रेसजन जोरदार कहकहा लगा रहे थे– मजबूरी का नाम महात्मा गाँधी। अपनी मजबूरी से लाचार मैं विरोध कर बैठा तो उत्तर मिला – तुम क्या जानो गाँधीवाद क्या है, तुमसे ज्यादा इज्जत गाँधी जी के लिये हमारे मन में है जो हम लोग पुराने कांग्रेसी हैं। मैंने तर्क को और आगे बढ़ाना बेहतर न समझा और उस दिन सीख ली कि किस स्थान पर आपत्ति करना।

सभी व्यक्ति इस वाक्य को सुनकर दुखी होते हों सो ऐसा नहीं है। अधिकांश व्यक्ति इसे हल्के–फुल्के मन से कही गयी बात मानकर नजर अंदाज कर देते हैं। कुछ ऐसे भी लोग हैं, जो ऐसा कहना गलत मानते हैं, लेकिन किसी दूसरे द्वारा इसे कहे जाने पर किसी प्रकार का प्रतिकार करना उचित नहीं समझते। दूसरी ओर अल्पमत वाले कुछ ऐसे भी व्यक्ति हैं जो प्रतिकार किये बिना नहीं रह सकते विरोध का असर नगण्य ही होना चाहिये क्योंकि यह नहीं कहा जा सकता कि इस वाक्य को कहने वालों की संख्या कम होते जा रही है।

....मैं यह भी मानने को तैयार नहीं हूँ कि सिर्फ राष्ट्रभाषा हिन्दी में राष्ट्रपिता का इस प्रकार आये दिन अपमान होते रहता है। मैं... यह मानकर चलता हूँ कि संविधान में लिखी गयी बंगला, पंजाबी, तेलगू, तमिल, मलयाली, कन्नड़, उर्दू, सिंधी आदि सभी भाषाओं में तथा सभी उपभाषाओं में, देहाती खड़ी बोलियों में इस अरूचिकर वाक्य का समतुल्य रूपान्तर अवश्य होना चाहिये तथा देश के सभी प्रांतों और केन्द्र शासित क्षेत्रों में असंख्य भारतवासियों द्वारा समय–समय पर अपने वार्तालाप में इस अनावश्यक, वाक्य को स्थान दिया जाता होगा। एक बार मेरे एक मराठी मित्र बातचीत तो मराठी में ही कर रहे थे, पर बीच में मुझे यही शब्द सुनाई पड़ गये मजबूरी का नाम महात्मा गाँधी।

ऐसा भी नहीं है कि कट्टर हिंदुवादी ही इन शब्दों को बोलते हैं जिन पर तोहमत चली आ रही है कि उनके राजनीतिक अग्रज हिन्दू महा सभाइयों ने महात्मा गाँधी का कत्ल किया था। सभी राजनीतिक दलों के

लोग इसे उपयोग में लाते रहते हैं। जैसा कि मैंने उपर कहा है मैंने कांग्रेस जनों को इस वाक्य को कहते सुना है।

जब हम लोग बहुत छोटे थे तक स्कूल में उछल–कूद करते थे – एक चवन्नी चांदी की जय बोलो महात्मा गॉधी की। मुझे याद नहीं है कि कभी मेरे गुरूजनों ने या घर में बड़ों ने समझाया हो कि ऐसा नहीं, कहना चाहिये और भी कुछ ऐसे ही वाक्य हैं जो पहले प्रचलित थे और जिनसे अनादर जैसी भावना झलकती थीं। पर अब वे वाक्य धीरे धीरे उपयोग से हटते जा रहे हैं। सिर्फ एक यही वाक्य अभी भी पूरी तरह प्रचलन में है।

ऐसा भी नहीं है कि सिर्फ भारत में ही राष्ट्र निर्माता का इस प्रकार निरादार होते रहता है। कुछ दूसरे उन्नत मुल्कों में भी यही मानसिकता उपस्थित है। विघटित सोवियत संघ में ब्लादीमिर लेनिन की जो दुर्गति आजकल चल रही है उसे हम सब देख ही रहे हैं। साम्यवाद को त्याग देना एक बात है और राष्ट्रनिर्माता का अनादर करना दूसरी बात है। साम्यवाद का रास्ता छोड़ा जा सकता है, पर जिस व्यक्ति ने जनवादी रूस को मजबूत बनाकर विश्व शक्ति बना दिया उसे त्याग कर देना कहॉ तक उचित है। चौराहों से लेनिन की आदमकद मूर्तियॉ हटाई जा रही हैं, ... सुरक्षित रखे शव को हटाने का विवाद चल रहा है। कहने का मतलब यही रहा कि सिर्फ हम भारतवासी ही इस मानसिकता से ग्रसित हों सो ऐसा नहीं है।

कुछ वर्ष पूर्व मेरे एक अन्य मित्र ने भी यही कहा था – मजबूरी का नाम महात्मा गॉधी। मेरे द्वारा पूंछे जाने पर उन्होंने कहा कि देश को आजादी लोकमान्य बालगंगाधर तिलक, लाला लाजपत राय, महामना मदन मोहन मालवीय जैसे गरम नेताओं तथा भगतसिंह, खुदीराम बोस चंद्रशेखर आजाद, नेताजी सुभाषचन्द्र बोस जैसे शहीद और सेनानियों के बलिदानों के फलस्वरूप मिली है, महात्मा गॉधी जैसे नरम नेताओं के डर के कारण अंग्रेज यहॉ से नहीं भागे। मित्र महोदय समझाया कि महात्मा गांधी ने अहिंसा का रास्ता इस कारण अपनाया था क्योंकि उनमें उन ओजस्वी महापुरूषों जैसी शक्ति ही नहीं थी। इस मोड़ पर हम यह कहना चाहेंगे कि क्या जरूरत है इस बिना मतलब के विवाद को पैदा करने की

कि आजादी हासिल करने में किसका कितना योगदान है। हर किसी का अपना–अपना योगदान है और हर योगदान का मिला जुला परिणाम यही है कि फिरंगी यहाँ से भागे। हम यह भी कहना चाहेंगे कि महात्मा गाँधी के सामने कभी यह प्रश्न नहीं बना था कि उन्हें हिंसा को रास्ता अपनाना चाहिये या फिर अहिंसा का। सच तो यह है कि हिंसा का रास्ता भले ही सोच–विचार कर अपनाया जाता हो, परंतु अहिंसा का रास्ता अपने जन्मजात स्वभाव के कारण ही अपनाया जाता है। महात्मा गाँधी ने अहिंसा का रास्ता अपनाने की सलाह अपने देशवासियों को इसलिये दी थी क्योंकि वे जन्म से ही अहिंसा के पुजारी थे, यह तर्क तो कुछ वैसा ही लचर पंगु नजर आता है जैसे कि किसी ऋषि महर्षि के लिये कहा जाये कि उसने धर्म और अध्यात्म का मार्ग क्यों अंगीकार किया। इसी कारण उनकी हत्या के पश्चात् न्यूयार्क टाईम्स ने लिखा था कि महात्मा गाँधी संतो की जमात में राजनीतिज्ञ थे और राजनीतिज्ञों में संत थे।

विभिन्न मनोस्थितियों एवं मनोविज्ञानों से वशीभूत होकर लोग यह वाक्य कहते हैं। कुछ लापरवाही और गैर जिम्मेदारी के शिकार होते हैं। कुछेक का मानसिक स्तर ही गिरा होता है तो कुछ का हास्य विनोद का तौर तरीका ही स्वीकार किये जाने योग्य नहीं होता। एक दो ऐसे भी उपयोगकर्ता मुझे मिले हैं जो कि जनबूझकर पूरे होश–हवाश में अपनी नाराजगी और असहमति दर्शाने की भावना से इन शब्दों का उद्बोधन करते हैं। ऐसे ही एक व्यक्ति ने मुझे बताया था कि महात्मा गाँधी की नीतियों एवं निर्णयों से देश का बहुत ज्यादा नुकसान हुआ है और यह कि यदि उसके मुंह से बरबस यह बात निकल जाती है तो उसे इसी पृष्ठभूमि में समझा जाना चाहिये। एक आरोप जो सभी उपयोग कर्ताओं पर सामान्य रूप से लगाया जा सकता है वह यह है कि इन शब्दों को कहते समय हम अपने मानसिक और नैतिक स्तर का परिचय ही देते हैं। मोहनदास करमचंद गाँधी ने अपने जीवनकाल में जो भी सही या गलत किया, उसका इतिहास साक्षी रहेगा और और यदि हम उनके संबंध में मजबूर या मजबूरी जैसे शब्दों का उपयोग करते हैं तो कहा जा सकता है कि सुधार एवं उत्थान की आवश्यकता हम में ही है।

निसंदेह स्वतंत्रता के आंदोलन से हजारों देशवासियों ने अपनी जान की बाजी लगाई और देश को हर प्रकार की तकलीफ उठानी पड़ी। किन्तु यदि विश्व इतिहास के पन्ने पलटे जाते हैं और अमरीकी गृह युद्ध 1864, फ्रांस की जनक्राति 1780, रूस की जनक्रांती 1917 आदि उदाहरणों से तुलना की जाती है तो शायद पाया जायेगा कि हमने अपेक्षाकृत कम ही खून खराबा सहा और यदि यह सच है तो इस उपलब्धि का श्रेय महात्मा गॉधी को ही जायेगा जिन्होंने लगभग आधी शताब्दी तक देशवासियों को अहिंसा के सूत्र में बांधे रखा। जिस महापुरूष ने वर्धा आश्रम में घास और लकड़ियों से बनी पक्की–कच्ची कुटिया से उस आंदोलन का संचालन किया जिससे सुदूर लंदन में स्थित बकिंघम पैलेस की दीवालें तक हिल गयीं उस विभूति के लिये मजबूरी या मजबूर जैसे शब्दों का उपयोग करना स्वतः की बौद्धिक निर्धनता ही कहा जा सकता है। मन में यही भी ख्याल आता है कि महात्मा गॉधी ने अंग्रेजों को मजबूर कर दिया कि वे भारत से अपना बोरा बिन्डल बांधकर वापस अपने मुल्क चले जायें और शायद इसी कारण लोग ऐसा कहते हों या फिर कम से कम यदि ऐसा कहना ही है तो फिर कारण यही होना चाहिये। लेकिन ऐसा नहीं होना चाहिये क्योंकि यदि कोई व्यक्ति अच्छा काम करता है तो उसके लिये आपत्तिजनक भाषा का उपयोग नहीं किया जायेगा। अंत में घूम फिर कर मन इसी नतीजे पर स्थिर होता है कि गांधी की देह को तो पहले ही खत्म कर दिया गया, अब हम गांधीवाद का अस्तित्व ही उनके देश से मिटा देने में लगे हैं, जब माहौल ऐसा बन गया हो कि उनके दर्शन के प्रति किसी को श्रद्धा और विश्वास ही न रह गया हो तो मुँह से ऐसे ही वाक्य निकलेंगे।

– एन.सी ब्योहार

दैनिक भास्कर–22 अगस्त 1992

हरिशंकर परसाई का चिंतन एंव लेखन

.....उपस्थित है, वह है उनका यही झुकाव, उनका यह बुनियादी नजरिया। इन आंरभिक कहानियों में एक गजब की आदर्शवादी ताजगी है, इनमें नये और उभरते लेखक का अदम्य उत्साह और उनका जोश उफनता–उफनाता साफ नजर आता है।

परसाई जी के लेखन का दूसरा कालखंड अमूनन् 1958 से शुरू होता है जो आज भी जारी है। इन दोनों कालखंडों के लेखों में उन्होंने दो अलग–अलग प्रकार की भाषायें और शैलियां अपनाई हैं। पहले लेखों में उनकी साहित्यिक परिस्कृत भाषा मिलती है जबकि बाद के लेखों में बोलचाल की ठेठ भाषा का उपयोग किया गया है। जाहिर है कि इंसान आरंभिक आदर्शवादिता के दौर से गुजर कर जीवन के परिपक्वता के मुकाम पर पहुंच जाता है।किसी भी लेखक के मामले में यह परिपक्वता उसकी शैली के बदलाव में ही सबसे ज्यादा उजागर होती है। अपने लेखन कार्य के प्रवाह में परसाई जी ने कभी न कभी महसूस किया कि यदि उन्हें अपने संदेश आम पाठकों तक पहुंचाने हैं तो उन्हें उसी भाषा में लिखना कहना होगा जिसे आम पाठक इस्तेमाल करते हैं। तारीख बताना तो मुश्किल होगा, पर अमूमन 1958–59 के आसपास ही उन्होंने निर्णय लिया होगा कि संदेश पहुंचाने का सबसे सशक्त साधन व्यंग्य लेख ही हो सकता है और इस प्रकार छठवे दर्शक के अंत तक एक ऐसे जीवंत लेखन कार्य की आधारशिला डल गई जिसे आज हम सभी हरिशंकर परसाई व्यंग्यकार के रूप में मान्यता देते हैं। बात और ज्यादा आगे बढ़ाने के पहले हम यह भी कहना चाहेंगे कि कोई भी लेखक सबसे पहले और सबसे आखिर में सिर्फ लेखक ही होता है, उसने अभिव्यषित... की विधा चाहे कुछ भी क्यों न अपनाई हो और आगे चलकर उसे कवि, कहानीकार, उपन्यासकार, नाटककार, व्यंग्यकार या किसी अन्य रूप में सामाजिक मान्यता क्यों न मिली हो, रचनात्मक लेखन का प्रमुख दायित्व यह होता है कि अपने लेखन के माध्यम से लेखक कुछ संदेश पहुंचाये।

परसाई जी ने आजीवन संदेश पहुंचाने का ही काम किया है। जो गलत और गैर इंसाफी उन्हें दिखा उस पर उन्होंनें चोट पहुंचाई है। उनका खुद का एक स्वाभाविक जीवन दर्शन रहा है जिसके अंशो को वे समय–समय पर आम जनता तक पहुंचाते रहे हैं। समाज में व्याप्त विसंगतियों, विकृतियों, प्रचलित कुरीतियों और अंधविश्वासों पर उन्होंने जमकर प्रहार किया है। परिणाम स्वरूप उनके लेखन से पाठकों को हास्य विनोद की सामग्री मिल गई है और यदि इससे उनका मनोरंजन हुआ हो तो यह अलग बात है। पर जहां तक हरि शंकर परसाई का सवाल है, उनका ध्येय तो सदैव एक ही रहा है और वह यह कि समाज को सुधारवादी लेखन प्रदान करते जाना और यदि उन्होंने माध्यम के रूप में व्यंग्य की विधा चुनी है, तो इसके बावजूद भी मूल तथ्य यही रह जाता है कि हरिशंकर परसाई मात्र लेखक हैं, एक दार्शनिक लेखक, प्रारभिंक दिनों के लेखन में पाठक के दिलो–दिमाग पर गंभीर चिंतन का कुहासा जमा देने की क्षमता है। जिस प्रकार चार्ली चैपिलन के कॉमेंडी चित्रों में विदूषक गरीबी और कमी की जिंदगी दर्शाने वाले रोल जीवंत करता और इन तमाम फिल्मों का व्यंग्य हमें हंसाने के बदले रूलाता कहीं ज्यादा है और हम सिनेमा हाल से सोचते विचारते गंभीर मुद्रा में बाहर निकलते हैं, काफी कुछ इसी प्रकार परसाई जी के पहले के लेख हमें हंसाते कम रूलाते ज्यादा हैं। उदाहरण के लिए '...कल्लू के जन्म का मरसिया' को ले लीजिये। इसकी कहानी सारांश में कुछ इस प्रकार है कि जनाना अस्पताल में एक नितांत गरीब आदमी की औरत और शहर के रईस बैरिस्टर की औरत जचकी के लिए भरती की जाती हैं। दोनों के लड़के होते हैं। बैरिस्टर साहब नर्सों को इनाम देते हैं और वे खुशी से नाच उठती हैं। गरीब आदमी उन्हें कुछ नहीं देता, लिहाजा नर्सों की प्रतिक्रिया ठीक उल्टी रहती है। कहानी अक्टूबर 1959 में लिखी गई है। आगे आने वाले वर्षो में इतनी ज्यादा शोहरत दिलाने वाले अपने सर्वहारा नजरिये को हरि शंकर परसाई इस कहानी में इस प्रकार चित्रित करते हैं– 'क्या यहां दो तरह के लड़के होते हैं। हाय रे अभागे, एक वह रात को हुआ था जिसने नर्सों को जन्म से ही खुशी से नचा दिया था, एक यह हुआ जिसने जन्मते ही नर्सों को उदास कर दिया। क्या दुनिया में आदमी जन्मते ही दो श्रेणियों में बंट जाता है।

आगे आने वाले लेखों में परसाई जी ने भाषा और शैली चाहे बदल डाली हो, पर उनका बुनियादी जीवन–दर्शन सतत् वही रहा आया। निसंदेह बुनियादी जीवन मृत्यु के प्रति समर्पित कटिबद्धता ने उन्हें शीघ्र ही एक लोकप्रिय लेखक के रूप में स्थापित कर दिया। आज वे सम्मानित नागरिक हैं, उनकी बात पढ़ी और समझी जाती है। परंतु ये सफलता उन्हें आसानी से नहीं मिली। इसके पीछे दशकों तक फैला हुआ उनका सतत् अथक प्रयास है। सम्मान उन्हें समाज ने स्वेच्छा से नहीं दिया, बल्कि उन्होंने सम्मान देने के लिए समाज को मजबूर कर दिया। जीवन संघर्ष में कभी–कभी घोर निराशा के मौके भी आये, और फिर ऐसा क्यों न हो कि कोई लेखक लगातार लिखता जाये इस अरमान के साथ कि वह समाज की सेवा कर रहा है पंरतु दूसरी तरफ से किसी प्रकार की उत्साह वर्धक प्रतिक्रिया नहीं हो रही है, आदर सत्कार सम्मान इनाम तो दूर, किसी प्रकार का प्रोत्साहन तक कहीं से नहीं मिल रहा है ।आप लिखते जाइये किसी कोई मतलब नहीं, सब तरफ से अवहेलना, उदासीनता, तिरस्कार, ऐसे माहौल में वही पत्थर दिल लेखक अपनी लेखनी को कागज पर छोड़ते जायेगा जिसकी जिंदगी ने अपने उद्येश्य को पूरा करने का संकल्प ले रखा है। ये बात कि कावां क्यों लुटा? परसाई जी जीवन के किसी पड़ाव में कभी आई क्षणिक निराशा को इन शब्दों में जाहिर करते हैं। .... बोलते बोलते हमने अपना कंठ फोड़ लिया, लिखते लिखते अंगुलियाँ अकड़ गईं। कोई सुनता नहीं। सुनता है तो सोचता नहीं। सोचता है तो मानता नहीं। मानता है तो करता नहीं।

परसाई जी का यह कथन एक प्रतिनिधि – कथन है जो कि उन तमाम लेखकों, साहित्यकारों, रचनाकारों, पत्रकारों की मानसिक व्यथा का प्रतिनिधित्व चित्रण करता है जिसका वे निरंतर अहसास करते रहते हैं। संवेदना–हीन समाज से कुछ भी न मिलने की स्थिति में ऐसे कितने ही उदीयमान लेखक न होंगे जिन्होंने निराशा के वश में लिखना ही बंद कर दिया होगा, या फिर ऐसे भी अनेक लेखक होंगे जो लिखते तो गये पर उन्हें उनका पात्र–फल नहीं मिल सका। जाहिर है कि परसाई जी इन शब्दों में उन तमाम लेखक बंधुओं की पैरवी कर रहे हैं जिनके प्रति उनके मन में सहानुभूति है, दर्द है। रहा सवाल उनका खुद का, तो वे लिख

इसलिये रहे हैं कि जिंदगी का एक खास मकसद लेकर वे जी रहे हैं और वह मकसद है अपनी लेखनी के जरिये समाज को सचेत करते रहना।

निसंदेह ये सर्वोच्च आदर्श हैं। और यह भी संदेह से परे है कि परसाई जी ने आजीवन इन्हीं आदर्शों को अपने लेखन के द्वारा उभारा है। पर जिंदगी भर का जी तोड़ संघर्ष उन्हें भली भांति समझा देता है कि लेखक की सेवायें कितनी सार्थक होती हैं, समाज में उसका क्या महत्व होता है। 'लेखक का निवेदन माटी कहे कुम्हार से' में वे लिखते हैं – ' अनुभव ने सिखाया है कि लेखक का अहंकार व्यर्थ है। हम कोई युग प्रवर्तक नहीं हैं। हम छोटे छोटे लोग हैं। हमारे प्रयास छोटे छोटे हैं। हम कुल इतना कर सकते हैं कि जिस देश समाज और विश्व के हम हैं और जिनसे हमारा सरोकार है, उनके उस संघर्ष में भागीदार हों, जिससे बेहतर व्यवस्था और बेहतर इंसान पैदा हो।

आप कह सकते हैं कि किसका यह आदर्श नहीं है कि बेहतर व्यवस्था और बेहतर इंसान बनें और ऐसा कौन है जो इस काम में अपना सहयोग नहीं देना चाहता। इसका सीधा सादा उत्तर यही है कि ऐसे कितने लोग हैं जो इन आदर्शवादी उद्देश्यों की पूर्ति के लिए कुछ रचनात्मक सहयोग देते हैं। अधिकांश लोग तो सिर्फ अपने परिवार की जीविका–पालन तक ही सीमित रहते हैं, उनका चिंतन इतना संकीर्ण हो जाता है कि उन्हें दीन दुनिया की सुध बुध ही नहीं रह जाती। इस उद्देश्य को पूरा करने की कसौटी पर तो सिर्फ वे इन गिने लोग ही खरे उतर सकते हैं जिन्होनें इस दिशा में कुछ ठोस कार्यवाही कर दिखाई हो, फिर वे चाहे डॉक्टर हों, वकील हों, इंजीनियर हों, व्यापारी हों, और कुछ भी हों। इस काम को लेखक लगातार रचनात्मक लेखन का सृजन करके ही कर सकता है। सार्थक जिंदगी की यदि यही कसौटी है तो निसंदेह परसाई जी एक सार्थक जिंदगी जिये हैं। व्यक्तिगत और सामाजिक जिंदगी का शायद ही कोई क्षेत्र होगा जिसमें परसाई जी ने वैज्ञानिक और अन्वेषणात्मक दृष्टि से घुसपैठ न की हो। ऐसी शायद ही कोई मानसिक या मनावैज्ञानिक दुर्बलता, विसंगति, कमजोरी होगी जिस पर परसाई जी की कलम न दौड़ी हो। ऐसा शायद ही कोई धार्मिक या नैतिक पाखंड.. बचा होगा जो उनकी चुभती लेखनी का शिकार न हुआ हो। विशाल चारों तरफ फैला

हुआ परसाई साहित्य इस निष्कर्ष का जीता जागता सबूत है कि हरिशंकर परसाई ने सार्थक जिंदगी जी है।

अंधविश्वास पुरातन एवं गैर प्रासंगिक रीति रिवाज, गैर वैज्ञानिक धर्मान्धता, नैतिक विरोधाभास आदि परसाई जी के व्यंग्य बाणों के खास निशाने रहे हैं। 'दस्यु सुंदरी और कोवली सुन्दरी' में वे अपने आक्रोश को इन शब्दों में उजागर करते हैं –

..... जिस जाति में बच्चे की बलि को धर्म–साधना माना जाये, विधवा को पति की चिता में डाल देना नैतिकता माना जाये, जिस धर्म में ऐसी कथा हो कि मोरध्वज और उसकी पत्नी भगवान को खुश करने के लिए बेटे को आरती से चीरते हैं, जिस देश में मनु महाराज विधान देते हैं कि यदि द्विज शुद्र को मार डालें तो वह उतना ही प्रायश्चित करें जितना सुअर या कुत्ते को मारने पर उस जाति की संवेदना, मूल्या चेतना, का फूल चढ़ायें या उस पर थूका जाये।'

यज्ञों पर फिजूलखर्ची, लड़कियों का मंगली होना, कुंडली मिलान, पूजापाठ से वर्षा कराना, आदि सभी विषयों पर परसाई जी ने अपनी लेखनी चलाई है। स्वंय ब्राम्हण होते हुये भी उन्होंनें ब्राम्हण समाज को नहीं बख्शा है। एक जगह वे लिखने हैं कि अपनी जीविका अर्जित करने के लिए ब्राम्हणों ने ऐसा सुव्यवस्थित धंधा बना लिया है जिसके आगे मारवाड़ियों का धंधा भी फीका रह जाये। वैसे तो वे गोस्वामी तुलसी दास के साहित्यिक संदर्भ में प्रशंसक हैं, पर उनकी एक चौपाई के लिए वे जगह–जगह पर अपनी सख्त आपत्ति जाहिर करते रहे हैं। 'कबीर सम्मान क्यों नहीं' में वे लिखते हैं –

'यह सही है कि सामन्ती समाज की सड़ी–गली मान्यताओं को तुलसी दास ने बल दिया। छोटे कमजोर दलित वर्ग को कुचलने के लिए एक धार्मिक पृष्ठभूमि और मर्यादा पर बल दिया। ये दलित, लोग थे – स्त्री और नीची जाति के लोग। पुनरावृत्ति होगी, पर

ढ़ोल गवार शुद्र पशु नारी,

ये सब ताड़न के अधिकारी।

पूजिय विप्र सील गुण होना,

शूद्र न पूजिय जदपि प्रवीना।

निष्पक्षता से सोचने पर हममें से कितने लोग होंगे जो परसाई जी के इस अवलोकन से असहमत होंगे कि तुलसीदास जी की इस चौपाई ने असीमित कहर बरपाया है।

पर शायद एक मुद्दे पर हरिशंकर परसाई के साथ पूरी तरह सहमत होना आसान नहीं है जब वे पौराणिक पात्रों को लेकर अपने व्यंगात्मक लेख लिखते हैं। उदाहरण के लिए 'हम बिहार से चुनाव लड़ रहे है' वे वोट मांग रहे हैं, पर वोटर्स कहते हैं कि अपनी जात वालो से वोट मांगो। 'सुदामा के चांवल' में श्री कृष्ण के लिए 'कृष्ण बोला' कृष्ण देखने लगा' आदि उद्बोधनों का उपयोग किया गया है। 'राम का दुख और मेरा' में लिखा गया है कि बरसात देखकर रामचंद जी भरत से कहते हैं कि सिया बिना उनका मन नहीं लग रहा और इधर लेखक का दुख यह है कि बरसात से उनका धर टपकने लगता है। ऐसे और भी उदाहरण हैं हम तो यहां पर सिर्फ इतना कहना चाहते हैं कि क्या इन तमाम बातों को रामचरित मानस, श्रीराम, श्रीकृष्ण आदि पौराणिक महापुरूषों को दृष्टांत बनाये बिना नहीं कहा जा सकता है। मन में भले ही आदर भावना रही हो, पर आम पाठक इन सबसे क्या अर्थ निकालेगा। हम नास्तिक हों या आस्तिक, अपनी एक साधारण तकलीफ को किसी पौराणिक पुरूष के साथ जोड़कर क्यों बात कही जाये।

परसाई–दर्शन की इस असहमति को शायद हम इस प्रकार स्पष्ट कर सकते हैं कि और सभी लेखकों के समान हरि शंकर परसाई भी अपनी सीमाओं से बने लेखक हैं, अपनी कमी–बेशियों से तराशे गये लेखक हैं। 'प्रतिनिध चाहिये का सवाल' में 1956 के प्रांरभिक दिनों में अपने मित्र के मुंह से कहलाते हुए वे लिखते हैं–

हर साहित्यकार की रचना उसकी समाज व्यवस्था के आधार पर ही होती है, हमारा समाज जैसा था, उनके आधार पर ही साहित्य लिखा गया ......।

कहने का मतलब यह रहा कि यदि हमारा समाज गरीबी, अंधविश्वास, सामाजिक पिछड़ेपन के अभिशापों में त्रस्त–ग्रस्त है तो फिर ऐसे साहित्य की रचना की जाये जो इन राष्ट्रीय आवश्यकताओं का हित पोषक हो। जैसा कि हम देख चुके हैं कि परसाई जी की सम्बद्धता सर्वहारा वर्ग के साथ शुरू से ही रही है परंतु फिर बीतते समय के साथ यह सम्बद्धता इस सीमा तक बढ़ गई कि उनके राजनीतिक लेखन में एक असंतुलन पैदा हो गया। आजीवन वे किसी भी राजनीतिक पार्टी के सक्रिय सदस्य नहीं रहे। इसके स्थान पर वे अजीवन वामपंथी विचारधारा से जुड़े रहे। नवम्बर 1982 में जगदलपुर में आयोजित मध्य प्रदेश प्रगतिशील लेखक संघ के तीसरे अधिवेशन में दिये गये अध्यक्षीय भाषण 'बिदा लेते हुये' में वे कहते हैं –

... बिना एक ठोस विचारधारा के लेखक संगठन सार्थक नहीं हो सकता और वह विचारधारा वैज्ञानिक और वामपंथी ही हो सकती है। 'क्योंकि – ....दक्षिण पंथियों के पास न सच्चे लेखक होते हैं, न सच्चा ठोस साहित्य.... ये मूल्यों की लड़ाई नहीं लड़ते, क्योंकि वे स्वयं मूल्यहीन होते हैं।'

अपने राजनीतिक लेखों में परसाई जी ने दक्षिण पंथियों की जमकर आलोचना की है। उनके खास निशान रहे हैं अंतर्राष्ट्रीय जगत में अमरीका और इधर मुल्क में मोरारजी भाई देसाई। दूसरी तरफ सोवियत संघ में उन्हें कोई बुराई नहीं दिख सकी। चरमसीमा के तौर पर लीजिये, उनका लेख 'विमान वहां गया तो क्यों गया'। कुछ वर्ष पहले दक्षिण कोरियाई एयर लाइंस का एक बोइंग विमान 747 रूसी हवाई सीमा के भीतर ढ़ाई घंटे तक उड़ता रहा, उस पर आरोप लगाया गया कि यह नागरिकी–सेवा विमान रूस के अत्यंत महत्वपूर्ण सुरक्षा संस्थानों के उपर खुफियाई उड़ान भर रहा था, रूसियों द्वारा उतरने की उसे चेतावनी दी गई और जब वह नहीं उतरा तो रूसी लड़ाकू विमान ने उसका पीछा किया और मार गिराया। ये निर्विवादित तथ्य है और स्वयं रूस ने बाद

में अफसोस जाहिर किया कि मजबूर होकर इस विमान को गिराना पड़ा जिसमें 347 यात्री मारे गये। परसाई जी लिखते हैं – पर रूस ने ढ़ाई घंटे उसे हवाखोरी करने दी, जैसे पिकनिक पर आया हो। आखिर रूस ने उसे खदेड़ा और वह समुद्र में गिर गया।

सारी दुनिया जानती है कि विमान अपने आप समुद्र में नहीं गिर गया, बल्कि आक्रमण के बाद वह समुद्र में गिरा। परसाई जी के राजनीतिक लेखन में इसी प्रकार के असंतुलन हैं। लेकिन उनके गैर राजनीतिक लेख किसी भी प्रकार के असंतुलन से परे हैं। गैर राजनीतिक लेखन क्षेत्र के अंतर्गत आने वाले विषयों पर किसी प्रकार का समझौता नहीं दिखाई पड़ता। सामाजिक, धार्मिक और व्यक्तिगत कमजोरियों, विसंगतियों, विरोधाभासा को उजागर करने के मामले में परसाई जी निर्भीक, तदस्थ, असंलग्न और निष्पक्ष प्रदर्शक रहे हैं और अपने लेखन के इस क्षेत्र में वे अपने सबसे बड़े आराध्य कबीर दास के काफी नजदीक आते हैं।

– एन.सी.ब्योहार, एडवोकेट जबलपुर

मंदिर यहां नहीं बन सकता क्योंकि....

विडम्बना की बात है कि जो संख्या में ज्यादा हैं वे चाहते हैं कि मंदिर यहां पर बने, परंतु फिर भी मंदिर यहाँ नहीं बन सकता क्योंकि सरकार नहीं चाहती कि मंदिर यहां बने, उस तरफ के तो लगभग सभी लोग चाहते हैं कि मंदिर यहां न बने, यहां तक कुछ दूसरे मुल्क भी दखलंदाजी करते हैं कि मंदिर इस जगह पर बने, मंदिर इस जगह पर न बने। लिहाजा मंदिर नहीं बन पा रहा उस स्थान पर जहां इसे बनना चाहिये।

हम प्रजातांत्रिक लोकतंत्र है जहाँ बहुमत जो कहे वह होता है, उसे किया जाता है। पर यह एक अपवाद है कि जो कम लोग कह रहे हैं उसे किया जाये। निसंदेह लोकतंत्र को हमें भीड़तंत्र के स्तर पर नहीं गिराना चाहिये और ऐसे बिरले मौके भी आ सकते हैं जब सिर्फ एक आदमी की बात मानी जा सकती हो बसर्ते बाकी सारे लोग न्याय के रास्ते से हट चुके हों। शायद कम ही लोगों का कहना है कि न्याय के रास्ते से ये हट गये हैं जो ज्यादा हैं। पर जो कम हैं उन्हें भी अपनी तरफ न्याय ही दिख रहा है। लिहाजा मामला इतना ज्यादा उलझ गया है कि अब मंदिर यहां नहीं बन सकता।

सरकारी बुद्धिजीवी कहते हैं कि मंदिर बनाने की जरूरत ही क्या है? या फिर किसी भी दूसरी जगह बनाया जा सकता है, भला उन्हें कौन समझाये कि इस जगह का महत्व क्या है या फिर जो खासियत इस स्थान पर है वह उपमहाद्वीप नुमा भारत वर्ष के किसी भी दूसरे स्थान पर नहीं है। कुछ दूसरे मानस गृंथ में ही खाली अर्थ निकालते हैं कुछ और दूसरे इसे एक बड़ा राजनीतिक स्टंट कहते हैं, वोट बैंक बनाने का जरिया ठहराते हैं, हो सकता है कि कुछ लोग राजनीतिक लाभ को सामने रखकर आगे बढ़े हों, सारे मामले में .... बिल्कुल भी न रही हो ऐसा भी नहीं कहा जा सकता। क्योंकि राजनीति और धर्म दोनों जुड़े हुये हैं, राजनीति पर धर्म का प्रभाव तो सपने की बात है यहां धर्म पर राजनीति हावी है। यदि धर्म और राजनीति को साथ चलना ही है तो धर्म की राजनीति खेलने वालों का युग समाप्त हो चुका है। इस सबके बावजूद भी हमारे बुद्धिजीवियों को कौन समझाये कि सारे देश से जो लाखों कार

सेवक गये थे। जो किसी एक पार्टी पात्र के ही न होकर सारी पार्टियों के सदस्य थे और जिन्होनें तकलीफें झेली वे सब अगले चुनाव की तैयारी से सरयू पार नहीं गये थे। निसंदेह है सब शीर्षस्थ लेखक, साहित्यकार, पत्रकार और जन सेवी हैं पर शायद प्रेाग्राम देख और सुनकर उनको भी ताज्जुब हुआ होगा कि सभी के बयान लगभग एक जैसे ही रहे। उन सबको समझ में नहीं आया होगा कि यह कैसे हो गया... कि उसमें भी ऐसा नहीं कहा कि दूसरे की भी कुछ जवाबदारी है या फिर सिक्युलरिज्म सभी का सहयोग बराबरी से मापना है ।ऐसा एक भी बुद्धिजीवी राजधानी में उस दिन नहीं मिल सका जो यह कहे कि तुम हमारे धर्मस्थल को बनाने में मदद करो। हम तुम्हारा इबादत गाह बना देंगे, परंतु फिर सुनी और मानी उसकी जायेगी जिन्हें सुना गया और जिनकी मानी जायेगी उनकी सिफारिश है मंदिर यहां नहीं बन सकता।

सिक्युलरिज्म का मतलब यह है कि किसी भी धर्म को राजकीय धर्म का ओहदा नहीं मिलेगा, शासक सभी धर्मों को एक निगाह से देखेगा, सबको एक बराबर सुरक्षा प्रदान करेगा, आदि। यदि ऐसा कहा जाये कि जिस प्रकार अभी हमारा लोकतंत्र दिन प्रतिदिन बन ही रहा है ठीक उसी प्रकार हमारा सिक्युलरिज्म अभी खामियों से परे नहीं बन पाया है तो इसमें किसी को शिकायत न होगी। क्योंकि सभी मानते हैं कि इस दिशा में हमने औरों की तुलना में शायद ज्यादा ही तरक्की कर ली है। परंतु इस मामले में यदि यह कहा जाये कि अल्पसंख्यक भावनाओं को सुरक्षा प्रदान करने के दौरान बहुसंख्यकों को जरूरत से ज्यादा समझाइश की दवा पिला दी है तो शायद यह नहीं कहा जा सकता है कि शासक ने अपनी पुलिस जवाबदारी ठीक तरीके से निवाही है। मंदिर निर्माण को बहरहाल रोक देने के कुछ कारण हो भी सकते हैं, पर शासकीय कथनों और क्रिया कलापों से ऐसा क्यों दिखे कि मंदिर की मांग करने वाले सांप्रदायिक हैं, बहु संख्यकों के मन में शासकीय बर्ताव से ऐसी भावना क्यों घर कर जाये कि अपनी पहचान जाहिर करना लगभग सांप्रदायिक होने जैसा है। यदि मंदिर नहीं बनाने दिया गया है तो इसे समझा जा सकता है, यदि किसी पार्टी विशेष के प्रभाव को कम करने की कोशिश की गई है तो इसे भी समझा जा सकता है। परंतु कानून व्यवस्था बनाये

रखने का जिम्मा कुछ व्यवस्था बनाये रखने का जिम्मा कुछ इस प्रकार भी सम्हाला जा सकता है कि किसी को भी ठेस न पहुंचे, यदि यह पार्टी मंदिर बनाने की बात सत्ता के गलियारों तक पहुंचने के मकसद से कर रही है तो यह कैसे मान लिया जाये कि वो सत्ता में है उन्होंने अपने फायदे नुकसान का ख्याल नहीं रखा। अपने और दूसरों के नफा–नुकसान का समीकरण जो मशविरा देता है यह है कि मंदिर यहां नहीं बन सकता।

अभी कुछ साल पहले अल्प संख्यकों के मंदिर को धार्मिक काम के लिए बनाये रखने के लिए पुलिस कार्यवाही की गई। फलस्वरूप भावनाएं आहत हुईं। जख्मों को भरने की कोशिश आज भी जारी है जो उचित भी है। इसमें दो मत नहीं कि करोड़ो हिंदुओं की भावनाएं आहत हुइ हैं। जिस प्रकार 23 अक्टूबर से लेकर 30 अक्टूबर तक और उसके बाद लगातार आज तक सरकार ने इस संकट का निपटारा किया है उससे साफ जाहिर होता है कि सरकारी नजरिया यही है कि बहु संख्यकों की ज्यादा परवाह करने की जरूरत नहीं है। इसके दो कारण हैं। एक तो यह है कि सभी जानते हैं, खास तोर पर सत्ताधारी इस बात से ज्यादा वाकिफ हैं कि आम हिन्दु विरोध नहीं करता, वह दूसरों के साथ घुल मिलकर रहने का आदी हो गया है भले ही अमन चैन बनाये रखने के लिए उसे ही क्यों न नबना–झुकना पड़े। लिहाजा मौजूदा शासक जानते हैं कि कुछ समय बाद आम हिंदु सनातन काल से चली आ रही सहिष्णुता का परिचय देने लगेगा और मामला कम से कम इस वक्त तो शांत हो जायेगा। दूसरा कारण यह है कि संख्या में कम होते हुये भी हार जीत का फैसला अल्प संख्यकों के वोट ही करते हैं, जिन्हें आज कल वोट बैंक कहा जा रहा है। पिछले कुछ चुनावों में देखा है कि जीत उसी उम्मीदवार या पार्टी की हुई है जिसका इन वोट बैंकों ने साथ दिया है। ये वोट बैंक स्थिर नहीं है। चुनाव के कुछ ही समय हुई किसी घटना या किसी मौजूद मुद्दे के कारण ये वोट बैंक सारे के सारे एक साथ किसी खास पार्टी के उम्मीदवार को मिल जाते हैं। इंदिरा–हत्याकांड और दिल्ली में हुये दंगों के बाद सिख वोट भी काफी कुछ अस्थिरता की स्थिति में हैं। लिहाजा उन्हें रिझाने की जरूरत है । कांशीराम और उनकी बहुजन समाज पार्टी ने कर दिखाया है

कि किस प्रकार सवर्ण हिंदुओं का तिरस्कार करते हुए पिछड़े वर्ग को एक निर्णायक वोट बैंक के रूप में इकट्ठा कर लिया जा सकता है। मंडल आयोग की सिफारिशों की सहायता से दिखता है कि इस बार ये वोट बैंक विश्वनाथ प्रताप सिंह के हिस्से में चला गया है। वोटों के व्यापारी जाते हैं कि बहु संख्यक हिंदी वोट लगभग एक तिहाई के अनुपात में कांग्रेस आई, भाजपा और अब लोकदल के खेमों में बटे हैं जो कि अपनी पुरानी पार्टी के सिवा किसी दूसरे पार्टी को आजीवन अपनी वोट नहीं दे सकते, जानते हुए कि उनका उम्मीदवार न भी जीते। जब बहु संख्यकों की चुनावी स्थिति पहले से ही सबको मालूम है तो फिर क्यों कर उनकी खुशामद की जाये। उन्हें खुश किया जाये या फिर नाराज रहने दिया जाये, ये लोग अपने वोट उसी पार्टी को देंगे जिसे वे शुरू से देते चले आ रहे हैं ।चुनावी गणित यह रहा कि उनकी तरफ पूरा ध्यान लगा दिया जाये जिनके पास हुकुम का इक्का है। जाहिर है कि जिस दिन बहु संख्यक मतदाता भी इसी तरह निर्णायक रोल अदा करने की स्थिति में दिखने लगेंगे, इस दिन से उनकी भी चापलूसी होने लगेगी, उनकी आवाज भावनाओं को शांत करने की कोशिश शुरू हो जायेगी, इत्यादि। बहरहाल आज बहु संख्यक समाज बिखरा हुआ है, लिहाजा चुनावी जोड़ घटाने यही फल निकालते हैं कि मंदिर यहां नहीं बन सकता।

मामला अदालत में विचाराधीन है। इसे कभी अदालत में नहीं पेश किया जाता था क्योंकि किन कानून नजीरों की मदद से सिद्ध दिया जायेगा कि महारानी कौशल्या ने इसी स्थान पर राम को जन्म दिया था। सनातन काल से आस्था चली आ रही है कि जन्म स्थान यही है ।यदि दूसरे धर्मावलंबी इस आस्था का आदर करते हैं तो फिर कोई विवाद ही नहीं बनेगा और यदि आज स्थिति यह नहीं है कि दूसरा पक्ष इस आस्था को मानने को तैयार है तो फिर बेहतर तो यही होगा कि कुछ समय और रूक लिया जाये। हो सकता है भविष्य में कि सभी इस बात को मानने लें ।पर आज तो जरूरी है अदालती कार्यवाही से बचने के कोशिश की जानी चाहिये क्योंकि अदालती फैसले से हारे पक्ष के मन में कटुता ही पनपेगी वैसे भी संबंधित पक्षकारों के कुछ वर्गों ने कह ही दिया है कि यदि फैसला उनके खिलाफ गया तो उन्हें मंजूर न होगा। अभी भी समय

है जबकि राजनीति को दूर रखकर आपसी समझ से मामले का शांतिपूर्ण हल निकाल लिया जाये। अदालतें भी धीमे चलकर समय दे रही हैं। स्टे आर्डर लगा है कि मंदिर यहां नहीं बन सकता।

देश के अनेक भागों में सांप्रदायिक झगड़े–दंगे हो रहे हैं। पंजाब और काश्मीर में खूनी वारदातें पहले जैसे ही घट रही हैं। आरक्षण–आत्मदाहों का सिलसिला रूका नहीं है। अब इस नये विवाद के कारण हर रोज बेशुमार जान माल का नुकसान हो रहा है और आग लगाने वाले पेशेवर राजनयिक दूर दिल्ली में सुरक्षित बैठे हैं। आग में अपनी चुनावी रोटियां सेंक रहे हैं। आग में झुलस वे लोग रहे हैं जो हर दिन दो रोटियों के लिए मुहताज रहते हैं ।देश का अस्तित्व ही खतरे में हैं। लिहाजा मन में भ्रांति उठती है कि मंदिर यहां नहीं बन सकता।

.....– **एन.सी.ब्योहार, एडवोकेट जबलपुर**

साम्प्रदायिक हिंसा से मोर्चा लिये बिना चारा नहीं

हाल ही में भड़के बम्बई और गुजरात में भीषण दंगों में इन पंक्तियों के लिखे जाने तक दो सौ से अधिक लोग मारे जा चुके हैं। 6 दिसंबर 1992 की घटनाओं को अभी एक माह भी नहीं हुआ था कि दंगे फिर से बड़े पैमाने पर भड़क उठे। बम्बई और गुजरात की ये नई वारदातें चाहे जिन कारणों से हुई हों, मूल पृष्ठ भूमि यही है कि अयोध्या की त्रासदी के बाद से सारे देश का माहौल अभी भी ज्यों का त्यों गरमाया हुआ है और जरा सी चिन्गारी एक बड़े विस्फोट का कारण बन सकती है । अतः अब समय आ गया है कि सभी सही दिशा में सोचने विचारने वाले सभी आम नागरिकों को आगे बढ़कर प्रभावशाली जनमत तैयार करना होगा। ताकि साम्प्रदायिक राजनीति करने वाले राजनेताओं को अलग अलग करके बेनकाब किया जा सके।

बम्बई और गुजरात की ये ताजा घटनायें अयोध्या कांण्ड के इतने नजदीक घटी हैं कि इन्हें इस पृष्ठ भूमि से जुदा करके देखना शायद मुमकिन नहीं है। लिहाजा पूरे विषय पर गंभीरता से चिन्तन करना जरूरी है और निष्कर्ष निकाला जाना जरूरी है। यह भी जाहिर है कि पिछले कुछ वर्षों में लगभग सारे देश में साम्प्रदायिक तनाव का माहौल तैयार हुआ है। जब से कुछ राजनीतिक पार्टियों ने धार्मिक मुद्दों को ठण्डे बस्तों से बाहर निकाला है और ओछे राजनीतिक या व्यक्तिगत लाभों को हासिल करने का सिलसिला चालू किया है। इन राजनीतिकों को अपनी पार्टी का नाम लेना जरूरी है। ये जगजाहिर है पर लगता यही है कि आम जनता द्वारा उन्हें पर्याप्त मात्रा में भला बुरा नहीं कहा गया है। या फिर उन्होंने हाल की घटनाओं से उचित सबक नहीं लिया है। ....
.......रही हो पर यह सच है कि देश के हित में ध्यान रखते हुये परिणाम भयानक रहे ।.....पर दिखता यही है कि इससे किसी प्रकार का सबक नहीं लिया गया है । कुछ ही दिन पहले जामा मस्जिद की मुक्ति के लिये भी मांग की गई है । आश्चर्य और दुःख की बात यह है कि यह मांग साधु–संतों द्वारा उठाई गई है। जामा मस्जिद न सिर्फ एक इबादतगाह है वरन् यह एक प्रतिष्ठित राष्ट्रीय स्मारक भी है। 6 दिसंबर के राष्ट्रव्यापी

खून खराबे के बाद यह क्या हम फिर दोबारा इस स्तर पर रक्तपात चाहते हैं। क्या हम बनारस और मथुरा की मस्जिदों के लिये भी इसी प्रकार का खून खराब करना चाहेंगे और दोबारा या तिबारा अयोध्या की घटनाओं को दोहराना चाहते हैं जरूरत आज इस बात की है कि ऐसा कुछ भी कहा या किया न जाये, जिससे 6 दिसंबर की घटनायें दुबारा दुहराई जायें। .....इस घटना को भी 6 दिसंबर को विजय दिवस के रूप में स्थापित न कर दिया जाये। अयोध्या त्रासदी की सबसे बड़ी सीख यही है कि दूसरे तीर्थ स्थलों को मुक्त कराने का ये तरीका ठीक नहीं और भविष्य में इस तरीके को महज देश की कीमत पर दोबारा न अख्तियार किया जा सके।

छुटपन में हमें सिखाया जाता था कि हमें अपने देश से प्रेम करना चाहिये, देश के लिये कुछ भी करने के लिये हमें तैयार रहना चाहिये, हमें ऐसा कुछ भी नहीं करना चाहिये जिससे देश का नुकसान हो, हमें अपने दोस्तों, पड़ोसियों से प्यार करना चाहिये इत्यादि ।आज इतने वर्षों बाद जमाना बदल गया है और यह सीख हमारे बड़ों.... को, हमारे बड़े नेताओं को दी जानी चाहिये।

हमारे बड़े नेताओं को यह सीख मिलनी चाहिये कि वे देशहित को सर्वोपरि मानें ऐसा कुछ भी ना करें व कहें जिससे खून खराबा हो । अपने दलगत और व्यक्तिगत हितों की खातिर.....आज राजनीतिज्ञ देश को साम्प्रदायिकता की आग में झुलसाये दे रहे हैं।

अखबारों में उन छोटे अबोध बच्चों की तस्वीरें छप रही हैं जो तख्तियां लिये हुये हैं....हमें बताओ हमारे पाप कहां हैं हमें बताओ हमारी मां का क्या हुआ हमारा घर क्यों जला दिया गया तस्वीरे छप रही हैं उन औरतों की...., मर्दों की जो चीख चीखकर चिल्ला रहे हैं कि हमारी जिन्दगी अब क्यों बरबाद कर दी गयी हैं सारा देश इन सवालातों से गूंज रहा है। उनके उत्तर न तो उनके पास हैं जो मंदिर बनवाना चाहते हैं और ना उनके पास हैं जो मस्जिद बचाना चाहते हैं। इनके पास सिर्फ एक लचर बचाव है कि गलती हमारी नहीं है, गलती दूसरे की है जो मंदिर नहीं बनने देना चाहता।

ये किस का शर्मनाक घमंड है कि हम कहें कि मारकाट में पुलिस को एक पक्ष ने मदद की जगह जगह से खबरें मिलीं हैं कि ज्यादा मौतें पुलिस के हाथों हुयी हैं। दरअसल पिछले कुछ जांच आयोगों की रिपोर्ट में यही कहा गया है कि दंगा पीड़ित एक पक्ष को दंगाईयों की तुलना में पुलिस का खौफ कहीं ज्यादा है। उनका कहना यही रहा है कि दंगाईयों से तो निपटा जा सकता है परंतु पुलिस के संगठित तथा हथियार से लैस दलबल के सामने ये डरे दबके लोग कुछ नहीं कर सकते । हमारे लिये इससे ज्यादा लज्जा की बात और क्या हो सकती है कि रक्षक ही भक्षक हो जाये, जिस पर भी हम शान के साथ कह रहे हैं कि जब पुलिस सामने आयी तब हमारी जीत शुरू हुयी । सरकार ने रैपिड़ फोर्स कि स्थापना की है ।देखना है कि ये क्या कर दिखाते हैं। इस प्रकार का सोचना हमारी निकटतम मानसिकता का प्रतीक है। इस बीमार मानसिकता का एक नंगा रूप कुछ वर्ष पहले रांची, बिहार, में हुये भीषणतम दंगों में देखने को मिला था जब एक पी.एच.डी. प्रोफेशर अपने एक दंगा ग्रस्त पड़ोसी के घर से उसका सामान लूट ले आये थे।

समस्या का एक मात्र न सही, बड़ा कारण यही गलत लीडरशिप है। बहरहाल आज तो हम सिर्फ यही कह सकते हैं कि मौलाना वहिदुद्दीन खान जैसे लोगों की आवाज पर ज्यादा लोग गौर करें। आज सबसे बड़ी जरूरत है साम्प्रदायिक हिंसा से मोर्चा लेना ।

–एन.सी. ब्योहार

अयोध्या कांड धर्म के राजनीतिकरण के दुष्परिणाम

हाल ही में अयोध्या में हुई घटनाओं के परिणाम स्वरूप इन लाइनों के लिखे जाने तक अखबारी जानकारी के मुताबिक लगभग एक हजार जानें गई हैं, कई लोग घायल हुये हैं तथा करोड़ों की सम्पत्ति का नुकसान हुआ है। ये सब भारत के भीतर हुआ है। भारत के बाहर कुछ मुल्कों में और खासकर पड़ोसी पाकिस्तान बांग्लादेश में भी कई जानें गई हैं ।अनेक मंदिर तोड़े गये हैं और सम्पत्ति का भारी नुकसान हुआ जिससे इस समय सारे भारत के सभी जगह लगभग सारा कारोबार बंद पड़ा है।

आम आदमी की दैनिक जिन्दगी में जो रूकावटें आई हैं उनका कोई हिसाब नहीं है ।नवम्बर 1990 में भी देश लगभग इसी प्रकार के माहौल से गुजर चुका है। रथ यात्रा के बाद लगभग सारे देश में साम्प्रदायिक खिचाव तनाव बना रहा, दंगे फसाद हुये जिनसे करोड़ों निर्दोश जानें गयीं थी व सम्पत्ति का भारी नुकसान हुआ था।

लेकिन यदि आप इन तमाम आन्दोलनों का नेतृत्व करने वाले नेताओं से पूछेंगे तो उनका कहना रहेगा कि जवाबदारी उनकी नहीं है। सितम्बर 1990 में विश्वनाथ प्रताप सिंह ने ऐसा कभी नहीं कहा था कि उनकी घोषणा के नतीजन आत्मदाह हुये । लम्बे अरसे तक तो उन्होंने चुप्पी साध रखी थी ।फिर कहीं जाकर उन्होंने अफसोस जाहिर किया। 1990 में ही रथ यात्रा के बाद आडवाणी जी ने भी ऐसा ही कहा था कि उनकी रथ यात्रा से साम्प्रदायिक दंगे नहीं हुये थे। रविवार को बाबरी मस्जिद ढहे जाने के बाद की घटनाओं के बाद भाजपायी नेता अपनी जवाबदारी से साफ इन्कार कर रहे हैं। उन्होंने सारी जवाबदारी विहिप, शिवसेना, और बजरंग दल पर डाल दी है । दूसरी तरफ इन आतंकवादी संगठनों का यह कहना है कि 6 दिसंबर 1992 को जो कुछ भी हुआ उसे गैर सामाजिक तत्वों ने किया है। शायद शिवसेना मात्र ने ही मर्दानगी के साथ घटनाओं के लिये श्रेय लिया है। बाकी सारे नेता इस प्रकार की घटनाओं के लिये अपने आपको जवाबदार कहने से कतराते हैं। जो घटनायें क्रिया कलापों

के फलस्वरूप घटी हैं ।इसका अर्थ यही निकल सकता है कि इन नेताओं को अभी भी इसी बात का अहसास रहता है कि उनके कारण भारी खून खराबा हुआ है। उन्हें अंदर मन में एक पछतावा सा रहता है भले ही वे उसे खुलासा शब्दों में जाहिर नहीं करते। परिणामों की भयानकता को देखने समझने के बाद और बावजूद भी हमारे राजनेता सीख सबक लेने को तैयार नहीं रहते । आगे चलकर वे फिर उसी प्रकार की राजनीति खेलने के लिये तैयार रहते हैं।

ऐसे इन आंदोलनों के चलते आम जनता की पृवत्ति.... भीड़ तंत्र जैसी ही रहती है। समझदार से समझदार इन्सान भीड़ का हिस्सा बन जाने पर अपना विवेक खो बैठता है और वह भी वैसा ही करता है जैसा कि भीड़ करती है। भीड़ सिर्फ नुकसान, सत्यानाश ही कर सकती है। लेकिन जब वही इन्सान भीड़ से अलग हटकर अपने व्यक्तिगत विवेक से काम लेता है तब उसे अपने किये कराये पर पछतावा होता है। वैसे तो आम इन्सान अपने दैनिक पारिवारिक जीवन की अनिवार्यताओं के निर्वाह में इतना ज्यादा मशगूल रहता है कि इसे सामान्यता आजू–बाजू होने वाली घटनाओं में शामिल होने की फुरसत ही नहीं रहती, पर यदि उसे उसकी निजी परेशानियों जवाबदारियों से कुछ समय के लिये विमुख कर दिया जाता है और उसका सारा ध्यान कुछ ऐसे सामाजिक पर राष्ट्रीय मुद्दों की तरफ केन्द्रित कर दिया जाता है जिन्हें वह व्यक्ति अपने व्यक्तिगत हितों से भी ज्यादा महत्वपूर्ण मानता है, जिन मुद्दों से वह व्यक्ति भावनात्मक रूप से पूरी तरह जुड़ा रहता है तब दैनिक और व्यक्तिगत जीवन की चहार दीवार तोड़क अन्दोलनों में कूद पड़ता है।

देश की राजनीतिक जिन्दगी में इस प्रकार का क्रम चलते रहता है। एक खून खराबे से दूसरा राजनेता सबक नहीं लेता है। वह ऐसा नहीं सोचता है कि मौका आने पर में ऐसा कोई भी काम नहीं करूं जिससे दोबारा खून खराबा हो या तो राजनेता में इस प्रकार की सोच समझ नहीं रहती या फिर वह राजनेता अपने राजनीतिक ध्येय की प्राप्ति में इतना ज्यादा मदहोश रहता है कि वह यह मानकर चलता है कि भले ही कितनी ही जाने क्यों न जायें, देश का कितना ही नुकसान क्यों न हो जाये, हमें तो अपना ध्येय पूरा करना ही है। देश के मौजूदा राजनीतिक

परिवेश में हमारे अलग–अलग राजनेताओं का एक मात्र ध्येय यही दिखता है कि किस प्रकार अपने–अपने अलग–अलग वोट बैंक बना लिये जायें। किस को फिकर है किस प्रकार पिछड़े समुदाय के वोटों पर कब्जा कर लिया जाये जो लगभग 40 प्रतिशत है। कुछ दूसरों को चिन्ता है कि हिन्दु मतदाताओं को एक थैले में समेंट बंद कर दिया जाये और बैंक पर अपना अकेले का कब्जा जता दिया है। कहना गलत नहीं होगा कि सारी लड़ाई इन वोट बैंक को हासिल करने की है और फिर हमारे राजनेता भली भांति जानते हैं कि उनके राजनीतिक अस्तित्व को बरकरार रखने वाले ये वोट बैंक सिर्फ आम भावना भड़काने से ही बनाये जा सकते हैं । वोट बैंक सार्वजनिक भला करने से भी बनाये जा सकते हैं पर इसमें लम्बा समय लगेगा।

इस तपस्या के लिये हमारे राजनेता तैयार नहीं हैं। उन्हें तुरन्त के परिणाम चाहिये । परंतु परिणाम भावनाओं के दोहन से मिल सकते है। हमारे देश में आजकल हो यही रहा है आम जनता की भावनाओं का एकत्रीकरण और फिर उनकी व्यक्तिगत या दलगत लाभों के लिये राजनीतिक दोहन । 6 दिसम्बर 1992 को अयोध्या में यही हुआ है हिन्दु श्रद्धालुओं की धार्मिक और मर्मान्तिक भावनाओं का समूहीकरण का और एक पार्टी विशेष द्वारा राजनीतिक दोहन ।वर्षों से इन करोड़ों श्रद्धालुओं के अन्तस में यह भावना सुप्त बैठी थी कि उनके ईष्टदेव का जन्म इसी स्थान पर हुआ था और उन्हें यहां पर मंदिर बनाना चाहिये वैसे तो निरंतर बढ़ती जा रही आर्थिक परेशानियों के बोझ से वे दबते जा रहे थे और उन्हें कुछ और सोचने की फुरसत ही नहीं थी। पर फिर उनके सामने एक प्रतिष्ठिा जनक प्रश्न वाचक चिन्ह खड़ा कर दिया गया । फिर क्या था घटना के दिन लाखों श्रद्धालु घटना स्थल पर इकट्ठे हो गये जिन्हें दोस्तनुमा शासन तंत्र से किसी प्रकार का प्रतिकार नहीं झेलना पड़ा। घटना क्रम के सारे परिणाम आज हमारे सामने हैं।

राजनीतिक पृष्ठभूमि में देखते हुये हमें समझ में आयेगा कि 6 दिसंबर को अयोध्या में जो कुछ हुआ वह हमारी वर्षों से चली आ रही तुष्टीकरण की राजनीति का चरमोत्कर्ष ही था। भावनायें सबकी होती हैं, बहुसंख्यकों

की भावनायें, अल्पसंख्यकों की भावनायें हैं। सभी की भावनाओं का एक बराबर आदर करना जरूरी है।

अखण्ड भारत की बात करना अच्छा है, मंदिर बनाना भी जरूरी हो सकता है। निसंन्देह यह अच्छे न्तव्य हैं। पर सबसे सर्वोपरि यह है कि देश एकीकृत रखा जाये। अभी तक जिस प्रकार अखण्ड भारत की बात कही गयी है उससे संकीर्ण दलगत लाभ की गंध आती है। यदि हम वास्तव में अखण्ड भारत की भावना ध्यान में पूर्ण निष्ठा से रखते हैं तो हमें यही दिखेगा कि अब यहां सभी को रहना है, सभी धर्मावलंबियों को अब यहां बराबरी के साथ पूरी सुरक्षा से रहना है। सारे देश वासी भारतवासी हैं। अपने धार्मिक ध्येयों को पूरा करने का एक समुदाय के धर्मस्थल को ढ़हाने का तरीका हमें खण्डित भारत ही दिला सकेगा। हमें ध्यान में यह बात सबसे उपर रखनी होगी कि हमारे यहां सभी धर्म के लोग रहते हैं, यदि हम किसी की भी भावना से खेलते हैं तो हम फिर एक नये अलगाववाद को बढ़ावा देंगे।

पिछले तीन चार वर्षों के राजनीतिक घटनाक्रमों का एक सबसे बड़ा सबक क्या है। वह यह है कि हमें राजनीति और धर्म को अलग रखना होगा। हमारी राजनीति धर्म आधारित सिद्धांन्तों से प्रभावित नहीं रही ।यदि ऐसा रहता तो मस्जिद न तोड़ी जाती तथा श्रीराम का मंदिर भी बन जाता ।हमारे यहां धर्म पर दूषित राजनीतिकरण किया गया ।धर्म को दलगत लाभों के लिये उपयोग किया गया। धर्म के इस राजनीतिकरण दोहन की परिणिति हमने अभी पिछले दिनों अयोध्या में देखी है। सारे धर्म स्थल वैसे मानवीय धर्म की बात करते हैं जो धार्मिक किताबों में नहीं लिखी मिलेगी। जो धार्मिक देवालयों में अस्तित्व नहीं रखता। यह मानवीय धर्म हैं कि सारे इन्सान एक हैं ।यह इन्सानियत का धर्म है जो एक दूसरे प्रति सहनशीलता सिखलाता है जो एक दूसरे की भावनाओं को आदर करने की समझाईश देता है ।वह स्वर्णिम दिन होगा जब इन्सानियत का धर्म सारी दुनिया में फैल जायेगा । जब तक कि इन्सानियत का धर्म निर्मित नहीं हो जाता तब तक धर्म की हमारी यही दूषित व्याख्या कायम रही आयेगी । हमें बहरहाल तो इसी व्याख्या के साथ रहना है तो फिर क्यों ना ऐसे प्रयास किये जायें कि सामान्य

राजनीतिक धर्म को दूर रखा जाये । क्यों न हम व्यक्तिगत स्तर पर कोशिश करें कि हम अपने अपने धर्मों का पालन अपने अपने घरों के भीतर ही करें। क्यों न हम अपने व्यक्तिगत प्रयासों से अपने राजनेताओं को अपने धार्मिक क्षेत्रों से दूर रखें । इस सुझाव पर भी ध्यान दिया जा सकता है कि एक कानून बनाया जाये कि राजनीतिक दल भविष्य में धार्मिक मुद्दों को न उठायें।

–एन.सी. ब्योहार

देश के संकटः एक राष्ट्रवादी चिंतन

कुछ दिन पहले जन सत्ता के संपादक.... प्रभाष जोशी ने कहा कि –आज देश के सामने जो संकट है वह उन संकटों से भिन्न है जिनका हम अभी तक सामना करते आये हैं। आज विचारशील बुद्धीजीवि सभी के मन में कहीं न कहीं मंथन चल रहा है। हम आज तक जैसा देश को जानते आये हैं क्या वैसे ही देश रहेगा या बदल जायेगा। आज मात्र यह सवाल यह नहीं है कि राष्ट्र का स्वरूप कैसा हो पूरे देश में जो छटपटाहट है उसका कोई रेडिमेड उत्तर नहीं है।

अखबार में अधूरी रिपोर्टिंग के कारण हम नहीं जान सके कि .... प्रभाष जोशी ने ... बात क्यों कही। पर फिर भी ऐसा लगता है कि उन्होंने इस तरफ इशारा किया है कि हमारा देश आज जिस भौगोलिक स्थिति में है क्या आगे आने वाले दिनों में वह वैसा रह पायेगा हम जिस अखंण्ड भारत की बात करते हैं क्या हमारे ही क्रियाकलापों से वह भारत खण्ड–खण्ड तो नहीं हो जायेगा इन्हीं चिन्ताओं को ध्यान में रखकर उन्होंने कहा है '' हम आज तक जैसा देश को जानते आये हैं क्या वैसा देश रहेगा? या बदल जायेगा।

प्रभाष जोशी की बात पर हमें ध्यान देना होगा। सिर्फ इस कारण से नहीं कि वे बड़े समाचार पत्र के संपादक हैं और इस कारण प्रभावशाली बुद्धीजीवियों की फेहरिस्त में उनका नाम लिया जा सकता है। बल्कि ध्यान इस कारण दिया जाना है कि उन्होंने एहम सवाल उठाये हैं जो उनके सिवाय सैकडों हजारों सही दिशा में सोचने विचारने वाले भारतीयों के मन को इस वक्त अंन्दोलित किये हुये हैं। निःसंदेह हम इस वक्त कुछ नये प्रकार के संकटों से घिरे हैं। अभी तक देश के सामने सबसे बड़ा संकट आर्थिक संकट बताया जाता था, गरीबी की रेखा से नीचे की बात की जाती थी, विशाल फैली हुयी शिक्षित अशिक्षित बेरोजगारी की बात कही जाती थी, विदेशीय कर्ज का खौफ हमारे सामने पेश किया जाता था। ऐसा नहीं है कि हमारे ये परंपरागत आर्थिक संकट दूर हो गये हों । अधिकांश जनता आज भी या तो गरीबी की रेखा के आस पास मंडरा रही है या फिर भरपूर उल्लास मय जीवन बिता न पाने के कारण आधी

अधूरी जिन्दगी गुजार देने के भय से त्रस्त है। सभी चीजों की कीमतें आसमान को छू रहीं हैं, हर साल के राष्ट्रीय बजटों का एक मात्र मतलब यही रह गया है कि किस प्रकार और नये नये टैक्स लगाये जायें, तंगी कि कशमकश से लगभग सभी अभ्यस्त से हो गये हैं, यहां तक की एक खास प्रकार की विचारधारा प्रचलित हो उठी है कि हममें ही कीमती चीजों को खरीदने की क्षमता कई गुना बढ़ गयी है जिसके कारण कीमतें इतनी ज्यादा बढ़ गयीं हैं। एक अजीब से आर्थिक मनोविज्ञान को निर्माण कर लिये हैं हमने जिसकी वृष्टिछाया में हम संतुष्ठ छिपे हुये हैं। देश में सांप्रदायिक उन्माद आये दिन होते रहे हैं। हालाकि ये अभी पिछले कुछ सालों में ज्यादा बढ़ गये हैं। उनमें सैकडों हजारों जानें जाती हैं, सम्पत्ति का भारी नुकसान होता है। पर हम इन दंगा फसादों को हजम कर जाते हैं, अयोध्या की घटनाओं के बाद लगभग सारे देश में अभूतपूर्व खून खराबा हुआ। पर इसे भी हम पचा गये । बम्बई में भयंकर बम विस्फोट हुये जिनमें सैकडों जानें थोक के भाव गयीं और अरबों की राष्ट्रीय सम्पत्ति का नुकसान हो गया। पर हमने खुशियां मनाई कि बम्बई स्टाक एक्सचेन्ज दूसरे तीसरे दिन काम करने लगा, जनजीवन इतने जल्दी सामान्य हो गया। कलकत्ते में विस्फोट हुआ जिसमें 80 आदमी एक किश्त मारे गये, पर बम्बई की घटना के सामने कलकत्ते की हताहत संख्या नगण्य सी साबित होकर रह गयी। रक्त पात सह लेने की अदम्य शक्ति है हम भारत वासियों में, उधर काश्मीर और पंजाब में माहौल ठंडा नहीं हुआ है, आतंकी हरकतों से अनेक बेगुनाह जानें वहां रोज जा रही हैं। टी.वी. पर हम इन खून खराबे के चित्र रोज देख लेते हैं और अपने अपने काम में आगे बढ़ जाते हैं क्योंकि जिसका दोनों लुढ़कता है वही सूखा खाता है। जाबान्ज रिबैरो और गिल ने जरूर पंजाब में लगभग उस स्तर की सफलता हासिल कर ली है जिस प्रकार की सफलता सर जान स्लीमन ने ठगों पर पिछली सदी में हासिल की थीं। लिहाजा आर्थिक संकट तथा आतंकवाद सम्प्रदायिक उन्माद अब उस प्रकार के संकट नहीं रह गये हैं जिनका हमनें सामना न किया हो। विदेशी आक्रमण की संभावना कम से कम बहर हाल तो नहीं है, हालाकि इस संकट से भी हम पूरी तरह वाकिफ हैं। फिर किस प्रकार के नये संकट की बात कर

रहे हैं प्रभाष जोशी ऐसा कौन सा नया संकट एकाएक पैदा हो गया है जिससे वे इतना ज्यादा परेशान हो उठे हैं

प्रभाष जोशी जिस राष्ट्रीय संकट की बात कर रहे हैं वह शायद इन तमाम संकटों के मिले जुले प्रभाव के कारण निर्मित हुआ है। अभी तक हमनें इन तमाम संकटों को अलग अलग अकेले झेला है, उनका सामना किया है, उन पर यदि जीत हासिल नहीं भी की है तो कम से कम अपने उदर में हजम कर डाला है। अब ये संकट एक साथ मंडराते से दिख रहे हैं। सम्प्रदायिक उन्माद एक नये प्रकार के अलगाववाद को जन्म दे रहा है– मानसिक अलगाववाद और यह मानसिक अलगाववाद अभी तक के भौगोलिक अलगाववाद से कहीं ज्यादा खतरनाक साबित हो सकता है। भौगोलिक अलगाववाद को तो शायद कुचला जा सकता है, स्थानीय मांगो को स्वीकार करके दबाया जा सकता है, पर मानसिक अलगाववाद का कोई इलाज नहीं होता । यदि यह एक बार पनप गया तो फिर उसका कोई इलाज नहीं। केन्सर के माफिक यह भी रोगी की मृत्यु में ही समाप्त होता है। मानसिक अलगाववाद का शायद यही एक मात्र निदान है कि इसे शुरू में ही ना बढ़ने दिया जाये, अभी हाल में ही मुम्बई में घटी बम विस्फोटों की वारदातों को यदि हमनें इस मानसिक अलगाववाद का संकेत नहीं माना और यदि हमनें सीख सबक लेकर भविष्य में समुचित कदम नहीं उठाये तो इसका मतलब सिर्फ यही रहेगा कि हमने मौजूदा इतिहास से किसी प्रकार का दिशा–निर्देश नहीं लिया। मतलब यही रहेगा कि सुतुरमुर्ग के माफिक हम अपना सिर रेत में धसाये रहें कि हम सुरक्षित हैं और पीछे से आकर शिकारी हमें पकड़ लेगा। निःसंदेह यह मानसिक अलगाववाद अभी पूरी तरह फला फूला नहीं है और ना ही इसकी संभावनाओं को न मंजूर करना हमारी सबसे बड़ी भूल होगी । साम्प्रदायिक उन्मादों की भी कोई अधिकतम सीमा हो सकती हैं और अब समय आ गया है कि हम तय कर लें कि भविष्य में कम से कम इस तरीके से हमें अपने पड़ोसियों कि जानें नहीं लेना है। निःसंदेह जवाबदारी सभी पर है, साम्प्रायिक सदभाव सभी को कायम करना है। राष्ट्रीय मूल विचारधारा के प्रवाह में सभी को आना है, खासकर उन्हें जो इससे अभी तक हटे हैं। पर फिर यहां हम एक बात साफ करना चाहेंगे कि आम

आदमी तो निःसंदेह राष्ट्रीय मूल विचारधारा का अंश बनना चाहता है या फिर काफी कुछ बन भी गया है। सवाल यही है कि उसके नेता उसे इसमें रहने दें । व्यक्तिगत राजनीतिक स्वार्थो से प्रेरित ये नेता ही आम आदमी को राष्ट्रीय विचारधारा से समय समय पर दूर करते रहते हैं ताकि उनकी दुकान चलती रहे ।

प्रभाष जोशी जिस संकट की तरफ इशारा कर रहे हैं वह ..... भौगोलिक अलगाववाद से भी जुड़ा है । कश्मीरी अलगाववाद आज भी हमारी सबसे बड़ी समस्या है। पंजाब में कानून व्यवस्था पर काबू पा लिया गया है ।पर वहां भी अलगाववाद आज भी मौजूद है। उत्तर पूर्व के कुछ इलाके अलगाववाद का राग आये दिन अलापते रहते हैं। दक्षिण में अलगाववाद के शुरूवाती अंगारेां का अभी अभी सुलगना शुरू हुआ है, देखना यह है कि स्थानीय राजनायिक क्या इन अंगारों पर और ज्यादा ज्वलनशील तरल डालते हैं या न नहीं तथा केन्द्रीय सरकार इस समस्या का अभी से किस प्रकार हल खोज निकालती है। तमिल नाडू में हिन्दी थोपे जाने के भय का भूत आये दिन खड़ा किया जाता है जबकि हिन्दी किसी के भी द्वारा किसी पर भी कहीं भी नहीं थोपी जा रही है। अब जब यह नारा वहां के संकीर्ण नेताओं को नहीं मिल पा रहा है तब वे राजनीतिक अलगाववाद का हौआ खड़ा करना चाहते हैं ।कुछ दिन पहले मुख्य मंत्री जय ललिता ने अन्नाद्रमुक का कांग्रेस से अलग हो जाना ऐलान कर दिया है ।देखना यही है कि क्या गठबंधन के टूट जाने पर तमिलनाडू सरकार भंग कर दी जावेगी और वहां पर राष्ट्रपति शासन लगा दिया जायेगा। दूसरे शब्दों में देखना यही है कि क्या फिर अनुच्छेद 356 का दुरूपयोग किया जायेगा। यदि ऐसा हुआ तो यह अत्यंत दुर्भाग्यशाली होगा क्योंकि कुछ पार्टियों ने इशारे कर ही दिये हैं कि सरकार गिरा दिये जाने की स्थिति में पृथकता की मांग की जायेगी । लिहाजा संकट यह है कि क्या हमारे राष्ट्रीय कर्णधारों में इतनी सूझबूझ समझदारी स्वार्थ विहीनता रहेगी कि व्यक्तिगत राजनीतिक लाभ हानि को बलाय ताक रख कर वे राष्ट्रीय हित की बात कर सकें

देश की अखंडता के खतरे के बारे में यदि हमारे मन में किसी भी प्रकार की शंकाये हैं तो उसे हम जितने जल्दी कर लें तो बेहतर होगा

सोवियत संघ, युगोस्लाविया तथा चकोस्लाविया के उदाहरणों से हमें सबक लेनी होगी। पुराना सोवियत संविधान अनुच्छेद 24 के तहत सभी सोवियत गणराज्यों को आत्म निर्णय का अधिकार देता था और इसी अधिकार का उपयोग करके सोवियत गणराज्य स्वतंत्र हो गये। हालाकि इस प्रकार का प्रवाधान भारतीय संविधान में नहीं है ।पर फिर और दूसरी समानतायें हैं विघटित सोविएत संघ के समान भारत में भी अनेक सम्प्रदाय रहते हैं, अनेक भाषायें हैं, रीति रिवाज अलग हैं। इस कारण हमारे यहां पृथकता की बात कभी भी कही जा सकती है। सोवियत संघ तथा इन दो पूर्व साम्यवादी राष्ट्रों के विघटन या टूटनें का सबसे ज्यादा फाल आउट भारत में ही महशूस किया जा सकता है। दर असल में दुनिया के कई देशों के भोगोलिक नक्शे अभी भी बन रहे हैं, बिगड़ रहे हैं। भारत को इस खतरे से उभरने के लिये अभी बहुत कुछ करना बाकी है। शायद इस संकट को मुद्दे नजर रखते हुये प्रभाष जोशी कहते हैं कि आज मात्र यह सवाल नहीं है कि राष्ट्र का स्वरूप कैसा होसवाल यह है कि क्या हम राष्ट्र में रह पायेंगे

कुल मिलाकर सही सोच विचार करनें में सक्षम लोगों के मन में एक अजीब सी बेचैनी है, सारे देश में छटपटाहट है। मन में भय है, आतंक है। आतंकी घटनाओं की चपेट में नये इलाके आते जा रहे हैं । चिन्ता है कि कल हम भी इसके शिकार न हो जायें। व्यक्तिगत चिन्ता से भी ज्यादा चिन्ता देश के अस्तित्व की सता रही है ।

संकट इस बात की भी है कि इन संकटों से निपटने के लिये हमारे पास कोई हल नहीं है, हमारे पास कोई रेडिमेड उत्तर नहीं हैं और न हमारे पास ऐसा कोई प्रभावशाली राष्ट्रीय नेता है जिसकी बात हर कोई सुने । समस्या राष्ट्रीय चरित्र की है, पर कुछ इस प्रकार नहीं कि चारित्रिक सुधार समूचे देश वासियों में आना है। दरअसल में चारित्रिक सुधार की जरूरत उनमें कहीं ज्यादा है जिनके हाथों में सत्ता सौंपी गयी है। आम आदमी कहीं ज्यादा चरित्रवान, परिश्रमी, देश और समाज के प्रति निष्ठावान तथा कर्तव्य परायण है और दैनिक जीवन की आवश्यकता को मुहैया कराने के संघर्ष में मशगूल यह आम आदमी देश का भार कहीं ज्यादा अपने मजबूत कंधों पर वहन किये हुये है। यह आम आदमी

समझदार है, होशियार है, दूरदर्शी है। वह जानता है कि देश के सामने जो तमाम संकट है वे कुछ हद तक अंतर्राष्ट्रीय समस्याओं के परिणाम हैं, अंश हैं। आतंकवाद आज एक बड़ी अंतर्राष्ट्रीय समस्या है जिसकी चपेट में भारत भी आ रहा है। आम आदमी यह भी समझ सकता है कि देश में फैल रहे अतंकवाद को बढ़ावा पड़ोसी राष्ट्र द्वारा दिया जा रहा है, पर वह यह भी भलि भांति जानता है कि इस समस्या से अपेक्षाकृत आसानीं से कामयाबी से निपटा जा सकता है। आम भारतीय में इतनी क्षमता है कि वह तमाम गैर मुल्की कारणों से तो भलीं भांति जूझ सकता, है परंतु वह लाचार और मजबूर उन संकटों से निपटनें में महशूस करता है जो उसके ही नेताओं द्वारा बना दिये जाते हैं ।सभी संकटों समस्याओं का बोझ भार वहन करने में आम भारतीयों के कंधे सक्षम हैं, अपवाद के रूप में सिर्फ उन नेताओं का भार ये कंधे नहीं उठा पायेंगे जो देश को रचनात्मक नेतृत्व देने में असफल हो रहे हैं।

सभी संकटों समस्याओं का बोझ भार वहन करने में आम भारतीयों के कंधे सक्षम हैं ।अपवाद के रूप में सिर्फ उन नेताओं का भार यह कंधे नहीं उठा पायेंगे जो देश को रचनात्मक नेतृत्व देने में असफल हो रहे हैं।

–एन.सी. ब्योहार

नव भारत–1993

मंदिर मस्जिद विवाद से उपजी अयोध्या त्रासदी से हम क्या सबक लेंगे

अब चूंकि राम जन्म भूमि बाबरी मस्जिद विवाद का नवीनतम दौर, भाजपा के आंकडों के मुताबिक सतासीवां दौर, हाल ही में लगभग समाप्त हो गया है तब रचनात्मक दृष्टिकोण यही होगा कि सारे मामले.. ....ठंडे दिमाग से विश्लेषण किया जावे और आगे आने वाले समय के लिये इस अनुभव से कुछ सीख सबक ली जाये। जाहिर है कि अभी मामले का आखिरी निपटारा नहीं हुआ है । कहा जा सकता है कि अभी तो इसकी फाईल सिर्फ विचाराधीन मामलों के ढ़ेर में दबा दी गयी है और आगे आने वाले दिनों में यह विवाद फिर दुबारा उठ सकता है। हम यही चाहेंगे कि उक्त दूसरे शब्दों में विवाद में अठासीवे संस्करण के दौरान इस प्रकार की खूनी वारदातें न दुहराई जायें, सम्पत्ति का नुकसान दुबारा न हो, सारे मुल्क का कारोबार इस प्रकार तहस नहस न हो जाये और सारा जन जीवन इस प्रकार त्रस्त न हो जाये ।मुल्क को गृह युद्ध की चपेट से बचा लेना अच्छी बात है, पर ज्यादा बेहतर तो यही है कि क्यों न आज हम कुछ प्रकार की नीव डालें कि भविष्य में दुबारा ऐसा माहौल ही न बने।

उपरी सतह पर यही दिखता है कि सारा मामला एक मंदिर को बनाने का है या फिर सिक्के के दूसरी तरफ एक मस्जिद को तोड़ने अथवा किसी दूसरे स्थान पर बैठा देने से रोकने का है ।यदि इन दोनों पक्षों के बीच विवाद का कारण ये मंदिर –मस्जिद ही होते हैं तो फिर आजादी के पहले और उसके बाद दोनों पक्षों में जो दंगे फसाद हुये हैं उनका कारण क्या होना चाहिये। जाहिर है कि दोनों पक्षकार शताब्दियों के सह–अस्तित्व के बावजूद भी अपने आपको दूसरे से एकदम भिन्न संस्कृति को मानते हैं और इस भिन्नता की बुनियाद वे दोनों अपने अपने धर्मों में देखते हैं। इस भिन्नता या मतभेद की परिणिति आये दिन होने वाले साम्प्रदायिक उन्मादों में देखने को मिलती है या फिर यह बरहमेश मौजूदा खिचाव तनाव के रूप में दिखाई देती है। इस कथन को और ज्यादा

स्पष्ट करने की जरूरत नहीं है वरना हमारी भी स्थिति दूरदर्शन पर कुछ समय पहले दिखाये गये अनेकों इनाम जीतने वाले बहुचर्चित सीरियल जैसी ही रह जायेगी जो दंगे फसादों के कारण तो बखूबी पेश करता है और विनाशलीला की भयंकरता प्रभावशाली तरीके से छोटे पर्दे पर दिखाकर हमारे दिल दिमांगों को हिलाकर रख देता है। पर इसके आगे रचनात्मक हल कुछ भी नहीं सूझता कि हम आखिरकार क्या करें? और क्या न करें ताकि इस अभिशाप से हमें छुटकारा मिल जाये ।लगभग सभी जानते हैं कि मतभेद के ऐतिहासिक, मनोवैज्ञानिक और सामाजिक कारण क्या हैं। उनका और ज्यादा खुलासा करने से जख्म और ताजे ही होते रहेंगे। लिहाजा मामले का पोस्ट मार्ट्म करने से हमारे हाथ कुछ न लगेगा।

किसी भी मुल्क की तुलना एक संयुक्त परिवार के साथ की जा सकती हैं । खासकर यदि वह मुल्क ऐसा हो जिसमें अनेक धर्म, सम्प्रदाय, और अलग –अलग रीति रिवाज हों और जहां कई भाषायें बोली जाती हैं। संयुक्त परिवार के सदस्यों के विचार और आचरण अलग–अलग हो सकते हैं।

.....सदस्यों को इस बात की आजादी होनी चाहिये कि.... वे दूसरे सदस्य में इस तरह की समझ होनी चाहिये कि सिर्फ उसके भले के लिये ही उसकी गल्तियां बताई जा रही हैं। इस प्रकार के आपसी विश्वास और एक दूसरे के साथ घुल मिल जाने की योग्यता की गैर हाजिरी में वह संयुक्त परिवार बिखर कर टूट जायेगा। पिछले कुछ वर्षों के दौरान हमारे मुल्क में कोशिश की गयी है कि सभी के लिये एक समान कानून कायदे बना दिये जायें। लगभग सभी सम्प्रदायों में शादी विवाह आदि क्षेत्रों में काफी कुछ ऐसे रीति रिवाज प्रचलित हैं । पर जब समान कानून बनाने की बात की गयी तब विरोध हुआ। खराब बात यह थी कि समझा गया कि बहुसंख्यकों द्वारा अनावश्यक दखलअंदाजी की जा रही है । हमारा आशय आलोचना करने का नहीं है ।कहने का मतलब सिर्फ यह है कि जरूरत इस बात की है कि दूसरों के सुझावों को समझने की सद्भावना बनाई जावे।

जब तक इस प्रकार की सद्भावना दोनों बहुसंख्यकों और अल्प संख्यकों में नहीं बन जाती तब तक हमें मंदिर मस्जिद जैसे और भी विवाद मिलते ही रहेंगे। हो सकता है कि इस सद्भावना के निर्माण में अभी और समय लगेगा और इस कारण शायद अभी हमें कुछ समय और रूकना होगा ताकि यह मामला अपने आप शांति से हल हो जाये, जो घटना कम अभी हमारे सामने गुजर रहे हैं उनसे साफ जाहिर होता है कि अभी अल्प संख्यकों के मन में वह भरोसा नहीं बैठा है जिसकी उम्मीद थी। उम्मीद के तौर पर अल्प संख्यकों में से कई लोगों ने अखबारों के जरिये और आम सभाओं में प्रगतिशील विचार सामने रखे हैं। हो सकता है कि आगे चलकर ऐसे लोगों की संख्या बढ़ जाये और उनकी आवाज सुनी जाने लगे। यह सिर्फ एक कपोल कल्पना नहीं है। बल्कि एक काफी सच्ची संभावना है ।हमने देख लिया है कि यदि इस मामले में यदि इसी प्रकार जल्दबाजी की जाती है तो गृह युद्ध की पूरी संभावना है। तो फिर इस पूरी घटना का पहला सबक यहीं रहा कि हम अभी थोड़ा और सब्र कर लें।

यदि विशुद्ध हिन्दु भावना को ध्यान में रखा जाता है तो मानना होगा कि उनके सबसे पूज्य आराध्य श्री राम का मंदिर उसी जगह बनना चाहिये । बाकी हम लोगों की धार्मिकता का स्तर चाहे जो हो, हम लोगों में से कुछ भले ही नास्तिक ही क्यों ना हों, हममें से कुछ वर्टरेण्ड रसेल के इस कथन से ही क्यों ना सहमत हों कि दुनिया के सभी बड़े धर्मों ने मानव समाज का अपार नुकसान ही किया है या फिर कुछ लोग जे. कृष्णमूर्ति से सहमत हों कि जीवन में सत्य को पाने के लिये पूजा, अराधना या इबादत गाहों में जाने की कोई जरूरत नहीं, किसी भी स्थिति में हमको यह अधिकार नहीं है कि हम उन श्रद्धालुओं को धर्मान्ध या सम्प्रदायिक ठहरायें जो मन में भरोसा बनाये बैठे हैं कि भगवान श्री राम का जन्म स्थान यहीं है और यदि मंदिर बनता है तो फिर इसी जगह पर बने। श्री लाल कृष्ण आडवाणी जी की रथ यात्रा का मकसद जिस भी सीमा तक राजनीतिक या धार्मिक रहा हो लेकिन जो लाखों कार सेवक अयोध्या गये थे, जिन्होंने तकलीफें सहीं और जिन्होंने अपनी जानें दे दी,....निःसंदेह उन तमाम लाखों धार्मिक हिन्दुओं की भावनायें आहत

हुई हैं। न सिर्फ इस कारण से कि उन्हें मंदिर बनाने से रोक दिया गया है । बल्कि इस कारण से उन्हें धर्मान्ध, साम्प्रदायिक और संकीर्ण निरूपित किया गया । जबकि वास्तविकता यह है कि यदि हिन्दु यथार्त में संकीर्ण धर्मान्ध होते तो हमारे यहां बाकी सारे धर्म इतने ज्यादा न फैल पाते । 1947 में यदि धर्म निरपेक्ष राष्ट्र की स्थापना की गयी है तो सिर्फ इस कारण नहीं कि कुछ संविधान निर्माता ही ऐसा करना चाहते थे। दरअसल में डॉ. भीमराव अम्बेडकर, डां. राजेन्द्र प्रसाद, पंडित जवाहर लाल नेहरू, सरदार पटेल आदि संविधान सभा के सदस्य जानते थे कि हिन्दु उदारवादी और धर्म निरपेक्ष सभ्यता के धनी हैं। इसी विश्वास की ताकत पर उन्होंने धर्म निरपेक्षता का निर्णय लिया।

कुछ समय पहले अल्पसंख्यक समुदाय के धार्मिक स्थल की पवित्रता बनाये रखने के उद्देश्य से पुलिस कार्यवाही की गई। भावनायें आहत हुईं। सहानुभूति दर्शाने का काम आज तक जारी है। जो कि उचित भी है । ठीक इसी प्रकार .....आज आहत बहुसंख्यकों के साथ क्यों नहीं किया जा रहा है। दूरदर्शन पर इतना ही कह देना पर्याप्त नहीं है कि हम मंदिर बनाये जाने के खिलाफ नहीं हैं। जरूरत इस बात की है कि सभी के साथ संतुलित व्यवहार किया जाये ताकि आपसी राजीनामे का वातावरण बन सके।

यहां यह भी कहना उचित होगा कि यदि कुछ राजनीतिक पार्टियों और नेताओं ने मंदिर बनवा देने के जवाबदारी अपने हाथों में न ली होती तो विवाद इतना विशाल रूप धारण ना करता । निःसंदेह आदमी अपनी आस्था कायम रखना चाहता है। पर वास्तविकता यह है कि वह अपने दैनिक जीवन को ही पूरा करने में ही इतना मशगूल है कि मंदिर, मस्जिद के मामले पर उसका ध्यान ही नहीं है। दर असल में उसके ध्यान को जबरन इस मामले की तरफ खींच दिया गया है। हम तो यही सुझाव देना चाहते हैं कि मंदिर, मस्जिद की मांग आम आदमियों द्वारा ही उठाई जावे, वे ही अपने आंन्दोलन को शांतिपूर्वक चलायें और दोनों पक्षों की राजनैतिक पार्टियां इस मामले में अपना दखल न दें। यह सिद्ध करना काफी कठिन है कि यह पार्टियां एक धार्मिक काम को गैर राजनैतिक उद्देश्यों को ध्यान में रखकर कर रही हैं। चुनाव और राजनीति जिनके

व्यवसाय हैं उनका किसी भी काम को पूरा करने का तरीका ही अलग होता है और जब पेशेवर नेता किसी भी मामले में आगे बढ़ते हैं तब नतीजे भी दूसरे ही होते हैं, इन कड़वे नतीजों का स्वाद हम कई बार चख चुके हैं। कहना आसान है, करना कठिन है कि राजनैतिक दल और नेता इस प्रकार के मामलों में हाथ न डालें । लिहाजा इस अनुभव का एक सबक यह भी रहा है कि साधु, संत, पंडित, मुल्ला, मौलवी और सारे धर्म गुरू ही धार्मिक कार्यो को अपने हाथ में एकाधिकार के रूप में संभाल रखें।

–एन.सी. ब्योहार

मौजूदा संकट संवैधानिक कम राजनीतिक ज्यादा

अभी हाल ही में भारतीय जनता पार्टी द्वारा राष्ट्रीय मोर्चा सरकार से समर्थन वापिस ले लिये जाने के फलस्वरूप कुछ राजनीतिक और कानूनी समस्याएं उत्पन्न हो उठीं हैं । दिखता किन्तु यही है कि कानूनी या संवैधानिक समस्यायें इस बार कम हैं और राजनीतिक उलझनें पहले के मुकाबले ज्यादा हैं। जो भी कानूनी समस्याएं, अभी तक सामने आयी हैं या फिर 30 अक्टूबर की कार–सेवा अथवा 7 नवम्बर के एक दिवसीय विशेष लोक सभायी अधिवेशन के बाद उभर कर सामने आ सकती हैं, उनका निराकरण मुख्यतया महामहिम राष्ट्रपति द्वारा ही किया जाना है। जैसा की स्वयं राष्ट्रपति ने 23 अक्टूबर को ही स्पष्ट कर दिया था गेंद अब मेरी पाली में है।

साफ दिखता है कि राष्ट्रपति जी को कानूनी मुद्दों के निराकरण करने में इस बार ज्यादा दिक्कत नहीं जायेगी क्योंकि समाधान के लिये अब उनके पास पिछले उदाहरण की नजीर उपलब्ध है। पिछले अनुभवों से अब संवैधानिक परिपटियां निर्मित हो चुकी हैं । देश 1979 में लगभग इसी प्रकार की परिस्थिति से गुजर चुका है जब आपातकाल के बाद श्री मोरारजी भाई के नेतृत्व में जनता पार्टी की सरकार कायम हुयी थी और श्री नीलम संजीव रेड्डी राष्ट्रपति थे।

सारांश में 1979 का घटना कम कुछ इस प्रकार था 14 जुलाई 1979 की श्री मोरारजी भाई देसाई द्वारा प्रधानमंत्री पद से कुछ कारणों वश स्तीफा दे दिया गया। राष्ट्रपति श्री नीलम संजीव रेड्डी द्वारा पहले लोक सभा में विपक्ष के नेता श्री वाय.बी. चव्हाण से सरकार बनाने के लिये कहा गया। श्री चव्हाण द्वारा असमर्थता प्रकट करने पर राष्ट्रपति ने चौधरी चरण सिंह को आमंत्रित किया तथा साथ ही यह भी निर्देशित किया कि वे यथा शीघ्र अपने मंत्री मंडल के सदन में बहुमत संसदीय विश्वास को सिद्ध करें। राष्ट्रपति जी के इस निर्णय को लेकर कई मुद्दे उठ खडे हुये जैसे कि सामान्य तया प्रधान मंत्री और मंत्री मंडल द्वारा दी गयी सलाह को मानना राष्ट्रपति के लिये आवश्यक है पर यदि कार्य वाहक प्रधानमंत्री पदस्त हों, तो उनकी सलाह किस सीमा तक मानना राष्ट्रपति जी के

लिये जरूरी है, यदि मंत्री मंडल ने लोक सभा में अपना बहुमत खो दिया हो और ऐसा दिखता हो कि विकल्प में विरोधी दल के नेता द्वारा सरकार बनाई जा सकती है तो फिर राष्ट्रपति को क्या करना चाहिये, क्या प्रधान मंत्री द्वारा प्रदत्त लोक सभा को भंग करने की सलाह मानना राष्ट्रपति जी के लिये अनिवार्य है भले ही उन्हें ऐसा लगता है कि वैकल्पिक सरकार बनाई जा सकती हैं। जबकि ऐसी परिस्थिति बन गई हो कि प्रधानमंत्री पद के लिये दो दावेदार हों, तथा शक्ति का संतुलन दोनों प्रत्याशियों में लगभग समान रूप से बना हुआ हो तो फिर राष्ट्रपति द्वारा उपयुक्त प्रत्याशी का चयन किस प्रकार किया जाये। श्री चरण सिंह ने प्रधानमंत्री का पद 28 जुलाई 1979 को संभाला परंतु लोक सभा में बहुमत का सामना किये बिना ही उन्होंने 20 अगस्त को 23 दिन के अल्प शासन के बाद स्तीफा दे दिया। राष्ट्रपति तय कर रहे थे कि क्या निर्णय लिया जाना चाहिये कि बाबू जगजीवन राम ने सरकार बनाने का अपना दावा पेश किया, परंतु श्री रेड्डी द्वारा 22 अगस्त को लोक सभा भंग कर देने का निर्णय सुना दिया गया। इस निर्णय से दुखी होकर जनता नेता राष्ट्रपति जी के विरूद्ध महाभियोग लाने का विचार करने लगे, परंतु राज्य सभा का अधिवेशण समाप्त हो जाने के कारण वे ऐसा न कर सके। 1980 में फिर चुनाव हुये, जिसके नतीजे ने श्रीमति इन्दिरा गांधी के पुनः सत्तारूढ़ होने का रास्ता खोल दिया।

1990 की परिस्थितियों में इस उदाहरण की....प्रसंगिता एवं उपयोगिता यह है कि संवैधानिक प्रवाधान के बावजूद विशेष परिस्थितियों में राष्ट्रपति द्वारा मंत्रीमंडल की सलाह को माने बिना अपने विवेकाधिकार का उपयोग किया जा सकता है। 42वें संशोधन के बाद अब यह अनिवार्य हो गया है कि राष्ट्रपति द्वारा मंत्री मंडल की सलाह मानी ही जाये परंतु इस प्रावधान के बावजूद ...यदि महामहिम राष्ट्रपति को दिखता है कि लोकसभा को भंग किये बिना वैकल्पिक सरकार बनायी जा सकती है तो जरूरी नहीं है कि राष्ट्रपति अपने विवेकाधिकार का प्रयोग न करें, भले ही पदस्त प्रधान मंत्री का परामर्श विपरीत क्यों न हो।

भारतीय संवैधानिक व्यवस्था इंग्लैण्ड के नमूने पर आधारित है। इग्लैण्ड में स्थापित परिपाटी या परंपरा है कि हाउस ऑफ कामन को भंग

न किया जाये ताकि देश को फिर दोबारा आम चुनाव से बचाया जा सके। हमारे यहां पिछले चुनाव दिसंबर 1989 में हुये हैं। जाहिर है कि एक साल के भीतर दोबारा अत्यंत खर्चीले लोक सभायी चुनाव कराना ठीक न होगा जबकि असाधारण उथल पुथल का माहौल बना हुआ है। सवाल यह उठता दिख रहा है कि यदि 7 नवम्बर को प्रधानमंत्री व्ही.पी. सिंह बहुमत अर्जन करने में असफल रहते हैं और लोकसभा भंग करने का मशवरा देते हैं तब राष्ट्रपति द्वारा क्या निर्णय लिया जाना चाहिये । अभी से यह कहा जा सकता है कि यदि उन्हें दिखता है कि वैकल्पिक सरकार बनाई जा सकती है तब फिर से उक्त सलाह को मानने से इंकार कर सकते हैं।

23 अक्टूबर को भारतीय जनता पार्टी द्वारा अपने सशर्त समर्थन को वापिस लिये जाने की स्थिति में व्ही.पी.सिंह सरकार स्पष्ट रूप से अल्पमत में आ गयी है। राष्ट्रपति के समक्ष कुछ मुद्दे उठ खडे हुये, जैसे कि –प्रधानमंत्री को बहुमत सिद्ध करने का मौका देना या नहीं या फिर देना तो इस काम के लिये कितने दिन का मौका देना । यह भी संवैधानिक विमर्श का विषय बना कि क्या श्री व्ही.पी. सिंह को तुरंत स्तीफा दे देना चाहिये था जैसी कांग्रेस की मांग रही इत्यादि । हम यही कहना चाहेंगे कि महामहिम राष्ट्रपति ने बहुमत प्रदर्शन के लिये समय देकर उचित ही किया है। इस बात पर भी विवाद उठाना ठीक नहीं है कि 7 नवम्बर तक का समय देकर राष्ट्रपति ने सौदेबाजी के मौके प्रदान कर दिये। राम जन्म भूमि बाबरी मस्जिद मसले के कारण सारे देश में भीषण खिचाव तनाव बना हुआ है ।कहा नहीं जा सकता है कि आरक्षण का मामला शांत हो गया है। इन हालात में प्रधानमंत्री के कथन को मानना होगा कि मुख्य मंत्री कानून व्यवस्था कायम रखने के सर्वोपरि दायित्व में व्यस्त हैं। रहा सवाल प्रधान मंत्री के तुरंत स्तीफे का तो शायद यह प्रस्ताव भी अनावश्यक ही है। निःसंदेह मोर्चा सरकार भाजपाई समर्थन की सहायता से आरूढ़ हुयी थी, परंतु फिर राजनीतिक समीकरण बदलते रहते हैं। यदि भाजपा और शिवसेना (86 तथा 3 सांसद क्रमशः)का समर्थन खो दिया गया है तो यह भी तो हो सकता है कि दूसरों का समर्थन मिल जाये और फिर 195 सदसीय शक्ति वाली इन्का (राजीव

गांधी) द्वारा सरकार बनाने से इंकार करने की स्थिति में श्री वैंकट रमन ने अपने आदेश दिनांक 1 दिसंबर 1989 में शर्त यह रखी थी कि विश्वनाथ प्रताप सिंह 30 दिन के भीतर अपना बहुमत सिद्ध कर दें। लिहाजा विश्वनाथ प्रताप सिंह ने स्तीफा न देकर किसी भी संवैधानिक मर्यादा का उल्लंघन नहीं किया है।

.......एन.सी ब्योहार

साम्प्रदायिकता से जनता को स्वयं निपटना होगा!

देश में हाल ही में भड़कते साम्प्रदायिक दंगे अब शांत होते जा रहे हैं, अमन चैन वापस लौट रहा है, खून –खराबे के एक भयानक दौर के बाद देश फिर सामान्यता की ओर बढ़ रहा है। कुछ समय बाद सब कुछ सामान्य भी हो जायेगा, स्कूल कालेज खुल जायेंगे, मिल कारखाने काम करने लगेंगे, कचहरी दफ्तरों में काम काज पूर्ववत होने लगेगा। एक खराब सपने के माफिक सब कुछ भुला दिया जायेगा। सिर्फ वे लोग इस खौफनाक दौर को अपनी बाकी जिन्दगी कभी ना भूल सकेंगे जिन्होंने अपने किसी प्रिय को हमेशा के लिये खो दिया है, या जिनके घर किसी को स्थायी चोट जख्म लगे हैं, या जिनकी सारी जिन्दगी की आमदानी इन फसादात में स्वाहा हो गयी, बाकी हम सब लोग इन अभागों के दुख दर्दो को कभी समझा नहीं सकेंगे, उनके भीतरी जख्म हम कभी नहीं भर सकेंगे। उनकी बाकी जिन्दगी भीषण त्रासदी बनकर गुजरना है। हम तो सिर्फ औपचारिक सहानुभूति भर दिखा सकेंगे। कहावत है कि जिसका दोनों लुढ़कता है वही रूखा खाता है, बाकी सभी सारे व्यंजन खाते हैं। अफसोस की बात यह है कि इन दुखियारों की संख्या आये दिन बढ़ती जा रही है। साम्प्रदायिक दंगे हमारे देश में निरंतर होते ही रहते हैं।

स्वतंत्र भारत के इतिहास में कितने हजार निर्दोश लोग ऐसे दंगों में मौत के घाट उतार दिये गये होंगे इसका हिसाब लगाना ही असंभव है। पर अब समय आ गया है कि इस पर गंभीरता से कुछ किया जाये। निरीह मूक दर्शक बनकर ना रहा जाये।

आम आदमी की संवेदना भी लगभग समाप्त हो गयी है। वह यह कहते सुना जाता है कि जिसकी लिखी थी सो उसकी मौत आ गयी ।लेकिन नफरत और आतंक का साया दिन प्रतिदिन फैलता जा रहा है।

सबसे ज्यादा गौरतलब बात यही है कि खून आम नागरिकों का ही होता है, कटते मरते, ज्यादातर झुग्गी झोपडियों में या तंग गलियों में या छोटी मोटी बस्तियों में रहने वाले गरीब ही हैं। बड़ी पॉश बस्तियों तक

मौत का साया अक्सर नहीं पहुंच पाता। जिन्दगी इन गरीबों की भी है, आखिर ये भी इन्सान हैं। बनारस में हुये पिछले दंगों में सुनारपुरा बस्ती में बसने वाले गरीब, बुनकर निर्दयता पूर्वक मारे गये, उनकी मुट्ठी भर सम्पत्ति या तो जलाकर भस्म कर दी गयी या तहस नहस कर दी गयी । दंगा शुरू कराने वाले दूर से साम्प्रदायिकता की आग में अपनी रोटियां सेंकते रहे। भिवंडी के भीषण दंगों में भी ठीक ऐसा ही हुआ था। भागलपुर के भीषणतम दंगों में भी मारे गये निर्दोश गरीब इन्सान ही थे, जिन्होंने आग भड़काई उनका कुछ ना बिगड़ा।

क्या हम कथाकथित उच्च वर्गीय संभ्रान्त लोग यह कहना चाहते हैं कि क्योंकि इस प्रकार के दौर से हमें नहीं गुजरना पड़ता है इसलिये हमें मतलब नहीं कि गरीब मरे या उसकी संपत्ति का सत्यानाश होते रहे। क्या हम साम्प्रदायिकता समाप्त करने के लिये तब आगे बढ़ेंगे जब हम स्वयं इसका शिकार होंगे।

ध्यान देने योग्य एक दूसरी बात यह है कि खून खराबे और सम्पत्ति के सत्यानाशीकरण में उनका कुछ भी नहीं बिगड़ता है जिन्होंने दंगे फसाद शुरू कराये थे, जिनकी नीतियों से देश का चैन, शांति भंग हुयी और जिनकी राजनीति के कारण भाई भाई आपस में एक दूसरे के खून के प्यासे हो गये । अब यह पूरी तरह सिद्ध हो चुका है कि सारा खेल वोट की राजनीति का है। हम सब आम नागरिकों की कीमत महज वोट डालने वाले मतदाताओं तक सीमित है। जब तक हम वोट नहीं डाल देते तब तक हमारी मिन्नतें होती हैं, हमें लालच लोभ दिये जाते हैं, हमें घर से मतदाता केन्द्र तक आने जाने का साधन मुहैया कराया जाता है। एक बार हमने वोट दिया कि हमारी कीमत समाप्त हो जाती है। हम अब वोट बैंक बना दिये गये हैं। मुसलमानों को सबसे बड़ा अल्प संख्यक वोट बैंक कहा जाता है । 1952 से अभी पिछले चुनावों तक ये वोट बैंक कांग्रेस पार्टी के एकाधिकार में था। दक्षिण पंथी भारतीय जनता पार्टी को छोड़कर बाकी सभी दलों में इसे हथियाने के लिये घमासान छिड़ा हुआ है। पिछले कुछ वर्षों में दलित और पिछडों को एक दूसरे बड़े वोट बैंक के रूप में उभार दिया गया है ।अभी तक ये लोग कांग्रेस को ही वोट देते चले आये थे। अब मंडलवाद के आसरे यह लोग वी.पी. सिंह के जनता दलीय झंण्डे के नीचे आ गये हैं।

हिन्दु वोट बैंक का निर्माण कार्य अभी पूरा नहीं हुआ है। लेकिन जिस प्रकार जिस तेजी से यह काम चल रहा है उसे देखते हुये यही प्रतीत होता है कि इसे पूरे होने में ज्यादा समय नहीं लगेगा। अयोध्या की घटना की प्रतिक्रिया के रूप में जो कीमत देश को, आम जनता को चुकानी पड़ी है, उसे देखते हुये पैर तले की धरती खिसक जाती है यह सोचकर कि अभी हमें और कितनी कीमत चुकानी होगी ।

हमारे राजनीतिक दलों तथा राजनीतिज्ञों का भविष्य सिर्फ इस बात पर निर्भर करता है कि कुछ मुद्दे बरहमेश जिन्दा रहें। हर दल ने किसी न किसी मुद्दे को अपनी चुनावी घोषणा पत्र का या अपने कार्यक्रम का मुख्य आधार बना रखा है।

एक और महत्वपूर्ण बात हम साधारण लोगों को अच्छी तरह समझ लेना चाहिये जो यह है कि हमें अपने धार्मिक, आध्यात्मिक तथा नैतिक क्षेत्रों में पेशेवर राजनायिकों को किसी भी प्रकार का हस्तक्षेप नहीं करने देना चाहिये। धर्म का क्षेत्र हमारा एक निजी क्षेत्र है जिसमें यदि हमारे सिवाय किसी और का हस्तक्षेप स्वीकार किया जा सकता है तो वे हैं हमारे धर्म गुरू। मंदिर बनाना अच्छी बात है पर इन कामों को सिर्फ हम जन साधारण लोग ही करें या फिर इन्हें करें हमारे धर्म गुरू।

जाहिर है कि ये राजनीतिक कथित धर्म गुरू हमें सिर्फ भड़का सकते हैं। हमें गुमराह कर सकते हैं, उनके आवाह्न पर हम लोग महज पथ भ्रष्टी हो सकते हैं। अतः हमें इनसे अपने आप को पूरी तरह बचाना है। इन्हें जन जागरण से कोई मतलब नहीं । ये हिन्दुत्व का मर्म तक नहीं जानते । हिन्दु जागृति तथा राम मंदिर का निर्माण शांति से हो तो हम सभी इसके पक्षधर हो सकते हैं। पर हम हिन्दु धर्म के राजनीतिकरण तथा हमारे आस्थाओं के दोहन के पूरी तरह विरोध में हैं। यह बात अब हमें अयोध्या कांण्ड के बाद अच्छी तरह समझ लेनी चाहिये यदि हम दोबारा इस प्रकार के अनुभव से नहीं गुजरना चाहते तो हमें चाहिये कि हम धर्म के क्षेत्र में राजनायिकों को प्रवेश न करने दें।

...एन.सी.ब्योहार.

अयोध्या विवाद और राष्ट्रवादी चिंन्तन

अभी हाल ही में अयोध्या में हुयी घटनाओं ने देश को उसके इतिहास के एक निर्णायक मोड़ पर पहुंचा दिया है। निकट भविष्य की घटनाओं के लिये 6 दिसंबर 1992 का दिन काफी समय तक याद किया जायेगा। अब आज ये हमारे उपर है कि हम इस दिन की घटनाओं से किस प्रकार सीख सबक लेते हैं और आगे हमारे क्रियाकलाप किस प्रकार के रहते हैं। हमें गभीरता से विचार करना होगा कि किन कारणों से यह हुआ और हमें योजना बनानी होगी कि क्या किया जाये ताकि इन घटनाओं की पुनरावृत्ति भविष्य में न होवे। हमारा आशय हमारे राजनेताओं से ही ज्यादातर है क्योंकि वे ही तमाम घटनाओं के लिये जवाबदार हैं। आम नागरिकों को भी अपनी परंपरागत विचारधारा में बदले समय को देखते हुये बदलाव लाना होगा। परंतु आम नागरिक अपनी दैनिक और पारिवारिक आवश्यकताओं के निर्वाह में ही पूरे समय मशगूल रहे आते हैं, आजू बाजू की घटनाओं की तरफ उन्हें देखने की फरसत ही नहीं रहती है। बढ़ते आर्थिक बोझ के कारण भी उनका नजरिया अपने परिवार तक ही सीमित होते दिखता है। अतः उनकी कुछ धारणायें संकीर्ण हैं, तो उनसे सामान्य नुकसान नहीं होता क्योंकि वे दबी पड़ी रहती हैं जब तक कि उन्हें उभारकर सामने नहीं ला दिया जाता ।

गंभीरता से विचार करने की आवश्यकता हमारे राजनेताओं को है, नजरिया उन्हें अपना बदलना है, प्राथमिकताओं की सूचि नये सिरे से उन्हें तैयार करनी है। उन्हें तय करना है कि देश हित को सर्वोपरि रखते हुये भी अपने सबसे बड़े महत्वाकांक्षी लक्ष्यों को हासिल किया जा सकता है। उन्हें समझना होगा कि व्यक्तिगत राजनीतिक ध्येयों की प्राप्ति के लिये संकीर्ण भावनाओं को उभारना उकसाना कतई जरूरी नहीं है। कहने का मतलब यही है कि आज की तारीख से हमारे राजनेताओं को तय कर लेना होगा कि जिस प्रकार की राजनीति उन्होंने अभी तक खेली है उसने देश को विघटन की कगार पर लाकर खड़ा कर दिया है और आगे वे ऐसा नहीं होने देंगे। यदि इन दुर्भाग्यपूर्ण घटनाओं ने उन्हें इस प्रकार से सचेत कर दिया है और यदि वे अपने तौर तरीके बदल डालते हैं तो

समझ लीजिये कि स्वर्णिम दिन आ गये हैं। हम समझेंगे कि ये तमाम कुर्बानियां देश के भले पर न्योछावर हो गयीं । लिहाजा सब की निगाहें अब इन नेताओं की तरफ भारी उम्मीदों से लगी रहेंगी।

हमारे पास पर्याप्त सबूत हैं इस निष्कर्ष पर पहुंचने के लिये कि हमारे देश में हिन्दु, मुस्लिम, सिक्ख, इसाई, सभी धर्मावलंबी आपस में भाई चारे के साथ रहना चाहते हैं और इस प्रकार रहना जानते भी हैं। उनमें आपसी मतभेद हैं, पर इनके बावजूद भी वे अच्छे पड़ोसियों के माफिक रहना चाहते हैं। आम भारतीय अपने धर्मो को अपने घर की चार दीवारों तक ही सीमित रखना चाहता है। आर्थिक मजबूरियों तथा दुनिया की होड में आगे बढ़ निकलने की लालसा ने हर किसी को यही सोचना सिखा दिया है कि जिन्दगी कुछ कर गुजरने का एक मौका है जिसे संकीर्णताओं में फंसकर व्यर्थ नहीं गवा देना है। अतः यदि आम भारतीयों को उनके अपने हालातों पर छोड़ दिया जाता है तो वे कभी भी दंगा–फसादात में नहीं उलझेंगे, फिर कभी भी सामप्रदायिक उन्माद नहीं फैलेंगे, अमन–चमन और शांति रहेगी। आम नागरिक कभी भी एक राय होकर झगडों की शुरूआत नहीं करते । उन्हें संगठित कर दिया जाता है, उन्हें उकसाया भड़काया जाता है और ये गलत काम उनके नेतागण ही करते हैं । आये दिन होने वाले साम्प्रदायिक दंगे भी इन्हीं तंग नजरिया–स्वार्थ लोलुप नेताओं द्वारा ही बढ़ाये भड़काये जाते हैं। यदि दो विभिन्न साम्प्रदायों के व्यक्ति आपस में लड झगड जाते हैं तो इसे साम्प्रदायिक रंग दे दिया जाता है। कई साम्प्रदायिक दंगों की शुरूआत इसी प्रकार हुयी है। साम्प्रदायिक झगडों के बाद जितने भी जांच पड़ताल आयोग बैठे हैं इन सबकी यही खोज रही है । लिहाजा हमें यह कहने में जरा भी संकोच नहीं है कि देश के अमन चैन, शांति सदभाव की चाभी इन पेशेवर राजनेताओं के ही हाथों में है ।वे जब चाहें शांति भंग कर सकते हैं, वे जब तक चाहें शांति कायम रहने दे सकते हैं। आम नागरिक तो सिर्फ उनके इशारों पर कठपुतली के माफिक नाचते हैं और जब आम आदमी का उन्माद बढ़ा चढ़ा दिया जाता है तब वह अपना कुदरतन विवेक कौशल खो बैठता है। वह आदमी भीड का एक हिस्सा बन जाता है, सब तरफ भीड तंत्र का साम्राज्य फैल जाता है। विवेकवान वही आदमी अपना विवेक

बलाय ताक रखकर वैसा ही करने लगता है जैसा की भीड करती है। कुछ समय बाद उन्माद की चरम सीमा आ जाती है उस समय वह इन्सान कुछ भी कर बैठता है, जैसे की निर्दोष लोगों की हत्या तोड़ फोड, आग जनी आदि । परंतु चरम सीमा स्थायी नहीं रहती । ....ि स्थिति सामान्य होती है। भीड से बाहर निकलकर वह इन्सान पीछे मुडकर देखता है, क्योंकि अब वह इन्सान अपना पुराना विवेक प्राप्त कर लेता है। हो सकता है कि आज कई कार–सेवक दुखी होंगे यह देखकर कि सारे देश में लगभग 1 हजार निर्दोष जानें गयी हैं, कई हजार जख्मी पड़े हैं, करोड़ों की सम्पत्ति का नुकसान हुआ है। अनेक कार सेवक निःसंदेह कह रहे होंगे कि यदि उन्हें परिणामों की इस व्यापक भयंकरता का पूर्व आभास रहता तो वे कदापी यह सब नहीं करते । हालाकि ऐसे भी कई कार–सेवक होंगे, जो अपने कृत्यों का भरपूर बचाव कर रहे होंगे, उनका कहना यही होगा कि जो हुआ वह सब ठीक हुआ, उनकी निगाह में उनका ध्येय इतना ज्यादा श्रेष्ठतम था कि उनकी प्राप्ति के लिये बड़ी से बड़ी कुरबानी भी कम थीं, अस्तु। ध्यान देने योग्य बात है कि भाजपाई शीर्षस्थ नेता 6 दिसंबर 1992 की घटनाओं के लिये अपने आप को जिम्मेदार नहीं ठहरा रहे हैं, वे सारी जवाबदारी विश्व हिन्दु परिषद, शिवसेना, बजरंगदल आदि, अतिवादी संगठनों पर डाल रहे हैं। विहिप के एक जिम्मेदार प्रवक्ता ने जवाबदारी विहिप के क्षेत्र में से बाहर सरकाते हुये कहा है कि ये सारा काम कतिपय तत्वों का किया करा है ।

6 दिसंबर 1992 को अयोध्या में जो कुछ हुआ उसे पूरी तरह उन्मादी तत्वों का क्रियाकलाप ठहराना गलत होगा हालाकि हो सकता है कि उस वक्त बहुत कुछ ऐसे तत्व भी वहां इकट्ठे हो गये होंगे और यह भी पूरी तरह संभव है कि उस दिन विवादित परिसर में भीड तंत्र का राज्य रहा होगा। उन लाखों कार सेवकों में से कई ऐसे कार सेवक रहे होंगे, जो पूरी निष्ठा से सोचते होंगे कि इमारत को अलग करना उचित था, परिणाम आगे चलकर कुछ भी क्यों न रहे । इकट्ठे हुये लाखों कार सेवकों को उन्मादी तत्वों का समूह ठहराना ठीक उसी प्रकार गलत होगा जैसे कि इन सभी कार सेवकों को श्रद्धालु कार सेवक कहना गलत होगा। ठीक यही दिखता है कि दोनों प्रकार के अंशों का अप मिश्रण था

उस दिन अयोध्या में । इस अंश को नजर अंदाज नहीं किया जा सकता कि वर्षों से हिन्दुओं के मन में भावना थी कि उनके परम ईष्ठ देव के जन्म स्थान से उन्हें वंचित कर दिया गया है। वे इस बात से भी दुखी थे कि इस भावनात्मक मुद्दे को सिद्ध करने के लिये उनसे कानूनी सबूत मांगे जा रहे थे। धार्मिक आस्थाओं के क्षेत्र में अक्सर भावनायें ही प्रधान रहती हैं, यहां तक की स्वतः भगवान का अस्तित्व भावना पर निर्भर करता है, मानो तो भगवान ना मानो तो भगवान नहीं हैं।

....शताब्दियों से, मस्जिद बनाये जाने के पहले से सनातन धर्मी मानते चले आ रहें हैं कि इस स्थान पर श्री राम का जन्म हुआ था। आज इन श्रद्धालुओं का यही कहना था कि तर्क यहीं पर समाप्त हो जाने चाहिये था और उनकी बात मान ली जानी चाहिये थी। इन श्रद्धालुओं की इस बात में निःसंदेह बल था, जिसे दूसरे पक्ष द्वारा न माना जाना एक गल्ति थी और जिसे सरकार द्वारा समुचित मान्यता ना देना भी एक बड़ी गलती थी। हो सकता है कि बाकी हम सभी के लिये धर्म की परिभाषा कुछ और ही क्यों न हो। हो सकता है कि हम में से अनेक मार्क्स वादी विचारधारा के हों, जो धर्म को नशा फैलाने वाली अफीम मानता है। हो सकता है कि हम में से अनेक गैर विश्वासी ही हों, जो भी हो, मौजूदा स्थिति यह है कि आज भी पुरातन आस्थाओं का अस्तित्व है और इनका आदर किया जाना आज भी जरूरी है। यदि बड़े स्तर पर इन आस्था-आधारित भावनाओं का अनादर किया जाता है तो परिणाम दुखदायी हो सकते हैं। 6 दिसंबर 1992 को अयोध्या में जो कुछ भी हुआ वह काफी कुछ इसी गैर-मान्यता या अनादर के कारण ही हुआ। घटना ग्रस्त दिवस होते देखी। इस वास्तविकता से आंखें बंद नहीं की जा सकतीं । यदि हम वास्तव में राष्ट्र निर्माण के प्रति चिंन्तित हैं, यदि हम वास्तव में एक ऐसा भारतीय समाज निर्मित करना चाहते हैं जिसमें सभी भाई-भाई जैसे रहते हों, तो सबसे पहली जरूरत यही है कि सभी की भावनाओं का बराबरी से आदर किया जाये। सबके लिये जरूरी हो जाता है कि एक दूसरे की भावनाओं को समझें और वैसा ही करने की भरपूर कोशिश की जाये जैसा कि दूसरे चाहते हैं। सिक्यूलरिज्म या धर्म-निर्पेक्षता की बात अक्सर की जाती है। सरकारी अमले द्वारा इस पर

जोर दिया जाता है । हमारे यहां काफी हद तक धर्म निर्पेक्षता है। हमारा संविधान धर्म निर्पेक्षता की गैरंटी देता है । यही कारण है कि हमारे यहां राष्ट्रपति, सेनाध्यक्ष, राज्यपाल, राजदूत, मुख्यमंत्री आदि पद अल्पसंख्यकों को मिल सकते हैं। इसी संवैधानिक गैरंटी का नतीजा है कि हमारे यहां दूसरे पड़ोसी मुल्कों के माफिक अल्पसंख्यकों पर धर्म सूचक पहचान पत्र रखने के लिये पावंद नहीं किया जाता और इस प्रकार उनका अनादर नहीं किया जाता है । कानूनी तथा संवैधानिक स्तर पर हमारे यहां धर्म निर्पेक्षता मौजूद है। शायद इससे ज्यादा गौरतलब यह है कि हमारे यहां धर्म निर्पेक्षता इस कारण है क्योंकि औसत भारतीय धर्म–निर्पेक्ष है, औसत भारतीय के मन में दूसरे धर्म तथा धर्मावलंबी के लिये इज्जत है। जहां तक बहुसंख्यकों का सवाल है, वे दूसरे धर्मो के त्यौहारों को भी मनाते हैं। मजारों–दरगाहों पर चादर पोशी हिन्दुओं द्वारा की जाती है, ताजिये हिन्दुओं द्वारा रखे जाते हैं, हिन्दु घरों में बड़ा दिन धूम धाम से मनाया जाने लगा है, सिक्खों के सारे धर्म गुरू हिन्दुओं के लिये उतने ही पूज्य हैं, गुरूद्वारों में माथा टेकी हिन्दु पूरी श्रद्धा से करते हैं, भगवान महावीर तथा गौतम बुद्ध तो लगभग पूरी तरह जैसे कि हिन्दुओं के ही आराध्य हों । यही सनातन हिन्दु परंपरा चली आ रही है। निःसंदेह डॉ सर्वपल्ली राधाकृष्णन उचित ही कहते हैं कि समावेश स्थापित कर लेने कि इसी हिन्दु संस्कृति के कारण भारत में सभी धर्म फले–फूले। इस पृष्ठ भूमि में हिन्दु मानस धीर हो उठता है कि उसकी भावना को क्यों नहीं समझा जाता, जब वह कहता है कि इस स्थान पर उसके इष्ट देव का जन्म हुआ था, उसके अंतःकरण के इतने नजदीकी` भावुक मुद्दे को सिद्ध करने के लिये उससे क्यों कानूनी व वैज्ञानिक प्रमाण मांगे जाते हैं, क्यों इस मामले को अदालत में ले जाया जाता है। 6 दिसंबर 1992 को जो भी अनिष्ट हुआ वह काफी कुछ इस आक्रोश का प्रदर्शन था। स्वतंत्र भारत के इतिहास में तो यह इस प्रकार का पहला मौका है ही, हो सकता है कि 5 हजार वर्षों के सनातन इतिहास में भी यह इस प्रकार का पहला मौका रहा हो, फिर क्यों 6 दिसंबर को सनातन धर्मी वैसा कर बैठे जो उनकी संस्कृति, सभ्यता का अंश कभी नहीं रहा. वे ऐसा क्यों कर बैठे जिसके लिये आज उनकी सारी दुनिया में आलोचना की जा रही है. इन सवालों के जवाब सभी को खोजना है। यदि इन्हें नजर अंदाज

कर दिया जाता है जैसा कि अभी तक किया गया है तो फिर हमनें घटनाओं से कुछ भी नहीं सीखा समझा ।

यहां यह स्पष्ट कर देना जरूरी है कि हम हिन्दु पक्ष की वकालत कतई नहीं कर रहे हैं और न हमारा आशय 6 दिसंबर की घटनाओं का बचाव करना या उनका स्पष्टीकरण देना है और न हमारा यह कहना समझा जावे कि अल्पसंख्यकों की भावनाओं को समझना उतना जरूरी नहीं है, हम तो सिर्फ यही दर्शाना चाहते हैं कि अभी तक यही गलती की गयी है कि बहुसंख्यकों पर ज्यादा जवाबदारी या शायद पूरी जवाबदारी डाली गयी है। इसका परिणाम यह पनपता रहा कि एक सामाजिक असंतुलन बनता गया जो इस घटना के रूप में सामने आया।

सिक्यूलरिज्म या धर्म–निरपेक्षता हमारे यहां राजनीतिक दलों द्वारा विकसित नहीं की जा रही है। विभिन्न राजनीतिक दलों की धर्म–निरपेक्षता की अपनी अपनी अलग व्याख्या और परिभाषा है। सभी दल इस मुद्दे पर एकमत– एक विचार नहीं हैं,धर्म– निरपेक्षता की दुहाई देने के मामले में सभी दल एक मंच पर हैं, सभी की आवाज एक बराबर उंची है, पर सबके स्वार्थ अलग अलग हैं, लिहाजा उनमें आपसी टकराव होते रहता है। सत्तासीन कांग्रेस पार्टी की व्याख्या तुष्टीकरण की नीति की पर्यायवाची मानी जाती है। इस दल पर तुष्टीकरण को बढ़ावा देने का आरोप लगाया जाता है। हो सकता है कि इस आरोप में सच्चाई भी हो। भारतीय जनता पार्टी का कहना रहा है कि हमारे यहां छद्म–धर्म–निरपक्षता या श्यूडो सिक्यूलरिज्म प्रचलित है। हो सकता है कि किसी भी दल के कथन में पूरी सच्चाई एक साथ एक जगह इकट्ठी न हो। जो भी हो, हमें गंभीरता से विचार करना है कि हम सच्ची वास्तविक धर्म निरपेक्षता का विकास कैसे करें।

इस विकास के काम में शुरूआत राजनीतिक दलों तथा राजनेताओं को ही करनी होगी। उन्हें ऐसा कुछ करना होगा जिससे धार्मिक भावनायें उभरें । हिन्दु –धर्म के उत्थान की बात करना अच्छी बात है, यदि राजनेता इस दिशा में काम करते हैं तो यह गलत नहीं है। परंतु फिर औसत राजनेता के बस के बाहर की बात है कि राजनीति और धार्मिक कार्य को अलग रखा जावे, धर्म का राजनीतिकरण न किया जावे, धर्म

का दुरूपयोग संकीर्ण एवं व्यक्तिगत दलगत लाभों के लिये न किया जावे । विगत कुछ वर्षों में धर्म का उपयोग राजनीतिक लाभ के लिये खुलासा किया गया है धर्म आधारित वोट बैंक बनाये गये हैं। कट्टर से कट्टर हिन्दु यह मानने को तैयार न यात्रा सिर्फ हिन्दु जन जागरण के धार्मिक उद्देश्य से ही ओत प्रोत थी और उसके पीछे राजनीतिक लाभ की कोई स्वार्थ सिद्धि नहीं थी। अभी ...का इतिहास है कि इन्हीं जरियों से लोक सभा में भाजपायी ताकत में इतनी ज्यादा वृद्धि हुयी है। पर देश को असीमित कीमत चुकानी पड़ी । रथ यात्रा के बाद लगभग सारे देश में खिचाव–तनाव बना, दंगे फसाद हुये जिनमें सैकडों निर्दोष जानें गईं तथा करोड़ों की सम्पत्ति का नुकसान हुआ । भाजपाई नेता भले ही कहते रहें कि रथ यात्रा ने साम्प्रदायिक माहौल तैयार नहीं किया, पर सच्चाई लोगों के सामने है।

6 दिसंबर 1992 की घटनाओं से आज फिर यही भाजपाई अपना दामन साफ झाडनें की नाकाम कोशिश कर रहे हैं। सिर्फ शिवसेना ने पूरी मर्दानगी के साथ पूरी जवाबदारी अपने उपर ली है सारे कार सेवक भाजपा, विहिप– बजरंग दल के सामूहिक आव्हान पर इकट्ठे हुये, शासन और कानून व्यवस्था की कमान सहानुभूति शील मुख्यमंत्री कल्याण सिंह के हाथों में थी। लगभग इसी प्रकार की परिस्थितियां नवम्बर 1990 में मौजूद थीं, अंतर सिर्फ इतना था कि पिछली बार मुख्यमंत्री मुलायम सिह यादव थे, जिन्होंने मस्जिद को नुकसान नहीं पहुंचने दिया। इसके पहले विश्वनाथ प्रताप सिंह असीमित कहर बरपा चुके हैं। चौधरी देवीलाल के बढ़ते प्रभाव को कम करने के लिये अगस्त 1990 में उन्होंने एकाएक 10 वर्षों से ठंडे बस्ते में पड़ी मंडल सिफारिशों को लागू करने की घोषणा कर डाली । फलस्वरूप आरक्षण विरोधी आंदोलन हुये करीब चार सौ छात्र, छात्राओं ने आत्मदाह कर डाले, पढ़ाई लिखाई का भारी नुकसान हुआ, सम्पत्ति का नुकसान हुआ, वर्ग–द्वेश बढ़ा पर राजा मान्डा का वोट बैंक तैयार हो गया। हमारे इन राजनेताओं को सोचना होगा कि क्या इस प्रकार राजनीति आगे चलाई जाये या नहीं । अखंड भारत की बात की जाती है ।कहीं ऐसा ना हो कि हमारी ही नीतियों से भारत खंडित हो जाये।

एन.सी.ब्योहार

अयोध्या विवाद दूरदर्शन और बुद्धिजीवी

अभी हाल ही में प्रमुख उद्योगपति श्री रामकृष्ण बजाज का एक लेख एक बड़े अंग्रेजी अखबार में छपा है। इसमें उन्होंने कुछ इस प्रकार लिखा है जो लोग ऐसा विश्वास करते हैं कि इस खास जगह पर उनके ईष्ट देव का जन्म हुआ था और जिन्होंने उस स्थान पर बनी मस्जिद को गिरा दिया है उन्होंने अपने ध्येय की पवित्रता को नष्ट कर दिया है। उन्हें चाहिये था कि बातचीत के जरिये वे अपनी बात मनवा लेते या फिर गांधी वादी सत्याग्रह के तरीके से वह अपना ध्येय हासिल करते। आजादी के बाद से लगभग सभी रानीतिक दलों ने और खासकर सत्तासीन कांन्ग्रेस पार्टी के वोटों की खातिर अल्पसंख्यकों को खुश करने की नीति अपनाई है, बड़े भाईयों के माफिक बहुसंख्यक हिन्दुओं को चाहिये कि वे अल्पसंख्यकों की भावनाओं को समझें और उनमें सुरक्षा की भावना पनपायें, परंतु इसके दूसरी ओर अल्पसंख्यकों को भी चाहिये कि उन्हें हमेशा और ज्यादा मांगते नहीं रहना चाहिये। उन्हें जो उनका जायज नहीं है उसे देने के लिये तैयार रहना चाहिये। यदि वे हमेशा अपनी मांगों पर जिद्दी बने रहते हैं तो इससे परिवार में अशांति फैलेगी। श्री बजाज आगे लिखते हैं कि कश्मीर में कई मंदिर तोड़े गये, वहां से हजारों हिन्दु भगाये गये, वे अपने घर कारोबार छोड़कर दूसरी जगह रहने पर मजबूर हो गये, अपने ही मुल्क में वे रिफ्यूजी बन गये ।अस्तु।

6 दिसंबर 1992 के बाद से लगभग सभी अखबारों ने इस विवाद पर बहुत ज्यादा लिखा है। सभी के लिखने का मोड़ इस प्रकार है कि हमारी धर्म निरपेक्ष नीति पर कलंक लग गया है, हमने भगवान राम के नाम पर एक गलत कार्य किया है, हिन्दुओं में उग्रवादी हावी हो गये हैं, इत्यादि कहने का मतलब यही है कि लगभग सभी पत्रकारों ने सारा आक्षेप हिन्दुओं पर ही डाला है। दूसरे पक्ष की भी कोई गल्तियां हैं, उनकी भी कुछ जवाबदारियां हैं ऐसा लिखने का साहस बहुत ही कम अखबार पत्रकार जुटा पाये हैं। जो कुछेक बिरले संतुलित लेख राष्ट्रीय अखबारों में छपे हैं उनमें से एक श्री राम कृष्ण बजाज का यह लेख माना जायेगा।

श्री रामकृष्ण बजाज एक शीर्ष उद्योगपति हैं समाज सेवा का उनका लंबा रिकार्ड है। उन्हें महात्मा गांधी और विनोवा भावे के साथ काम करने का सौभाग्य मिला है। इस कारण हम यह नहीं कह सकते कि वे सिर्फ स्वार्थ सिद्धि की भावना से ये सारी बातें कह रहे हैं। उनकी बातों पर ध्यान देना जरूरी है ।परंतु इस कारण नहीं कि उनकी बातें कार्णप्रिय हैं और वे हमारे पक्ष का समर्थन करती हैं। बल्कि इस कारण उनकी बातों पर ध्यान देना होगा क्योंकि ये संतुलित हैं, एक तरफा नहीं है, दोनों पक्षों की गलतियां उजागर करती हैं और इस कारण उनकी बातों से सभी का फायदा होगा। 6 दिसंबर की घटनाओं के बाद दूरदर्शन पर दृष्टिकोण नामक एक कार्यक्रम प्रसारित किया गया। इसमें मंत्रियों, धर्म मनीषियों, प्रमुख सामाजिक कार्यकर्ताओं, लेखकों, पत्रकारों, बुद्धिजीवियों, फिल्म स्टारों आदि के दृष्टिकोण पेश किये गये हैं। इतवार 13 दिसंबर की सुबह अनेक केन्द्रीय मंत्री जैसे कि सर्व श्री एस.वी चव्हाण, डॉ मनमोहन सिंह, माधव राव सिंधिया, कमल उद्दीन अहमद, बलराम जाखड़, राजेश पायलट आदि के कथन सुनाये गये और जो समय बचा उसमें कुछ पूर्व मंत्रियों को बोलने का मौका दे दिया गया। इन सभी वर्तमान और भूत केन्द्रीय मंत्रियों ने एक ही प्रकार की बात कही थी और वह यह है कि मस्जिद तोड़ दिये जाने से हमारी धर्म निरपेक्ष नीति को भारी आघात लगा है, हमें दूसरों की धार्मिक भावनाओं को आघात नहीं पहुंचाना चाहिये, इत्यादि। एक भी केन्द्रीय मंत्री ने ऐसा कुछ भी नहीं कहा था कि इन दूसरों को भी कुछ जवाबदारी है या नहीं। चूंकि ये लोग केन्द्रीय मंत्री हैं, इस कारण हम इनसे ऐसी ही बात कहने की उम्मीद कर सकते हैं जो कि सरकारी पक्ष का समर्थन करती हों।

यह दुख की बात होगी की आज हमारा सरकारी पक्ष ऐसा है कि यह सिर्फ एक ही पक्ष की बात करता है। जैन मुनि सुनील कुमार, स्वामी हरि नारायण इस्लामिक केन्द्र के मौलाना वहीद उद्दीन खान, बौद्ध मांक लामा जबजोग, ऋषिकेश के स्वामी चिदानंन्द मुनि जी स्वामी विधु देश तीर्थ, स्वामी विश्वानंन्द जी आदि ने भी अपने विचार व्यक्त किये। लगभग सभी ने हिन्दुओं की पुरातन सहिष्णुता की तारीफ की। सिर्फ स्वामी विश्वानंन्द जी ने एक अलग बात कही थी कि धर्माचार्यों को धर्म के मंच पर आना

चाहिये, उन्हें राजनीतिक मंचों से हटकर मानव कल्याण के लिये कार्य करना चाहिये। प्रसिद्ध लेखक साहित्यकार जैसे कि श्रीमति अमृता प्रीतम, मृणाल पाण्डे, डॉ महीप सिंह आदि ने भी अपने विचार पेश किये। इन ख्याति प्राप्त बुद्धिजीवियों का यही कहना है कि राम के नाम पर खून खराबा नहीं किया जाना चाहिये, भगवान श्री राम मर्यादा पुरूषोत्तम थे लिहाजा राम भक्तों को ऐसा कुछ भी नहीं करना चाहिये जो इस मर्यादा के बाहर जाये। डॉ महीप सिंह कहते हैं कि 1984 में यदि सार्वजनिक क्षमा याचना कर ली होती तो उस समय भावनायें इतनी ज्यादा आहत न होती, उनका कहना है कि आज फिर दुबारा इसी प्रकार से भावनायें आहत हुयी हैं और फिर आज इस प्रकार की कार्यवाही करनी चाहिये जिससे लोगों के मर्मातक जख्म भर सकें।

दृष्किोण में जाने माने फिल्म स्टार भी आये जैसे कि अमिताभ बच्चन, सुनील दत्त, दिलीप कुमार, राजेन्द्र कुमार, राज बब्बर, नसीर उद्दीन शाह, फिरोज खान, ऋषि कपूर आदि। उन सबने भी लगभग वही थीम दोहराई है। ऋषि कपूर ने बताया है कि इन्डस्ट्री में धर्म निरपेक्षता की सबसे अच्छी मिशाल मिलती है, वहां पर सब एक होते हैं, वहां पर धर्म आधारित भेद भाव नहीं होते। अल्प संख्यक वर्ग के अध्यक्ष शाहिद सिद्धकी ने काफी कुछ संतुलित पक्ष पेश करते हुये कहा है कि सभी को मिलकर एक दूसरे की भावनायें समझनी चाहिये।

प्रख्यात पत्रकार कुलदीप नैयर और प्रभु चावला दो अलग कार्यक्रमों में आये थे। श्री कुलदीप नैयर को सबसे ज्यादा इस बात का दुख है कि पाकिस्तानी पत्रकारों के सामने अब वे गर्व नहीं कर सकेंगे कि भारत में धर्म निरपेक्षता मजबूत है। कुछ दिन पहले वे पाकिस्तान गये थे जहां उन्हें भारतीय धर्म निरपेक्षता की तारीफ सुनने को मिली, और इसके कुछ ही दिन बाद अयोध्या काण्ड हो गया। सारी वार्ता में उन्होंने ऐसा कुछ भी नहीं कहा है कि दूसरे पक्ष को भी कुछ करना है या नहीं। उन्होंने किसी प्रकार की सलाह नहीं दी है कि धर्म निरपेक्षता सभी को मिलकर सफल बनानी है। उन्होंने अपने हाल ही के एक लेख में लिखा है कि पेशावर में उन्हें पाकिस्तानी महिलाओं का विरोध देखने को मिला जो उन्होंने शाह बानू मामले पर भारत सरकारी के रवैये पर जाहिर किया था। श्री नैयर

के मुताबिक पाकिस्तानी महिलायें नाराज हैं कि सुप्रीम कोर्ट के फैसले को नाकाम कर दिया गया है जिसने मुस्लिम तलाक शुदा औरतों के लिये व्यवस्था दी थीं। परंतु अपने इस लेख में वे आगे नहीं बढ़ते कि उनके विचार में इस मुद्दे पर भारत सरकार का रवैया गलत था या सही, भारत सरकार पर तुष्टीकरण का आरोप लगाया जा सकता है या नहीं, आदि। कुलदीप नैयर एक अत्यंत ही वरिष्ठ एवं प्रतिष्ठित पत्रकार हैं। उनसे हम निष्पक्षता की उम्मीद कर सकते हैं। यदि वे संतुलित विचार व्यक्त करते हैं तो उसका भारी असर पड़ेगा, रचनात्मक विचार मंडल तैयार होगा, खिचाव तनाव दूर होंगे, और इससे समस्याएं हल होंगी।

दूसरे कार्यक्रम फोकस में आपने देखा होगा कि किस प्रकार प्रभु चावला को डां महीप सिंह तथा माक्सवादी पार्टी के सोमनाथ चेटर्जी द्वारा टोका जा रहा था, यहां तक की माडरेटर द्वारा उन्हें ज्यादा मौके नहीं दिये जा रहे थे। वे दोनों पहलू पेश करने की कोशिश कर रहे थे। इन तमाम कार्यक्रमों को देखकर तथा इन हस्तियों को सुनकर यही लगता है कि सारी गलती हिन्दुओं की है ।सारी जवाबदारी हिन्दुओं पर है, उन्हें ही अपने कंधों पर धर्म निरपेक्षता का भार ढ़ोना है। इन्हें सुनकर ऐसा कुछ भी महसूस नहीं होता कि गैर हिन्दुओं को भी धर्म निरपेक्षता का पालन करना है, उनकी भी कुछ जवाबदारियां हैं, उन्हें भी राष्ट्रीय मूल विचारधारा में आना है या नहीं इत्यादि । हमारा यह कहना नहीं है कि हिन्दुओं से गलतियां नहीं हुयी हैं ।निःसंदेह उनसे भी गलतियां हुयी होंगी और उन्हें भी उजागर करना जरूरी है। पर फिर दूसरों की गलतियों पर एक दम से पर्दा डालना कहां तक उचित है। मस्जिद का इस प्रकार से तोड़ दिया जाना सरासर गलत है और इसकी भरपूर निन्दा की जानी चाहिये और फिर अभी तक निन्दा की भी गयी है। परंतु दिख यही रहा है कि सिर्फ निन्दा ही की गयी है। इसके आगे बढ़कर यह बताने की कोशिश नहीं की गयी है कि किस कारण से सनातन धर्मी ऐसा काम कर बैठे जिसकी उम्मीद नहीं थी।

हम यह भी मान सकते हैं कि आज केन्द्र में इंका सरकार सत्तासीन है, तब दूरदर्शन से भाजपाई विचारों को प्रमुख्यता से प्रसारित नहीं किया जायेगा। इसी प्रकार यदि भविष्य में भाजपा सरकार सत्तासीन हो जाती

है तो कान्ग्रेसी नीतियां दूरदर्शन पर कम ही जगह पायेंगी। दूरदर्शन और आकाशवाणी पर निष्पक्ष विचार पाना तब ही मुमकिन हो सकेगा जब इन्हें स्वायताधारी संस्थायें बना दिया जाता है। जब तक ये सरकारी नियंत्रण में रहते हैं तब तक इनसे ऐसे ही विचारों की उम्मीद करनी चाहिये जो सरकारी विचारों से मेल खाते हों। पर फिर सवाल यही उठता है कि ऐसे राष्ट्रीय वादों पर सरकारी रूख कैसा होना चाहिये क्या सरकार को मध्यस्त जैसा रूख अख्त्यार करना चाहिये या फिर क्या सरकार को तरफदारी के आरोप का शिकार हो जाना चाहिये।

यही बात बुद्धिजीवियों और पत्रकारों के बारे में कही जा सकती हैं। जाहिर है कि सिर्फ ऐसे ही लोगों के विचार पेश किये जायेंगे जो सरकारी कृपा पात्र हों । ऐसे विचार क्योंकर प्रसारित किये जायेंगे जो सरकारी लाईन से मेल ना खाते हों । अतः जरूरी हो जाता है कि यदि किसी व्यक्ति को दूरदर्शन पर आना है तो उसे समझ लेना चाहिये कि उसे किस प्रकार के विचारों का पोषक होना चाहिये। पर फिर इन तथाकथित बुद्धिजीवियों को समझ लेना चाहिये कि उनकी इस प्रकार की कथनी से न सिर्फ उनकी साख गिरती है, वरन नुक्सान उनका ही होता है जिनका वे पक्ष लेते हैं।

– एन.सी ब्योहार

राज्य सरकारों की बर्खास्तगी

अभी हाल ही में मध्यप्रदेश राष्ट्रीय स्तर पर समाचार बना है, बड़े अखबारों में मध्यप्रदेश का नाम छप रहा है, आकाशवाणी और दूरदर्शन पर मध्यप्रदेश के समाचार आ रहे हैं वैसे तो दूसरे दिनों मध्य प्रदेश के बारे में ज्यादा चर्चा नहीं होती है, देश की भोगोलिक स्थिति में यह प्रदेश बीच में स्थित है, यहां आदिवासियों का बाहुल्य है, कुछ सुरक्षा कारखानों को छोड़कर यहां ज्यादा मिल कारखानें भी नहीं हैं, हालाकि इस वक्त यहां से केन्द्र सरकार में अर्जुन सिंह, विद्याचरण शुल्क, माधव राव सिंधिया, दलवीर सिंह तथा कलम नाथ शामिल हैं परंतु ज्यादातर यहां से मंत्री नहीं बनते हैं। मध्य प्रदेश इस समय चर्चा का विषय दो कारणों से है एक तो यह है कि प्रदेश की राजधानी भोपाल में इस बार भयंकर खून खराबा हुआ और निःसंदेह भोपाल की गिनती उन स्थानों में की जा सकती हैं जहां सबसे ज्यादा साम्प्रदायिक रक्तपात हुआ। भोपाल में करीब 70 बेगुनाह मारे गये, एक भी निर्दोष व्यक्ति की जान जाना चर्चा का विषय बन जाना चाहिये, फिर तो भोपाल में 70 आदमी मारे गये हैं। (इतनी बड़ी गंभीर घटना सामाचारों की सुर्खियों में एक दूसरी नई घटना के पीछे ढ़केल दी है) दूसरी बड़ी घटना यह है कि मध्य प्रदेश विधान सभा भंग तथा सुन्दरलाल पटवा सरकार बरखास्त कर दी गयी है। महामहिम राष्ट्रपति ने दिसंबर 15 दिसंबर 1992 को एक अधिसूचना जारी की है जिसके द्वारा मध्य प्रदेश, राजस्थान, तथा हिमाचल प्रदेश की विधान सभायें भंग कर दी गयीं तथा यहां की सरकारें बर्खास्त कर दी गयी है, इसके पहले 6 दिसंबर को उत्तर प्रदेश की कल्याण सिंह सरकार बर्खास्त कर दी गयी थीं, इस प्रकार चारों भाजपाई सरकारें थोड़े ही समय के अंतराल में निरस्त कर दी गयी हैं, भागीदारी के सिद्धान्त पर मध्य प्रदेश राष्ट्रव्यापि चर्चा का विषय बना हुआ है।

अकेले किसी एक विधान सभा का भंग कर दिया जाना कोई नई बात नहीं रह गयी है। सबसे पहली राज्य विधान सभा 1959 में केरल में भंग की गयी थी जिस समय वहां के मुख्यमंत्री ई.एम.नंबूदरीपाद थे। उस वक्त सारे देश में एक सनसनी सी मच गई थी कि एक राज्य सरकार

एक गैर लोक तांत्रिक एवं अलोक प्रिय तरीके से गिरा दी गई पर उसके बाद से राज्य विधान सभाओं का भंग होना आये दिन की घटना हो गयी हैं। यह सिलसिला 1965 से लगातार चला आ रहा है उसके बाद पश्चिम बंगाल, गुजरात, महाराष्ट्र, जम्मू काश्मीर पंजाब, बिहार, उत्तर प्रदेश, राजस्थान, तमिलनाडू, आंध्र प्रदेश, आदि लगभग सभी राज्यों की विधान सभायें कभी ना कभी भंग की गई हैं। हमारे संविधान के द्वारा दिये गये अधिकारों के तहत विधान सभायें दो परिस्थितियों में भंग की जा सकती हैं ।एक तो जब किसी राज्य में कानून व्यस्था इतनी ज्यादा हाथ से बाहर चली जाती है कि वहां पर संवैधानिक तरीकों से शासन नहीं चलाया जा सकता है। ऐसी स्थिति में अनुच्छेद 356 के तहत कार्यवाही की जाती हैं ।राष्ट्रपति द्वारा अधिसूचना जारी करके वहां पर राष्ट्रपति शासन लागू कर दिया जाता है। दूसरी स्थिति यह रहती है कि किसी राज्य की आर्थिक स्थिति इतनी दयनीय हो जाती है कि वहां पर केन्द्रीय हस्तक्षेप अनिवार्य हो जाता है। इस स्थिति से निपटने के लिये अनुच्छेद 354 के तहत कार्यवाही की जाती है, अनुच्छेद 354 का उपयोग अभी तक एक बार भी नहीं किया गया है ।लेकिन अनुच्छेद 356 के तहत कार्यवाही कई बार की जा चुकी है। इस बार भी इन चार राज्यों में अनुच्छेद 365 के तहत ही कार्यवाही की गई है।

ये कम से कम तीसरा मौका है जब एक साथ थोक भाव से इतनी सारी विधान सभायें भंग की गयी हैं, ये सिलसिला 1977 से शुरू हुआ है जब एक साथ 9 विधान सभायें भंग की गई थीं। उसके बाद 1980 में चार विधान सभायें एक साथ भंग की गई थीं जब श्रीमति इंन्दिरा गांधी दोबारा प्रधानमंत्री बनीं थीं। कहा गया था कि 1980 में 1977 के इतिहास को दोहराया गया था और यह भी कहा गया था कि 1980 में श्रीमति इन्दिरा गांधी द्वारा 1977 में उनकी पार्टी की सरकारों के साथ किये गये बर्तावों का बदला लिया गया था। 1980 में सुन्दर लाल पटवा मात्र 28 दिन ही मुख्यमंत्री रह पाये थे और जब दोबारा 10 वर्ष के इंतजार के बाद वे दोबारा मुख्यमंत्री बने तो वे सिर्फ 33 माह तक ही पदस्थ रह सके, 27 माह पहले ही उन्हें चलता कर दिया गया है। संयोग है कि 1980 में भैरव

सिंह शेखावत की भी यही गति–दुर्गति हुई थी, दोबारा मुख्यमंत्री बनने के लिये उन्हें भी दश वर्ष रूकना पड़ा था।

हुआ यह कि 1977 में आपातकाल उठाये जाने के बाद सातवीं लोक सभा के लिये हुये चुनावों में हल्धर किसान चिन्ह वाली जनता पार्टी की साझा सरकार केन्द्र में सत्तासीन हुई जिसके प्रधानमंत्री मोरारजी भाई देसाई हुये तथा गृहमंत्री चौधरी चरण सिंह हुये, चुनाव में इन्दिरा गांधी की भारी पराजय हुई, लोक सभा में ...उनकी शक्ति 164 ही रह गई, परंतु संयोग यह रहा कि देश के 9 राज्यों में उस वक्त कांग्रेस सरकारें पहले से ही बरकार थीं जो पहले ही चुनाव जीत चुकी थीं। 1977 के लोक सभायी चुनावों में इन राज्यों से सत्तारूढ़ पार्टी के लगभग सारे उम्मीदवार पराजित हो गये। मध्य प्रदेश, उत्तर प्रदेश, राजस्थान तथा बिहार में इंका सिर्फ दो स्थानों पर ही कामयाब रह सकी, इन दो में से एक छिन्दवाडा रहा जहां से गार्गी शंकर मिश्र सफल रहे ।

सवाल यह उठ खड़ा हुआ कि क्या इन राज्य सरकारों को कायम रहना चाहिये था. क्या जनता का जनादेश इन राज्य सरकारों के खिलाफ चला गया था. क्या इन राज्यों में शासन को संविधान के निर्देशों के अनुसार चलाना मुस्किल हो गया था. इत्यादि। 18 अप्रैल 1977 को गृहमंत्री चौधरी चरण सिंह ने विभिन्न मुख्य मंत्रियों को पत्र लिखे कि वे अपने अपने राज्यपालों को सलाह दें कि अनुच्छेद 356 के अंतर्गत राज्य विधान सभायें भंग कर दी जायें ताकि फिर से नया जनादेश प्राप्त किया जा सके। जब इन मुख्य मंत्रियों ने ऐसा नहीं किया तो अनुच्छेद 356 का उपयोग किया गया, राज्य विधान सभायें भंग कर दी गईं, सरकारें निरस्त हो गयीं ।इस कार्यवाही के खिलाफ सारी राज्य सरकारें उच्चतम न्यायालय गईं, पर अंत में निर्णय उनके खिलाफ ही गया, उच्चतम न्यायालय ने अनेक तर्कों पर अपना फैसला दिया पर उनमें से एक यह है कि हर राजनीतिक पार्टी अपने कार्यक्रमों को अमल में लाने के लिये राजनीतिक सत्ता हासिल करना चाहती हे और इसे हासिल करने के लिये दूसरी पदस्थ पार्टी को कानूनी तरीके से अपदस्थ किया जा सकता है, जाहिर है कि उच्चतम न्यायालय के इस फैसले में नहीं

आती है ।पर ऐसा होना असंभव नहीं रह जावेगा जब इस प्रकार के राजनीतिक मसले उंची अदालतों में ले जाये जाएंगे।

जैसा कि हमनें उपर देखा है, 1977 के इस उदाहरण की पुनरावृत्ति तीन वर्ष बाद ही 1980 में देखने को मिली और अब 12 वर्ष के अंतराल के बाद फिर उसी प्रकार का राजनीतिक फैसला लेने का मौका आया है और एक साथ तीन सरकारें निरस्त की गई हैं, हालाकि इस बार सरकार गिराने के मुद्दे वे नहीं हैं जो 1977 या 1980 में मौजूद थे, अब जब भी चुनाव होंगे तब इस कारण से नया जनादेश लेने की जरूरत नहीं रहेगी कि लोकसभा के चुनावों के कारण पिछला विधान सभायी जनादेश निरर्थक हो गया है ।दोनों परिस्थितियों में उभयकारी तत्व यही कहेगा कि पिछले मौकों के माफिक इस बार भी जनादेश लेना होगा, भारतीय जनता पार्टी द्वारा इस आधार पर जनादेश लेने की कोशिश की जायेगी कि उनकी पार्टी वास्तविक भारतीय संस्कृति युक्त धर्म निरपेक्षता का प्रचार करती है जबकि....जनादेश लेना चाहेगी कि वे सांम्प्रदायिकता के खिलाफ देश की रक्षा करने में एक मात्र सक्षम पार्टियां हैं, होने वाले अगले चुनावों में सम्प्रदायिकता बनाम धर्म निरपेक्षता का मुद्दा ही सबसे ज्यादा प्रबल होगा। भारतीय जनता पार्टी द्वारा यह समझाने की कोशिश की जायेगी कि देश की रक्षा क्षद्म– धर्म निरपेक्षता के खिलाफ की जाना भी उतना ही जरूरी है और दिखता यही है कि इस पार्टी को अपना यह अभियान अकेले ही चलाना होगा। बाबरी मस्जिद की घटनाओं के बाद यह पार्टी लगभग अकेली ही रह गयी है, इसके आस पास और दूसरी दक्षिण पंथी पार्टियां इकट्ठी नहीं हुयी हैं और न ही नई दक्षिण पंथी पार्टियां तैयार हुयी हैं जिनका समर्थन सहयोग भाजपा को मिलता। परंतु भाजपा की सबसे बड़ी मजबूती यही है कि बहुसंख्यक हिन्दु समुदाय का एक बड़ा हिस्सा भावनात्मक स्तर पर पूरी तरह भाजपाई मतदाता बन गया है। साथ ही साथ भाजपा का आम कार्यकर्ता दूसरों की तुलना में कहीं ज्यादा अनुशासित है और इन अनुशासित विचार बद्ध प्राथमिक कार्यकर्ताओं की संख्या लाखों में है, लेकिन हमें इस निष्कर्ष पर भी इतनी जल्दी नहीं पहुंच जाना चाहिये कि आगामी चुनाव विशुद्ध सिद्धांन्तों पर ही लडे जायेंगे, निःसंदेह सिद्धांन्तों का अंश तो रहेगा ही, पर ज्यादा अंश तो अभी भी सत्ता प्राप्ति का ही रहेगा। अभी यह कहना भी

जल्दबाजी होगी कि कांग्रेस पार्टी के इर्द गिर्द दूसरी वामपंथी पार्टियों का ध्रुवीकरण हो गया है, वी.पी. सिंह के जनता दल को वामपंथ में शामिल करने पर भी हमें कबूल करना होगा कि इन दोनों पार्टियों में गंभीर मतभेद मौजूद हैं और फिर मंडल वाद के पोषण में पूरी तरह रत जनता दल को किसी और के साथ तालमेल बैठाने की ज्यादा फिकर नहीं है। जनता दल इस दिलासे से भी आस्वस्त दिखता है कि मंडल समुदाय के सब न सही अधिकांश वोट आज उसके ही कमंडल में समा गये हैं, कान्ग्रेस पार्टी के कब्जे में ऐसा कोई भी संगठित वोट बैंक इस वक्त स्पष्ट नहीं दिखाई दे रहा है। परंपरागत मुस्लिम मतदाता भी शायद इस रंजिश में हैं कि केन्द्र में सत्तासीन कान्ग्रेस सरकार उनकी मस्जिद का बचाव नहीं कर पायी। भाजपा को वोट देने का तो सवाल ही नहीं उठता, अतः हो सकता है कि मुस्लिम वोट जनता दल की पेटी में कुछ ज्यादा ही अंकों में गिरे । आज इतने जल्दी शायद किसी भी अंतिम आंकलन पर पहुंचना जल्दबाजी ही होगी। विधान सभाओं के भंग होने के मौकों पर पहला सर्वेक्षण शायद इसी प्रकार के अनुमानों पर हमें पहुंचाता है।

पिछले कुछ वर्षों के घटना क्रम सामान्य तथा नवम्बर 1990 एवं दिसंबर 1992 के घटना चक्र विशेष कर कान्ग्रेस नेताओं को भी सोचने पर मजबूर करेंगे, कि अब समय आ गया है कि सनातन धर्मी मतदाताओं की तरफ भी पहले से ज्यादा मत–उन्मुख ध्यान दिया जाये। अभी तक कान्ग्रेसियों का सारा ध्यान इसी तरफ रहा है कि किस प्रकार अल्पसंख्यकों के वोट हथियाए जायें, वे यही मानकर चले थे कि स्वतंत्रता संग्राम में राष्ट्रवादी कान्ग्रेस की भूमिका देखने वाले हिन्दुओं के वोट तो उनकी झोली में पहले से हैं ही, तो फिर क्यों दूसरों की खुशामद–हिफाजत की जावे। अब उन पुराने निष्ठावान हिन्दु मतदाताओं की पीढ़ी धीरे धीरे उठती जा रही है ।लिहाजा कान्ग्रेसियों को अब अपनी नजर नये हिन्दु मतदाताओं की तरफ छेड़नी होगी। उसे सोचना होगा कि उसकी धर्म निरपेक्षता की परिभाषा में किसी नये संशोधन की गुन्जाईश है या नहीं, क्योंकि यह सुनिश्चित जान पड़ता है कि कान्ग्रेस पार्टी की अभी तक चली आ रही धर्म निरपेक्षता की नीति से ज्यादा सनातन धर्मी आकर्षित नहीं होने वाले हैं। इसके दूसरी तरफ भाजपाई खेमे में भी गंभीर आत्म चिन्तन की जरूरत है। इसे भी देखना होगा कि संपूर्ण सत्ता

सिर्फ एक बड़े वोट बैंक के आसरे ही नहीं हासिल हो सकेगी। यदि इस पार्टी को कान्ग्रेस के निरंतर क्षीर्ण होते जा रहे प्रभाव के कारण उत्पन्न खाली स्थान की पूर्ति करना है तो इसके कर्णधारों को तय करना होगा कि वोट सभी के हासिल करना है। भाजपाई खेमे की आवश्यकता आज यही दिखती है कि यहां पर मध्यम पंथी अटल बिहारी वाजपेई – जशवंत सिंह की बातों पर भी ध्यान दिया जावे, यदि उग्र पंथियों के ही नेतृत्व में क्रियाकलाप करना न सिर्फ पार्टी के हितों को नुकसान पहुंचायेगा वरन देश के लिये घातक साबित होगा। देखना यही है कि कौन अपने–अपने मीठे–कड़व`अनुभवों से कितनी सीख लेता है और आगे आने वाले दिनों में कौन कितनी राजनीतिक परिपक्वता दर्शाता है। विधान सभाओं के भंग किये जाने के तुरंत बाद यही राजनीतिक चिन्तन हमारे सामने उभरता है।

पर फिर आज हमारे सामने जो सबसे प्रबल मुद्दा है वह यह है कि विधान सभाओं का भंग किया जाना कहां तक न्यायोचित था।

हम पीछे मुडकर देखते हैं कि 1952 से लेकर 1967 तक देश की राजनीतिक परिस्थिति कुछ और थी। 1967 के बाद इसमें गंभीर तथा दूर गामी परिवर्तन आये तथा 1967 से लेकर आज तक 1952 के इन चन्द दिनों तक स्थिति काफी कुछ बदल चुकी है। पहले कालखंण्ड में कान्ग्रेस का एकछत्र राज्य था, केन्द्र और राज्यों में इन्हीं की हुकूमत थी। सारी जगह आम चुनाव एक साथ ही होते थे। 1967 में पावर पालिटिक्स का उदय अमूमन शुरू हुआ। विधान सभायें बीच में ही भंग होने लगीं, मध्यावधि चुनावों का इतिहास शुरू हो गया। इसने क्षेत्रीयता को जन्म दिया। आम मतदाताओं ने सोचना शुरू कर दिया है कि उनकी क्षेत्रीय और राष्ट्रीय समस्याएं अलग–अलग हैं जिन्हें अलग–अलग जन प्रतिनिधियों द्वारा हल किया जा सकता है। इस कारण वे लोकसभा में एक पार्टी के नुमाइंदे देखना पसंद करेंगे तो विधान सभा में किसी दूसरी ही पार्टी को बैठाना चाहेंगे। अब शायद ऐसा बहुत बिरले ही हो पायेगा कि दोनों जगह एक ही पार्टी के पैर जमे हों । लिहाजा अब हमें इन नई परिस्थितियों से तालमेल बिठाना सीखना होगा। हम आशा करते हैं कि निकट भविष्य में हमारे यहां भी स्वस्थ संवैधानिक परंपरायें–परिपार्टियां विकसित हो सकेंगी।

आज सवाल यह है कि उत्तर प्रदेश, राजस्थान, हिमाचल प्रदेश तथा मध्य प्रदेश की विधान सभायें उचित कारणों से भंग की गई हैं या नहीं, जहां तक उत्तर प्रदेश विधान सभा का सवाल है, भाजपा नेता तक स्वीकार करते हैं कि इस विधान सभा को तो भंग होना ही था। उत्तर प्रदेश सरकार ने उच्चतम न्यायालय में पांच हलफने दिये थे कि बाबरी मस्जिद को नुकसान नहीं पहुंचने दिया जायेगा। श्री कल्याण सिंह की प्रार्थना थी कि बाबरी मस्जिद के चारों तरफ से सुरक्षा बल भी कम कर दिये जायें । जाहिर है कि कल्याण सिंह सरकार ने बाबरी मस्जिद को बचाने की कोई कोशिश नहीं की, जैसा कि नवंबर 1990 में मुलायम सिंह यादव ने किया था। इन तमाम हालातों में यही कहा जा सकेगा कि उत्तर प्रदेश में अनुच्छेद 356 की हिदायतों का खुल्लम–खुल्ला उल्लंघन हो गया था । इस कारण कल्याण सिंह सरकार का बचाव असंभव सा दिखता है।

मध्य प्रदेश, राजस्थान, हिमाचल प्रदेश की परिस्थितियां उत्तर प्रदेश की तुलना में एक दम भिन्न थीं। यहां पर विवाद ग्रस्त स्थल नहीं था, यहां पर तोड़फोड की कार्यवाही नहीं हुई। इन तीन राज्यों से सिर्फ कार सेवक ही अयोध्या पहुंचे थे। इनके बारे में हमें कहना पड़ेगा कि ये एक अध्यादेश से प्रभावित हैं जो खास इसके लिये अभी कुछ ही दिन पहले राष्ट्रपति ने जारी किया है। इस अध्यादेश के द्वारा आर.एस.एस., विहिप, बजरंग दल, इस्लामिक सेवक संघ आदि साम्प्रदायिक संगठनों को प्रतिबंधित कर दिया गया है, तो फिर किसी भी प्रतिबंधित संगठन का सदस्य कैसे किसी राज्य का मुख्यमंत्री बन सकता है. इन तीन विधान सभाओं के भंग किये जाने का यही स्पष्टीकरण हो सकता है। अध्यादेश की वैधानिकता को कुछ उच्च न्यायालयों में चुनौती दी गई है। उच्चतम न्यायालय में भी एक याचिका दायर की गई है। संभावित है कि सारे मामले उच्चतम न्यायालय द्वारा अपने पास इकट्ठे बुलाकर एक साथ सुने जावेंगे। अतः मामला विचाराधीन है और हम इस पर उच्चतम न्यायालय के प्रमाणिक फैसले का इंतजार करेंगे।

– एन.सी. ब्योहार

नव भारत–29 दिसंबर 1992

तीन राज्यों की विधान सभायें भंग करने का मामला

15 दिसंबर 1992 को महामहिम राष्ट्रपति ने सूचना जारी करके एक साथ तीन भाजपाई शासित राज्यों की विधान सभाओं को भंग कर दिया है। ये राज्य हैं– मध्य प्रदेश, राजस्थान, हिमाचल प्रदेश। इसके पहले अयोध्या की घटनाओं के बाद उत्तर प्रदेश की कल्याण सिंह की सरकार और प्रदेश विधान सभा भंग कर दी गयी थीं। इस प्रकार चारों भाजपाई राज्य सरकारों को चलता कर दिया गया है।

अकेले किसी एक प्रदेश की विधान सभा को भंग कर दिया जाना कोई नई बात नहीं रह गयी है। देश की सबसे पहली विधान सभा 1959 में केरल में भंग की गई थी। जिस समय वहां के मुख्य मंत्री कामरेड ई. एस. नम्बूदरीपाद थे। उस वक्त सारे देश में एक सनसनी सी मच गयी थी कि एक राज्य सरकार एक प्रकार गैर लोकप्रिय तरीके से गिरा दी गई, पर उसके बाद से राज्य विधान सभाओं को भंग होना आये दिन की बात हो गयी है। यह सिलसिला 1967 से लगातार चला आ रहा है।

हमारे संविधान के द्वारा दिये गये अधिकारों के तहत विधान सभायें दो परिस्थितियों में भंग की जा सकती हैं– एक तो जब किसी राज्य में कानून की स्थिति इतनी ज्यादा बिगड़ गयी हो कि वहां पर राज्य शासन सुचारू रूप से चलाना असंभव हो गया हो तथा दूसरी उस राज्य की आर्थिक स्थिति इतनी ज्यादा खराब हो गयी हो कि वहां केन्द्र सरकार का हस्तक्षेप अनिवार्य हो गया हो। पहली परिस्थिति के लिये अनुच्छेद 356 है तथा दूसरी परिस्थिति के लिये अनुच्छेद 354 है। अभी तक दूसरी परिस्थिति की नौबत नहीं आई है। पर पहली परिस्थिति अब चाहे जब बनती रहती है।

ये कम से कम तीसरा मौका है जब एक साथ थोक के भाव में इतनी सारी विधान सभायें भंग हो गयी हैं। ये सिलसिला 1977 से शुरू हुआ

है। जब एक साथ विधान सभायें भंग की गयी थीं। उसके बाद 1980 में पुनः श्रीमति इंन्दिरा गांधी प्रधान मंत्री बनीं ।तब 8 राज्यों की विधान सभा भंग कर दी गयी थी।

....हालाकि 1992–93 में हमारे सामने यह सवाल नहीं है, नये जनादेश की बात उसी लहजे में नहीं की जा रही है। आरोप यही है कि राज्य सरकार को कानूनी तरीके से चलना असंभव हो गया था। पहले दो मौकों के माफिक इस बार भी सवाल यह है कि राज्य सरकारों को विधान सभाई चनावों में 5 वर्ष के लिये जनादेश मिलता है तो फिर क्यों न उन्हें 5 वर्ष के लिये बने रहने दिया जाये यदि बीच में लोक सभाई चुनाव हो जाते हैं और उनमें कोई दूसरी पार्टी सफल हो जाती है तो` फिर से दोबारा विधान सभाई चुनाव क्यों कराया जायें। क्या ऐसा कहा जा सकता है कि विधान सभाई चुनावों के वक्त मामले दूसरे होते हैं और समस्याएं क्षेत्रीय होती हैं। इसलिये उस वक्त के जनादेश को क्षेत्रीय जनादेश कहा जायेगा. और क्या ऐसे भी कहा जा सकता है कि लोक सभा में दूसरे मुद्दे भी होते हैं–जिन्हें राष्ट्रीय मुद्दे कहा जाता है और इन पर उन्हीं मतदाताओं द्वारा, किसी दूसरी ही पार्टी को जनादेश दिया जा सकता है.

वैसे तो हमारे संविधान में ऐसा कहीं भी नहीं है कि राज्यपालों की रिपोर्ट मिलने पर ही राज्य विधान सभायें भंग की जायें. ऐसी रिपोर्ट का मिलना कोई जरूरी नहीं है और राष्ट्रपति जी द्वारा राज्य विधान सभायें भंग की जा सकती हैं। यदि उन्हें दिखे की अन्य दूसरी सभी कानूनी अनिवार्यतायें हाजिर हों। कानूनी सलाह पर इस बार भी तीनों राज्यपालों की सिफारिशें आ जाने पर ही यह निर्णय लिया गया है। तीनों राज्यपालों ने यही सिफारिश भेजी थीं कि उनके राज्यों में हाल के अयोध्या घटनाक्रमों के बाद कानून व्यवस्था की स्थिति इतनी ज्यादा बिगड़ गयी थी कि उनके राज्य में संविधान के प्रावधानों के तहत् शासन करना दूभर हो गया था। इन रिपोर्टों की प्राप्ति के बाद राष्ट्रपति द्वारा एक अध्यादेश जारी किया गया। जिसकी अवधि सामान्यता 6 माह रहती है। इस अवधि के बाद यदि राष्ट्रपति शासन और आगे बढ़ाना है तो इसके लिये संसद की नई मंजूरी जरूरी होती है। राजनीतिक क्षेत्रों में विवाद

इस बात का है कि इन तीनों राज्यों की विधान सभाओं को भंग करना ठीक था या नहीं. जहां तक उत्तर प्रदेश विधानसभा को भंग करने का सवाल है, कम ही लोग इस प्रकार की बहस करेंगे कि उनको भंग नहीं किया जाना था। यहां तक की भाजपाई समर्थक भी कबूल करते हैं कि अयोध्या की घटनाओं के बाद उत्तर प्रदेश विधान सभाओं को भंग किया जाना सुनिश्चित था। हम सभी जानते हैं कि उत्तर प्रदेश सरकार ने उच्चतम न्यायालय में 5 हलपनामें पेश किये थे कि किसी भी कीमत पर बाबरी मस्जिद को नुकसान नहीं होने दिया जायेगा। ये सारे हलफनामे झूठे साबित हुये सारे संकेत इसी तरफ हैं कि प्रदेश सरकार ने पहले से तय प्रोग्राम के मुताबिक मस्जिद को ढ़ह जाने दिया। यहां तक कि कल्याण सिंह ने मांग की थी कि मस्जिद के चारों तरफ जमा सुरक्षा कर्मियों को कम कर दिया जावे।

मध्य प्रदेश, राजस्थान, हिमाचल प्रदेश के बारे में कुछ समय पहले जारी अध्यादेश जिसमें आर.एस.एस विश्व हिन्दु परिषद, बजरंग दल, इस्लामिक सेवक संघ आदि सम्प्रदायिक संगठनों को गैर कानूनी करार दिया है तथा उन्हें प्रतिबंधित कर दिया है। मुद्दा बनाया गया है। तर्क यही दिया गया है कि किसी भी प्रतिबंधित संगठन का सदस्य किसी राज्य का मुख्यमंत्री नहीं रह सकता। इस सिद्धान्त पर इन तीनों सरकारों को बर्खास्त किया गया है।

...एन.सी.ब्योहार

नव भारत–2 नवम्बर 1993

क्या चुनाव भारत की भावी राजनीति की दिशा तय करेंगे

वैसे तो चुनाव सिर्फ उत्तर प्रदेश, मध्य प्रदेश, राजस्थान, हिमाचल प्रदेश, मिजोरज तथा दिल्ली की विधान सभाओं के ही हो रहे हैं पर सारा देश इनके नतीजों की तरफ बड़ी ही उत्सुकता से देख रहा है। सारे देश की राजनीति को अभी तक हिन्दी बेल्ट प्रधान भू–भाग ने ही मुख्य रूप से नियंत्रण किया है । हालाकि पिछले कुछ वर्षों से नियंत्रण दक्षिण भारतीय इलाके में यथा–कदा स्थापित होता रहा है, मिसाल के तौर पर वर्तमान प्रधान मंत्री नरसिंहराव आंध्रप्रदेश के हैं, पर फिर भी यह कहा जा सकता है कि देश की राजनयिक बागडोर आज भी इसी क्षेत्र के हाथ में है जहां आगे आने वाले दिनों में ये चुनाव होने जा रहे हैं। इस एक तथ्य से इन चुनावों का महत्व भलि भांति समझा जा सकता है। इन राज्यों में उत्तर प्रदेश को अनेक कारणों से सबसे महत्वपूर्ण कहा जा सकता है। उत्तर प्रदेश हर मायनों में सबसे बड़ा है। यहां विधायकों की संख्या 425 है जिन्हें लगभग 8 करोड़ मतदाताओं द्वारा चुना जाता है। यहां से 84 सांसद चुने जाते हैं हालाकि अभी संसद के चुनाव नहीं हो रहे हैं। अभी तक यही कहा गया है कि जो भी पार्टी उत्तर प्रदेश पर कब्जा करती है, वही देश पर नई दिल्ली पर हुकूमत करती है। आजादी के बाद से अधिकांश प्रधानमंत्री उत्तर प्रदेश से ही आये हैं। इस बार उत्तर प्रदेश के इन चुनावों का महत्व मंदिर–मस्जिद के कारण से और भी ज्यादा बढ़ गया है। भाजपा का यह प्रमुख मुद्दा है। अब देखना यही है कि उत्तर प्रदेश में भारतीय जनता पार्टी अपने खुद के बलबूते पर सरकार बना पाती है कि नहीं, जिस दावे का इस पार्टी ने इतना ज्यादा प्रोपेगंडा कर रखा है। इस बार दिल्ली के विधान सभा चुनाव हो रहे हैं, वहां पर मुख्य मंत्री तथा दूसरे मंत्री बनेंगे, मंत्री मंडल स्थापित होगा।

इस विधानसभा चुनावों का सबसे बड़ा महत्व यही है कि कांग्रेस पार्टी के नेतृत्व वाले धर्म निरपेक्षवाद तथा भारतीय जनता पार्टी के नेतृत्व के

अधीन हिन्दु राष्ट्रवाद के बीच होने वाले समर में विजय किसे प्राप्त होती है। क्योंकि ये दोनों प्रमुख्यतम राष्ट्रीय पार्टियां आज इन्हीं दो विचार धाराओं का प्रतिनिधित्व करती हैं। भारतीय जनता पार्टी अथवा भाजपा का मुख्य चुनावी वायदा देश में रामराज्य की स्थापना करना है। पर यह वह रामराज्य नहीं है जिसकी परिकल्पना महात्मा गांधी ने की थी। बल्कि यह वह रामराज्य है जो हिन्दुत्व–प्रधान राज्य बनाता है । भाजपा ने धर्म निरपेक्षता की अपनी अलग परिभाषा दे रखी है और कांग्रेसी धर्म निरपेक्षता को स्यूडो 'सेक्युलरिज्म कह कर उसकी आलोचना की है। तो दूसरी तरफ कान्ग्रेस ने भाजपा को संकीर्ण–धर्मान्ध पार्टी ठहराया है, जाहिर है कि यह चुनाव मुख्यतः इन्हीं दो पार्टियों के बीच होने वाले हैं। अतः चुनावी नतीजे जाहिर कर देंगे कि लगभग 14 करोड़ मतदाता किस वाद की तरफ मुखातिब हुये। इस बार मतदाता जिस वाद की तरफ भी मुखातिब होंगे उससे निःसंदेह देश की भविष्य का राजनीति पर पूरी तरह प्रभावित होगी। यदि इस बार भाजपा को आशातीत चुनावी सफलता मिल जाती है तो कहा जा सकेगा कि देश की राजनीति तथा मूलभूत सामाजिक विचारधारा में भाजपा वाद के पैर और भी ज्यादा मजबूत जम गये। जबकि दूसरी तरफ यही चुनाव मोर्चे में इस पार्टी को अपेक्षाकृत निराशा ही हाथ लगती है तो इसका सीधा–साधा मतलब यही रहेगा कि देश के लगभग एक चौथाई मतदाताओं ने इसकी नीतियों को पसंद नहीं किया है। चुनावों का महत्व इस कारण भी बढ़ जायेगा क्योंकि भाजपा का सबसे ज्यादा प्रभाव इन्हीं हिन्दी भाषी राज्यों में है।

भारतीय जनता पार्टी की आंखे निःसंदेह सबसे ज्यादा उत्तर प्रदेश की ओर लगी हैं। भारतीय जनता पार्टी द्वारा जिस हिन्दुत्व की व्याख्या की जाती है, वह हिन्दुत्व उत्तर प्रदेश में ही सबसे ज्यादा मुखर है। 6 दिसंबर 1992 का काण्ड उत्तर प्रदेश में ही घटा था। यहां भाजपा सत्ता पर कब्जा करने के लिये अपनी सारी ताकत लगाये दे रहे हैं। पर फिर भी भाजपा का रास्ता साफ और सरल नहीं है। मण्डलवाद का सबसे ज्यादा जोर उत्तर प्रदेश में ही है। बाकी राज्यों में मध्य प्रदेश, हिमाचल प्रदेश, राजस्थान, मिजोरम, तथा दिल्ली में मण्डल वाद लगभग लुप्तप्रायः ही है। विश्वनाथ प्रताप सिंह और उनके जनता दलीय साथी उत्तर प्रदेश में ही

सबसे जयादा सक्रिय हैं। यहां मण्डल वादी मतदाताओं का प्रतिशत 52 आंका गया है। इन 52 प्रतिशत मतों में कांशीराम के बहुजन समाज दल को भी काफी मत मिलेंगे। भले ही बसपा को विधायकीय सीटें ज्यादा न भी मिल पायें। जनता दल व बसपा की चुनावी गतिविधियों का एक मिला जुला परिणाम यह रहेगा कि भाजपा और कांग्रेस दोनों का नुकसान होगा। जनता दल तथा बसपा शायद सबसे ज्यादा नुकसान कांग्रेस को पहुंचायेंगे क्योंकि ये मतदाता (मुस्लिम मतदाताओं के साथ) पिछले तमाम चुनावों में मुख्यता कांग्रेस पार्टी के एकाधिकार क्षेत्र में आते थे। भाजपा के बारे में ऐसा नहीं कहा जा सकता है । लिहाजा इन तमाम गुणा–भागों को मद्देनजर रखते हुये प्रेक्षक यही अनुमान लगा रहे हैं कि उत्तर प्रदेश में इस बार भी भाजपा जद तथा कांग्रेस को फिर क्रमशः द्वितीय तथा तृतीय स्थान प्राप्त होंगे जैसा कि 1991 में हुआ था।

मंदिर वाद का असर अधिकतर उत्तर प्रदेश में ही सीमित दिखता है, हालाकि वहां भी असर कम ही हो गया है। मध्य प्रदेश में मंदिरवाद का असर नगण्य दिखता है। छत्तीसगढ़, महाकौशल, तथा विन्ध्य प्रदेश में कांग्रेस की स्थिति ज्यादा मजबूत दिखती है जबकि मध्य भारत मालवा क्षेत्र में भाजपा की उम्मीदें केंद्रित हैं।

कोई आश्चर्य ना होगा यदि मध्य प्रदेश में कांग्रेस की वापसी दर्ज हो जाये। लगभग यही स्थिति राजस्थान और हिमाचल प्रदेश में मौजूद है। इन दोनों राज्यों में भाजपा शासन की विशेष उपलब्धियां मतदाताओं को आकर्षित नहीं कर रही हैं। जबकि मिजोरम में पिछले मरतबे कांग्रेसी शासन था। मिजोरम का अब तक का इतिहास रहा है कि किसी भी पार्टी को लगातार दो बार शासन में आने का मौका नहीं मिला है। लिहाजा देखना यही है कि क्या इस बार कांग्रेस इस परिपाटी को तोड़ पायेगी या नहीं।

दिल्ली में चुनावी संग्राम कांग्रेंस तथा भारतीय जनता पार्टी के बीच में ही है। ये दोनों दिल्ली के चिर–परिचित प्रतिद्वंदी हैं। चूंकि पहली बार दिल्ली में विधान सभा चुनाव हो रहे हैं। इस कारण सरगर्मी ज्यादा ही है। दिल्ली के चुनावों की एक विशेषता यह भी है कि ये दोनों पार्टियां दिल्ली के स्थानीय मुद्दों पर भरपूर बल दे रहे हैं।

चूंकि अब तक लगभग सभी र्राष्ट्रीय पार्टियों के चुनावी घोषणा पत्र आ चुके हैं इसलिये एक नजर इनके चुनावी वायदों पर डाली जाये। कांग्रेस का मुख्य चुनावी वायदा है– धर्म निरपेक्ष, सांप्रदायिकता–विहीन राज्य की स्थापना करना, सभी वर्ग के लोगों को चौतरफा सामाजिक न्याय मुहैया कराना। इस बार कांग्रेस का ऐसा कोई नारा नहीं जैसा कि पिछले चुनावों में था– जैसे कि स्थिरता स्थापित करना या गरीबी हटाना आदि। भाजपा के चनावी वायदों की फेहरिस्त जरा ज्यादा ही लंबी है। मिसाल के तौर पर अनुच्छेद 370 को समाप्त करना, देश में वास्तविक धर्म निरपेक्षता कायम करना, देश को विदेशी कर्ज से मुक्त करना, सभी वर्गो के लोगों को समुचित आर्थिक, सामाजिक, और नैतिक न्याय दिलाना। मण्डल सिफारिशों के लागू किये जाने की घोषणा के बावजूद भी जनता दल आज भी मण्डलवाद से ही जुड़ा हुआ है। जिससे इस पार्टी की कमजोरी उजागर होती है।

इन चुनावों का महत्व एक और वजह से है। और वह यह है देखना है कि हाल ही के पाकिस्तान के चुनावी नतीजों का असर पड़ता है या नहीं। पाक में हुये चुनाव में मजहबी उम्मीदवारों को मुंह की खानी पड़ी है। 211 सदस्यीय नेशनल असेम्बली में महज 6 उम्मीदवार ही कामयाब रहे हैं। भाजपा द्वारा खुले रूप से धर्म का सत्ता पाने उपयोग किया जा रहा है। चुनावी नतीजे यह जाहिर करेंगे कि धार्मिक अपील का आम भारतीय मानस पर कितना असर पड़ता है।

– एन.सी.ब्योहार

दैनिक भास्कर–दिनांक–27 दिसंबर 1992

मध्यम–पंथ सर्वोत्तम विचारधारा

अभी हाल ही में भारतीय जनता पार्टी के शीर्ष नेता श्री अटल विहारी वाजपेयी ने कहा है कि उन्हें इस बात का अफसोस है कि उनकी पार्टी देश को दिये गये अपने वचन का पालन नहीं कर पायी कि बाबरी मस्जिद को कार सेवा के दौरान नुकसान नहीं पहुंचने दिया जावेगा। उनका यह भी कहना रहा है कि बाबरी मस्जिद का ढ़हाया जाना गलत था। ध्यान दीजिये कि वाजपेयी जी के लिये इस बार हमने शीर्षस्थ शब्द का स्तेमाल नहीं किया है और उन्हें हमने शीर्ष ही कहा है। 6 दिसंबर की अयोध्या घटनाओं के बाद यदि आंकलन किया जाता है तो हो सकता है कि इस पार्टी में शीर्षस्थ स्थान आडवानी जी को मिले, यहां तक कि डां मुरली मनोहर जोशी को भी ज्यादा मत मिलें। एक समय था जब वाजपेयी जी भाजपा के निर्विवाद शीर्षस्थ नेता थे और हो सकता है कि आगे आने वाले दिनों में वे फिर सबसे उंची बादाम पर पहुंच जायें। वैसे हमें यह भी कहना होगा कि आज भी ऐसे अनेकों प्रेक्षक हैं, उनके प्रशंसक समर्थक हैं जिनके मन में आज भी वाजपेयी जी न सिर्फ भाजपा के शीर्षस्थ नेता हैं वरन देश में भी उनका बहुत उंचा स्थान है।

यदि आम आंकलन में उनका स्थान थोड़ा नीचे सरक गया हो तो इसकी वजह यह नहीं है कि उनकी सेवाओं का स्तर कुछ गिर गया हो। उनकी सेवायें तो पूर्ववत जारी हैं। इसकी वजह यह है कि आज कल उन जन प्रतिनिधियों की ज्यादा कदर, कीमत है जो आक्रामक रवैया अख्तियार किये हुये हैं और जो किसी विचारधारा के अतिवादी अगुवा कहलाते हैं। आडवानी जी और डा. जोशी की इमेज एक आक्रामक नेता के रूप में प्रचलित है क्योंकि वे दोनों 6 दिसंबर के नाटकीय दिन अयोध्या में हाजिर थे, जो कुछ उनके सामने ही हुआ भले ही आज वे कहें कि इमारत ना तोड़ने के लिये वे लगातार अपील करते रहे । उस दिन वाजपेयी जी अयोध्या में नहीं थे और इस कारण वास्तविक घटना से उन्हें किसी भी तरह से नहीं जोड़ा जा सकता। हो सकता है कि पार्टी के

भीतर उन्होंने कार सेवा का विरोध भी किया हो और सर्व सम्मति के सामने झुक गये हों ।

आगे आने वाला समय बतायेगा कि क्या उन्होंने अपनी आवाज उठायी थीं। पिछली रथ यात्रा की नीति तैयार करते समय उन्होंने अहमदाबाद में इसका विरोध किया था, ऐसा बताया गया। दूसरे या तीसरे स्थान पर खिसक जाने का एक मात्र कारण यही है कि वाजपेयी शांत स्वभाव के मध्य पंथी नेता हैं। उनके भाषण भड़काने वाले कभी नहीं रहे, उन्होंने हमेशा विवेक तर्कों के आधार पर ही अपनी बात कही है, उनके कथन रामायण, महाभारत, गीता, बाईबिल, कुरान, ग्रंथ साहब नीति कथायें, पंच तंत्र आदि की कथाओं से बल पाते हैं। इन गुणों की आज भी कदर है। पर जैसा कि हम देख रहे हैं ज्यादा कदर आज उसकी हो रही है जो आम आदमियों की भावनाओं पर अपील करता है, जो उनके विवेक कौशल को आंदोलित नहीं करता, जिनके बोलने करने से आम आदमी एक भींड में परिवर्तित होकर किसी भी निर्णायक या अंतिम कार्यवाही को असलियत का जामा पहना सकते हैं। वाजपेयी जी ऐसा कुछ भी नहीं कर सकते, न करना चाहते हैं और न ही ऐसा उनका रिकार्ड है, लिहाजा वे आज अपनी पार्टी में दूसरे या तीसरे स्थान पर हैं।

भाजपा में और भी कई मध्यम पंथी होंगे, पर उनके नाम ज्यादा नहीं आ रहे हैं। हालाकि जसवंत सिंह एक दूसरे मध्यम पंथी हैं जो एक शीर्ष स्थान पर हैं। अपनी मध्यम पंथी प्रवृर्ति के बावजूद भी यदि आज अटल विहारी वाजपेयी इतने उंचे आंकलन पर विराजमान हैं, तो उसका कारण यही है कि उनकी सेवाओं का एक लंबा इतिहास है जिसे प्रशंसकों, आलोचकों किसी के भी द्वारा नजर अंदाज नहीं किया जा सकता।

वाजपेयी जी के इन विचारों को लेकर पार्टी में मतभेद की बात चली, यहां तक कहा गया कि वे पार्टी से अलग हो जावेंगे। इन तमाम अटकल बाजियों को उन्होंने यह कहकर शांत कर दिया कि जिस पार्टी से जिस विचारधारा से वे इतने वर्षों से जुड़े हैं उसे आज संकट के इस मौके पर छोड़ना ठीक ना होगा। यही वास्तविक राजनायिक परिपक्वता है, यह एक जिम्मेदाराना फैसला है। नतीजा यह है कि आज पार्टी दो गुटों में टूटने से बच गई है। मतभेद तो साफ उजागर है, इसे भले ही मंजूर किया जावे या नहीं । और फिर वाजपेयी जी का पार्टी में भारी प्रभाव है, उनके लाखों

समर्थक हैं जो कि सक्रिय प्रायमरी कार्यकर्ता हैं। वे यदि निजी स्वार्थ के पोषक होते तो इस मौके पर आसानी से अपनी अलग पार्टी बना सकते थे। पर उन्होंने ऐसा नहीं किया। नतीजा यह है कि भाजपा आज एकिकृत पार्टी बनी हुई है। दूसरे व्यक्तिगत तौर पर वाजपेयी जी की छवि और ज्यादा साफ सुथरी और निष्ठावान साबित हो गयी है। दूसरी दो बड़ी राष्ट्रीय पार्टियों में ऐसे मौकों पर गुटबाजी साफ जाहिर हो जाती है, व्यक्तिगत छोटे स्वार्थ सामने आ जाते और अलग अलग पार्टियां बन जातीं। यही कारण है कि वे दोनों पार्टियां दिन प्रतिदिन कमजोर होते चली जा रहीं हैं। राष्ट्रवादी चिंतन से जुड़े हम आम लोग यही चाहेंगे कि इंका और जद के शीर्षस्थ कर्णधार भी वाजपेयी जी के इस उदाहरण से सीख सबक लें, अपने संकीर्ण निजि स्वार्थों को पार्टी और देश के विराट हितों के सामने सीमा के दायरे में रखें, ताकि सबका भला हो और उनकी खुद की सामान्य छवि में और ज्यादा बढ़ोतरी होवे।

सभ्यता के शुरूआती दिनों में यूनानी विचारक अरस्तू ने कहा था.. गोल्डन मीन इज दी बेस्ट मीन, यानि मध्यम पंथ सर्वोत्तम पंथ है। तब से अभी तक लगातार मध्यम पंथ तथा मध्यम पंथियों की ही जीत होती चली आ रही है। इस अनुभव के आधार पर हम यही मानकर चलना चाहेंगे कि अपनी पार्टी में अटल विहारी वाजपेयी सबसे ज्यादा प्रभावशाली साबित होंगे। हम ऐसे.... उम्मीद करना चाहेंगे। परंतु हम यह भी कहेंगे कि आगे आने वाले ऐसे निर्णायक मौकों पर वाजपेयी जी को और ज्यादा सख्ती से अपना पक्ष पेश करना होगा। इतना ही नहीं, उन्हें कामयाब होना होगा कि पार्टी में उनकी बात मानी जाये, पार्टी की नीति उन्हीं के सुझावों के मुताबिक बने। ऐसे निर्णायक मौके और भी आ सकते हैं। और भी मांगे हो सकतीं हैं। लगभग हम सभी अपने अपने स्थानों पर सर्व सम्मत हैं कि देश अब और ऐसी रथ यात्राएं या इस प्रकार की कार सेवायें बरदाश्त नहीं कर सकता। नवंबर 1990 या 6 दिसंबर 1992 की पुनर्रावृत्ति अब देश के लिये घातक सिद्ध हो सकती है। क्योंकि जिस अखंण्ड भारत की बात भाजपा इतने जोर शोर से कर रही है वही भारत खण्डित हो सकता है, इस प्रकार का अंदेशा बन सकता है।

क्या हम यह कहना चाहेंगे कि भाजपाई काडरों में ज्यादा अनुशासन इस कारण से है क्योंकि भाजपा एक विरोधी पार्टी रही है और इसने

अभी तक सत्ता का स्वाद नहीं चखा है. शायद ऐसा नहीं है। जनता दल भी केन्द्रीय सत्ता में नहीं है, पर उसके विभाजन आये दिन होते रहते हैं। जनता दल की सरकार बिहार में है, पर वहां गुटबाजी और असंतोष इस कारण दब कर रह गया है क्योंकि वहां लालू प्रसाद यादव ने 75 लोगों को मंत्री बनाकर सभी के मुह बंद कर दिये हैं। भाजपाई सरकारें उत्तर प्रदेश, मध्य प्रदेश, राजस्थान और हिमाचल प्रदेश में अभी कुछ ही समय पहले तक लगभग 3 वर्ष चलीं । पर इन सरकारों के सामने गुट बद्ध असंतोष का खतरा नहीं के बराबर रहा। इनके मुख्यमंत्रियों को बदले जाने पर विचार नहीं किया गया। कहा गया है कि भ्रष्ट आचरण उपर से नीचे की तरफ फिसलता है। जब वाजपेयी जी जैसे उच्च नेता अनुशासन बद्ध रहे आये तब पार्टी में बिखराव कैसे आ सकता था।

इसके दूसरी तरफ सत्ता रूढ़ कांग्रेस पार्टी की स्थिति कुछ और ही है। अयोध्या घटना के दूसरे तीसरे दिन बाद ही आवाज उठने लगी कि पार्टी को अपना नेता बदल लेना चाहिये । यदि विश्वनाथ प्रताप सिंह ने इस प्रकार का बिना मांगे सुझाव दिया था तो उसके पीछे छिपा मकसद हर कोई आसानी से ताड़ सकता है। पर आश्चर्य इस बात का रहा कि पार्टी के भीतर से ही नेतृत्व परिवर्तन की आवाज उठी। प्रधान मंत्री नरसिंह राव जवाबदार थे या नहीं, या फिर उनकी जवाबदारी कितनी थी, ये सब अलग मुद्दे हैं। इनके गुणदोषों पर जाने का मौका दूसरा हो सकता है। परंतु घटना के तुरंत बाद के वे चार छः दिन अपना असंतोष उजागर करने के सही मौके नहीं थे। वे दिन थे जब एक होकर कठिन दिनों का सामना कर लिया जाता, पार्टी को एक रखा जाता और फिर बाद में और कुछ देखा जाता। ये दूसरी बात है कि संकट के उन दिनों पार्टी आखिरकार संगठित ही रही आई, पर फिर आम जनता की पारदर्शी निगाहों में तो साख गिरती ही है। जबकि आज सबसे बड़ी जरूरत राष्ट्रीय हित में यही है कि दक्षिण पंथी और वाम पंथी विचार धारायें इन्हीं दो स्थापित पार्टियों के खैमें में ध्रुवीकृत हो जायें। ऐसा व्यक्तिगत उदाहरणों से ही हो सकेगा।

–एन.सी. ब्योहार

दैनिक भास्कर–दिनांक 9 जून 1993

पाकिस्तानी फैसले की भारत में प्रासंगिकता

कहा जा रहा है कि पाकिस्तानी सुप्रीम कोर्ट के फैसले से हमारे न्यायधीशों को भी सीख सबक लेनी चाहिये। इस फैसले ने पाकिस्तान में व्याप्त राजनीतिक अस्थिरता को एक बड़ी सीमा तक काबू में ला दिया है और 14 जुलाई 1993 को होने वाले चुनावों को कम से कम फिलहाल के लिये तो टाल दिया है और इस प्रकार मुल्क को एक भारी खर्चे तथा संभावित चुनावी हिंसा के दौर से निजात दिलाई है। ये कोई छोटी उपलब्धियां नहीं हैं। कुछ इस प्रकार की राजनीतिक परिस्थितियां हमारे यहां भी बनी हैं। चार राज्यों की विधान सभा भंग पड़ी हैं, इन राज्यों में राष्ट्रपति शासन लागू है। इन राज्यों में विधान सभायी चुनाव कराये जाने हैं। इन चुनावों में भारी खर्चा सहना होगा जो आम मतदाताओं के हित में नहीं है, तथा चुनावी हिंसा की पूरी संभावना है जो हर चुनाव के साथ लगातार बढ़ोतरी पर है। प्रेक्षक कह रहे हैं कि पाकिस्तानी सुप्रीम कोर्ट द्वारा स्थापित इस गुणकारी परिपाटी का पालन करते हुये भारतीय सुप्रीम कोर्ट को चाहिये कि केन्द्र सरकार की अपील को खारिज करते हुये मध्य प्रदेश हाई कोर्ट के फैसले को कायम रखा जाये तथा चारों राज्यों की विधान सभाओं को तुरंत बहाल कर दिये जाने की निर्देश दिये जायें।

इससे पहले तो हमें यह कहना होगा कि हमारे यहां मामला सुप्रीम कोर्ट में विचाराधीन है और इस कारण ऐसा कोई भी सुझाव देना उचित ना होगा कि सुप्रीम कोर्ट को किन बातों को ध्यान में रखकर फैसला देना होगा। दर असल इस प्रकार के सुझाव देना अदालत पर अनुचित दबाव डालना ही होगा और इसके न्यायिक परिणाम हो सकते हैं।

इस प्रकार का सुझाव देनें में उत्तर प्रदेश के भूत पूर्व मुख्यमंत्री कल्याण सिंह सबसे आगे हैं। उनका स्पष्ट कहना है कि भारतीय सुप्रीम कोर्ट को चाहिये कि पाकी फैसले की तर्ज पर फैसला सुनाते हुये उत्तर प्रदेश, मध्य प्रदेश, राजस्थान तथा हिमाचल प्रदेश की विधान सभाओं को पुनः स्थापित कर दिया जाये। यदि श्री कल्याण सिंह अपने सुझाव को

मध्य प्रदेश, हिमाचल प्रदेश तथा राजस्थान तक सीमित रखते तो बात समझ में आती क्योंकि दलील दी जा सकती है कि इन राज्यों कि विधान सभाओं को भंग करने का कोई ठोस .अवचित्त नहीं था। बहस की जा सकती है कि 6 दिसंबर 1992 की अयोध्या घटनाओं के बाद हिमाचल प्रदेश में लगभग किसी प्रकार की वारदात नहीं हुयी थी, मध्य प्रदेश में सारी घटनायें लगभग भोपाल में ही हुयी थीं तथा बाकी राज्य लगभग शांत ही था और इसी प्रकार राजस्थान में भी जयपुर जैसे एक दो स्थानों को छोड़कर बाकी सारे राज्य में शांति ही थी। श्री कल्याण सिंह का सुझाव मानने को शायद उनके सिवाय और कोई तैयार ना होगा, जब वे कहते हैं कि उत्तर प्रदेश विधान सभा भी बहाल कर दी जानी चाहिये। दरअसल में यदि उत्तर प्रदेश में अनुच्छेद 356 की कार्यवाही नहीं की जा सकती थी या नहीं की जानी थी, तो फिर इससे ज्यादा उपयुक्त मौका और कौन सा हो सकता था। एक बात और भी है, और वह यह है कि जब कल्याण सिंह इस प्रकार का सुझाव देते हैं तो पुरानी परतें अपने आप खुलने लगती हैं। याद आने लगता है कि किस प्रकार उन्होंने सुप्रीम कोर्ट में हलकनामें पेश किये फिर किस प्रकार उन्होंने गोली ना चलाने के पुलिस को लिखित आदेश देकर मस्जिद ढ़हाने का रास्ता खुलवा दिया और अंत में स्तीफा देकर बाहर आ गये। हमें बाकी बातों से ज्यादा मतलब ना भी हो पर दुख इसका अवश्य है कि सर्वोच्च न्याय पालिका की अवमानना की गई जिसकी कोई आवश्यकता नहीं थी।

उत्तर प्रदेश के संदर्भ से बात स्पष्ट होती है कि पाकिस्तानी उदाहरण हमारे यहां पूरी तरह प्रासंगिक नहीं है। चूंकि उत्तर प्रदेश की घटनाओं का बचाव करना आसान नहीं है, इस कारण इस सुझाव में भी ज्यादा बल नहीं हो सकता कि अदालतीय आदेश के जरिये इस राज्य की विधान सभा बहाल कर दी जाये तथा कल्याण सिंह को दोबारा मुख्यमंत्री बनने का मौका दिला दिया जाये। बाकी तीनों राज्यों के बारे में हम सुझाव दे सकते हैं कि इनकी विधान सभाओं को अदालतीय आदेश से पुनः स्थापित कर दिया जा सकता है।

पाकिस्तानी उदाहरण से हमारे न्यायाधीशों को सीख सबक लेने की कोई जरूरत नहीं है। इसके कई कारण हैं। एक सीधा साधा कारण यह

है कि उल्टे पाकिस्तानी सुप्रीम कोर्ट ने भारतीय सुप्रीम कोर्ट और भारतीय न्याय पालिका द्वारा स्थापित परिपाटी से सीख सबक लेकर ही यह फैसला सुनाया है।

इस मामले में बहस के दौरान भारतीय अदालतों के कई फैसले पेश किये गये थे। खास जोर 1977 के राजस्थान बनाम केन्द्र सरकार के सर्वोच्च फैसले पर दिया गया था। इस फैसले में भारतीय सुप्रीम कोर्ट ने व्यवस्था दी है कि मामले में राजनायिक अंश शामिल होने के बावजूद भी अदालत द्वारा राष्ट्रपति के आदेश की न्यायालयीय समीक्षा की जा सकेगी तथा अदालतें सिर्फ यह सोचकर अपना हाथ नहीं हटा लेंगी कि मामले में राजनीतिक अंश शामिल हैं। पाकिस्तानी सुप्रीम कोर्ट के सामने भी यही सवाल था कि राजनीति प्रधान मामले में दखल दिया जाये या नहीं। जाहिर है कि पाकिस्तानी न्यायाधीशों ने 1977 में दिये गये इस भारतीय फैसले से हिम्मत जुटाई और न्यायिक समीक्षा के पक्ष में अपना मत तैयार कर लिया। क्वेटा ब्लूचिस्तान और लाहौर हाई कोर्ट के दो फैसले हैं जो क्रमशः 1981 और 1988 में सुनाये गये थे। ये दोनों फैसले मध्य प्रदेश हाई कोर्ट के अभी हाल ही में सुनाये गये फैसले जैसे हैं। इन दोनों पाकिस्तानी हाई कोर्ट ने गवर्नर के आदेशों को गैरकानूनी करार दिया था जिनके द्वारा प्रान्तीय असेम्बलियां भंग कर दी गयी थीं, परंतु दोनों हाई कोर्टों ने अलग अलग कारणों से असेम्बलियों को बहाल करने का आदेश नहीं दिया था। मध्य प्रदेश हाई कोर्ट ने भी लगभग इसी प्रकार का फैसला दिया है। इस प्रकार हम देखते हैं कि इस प्रकार के फैसलों की शुरूआत भारतीय उप महाद्वीप में 1977 के उक्त भारतीय फैसले से ही गिनी जा सकती है ।यह कहना गलत दिखता है कि भारतीय न्यायाधीशों को पाकिस्तान के इस ताजे फैसले का पालन करना चाहिये।

एक और बड़ा कारण है । पाकिस्तान से आने वाला इस प्रकार का निष्पक्ष तथा निर्भीक शायद यह पहला फैसला है जो उनके सुप्रीम कोर्ट ने सुनाया हो और जो इस प्रकार चर्चा का विषय बना हो । पाकिस्तानी सुप्रीम कोर्ट का एक और फैसला है जो अंतर्राष्ट्रीय समाचार बना था। यह है 1976 का वह फैसला जिसनें मरहूम वजीरे आजम जुल्फिकार अली भुट्टो के भाग्य का अंतिम फैसला कर दिया था। पाकिस्तानी सुप्रीम कोर्ट

ने 4–1 के बहुमत से भुट्टो की अपील खारिज कर दी थी जिसके बाद उन्हें फांसी पर चढ़ा दिया गया था। लगभग सारी दुनियां की मान्यता थी की भुट्टो को राजनीतिक कारणों वश समाप्त किया गया था और ऐसा करने के लिये अदालत की सहायता ली गयी। इस फैसले के बाद पाकी न्याय पालिका की यही साख चली आ रही है कि इस पर सत्ता तथा फौज हावी रहती हैं। निसंदेह आगे से ऐसा कहा जा सकेगा कि पाकिस्तानी न्यायाधीशों ने अपने आप को इस चंगुल से छुडा लिया है। परंतु भारतीय न्यायाधीशों के साथ ऐसा कुछ नहीं है। यहां की न्याय पालिका शुरू से ही निष्पक्ष और निर्भीक रही आयी है। हमारे सुप्रीम कोर्ट तथा तमाम हाई कोर्टों का गौरवशाली रिकार्ड चला आ रहा है। हो सकता है कि दो चार अपवाद हों, वरना आम तौर पर हमारे उच्च न्याय पालिका ने बिना किसी बाहरी दबाव के अपने फैसले तैयार किये हैं ।उदाहरण के रूप में जस्टिस जगमोहन सिंहा के 1975 के उस ऐतिहासिक फैसले को लिया जा सकता है जिसके द्वारा श्रीमति इंन्दिरा गांधी के चुनाव को अवैध ठहराया गया था। श्रीमति इन्दिरा गांधी जैसी लोकप्रिय और शक्तिशाली प्रधान मंत्री के खिलाफ फैसला सुनाने के लिये असाधारण आत्मिक साहस की जरूरत है। किसने सोचा था कि किसी हाई कोर्ट का न्यायाधीश इस स्तर का न्यायिक करिश्मा कर दिखायेगा पर ऐसा हुआ । न्यायिक निर्भीकता का इससे ज्यादा ज्वलंत उदाहरण और क्या हो सकता है। ऐसे और भी कई उदाहरण हैं। मजबूत मुख्य मंत्रियों के खिलाफ हाई कोर्टों ने फैसले निसंकोच सुनाये हैं। कर्नाटक हाई कोर्ट ने राम कृष्ण हैगडे जैसे मुख्यमंत्री तक को नहीं बक्शा। अभी कुछ ही दिन पहले बम्बई हाई कोर्ट की औरंगाबाद पीठ ने मुख्यमंत्री शरद पवार के खिलाफ एक गंभीर टिप्पणी लिखी है और उन्हें मुसीबत में डाल दिया है। इस प्रकार हम इसी निष्पकर्ष पर पहुंचते हैं कि हमारी न्याय पालिका तो पहले से ही पूर्ण संतोष जनक काम कर रही है और इसे किसी दूसरे से सीख सबक लेने की जरूरत नहीं है।

दोनों मुल्कों के उदाहरणों में एक बुनियादी अंतर और है। पाकिस्तानी सदर नें वहां की नेशनल असेम्बली को भंग किया था। जो कि हमारी लोकसभा जैसी संस्था है। उन्होंने प्रधान मंत्री मिया नवाज शरीफ के

केन्द्रीय काबीना को बरखास्त किया था। पर ऐसा हमारे यहां आज तक नहीं हुआ है। हमारे 46 वर्ष के स्वतंत्र इतिहास में राष्ट्रपति द्वारा लोक सभा इस प्रकार कभी भी भंग नहीं की गयी और ना ही किसी भी प्रधान मंत्री को राष्ट्रपति द्वारा बर्खास्त किया गया है। इसका कारण यह बताया जा सकता है कि भारतीय राष्ट्रपति को ऐसा करने के संवैधानिक अधिकार प्राप्त नहीं हैं ।परंतु पाकिस्तान राष्ट्रपति को संशोधन 8 के द्वारा ऐसे असाधारण अधिकार प्राप्त हैं। भारतीय राष्ट्रपति को अनुच्छेद 356 के तहत राज्य विधान सभाओं को भंग करने के अधिकार प्राप्त हैं। इन कारणों से दोनों मुल्कों की परिस्थितियां एक दूसरे से जुदा साबित हो जाती हैं और इस कारण पाकिस्तानी नजीर को हमारे यहां कम से कम केन्द्रीय स्तर पर लागू नहीं किया जा सकता है।

उपरोक्त भिन्नताओं और तुलनाओं के बावजूद भी पाकिस्तानी फैसले के प्रभाव को नकारा नहीं जा सकता। लोकतंत्र में विश्वास करने वाले सभी लोगों ने सारी दुनिया में इसकी सराहना की है। लोकतंत्र तथा कानून के शासन की बहाली का इसे एक अक्सीर जरिया ठहराया जा रहा है। पाकिस्तानी फैसले के बाद मध्य प्रदेश हाई कोर्ट का फैसला काफी कुछ प्रसांगिक दिखने लगा है। जाहिर है कि मध्य प्रदेश, हिमाचल प्रदेश, तथा राजस्थान की विधान सभायें महज राजनीतिक कारणों से गिरायी गयी थीं और गुजरात तथा महाराष्ट्र की विधान सभायें इन्हीं कारणों वश बरकरार रहने दी गयी थीं। बहस की कोई गुंजाईश नहीं है कि महज सत्ता हासिल करने के लिये ही तमाम उठापटक की गयी। एक बार यदि इस तथ्य को स्वीकार कर लिया जाता है कि विधान सभायें कानून से परे कारणों से गिरायी गयी थीं तो फिर दलील दी जा सकती हैं कि क्यों ना उन्हें अदालतीय माध्यम से बहाल करने का सोचा जाये । कहा जा सकता है कि भंग की गयी विधान सभाओं को बहाल करने का तरीका संविधान में पहले से ही दर्शाया गया है और वह यह है कि निर्धारित समय में चुनाव कराये जायें। यह सच है कि हमारे यहां इस प्रकार की संसदीय व्यवस्था है। उम्मीद भी यही की गयी थी कि भंग विधान सभाओं को चुनावों द्वारा ही बहाल करने का जरिया अख्तियार किया जायेगा। पर ऐसा उन मौकों के लिये था जहां विधान सभा साफ

जाहिर कानूनी कारणों वश लाचारी की अतिवादी परिस्थिती में भंग की गयी थी। जहां साफ दिखता है कि संविधान की मंसा के मुताबिक राज्य शासन नहीं चल पा रहा था तथा केंन्द्र सरकार के पास राष्ट्रपति शासन लागू किये जाने के सिवाय और दूसरा कोई चारा नहीं नहीं था। इन अपवादनुमा मामलों में आज भी चुनाव ही बेहतर जरिया नजर आता है। क्योंकि ऐसे स्पष्ट मामलों में ना तो अदालतीय मामला दायर किया जा सकेगा और ना ही अदालतें उस मामले को आगे बढ़ने देंगीं जहां साफ दिखता है कि अनुच्छेद 356 का दुरूपयोग किया गया है, उन मामलों में अदालतीय प्रक्रिया बेहतर जरिया हो सकती है। पर फिर वही अहम सवाल उठता है कि इस बात को कौन सिद्ध करेगा कि चुनाव के लिये कौन सा मौका उपयुक्त है तथा किस मामले को अदालतीय फैसले से सुलझाया जाना चाहिये। यदि एक बार इस प्रकार के राजनीति प्रधान मामलों के निराकरण के लिये अदालत के दरवाजे खोल दिये जाते हैं तो अदालतों में वैसे मामले भी दायर होने लगेंगे जिनमें चुनाव ही उपयुक्त तरीका है या फिर क्या इस मुद्दे को न्यायाधीशों के विवेक पर छोड़ा जाये कि वे ही निर्धारित करें कि कौन सा मामला चुनाव के लिये उपयुक्त है और किस मामले को वे सुन सकते हैं। मौजूदा हालातों में हमारे राजनायिकों से इस प्रकार की उम्मीद नहीं की जा सकती कि वे एका एक राष्ट्रनिष्ठ हो जायें और विधान सभाओं को भंग करने का खेल समाप्त कर दें। तो फिर क्यों कर आम जनता की महती पूंजी का दुरूपयोग निरंतर होने वाले चुनावों में होने दिया जाये। बहर हाल मामला सुप्रीम कोर्ट के सामने विचाराधीन है। शीर्षस्थ न्यायाधीश ही इस गुत्थी को बेहतर तरीके से सुलझा सकेंगे।

—एन.सी. ब्योहार

नव भारत–5 जून 1993

पाकी सुप्रीम कोर्ट का फैसला भारत में कितना प्रासंगिक

आजकल पाकिस्तानी सुप्रीम कोर्ट के फैसले की चर्चा भारत में भी उसी सरगर्मी से हो रही है जिस प्रकार पाकिस्तान में हो रही है। कारण यह है कि वहां पर इसके पहले किसी ने कल्पना भी नहीं की थी। आम तौर पर अभी तक यही माना गया है कि पाकिस्तान में न्यायापालिका स्वतंत्र नहीं है और इसे फौजियों और राजनीतिकों द्वारा अपने इशारों पर नचाया जाता है। मिसाल के तौर पर 1976 का फैसला लिया जाता है जिसने मरहूम जुल्फिकार अली भुट्टो के भाग्य का फेसला किया गया था। स्मरणीय है कि स्व. भुट्टो पर एक राजनायिक प्रतिद्वंन्दी के पिता की हत्या कराने का अरोप लगाया गया था, उन पर मुकदमा चलाया गया था जिसमें उन्हें फांसी की सजा सुनाई गयीं थी। स्व. भुट्टो ने लाहौर हाई कोर्ट में अपील की जो खारिज हुयी। इसके आगे बढ़ते हुये उन्होंने सुप्रीम कोर्ट में अपील की थी। सारी दुनिया को उम्मीद थी कि सुप्रीम कोर्ट में उनकी अपील कामयाब रहेगी क्योंकि सभी का यही मानना था कि भुट्टो को राजनैतिक द्वेष के कारण खत्म किया जा रहा था। पर सभी की उम्मीदों पर पानी तब फिर गया जब सुप्रीम कोर्ट ने 4–1 से उनकी अपील खारिज कर दी। भुट्टो के समर्थकों ने मरहूम सदर जिया उल हक से क्षमा याचना की दरखास्त लगाई। सारी दुनिया के राष्ट्रपति–प्रधानमंत्री ने भी मिन्नतें कीं। पर मरहूम सदर टस से मस नहीं हुये और भुट्टो फांसी के फंदे पर लटका दिये गये । तब से ये बात हर किसी के मन में घर करे बैठी थी कि पाकिस्तानी न्यायाधीश उसी प्रकार का फैसला लिखेंगे जैसा कि हुक्मरानों द्वारा उनसे कहा जायेगा। लिहाजा जब मिया नवाज शरीफ ने अपनी सरकार बर्खास्त किये जाने के आदेश 18 अप्रैल 1992 के खिलाफ सुप्रीम कोर्ट में अपील की तब सबकी उम्मीद यही थी कि अपील खारिज कर दी जायेगी। भारी उलट फेर की किसी को भी उम्मीद नहीं थी। पर सुप्रीम कोर्ट ने एक ऐसा करिश्माई फैसला

26 मई 1992 के दिन सुनाया जिसकी मिसालें शायद दुनिया के संसदीय इतिहार में कहीं न मिलेगीं। मिया नवाज शरीफ की अपील मंजूर कर ली गयीं, सदर गुलाम इश्हाक खान का आदेश खाजिर कर दिया गया, नेशनल असेम्बली बर्खास्त कर दी गयी और मिया नवाज शरीफ फिर से प्रधान मंत्री बना दिये गये। इंग्लैण्ड का एक हजार वर्ष का संसदीय इतिहास यही बताता है कि यदि एक बार संसद भंग की गई तो उसे आम चुनाव द्वारा ही दुबारा कायम किया जा सकता है। सोचा यही गया था कि पाकिस्तान में तानाशाही ज्यादा अरसे तक कायम रही आई है। और वहां पर लोकतंत्र की मशाल लाखों के बूटों तले अभी कुचला गया है तो फिर वहां पर न्यायाधीश निर्भीक फैसला सुनाने की क्या जुर्रत दिखा पायेंगे। पर फिर भी सभी के आश्चर्य का ठिकाना 26 मई के दिन ना रहा जब मुख्य न्यायाधीश नसीम हसन शाह ने खुली अदालत में फैसला सुनाया कि नवाज शरीफ की दरखास्त मंजूर कर ली गयी है। निःसंदेह बात ही कुछ ऐसी बनी कि सारे पाकिस्तान में मोर्चा का विषय बन जाये।

इस फसले के कारण में हो रही चर्चा का कारण दूसरा है। कहा जा रहा है कि हमें किसी पाकिस्तानी उदाहरण से सीख सबक लेना चाहिये ।कुछ लोग जैसे कि उत्तर प्रदेश के भूतपूर्व मुख्यमंत्री कल्यांण सिंह खुलास सुझाव दे रहे हैं कि भारतीय सुप्रीम कोर्ट को भी इसी प्रकार का फैसला सुनाना चाहिये और केन्द्र सरकार की उस अपील को खारिज कर देना चाहिये जो मध्य प्रदेश हाईकोर्ट के फैसले के खिलाफ की गई है और इस वक्त सुप्रीम कोर्ट में विचाराधीन है। चर्चा आगे बढ़ाने के पहले हमें यह कहना बेहतर नजर आता है कि किसी भी अदालत को खासकर सुप्रीम कोर्ट को इस प्रकार की सलाह नहीं दी जा सकती कि उसे किन तथ्यों को ध्यान में रखते हुये फैसला सुनाना चाहिये। ऐसा करना अदालत पर अनुचित दबाव डालना होगा। परंतु फिर कल्याण सिंह को इन बातों की कहां फिकर है, अदालत की अवमानना का उन्हें क्या डर है। उनकी सरकार ने सुप्रीम कोर्ट में हलफनामे दाखिल किये थे कि बाबरी मस्जिद को नुकसान नहीं पहुंचने दिया जायेगा। पर फिर 6 दिसंबर 1992 के दिन सुबह 11 बजे उन्होंने पुलिस को लिखित आदेश दिये कि

कार सेवकों पर गोली ना चलाई जाये। इस प्रकार उन्होंने....े जाने का रास्ता खोल दिया। कहने का मतलब है कि इस प्रकार कल्याण सिंह की बातों का क्या ध्यान दिया जाये। उनकी बातों को नजर अंदाज करना ही बेहतर होगा।

पाकिस्तानी फैसले के कारण हमारे यहां चर्चा मुख्यतः इस कारण से हो रही है क्योंकि कहा जा सकता है कि अब पाकिस्तान में लोकतंत्र या अम्हूरियत के पैर जमने में मदद मिलेगी ।पड़ोसी मुल्क में लोकतंत्र की स्थापना होना भारत के लिये सबसे ज्यादा फायदेमंद माना जा रहा है। यहां मान्यता है कि नागरिक शासन अहसास कर सकेंगे कि भारत के साथ सभी विवाद सुलझा लेना स्वयं पाकिस्तान के हित में कही ज्यादा है। इन्हीं तमाम उम्मीदों को मील के पत्थरनुमा इस पाकी फैसले ने जगाया है। हमारे यहां यह भी चर्चा है कि पाकिस्तानी सुप्रीम कोर्ट ने भारतीय अदालतों के कुछ फैसलों का पालन किया है, भले ऐसा खुलासा न कहा गया है। बहस के दौरान भारतीय नजीरें पाकिस्तानी न्यायाधीशों के सामने पेश की गयी थीं। सबसे ज्यादा जोर सुप्रीम कोर्ट आंफ इंडिया के 1977 के उस फैसले पर डाला गया था जिसमें हमारे सुप्रीम कोर्ट ने व्यवस्था दी थी कि मामले में राजनीतिक अंश शामिल होने के बावजूद भी न्यायाधीशों द्वारा राष्ट्रपति के आदेश की आंशिक रूप से न्यायिक समीक्षा की जा सकती है। निःसंदेह उप महाद्वीप में 1977 का यही फैसला इस महत्वपूर्ण मुद्दे पर प्रकाश पुंज माना जायेगा। अनुमान तो यहां तक लगाया जा रहा है कि मध्य प्रदेश हाईकोर्ट के अभी हाल में सुनाये गये फैसले ने भी पाकिस्तान न्यायाधीशों को प्रभावित किया होगा ।ऐसा हो भी सकता है क्योंकि उस भारतीय फैसले ने भी अपने आप में एक प्रकार का इतिहास रचा है। भारत में इस प्रकार का फैसला कभी नहीं सुनाया गया था जिसने राष्ट्रपति के इस प्रकार के आदेश को असंवैधानिक घोषित कर दिया हो। अनुच्छेद 365 के तहत राष्ट्रपति द्वारा 88 बार कार्यवाही की गयी है और इस प्रकार के आदेशों के खिलाफ विभिन्न हाईकोर्ट तथा सुप्रीम कोर्ट में अपील याचिकायें दायर की गयी हैं। पर वे सभी खारिज की गईं ।परिणाम स्वरूप हमारे यहां भी मान्यता इस प्रकार की बन गई थी कि जहां एक बार विधान सभा भंग की गयी तो

वहां फिर उसे दुबारा पुनर्जीवित नहीं किया जा सकता है और सिर्फ आम चुनाव ही एक मात्र हल रह जाता है। इसी परम्परागत मान्यता की बुनियाद को हिला दिया है मध्य प्रदेश हाईकोर्ट के चौका देने वाले इस फैसले ने।

इस प्रकार हम देखते हैं कि पाकिस्तानी सुप्रीम कोर्ट के फैसले और मध्य प्रदेश हाई कोर्ट के फैसले में एक बुनियादी समानता है दोनों फैसलों ने इस चली आ रही मान्यता को ध्वस्त कर दिया है कि उन मसलों से न्यायालयों को अपने हाथ दूर रखना है जिनमें राजनीतिक अंश हों। अभी तक विधि-दर्शन यही रहा है कि अदालतों की टेबल पर सिर्फ कानूनी मुद्दे ही लिये जायें ।

इन दोनों फैसलों ने एक नई क्रातिकारी विचारधारा को जन्म दिया है। भारतीय पृष्ठभूमि में हम ऐसा कह सकते हैं कि विरोधी पार्टियों की राज्य सरकारों को गिराने का सिलसिला कब तक चलता रहे। विधान सभाई चुनाव, उपचुनाव आये दिन क्यों होते रहते हैं। चुनावों में आम करदाता का करोड़ो का खर्चा आता है। चुनावी हिंसा निरंतर बढ़ते जा रहीं है। इस प्रकार का राजनीतिक खेल कब तक बर्दास्त किया जाये। यदि कोई राज्य विधान सभा महज राजनीतिक कारणों वश भंग की जाती है तो उसे कानूनी माध्यम से क्यों न बहाल करा लिया जाये .यदि इसी मसले को हम पाकिस्तानी पृष्ठभूमि में देखते हैं तो हम पाते हैं कि वहां पर भी मियां नवाज शरीफ की जनता द्वारा चुनी गई सरकार सदर गुलाम इश्हाक खान द्वारा व्यक्तिगत तथा राजनायिक कारणोंवश बर्खास्त की गयी थी। सभी को मालूम है कि सत्ता में आते ही मिया नवाज शरीफ ने ऐलान कर दिया था कि वे पाकिस्तानी संविधान के इस प्रावधान को हटा देंगे जिससे पाकिस्तानी सदर को वे अधिकार मिलते थे जिनमें नेशनल असेम्बली भंग कर सकें तथा मुल्क में आपातकाल लगा सकें। इस प्रकार के असाधारणतम अधिकार संशोधन 8 के तहत पाकी सदर को मिलते हैं जिसे मरहूम सदर जिया उल हक ने 1977 में दाखिल करा दिया था। आगे चलकर जिया उल हक ने 1983 में इसी अधिकार का उपयोग करते हुये मोहम्मद खान जुनेजो की सरकार को बर्खास्त किया था और आज से 34 माह पहले इस प्रावधान के तहत् कार्यवाही करते हुये गुलाम

इशहाक खान ने बेनजीर भुट्टो की लोकमत से चुनी गयी सरकार को चलता किया था। जाहिर है कि आम पाकिस्तानी परेशान था कि उसके द्वारा चुनी गई सरकारों को गिराने का सिलसिला कब तक चलता रहे। कब तक वह चुनावों में अपनी ताकत और पूंजी व्यय करते रहें। कब तक खून खराबा बर्दास्त किया जाये इन तमाम सवालातों से आम पाकिस्तानी को सुप्रीम कोर्ट का यह फैसला निजात दिलायेगा, ऐसी उम्मीद की जा रही है।

इन दोनों फैसलों ने दोनों मुल्कों में जाहिर कर दिया कि आखिरकार न्यायाधीश भी पहले इंसान ही हैं न्यायाधीश वे बाद में हैं। उनकी भी राजनीतिक और सामाजिक संलग्नतायें हो सकती हैं। चारों ओर हो रही राजनीतिक घटनाओं से वे अछूते नहीं रह सकते । मौजूदा समस्याएं उन्हें भी व्यथित कर सकती हैं। इनका निवारण करने में वे भी अपना योगदान अदा कर सकते हैं। ऐसा नहीं हो सकता कि मुल्क में कुछ भी होता रहे और न्यायाधीश सिर्फ कानूनी मुद्दों तक की सीमित रहे आयें।इन दोनों फैसलों ने संदेश यह पहुंचाया है कि न्यायाधीश अब अपना पुराना अवतरण त्यागने को तैयार हैं ।अपनी स्व–निर्मित मर्यादाओं सीमन से बाहर आने को वे अब तैयार हैं। अब वे उदार और विशाल नजरिया अख्तियार करने को लालायित हैं। दोनों फैसले साबित कर चुके हैं की कानून सर्वोच्च होता है। पाकी फैसले ने इस सत्य को कहीं ज्यादा स्थापित किया है। उनके सुप्रीम कोर्ट ने बता दिया है कि उनके सदर भी कानून से उपर नहीं है। उनकी गलती पकड़ी जा सकती है और उनके गलत आदेश को आम आदमियों के माफिक खारिज किया जा सकता है। इन दोनों फैसलों का निःसंदेह यही सबसे बडा योगदान है। हालाकि यह कहना भी उचित ना होगा कि हर प्रकार के राजनीतिक मामलों में अदालती दखल अब आम बात हो जायेगी। ऐसा कहना गलत होगा कि न्यायाधीश अब अपने न्यायिक दायरे से बाहर आ गये हैं। सच तो यह है कि इन फैसलों के बाद भी न्यायाधीश अपने पुराने कार्यक्षेत्र में ही रहना पसंद करेंगे। वे विशुद्ध कानूनी मामले ही निपटाना चाहेंगे। राजनीति प्रधान मामलों से वे अभी भी अपने आप को परे ही रखना चाहेंगे। यदि उन्होंने ऐसा नहीं किया तो फिर हर छोटा बड़ा राजनायिक विवाद अदालत

की टेबिल पर इकट्ठा हो जायेगा। अदालतों के लिये एक नयी समस्या खड़ी हो जायेगी। मिशाल के तौर पर यदि कोई भी मंत्री मुकदमा दायर करता है कि मुख्यमंत्री ने उसे गैरकानूनी तरीके से पद से अलग किया है तो क्या इस मामले को अदालत द्वारा सुना जा सकेगा। आज उत्तर तो यही दिखता है कि ऐसे मामले नहीं सुने जाने चाहिये। कुछ ऐसे मामले जिसमें राजनीतिक का अंश ज्यादा है पर जिनका महत्व राष्ट्रव्यापी है। सिर्फ इन्हीं मामलों को न्यायाधीशों द्वारा निपटाया जाना चाहिये । उनके दोनों मसलों से यही सबक मिलता है।

–एन.सी. ब्योहार

नव भारत–11 सितम्बर 1993

स्वामी_विवेकानंदः जिनने हिन्दू धर्म व संस्कृति का डंका बजाया

आज से ठीक सौ वर्ष पहले स्वामी विवेकानंद ने शिकागो अमरीका में विश्व धर्म महासभा को सम्बोधित किया था। उनका पहला वाक्य था– ' माई डियर ब्रदर्स एण्ड सिस्टर्स ऑफ अमेरिका –अमेरिका वासी भाईयों और बहनों । उनके इस कथन का जादू सा असर हुआ था औद दो मिनट तक तालियों की गड़गडाहट हुई थीं। स्वामी विवेकानंद के इस पहले वाक्य में श्रोताओं को विशुद्ध आत्मीयता एवं उच्च्य कोटि की पवित्रता मिली ।अतः उनका खुले हृदय से स्वागत किया गया। उन्होंने पश्चात्य जगत में चार वर्ष बिताये और पाश्चात्य वासियों को वेदान्त दर्शन से परिचित कराया।

इसी ऐतिहासिक भाषण का एक अंश इस प्रकार है– ''साम्प्रदायिक हठधर्मिता इस सुन्दर उसकी वीभत्स वंशधार धर्मान्धता इस सुन्दर पृथ्वी पर बहुत समय तक राज्य कर सकती है। उसको बारम्बार मानवता के रक्त से नहलाती रहीं है, सभ्यताओं को ध्वस्त करतीं और पूरे पूरे देशों को निराशा के गर्त में डालती रही है ।यदि ये वीभत्स दानवी न होतीं तो मानव समाज आज की अवस्था से कहीं अधिक उन्नत हो गया होता। पर अब उनका समय आ गया है और ....में आन्तरिक रूप से आशा करता हूं कि इस .... वह समस्त धर्मान्धता का तलवार या लेखनी के द्वारा होने वाले सभी उत्पीडनों का तथा एक ही लक्ष्य की ओर अग्रसर होने वाले मानवों की पारस्परिक कटुताओं का मृत्युनिनाद सिद्ध हो। '

सौ वर्ष पूर्व कहे गये ये वचन आज भी पूरी तरह प्रासंगिक हैं। लगभग सारी दुनिया में तरह–तरह के भेद, भाव विद्वेष मौजूद हैं। विशेषकर भारत में साम्प्रदायिकता की समस्या कदाचित सबसे बड़ी राष्ट्रीय समस्या बनी हुयी है। स्वामी विवेकानंद को हर वर्ष उनकी जयंतियों पर औपचारिक रूप से स्मरण कर लिया जाता है लेकिन उनके संदेशों पर लेशमात्र भी नहीं दिया जाता है । परिणाम हमारे सामने है कि

साम्प्रदायिकता तथा धर्मान्धता हमारे सामने देश की अखण्डता पर प्रश्नवाचक चिन्ह उपस्थित कर रही है।

स्वामी विवेकानंद की जीवनी में हमें उनके दो गुण सबसे अधिक उदीप्तमान सितारे के संदेश दिखाई देते है और वे हैं– भारतीय संस्कृति एवं आध्यात्मिक के प्रति उनका असीमित प्रेम तथा राष्ट्र के प्रति उनका संपूर्ण समर्पण रामकृष्ण परमहंस से संपर्क ने उनके जीवन की दिशा ही पूर्ण आध्यात्मिकता की तरफ मोड़ दी और वे नरेन्द्र से स्वामी विवेकानंद हो गये। फिर उन्होंने वेदों, गीता, महाभारत, रामायण, आदि समस्त आध्यात्मिक ग्रंथों का गहन अध्यन किया और फिर निकल पड़े पश्चिम की ओर पश्चिम वासियों को वेदान्त दर्शन से परिचित कराने के लिये। चार वर्ष तक वे अमरीका, इग्लैण्ड फ्रांस, यूरोप के अन्य देश चैन, जापान, आदि देश गये वहां के आम नागरिकों से मिले–जुले उनके पादरियों और मिशनरियों से धार्मिक एवं आध्यात्मिक विषयों पर चर्चायें की। वर्षों के अनुभव के पश्चात वे इस निष्कर्ष पर पहुंचे कि पश्चात्य देशों में अपने धर्म के प्रति एवं दूसरे धर्मों के खिलाफ कट्टरता है। इसका कारण उन्होंने इस प्रकार खोजा कि जिस प्रकार भारतीय संस्कृति का मेंरूदण्ड भारतीयों का धर्म है उसी प्रकार पश्चात्यों का मेरूदण्ड उसकी राजनीति है। उन्होंने पाया कि पश्चिमी देशों ने अपनी सारी सीख समझ यूनान से ली थी जहां पर पश्चिमी सभ्यता का उदय हुआ था। प्रारंभिक यूनानी दर्शन ने राजनीति पर सारा जोर दिया था और इस कारण यूनानी दर्शन का अनुसरण करने वाले उदित हो रहे ।पश्चिमी देशों ने भी राजनीति का पूरा जोर देना शुरू कर दिया था। फल यह रहा कि पाश्चात्य देशों में शताब्दियों से राजनीति सबसे अधिक महत्वपूर्ण हो गयी तथा धर्म दूसरे महत्व का विषय बन कर रहा गया। परंतु इसका परिणाम यह भी रहा कि पाश्चात्य देश व्यवहार कुशल भौतिकवादी और राजनायिक हो गये, स्वामी जी की भाषा में जडवादी हो गये। दूसरी ओर भारत ने प्रारंभ से ही राजनीति तथा समाजशास्त्र को दूसरे महत्व के स्थान पर रखा। वेदान्त ने भारतीयों को आदिकाल से सिखाया कि ईश्वर एक है आत्मा अमर है सांसारिक जीवन के अतिरिक्त एक और

अलौकिक जीवन है. इन उपदेशों का परिणाम यह रहा है कि भारतीय हिन्दु आदिकाल से ही सहिष्णुता बने रहे।

आगे चलकर जब भारत में ईसाई धर्म तथा इस्लाम का पदापर्ण हुआ तब उन्हें स्वीकारने में तथा उनके समय सामन्जस्य बिठाने में हिन्दुओं को तनिक भी कठिनाई का आभास नहीं हुआ। तमाम सारे आगन्तुक धर्म ब्रहद भारतीय समाज में आत्मसात होते गये तथा मूल भारतीय दर्शन, वैदान्तिक आध्यात्म वाद ज्यों का त्यों जीवन बने रहे आये। इसी वैदान्तिक धार्मिकता को स्वामी जी भारत वासियों का मेंरूदण्ड कहते थे। वेदान्त का उद्‌देश्य में उन्हीं के शब्दों में –भला हो या बुरा भारत में हजारों वर्ष से धार्मिक आदर्श की धारा प्रवाहित हो रही है। भला हो या बुरा भारत का वायु मण्डल इसी धार्मिक आदर्श से बीसियों सदियों तक पूर्ण रहरक जगमगाता रहा है। भला हो या बुरा हम इसी आदर्श के भीतर पैदा हुये और चले हैं– यहां तक की अब हमारे रक्त में ही मिल गया है। हमारे रोम रोम में यही धार्मिक आदर्श रह गया है वह हमारे शरीर का अंग और हमारी जीवन शक्ति बन गया है।

अतः स्वामी जी का भारतीय धार्मिकता पर गर्व स्पष्ट है पर वे धर्मान्धता के उतने ही विरूद्ध थे जैसा कि उनके विश्व धर्म महासभा में दिये भाषण से स्पष्ट हो जाता है।

स्वामी विवेकानंद के चरित्र का दूसरा विलक्षणतम गुण है उनका अपने देशवासियों के प्रति असीम देश प्रेम विश्व को भारत का संदेश नामक व्याख्यान में वे अपने उद्‌गार इन शब्द में व्यस्त करते हैं– पर मेरे जीवन की निष्ठा तो मेरी मातृभूमि के प्रति अर्पित है और यदि मुझे हजार जीवन भी प्राप्त हो तो प्रत्येक जीवन का प्रत्येक क्षण मेरे देश वासियों, मेरे मित्रों, तुम्हारी सेवा में अर्पित रहेगा क्योंकि मेरा जो कुछ भी है शारीरिक मानसिंक और आत्मिक सब का सब इसी देश की देन है। भारत अब भी जीवित है ......में अपने देशावासियों के प्रति अपने विश्वास को स्वामी जी....प्रकार प्रकट करते है – मेरा दृढ़ विश्वास है कि शीघ्र ही वह दिन आ रहा है और भारतवर्ष किसी भी काल में जिस श्रेष्ठता का अधिकारी नहीं था, शीघ्र ही उस श्रेष्ठता का अधिकार होगा। प्राचीन ऋषियों की

अपेक्षा श्रेष्ठतर ऋषियों का अविर्भाव होगा और आपके पूर्वज अपने वंशधरों की इस अभूतपूर्व उन्नती से बड़े संतुष्ठ होंगे।

अपने देशवासियों से वे सिर्फ उच्चतम अपेक्षा या आकांक्षा ही रखते हैं। जैसा कि कलकत्ते में हुये अपने अभिनंन्दन के उत्तर में वे कहते हैं– जैसा कि तुम लोगों ने कहा है, हमें संपूर्ण संसार जीतना है, वहां यह हमें करना ही होगा। भारत को अवश्य ही संसार पर विजय प्राप्त करनी है। इसकी अपेक्षा किसी छोटे आदर्श से मुझे कभी भी संतोष न होगा। यह आदर्श, संभव है, बहुत बड़ा हो या और उसमें से अनेक को इसे सुनकर आश्चर्य होगा किन्तु हमें ही अपना आदर्श बनाना है। या तो हम सम्पूर्ण संसार पर विजय प्राप्त करेंगे या मिट जायेंगे। इसके सिवा और कोई विकल्प नहीं है।

परंतु सबसे अधिक महत्वपूर्ण प्रश्न यह है कि भारत किस प्रकार विश्व विजेता बन सकता है। स्वामी जी का उत्तर है कि भारत वासियों को अपने भीतर अपना खोया हुआ आत्म सम्मान जगाना होगा, उन्हें अपना खोया हुआ आत्म विश्वास वापस प्राप्त करना होगा। पश्चात वासियों में ये गुण कूट कूट कर भरे है और इस कारण भौतिकवादी उन्नति करते जा रहे हैं। स्वामी जी का कहना था– संसार के इतिहास में देखोगे ` कि जिन व्यक्तियों ने अपने पर विश्वास किया वे ही महान तथा सबल हो सके हैं।

स्वामी जी का यह उपदेश हमारे देश में आज भी पूरी तरह प्रासंगिक है। हमारे यहां अभी तक आत्मीय एकीकरण नहीं हो पाया है। हमें राष्ट्र प्रेम प्रज्जवलित करना है, राष्ट्रीयता जागृत करनी है। स्वामी विवेकानन्द के इन उपदेशों को अमल में लाना यदि अब भी शुरू कर दिया जाता है तो उनके प्रति यही सबसे रचनात्मक भावोक्ति होगी।

भगवान बुद्ध जैन–तीर्थकर, ईसा मसीह, हजरत मुहम्मद पैगम्बर तथा गुरूनानक को स्वामी विवेकानन्द ईश्वर पुत्र मानते थे। ईश्वर दूत ईसा में वे कहते हैं कि यही ईश्वर पुत्र हमें ईश्वर में साक्षात्कार कराते हैं–जगत का सर्वव्यापी ईश भी तब तक दृष्टिगोचर नहीं होता जब तक ये महान दीपक, ये ईशदूत, ये उनके संदेश वाहक और अवतार, ये नर–नारायण

उसे अपने प्रतिविम्ब नहीं करते। निःसंदेह यह उन पर उत्तरवादी वेदान्त दर्शन का ही प्रभाव है कि वे समस्त दूसरे धर्मों के प्रवर्तकों के प्रति सर्वोच्च आदर सम्मान प्रदर्शित कर सकते हैं।

भगवान बुद्ध ने सिखाया था कि इस जगत का निर्माण मनुष्य ने ही किया है और इस कारण किसी भी काल्पनिक व्यक्ति विशेष पर विश्वास करने की कोई आवश्कता नहीं है जिसे न कभी देखा और ना कभी जिसका अनुभव किया गया। बुद्ध बोले थे– तुमने अपने संबंध में जो कुछ सोचा है तुम वही हुये हो, भविष्य में जो कुछ सोचोगे वैसे ही होगे।

बौद्ध धर्म के इस बुनियादी दर्शन के अत्यंत समीत आते हुये कर्मयोग का आदर्श में स्वामी विवेकानंद इस प्रकार बाले थे– कर्मयोगी को किसी भी प्रकार के सिद्धांत में विश्वास करने की आवश्यकता नहीं। वह ईश्वर में भी चाहे विश्वास करे अथवा ना करे, आत्मा के संबंध में भी अनुसंधान करे या ना करें, इससे कुछ नहीं बनता बिगड़ता नहीं। उसके सम्मुख उसका अपना लक्ष्य रहता है। निःस्वार्थता की उपलब्धि और उसको अपने प्रयास द्वारा ही उसे प्राप्त करना होता है। उसके जीवन का प्रत्येक क्षण साक्षात्कार का होना चाहिये क्योंकि उसे किसी मत या सिद्धान्त की सहायता लिये बिना अपनी समस्या का समाधान केवल कर्म द्वारा ही करना होता है।

इस प्रकार के वचन स्वामी जी ने गीता के संदेश के प्रभाव में आकर बोले हैं जो संदेश निष्ठुर कर्मयोगी बनने की सलाह देता है। इस प्रभाव में आकर वे इस निष्कर्ष पर पहंचे कि वैदान्तिक उपदेशों को भौतिकवादी आवश्यकताओं का पोषण बनना नितान्त आवश्यक है।

उन्हें महज ग्रंथनीय महत्व के दायरे से बाहर निकालना होगा। गीता के फल को भावना रहित कर्म उन्मुख संदेश तथा बुद्ध धर्म के व्यक्तिवादी उपदेश का सम्मलित प्रभाव स्वामी विवेकानंद के मानस पर यह रहा कि विशुद्ध सिद्धांतिक अद्वैतवादी से प्रारंभ होकर अंत में व्यवहारिक अद्वैतवाद के छोर तक पहुंच गये। यह व्यवहारिक अद्वैतवाद, क्या है– स्वयं स्वामी जी के शब्दों में– यह अद्वैतवाद के व्यवहारिक पक्ष की शिक्षा है। अतएव अपने पर विश्वास रखो और यदि तुम्हें ऐश्वर्य की आकांक्षा हो तो इसको

कार्यान्वित करो, धन तुम्हारे पास आयेगा। यदि विद्वान और बुद्धिमान होने की इच्छा है तो उसी अद्वैतवाद का प्रयोग करो तुम महामनीषी हो जाओगे और यदि मुक्तिलाभ करना चाहते हो तो तुम्हें आध्यात्मिक भूमि में अद्वैतवाद का प्रयोग करना होगा तभी तुम परमानंद स्वरूप निर्वाण लाभ करोगे।

–एन.सी. ब्योहार

नव भारत–20 अक्टूबर 1993

क्या पाकिस्तान में लोकतंत्र की जडें मजबूत हो सकेंगी

पड़ोसी मुल्क पाकिस्तान में जो चुनाव अभी हाल ही में सम्पन्न हुये हैं ।उनका महत्व पाकिस्तान के लिये बहुत ज्यादा है। पाकिस्तान के 47 वर्षों के इतिहास में ये चुनाव सबसे महत्वपूर्ण घटनाओं में से एक माने जायेंगे। पाकिस्तान अधिकांश समय तक फौजी सत्ता के शिकंजे में फसा रहा है। बीच बीच में फौजी तानाशाही से छुटकारा मिलता रहा है। पाक अभी भी फौजी हुकमरानों से स्थायी तौर पर निजात पाने के लिये लालयित है। इन चुनावों का महत्व यह है कि उन्हें सेना की निगरानी में कराया गया है जिसमें जाहिर होता है कि पाकी सेना कमांडरों ने अब सोच लिया है कि सेना को नागरिक शासन के कार्यों में दखल नहीं देना चाहिये। वरना चुनाव के पहले पाकिस्तान में इस कदर की राजनायिक अस्थिरता मौजूद थी, सत्ता पर फिर से कब्जा कर लेना जनरल अब्दुल वहीद के लिये बांये हाथ का काम था। पर उन्होंने ऐसा नहीं किया बल्कि उस वक्त के सदर गुलाम इशहाक खान, उस वक्त के वजीरे आजम नवाज शरीफ और मोहतरमा बेनजीर भुट्टो के दरम्यान जनरल वहीद की हाजिरी में एक समझौता कराया गया कि गुलाम इशहाक खान और मियां नवाज शरीफ अपनी–अपनी कुर्सियां खाली कर देंगे जिनकी जगह क्रमशः वासिम रज्जा और मुईन करैशी कार्यवाहक राष्ट्रपति और प्रधान मंत्री के रूप में काम करेंगे और आम चुनाव यथाशीघ्र करा लिये जायेंगे । इसी समझौते के तहत ये आम चुनाव कराये गये हैं।

भूतपूर्व आई.सी.एस. अफसर गुलाम इशहाक खान ऐसे पहले ब्यूरोकेट थे जो पाकिस्तानी के सदर बने. उम्मीद की गयी है कि उनके आने से ना सिर्फ फौजी शासनकाल का दौर समाप्त हो जायेगा वरन मुल्क में स्थिरता कायम हो आयेगी। पर हुआ सिर्फ इतना कि फौजी शासन से तो निजात मिली पर स्थिरता फिर भी कायम न हो पायी। पाकिस्तान के पिछले संविधान के अनुच्छेद 8 को लेकर सदर और वजीरे आजम में

गंभीर मतभेद कायम हो गये। यह अनुच्छेद 8 मरहूम सदर जनरल जिया उल हक ने जोड़ा था जिसके मुताबिक सदर को अधिकार मिलते हैं कि नेशनल असेम्बली को भंग किया जा सके। मिया नवाज शरीफ ने कुर्सी सम्हालते ही ऐलान कर दिया था कि वे इस अनुच्छेद 8 को अलग करा कर ही दम लेंगे।

कहा जाता है कि मोहतरमा बेनजीर भुट्टो ने मौके का फायदा उठाते हुये सदर इशहाक खान के कान भरे जिसका नतीजा वह रहा कि मियां जवाज शरीफ पर भ्रष्टाचार के अरोप लगाये गये और उन्हें उनकी सरकार के समेत चलता कर दिया गया। इस प्रकार बेनजीर भुट्टो ने 1990 की उस घटना का बदला ले लिया जिसके द्वारा ठीक इसी तर्ज पर उनकी सरकार पर भ्रष्टाचार के आरोप लगाये उनके शौहर आसिफ अली जरदारी पर भ्रष्टाचार के मुकदमे दायर किये गये तथा उन्हें जेल भेज दिया गया और आगे चलकर उनकी सरकार को बर्खास्त कर दिया गया था।

इन ताजे चुनाव के नतीजन क्या ऐसा कहा जा सकता है क पाकिस्तान में अब एक स्थायी और टिकाउ सरकार कायम हो जायेगी. शायद नहीं। ऐसा सोचने और कहने के कारण साफ जाहिर हैं कि किसी भी पार्टी को इतना स्पष्ट बहुमत नहीं मिला है ताकि उसे दूसरी विरोधी पार्टी से अगले पांच वर्ष तक किसी प्रकार का खतरा न हो। बेनजीर भुट्टो कहाी पाकिस्तानी पीपुल्स पार्टी को 86 सीटें मिली हैं और इस प्रकार उसे पहला स्थान हासिल हुआ है। मियां नवाज शरीफ की पाकिस्तानी मुस्लिम लीग को 72 सीटें मिली हैं तथा दूसरा स्थान रहा। कुल सीटें की संख्या 217 है। बहुमत के लिये 109 सीटें चाहिये। अभी 10 सीटों के लिये चुनाव होना बाकी हैं जो सीटें अल्प संख्यकों के लिये आरक्षित हैं। 5 स्थानों पर किसी ना किसी उम्मीदवार की मृत्यु के कारण मतदान न हो सका। इस प्रकार स्पष्ट .... से पी.पी.पी 23 तथा मुस्लिम लीग (नवाज शरीफ) कुछ सीटों से क्रमशः पीछे रह गये हैं। इन हालातों में निर्दलीय उम्मीदवारों की कीमत एवं अहमियत एकाएक आसमान तक पहुंच गयी है और वे ही अब फैसला करेंगे कि पाकिस्तान का अगला वजीरे आजम कौन बनेगा।

अगर बेनजीर भुट्टो की सरकार बन भी गई तो उसके पांच वर्ष तक बरकरार रहे आने की कोई गारंटी नहीं है। कहा जाता है कि जो पंजाब प्रान्त में सत्ता हासिल करता है वही पाकिस्तान में हकूमत चलाता है। पिछले मरतबे 1990 में हुआ भी यही । पंजाब में नवाज शरीफ की पार्टी आसीन थी, जबकि रावलपिंडी में बेनजीर भुट्टो बनी बैठी थीं। इस कारण नवाज शरीफ ने आसानी से भुट्टो सरकार का तख्ता पलटा दिया। पंजाब की सूबाई असेम्बली में 240 सीटें हैं। इनमें पी.पी.पी. तथा मुस्लिम लीग (नवाज शरीफ) को क्रमशः96 और 106 सीटें मिली हैं। सिंध, सीमावर्ती प्रांत और बलूचिस्तान में पी.पी.पी. को सबसे ज्यादा सीटें मिली है जबकि नवाज शरीफ की मुस्लिम लीग का इन प्रान्तों में काफी कुछ पिछड़ा दूसरा स्थान रहा। कुल नतीजा यह रहा कि सारे आम चुनावों में पी.पी.पी. का स्पष्ट पहला स्थान रहा और नवाज शरीफ की मुस्लिम लीग का दूसरा स्थान रहा।

पाकिस्तान के इन ताजा चुनावों का एक और बड़ा महत्व है, और वह यह कि इन चुनावों में मजहबी उम्मीदवारों को नहीं के बराबर कामयाबी मिली है। इस प्रकार के सिर्फ 3 उम्मीदवार ही चुनाव जीत सके हैं। इसका अर्थ यही निकाला जायेगा कि पाकिस्तानी आवाम ने पाकिस्तानी पीपुल्स पार्टी और पाकिस्तानी मुस्लिम लीग जैसे राष्ट्रीय, आर्थिक कार्यक्रम उन्हें नजर आये, इन पार्टियों के पास विदेश नीतियां उन्हें दिखाई पड़ीं जबकि निर्दलीय मजहबी उम्मीदवारों के पास उन्हें महज मजहबी अपील ही मिल सकी । इस्लामिक पाकिस्तान में मजहब की अहमियत किसी भी हालातों में कम नहीं आकी जा सकती, भले ही चुनावी परिणाम कुछ भी क्यों न हों । पर इन नतीजों का एक निष्कर्ष यह जरूर निकलेगा कि इस वक्त पाकिस्तानी राजनीति में तरक्की पसंदगी का दौर चल रहा है। आवाम तंग नजरियों से उपर उठना चाहती है। मजहबी या धार्मिक होना एक अलग और अच्छी बात है, पर संकीर्ण, कट्टरपंथी होना एकदम दूसरी और गलत बात है।

यदि पाकिस्तान में इस प्रकार की स्वस्थ बयार न चली तो जाहिर है कि बेनजीर भुट्टो के लिये इस सबसे अधिक सीटें हांसिल करना नामुमकिन हो जाता। खुद बेनजीर भुट्टो एक प्रोगेसिव या तरक्की पसंद

महिला मानी जाती हैं। पाक के ताजे संकेतों से बेनजीर ही प्रधान मंत्री पद पर आसीन होंगी। इस बार पाकिस्तानी चुनाव में भारत विरोधी भाषण कम ही हुये। काश्मीरियों को आत्म निर्णय का मौका दिलाने का दावा हर पार्टी ने किया । पर भारत –विरोधी स्वर इस बार कम ही रहे। अभी तक के सारे चुनावों में सबसे प्रमुख नारा भारत–विरोधी ही रहा है । इससे साफ जाहिर होता है कि पाकिस्तानी राजनायिकों द्वारा भारत विरोधी तथा काश्मीर के मुद्दे रखे जाते हैं। दोनों मुल्कों के दरमयान स्थायी शांति की स्थापना में पाकी नेताओं के व्यक्तिगत हित ही आड़े आते हैं। यह बात इन चुनावों ने साबित कर दी है।

पाकिस्तानी चुनावों के ये कुछ अच्छे पहलू हैं। उधर हमारे यहां भी चुनाव होने जा रहे हैं। हमारे चुनाव आम चुनाव नहीं हैं, वरन् सिर्फ 5 राज्यों तथा दिल्ली की विधानसभा के लिये ही चुनाव होने वाले हैं।.... नवम्बर में होने वाले इन चुनावों को .... इस कारण बहुत महत्व दिया जा रहा है कि देखना यही है कि हमारे मतदाताओं के हाथों धर्म पर आधारित चुनावी अपील का क्या हश्र होता है।

–एन.सी.ब्योहार

दैनिक भास्कर–16 जून 1993

मानव संसाधन मंत्री के दो सुझाव

अभी हाल ही में केंन्द्रीय मानव संसाधन मंत्री अर्जुन सिंह ने दो बातें कही हैं। कांग्रेस के सूरजकुण्ड अधिवेशन में उन्होंने कहा था कि एक व्यक्ति को एक पद संभालना चाहिये। दूसरी बात जो उन्होंने कही है वह यह कि बाबरी मस्जिद को न बचा पाने की असफलता के लिये कांग्रेस को मुसलमानों से क्षमा मांगनी चाहिये।

पहली बात पर हम पहले चर्चा कर लें ।हालाकि यह मुद्दा कम से कम फिलहाल के लिये तो निर्णित हो चुका है और इस कारण अब इस विषय पर चर्चा का कोई मौका या मौसम नहीं था पर फिर भी चर्चा इस कारण से की जा सकती है क्योंकि इससे पार्टी की कार्य प्रणाली का पता चलता है। सभी जानते हैं कि एक व्यक्ति एक पद नारे के मुख्य सूत्रधार अर्जुन सिंह ही हैं। अनुमान या आरोप लगाया गया था कि उन्होंने इस नारे को सिर्फ अपनी व्यक्तिगत महत्वकांक्षाओं को पूरा करने के लिये इजाद किया था। यह भी कहा गया कि उनकी मर्जी प्रधानमंत्री को दुविधा में डालने की थी और उनके साथ चले आ रहे द्वंद में एक और प्वाइन्ट हासिल करने की थी। हो सकता है कि ये दोनों कूटनीति मकसद श्री अर्जुन सिंह के मन में रहे हों। पर फिर अहम सवाल यही कि क्या उन्होंने गलत और तर्कहीन सुझाव आगे बढ़ाया था। सूरजकुण्ड अधिवेशन में सर्व–सम्मति से प्रस्ताव पारित किया गया था कि एक व्यक्ति एक पद का सिद्धान्त प्रधान मंत्री पर लागू नहीं होगा तथा पार्टी के तमाम सभी दूसरे स्तरों पर यह सिद्धान्त लागू होगा। प्रधानमंत्री को अपवाद बना दिया गया। सवाल यही उठता है कि ऐसा क्यों किया गया। यह सिद्धांन्त प्रधानमंत्री पर क्यों लागू नहीं किया जा रहा. क्या वजह है कि प्रधान मंत्री एक साथ दो पद संभाल सकते हैं जबकि दूसरे लोग एक ही पद संभालेंगे. सूरजकुण्ड प्रस्ताव में ऐसा कोई कारण नहीं बताया गया कि प्रधानमंत्री को इस प्रकार का अलग दर्जा क्यों दिया गया है। सिर्फ इतना ही कह कर चर्चा समाप्त कर दी गई कि प्रधानमंत्री को छोड़कर बाकी

सभी पर यह सिद्धांन्त प्रभावशाली होगा। निष्कर्ष यही निकाला जा सकता है कि कांग्रेसजनों के पास कोई उत्तर नहीं था।

आम आदमी की समझ बुद्धि से परे है कि सिर्फ प्रधान मंत्री ही क्यों दो ओहदे संभाल सकते हैं।हालाकि आम आदमी भलि भांति जानता है कि खुद प्रधानमंत्री चाहते हैं कि वे प्रधानमंत्री और कांगेसाध्यक्ष दोनों एक साथ बने रहें और यह भी सर्वविदित है कि दूसरे कांग्रेंसजनों में इतनी हिम्मत नहीं कि वे इस सुझाव के समर्थन में आवाज उठायें । यदि कल प्रधान मंत्री कह देते हैं कि कांग्रेस का दायित्व त्यागना चाहते हैं तो तमाम कांग्रेसजन हां में हां लगाने लगेंगे हम यहां पर इस राजनीति प्रेरित तत्व को मद्देनजर नहीं रख रहे । मुद्दे पर चर्चा हम नीति संगत तर्क के आधार पर कर रहे हैं और इस बिना पर हम सवाल करते हैं कि मानव संसाधन मंत्री ने कौन सी गलत बात कही थी। दोनों पक्षों को एक साथ संभालने की परंपरा श्रीमति इंन्दिरा गांधी ने इंडिकेट सिडिकेट के जमाने से शुरू की गयी थीं। हो सकता है कि अपने असाधारण ओजस्वी व्यक्तित्व को लगभग निरंकुश कार्यप्रणाली के बल पर उन्होंने दोनों दायित्वों को सफलतापूर्वक निभाया हो। और शायद ऐसा भी कहा जा सकता है कि उनकी मृत्यु के पश्चात श्री राजीव गांधी ने इस परंपरा को कम से कम आंशिक रूप से निभा दिया हो। पर फिर इस सच्चाई से इंकार करना मुश्किल दिखता है कि इस परंपरा का नतीजा यह है कि कांग्रेसाध्यक्ष का अवमूल्यन हुआ है। आजादी के पहले तो कांग्रेसाध्यक्ष पद लगभग सर्व शक्तिमान ही माना जाता था, पर आजादी के बाद भी कांग्रेसाध्यक्ष पद का असाधारण महत्व था, इसे प्रधानमंत्री पद से कम नहीं आंका जाता था। आम मान्यता यही है कि प्रधानमंत्री का पद देश का सर्वोच्च कार्यपालिका पद है ।एक ही व्यक्ति को दोनों दायित्व सौंप देने से कांग्रेसाध्यक्ष पद की गरिमा दब गई है।

हालाकि इसे मानव संसाधन मंत्री की राजनीतिक कुशलता ही कहना होगा कि अनुशासनात्मक कार्यवाही उन पर तो नहीं हुई बल्कि उनके कहने पर आवाज उठाने वाले माखनलाल फोतेदार, श्रीमति शीला कौल, के.एन. सिंह निलंबित कर दिये गये। पर निःसंदेह ऐसा विवाद नहीं उठाया जा सकता कि श्री अर्जुन सिंह ने तर्क हीन प्रस्ताव को आगे

बढ़ाया था। इसी बात को भारतीय जनता पार्टी के ताजे उदाहरण से समझा जा सकता है कि श्री लालकृष्ण आडवानी अभी हाल ही में पार्टी अध्यक्ष चुने गये हैं। उस वक्त कीं लोकसभा में वे विपक्ष के नेता थे। समाचार मिला है कि अब श्री अटल विहारी वाजपेयी लोकसभा में विपक्ष के नेता होंगे। कांग्रेस में भी इसी प्रकार लोकतांत्रिक परिपाटी की आवश्यकता है। बहरहाल तो मुद्दा ठंडे बस्ते में चला गया है। देखना है कि क्या भविष्य में इसे दुबारा उठाया जाता है या नहीं। न ही सूरजकुण्ड के कांग्रेसजनों ने उत्तर दिया है। कि क्या यह परम्परा जब स्थायी बन चुका है ताकि आगे आने वाले सभी प्रधानमंत्री अपने अपने कांग्रेसाध्यक्ष भी बन जायेंगे।

मानव संसाधन मंत्री की दूसरी सलाह यह है कि कांग्रेस पार्टी को मुसलमानों से माफी मांगनी चाहिये ताकि उनकी आहत भावनाओं पर सहानुभूति दर्शाई जा सके। ऐसा करने से उनका कहना है कि मुसलमानों के दिल जीते जा सकेंगे।

चर्चा के शुरू में ही हम कहना चाहेंगे कि निःसंदेह मुसलमानों की भावनाओं को चोट पहुंची होगी और उनके दिल दुबारा जीते जाने की कोशिश की जानी चाहिये। इस ध्येय को हासिल करने के लिये जो भी जरूरी हो उसे करना चाहिये । पर सवाल उठता है कि क्या मांफी मांगना ही एकमात्र जरिया है जिससे इसे पूरा किया जा सकता है. कथनी और करनी के दूसरे प्रकार के प्रदर्शनों से जाहिर नहीं किया जा सकता कि हमें दुख है. या फिर क्या अभी तक इस प्रकार का दुख प्रदर्शन नहीं किया गया है. अर्जुन सिंह के कहने का यह मतलब निकाला जाये कि हमारी भावनायें इतनी ज्यादा भर चुकी हैं कि लगभग सात माह गुजर गये और हमने अभी तक अपना खेद तक जाहिर नहीं किया है. घटना के तुरंत बाद दूरदर्शन पर प्रधानमंत्री ने राष्ट्रीय प्रसारण में साफ कहा था कि मस्जिद को भारी नुकसान पहुंचाया गया है जिसका सभी को भारी खेद है। उन्होंने आश्वासन भी दिया था कि मस्जिद का फिर से निर्माण करा दिया जायेगा। क्या उनके इस वक्तव्य को समुचित खेद नहीं माना जाये. क्या उनके इस कथन के बावजूद भी कुछ करने कहने को बाकी रह गया है. उस दिन प्रसारण के समय प्रधानमंत्री के चेहरे पर तीव्र

वेदना के भाव साफ उजागर थे। उन्होंने उस दिन जो कुछ भी कहा करा वह देश के प्रधान मंत्री की हैसियत से किया था। यदि देश का सर्वोच्च वास्तविक कार्यापालक ही राष्ट्रीय प्रसारण पर दुख जाहिर कर रहा है तो इसे अपरोक्ष रूप से मांफी मांगना न कहा जाये तो क्या कहा जाये.

लेकिन फिर सबसे अहम सवाल यह भी है कि यदि विशुद्ध औपचारिक तरीके से भी माफी मांगी जाती है, जैसा कि मंत्री जी के कथन से जाहिर होता है, तो फिर क्या इसे एक राष्ट्रीय अपमान नहीं कहा जायेगा. यदि कांग्रेस पार्टी को मांफी मांगनी है तो फिर बेहतर तो यही होगा कि पार्टी का मुखिया याने कांग्रेसाध्यक्ष ही माफी मांगे। किसी दूसरे या तीसरे वरिष्ठ पदाधिकारी के द्वारा माफी मांगने से तो मकसद हल होगा ही नहीं । अर्जुन सिंह जी ने ऐसा भी नहीं कहा है कि वे ही सबकी तरफ से...मांग लेते हैं। कांग्रेस के प्रवक्ता नरहरि विष्णु गाडगिल कहते हैं यदि वे माफी मांगते हैं तो फिर भी बात अधूरी रह जायेगी। माफी मांगना तो सिर्फ कांग्रेसाध्यक्ष को ही मागनी चाहिये पर फिर इस वक्त कांग्रेसाध्यक्ष का कोई लीगल पद नहीं है ताकि मान लिया जाये कि एक खास पार्टी के मुखिया मात्र ने ही क्षमा याचना की है ।श्री नरसिंहराव इस वक्त देश के प्रधानमंत्री हैं और साथ ही साथ देश की सबसे पुरानी पार्टी के अध्यक्ष भी हैं। वे ऐसी पार्टी के अध्यक्ष हैं जो घटना के वक्त केन्द्र सत्तारूढ़ थीं और आज जिस दिन माफी मांगी जानी चाहिये तब भी सत्तारूढ़ हैं। यदि मौजूदा कांग्रेसाध्यक्ष माफी मांगते हैं तो बात उन तह ही या उनकी पार्टी तक ही सीमित नहीं रह जायेगी। तर्जनुमा निकाला जायेगा कि केन्द्र सरकार ने, देश के प्रधान मंत्री ने माफी मांगी । क्या अर्जुन सिंह चाहते हैं कि इस प्रकार की नौबत जो जाये. यदि उन्होंने सिर्फ इतना ही कहा होता कि आहतों की भावनाओं पर मलहम पट्‌टी करना जरूरी है या फिर उन्हें जीतने की कोशिश करना चाहिये तो बात समझ में आती। उन्होंने तो माफी मांगने जैसी बात कही है।

कांग्रेस कार्यकारिणी ने निर्णय ले लिया है कि कांग्रेस पार्टी को माफी मांगने की कोई जरूरत नहीं है ।तो फिर क्या अब आशय यह निकाला जाये कि मुसलमानों की भावनायें अब चिर निरंतर आहत रही आयेंगी.

क्या वे इस प्रकार का एक शिकवा दिल में बिठाये रहेंगे. हम तो यही मान कर चलेंगे कि वे ऐसा कुछ भी नहीं करेंगे । बल्कि दैनिक जीवन के दायित्वों के निर्वाहन में वे मशगूल हो जायेंगे। लिहाजा जरूरत इस बात की है कि पुराने घावों को आये दिन न कुरेदा जाये। घटना को बीते छः माह बाद माफी मांगने वाली बात क्यों उठाई जाये । घटना के तुरंत बाद यदि माफी की बात कही जाती तो भी समझ में आता। महीनों बाद जब सब कुछ सामान्य होते दिख रहा है तब ऐकाएक घटना को ताजा कर देने से फायदा कम नुकसान ज्यादा होगा। हो सकता है कि अब अनेक कट्टरपंथी तथा अनेक औसत मुसलमानों के मन में ख्याल आ गया हो कि हमसे माफी मांगी जानी चाहिये थी जो कि नहीं मांगी गई। क्या इससे उल्टे नुकसान नहीं हुआ होगा. इन तमाम दूरगामी परिणामों को मद्देनजर रखते हुये ही हमारे नेताओं को बयान देना चाहिये।

एक बात और है और वह यह कि माफी मांगने का अर्थ यह रहता है कि दोनों पक्षों में से एक पक्ष की पूरी या अधिकांश गलती रही जिसे माफी मांगनी थी या मांगनी चाहिये थी जबकि दूसरे पक्ष की कोई गलती नहीं थी या फिर कम गलती थी। क्या इस प्रकार की अनुपातिक स्थिति संबंधित दोनों पक्षकारों के बीच में आज मौजूद है. कांग्रेस पार्टी को क्यों कर माफी मांगनी चाहिये. मस्जिद ढ़हाये जाने में इस पार्टी का क्या रोल रहा है. ऐसा तो किसी का कहना नहीं है कि कांग्रेसजनों की लापरवाही से मस्जिद गिर गई। फिर अकेले कांग्रेसी ही क्यों घुटने टेकने पर मजबूर किये जायें. तर्क को खींचा जा सकता है कि देश की सारी आंतरिक नागरिक सुरक्षा आखिरकार केन्द्र सरकार की जवाबदारी है और इस कारण केन्द्र सरकार को माफी मांगनी थी। पर कहा ऐसा नहीं....गया है। 6 दिसंबर 1992 के दिन खास घटना स्थल पर भाजपाई राज्य सरकार सत्तारूढ़ थी। कानूनी व्यवस्था कायम रखना हमारी संवैधानिक व्यवस्था में राजय सरकारों का दायित्व होता है। न्यूनतम बौद्धिच्क कौशल की जरूरत है इस बात को समझने के लिये कि क्या जवाबदारी उस वक्त की राज्य सरकार की थी। इतना ही नहीं कल्याण सिंह तो मूंछों पर ताव देकर दावा कर रहे हैं कि मस्जिद हमने गिराई ।तो फिर इतने स्पष्ट

वातारण में अर्जुन सिंह ऐसा क्यों नहीं कह रहे कि कल्याण सिंह माफी मांगे.

क्या यह विवाद से परे साबित हो चुका है कि मस्जिद ढ़हाये जाने के मामले में कांग्रेस पार्टी या फिर केंन्द्र सरकार या फिर हिन्दु ही एक मात्र दोषी थे. ...क्या इन तमाम संस्थाओं तथा इन स्वार्थ निहित नेताओं ने प्रतिरोध पैदा नहीं किया जिसका दुर्भाग्यपूर्ण खामियाजा आज हम सबको भुगतना पड़ रहा है।

मामले का एक पहलू और है– बेहतर होता कि इस मुद्दे को पार्टी की चार दीवारी के भीतर खमोशी के साथ उठाया जाता और चुपचाप किसी प्रकार का निर्णय लिया जाता। सार्वजनिक वक्तव्य के लायक यह मुद्दा नहीं था।

–एन.सी. ब्योहार

नव भारत–11 जून 1993

साम्प्रदायिकता से राजनीतिक स्तर पर ही जूझना होगा

अभी हाल ही में दो न्यायाधिकरणों के दो फैसले आये हैं जस्टिस पी.के बहरी की अध्यक्षता वाले एक सदसीय न्यायाधिकरण ने 4 जून 1993 के अपने 340 पृष्ठीय फैसले में राष्ट्रीय स्वंय सेवक संघ और बजरंग दल से प्रतिबंध हटाने का आदेश दिया है जबकि विश्व हिन्दु परिषद पर लगे प्रतिबंध के लिये पर्याप्त कारण पाते हुये सरकारी अधिसूचना को वैध ठहराया गया है जिसके द्वारा इस संस्था पर प्रतिबंध लगाया गया है । विश्व हिन्दु परिषद के अध्यक्ष विष्णु हरि डालमिया ने कहा कि इस फैसले के खिलाफ उच्चतम न्यायालय में अपील की जायेगी। यदि अपील नहीं मंजूर की जाती है तो परिषद पर प्रतिबंध दो वर्षों के लिये लगा रहेगा। जस्टिस पी.एन. नाग की अध्यक्षता वाले एक सदस्यीय दूसरे न्यायाधिकरण के इस्लामिक सेवक संघ पर लगाये गये प्रतिबंध को उचित ठहराया है जबकि जमायते इस्लामी पर लगे प्रतिबंध पर अभी कोई फैसला नहीं दिया गया है क्योंकि ऐसा करने पर उच्चतम न्यायालय का स्टे लगा हुआ है। इस्लामिक सेवक संघ की स्थापना केरल में की गई है और इसे राष्ट्रीय स्वयं सेवक संघ का उत्तर बताया जाता है।

स्मरणीय है कि 6 दिसंबर 1992 की घटनओं के बाद केन्द्र सरकार ने 10 दिसंबर 1992 के दिन गैर कानूनी गतिविधियां नियंत्रण अधिनियम 1967 के तहत कार्यवाही करते हुये एक अधिसूचना जारी की थी जिसके अंतर्गत राष्ट्रीय स्वयं सेवक संघ, जबरंग दल, विश्व हिन्दु परिषद, इस्लामिक सेवा संघ तथा जमायते इस्लामी पर प्रतिबंध लगा दिया था। 5 जनवरी 1993 को दिल्ली उच्च न्यायालय के वर्तमान दो न्यायाधीशों की अध्यक्षता में दो अलग–अलग न्यायाधिकरणों का गठन किया गया था। अधिनियम के तहत छह महीने के भीतर फैसले सुनाने जरूरी थे। इन पांचों संगठनों पर केन्द्र सरकार ने आरोप लगाया था कि ये संगठन देश के विभिन्न समुदायों के बीच साम्प्रदायिक अलगाव पैदा करने का प्रयास

कर रहे थे और इस कारण इनकी गतिविधियां गैर कानूनी थीं। केन्द्र सरकार की इस अधिसूचना के खिलाफ उच्च न्यायालयों में याचिका दायर की गई।

पहली याचिका मध्य प्रदेश उच्च न्यायालय में दायर की गई तथा 16 दिसंबर 1992 को उच्च न्यायालय ने एक अंतिम स्थगन आदेश पारित किया। 8 जनवरी 1993 को उच्चतम न्यायालय ने केन्द्र सरकार की प्रार्थना को अस्वीकार कर दिया कि विभिन्न उच्च न्यायालयों में लंबित मामलों को अपने यहां हस्तांतरित कर लिया जाये। ऐसा मण्डल आयोग के मामले में किया गया था ।पर इस मामले में उच्चतम न्यायालय का यही नजरिया रहा कि इस मामले में अलग अलग राज्यों में परिस्थितियां एक दूसरे से अलग हैं और इस कारण उन पर राज्य के उच्च न्यायालय द्वारा फैसला सुनाया जाना बेहतर होगा। 18 मई 1993 को इलाहाबाद उच्च न्यायालय खण्डपीठ ने राष्ट्रीय सेवक संघ पर लगे प्रतिबंध को तब तक स्थगित रखने का आदेश दिया जब तक न्यायाधिकरण इसकी पुष्टी नहीं कर देता व 9 जून 1993 को उच्चतम न्यायालय ने इलाहाबाद उच्च न्यायालय के इस आदेश पर स्थगन देने से इंकार दिया। और अब 4 और 5 जून 1993 को दोनों न्यायाधिकरणों के ये फैसले आ गये हैं। संभावना है कि ये सभी मामले उच्चतम न्यायालय ले जाये जायेंगे तथा इस प्रकार मसले पर अभी अंतिम शब्द कहा जाना बाकी है।

इस बीच मध्य प्रदेश उच्च न्यायालय का फैसला आ गया है जिसमें महामहिम राष्ट्रपति की 15 दिसंबर 1992 को अनुच्छेद 356 के तहत् पारित उस अधिसूचना को खारिज कर दिया है जिसके द्वारा राज्य विधानसभा भंग की गई थी, राज्य में राष्ट्रपति शासन लागू किया गया था, और पटवा सरकार बर्खास्त कर दी गई थी. ध्यान में रखने योग्य बात यह है कि 10 दिसंबर 1992 को केन्द्र सरकार ने मध्य प्रदेश, राजस्थान और हिमचाल प्रदेश के मुख्य मंत्रियों को निर्देश दिय ` थे कि वे राष्ट्रीय स्वयं सेवक संघ पर लगे प्रतिबंध को ठीक से अमल में लायें तथा संघ के कार्यकर्ताओं को गिरफ्तार करें, जबकि सर्वश्री सुन्दरलाल पटवा, भैरो सिंह शेखावत और शांता कुमार संघ के सक्रिय कार्यकर्ता हैं। लिहाजा जब इन मुख्यमंत्रियों ने अपने संगठनों पर खुद कार्यवाही नहीं

की तो केंन्द्र सरकार ने माना कि इन राज्यों में संविधान की मंशा के अनुसार काम नहीं हो रहा है और इन राज्यों पर अनुच्छेद 356 के तहत कार्यवाही कर डाली । यह मामला भी उच्च न्यायालय में विचाराधीन है। इन संगठनों पर प्रतिबंध का मामला तथा विधानसभाओं को भंग करने का मामला आपस में एक दूसरे से जुड़े हैं क्योंकि विधान सभाओं को भंग मुख्यता इसी आधार पर किया गया था कि कानून व्यवस्था बिगड़ने के कारण यहां पर शासन नहीं चल पा रहा था यही वजह है कि न्यायाधिकरणों के फैसलों के बाद भाजपाई नेता मांग कर रहे हैं कि चूंकि अनुच्छेद 356 की कार्यवाही का आधार ही अब खींच लिया गया है ।इस कारण अब राज्य सरकारों को बहाल कर दिया जाना चाहिये।

इस संदर्भ में दो बातें ध्यान में रखने योग्य हैं। एक यह कि मध्य प्रदेश उच्च न्यायालय के फैसले के खिलाफ उच्चतम न्यायालय में केन्द्र सरकार की अपील विचाराधीन है और जब तक इसका निराकरण नहीं हो जाता तब तक कुछ भी कहना बेहतर न होगा। यदि राज्य सरकारें पहले ही पुनः स्थापित कर दी जाती है तो अपील निरर्थक हो जायेगी। दूसरा कारण यह है कि केन्द्र सरकार की दलील इस प्रकार की हो सकती है कि विधान सभायें इस कारण भंग नहीं की गई थी क्योंकि मुख्यमंत्री संघ के सदस्य हैं, बल्कि इन्हें इस कारण भंग किया गया था क्योंकि इन राज्यों में खून खराबा हुआ था और इस कारण यहां पर अनुच्छेद 356 की कार्यवाही आवश्यक हो गयी थी। राज्यपाल ने भी अपनी तमाम रिपोर्टों में महामहिम राष्ट्रपति को यही लिखा था कि राज्य में दंगे फसादों के कारण कानून व्यवस्था की स्थिति गिर चुकी थी, राज्यपाल ने ऐसा नहीं लिखा था कि मुख्यमंत्री के संघ के सदस्य होने के कारण शासकीय कार्य संवैधानिक तरीके से नहीं चल पा रहा था।हालाकि हम सब भली भांति जानते हैं कि 6 दिसंबर 1992 की घटनाओं के लिये केंन्द्र सरकार ने राष्ट्रीय स्वयं सेवक संघ, बजरंग दल, और विश्व हिन्दु परिषद को पूरी तरह जिम्मेदार ठहराया था, पर केन्द्र सरकार ने इन संगठनों पर प्रतिबंध लगाये जाने का फैसला विधान सभा में भंग कर किये जाने के मामले में पृथक रखा गया था। वैसे भी यदि इन संगठनों पर से प्रतिबंध हटा भी लिया जाता है तो भी कानून व्यवस्था

के अलग मुद्दे पर विधान सभाओं को भंग किया ही जा सकता है। लिहाजा इस विवेचना के आधार पर तर्क संगत तो यही दिखता है कि राज्य सरकार के पक्ष को अलग से सिद्ध करना पड़ेगा कि राज्य में कानून व्यवस्था की स्थिति इतनी ज्यादा नहीं बिगड़ी थी कि अनुच्छेद 356 की कार्यवाही की जाती । एक बात यह भी है कि भाजपाई नेताओं की इस प्रकार की मांग स्पष्ट राजनीतिक कारणों से प्रेरित है जो कि अपनी जगह सही या गलत हो सकती है।

ध्यान में रखने योग्य बात यह भी है कि शिव सेना पर प्रतिबंध नहीं लगाया गया था हालांकि शिव सेना के सभी स्तरों के नेता कार्यकार्ता दावा करते फिरे कि उन्होंने ही मस्जिद ढ़हाई थी ।सेना के प्रमुख बाल ठाकरे ने घमंड के साथ कहा था कि यदि शिव सेना के कार्यकर्ताओं ने बाबरी मस्जिद गिराई है तो फिर यह बात उनके लिये गौरव की बात है।

बाल ठाकरे और इमाम बुखारी जो भी भड़काउ भाषण देते रहे हैं के खिलाफ कार्यवाही करने या ना करने का मुद्दा मूल विषय से थोड़ा हटकर जरूर है, पर इससे साफ जाहिर होता है कि इस मामले में सरकार कितनी लाचार है, सरकार की इस नीति के विरोधाभास साफ उजागर हो जाते हैं । दोनों प्रमुख्यों के खिलाफ कार्यवाही किये जाने के जो गंभीर परिणाम हो सकते हैं उन्हें मद्देनजर रखते हुये न तो उनके खिलाफ कार्यवाही की जा रही है और ना ही शिव सेना जैसी संस्था पर प्रतिबंध लगाया जा रहा है। दरअसल में प्रतिबंध के लिये शिवसेना उतनी ही उपयुक्त संस्था है जितनी की वे तमाम संस्थायें हैं जिन पर प्रतिबंध लगाये गये।

देखा गया है कि प्रतिबंध लगाने की नीति ज्यादा कारगर साबित नहीं हुई है। मिसाल के तौर पर राष्ट्रीय स्वयं सेवक संघ पर पहली बार 1984 में प्रतिबंध लगाया गया जब महात्मा गांधी की हत्या हुयी थी। दूसरी बार इस पर 1974 में प्रतिबंध लगाया गया जब आपातकाल की घोषणा की गई थी। पर दोनों बार कुछ समय बाद प्रतिबंध उठा लिये गये और समस्या जहां की जहां रही आई। इस बार भी प्रतिबंध तो जरूर लगा दिये गये पर उन पर सख्ती से अमल नहीं किया गया था।

ऐसा कहना मुश्किल है कि साम्प्रदायिकता पर काबू पा लिया गया है। अतः इन तमाम अनुभवों से सबक लेते हुये हमें एक अंतिम नीति निर्धारण कर लेना चाहिये कि साम्प्रदायिक संगठनों के खिलाफ राजनीतिक मुकाबला किया जायेगा साम्प्रदायिकता के खिलाफ निरंतर संघर्ष की जरूरत है अभी तक हुआ यही है कि जब कोई विकराल समस्या उठ खडी हुई तब हमारी सरकार चौकी तथा .हडबड़ाहट में कोई भी कदम उठा लिया गया । इससे फायदा कम नुकसान ज्यादा हुआ है। सभी वर्गों के लोगों को सतत् शिक्षित करने की जरूरत है कि आपस में सद्भाव के साथ रहना सबके हित में है।

औसत धर्मावली को समझना जरूरी है कि धर्म स्थान क्या है, उसका महत्व कितना है, उसका राजनीतिकरण ना किया जाये इत्यादि । इस नवीनतम अनुभव से यदि हमने इस प्रकार की सीख ग्रहण की तो हम समझेंगे कि हममें परिपक्वता आई।

–एन.सी. ब्योहार

दैनिक भास्कर–22 अगस्त 1993

परसाई चिन्तन एवं लेखनः एक मूल्यांकन

हर सच्चे लेखक की इच्छा यही रहती है कि वह ऐसा कुछ लिख जाये जिसका महत्व उस वक्त की जरूरतों तक ही सीमित न रह जाये जिस वक्त उस लेखक न लिखा था, वरन् वक्त की सीमाओं को तोड़ता उसका लेखन कुछ इस प्रकार का संदेश वाहक हो जो आगे आने वाली पीढ़ियों को भी कुछ रोशनी दे सके। या फिर हम ऐसा कह सकते हैं कि किसी भी अच्छे लेखन की कसौटी का यही मापदंड होना चाहिये। यदि इस मापदंड को हरिशंकर परसाई के लेखन पर आजमाया जाता है तो हम पाते हैं कि सामाजिक विषयों पर लिखे गये उनके अनेक लेख हैं जो लम्बे अरसे के लिये उपयोगी रहे हैं, मिसाल के तौर पर महायज्ञ या पाखण्ड यज्ञ 1955 के उन्होंने लिखा था। आज से हजारों वर्ष पूर्व वैदिक काल में यज्ञ क्रिया का आरंभ हुआ था और समय बीतते पशु बलि से लेकर नरबलि तक इसमें इतने पाखण्ड और मिथ्याचार आ गये कि गौतम बुद्ध ने इस काण्ड का विरोध किया था और मनुष्य से कहा था कि किसी बात को इसलिये आंख बंद करके न मान लो कि वह किसी खास से मिली है या किसी महानपुरूष के द्वारा कही गयी, बल्कि अपने मस्तिष्क से विचार करो और उचित, अनुचित का निर्णय करके कर्म करो।

हरिजन को पीटने का यज्ञ जो एक और पुरानी रचना है में वे लिखते हैं–

देश में जब करोड़ों आदमियों को अन्न खाने को नहीं मिलता तब ये धार्मिक पाखंण्डी उसे आग में झोकेंगे। मेरे ख्याल से यह यज्ञ कराने वाले समय समय पर परीक्षण करते रहते हैं कि देश का अविवेक और पोरूषहीनता अभी बरकरार है या नहीं। लोग देखते रहें कि हमारा अन्न, घी, शक्कर आग के हवाले किया जा रहा है और वे जय बोलते हैं। यानि लोग अभी अविवेक और कायर हैं। इन लोगों से अभी डरने की कोई जरूरत नहीं है। इन्हें लम्बे समय तक शोषित रखा जा सकता है। यज्ञ में

वास्तव में अन्न, घी, शक्कर नहीं डालते विवेक स्वाहा! बुद्धि स्वाहा! तर्क स्वाहा! विज्ञान स्वाहा!

लगभग 40 वर्ष पहले भेजा गया यह संदेश आज भी कितना प्रासंगिक है ।इसका अंदाजा इसी बात से लगाया जा सकता है कि एक तरफ तो हम 21वीं सदी में जाने की कल्पना कर रहे हैं तो दूसरी तरफ रूपये खर्च करने वाले यज्ञ आयोजित कर रहे हैं। धर्मान्धता के खिलाफ हरिशंकर परसाई ने बहुत ज्यादा लिखा है, करीबन 40 लेख और खूब खुलकर लिखा है । शायद ही किसी दूसरे विषयों पर लिखते समय उन्होंने इतनी शख्त ...षा का उपयोग किया हो, शायद ही कहीं उन्होंने अपने आक्रोश इस कदर जाहिर किया हो। क्योंकि वे जानते है कि इस देश की आर्थिक तरक्की के सबसे बड़े बाधक ये अंधविश्वास, धार्मिक पाखंड ही हैं, लिहाजा इन पर सबसे ज्यादा चोट करना सबसे बड़ी जरूरत है। परसाई जी चोट करते हैं कि सिर्फ चोट करने की गरज से नहीं, बल्कि उनका तो एक मात्र मकसद यही है कि यदि हम जानते हैं कि कोई रीति प्रथा नुकसान दायक है तो फिर उसे हम क्यों नहीं तुरंत त्याग देते हैं। अपने वैज्ञानिक तर्क–विवेक से क्यों अपने आपको दूर बिठा देते हैं। उनका आक्रोश इस बात पर से है कि मौजूदा नवयुवकों की पीढ़ी क्यों कर इस पुरातन व्यवस्था का भार अपने कंधों पर ढ़ो रही है। हरिजन को पीटने का यज्ञ में ही वे लिखते हैं, पर मुझे यह समझ में नहीं आता कि मेरी बाद की पीढ़ी के लोग और कालेज में पढ़े तरूण इस चक्कर में क्यों पड़ रहे हैं. ये तरूण जिन्हें मुझसे अधिक वैज्ञानिक और प्रगतिशील होना चाहिये जिन्हें परिवर्तन के संघर्ष का नेतृत्व करना चाहिये, जिन्हें विद्रोही की भूमिका निभाना चाहिये वे क्यों अपने बाप के बाप की पीढ़ियों के हो रहे हैं। कहीं अपनी भ्रामकता और निराशा से काई रास्ता न दिखने के कारण ही तो ये उस भाग्यवादिता के चक्कर में नहीं पड़ रहे हैं।

निःसंदेह परसाई जी के सामाजिक लेखन में गति है, दिशा है जो आगे आने वाली पीढ़ियों को मार्ग दर्शन देने की शकति रखती है। उनके समाजिक लेखन को भी कई उपभागों में बांटा जा सकता है और इनमें एत्रसे एक प्रमुख उपभाग है आम आदमियों की व्यक्तिगत विसंगतियों के

खिलाफ लिखा गया लेखन। उदाहरण के लिये एक तृप्त आदमी की कहानी फ्रंट सीट, ठंडा शरीफ आदमी में परसाई जी उन लोगों का दर्णन करते हैं जिन्हें जिन्दगी में ज्यादा कुछ नहीं चाहिये, जिनकी ज्यादा महत्वकांक्षायें नहीं हैं और जो अपने सीमित दायरे में संतुष्ट हैं। समय पर मिलने वाले में वे उन लोगों पर व्यंग्य करते हैं जो समय दे देते हैं पर उस वक्त गायब रहते हैं। निंदा रस उन लोगों के लिये लिखा गया है जिन्हें दूसरों की निन्दा करने में खास मजा आता है। अपने ही दुख को सबसे बड़ा दुख समझने वाली संकीर्णता पर, अपनी अपनी बीमारी नामक लेख है। बीते दिनों के गौरव को याद कर जीने वालों पर भूत के पांव पीछे लिखा गया है। कुछ लोग हैं जिनके पेट में कोई बात नहीं पचती, लिहाजा उन पर है बात । एक समय था जब चर्चा जोरों से थी कि अंग्रेज समय के किस कदर रखवाले हुआ करते थे तो दूसरी तरफ किस कदर समय पर काम ना करना भारतीयों का स्वभाव था। इन राष्ट्रीय कमजोरियों पर है इंडियन टाईम्स । साधना का फौजदारी अंत एक अत्यंत खूबसूरत लेख है उन व्यक्तियों पर जो वर्तमान में अपनी जिन्दगी जीने के बदले बिना मतलब के आध्यात्मिक चिन्तन और खोज में खोये रहते हैं कि वे क्या हैं उनकी जिन्दगी का अर्थ क्या है और जिन्हें हाथ लगता कुछ नहीं है उल्टा आम उपहास का शिकार बनते हैं। 'वो जरा वाईफ है ना'' एक और लुभावना लेख है जो उन लोगों पर लिखा है जो अपनी पत्नि को अपने मित्रों के सामने लाने में घबराते हैं पर साथ ही साथ चाहते हैं कि उस मित्र से उनकी पत्नि को कुछ भला हो जाये। 'सदाचार का ताबीज' परसाई जी की प्रसिद्ध रचनाओं में से एक हे जिसमें रिश्वत लेने–देने के मनोविज्ञान पर खोजी नजर डाली गयी है। 'शवयात्रा का तौलिया' में उन लोगों को आडे हाथ लिया गया है जो घमंड करते फिरते हैं कि वे शवयात्रा में जरूर जाते हैं। 'इन्सपेक्टर मतादीन चांद पर' परसाई जी की बहुचर्चित रचनाओं में से एक है जिसमें बताने की कोशिश की गयी है कि किस प्रकार पुलिस वाले जिस स्थान पर अमन, चैन, शांति हो वहां पर अशांति और भ्रष्टाचार फैला देते हैं। 'हस्ती मिटती नहीं हमारी' में लेखक उस पिटनी बहू की मानसिकता दर्शात हैं जो आये दिन अपने पति से पिटती रहती है पर विरोध कभी नहीं करती। इस प्रकार के उदाहरण और भी मिल सकते हैं, उनकी कोई कमी नहीं है। इन लेखों में हमारी आपकी

जिन कमजोरियों को लेखक ने उजागर किया है, वे पहले भी मौजूद थीं, आज भी मौजूद हैं, और आगे आने वाले समय में काफी हद तक मौजूद रहेंगीं। इस कारण हरिशंकर परसाई का सामाजिक लेखन पहले प्रसांगिक था, आज है और आगे भी रहेगा।

भारत को आजादी मिली और हरिशंकर परसाई ने लिखना आरंभ कर दिया, उनकी पहली रचना, 'पैसों का खेल' प्रहरी में 23 नवम्बर 1947 को छपी जो कि एक भावुकता से भरी कहानी है। इसके बाद धोखा, भीतर के भाव, भूख के स्वर, स्मारक, जिन्दगी और मौत, दुख का ताज, आदि एक से बढ़कर एक भावना प्रधान रचनायें आते गईं। मुल्क को नई नई आजादी मिली थीं। नये नये अरमान थे, सभी तरफ आदर्शवाद व्याप्त थे, नौकरी छोड़कर अत्यंत सीमित साधनों के साथ परसाई लेखन के क्षेत्र में उतरे । स्वभाव से सर्वहारा रूझान वाले तो थे ही, राष्ट्रीय अनिवार्यताओं ने भी अपना भरपूर असर डाला। नतीजा यह रहा कि उनका झुकाव पूरी तरह सर्वहारा की तरफ हो गया । .....पर जहां जीवन की परिभाषा मृत्यु को टालते जाना मात्र हो, वहां जीवन को नापता हुआ वर्ष पास पास कदम रखता है। किताब का एक पन्ना.... पर जो जीवन की कशमकश में उलझे हैं जो पसीने की एक एक बूंद से एक एक दाना कमाते हैं जिन्हें बीमार पड़नें की फुरसत नहीं है।.....

जिन्दगी और मौत

गरीबों और पिछडों के लिये जो चिन्तन करता है और आजीवन उनके हितों के पोषण साहित्य भंडार का निर्माण करता है, वह इंसान दूरगामी दृष्टि का मालिक होना चाहिये। जो लेखक अंतर्राष्ट्रीय राजनीति और समस्याओं पर इतना ज्यादा लिख सकता है, वह अपने ही गांव, कस्बे, समाज मुल्क की भौगोलिक सीमाओं से बंधा संकीर्ण चिन्तन नहीं ठहराया जा सकता। अपने दायरे में रहते हुये परसाई जी ने अपने चिंन्तन रूपी पंछी को खुले आसमान में स्वच्छंद उडान भरने की आजादी दे रखी थी और इस पंछी ने भी अपना दायित्व ईमानदारी से निभाते हुये दूरदराजों से मुल्क के उस पार सात समुन्दर दूर तक जाकर छोटे बड़े तिनके लाकर एक ऐसे घोंसले का निर्माण कर डाला जिसे आज हम परसाई चिन्तन या परसाई साहित्य कहते हैं।

पर सवाल आता है कि क्या ऐसा कहा जा सकता है कि परसाई साहित्य संतुलित है, जिस पर यह आरोप न लगाया जा सके कि यह साहित्य अनावश्यक तरीके से एक तरफा है. क्या परसाई समर्थक द्वारा ऐसा बचाव पेश किया जा सकता है कि कार्ल मार्क्स के इतने ज्यादा पूज़क होने के बावजूद भी हॉब्स, लॉक,रूसो, बोसांकेत, जॉन स्टुअर्ड मिल्स, मॉन्टेस्क्यू, जैरेमी बैन्थम, हैराल्ड लास्की, बर्टरन्ड रसल जैसे मानवतावादी दार्शनिकों के चिन्तन को एकदम से नजरअंदाज नहीं कर दिया था. क्या कहीं ऐसे संकेत मिलते हैं कि परसाई चिन्तन इन सभी प्रमुख विचार–धाराओं का जानकार रहा है. वैसे आलोचक समालोचक हर किसी को इस तथ्य को स्वीकार करना पड़ेगा कि यदि किसी एक तरफ झुकना ही है या फिर दो पक्षों में से किसी एक पक्ष के साथ अपना समर्थन जुटाना है तो फिर क्यों न भारत जैसे पनपते समाज में गरीबों और पिछडों के साथ अपनी नैतिक सहानुभूति जाहिर की जाये। अन्तर्राष्ट्रीय स्तर पर भी इसी प्रकार क्यों न उन मुल्कों के साथ अपने मुल्क के भविष्य से अपने मुल्क के भविष्य को गठजोड़ दिया जाये जो विकास शील मुल्कों के हमदर्द हैं और जो उनके कार्यक्रमों में सहयोग देने को तैयार हैं। परसाई जी ने अजीवन किया भी यही है। इधर मुल्क की सीमाओं के भीतर उनका साहित्य सर्वहारा आवश्यकताओं का पर्यायवाची रहा है और उधर मुल्क की सीमाओं के बाहर परसाई जी साम्यवादी रूप के अंधविश्वास की सीमा तक पहुंचने वाले समर्थक और पूंजीवादी अमरीका के इसी अनुपात तक निंदक रहे हैं। जिस सीमा तक परसाई जी ने साम्यवादी रूस की पूज़ा की है उससे उनका बड़े से बड़ा समर्थक भी सहमत न होगा, जिस प्रकार उनके द्वारा अमरीका तथा मोरार जी भाई देसाई की... घोर निंदा ने भी उनके प्रशंसकों को नाराज किया होगा। यदि परसाई जी ने साम्यवादी विचार को सर्वोत्तम मानते हुये इसे आजीवन अपनाया तो इसमें कोई आपत्ति नहीं, लेकिन फिर हमें कहना यही पड़ेगा कि वे एक महज .वामपंथी चिन्तक और लेखक हैं। उन्हें निष्पक्ष तटस्थ चिन्तक या लेखक नहीं कहा जा सकता। हमें कहना पड़ेगा कि यदि साम्यवादी रूस का विघटन हो गया है या फिर साम्यवादी विचारधारा को लगभग सभी मुल्कों ने त्याग दिया है तो इन घटनाक्रमों से परसाई राजनायिक चिन्तन को भला बुरा नहीं कहा जा सकता।

साम्यवादी विचारधारा को महज इस कारण गलत नहीं ठहराया जा सकता कि किसी एक मुल्क ने इसे त्याग दिया है। पर फिर साम्यवादी लेखन का असंतुलन तो साफ हो ही जाता है।

बीसवीं सदी के आखिरी दशक में हम हरिशंकर परसाई के राजनायिक और सामाजिक लेखन का मूल्यांकन कर रहे हैं जबकि वे 1947 से लगातार लिखते जा रहे हैं। आज हमारे देश और समाज की वह स्थिति नहीं है जो उस समय की थीं जब उन्होंने लिखना शुरू किया । परिस्थिति काफी बदल चुकी है। सामाजिक कुरीतियां काफी कुछ नियंत्रण में आ गयी हैं। हालाकि अभी भी काफी कुछ करने को है पर फिर भी इतना तो अवश्य कहा जा सकता है कि नजरिये बदले हैं, तौर तरीके बदल रहे हैं, रीति रिवाज प्रतिदिन आसान बनते जा रहे हैं। इस सच्चाई को कैसे नजर अंदाज किया जा सकता है कि इस परिवर्तन को लानें के लिये ही परसाई जी नें लगातार 46 वर्ष तक काजग पर अपनी कलम दौड़ाई है। ये कैसे कहा जाये कि सारा परिवर्तन परसाई लेखन के बावजूद और बिना भी हो गया । लेखक जब प्रचलित कुरीतियों की तरफ लिखता है तब उसके लेखन की तरफ कम ही लोगों का ध्यान जाता है। संवेदना विहीन समाज से उसे वह मान्यता नहीं मिलती जिसका वह वास्तविक हकदार रहता है। वह लिखता है समाज के भले के लिये पर उसे लगभग तिरस्कार ही मिलता है। ऐसे निष्ठुर माहौल में वही लेखक लिखते रह सकता है जो जबरदस्त मानस का धनी हो। लेखक और उसके लेखन को लगातार नजर अंदाज किया जाता है। पर फिर भी लेखक अविरल लिखते जाता है, लिखते जाता है, लिखते जाता है। अपने आत्मसंतोष के लिये वह लिखते जाता है। इस बीच कुछ समय बाद काफी कुछ बदलाव आ जाता है। हम पाते हैं कि शादी विवाह में अब उतना ज्यादा समय जाया नहीं किया जाता जितना की तब होता था जब हम छोटे थे, हम देखते हैं कि औरतों और हरिजनों के प्रति समूचा सामाजिक नजरिया काफी कुछ बदल गया है । ये सारे तब्दीलात कैसे आये. क्या अपने आप आ गये. क्या सामाजिक परिवर्तन वैसे भी होना था भले ही लेखक ना लिखते . नहीं ऐसा नहीं है। यदि सामाजिक परिवर्तन आये हैं तो परिवर्तन की गाडी में ड्रायवर की सीट पर ये लेखक

ही बैठे हैं। गलती या दोष हमारी दृष्टि में ही है यदि हम अपने लेखकों के इस योगदान को देखने में असमर्थ हैं । इसी पृष्ठभूमि में हमें अपने उन तमाम लेखकों का मूल्यांकन करना होगा जिन्होंने समाज से बिना कुछ पाये, तिरस्कार और अव्हेलना बरदास्त करते हुये अपना खून जलाया ताकि दूसरों के लिये कुछ रोशनी हो सके। हरिशंकर परसाई का मूल्यांकन भी इसी उदार दृष्टिकोण के जरिये करना होगा।

–एन.सी.ब्योहार

...दैनिक भास्कर–24 अगस्त 1993

धर्म के दुरूपयोग के खिलाफ अधिनियम

अभी हाल ही में धर्म को राजनीति से अलग करने बावत् लोकसभा में दो विधेयक पेश किये हैं। 80वां संविधान संशोधन विधेयक गृह मंत्री एस.बी. चव्हाण द्वारा पेश किया गया है जबकि जन प्रतिनिधि अधिनियम 1951 में संशोधन लाया जाने वाला विधेयक कानून मंत्री हंसराज भारद्वाज द्वारा पेश किया गया है। प्रारंभिक चर्चा के बाद निर्णय लिया गया कि विधेयक को लोकसभा और राज्यसभा के 25 सदस्यों की संयुक्त संसदीय प्रवर समिति को सौंप दिया जाये। इस समिति को कहा गया है कि विषय पर अपनी शिफारिशें 15 अगस्त तक प्रस्तुत कर दे।

अत्यंत सारांश में ये दोनों विधेयक इस प्रकार है– 80 वे संवैधानिक संशोधन में कहा गया है कि धर्म, मूलवंश, जन्म स्थान, निवास, भाषा, जाति या समुदाय के आधार पर बोलकर, लिखकर या संकेतों द्वारा भारत के नागरिकों के बीच वैमनस्य, घृणा, शत्रुता या असौहार्द्र फैलाने की चेष्टा किसी राजनायिक संगठन द्वारा की जाती है तो उस पर प्रतिबंध लगाया जा सकेगा। संसद अथवा विधानसभा चुनावों के लिये यदि कोई उम्मीदवार तीसरी अनुसूचि वाली शपथ पत्र के बाद अपने निर्वाचन के लिये धर्म या धार्मिक प्रतीकों का उपयोग करता है या धर्म, भाषा, आदि के आधार पर नागरिकों के बीच में वैमनस्य की भावना फैलाने की कोशिश करता है तो उस उम्मीदवार को अयोग्य घोषित किया जा सकेगा। जन प्रतिनिधि अधिनियम 1951 में प्रस्तावित संशोधन में कहा गया है कि धार्मिक नाम वाले किसी भी संगठन को राजनायिक दल के रूप में पंजीबद्ध नहीं किया जायेगा।

इन विधेयकों ने सभी प्रमुख पार्टियों को अजीबो गरीब स्थिति में डाल दिया है। भारतीय जनता पार्टी के राष्ट्रीय अध्यक्ष लालकृष्ण आडवाणी ने लोकसभा ने शुरू में तो इनका घोर विरोध किया और कहा कि इस प्रकार का कानून नहीं बनाया जाना चाहिये। पर बाद में उन्होंने कहा कि सभी विरोधी पार्टियों से विचार विमर्श करने के बाद ही इस दिशा में कोई कदम उठाना चाहिये। उन्होंने कहा कि जिस रूप में विधेयक आज पेश

किये गये हैं यदि उस रूप में कानून बना दिये जाते हैं तो देश में लोकतंत्र का गला घोंट दिया जायेगा। उन्होंने सलाह दी की विधेयक को एक प्रवर समिति को सौंप दिया जाये। जनता दल के जार्ज फर्नाडीस चूकि आजीवन ट्रेड यूनियन लीडर रहे, इस कारण उन्होंने विधेयक को एक ट्रेड यूनियन लीडर की निगाह से ही देखा और इस नजरिये से देखते हुये उन्हें नजर आया कि ये विधेयक अपरोक्ष रूप से पिछडे और सताये गये वर्ग के लोगों को इक्ट्ठे होकर प्रदर्शन करने के उनके संवैधानिक अधिकार से वंचित करने की एक सोची समझी चाल है, उन्हें ये विधेयक इस कारण मीसा, टाडा और नासा से भी ज्यादा खतरनाक नजर आये। साम्यवादी सोमनाथ चटर्जी और इन्द्रजीत गुप्ता और भी ज्यादा विचित्र हालत में फंस गये। चूंकि परंपरागत साम्यवादी विचारधारा धर्म का तीव्रतम विरोध करती है और धर्म को एक नशा ठहराती है, इस कारण उनके लिये जरूरी हो गया है कि वे विधेयकों का समर्थन करें। पर चूंकि विरोध पक्ष में है और चूकि अभी कुछ ही दिन पहले सरकार के खिलाफ अविश्वास प्रस्ताव में उन्होंने मत डाला इसलिये इनके लिये जरूरी हो गया कि वे विधेयक का विरोध करें। लिहाजा तरकीब निकाली गयी यह कहकर कि मौजूदा प्रारूप में ये विधेयक मजदूरों और उनके संगठनों के अधिकारों का हनन करेंगे। जनता दल को मण्डल सिफारिशें के सिवाय कुछ और दिखता ही नहीं है। जनता दल के नेता हर चीज को इन सिफारिशों की कसौटी पर कस कर ही उसे परखना चाहते हैं। लिहाजा रामविलास पासवान का उत्तर बहुत सरल रहा और वह यह कि मौजूदा प्रारूप में ये विधेयक मंण्डल आयोग की सिफारिशें के पूरी तरह लागू किये जाने में बाधक साबित होंगे। अन्नाद्रमुक के 11 सांसदों ने इन विधेयकों को एक तरीका देखा समझा जिससे तमिल लोगों को उनकी महत्वकांक्षाओं से वंचित किया जा सके।

यदि आप भारतीय जनता पार्टी के नेताओं से पूछेंगे तो वे उत्तर देंगे कि उनकी पार्टी ने हिन्दुत्व का राजनायिक दोहन नहीं किया है बल्कि उन्होंने हिन्दुओं को एकजुट कर दिया है। यदि ऐसा हुआ है तो हम तुरंत कहना चाहेंगे कि यह सब बहुत ही अच्छा हुआ, एक परम श्रद्धेय पुनीत आदर्श की लक्ष्यपूर्ति हुई । परंतु फिर यदि ऐसा ही है तो फिर भाजपा ने क्यों अपना चुनावी नारा रामराज्य की स्थापना से बदल कर भ्रष्टाचार का

उन्मूलन कर दिया है। भलीभांति जानते हैं कि भाजपा द्वारा अगला चुनाव भ्रष्टाचार समाप्त कर साफ सुथरा सार्वजनिक जीवन देने के वायदे पर लडा जायेगा। तो फिर प्रश्न यहीं उठते हैं कि क्या रामराज्य स्थापना का भाजपाई लक्ष्य पूरा हो गया है। यह हर कोई जानता है कि कोई भी पार्टी सत्ता में क्यों न आये, कांग्रेस की जगह भाजपा ही क्यों न केंन्द्र में सत्तारूढ़ हो जाये, भ्रष्टाचार रूपी अंगद का पैर टस से मस नहीं होने वाला हनुमान भक्त चाहे कितनी ही बातें क्यों न कर लें। हम सब यह भी जानते हैं कि मौका आने पर ज्ञानव्यापी मस्जिद और कृष्ण जन्मभूमि के मामले भी उठाये जायेंगे, तब जबकि भाजपा को दिखेगा कि मौका राजनायिक कारणों से उपयुक्त है और जब भी इन मुद्दों को उठाया जायेगा तब राजनायिक दोहन का अंश कुछ भी क्यों ना हो हिन्दु उत्थान का पवित्रतम उद्देश्य न्यूनतम होगा मामले को यदि इस दृष्टिकोण से देखा जाता है तो हम पाते हैं कि हिन्दुओं का राजनीतिक दोहन हुआ हो या न हुआ हो, उनकी धार्मिक भावनाओं को भड़काया तो अवश्य ही गया । घटनाओं का इस प्रकार का विशलेषण करने पर हम मजबूर हैं।

और यदि हम इस प्रकार के निष्कर्ष निकालते हैं तो हम पाते हैं कि धर्म को राजनीति से दूर कर देना आज हमारी सबसे बड़ी राष्ट्रीय अनिवार्यता है। धर्म का मतलब होता है साफ सुथरी पवित्र जिन्दगी जीने के सिद्धान्त। जबकि राजनीति का मतलब होता है कि ऐन–केन–प्रकारेण सत्ता हासिल करना। दोनों में उत्तर दक्षिण फासला है जिनके आपस में मिलने की कोई संभावना नहीं । मौजूदा भारतीय राजनीति से धर्म को जितने दूर रखा जाये उतना ही बेहतर है।....हमें देखना यही है कि कहीं इसी प्रकार के संबंध हमारे यहां स्थापित न हो जायें। हम ऐसा नहीं कहना चाहते कि राजनीति को धार्मिक सिद्धांतों से शुद्ध नहीं किया जा सकता या फिर ऐसी कोशिश नहीं की जानी चाहिये। पर इसके लिये जरूरी है कि धर्म को पारिवारिक एवं व्यक्तिगत चहारदीवारी तक रखा जाये, धर्म का दूषित राजनीतिकरण ना किया जाये। लोगों की संवेदनशील धार्मिक भावनाओं को उभारा न जाये, मन ही मन धार्मिक निर्देशों व प्रतिबंधों का पालन किया जाये। आडवाणी जी गलत हैं जब वे कहते हैं की राजनीति से अलग नहीं किया जा सकता। क्या कारण है। क्यों नहीं अलग किया जा सकता है? 6 जून 1984 का स्वर्ण मंदिर कांड

धार्मिक भावनाओं का दूषित राजनीतिकरण नहीं था तो फिर और क्या था? क्या हम चाहेंगे कि इन घटनाओं को दुहराया जाये. कुछ समय पहले इमाम साहब ने नवाज के बाद मस्जिद में फरमाया था कि मुसलमानों ने हिन्दुओं को तहजीब सिखाई पर बदले में उन्हें क्या मिला। उनके इस` फरमान ने किस कदर का नुकसान चुपचाप बरपा होगा उसका अन्दाजा लगाना असंभव है। इतिहास है कि साध्वी ने जोरदार आव्हान किया–तोड़ डालो, तोड़ डालो इस ढ़ांचे को मिटा डालो इस कलंक को फिर क्या था लाखों की भीड ने देखते देखते मस्जिद को गिरा डाला । एक बार तो हम गंभीरता से साचेंगे कि क्या इस प्रकार के उदाहरण देश हित में हैं। क्या ये अच्छे उदाहरण हैं। दुर्भाग्य यही है सारे उदाहरण ऐसे ही होते हैं। विशुद्ध धार्मिक सिद्धांन्तों से राजनीति किये जाने के उदाहरण लाखों में एकाध होंगे। मौजूदा भारतीय मंच पर ऐसा एक भी नाम याद नहीं आ रहा है।

लेकिन इस विश्लेषण से यह निष्कर्ष निकाला जाये कि राजनीति से धर्म को अलग करने की आवश्यकता है, परंतु इस आशय का कानून बनाने की कतई जरूरत नहीं। कानून से किसी का भला नहीं होने वाला। सामाजिक परिवर्तन बहुत ही धीमें आते हैं। देश के उदय में एक समय आप अनुभव करेंगे कि धार्मिक आस्थाओं की मर्यादायें होती हैं और इनके सांथ खिलवाड नहीं होने देना चाहिये। यदि आम आदमियों को ऐसा दिखता है कि कोई कानून सिर्फ कारण से बनाया गया है ताकि उनके जीवन में किसी प्रकार का सामाजिक परिवर्तन लाया जाये, तब वे उस कानून को स्वीकार करने के बदले उसको ठुकरायेंगे। बाल विवाह प्रथा को रोकने के लिये कानून 1929 में बनाया गया था, पर तब से अब तक असंख्य बाल विवाह हो चुके । बाल विवाह विरोधी कानून की जरूरत निसंदेह है पर धर्म के राजनीतिकरण को रोकने वाले प्रस्तावित कानून की सफलता संदिग्ध है। इस प्रकार के कानून के बिना भी वांछित लक्ष्य पूरे किये जा सकते हैं। बशर्ते सभी पक्षकार तय कर लें कि धार्मिक आस्थाओं को दूषित न किया जाये। व्यक्तिगत उदाहरण से सभी के लिये मार्ग प्रशस्त किया जा सकता है।

–एन.सी.ब्योहार

नव भारत–दिनांक 6 अगस्त 1993

राजनीतिक में धर्म का दुरूपयोगः क्या कानून से रूक सकेगा

अविश्वास का प्रस्ताव गिरने के बाद केंन्द्र की नरसिंहराव सरकार ने लोकसभा में दो विधेयक पेश किये हैं– एक 80वां संविधान संबोधन विधेयक जिसे गृहमंत्री एस.बी.चव्हाण ने पेश किया है जबकि जन प्रतिनिधि अधिनियम 1949 संशोधन विधेयक जिसे कानून मंत्री हंसराज भारद्वाज नें पेश किया है ।इन दोनों विधेयकों का प्रस्तावित उद्देश्य एक ही है– राजनीति में धर्म के दुरूपयोग को रोकना। इस प्रकार के कानून बनाने का इरादा केन्द्र सरकार द्वारा पिछले कुछ वर्षों में कई बार जाहिर किया गया था। पर मामला किसी न किसी कारणवश टरकता ही रहा। इस बार सरकार नें फिर ऐसा नहीं होने दिया है। विधेयक पेश किये जाने से पहली स्थिती पूरी हो गई है। विपक्षी दलों की मांग पर विधेयकों को एक प्रवर संसदीय समिति के सुपुर्द कर दिया गया है, जिसमें लोकसभा के 15 और राज्य सभा के 5 सदस्य हैं। इस समिति को अपनी रिपार्ट 15 अगस्त 1993 तक पेश कर देना है। लोकसभा और राज्यसभा में विधेयकों के पारित होने के बाद राष्ट्रपति की स्वीकृति के लिये पेश किया जायेगा। ताकि वे कानूनी रूप ले सकें। इस सारी कार्यवाही में समय लगेगा, हो सकता है कि संसद के अगले सत्र विधेयक पास हो पाये। विधेयकों के कानून का रूप धारण कर लेने की पूरी संभावना है क्योंकि कांग्रेसी सांसदों के अतिरिक्त रामो–बामो के सांसद भी धर्म को राजनीति से अलग करने के पक्षधर हैं।

सारांश में दोनों विधेयक में प्रावधान रखा गया कि यदि किसी संगठन द्वारा धर्म, मूलवंश, जन्म स्थान, भाषा, जाति, या समुदाय के आधार पर लिखकर, बोलकर या संकेतों के द्वारा भारत के नागरिकों के बीच असौहार्द्र घृणा, शत्रुता या वैमनस्य फैलाया जाता है या फिर ऐसी कोंशिश की जाती है तो उस संगठन पर प्रतिबंध लगाया जा सकेगा। विधेयक में आगे कहा गया है कि संविधान की तीसरी अनुसूचि वाली

शपथ लेने के बाद यदि किसी उम्मीदवार द्वारा अपने निर्वाचन के लिये तीसरी अनुसूचि वाली शपथ पत्र के बाद अपने निर्वाचन के लिये धर्म और धार्मिक प्रतीकों का इस प्रकार इस्तेमाल किया जाता है ताकि लोगो में वैमनस्य की भावना तो उस उम्मीदवार को अयोग्य करार दिया जा सकेगा। जन प्रतिनिधि अधिनियम में प्रस्तावित संशोधन इस प्रकार है कि धार्मिक नाम वाले किसी भी संगठन को राजनैतिक दल के रूप में पंजीबद्ध नहीं किया जायेगा।

चर्चा के शुरू में एक गलत फहमी को दूर कर देना जरूरी है। कुछ लोग ऐसा कह रहे हैं कि यह कानून आम आदमियों की धार्मिक आस्थाओं पर पावंदी या प्रतिबंध लगा देगा, कहा जा रहा है कि प्रस्तावित कानून का परिणाम यह रहेगा कि धर्म को आम आदमी जीवन से अलग कर दिया जायेगा। लेकिन इनमें ऐसा कुछ भी नहीं है। आम आदमियों की धार्मिक और आध्यात्मिक जिन्दगी में यह विधेयक किसी भी प्रकार का दखल नहीं देना चाहते। विधेयक सिर्फ इतना ही करना चाहते हैं कि आम भारतियों की संवेदनशील धार्मिक और अध्यात्मिक भावनाओं का राजनीतिक पार्टियों द्वारा दोहन ना किया जाये, इन अत्यंत नाजुक भावनाओं को भड़काया ना जाये ताकि लोगों में आपसी वैमनस्य फैले, अस्तु। इस प्रकार हम देखते हैं कि विधेयकों के उद्देश्य ऐसे हैं कि उनसे किसी को भी किसी प्रकार का विरोध नहीं होना चाहिये । यहां तक कि भारतीय जनता पार्टी के नेताओं का भी यही कहना है कि धर्म का राजनीतिक दुरूपयोग नहीं होना चाहिये। पर कुछ सवाल उठते हैं जैसे कि क्या इस प्रकार के कानून बनाने की वाकई जरूरत है. यदि इस प्रकार का कानून बन गया तो क्या वह कानून प्रभावशाली सिद्ध होगा और उससे चाहे गये परिणाम प्राप्त हो सकेंगे.

कांग्रेस सरकार पर आरोप लगाया जा रहा है कि इस प्रकार का कानून प्रबलतम प्रतिद्वंदी भारतीय जनता पार्टी के तेजी से बढ़ते कदमों को रोकने की गरज से बनाया जा रहा है। कहा जा रहा है कि कुछ ही वर्षों में भारतीय जनता पार्टी ने अपनी लोक सभाई शक्ति से मौजूदा 119 हिन्दुत्व के राजनीतिक दोहन से ही बढ़ाई है और यदि यही हालात रहे तो केंन्द्र में कांग्रेसियों के पैर अगले चुनाव में उखड सकते हैं। हो सकता है

कि कांग्रेस पार्टी को इस प्रकार के खतरे का आभास रहा हो– और ऐसा भी हो सकता है कि इसी खतरे का सामना करने के लिये कांग्रेस सरकार नें यह पेशकश की हो। इस मुद्दे पर हम यही कहना चाहेंगे कि कांग्रेस सरकार के जो भी व्यक्तिगत मकसद रहे हों, यह निर्विवाद रूप से सच है कि पिछले कुछ वर्षों में लोगों की धार्मिक भावनाओं के साथ जी खोलकर खेला गया है। हिन्दुओं, मुसलमानों और सिक्खों की धार्मिक भावनाओं को भरपूर उभारा गया है। इस गलत कार्यवाही में लगभग सभी बड़ी राष्ट्रीय और क्षेत्रींय पार्टियां मशगूल रहीं हैं। कुल मिलाकर आज स्थिति यह है कि सारा देश अलग–अलग धार्मिक सम्प्रदायों समूहों में बट गया है। राष्ट्रीय एकीकरण की पूर्ण आहूति हो गयी है। बहुसंख्यक हिन्दुओं को एक बड़े वोट बैंक के रूप में इकट्ठा कर दिया गया है और दावा किया जा रहा है कि हिन्दु जागृत और एक जुट हो गये हैं। मुसलमान नेता मुसलमानों को राष्ट्रीय मूल विचारधारा से अलग करने में मशगूल हैं, हर राष्ट्रीय मसले को सिर्फ इस नजरिये से देखा जा रहा है कि इससे फायदा, नुकसान होगा। उधर अकाली नेता अलगाव की आग इस बिनाह पर लगा रहे हैं कि सिक्खों के साथ भेद–भाव होता है, इन तमाम घातक घटनाक्रमों को मद्दे नजर रखते हुये निसंदेह हमें कहना पड़ेगा कि धर्म के राजनायिक दुरूपयोग को रोकना हमारी सबसे पहली राष्ट्रीय अनिवार्यता है। सवाल यही बनता है कि क्या यह काम कानून बना देने से हो सकेगा। आज कल हमारे देश में हो यह रहा है कि जैसे ही कोई नई समस्या उठ खडी हुई कि एक नया कानून बना दिया जाता है, संविधान में संशोधन कर दिया जाता है। मिशाल के तौर पर, हमारे यहां पहले से ही सक्षम फौजदारी कानून बने हुये हैं। जिनसे किसी भी स्थिति से निपटा जा सकता है। पर रोज नये कानून बनाये जा रहे हैं, जैसे कि मीसा, टाडा, नैसा (रासुअ) इत्यादि। इनसे किसी प्रकार का सुधार तो हुआ नहीं है, बल्कि बेगुनाह लोगों को सताये जाने के मामले बढ़े हैं। महिलाओं पर अत्याचार के मामलों से निपटने के लिये कई नये कानून बनाये गये हैं। पर अत्याचार में कमी नहीं आई है। इस पृष्ठ भूमि में नया कानून बनाया जा रहा है।

प्रस्तावित कानून की सफता इस कारण भी संदिग्ध दिखती है कि इस कानून के द्वारा आदमियों के सामाजिक, नैतिक और अध्यात्मिक नजरिये को बदलने की कोशिश की जा रही है जबकि अभी तक इतिहास यही बताता है कि इस प्रकार का परिवर्तन बहुत ही धीमी गति से आता है। आम आदमी अपनी धार्मिक आस्थाओं से बहुत ही करीब से जुड़े रहते हैं और यही कारण है कि धर्म के नाम पर वे बहुत जल्दी उत्तेजित हो जाते हैं। प्रस्तावित कानून द्वारा कोशिश की जा रही है कि लोग इस तरह ना भड़का करें। लोगों में इस प्रकार की परिपक्वता लाने की कोशिश करेगा यह कानून। हम सब पहले से ही समझते हैं कि ऐसा हो पाना मुमकिन नहीं है।

भले ही इस प्रकार के कानून की जरूरत ना भी हो, परंतु जरूरत निसंदेह इस बात की है कि राजनायिक पार्टियां खुद अपने आप धार्मिकता का दुरूपयोग करना बंद कर दें। इसके लिये राष्ट्र हित पर व्यक्तिगत हित को कुर्बान करने की आवश्यकता है। देखने की बात यही है कि भारतीय जनता पार्टी जैसी पार्टियों से इस प्रकार की कुर्बानी हो पायेगी या नहीं।

वैसे जिस प्रकार का व्यक्तिगत स्वार्थ निहित रवैया लगभग सभी पार्टियों ने इन विधेयकों की तरफ अपनाया है उसे ध्यान में रखते हुये लगता यही है कि राष्ट्रीय हित के प्रति कोई भी चिन्तित नहीं है। भारतीय जनता पार्टी की सबसे बड़ी चिन्ता यही है कि यह कानून इस पार्टी की प्रगति को रोकने के लिये ही बनाया जा रहा है । लोक सभा में पार्टी के राष्ट्रीय अध्यक्ष लालकृष्ण आडवाणी ने कहा है कि इस कानून से लोकतंत्र का गला घोंट दिया जायेगा और लोगों की धार्मिक आस्थाओं का हनन होगा। जनता दल के जॉर्ज फरनानडीज का कहना है कि विधेयकों को जिस रूप में विधेयक आज हैं यदि उसी रूप में कानून बना दिया जाता है तो इससे मजदूरों और ट्रेड यूनियनों के टुकडे होकर प्रदर्शन करने का संवैधानिक अधिकार छिन जायेगा। साम्यवादी नेता सोमनाथ चेटर्जी और इन्द्रजीत गुप्ता ने भी लगभग इसी प्रकार के विचार व्यक्त किये। तमिलनाडू के 11 सांसदों का यह कहना रहा कि विधेयकों से तमिलों के संवेधानिक महत्वकांक्षाओं का नुकसान होगा। जनता दल के

रामविलास पासवान का कहना था कि यदि मौजूदा रूप वाले विधेयकों को कानून बना दिया जाता है तो उस कानून से मंडल आयोग की सिफारिशों को अमल में लाने में दिक्कत जायेगी। कहने का मतलब यही है कि सभी बड़ी पार्टियां इस विषय पर संकीर्ण स्वार्थ निहित रवैया अपना रहीं हैं।

लोकसभा में भी बहस ने विधेयकों की कुछ खामियां उजागर कर दी हैं जिनसे आगे चलकर कई समस्या खडी हो सकतीं हैं। जैस कि– मुस्लिम लीग और अकाली दल दो ऐसीं पार्टियां हैं जिनके नामों से उनके धर्म का संबंध है। कानून बन जाने के बाद क्या इन पार्टियों पर प्रतिबंध लग जायेगा. या फिर क्या इनमें इतनी समझदारी एकाएक आ जायेगी कि यह अपने नाम बदल देंगी. इसी प्रकार तेलगूदेशम से तेलुगूभाषा का आभास होता है । अपने नाम बदल लेने के बदले लगता तो यही है कि ये तीनों पार्टियां कानून के खिलाफ अपने मोर्चे संभालेगी और इसी हालात में ठहराव की स्थिति बनेगी। सभी विरोधी पार्टियों नें एक स्वर में इस बात पर घोर आपत्ति उठाई है कि मौजूदा विधेयक निर्वाचन अधिकारियों को इतने ज्यादा अधिकार ही दे देते हैं कि ये अधिकार ही, धर्म, धार्मिक नाम या भाषा के आधार पर किसी भी उम्मीदवार का नामांकन पत्र खारिज कर सकेंगे। इसी आपत्ति को लेकर लालकृष्ण आडवाणी का कहना है कि इन प्रावधानों के रहते सत्ता रूढ़ सरकार अपने विरोधियों के नामांकन पत्र खारिज करवा सकती है और इस प्रकार लोकतांत्रिक हकों पर हमला कर सकती है। पर अभी कानून अंतिम रूप से नहीं बना है। अतः अनुमान लगाकर वातावरण को दूषित नहीं बनाया जाना बेहतर होगा।

–एन.सी. ब्योहार

दैनिक भास्कर–दिनांक 14 जुलाई 1993

भारतीय जनता पार्टी के नये संकल्प

अभी हाल ही में भारतीय जनता पार्टी के अध्यक्ष लालकृष्ण आडवाणी ने कहा है कि उनकी पार्टी बड़ी राशि का चंदा केवल चैक के जरिये स्वीकार करेगी। संकल्प नगर बैंग्लौर में पार्टी के चौदहवे अधिवेशन में इस प्रकार का एक संकल्प लिया है। अधिवेशन के समापन पर संवाददाता वार्ता में पार्टी के अध्यक्ष ने जाहिर किया है कि पार्टी की सभी इकाईयों और नेताओं को निर्देश जारी कर दिये गये हैं कि चुनावी चंदा देते वक्त रसीदें दी जायें। ऐसा करने से पार्टी का हिसाब किताब सही तरीके से रखा जा सकेगा। उन्होंने कहा कि उनकी पार्टी की मान्यता है कि प्रशासनिक भ्रष्टाचार की जड़े राजनीतिक भ्रष्टाचार हैं और राजनीतिक भ्रष्टाचार की मुख्य जड है, चुनावी भ्रष्टाचार। दूसरे शब्दों में चुनावी भ्रष्टाचार ही सारे भ्रष्टाचारों की आधार शिला है और यदि चुनावों को साफ सुथरा कर दिया जाता है तो सार्वजनिक जीवन स्वस्थ और स्वच्छ हो जायेगा। स्वर्गीय प्रधान मंत्री लाल बहादुर शास्त्री द्वारा नियुक्त की गई समिति की सिफारिशों में बताया गया है कि चुनाव में लगाया जाने वाला धन भ्रष्टाचार बढ़ाने का बड़ा कारण है। इसके बाद काले धन की समस्या की जांच के लिये गठित आयोगों ने भी अपनी तमाम सिफारिशों में कहा है कि राजनीतिक पार्टियों द्वारा चुनावी खर्च उठाने हेतु धन एकत्र करना भ्रष्टाचार का बड़ा कारण बताया है। इन तमाम सिफारिशों का हवाला देते हुये श्री आडवाणी जी ने कहा कि इस काले धन के कारण सारी अर्थ व्यवस्था और राजनीति दूषित हुई है।

दरअसल में पार्टी नें संकल्प नगर में एक व्रहत सामाजिक घोषणा पत्र जारी किया है जो सत्रह सूत्री है। ये सत्रह सूत्र देश के सभी स।ामाजिक आर्थिक और नैतिक पहलुओं को छूते हैं। भारतीय जनता पार्टी उम्मीद करती है कि इन सूत्रों के सही अमलीकरण से देश में व्याप्त सभी प्रकार के भ्रष्टाचार समाप्त हो जायेंगे। लिहाजा यदि कहा जाये कि पार्टी नें संकल्प नगर से एक नया सफाई अभियान चालू किया है तो ऐसा कहना

गलत न होगा। पर अब देखना यही है कि इन लुभावने सूत्रों को किस सीमा तक असलियत का जामा पहनाया जाता है । देखना यही है कथनि और करनी में आदि काल से चले आ रहे अंतर को आज की प्रमुखतम विरोधी पार्टी किस सीमा तक कम कर दिखाती है।

वैसे तो हम भारतीय जनता पार्टी तथा उसके अध्यक्ष को अपने वायदे पूरे करने के पूरे मौके देने को तत्पर हैं क्योंकि वायदे पूरे होने से आखिरकार सबसे ज्यादा फायदा हम आम भारतीयों का ही होना है। किसी भी कार्यक्रम को सम्भावना की हरी झंडी दिखाना ही बेहतर होता है। पर फिर हम धोखा नहीं खा सकते कि आडवाणी जी बोले हैं कि उनकी पार्टी बड़ी राशियां चैक द्वारा ही स्वीकार करेगी। माने छोटी राशियां नगद ली जायेंगी, पर बड़ी राशियां सिर्फ चैक द्वारा ही दी व ली जायेंगी, परिभाषायें नहीं बताई गई हैं कि बड़ी छोटी राशियां क्या है. पर हम अंदाज लगा सकते हैं कि लाखों करोड़ों में दी जाने वाली राशियां बड़ी होना चाहिये, जबकि सैकडों हजारों की राशियां छोटी मानी जायेंगी। इस अंदाज से एक करोड़ की राशि निसंदेह बड़ी होना चाहिये। माने यदि हर्षद मेहता या फिर कोई दूसरा इसी प्रकार का व्यक्ति भारतीय जनता पार्टी को एक करोड़ रूपये चुनावी चंदे में देने को नगद दो चार सूटकेसों में भरकर लाये तो उसे कोषाध्यक्ष द्वारा यह कहकर सधन्यवाद लौटा दिया जायेगा कि अब हमारी राष्ट्रीय नीति तय हो चुकी है कि हमारी पार्टी बड़े चंदे सिर्फ चैक द्वारा ही लेगी, लिहाजा यदि आपको चंदा देना ही है तो चैक से दीजिये वरना उसे वापस ले जाईये। हर्षद मेहता या कोई दूसरा ऐसा ही दानकर्ता ऐसा तो कहेगा नहीं कि एक करोड़ की राशि पांच हजार करोड़ के सामने छोटी ही है। लिहाजा आप इसे नगद ही ले लीजिये, इससे आपकी नीति का किसी प्रकार से उल्लंघन नहीं होगा और हमारा भी मन संतोष हो जायेगा कि हमने दान दिया।

आयकर के मौजूदा प्रावधानों को मद्दे नजर रखते हुये यह भी जग जाहिर है कि बड़ी राशियों का चुनावी भुगतान सिर्फ टेबिल के नीचे नगद खिसकान द्वारा ही किया जा सकता है। क्यों हर कोई भी बड़ा व्यापारी वरना या प्रमुख उद्योगपति चैक भुगतान से कानूनी झमेलों को न्यौतना चाहेगा। अपनी भलाई वह इसी में समझेगा।

लिहाजा मौजूदा परिस्थितियों में तो यही दिखता है कि यदि वास्तव में इस नीति पर पूरी सख्ती से जोर दिया जाता है तो परिणाम यही रहेगा पार्टी को सिर्फ अठन्नियां चवन्नियां ही दान में मिलेंगी, बड़े नोट दूर भागते रहेंगे और इसका अगला परिणाम दिवालापन होगा और इसे दीवालेपन की अंतिम परिणिति स्वयमेंव राजनायिक आत्म हत्या ही होगी । हम पार्टी तथा अध्यक्ष को उनकी सदभावना के लिये पूरे नंबर देने को तैयार हैं जिस सीमा तक वे उन तमाम परिस्थितियों का उन्मूलन करने की बात कर रहे हैं जो इस संभावीय आत्महत्या की जनक हैं। लेकिन फिर हम सभी जानते हैं कि इन सामाजिक राजनयिक, आर्थिक और नैतिक वास्तविकताओं से जूझना उतना ही दूभर है जितना हिमालय को हटाने की कोशिश करना । हम सभी जानते हैं कि जब तक बुद्धिजीवि, समर्पित सामाजिक कार्यकर्ता, देश निष्ठ भारतीय राजनीति की गाडी में पीछे बैठे हैं या फिर बैठने पर मजबूर कर दिये जायेंगे या फिर इसी सिक्के के दूसरी तरफ जब तक हमारी राजनीति पर स्वार्थ निहित राजनायिक हावी रहे आयेंगे तब तक किसी भी प्रकार के सुधार की बात करना कपोल कल्पना ही कहलायेगा। हम सभी जानते हैं हमारे वैज्ञानिक, कॉलेजों के प्रोफेसर, लेखक पत्रकार, अच्छे कलाकार आदि सभी अपने अपने क्षेत्रों में सर्वोत्तमता हासिल करने के भागीरथी प्रयास में पूरी तरह संलग्न हैं जिसके कारण सार्वजनिक क्षेत्रों में खाली स्थान भरे पड़े हैं....। अतः पहला प्रयास तो यही होना चाहिये कि कर्तव्य निष्ठ, समर्पित कार्यकर्ताओं को आगे बढ़ाया जाये। जब तक आवांछित वर्ग आगे रहा आयेगा, तब तक वह इन्हीं विवादास्पद तरीकों को अपनाता रहेगा। संकल्प नगर में इस प्रकार का कोई संकल्प नहीं लिया गया है कि सिर्फ उज्जवल छवि के बुद्धीजीवि ही पार्टी टिकट के हकदार होंगे या फिर सिर्फ उन्हीं प्राथमिक पार्टी कार्यकर्ताओं को प्राथमिकता दी जायेगी जिन्होंने सेवा में अपनी जिन्दगी झोंक दी हो । संकल्प लिया गया है चैक से बड़ी रकम लेने का । हम चुपचाप देखेंगे कि आडवाणी जी यह करिश्मा किस प्रकार कर पाते .

आडवाणी जी ने एक बात और महत्वपूर्ण कही है, हालाकि संकल्प नगर में नहीं, वह यह कि धर्म को राजनीति से दूर नहीं किया जा सकता

है। जाहिर है कि उनका यह कथन सरकार के उस प्रस्तावित कानून के उत्तर में है जिससे धर्म के आरोपित राजनायिक दोहन पर प्रतिबंध लगाया जायेगा। यदि इस प्रकार का कानून बनता है तो यह सीधे भारतीय जनता पार्टी के बढ़ते प्रभाव को रोकने के लिये बनाया गया दिखेगा। पिछले कुछ वर्षों में पार्टी की लोक सभाई शक्ति दो से बढ़कर 118 इसी जरिये से हुई है, भले ही भाजपाई नेता कितने ही दावे करते रहें कि उन्होंने हिन्दुत्व का राजनायिक फायदा नहीं उठाया है। धर्म को राजनीतिक से क्यों नहीं अलग किया जा सकता. क्या लाल कृष्ण आडवाणी कहना चाहते हैं कि अब संकल्प नगर के बाद तमाम भाजपाई नेता महात्मा गांधी हो जायेंगे और अब वे अपनी राजनीति को विशुद्ध धार्मिक निर्देशों के अनुसार ही चलायेंगे. क्या हमें विश्वास दिलाया जा रहा है कि संकल्प नगर हमारे राष्ट्रीय इतिहास का एक जलधारा निशान साबित होगा जिसके बाद हमारी राजनीति पर धर्म छा जायेगा. जिस प्रकार हमारी तमाम पार्टियों ने धर्म का दुरूपयोग किया है और जिस प्रकार उन्होंने साम्प्रदायिकता फैलाने में अपनी भूमिका अदा की है, उसे ध्यान में रखते हुये धर्म को जितने जल्दी परिवारिक चहारदीवारी में रखना सीख लिया जाये उतने ही जल्दी उस देश और उस धर्म का भला होने लगेगा जिसकी हम बात कर रहे हैं । हिन्दुत्व या हिन्दुत्व के उत्थान की बात करना श्रेष्ठतम है, यह अपने आप में पवित्रतम ध्येय हो सकता है, जिससे गैर हिन्दुओं तक को किसी प्रकार की आपत्ति नहीं हो सकती है। हो सकता है कि एकाद अपवाद के रूप में आज ऐसा राजनायिक मिल सकता है जो अपनी राजनीति विशुद्ध धार्मिक निर्देशों और प्रतिबंधों के आधार पर चला रहा हो और यदि कोई ऐसा राजनायिक है तो हम उस परम श्रद्धेय श्रेष्ठ पुरूष का नाम जानना चाहेंगे। ठीक उसी प्रकार जब कोई साधु संत, साधक सन्यासी, सत्ता के गलियारों में पेशेवर राजनीति खेलता है तब वह अपने ही धर्म का भला नहीं करता पाया जाता है। कहने का मतलब यह नहीं है कि मुल्ला–मौलवी, या साधु संत राजनीति से दूर रहें, पर फिर वे उस प्रकार का करिश्मा कर दिखायें जिसकी कल्पना मध्य युग में संत थॉमस एक्विनास ने की थी जब उन्होंने कहा था कि राजनायिकों को धार्मिक और अध्यात्मिक नियमों का पालन करना चाहिये। राजनीति में पदार्पण की परिणति यही रहती है कि धार्मिक

व्यक्ति राजनीति के रंग से रंग जाता है और वह भी वैसा ही बरताव करने लगता है, जैसा कि और दूसरे राजनायिक करते हैं। डॉ. मार्टिन लूथर किंग, साईप्रस के आर्कविशप मकारियोज या मोहनदास करमचंन्द्र गांधी जैसे बिरले ही उदाहरण सामने आते हैं, जिन्होंने अतिवादी पराकाष्ठा तक धार्मिक रहते हुये ही निकृष्टतम राजनीति की दलदल में अपने आपको कमल के माफिक उपर रखा। निसंदेह किसी भी प्रकार के प्रतिबंध लगाये जाने वाले कानून से कोई फायदा नहीं होने वाला है, और ना ही धर्म को इस प्रकार राजनीति से जोड़े रहने से राजनीति और हमारे सामाजिक जीवन में व्याप्त सारे प्रदूषण साफ हो सकेंगे।

अभी तक सिर्फ हिन्दुओं के धर्म गुरू राजनीति से दूर थे। अब वे सांसद हैं, सक्रिय राजनीति में हैं और यह परिवर्तन निसंदेह भारतीय जनता पार्टी नें ही कर दिखाया है। पार्टी की जवाबदारियां यहीं पर समाप्त नहीं हो जातीं। इसे अभी भी साबित करना है कि इसने हिन्दुत्व का राजनायिक दोहन मात्र ही नहीं किया है। हिन्दुत्व के उस प्रकार के उत्थान से जिससे दूसरों का नुकसान ना हो, की दिशा में भाजपा के क्या रचनात्मक कार्यक्रम हैं. यह कोशिश की जाना अभी भी बाकी है। देखना यह भी है कि किस प्रकार भाजपा के संत राजनायिक पार्टी के सफाई अभियान में भागीदारी निभाते हैं और किस प्रकार धर्म की पताका फहराने में मददगार साबित होते हैं या फिर देखना है कि क्या वे एक ही मुद्दे तक सीमित रह जाते हैं.

–एन.सी.ब्योहार

नव भारत–20 जुलाई 1993

राव सरकार के खिलाफ अविश्वास प्रस्ताव को लेकर अटकलें

26 जुलाई 1993 से शुरू होने वाले संसद के मानसून सत्र में नरसिंहा राव सरकार के विरूद्ध अविश्वास प्रस्ताव लाये जाने की पूरी संभावना है। राष्ट्रीय मार्चा वामपंथी मोर्चा और भारतीय जनता पार्टी तीनों ही प्रस्ताव लाने पर विचार कर रहे हैं। फिलहाल यह कहना मुश्किल है कि क्या ये तीनों बड़ी पार्टियां एक साथ प्रस्ताव लायेंगी। मुमकिन है कि ऐसा हो, दिखता यही है कि तीनों में से कोई एक या फिर रामो–बामों मिलकर अविश्वास का प्रस्ताव लायें। भाजपा ने अभी अंतिम फैसला नहीं लिया है कि प्रस्ताव लाना है या नहीं ।हालाकि इस प्रकार की घोषणा जरूर कर दी गई है कि प्रस्ताव किसी के द्वारा भी क्यों न लाया गया हो भाजपा समर्थन में मत डालेगी। मतलब यह रहा कि अविश्वास प्रस्ताव का स्वरूप कुछ भी क्यों ना हो भाजपा द्वारा उसका समर्थन किया जायेगा। यदि सिर्फ भ्रष्टाचार के मुद्दे पर प्रस्ताव लाया जाता है, जिसकी पूरी संभावना है तब भी भाजपा इसका समर्थन करेगी और यदि देश को बहुराष्ट्रीय कंपनियों के हाथों बेच देने का आरोप लगाया जाता है, जैसा कि वामो द्वारा लाये गये प्रस्ताव की स्थिती में होगा, तब भी भाजपा इसे समर्थन देगी। राव सरकार को गिर जाना चाहिये यही भाजपा का एक मात्र लक्ष्य है, यदि प्रस्ताव सिर्फ भाजपा द्वारा लाया जाता है तब भ्रष्टाचार ही मुद्दा होगा। भाजपा का आरोप रहेगा कि राव सरकार के शासन काल में भ्रष्टाचार चरम सीमा पर पहुंच गया है और इस कारण संसद का इस पर विश्वास जाता रहा है। भाजपाई प्रस्ताव में आर्थिक मुद्दे की संभावना कम ही है क्योंकि भाजपा के पूर्ववर्ती जनसंघ का सुझाव हमेशा से दक्षिण पंथी रहा है और अब जनसंघ के उत्तराधिकारी भाजपा के ही उन्हीं दक्षिण पंथी आर्थिक नीतियों को अपनाया है। वित्त मंत्री डां. मनमोहन सिंह ने उदारवादी खुलेपन की कम से कम नियंत्रण वाली आर्थिक नीतियों का निर्णय किया है। अतः इन नीतियों से भाजपा को ज्यादा आपत्ति नहीं

है। प्रस्ताव लाये जाने की स्थिति में भाजपा के पास एक ही मुद्दा रह जायेगा और वह है भ्रष्टाचार का आरोप।हालाकि ऐसा किसी का कहना नहीं है कि भाजपा ने राव सरकार की आर्थिक नीतियों की आलोचना न की हो। वित्त मंत्री द्वारा पेश किये गये बजट में भाजपा द्वारा अनगिनत मीन मेख निकाले ही गये थे। पर फिर भी कहा जा सकता है कि राव सरकार के आर्थिक कार्यक्रम भाजपा क लिये कांटे नहीं है।

वैसे तो रामो–वामो और भाजपा के आपसी मतभेद हैं और तीनों का एक ही नाव में बैठकर वैतरणी पार करना नामुमकिन दिखता है। पर भी प्रधान मंत्री नरसिंह राव इन तीनों के लक्ष्य हैं और इस कारण इस मुद्दे पर तीनों एक सूत्र में बंधने को तैयार हैं। वर्तमान लोकसभा में भाजपा के 119 सांसद हैं, जबकि उसके सहयोगी शिव सेना के 2 सांसद हैं। मान के चला जाये कि ये 121 सांसद प्रस्ताव के पक्ष में वोट डालेंगे। मार्क्सवादी कम्युनिस्ट पार्टी के 35 सांसद तथा भारतीय मम्युनिस्ट पार्टी के 14 सांसद हैं। वे 14 सांसद भी राव सरकार के खिलाफ मत डालेंगे। जनता दल के 39 सांसद भी प्रस्ताव का समर्थन करेंगे। इस प्रकार समर्थकों की कुल गिनती 209 हुई। बाकी रहे तेलगुदेशम् के 7 जनता दल (अजित) के 20 तथा अन्ना द्रमुक के 11 सांसद, इनकी मिली जुली संख्या 38 होती है। यदि ये 38 सांसद राव सरकार के खिलाफ मत डालते हैं तो समर्थकों की कुल संख्या 247 हो जावेगी और इस प्रकार राव सरकार के लिये खतरे की घंटी बज सकती है। पर ऐसा होना मुश्किल दिखता है। पूरी संभावना है कि अभी हाल ही की संशय की स्थिति को त्याग कर अंत में अजित गुट द्वारा सरकार के पक्ष में मत डाला जायेगा। एक समय दिखता था कि अजित सिंह कांग्रेस सरकार में मंत्री बनने वाले थे। लिहाजा संकट की घड़ी में नरसिंहराव पूरी कोशिश करेंगे कि अजित सिंह गुट से सहारा प्राप्त करें। इसी प्रकार अन्ना द्रमुक से भी डूबते को तिनके के सहारे की उम्मीद की जा सकती है। पिछले कुछ महीनों में निःसंदेह मुख्यमंत्री जयललिता के साथ कांग्रेस के संबंध बिगड़े हैं, पर ऐसा भी नहीं कहा जा सकता है कि एक समय के प्रगाड साथियों के दरम्यान ताल्लुकात इतने ज्यादा खराब हो गये कि जयललिता द्वारा अपने 11 सांसदों को निर्देश दे दिया जायेगा कि राव

सरकार के विरोध में मत डाला जाये। अधिक से अधिक अन्ना द्रमुक सांसदों द्वारा मतदान में भाग ही नहीं लेने का फैसला लिया जायेगा, ऐसा संभावित भी दिखता है । इन तमिल सांसदों द्वारा राव सरकार के पक्ष में सक्रिय मत डाले जाने की संभावना भी कम ही है, पर खिलाफ में मत डालने की उतनी ही कम उम्मीद है। जाहिर है कि इन सांसदों का मत न डालना राव सरकार के लिये अपरोक्ष रूप से फायदेमंद साबित होगा। कांग्रेस के 250 सांसद हैं जो निसंदेह विहिप के आधार पर प्रस्ताव के खिलाफ मत डालेंगे। इस प्रकार कुल मिलाकर दिखता यही है कि राव सरकार इस संकट की घडी से उबर जायेगी और इस प्रकार मौजूदा केन्द्र सरकार के खिलाफ यह दूसरा असफल अविश्वास प्रस्ताव साबित होगा। उल्लेखनीय है कि पिछले एक सत्र में वामो द्वारा अविश्वास का प्रस्ताव लाया गया था जो निरस्त हो गया था। वामों का प्रस्ताव केन्द्र सरकार की आर्थिक नीतियों के खिलाफ था।

ज्यादा संभावना इस बात की है कि आगामी प्रस्ताव में मुख्य मुद्दा भ्रष्टाचार का ही रहेगा। अभी हाल ही में भ्रष्टाचार पर ही सबसे ज्यादा चर्चा हुई है। देश में इस समय सबसे ज्यादा गर्म विषय भ्रष्टाचार का ही है। जस्टिस रामास्वामी के मामले के बाद कुछ पार्टियों ने खासकर भाजपा ने आरोप लगाया है कि कांग्रेस द्वारा भ्रष्टाचार को आश्रय दिया जाता है। प्रधानमंत्री पर हर्षद मेहता के आरोप ने भी इसी आरोप को और ज्यादा बल प्रदान किया है। प्रचार किया जा रहा हे कि मौजूदा राव सरकार के शासन काल में भ्रष्टाचार ने नये कीर्तिमान बनाये हैं ।यह भी कहा जा रहा है कि राव सरकार के दो वर्षीय शासनकाल में ही पांच हजार करोड़ रूपयों वाले प्रतिभूमि घोटाले का भण्डाफोड़ हुआ है। इस घोटले के लिये भी राव सरकार को आंशिक रूप से जिम्मेदार ठहराया जा रहा है इस बिना पर कि इस सरकार के कुछ मंत्रियों ने हर्षद मेहता को मामला दबाने में मदद की है।हालाकि इस तथ्य को सभी लोग भूल रहे हैं कि घोटाले की शुरूआत राव सरकार के आने के वर्षों पहले शुरू हो गई थी। पर इसे प्रधानमंत्री नरसिंह राव का दुर्भाग्य ही कहा जायेगा कि उनके शासनकाल में इस घोटाले की जगजाहिर होना था, इसी प्रकार राजीव

गांधी के शासनकाल में बाफोर्स कांण्ड उजागर हुआ था। लिहाजा दिखता यही है कि प्रस्ताव लाने वालों का मुख्य मुद्दा भ्रष्टाचार ही रहेगा।

संभावित अविश्वास की इस प्रस्ताव की सबसे बड़ी विशेषता यह दिखती है कि मूलतया यह प्रस्ताव प्रधान मंत्री नरसिंहा राव के खिलाफ व्यक्तिगत प्रस्ताव माना जायेगा। विरोधी पार्टियां श्री नरसिंहर राव से कहीं ज्यादा खफा हैं, कांग्रेस पार्टी के खिलाफ उनकी नाराजगी अपेक्षाकृत कम ही है। प्रधानमंत्री बनने के पहले साफ सुथरी सार्वजनिक छवि के धनी नरसिंह राव इन दो वर्षों में एकाएक अनेकों निकटतम परिवारजन भी आरोपों के शिकार बने हैं। पर हर्षद मेहता के आरोप ने निसंदेह सबसे ज्यादा नुकसान पहुंचाया है।हालाकि दिन पर दिन आरोप की सत्यता पर शंका बढ़ते जा रही है, पर फिर भी नुकसान तो ही गया है। यहां तक की अयोध्या मामले के लिये भी गृह मंत्री एस.बी. चव्हाण की तुलना में आम जनता द्वारा प्रधानमंत्री को कहीं ज्यादा गुनहगार ठहराया जा रहा है।

यद्यपि कानून व्यवस्था बनाये रखने का दायित्व सीधे गृहमंत्री के कार्यक्षेत्र में आता है। जस्टिस रामस्वामी मामले में भी आम धारणा यही है कि मतदान में भाग न लेने का निर्णय अंतिम क्षणों में नरसिंह राव ने ही व्यक्तिगत रूप से लिया था। कहा जा रहा है कि सारी पार्टी को भरोसे में नहीं लिया गया था और श्री राव ने कुछ मंत्रियों की सलाह को नजर अंदाज कर दिया था कि जस्टिस रामस्वामी के खिलाफ मत डालना चाहिये। इन तमाम कारणों से श्री राव सभी के कोप के शिकार बने बैठे हैं। दूसरे शब्दों में लाया जाना अविश्वास का प्रस्ताव प्रधानमंत्री के खिलाफ सीधा निशाना है। लिहाजा प्रस्ताव के गिरने की एक वजह यह भी रहेगी की प्रस्ताव समूची पार्टी के खिलाफ उतना ज्यादा नहीं वरन् प्रधानमंत्री के खिलाफ व्यक्तिगत रूप से लाया गया प्रतीत हो जायेगा । स्थापित संवैधानिक व्यवस्था है कि अविश्वास प्रस्ताव के जरिये समूची सरकार को गिराया जा सकता है। प्रधानमंत्री को अपदस्थ किया जाना है तो उसके दूसरे तरीके को सकते है, लोकसभा में अविश्वास का प्रस्ताव कदापि नहीं । संभावित प्रस्ताव की यही सबसे बड़ी खामी होगी।

ऐसा भी नहीं है कि पार्टियां न समझती हों कि उनका प्रस्ताव आखिरकार गिर ही जायेगा। आज तक कोई भी केन्द्र सरकार अविश्वास प्रस्ताव के कारण नहीं गिरी है। हालाकि विश्वनाथ प्रताप सिंह सरकार संसद में अपना बहुमत साबित ना कर सकी और इसी कारण गिरी थी।इस जानकारी के बावजूद भी इस प्रकार का प्रस्ताव लाया जा रहा है। क्यों. इसकी मुख्य वजह यही होना चाहिये कि प्रस्ताव लाने से उम्मीद की जाती है कि सरकार की विश्वसनीयता और भी ज्यादा गिरेगी और इसी अनुमान में विरोधियों को राजनीतिक लाभ मिलेगा। एक बात और भी है कि इस समय राव सरकार अल्पमत में है। इस प्रकार प्रस्ताव के सफल हो जाने की एक बाहरी संभावना दिखती है। जिसका विरोधी पक्ष फायदा उठाना चाहते हों । लगभग सभी दल अलग अलग कारणों से प्रधानमंत्री राव से नाराज हैं। प्रस्तावकर्ता सोचते होंगे कि हो सकता है कि इस बार सभी विरोधी एक मत होकर सरकार के खिलाफ मत डाल दें।

लेकिन इस समीक्षा से यह अर्थ ना निकाला जाये कि राव सरकार हाथ पर हाथ धरे बैठे रहेगी। और प्रस्ताव पास हो जायेगा। अभी से दिख रहा है कि समान्यतया पूरी कांग्रेस पार्टी, और प्रधान मंत्री विशेषतया इस नये संकट को पूरी गंभीरता से ले रहे हैं। पार्टी में सलाह मशवरा शुरू हो गया है और रणनीति बनाई जा रही है कि किस प्रकार प्रस्ताव को गिराया जाये। भ्रष्टाचार के आरोप का सैद्धान्तिक स्तर पर मुकाबला करने के लिये उत्तर तैयार किये जा रहे हैं। पार्टी की खुशकिसमती से हर्षत मेहता का आरोप अब काफी कुछ मद्‌दा पड़ गया है, मामला जे.पी.सी. तक ही सीमित दिख रहा है। न सिर्फ अविश्वास प्रस्ताव पर बहस के दौरान बल्की पूरे मानसून सत्र के दौरान प्रतिभूति मामला और हर्षद मेहता का आरोप पूरी तरह छाये रहेंगे। किसी भी बड़े घोटाले की सबसे बड़ी खासियत यही रहती है कि इनमें कई लोग लिप्त रहते हैं, इसमें सिर्फ एक ही पार्टी की भागीदारी नहीं रहती और इनमें बड़े अफसर आदि भी शामिल रहते हैं। इस कारण अनेक लोग अपने अपने तरीकों से एक साथ प्रयास करते रहते हैं कि घोटाले का गला ही घोंट दिया जाये। इस मामले में भी ठीक यही हो रहा है । लिप्त कांग्रेसियों के

अलावा बैंकों तथा सार्वजनिक संस्थाओं के प्रमुख कहीं ज्यादा सक्रिय हैं कि मामला अभी भी रफा दफा कर दिया जाये। इस कारण सत्ताधारी पार्टी को प्रस्ताव के खिलाफ राहत मिल जायेगी। ऐसी उम्मीद की जा सकती है।

एक बात और है कि इस बात की संभावना कम ही दिखती हैं कि यदि प्रस्ताव भाजपा द्वारा लाया जाता है तो वामो द्वारा उसका समर्थन किया जायेगा, क्योंकि वामो का स्पष्ट आरोप है कि भाजपा ही अयोध्या मामले के लिये जवाबदार है तथा वामों ने भाजपा पर साम्प्रदायिकता फैलाने का आरोप भी लगाया है वामों ने कई बार दो टूक कह ही दिया है कि वामो जैसे धर्मनिर्पेक्ष पार्टी को भाजपा जैसी साम्प्रदायिक शक्ति से कुछ भी लेना देना नहीं है।

इस पिछली पृष्ठ भूमि को मद्दे नजर रखते हुये यह नामुमकिन ही दिखता है कि भाजपा द्वारा लाये अविश्वास प्रस्ताव को वामो का समर्थन मिलेगा। भाजपा प्रवक्ता ने अभी से कहना शुरू कर दिया है कि वामो की लुकी छिपी मर्जी यही है कि किसी ना किसी तरह राव सरकार को मुक्ति दिला दी जाये। दूसरे शब्दों में विरोधी पार्टियों की इस प्रकार की आपकी फूट ही आज भी सत्ताधारी कांग्रेस पार्टी की सबसे बड़ी शक्ति है और यही नकारात्मक शक्ति निकट भविष्य में आने वाली कठिन दिनों में नरसिंहराव सरकार के लिये संजीवनी का काम करेंगे।

–एन.सी. ब्योहार

दैनिक भास्कर–दिनांक 8 जुलाई 1993

हर्षद मेहता के आरोप से हम विचलित क्यों हैं

हर्षद मेहता के मामले पर फिर दुबारा लिखने पर लाचार होना पड़ रहा है। हर्षद मेहता के मामले से मतलब उस मूल मामले से नहीं है जिसे प्रतिभूति घोटाला या बैंक सीक्योरिटी स्केम कहा जा रहा है जो बढ़ते बढ़ते 5 हजार करोड़ के अंक पर आज बहरहाल थम गया है। इस मामले से मतलब प्रधानमंत्री पर लगाये गये आरोप से है। दरअसल में प्रधानमंत्री पर लगाया गया आरोप इतना गंभीर नजर आ रहा है कि उसके सामने अब तक का सबसे बड़ा कहलाया जाने वाला घोटाला एक दम बौना सा दिखने लगा है। हालाकि यह जरूर है कि कुछ समय बाद हम सभी इस आरोप वाले कांण्ड से पूरी तरह अभ्यस्थ हो जायेंगे जिस तरह बोफोर्स काण्ड के साथ हम जीना पूरी तरह सीख गये हैं। या फिर कुछ समय बाद इससे भी बड़ा कोई दूसरा मामला सामने आ सकता है जिसके कारण हम पिछले सभी मामलों को भूल जायेंगे। कुछ मामले ऐसे हैं जिन्हें वर्षों चलना है क्योंकि यदि ये समाप्त हो गये तो बहुतों की दुकानें ही बंद हो जायेंगी।

मामले पर दुबारा लिखने की लाचारी इस वजह से है क्योंकि सही दिशा में सोचने विचारने वाले अभी भी इस सदमे से बाहर नहीं आ पाये हैं कि उनके प्रधानमंत्री पर एक गंभीर आरोप लगाया गया है। मुख्यमंत्रियों, मंत्रियों, सांसदों, विधायकों पर आये दिन आरोप लगते रहते हैं जिनके प्रहार से भी विचलित ना होना अब हम पूरी तरह सीख गये हैं। पर प्रधान मंत्री पर सीधे आरोप लगाया जाने वाला यह पहला मामला है और इस कारण हम स्तब्ध हैं। अहम मुद्दा यह नहीं है कि प्रधानमंत्री ने 1 करोड़ रूपये लिये या नहीं, बल्कि अहम मुद्दा तो सिर्फ एक ही है और वह यह कि प्रधान मंत्री पर आरोप लगाया गया। प्रधान मंत्री देश का वास्तविक कार्यवालिका मुखिया होते हैं, हमारी प्रशासनिक अचार संहिता का सूत्रधार प्रधान मंत्री ही होते हैं, हमारी वास्तविक तरक्की की सारी उम्मीदें प्रधान मंत्री पर ही टिकी रहती हैं, प्रधान मंत्री

हमारा आदर्श होते हैं, हम वैसा ही करना चाहते हैं जैसा कि हमारा प्रधान मंत्री करते हैं। वैसे तो देश का प्रथम नागरिक राष्ट्रपति होते हैं, पर राष्ट्रपति को हम अपनी सांस्कृतिक धरोहर का केन्द्र बिन्दु मानकर चलते हैं। लिहाजा जब इस प्रकार की राष्ट्रीय अपेक्षाओं के प्रमुख व्यक्ति पर गंभीर आरोप लगाया जाता है तो हमारा विचलित हो उठना स्वभाविक ही है।

प्रधानमंत्री पर आरोप यह नहीं है कि उन्होंने अपने खुद के उपयोग के लिये करोड़ों रूपये लिये। आरोप यदि ऐसा होता तो बात और भी ज्यादा गंभीर हो जाती । उन पर आरोप यही है कि दिसंबर 1991 में नान्दियाल आंध्रप्रदेश में हुये लोक सभाई चुनाव के लिये उन्होंने हर्षद मेहता से 1 करोड़ रूपये लिये। मामला गंभीर हो जाने की वजह यह है कि जनप्रतिनिधि प्रतिनिधित्व अधिनियम 1951 के तहत बनाये गये नियम लोक सभाई चुनावों पर 1 लाख रूपये खर्च किये जाने का प्रावधान रखते हैं। चुनाव आयोग द्वारा चुनाव के पहले जारी की जाने वाली आचार संहिता भी इतने ही खर्च का प्रावधान रखती है सवाल यही बनता है कि एक करोड़ इस चुनाव पर कैसे खर्च हुये। एक करोड़ रूपये के खर्च से चुनाव संहिता का उल्लंघन होता है।

प्राख्यात विधि वेत्ता नानी पालखीवाला की सलाह थी कि प्रधानमंत्री ने यदि वास्तव में एक करोड़ रूपये लिये थे तो उन्हें स्वीकार कर लेना चाहिये कि हर्षद मेहता ने चुनावी फंड में यह राशि उन्हें दी थी। यह सलाह हर्षद मेहता की घोषणा के एक दिन बाद यानि 17 जून 1993 को दी गई थी। यदि उस वक्त श्री नरसिंह राव ने राशि पाना स्वीकार कर लिया होता तो बात कुछ दूसरी ही होती। पर अब यह मौका जाता रहा है । प्रधानमंत्री ने इस आरोप का खंडन कर दिया है कि उन्हें 1 करोड़ रूपये दिये गये थे । हो सकता है कि राशि लिये जाने की बात मंजूर कर लेने से अनेक प्रकार के विवाद समाप्त हो जाते हैं जिस प्रकार के विवाद आज चल रहे हैं। रोज सरकारी पक्ष की तरफ से खंडन के व्यानात आ रहे हैं, तो दूसरी तरफ हर्षद मेहता कुछ ना कुछ नये तथ्य सबूत पेश कर रहे हैं जैसे कि दिनांक 4 नवम्बर 1991 के दिन के विजिटर्स पास पेश किये गये हैं। 14 जून 1993 के दिन सुनील मित्तल

से टेलीफोन पर हुई बातचीत का कथित ब्यौरा जारी किया गया, इत्यादि। कहने का मतलब यह है कि दोनों तरफ से हो रहे इन सवाल जवाब के आदान प्रदान से नुकसान और भी ज्यादा हो रहा है। स्वीकारोक्ति से यदि इस गंदली स्थिति से बचा जा सकता था, तो फिर निसंदेह और दूसरे विवाद उठ खड़े होते। ऐसा कहना मुश्किल है कि मंजूर कर लेने से सारे विवाद ही एकमुश्त समाप्त हो जाते और सारी घटना का एक सुखद पटाक्षेप हो जाता । मंजूरी के बाद विवाद आते कि प्रधान मंत्री के नियम कानून का और चुनावी संहिता का उल्लंघन क्यों किया, क्या उनका चुनाव वैध रह जाता या नहीं। प्रधानमंत्री को यह समझाना नामुमकिन हो जाता कि भले ही उन्होंने एक करोड़ रूपये लिये थे पर अपने चुनाव पर उन्होंने सिर्फ निर्धारित सीमा तक ही खर्चा किया था। जाहिर है कि मंजूर कर लेने का आज की परिस्थितियों में सीधा साधा निष्कर्ष यही निकाला जाता कि श्री नरसिंह राव ने चुनावी अपराध किया है और फिर उस हालात में उनका पद पर बने रहना असंभव हो जाता।

अगला सवाल यह है कि जब हम सभी अच्छी तरह जानते हैं कि सभी बड़ी पार्टियां चुनावी फंड में भारी राशियां प्राप्त करती हैं और कानून के द्वारा निर्धारित व्यय सीमा का खुलकर उल्लंघन होता है तब फिर हर्षद मेहता के आरोप से हम सब इतने विचलित क्यों हो गये. हमने इसे एक आम बात मानकर शुरू मे ही क्यों ना रफा दफा कर दिया. इसका शायद एक कारण यह होना चाहिये कि मामले में हर्षद मेहता की प्रमुख भूमिका है जो इस समय देश का प्रमुखतम आर्थिक अपराधी माना जा रहा है। हो सकता है कि इस प्रकार का आरोप किसी दूसरे व्यक्ति ने प्रधान मंत्री पर लगाया होता तो शायद इस प्रकार की सनसनी ना फैलती । हमारे इतने ज्यादा विचलित हो जाने का सबसे बड़ा कारण यह होना चाहिये कि आम धारणा आज भी यही है कि हमारे चुनाव अपेक्षाकृत साफ सुथरे ही होते हैं, इनमें उल्लंघन जरूर होता है पर वह भी बर्दास्त किये जाने तक होता है, आदि । शायद एक कारण यह भी हो सकता है कि इसके पहले ऐसा कोई भी मामला सामने नहीं आया था जिसमें व्यय सीमा उल्लंघन का मसला सबसे ज्यादा महत्वपूर्ण था, शायद पहली बार आम मतदाता अपनी गलतफहमी की नींद से बाहर आया है कि

वास्तविकता क्या है, उसके आदर्श क्या हैं और किस सीमा तक मर्यादाओं का उल्लंघन करके चुनाव जीते जाते हैं।

अत चूंकि यथार्थवादी वास्तविकताओं से यह पूरी तरह अवगत हो ही गये हैं, तब मामले से हम क्या सीख सबक ले सकते हैं. ऐसा नहीं कहा जा सकता कि बिल्ली के इस कदर बाहर आ जाने के कारण अब आगे से हमारे जन प्रतिनिधि अपने अपने चुनाव निर्धारित व्यय सीमा के भीतर ही लडा करेंगे या फिर भविष्य में हमारी पार्टियां इस प्रकार चुनावी फंड नहीं लिया करेंगी। आगे आने वाले सारे चुनाव पूर्ववत इसी तरीके से लडे जायेंगे चुनावी फंड इसी प्रकार दिये लिये जायेंगे, कानून कायदों का इसी प्रकार लुके छिपे उल्लंघन किया जाता रहेगा। तब फिर क्यों न हम खुल्लम खुल्ला मंजूर करना शुरू कर दें कि हमारी पार्टी नें चुनावी चंदा लिया था। जब चंदा मिलता ही है तब मंजूर करने में क्या नुकसान है। .. ..इसे जितने जल्दी त्याग दिया जाये उतना ही अच्छा होगा। हमारे सार्वजनिक जीवन पर कुछ सीमा तक साफ सुथरा बनाने की दिशा में यह एक पहला कदम होगा।

ऐसा नहीं है कि सिर्फ भारत में ही चुनावी चंदों से ही जीते हारे जाते हैं। अमेरिकी राष्ट्रपति के चुनाव के लिये रिपब्लिकन और डेमोक्रेटिक पार्टियां महीनों पहले से चुनावी चंदे लेना प्रारंभ कर देतीं हैं। अखबारों में जानकारी छपति है कि किसने कितना चंदा दिया। चंदा इकट्ठा करने के लिये बड़े कार्यक्रम आयोजित किये जाते हैं। सीनेट और हाउस आफ रिप्रजेन्टेटिव्स के चुनावों के लिये भी चंदे इकट्ठे किये जाते हैं। ऐसा किसी का कहना नहीं है कि अमेरिका में सब कुछ साफ सुथरा ही होता है, वहां भी चुनावी व्यय सीमा का उल्लंघन होता होगा। आखिरकार वाटरगेट कांण्ड अमेंरिका में ही हुआ है। जिसकी मदद से रिजर्ड निक्सन ने अल्बामा के गवर्नर जॉर्ज मेक गवर्नर को बुरी तरह से हराया था। पर फिर भी अमरिका में छिपाने की कोशिश नहीं की जाती कि चुनावी चंदा मिला। अमरिका के माफिक दूसरे सभी देशों में चुनावी चंदे लिये दिये जाते हैं और बात छिपाई नहीं जाती । तो फिर क्यों कर भारत में भी ऐसा नहीं किया जा सकता है. मामले से तुरंत सीख सबक लेकर हमारी सभी बड़ी पार्टियों को नीति बना लेना चाहिये कि भविष्य में चंदा लेने की

बात को छिपाया नहीं जायेगा बल्कि स्वयंमेव घोषणा की जायेगी कि कहां से कितना चंदा मिला।

भारतीय जनता पार्टी के अध्यक्ष श्री लाल कृष्ण आडवाणी ने घोषणा की है कि उनकी पार्टी बड़ी राशि का चंदा सिर्फ चैक से ही लेगी। चैक भुगतान से काफी कुछ स्थिति में सुधार होगा। सभी जानते हैं कि बड़े व्यापारिक घराने अघोषित कमाई में से ही चुनावी चंदे देते हैं और वे चैक से भुगतान कर ही नहीं सकते हैं। अतः यदि पार्टियां खुद बा खुद अपने उपर अनुशासन कायम कर लेती हैं कि राशि प्राप्ति चैक से ही होगी तो काफी कुछ सुधार हो सकेगा। लेकिन हम सब सभी जानते हैं कि कह देना आसान है करना कठिन है। हम देखना चाहेंगे कि इस दिशा में भारतीय जनता पार्टी कैसा प्रदर्श. करती है।

बहरहाल हर्षद मेहता की तरफ से रोज नये नये सबूत पेश किये जा रहे है।..... कोई दूसरा आदमी रिश्वत देता है या चुनावी चंदे की अवैध राशि देता है, तब आम तौर पर वह उसे छिपाने की कोशिश करता है। पर इधर हमारे राष्ट्रीय मंच पर हम यह क्या देख रहे हैं कि अब तक का सबसे बड़ा आर्थिक अपराधि ऐलानिया दावे कर रहा है कि उसने कब और किसको खरीद डाला। हम देखने पर मजबूर हैं कि इस अपराधि के प्रहारों के सामने हमारा प्रधानमंत्री बचाव की मुद्रा में है तथा कई मंत्रियों की इस वक्त सांस बंद है कि कब उसका नाम ले लिया जायेगा। और हम आम आदमी चुपचाप निरीह खडे देख रहे हैं कि हमारे राजनायिकों तथा हमारे बड़े अपराधियों ने हमारी नियती को किस मोड़ पर लाकर रख दिया है। हमारे सार्वजनिक जीवन का स्तर किस हद तक गिर गया है उसे आज देखना हमारी मजबूरी हो गयी है। जब कोई आम भारतवासी मत डालता है ताकि उसका जन प्रतिनिधि ऐशो आराम की जिन्दगी जी सके तब उसे आम मतदाता कहा जाता है। जब वही भारतवासी अपने उपर लगे टेक्स अदा करता है ताकि उसके जन प्रतिनिधियों को बेहतर वेतन, भत्ते, पेंशन मिल सके तब वह आम करदाता कहलाता है। और जब वह भारतवासी अपने कंधों पर अपने देश का भार ढ़ोता है ताकि राष्ट्रीय अस्मत बची रही है तब उसे आम आदमी कहा जाता है। इस आम मतदाता, आम करदाता, आम आदमी कहलाये जाने वाले आम भारतवासी

की अचार संहिता एक दम अलग है और उसके जन प्रतिनिधि की अचार संहिता एक दम दूसरी है। दोनों की दुनिया अलग अलग है।, एक दूसरे से भिन्न है। दोनों में कोई मिलान नहीं । एक ध्येय है तो दूसरा जरिया। उस ध्येय की प्राप्ति इस जरिये से की जाती है । कभी कभी ऐसा भी होता है कि कोई आम आदमी इस सीढ़ी को चढ़कर खास आदमी बन जाता है और तब फिर वह नया खास आदमी भी खास आचार संहिता का पालन करने लगता है। पर सामान्य तौर पर आम भारतीय का संघर्ष सतत जारी है। अपना और अपने देश का अस्तित्व बरकरार रखने के लिये ।

–एन.सी. ब्योहार

दैनिक भास्कर–दिनांक 19 मई 1993

रामास्वामी–मामले के कुछ दुष्परिणाम

जस्टिस रामास्वामी मामले के बारे में कांग्रेस सांसद मणिशंकर अय्यर एक बहुत मजेदार बात आजकल लगातार दुहराये जा रहे हैं । उनका कहना है कि जस्टिस रामास्वामी के खिलाफ जो महाभियोग लाया गया था वह राजनीति से प्रेरित था, जिन लोगों ने इस प्रस्ताव को आगे बढ़ाया है उनमें से ज्यादा तर कुछ समय पहले मंत्री थे और मंत्री होने के कारण उन्हें जो सरकारी निवास स्थान दिये गये थे उनमें वे लोग दो तीन वर्ष बीत जाने के बाद भी रह रहे हैं। श्री अय्यर ने रामविलास पासवान का नाम दिया है। उनने साफ कहा है कि भ्रष्टाचार का आरोप लगाने वाले खुद भ्रष्ट हैं तब आरोप कैसे सिद्ध माना जाये।

मणिशंकर अय्यर ठीक कहते हैं कि भूतपूर्व मंत्री अनेक वर्षों से सरकारी निवासों में रहते चले आ रहे हैं जबकि अब वे मंत्री नहीं हैं। नैतिकता यही कहती है कि मंत्री काल समाप्त होते ही उन्हें मकान खाली कर देना था। लोक सभा, राज्य सभा में आये दिन इस प्रकार के प्रश्न उठते रहते हैं, अखबारों में भी समाचार छपते रहते हैं। एक भूतपूर्व शीर्षस्थ इंका मंत्री का मामला इस संदर्भ में पिछले कुछ दिनों काफी चर्चित रहा है। आवासीय सुविधाओं के सिवाय और भी दूसरी सुख सुविधायें हमारे भूतपूर्व मंत्री उपभोग कर रहे हैं। भूतपूर्व सांसद भी इसी प्रकार दोषी हैं, यह हम सभी की जानकारी में है। मणिशंकर अय्यर हमें कोई नई जानकारी नहीं दे रहे हैं। अनेक सांसदों के खिलाफ कई गंभीर आरोप लग चुके हैं, कई के खिलाफ गंभीर फौजदारी मामले चल चुके हैं। ये सारी बातें हर किसी को मालूम हैं। पर सवाल यही उठता है कि इन सब बातों से रामास्वामी मामले को क्या लेना देना है. यदि हमारे सांसद भ्रष्ट हैं तो क्या जस्टिस रामास्वामी भ्रष्ट नहीं हैं. या फिर क्या कहने का मतलब यह है कि जस्टिस रामास्वामी भी भ्रष्ट रह सकते हैं क्योंकि मंत्री व सांसद सभी भ्रष्ट हैं. प्रस्ताव पर बहस के शुरू में ही इस प्रकार की प्रारंभिक आपत्ति क्यों नहीं ली ..... ऐसा कुछ क्यों नहीं कहा गया कि

मुल्जिम पर पत्थर वही व्यक्ति मारे जिसने किसी प्रकार का अपराध ना किया हो. क्या अर्थ यह निकाला जाये कि हमारे सांसद भ्रष्टाचार के किसी भी मामले पर बहस करने के लिये वार–पाक–साफ नहीं हैं क्योंकि वे खुद भ्रष्ट हैं. यदि ऐसा ही है तो फिर वे बोफोर्स मामले या पन्डुब्बी मामले पर किस हैसियत से संसदीय बहस करते रहते हैं. हर्षद मेहता भूपेन्द्र लाल आदि द्वारा किया गया अरबों रूपयों का प्रतिभूति घोटाला सामने आया है जिस पर सांसदों की एक समिति जांच पड़ताल कर रही है। क्या मतलब यह निकाला जाये कि बैंकों का अरबों रूपयों का नुकसान हो जाये और हमारे सांसद इस बिना पर उस विषय पर बहस ना करें कि उन्होंने मकान खाली नहीं किये हैं।

निसंदेह मणिशंकर अय्यर ने और भी दूसरे कारण बताये हैं जिनसे जस्टिस रामास्वामी को अलग नहीं किया जाना था। पर उन्होंने प्रस्ताव लाने वालों के इस आचरण पर काफी जोर दिया है।

मणिशंकर अय्यर एक असाधारण अच्छा रिकार्ड लेकर राजनीति में आये हैं। 1964 में उन्होंने भारतीय विदेश सेवा की कठिनतम परीक्षा पास की थी और शायद विदेशी केन्द्र से ऐसा करने वाले वे पहले भारतीय बने। वे कैम्ब्रिज विश्वविद्यालय के एक अत्यंत मेधावी छात्र रहे हैं। वर्षों वे भारतीय विदेश सेवा में सफलता पूर्वक कार्यरत रहे। चाहते तो वे अभी सेवा में रह सकते थे तथा और उपर उठ सकते थे। पर इतने उज्जवल कैरिअर को छोड़कर वे राजनीति में आये। वर्तमान में वे तमिलनाडू से इंका सांसद हैं। उन्होंने साबित किया है कि वे अपने व्यक्तिगत जीवन में भी धर्म निर्पेक्ष हैं। बिरले जन प्रतिनिधियों का इस प्रकार का रिकार्ड है। पर उनका उदाहरण यही जाहिर करता है कि राजनीति जैसे क्षेत्र में आने के बाद इंसान को वैसी ही बातें करनी पड़ती हैं जैसी कि किसी राजनायिक को शोभा देती हैं। यदि राजनीति का कैरिअर अपनाया तो फिर राजनायिक समीकरणों को नजर अंदाज करना आगे चलकर घातक साबित हो सकता है। रामास्वामी प्रकरण ने एक बात जाहिर कर दी है कि हमारी लोक सभा एक अदालत के रूप में काम न कर सकी जिसकी बड़ी उम्मीद थी। हमारे सांसदों ने महज राजनायिक अनिवार्यताओं से प्रभावित होना श्रेयस्कर समझा, उन्होंने कानूनी मुद्दो को पूरी तरह नजर

अंदाज कर दिया। 205 सांसदों ने मतदान में शरीक होना उचित नहीं समझा, प्रस्ताव के खिलाफ एक ने भी मत नहीं डाला। इस कारण ऐसा नहीं कहा जा सकता कि एक सांसद तो ऐसा था जिसने मामले के गुणदोषों को तौला और फिर अपना मत डाला, भले ही विपक्ष में मतलब यही रहा कि कोई आदमी बाकी दुनिया की निगाह में भले ही कितना ही भ्रष्टाचारी क्यों ना हो, हमारे संसद में उसे वैसा तब ही साबित किया जा सकता है जब सारी पार्टियां उस मुद्दे पर एक मत हो जायें। और ऐसा होना असंभव सा दिखता है। ना हमारे सांसद किसी भी राष्ट्रीय मुद्दे पर एक मत होंगे और ना इस प्रकार का विवादस्पद महाभियोग का प्रस्ताव संसद में सफल हो सकेगा।

ऐसा भी कहा जा रहा है कि कपिल सिब्बल जी ने इतनी प्रभावशाली वकालत की है कि इंका सांसद दुविधा में पड़ गये और उन्हें लगा कि वाकई में जस्टिस रामास्वामी एक ईमान्दार व्यक्ति हैं। यह मान सकते हैं कि श्री कपिल सिब्बल ने अपने पूर्व रिकार्ड के अनुसार अच्छी वकालत की होगी। पर वे निसंदेह एक कमजोर मुवक्किल की पैरवी कर रहे थे, उनका केस कमजोर था। और फिर उनके तर्कों को श्री जॉर्ज फर्नाडीज ने पूरी तरह तहस नहस कर दिया था। मिसाल के तौर पर श्री कपिल सिब्बल ने कहा था कि मुवक्किल हममें से अधिकांश की तुलना में कहीं ज्यादा सादगी की जिन्दगी बिताता है। इसके उत्तर में श्री फर्नाडीज ने पूछा कि यदि ऐसा ही है तो फिर क्यों उनके मुवक्किल ने लाखों के कीमती कालीन खरीदे, क्यों लाखों के टेलीफोन किये, क्यों ढ़ेर सारी चीजें अपने घर ले गये, इत्यादि। आश्चर्य है कि इन जवाबी तर्कों से एक भी इंका सांसद प्रभावित न हो सका। दरअसल में यदि श्री कपिल सिब्बल ने या फिर किसी भी दूसरे वकील ने बहस न भी की होती तो भी इंका सांसद जस्टिस रामास्वामी के खिलाफ मत न डालते, ठीक जिस प्रकार विरोधी सांसदों ने पहले से ही तय कर लिया था कि समर्थन में मत डालना है। अंतर सिर्फ उतना ही है कि इस मुद्दे पर सत्ता पक्ष के सांसद आम जनता की बहुमतीय राय का प्रतिनिधित्व ना कर सके।

रामास्वामी मामले का शायद सबसे ज्यादा दुखद पहलू यह रहा है कि साबित हो गये भ्रष्टाचार के खिलाफ कार्यवाही न हो सकी। जहां तक

प्रकरण के कानूनी मुद्दों का सवाल है, तीन सदस्यीय समिति की रिपोर्ट अंतिम ही मानी जायेगी जिसने जस्टिस रामास्वामी को कदाचारी घोषित किया है तथा सुप्रीम कोर्ट में बैठने के आयोग्य ठहराया है। बूटा सिंह बगैरह जरूर बताने की कोशिश कर रहे हैं कि समिति के गठन में कुछ अनियमिततायें हो गयी थीं। पर ऐसा कुछ भी नहीं कहा गया कि समिति के तीनों शीर्षस्थ न्यायाधीश इस काम के लिये योग्य व्यक्ति नहीं थे। अभी हाल ही में जस्टिस रामास्वामी के इस्तीफे के बाद हम यह कहने पर मजबूर हुये हैं कि सारे मामले में भ्रष्टाचार तथा कदाचार को और ज्यादा पैर गडाने में काफी सहायता प्रदान की है। मानकर चलिये कि भ्रष्टाचार के मामले में हमारा मुल्क भी पश्चिमी मुल्कों के माफिक अब लंबे कदम बढ़ा रहा है। हालाकि हम ऐसा भी नहीं कह रहे हैं कि इस प्रकार की शुरूआत रामास्वामी मामले से ही हुई है। मूंदडा–मामला, बोफोर्स और प्रतिभूति मामले आदि बहुत पहले के हैं हमारे सामान्य जीवन में भ्रष्टाचार और व्यक्तिगत नैतिक पतन की जडें पहले से ही गडी हैं। ऐसा भी नहीं है कि न्याय पालिका पर इसके पहले उंगली नहीं उठाई गई थी। परंतु एक शीर्षस्थ न्यायाधीश के खिलाफ इस प्रकार की देशव्यापी भर्त्सना का यह निसंदेह पहला मामला है। अब आम आदमी यह कहने पर मजबूर हो जायेगा कि बड़े से बड़े न्यायाधीश भी कटघरे में आ सकता है और साफ बच सकता है। अब कहा जायेगा कि स्वभाव सभी का एक जैसा होता है। अब हम ऐसा नहीं कह सकेंगे कि हमारे शीर्षस्थ जनप्रतिनिधि निष्पक्ष जांचकर्ता के रूप में काम कर सकते हैं।

एक बात और है जो स्पष्ट होकर सामने आई है। और वह यह है कि हर वर्ग का चारित्रिक स्तर अलग और एक दूसरे से भिन्न है। हर वर्ग के मापदंड अलग अलग हैं। इस कारण एक वर्ग के चरित्रिक स्तर से दूसरे वर्ग के सदस्यों को नापना तौलना गलत होगा, लोक सभा में कांग्रेसी सांसदों ने कहा कि जिस प्रकार की गल्तियां जस्टिस रामास्वामी ने की हैं, वैसी गल्तियां तो मंत्रीगढ़ करते ही रहते हैं। इन सांसदों का कहना है कि ज्यादा से ज्यादा जस्टिस रामास्वामी ने आर्थिक अनियमिततायें ही की हैं, ये सांसद इस सीमा तक ठीक कह गये हैं कि इस प्रकार की गल्तियां मंत्रीगढ़ तो करते ही रहते हैं। लेकिन सांसद गलती तब कर गये जब

उन्होंने अपने माप दंडो से एक न्यायाधीश को तौल डाला। वे भूल गये कि न्यायाधीशों से दूसरे ही आचरण की उम्मीद की जाती है। वैसे हम यह भी कहना चाहेंगे कि आम मतदाता अपने जन प्रतिनिधियों से उच्चतम स्तर के चारित्रिक आचारण की अपेक्षा करते हैं। और न ही इस प्रकार की उम्मीद आम आदमी करते हैं कि जन प्रतिनिधि स्वनिर्मित एक निचले स्तर की आचरण संहिता अपने उपर लागू करते रहें। आम आदमियों का चारित्रिक आचरण दूसरे स्तर तथा कुछ दूसरे स्वरूप का होता है । रामास्वामी मामले ने स्थापित कर दिया है कि आम आदमियों को अपनी परंपरागत पुरातन आचार संहिता में जीवित रहना है जबकि मंत्रियों के लिये दूसरी ही आचारण संहिता अमल में लाना है। इस मामले का सबसे ज्यादा दुखद तथा अफसोस जनक पहलू यह है कि इसने न्यायाधीशों के लिये अभी तक मान्य आचारण संहिता की नीव हिला दी है। देखना है कि आगे आने वाले दिनों में न्याय पालिका इस छूट के बावजूद भी किस प्रकार अपने आप को पेश करती है।

–एन.सी.ब्योहार

दैनिक भास्कर–11 सितम्बर 1993

अमर वेदान्त संदेशकः स्वामी विवेकानंद

11 सितम्बर 1893 का दिन माने आज से ठीक सौ वर्ष पहले स्थान शिकागो, अमरीका अफसर विश्व सर्वधर्म महासभा । दूसरे धर्मों के प्रतिनिधि अपने अपने भाषण दे चुके तब बड़े अनमने मन से भारत के एक प्रतिनिधि को बोलने का मौका दे दिया गया। भारत का प्रतिनिधि सन्यासियों के भगवा रंग के ढ़ीले ढ़ाले वस्त्र पहने हुये सिर पर साफा, श्रोताओं के मन में आशंका कि यह सन्यासी इन तमाम विद्वानों की सभा में क्या बोल पायेगा। जिसकी उम्र इन तमाम धुरंधर धर्म मर्मज्ञों की उम्र की आधी या उससे भी कम । पर फिर भी सन्यासी के चेहरे पर एक अलौकिक दीप्तिमान ओजस्व आंखों में अवसर का लाभ उठाने की एक अदभुत ज्योति। सन्यासी ने जब अपना पहला वाक्य पूरा किया तो श्रोताओं ने दो मिनट तक लगातार ताली बजाकर उसका स्वागत किया। क्या था उसका यह पहला वाक्य माये डियर ब्रदर्स एण्ड सिस्टर्स ऑफ अमरिका अर्थात अमरिका वासी बहिनो तथा भाईयो । इस स्तर की हृदय स्पर्शी आत्मीयता की अनुभूति श्रोताओं को इसके पहले नहीं हुई थी, अतः सन्यासी को मंत्र मुग्ध होकर सुना गया। यह सन्यासी कौन था. स्वामी विवेकानंद लगभग 30 वर्ष के अत्यंत आकर्षक रौबीले और तेजयुक्त नवजवान, वेदान्त दर्शन से पाश्चात्य जगत को अवगत कराने वाले अमर संदेशक, भारतीय संस्कृति के ध्वज वाहक, बंगाल के सबसे ज्यादा चमकदार नक्षत्रों में से एक एवं भारत वर्ष के महानतम महापुरूषों में गिने जाने योग्य स्वामी विवेकानंद । धर्म महासभा में उस दिन स्वामी विवेकानंद ने कहा था। –

साम्प्रदायिकता, हठधर्मिता और उनकी वीभत्स वंशधार धर्मान्धता इस सुन्दर पृथ्वी पर बहुत समय तक राज्य कर चुकी हैं, उनको बारम्बारता मानवता के रक्त से नहलाती रहीं हैं, सभ्यताओं को ध्वस्त, करती और पूरे पूरे देशों को निराशा के गर्त में डालती रही है। यदि ये वीभत्स दानवी न होतीं तो मानव समाज आज की अवस्था से कहीं अधिक उन्नत हो

गया होता। पर अब उनका समय आ गया है, और में आंतरिक रूप से आशा करता हूं कि आज सुबह इस सभा के सम्मान में जो घण्टाध्वनि हुई है वह समस्त धर्मान्धता का तलवार या लेखनी के द्वारा होने वाले सभी उत्पीडनों का तथा एक ही लक्ष्य की ओर अग्रसर होने वाले मानवों की पारम्परिक कटुताओं का मृत्युनिनाद सिद्ध है।

शताब्दी पूर्व कहे गये ये वचन आज सारे विश्व में सामान्यतया तथा भारत जैसे बहुधर्मीय, बहुजातीय, बहुभाषीय समाज में कितने ज्यादा प्रासंगिक हैं इसका अंदाज हम पिछले दशकों में घटीं अनेकानेक साम्प्रदायिक घटनाओं की पृष्ठभूमि में भली भांति लगा सकते हैं। कदाचित संभव है कि साम्प्रदायिक के अभिशाप से हम आज कहीं अधिक ग्रस्त हैं। तो क्या इसका आशय यही निकाला जाये कि इन विगत सौ वर्षों में हमनें स्वामी विवेकानंद की उपरोक्त चेतावनी पर लेशमात्र भी ध्यान नहीं दिया. क्या हम अभी तक महज सतही गर्व करते रहें कि स्वामी विवेकानंद जैसा मानव रत्न हमारे देश ने उत्पन्न किया. आज हम उनके अजर अमर उद्बबोधनों की शताब्दी मना रहे हैं। इन समस्त समारोहों की उपयोगिता है, पर एक आंशिक सीमा तक । आज जब हमारे देश में साम्प्रदायिक उन्माद अपनी चरम सीमा पर कुछ इस अंदाज से उपस्थित है कि देश की अखंडता पर भी एक वास्तविक खतरा मडराने लगा है तब स्वामी विवेकानंद के संदेशों का स्मरण यही होगा कि हम संकल्प लें कि अब हम एक दूसरे के खून के प्यासे नहीं बनेंगे और आपस में सच्चे भाईयों के समान रहना शुरू कर देंगे।

अपनी भारतीय पहचान तथा अपनी भारतीय आध्यात्मिक धरोहर पर स्वामी विवेकानंद के सदृश कम ही भारतीयों को गर्व रहा होगा। ''हिन्दु धर्म के सामन्य आधार'' में वे कहते हैं– 'मुझ जैसा गरबीला मानव इस संसार में शायद ही हो, पर में यह स्पष्ट रूप से बता देना चाहता हूं कि यह गर्व मुझे अपने स्वयं के गुण या शक्ति के कारण नहीं, वरन् अपने पूर्वजों के गौरव के कारण है। जितना ही मैंनें अतीत का अध्यन किया है, जितनी ही मेंनें भूतकाल की ओर दृष्टि डाली है, उतना ही यह गर्व मुझमें अधिक आता गया है।'

परंतु फिर भी स्वामी विवेकानंद इस तथ्य से पूर्व रूपेण अवगत थे कि हिन्दु अध्यात्मिकता पुरातनकाल में ऋषि मुनियों के अरण्यों तक सीमा बद्ध थी और वर्तमान युग में यह मंदिरों –मठों तथा धर्माचारों तक ही सीमित रह गयीं है। इस कारण इसके ज्ञान प्रकाश से गरीब–अमीर, उंचे तथा निचले वर्गों के भारतीय लाभान्वित नहीं हो पाये थे। वे भारतीय आध्यात्मिकता कि इस ग्रन्थी सीमा बद्धता से परिचित थे और साथ ही दूसरे धर्मों की व्यवहारिकता से भी वे परिचित थे। 10 जून 1898 को मुहम्मद सरफराज हुसैन को पत्र में उन्होंने लिखा था–

'इसलिये हमें दृढ़ विश्वास है कि वेदान्त के सिद्धांन्त कितने ही उदार और विलक्षण क्यों न हों, परंतु व्यवहारिक इस्लाम की सहायता के बिना मनुष्य जाति के महान जन समूह के लिये वे मूल्यहीन हैं। हम मनुष्य जाति को उस स्थान पर पहुंचाना चाहते हैं, जहां न वेद है, न बाईबिल है, न कुरान है' परंतु वेद, बाईबिल या कुरान के समंजस्य से ही ऐसा हो सकता है। मनुष्य जाति को यह शिक्षा देनी चाहिये कि सब धर्म उस धर्म के, उस 'एकमेंव द्विितियोनास्ति' के भिन्न भिन्न रूप हैं, इसलिये प्रत्येक व्यक्ति इन धर्मों में से अपने मनोनुकूल मार्ग चुन सकता है।

'हमारी मातृभूमि के लिये इन दिनों विशाल मतों का सामन्जस्य हिन्दु धर्म और इस्लाम–वेदान्ती बुद्धि और इस्लामी शरीर यही एक आशा है। स्वामी विवेदकानंद स्पष्ट नहीं करते हैं कि यह 'व्यवहारिक इस्लाम' क्या है। हो सकता है कि उनका आशय यह रहा हो कि मौजूदा भौतिकवादी जगत कि अनिवार्यताओं को इस्लाम की व्यावहारिकता से अधिक सफलता पूर्वक परिपूर्ण किया जा सकता है, या फिर वे हिन्दुओं को अधिक भावुक तथा मुसलमानों को अधिक व्यवहारिक मानते रहे हों, उनका आशय जो भी रहा हो, गौरतलब बात यह है कि उनका इशारा स्पष्ट था कि देश के इन दोनों सबसे बड़े धर्म संप्रदायों के लोगों को आपस में भाईचारे के साथ ही रहना राष्ट्र हित में श्रेयस्कर होगा। कहने की आवश्यकता नहीं कि लगभग सौ वर्ष पूर्व व्यक्त किये गये ये विचार हमारे वर्तमान परिवेश में कहीं अधिक सारगर्भित प्रतीत होते हैं।

उपरोक्त पत्र में स्वामी विवेकानंद मानव जाति को 'उस स्थान' पर ले जाने की परिकल्पना करते हैं जहां न वेद हों, न बाईबिल .....। अर्थात

जहां पर सिर्फ विशुद्ध मानव धर्म हो, जहां पर सिर्फ विशुद्ध मानवीयता का विश्वधर्म हो, विश्वधर्म की अपनी इस रूप रेखा को उन्होंने पर्याप्त रूप से स्पष्ट किया है। 'विश्वधर्म का आदर्श' में वे कहते हैं। इसलिये विश्व धर्म का यदि यह अर्थ हो कि एक प्रकार से मत में संसार के सभी लोग विश्वास करें तो यह सर्वथा असंभव है। यह कभी नहीं हो सकता। विश्व में गोरे काले लोग हैं, मनुष्य आपस में एक दूसरे से भिन्न हैं, पर फिर भी उन सब के मुंह पर सामान्य रूप से मनुष्यत्व का एक अपूर्व भाव है, ...मैं उसे पकड़ या इंन्द्रिय गोचर भले ही न कर सकूं फिर भी मैं.. निश्चय पूर्वक जानता हूं कि वह है। यदि किसी वस्तु का असंदिग्ध अस्तित्व है तो इसी मानवीयता का जो हम सब में व्याप्त है और आगे कोई सार्वभौमिक दार्शनिक तत्व कोई सार्वभौमिक पौराणिक तत्व या कोई सार्वभौमिक अनुष्ठान पद्धति जिसको मानकर सब को चलना पड़ेगा मेरा अभिप्राय नहीं है।

स्वामी विवेकानंद ने पाया कि यह तो सभी धर्मावलंबी स्वीकार करते हैं कि संसार के सभी धर्म सत्य हैं सभी धर्म समान हैं। परंतु फिर इन सभी धर्मों को एकत्रित करने का किसी ने ऐसा कोई उपाय नहीं सुझाया ताकि इस समन्वय के भीतर रहते हुये सभी धर्म अपनी अपनी विशिष्टताओं को सुरक्षित रख सकें। वही उपाय वास्तव में कार्यकारी हो सकता है जो किसी धर्मावलंबी की विशिष्टता को नष्ट न करते हुये उसको औरों के साथ समन्जस्य बिठाने का पथ बता दे। अब तक धर्मो के समन्वय के जितने प्रयास हुये हैं उनमें धर्म सम्बन्धि सभी दृष्टिकोणों को समाहित कर लेने के संकल्प के बावजूद कार्य रूप में उन्होंने सभी धर्मों को कुछ मतवादों में जकडने की चेष्ठा की है। फलस्वरूप उनमें परस्पर कलह, संघर्ष और प्रतियोगिता करने वाले अनेक नये सम्प्रदायों की ही सृष्टि हुई है। स्वामी जी की एक योजना है। उन्हीं के शब्दों में सर्वप्रथम मैं मनुष्य जाति से यह मान लेने का अनुरोध करता हूं कि ' कुछ विनाश न करो' । मूर्ति भजनकारी सुधारक लोग संसार का उपकार नहीं कर सकते। किसी वस्तु को तोड़कर धूल में मत मिलाओ, वरन् उसका गठन करो।

यदि हो सके तो सहायता करो, नहीं तो चुपचाप हाथ उठाकर खडे हो जाओ और देखो मामला कहां तक जाता है। यदि सहायता न कर सको तो अनिष्ट मत करो। जब तक मनुष्य कपटहीन रहे, तब तक उसके विश्वास के विरूद्ध एक शब्द भी न कहो। यदि यह सत्य है कि ईश्वर सब धर्मों का केन्द्र रूप है और हममें से प्रत्येक एक एक व्यासार्थ से उसकी ओर अग्रसित हो रहा है, तो हम सब उस केंन्द्र में पहुंचेगे सब व्यासार्थ एक ही केंन्द्र में सम्मलित होते हैं, कोई अपने स्वभावानुसार एक व्यासार्थ से अग्रसित होता है और कोई किसी दूसरे व्यासार्थ से । इसी तरह हम सब अपने–अपने व्यासार्थ द्वारा आगे बढ़ें, तब अवश्य ही हम एक ही केंन्द्र में पहुंचेगे। कहावत भी ऐसी है सब रास्ते रोम में पहुंचते हैं।

ना सिर्फ स्वामी विवेकानंद ने विश्व के सभी धर्मों में सामंजस्य लाने की चेष्ठा की वरन् उन्होंने विश्व के सभी मनुष्यों को आपस में लाने की भी कोशिश की । अपने व्याख्यानों में उन्होंने जगह जगह कहा है कि मनुष्यों की विभिन्नता को ना सिर्फ हमें स्वीकार करना चाहिये बल्कि हमें उसका स्वागत करना चाहिये क्योंकि विश्व–व्यापी एक रूपता सारी मनुष्य जाति के लिये अनिष्टकारी होगी। वेदांन्त दर्शन की व्यवस्था करते हुये उन्होंने शिक्षा दी की आत्मा एक है, आत्मा ईश्वर का रूप है अतः सारे विश्व के मनुष्यों की आत्माओं में एक एकता है, इसके अतिरिक्त उनके रंग रूप, आचार–विचार, व्यवहार–बर्ताव में विभिन्नता है, यह विभिन्नता उतनी अधिक महत्वपूर्ण नहीं है जितनी की मानव–आत्मा की एकात्मकता । अतः वे इस सुखद निष्कर्ष पर आसानी से पहुंच गये कि पूर्व और पश्चिम दोनों में अच्छाईयां हैं, बुराईयां हैं दोनों को एक दूसरे से ग्रहण करने को बहुत कुछ हैं, वे चार वर्षों तक अमरीका, इंग्लैण्ड, फ्रांस, चीन, जापान तथा यूरोप के अन्य देशों में रहे, उन्होंने पाश्चात्य सभ्यता, नैतिकता, रीति रिवाजों आचार विचार का बारीकी से अध्ययन किया। उन्होंने पश्चिमी जगत में बहुत कुछ अनुकरणीय पाया और उससे ग्रहण करने की सलाह भारतवासियों को दी कि जिस प्रकार उन्होंने अंग्रेजों और पाश्चात्य लोगों को समझाया कि उन्हें भारतीय दर्शन से विशुद्ध आध्यात्मिकता की सीख लेनी चाहिये, पश्चिमी जगत को उन्होंने उसके निष्ठुर भौतिकवाद से उपजे जड़वाद से छुटकारा पाने के लिये

वेदान्त–दर्शन ग्रहण करने की सलाह दी दूसरी तरफ उन्होंने अपने देश वासियों को सलाह दी कि विज्ञान अप्रभावित इस युग में महज किताबी अध्यात्म से हमारा भला न होगा, वरन् हमें पाश्चात्यों की तरह व्यवहार कुशल तथा वास्तविकता वादी बनना होगा। व्यवहारिक वेदान्त की आवश्यकता पर उन्होंने बल दिया। इस प्रकार स्वामी जी ने पश्चिमी और पूर्वीय जगत के बीच में एक सेतुबंध बनने का प्रयास किया।

महान वेदान्त दार्शनिक ने उस एक कारण को जानने की सफल कोशिश की जिसके फलस्वरूप पश्चिमी दुनिया भौतिकवाद में इतनी अधिक उन्नती कर गई और पूर्वीय दुनिया, भारत वर्ष विशेष कर इस विश्व में इतना पीछे रह गया, उनका निष्कर्ष था कि पाश्चात्य लोग आत्म शक्ति से ओत–प्रोत हैं और किसी भी कार्य को करने का दावा करते हैं दूसरी ओर सदियों की दासता तथा वेदान्त साहित्य के आम लोगों तक न पहुंच पाने के मिले जुले प्रभाव के फलस्वरूप भारतीय अपनी आत्मशक्ति खो बैठे हैं, उन्हीं के शब्दों में संसार के इतिहास में देखोगे कि केवल वे ही राष्ट्र महान और प्रबल हो सके हैं जो आत्म विश्वास रखते हैं, हर एक राष्ट्र के इतिहास में तुम देखोगे कि जिन व्यक्तियों ने अपने उपर विश्वास किया वे ही महान तथा सबल ही हो सके।

उनका विशुद्ध देश प्रेम उन्हें बताता है कि ईर्ष्या का दूसरा दुर्गुण भारतीयों को समुचित तरक्की करने से रोकता है। हरिदास, बिहारीदास देसाई को शिकागो से लिखे एक पत्र में उन्होंने व्यक्त किया है– क्या कारण है कि हिन्दु राष्ट्र अपनी अद्भुत बुद्धि एवं अन्यान्य गुणों के रहते हुये भी टुकडे टुकडे हो गया. में इसका उत्तर दूंगा– ईर्ष्या, कभी भी कोई जाति एक दूसरे से शुद्ध भाव से ईर्ष्या करने वाली या एक दूसरे के सुयश से ऐसी डाह करने वाली न होगी जैसी कि यह आभागी हिन्दु जाति, और यदि आप कभी पश्चिमी देशों में जायें, तो पश्चिमी देशों में इसके प्रभाव का अनुभव सबसे पहले करेंगे।

हम कह सकते हैं कि एक पूर्णरूपेण आध्यात्मिक व्याख्याकार को किसी दूसरे जैसे कि राजनायिक और सामाजिक क्षेत्र में देशवासियों की दुर्बलतायें खोजने की क्या आवश्यकता है, विवेकानंद दर्शन का अध्ययन करने पर हम पाते हैं कि स्वामी जी सबसे पहले आध्यात्मिक प्रचारक हैं

और फिर सामाजिक सुधारक, सबसे अंत में वे राजनायिक चिन्तक हैं।अठारवीं सदी में आरंभ हुये समाज सुधार आंदोलनों के संबंध में उनका यही कहना था कि ये आंदोलन कर्ता किसी भी एक सामाजिक कुरीति के विरूद्ध अपना कार्य करने लगते थे तथा अपनी अधिक शक्ति दोष दर्शाने में व्यय किया करते थे, अतः पूरे अच्छे परिणाम न मिल सके स्वामी जी ने 'आमूल सुधार' की बात कही और सुझाया कि सिर्फ वेदान्ती सिद्धान्तों के व्यक्तिगत जिन्दगी में अमलीकरण से ही आत्मा को वह शक्ति प्राप्त होगी जो समस्त व्यक्तियों में, व्यक्त्यिों से समस्त सामाज तथा समस्त राष्ट्र में आमूल परिवर्तन ला सकेगी। समस्त विवेकानंद दर्शन रूपी गहन आकाश में सबसे अधिक प्रकाशमान नक्षत्र के रूप में उनका देश प्रेम उजागर होता है, विश्व को भारत का संदेश में वे लिखते हैं–

पर मेरे जीवन की निष्ठा तो मेरी इस मातृभूमि के प्रति अर्पित है, और यदि मुझे हजार जीवन भी प्राप्त हों, तो प्रत्येक जीवन का प्रत्येक क्षण, मेरे देशवासियों, मेरे मित्रों, तुम्हारी सेवा में अर्पित रहेगा।

क्योंकि मेरा जो कुछ भी है– शारीरिक, मानसिक और आत्मिक–सब का सब इस देश की देन है–

अपने व्याख्यानों में स्वामी जी स्पष्ट कर देते हैं कि विज्ञान और राजनीति के क्षेत्रों में भी भारतीयों को अपने आप को दूसरे उन्नत मुल्कों के समकक्ष लाना है, परंतु वे यह चेतावनी बारम्बार देते हैं कि प्रत्येक देश का एक राष्ट्रीय गुण होता है जिसे त्यागना उस देश के लिये आत्मघाती साबित होगा। पाश्चात्य देशों के लिये यह राष्ट्रीय गुण उनकी वैज्ञानिक प्रवृत्ति हो सकती है, या फिर उनका राजनीति के प्रति झुकाव उनका राष्ट्रीय गुण हो सकता है, परंतु भारत का राष्ट्रीय गुण उनका आध्यात्मवाद ही हो सकता है। और अत्यंत सशक्त भाषा में स्वामी जी सचेत कर देते हैं कि आदि काल से चली आ रही अपनी इस गौरवशाली धरोहर को त्यागना देश वासियों के लिये घातक होगा, वेदान्त का उद्देश्य में उन्होंने कहा है–

भला हो या बुरा, भारत में हजारों वर्ष से धार्मिक आदर्श की धारा प्रवाहित हो रही है, भला हो या बुरा भारत का वायुमंडल उसी धार्मिक

आदर्श में बीसियों सदियों तक पूर्ण रहकर जगमगाता रहा है, भला हो या बुरा हम इसी आदर्श के भीतर पैदा हुये हैं और चले हैं– यहां तक कि अब यह हमारे रक्त में ही मिल गया है, हमारे रोम रोम में वही धार्मिक आदर्श रम रहा है, वह हमारे शरीर का अंग और हमारी जीवन शक्ति बन गया है।

यदि हमें अपना यह धार्मिक आदर्श नहीं त्यागना है और सांथ ही सांथ यदि हमें सफल भौतिकवादी भी बनना है तो फिर इन उत्तर–दक्षिण विरोधी छोरों को कैसे मिलाया जाये. स्वामी विवेकानंद का उत्तर है, कर्मयोगी बनकर... किस प्रकार कर्मयोगी बनने की सलाह देते हैं, स्वामी विवेकानंद. उस प्रकार के कर्मयोगी की जिसकी परिभाषा श्रीमद् भगतव गीता में हमें मिलती है, उस प्रकार के कर्मयोगी बनने की जिसका वर्णन गौतम बुद्ध के इस कथन में स्वामी जी पाते हैं–

तुमने अपने संबंध में जो कुछ सोचा है तुम वही हुये हो, भविष्य में जो कुछ सोचोगे वैसे ही होगे।

यह अपने आप में एक अद्‌भुत समागम ही है कि एक छोर पर तो स्वामी जी अद्वैतवाद पर विश्वास रखते हुये ईश्वर, आत्मा, और यहूत के अमरत्व का उपदेश देते हैं तो दूसरे छोर पर वे एक ऐसे निष्ठुर कर्मयोगी बनने की अनुशंसा करते हैं जो किसी भी प्रकार का विश्वास करे या न करे, कर्मयोगी का आदर्श में उनका कहना है कि कर्मयोगी को किसी मत या सिद्धांन्त की सहायता लिये बिना अपनी समस्या का समाधान केवल कर्म द्वारा करना होता है।

स्वामी जी तो यहां तक कह देते हैं कि कर्मयोगी ईश्वर में भी चाहे विश्वास करे या न करे आत्मा के संबंध में भी अनुसंधान करे या न करे पर अनिवार्य रूप से वह कर्म पर श्रद्धा रखता हो, सारांश में हम कह सकते हैं कि स्वामी जी ने धर्म को व्यवहारिक बनाने पर बल दिया, अपनी धार्मिकता की सहायता से अपनी आत्मा की दिव्य शक्ति को चरम सीमा तक प्रज्वलित किया जा सकता है, अपने अंतस में निहित ब्रम्ह शक्ति को क्रियाशील कर के अपने आत्म सम्मान को उदीप्त किया जा सकता है और इस प्रकार पूर्ण रूपेण आध्यात्मिक रहते हुये भी

राजनायिक, सामाजिग, वैज्ञानिक क्षेत्रों में सर्वोच्च उन्नति प्राप्त की जा सकती है, विवेकानंद शताब्दी वर्ष में इससे अधिक प्रासंगिक एवं समयानुकूल उपयुक्त संदेश और क्या हो सकता है, धार्मिकता का विकृत रूप अर्थात धर्मान्धता उन्हें जकडे है, फलस्वरूप उनका आत्मिक ऐकीकरण नहीं हो पा रहा है तथा जीवन दायक राष्ट्रीय शक्ति एवं उर्जा का हास विध्वंसक गतिविधियों में हो रहा है, निसंदेह विवेकानंद दर्शन ही हमारा पथ–प्रदर्शक हो सकता है।

4 जुलाई 1902 को 39 वर्ष की अल्प आयु में यह अद्वितीय सन्यासी परलोक सिधार गया। क्या उन्हें अपनी मृत्यु का पूर्वाभास हो गया था. 18 अप्रेल 1900 को उन्होंने कुमारी जोसेफिन मक्लिआड को लिखे पत्र में इशारा किया था ।

मेरे कर्म के पीछे महत्वाकांक्षा थी, प्रेम के पीछे व्यक्तित्व, पवित्रता के पीछे भय और मेरे पथ–प्रदर्शन के पीछे शक्ति की लालसा । वे अब लुप्त हो रहे हैं और मैं बह रहा हूं, मैं आ रहा हूं मां। मैं तुम्हारी स्नेह मई गोद में आ रहा हूं, जहां तुम ले जाओगी वहीं बहता हुआ ...मैं आता हूं उस शब्दहीन अपरिचत देश में, नाटक का पात्र नहीं–दर्शक बनकर आ रहा हूं।

–एन.सी.ब्योहार

नव भारत–28 दिसंबर 1992

साम्प्रदायिकता के खिलाफ मोर्चा बंदी कितनी गंभीर

कांग्रेस पार्टी की कार्य समिति ने साम्प्रदायिकता के खिलाफ संघर्ष छेडने के लिये एक बड़ी कार्य योजना का ऐलान किया है, इसके तहत समान विचारधारा वाले दूसरे राजनीतिक दलों के साथ इंका द्वारा प्रयोग किया जायेगा, राम जन्म भूमि– बाबरी मस्जिद मुद्दे पर पुस्तिकायें, बैनर, पर्चे छापे जायेंगे, एक श्वेत पत्र जारी किया जायेगा जिसका अनुवाद देश की भाषाओं में किया जावेगा। कार्य समिति का विचार है कि आर.एस.एस. विहिप तथा भाजपा ने एक समुदाय के विरूद्ध दूसरे समुदाय की भावनायें भड़काने के लिये उसी प्रकार के तौर तरीके अपनाये थे जो 1929–1930 में नाजिवादी जर्मनी तथा फॉजिवादी इटली ने अख्तियार किये थे। इसके दूसरी तरफ वामपंथी दलों ने कह दिया है कि साम्प्रदायिका के खिलाफ किसी भी मोर्चे में वे इंका के साथ शरीक नहीं होंगे, भारतीय कम्युनिस्ट पार्टी के महासचिव सांसद इन्द्रजीत गुप्त तथा मार्क्सवादी पार्टी के महासचिव हरकिशन सिंह सुरजीत ने अपनी अपनी पार्टियों की योजनायें अभी कुछ समय पहले जारी की हैं। दोनों ने लगभग एक जैसी बातें कही हैं जो इस प्रकार हैं– अयोध्या से जुड़े सभी मामले उच्चतम न्यायालय को सौंप दिये जायें, विवादित स्थल पर रामलला मूर्तियों के दर्शन तथा पूजा की अनुमति न दी जाये, किसी भी प्रकार का राजनीतिक मोर्चे बनाने के बदले धर्म निर्पेक्षता में विश्वास रखने वाले दलों, संगठनों, बुद्धिजीवियों को इकट्ठा कर साम्प्रदायिकता के खिलाफ एक राष्ट्रव्यापी व्यापक अभियान छेडा जाये। जनता दल ने भी साफ कह दिया है कि वह भी अकेला ही संघर्ष करेगा। कुल नतीजा यह रहा कि समान विचारधारा वाले ऐसे कौन से दल बचे जिनके साथ मिलकर इंका को काम करना है। सभी अलग अलग काम करेंगे, लिहाजा इंका को जो कुछ भी करना है उसे अकेले ही करना होगा।

इन सभी प्रमुख दलों के साम्प्रदायिकता के खिलाफ एक से विचार हैं, सभी संघ परिवार को गुनहगार मानते हैं, सभी का कहना है कि भाजपा ने साम्प्रदायिकता उभारकर राजनीतिक लाभ हासिल किया है, इन सबका कहना है कि यदि उभरती साम्प्रदायिकता पर तुरंत काबू नहीं पा लिया जाता है तो देश का भयंकर नुकसान होगा। इंका और गैर भाजपाई अन्य दलों के विचार एक से होते हुये भी सब एक साथ काम करने को तैयार नहीं हैं। सब अपने अपने रास्ते अलग अलग जाना चाहते हैं। यानि सब अपनी–अपनी ढ़पली, अपना–अपना राग अलाप रहे हैं। यदि ऐसा ही रहा तो इनमें से कोई भी दल कुछ भी हासिल नहीं कर सकेगा और समस्या जहां की तहां रही आयेगी। सभी दल सारा श्रेय खुद लूटना चाहते हैं, श्रेय आपस में मिल–जुलकर बांटना नहीं चाहते ।इससे साफ जाहिर होता है कि ये बाकी सभी दल महज दलगत राजनीति लाभों से प्रेरित हैं ।जब ऐसा है तब साम्प्रदायिकता जैसी बड़ी समस्या पर काबू पाना इन स्वार्थ सेवकों के बस के बाहर की बात हो जाती है।

वैसे हम यह भी नहीं मान सकते कि यदि ये वामपंथी दल इंका के साथ हो भी जाते हैं तो साम्प्रदायिकता पर जीत हासिल हो जायेगी। हम भी नहीं कह सकते हैं कि इनके सामूहिक मोर्चे में इतनी ताकत होगी कि वे साम्प्रदायिकता को देश से बाहर निकाल देंगे। गौर तलब बात यह है कि साम्प्रदायिकता एक सामाजिक अभिशाप है जिसकी जडें शताब्दियों पुरानी आपसी रंजिशों के इतिहास में खोजी जा सकती हैं, साम्प्रदायिकता एक विक्षिप्त मानसिकता है जो धार्मिक–असहिष्णुता, आपसी वर्गभेद आदि से पनपती है, इसे मानसिक स्तर पर ही कम किया जा सकता है। और मानसिक स्तरीय लड़ाई सिर्फ एक ही तरीके से जीती जा सकती है, और वह यह है कि शिक्षा का अधिकाधिक प्रसार कर दिया जाये। जब बड़े पैमाने पर अशिक्षा और अज्ञान रहे आयेंगे तब तक धार्मिक अंधकार, धर्मान्धता, अंधविश्वास आदि कायम रहे आयेंगे, हमारे इन राजनीतिक दलों ने ऐसा कोई प्रस्ताव पारित नहीं किया है कि उन संबंधित पक्षों को शिक्षा तालीम हासिल करने के लिये आगे बढ़ाया जाये जो पढ़ाना–लिखाना ज्यादा जरूरी नहीं समझते। जाहिर है कि जब

तक इस ओर ध्यान नहीं दिया जाता है तब तक ज्यादा कुछ भी हासिल नहीं किया जा सकता।

संकीर्णता का दूसरा नाम साम्प्रदायिकता है और संकीर्णता को दूर करने का सबसे कारगर तरीका शिक्षा ही है। दूसरे शब्दों में हम कह सकते हैं कि उस दिन जब हमारे यहां शिक्षा का स्तर काफी उंचा रहेगा तब तक साम्प्रदायिकता पर काफी हद तक कामयाबी हासिल कर ली जावेगी। अतः हमारे इन राजनीतिक दलों को सबसे ज्यादा इस बात पर जोर देना चाहिये कि शिक्षा का प्रसार ज्यादा सघन कर दिया जाये। इन्हें चाहिये कि वे इस तरफ युद्ध स्तर पर अभियान छेड दें । पर वे ऐसा नहीं कर रहे हैं वे एक महज सामाजिक मुद्दे को राजनीतिक तरीके से हल करना चाहते हैं। ऐसा करने का एक बड़ा खतरा यह रहता है कि किसी भीं साधारण से मुद्दे का राजनीतिकरण हो जाता है। और आज यही हमारे सारे झगडों की जड है। हम यह भी नहीं कहना चाहते कि राजनीतिक पार्टियां इन मामलों में कुछ न करें या शांति समितियां न बनाई जायें या प्रबुद्ध नागरिकों को शामिल न किया जावे। ऐसा सब कुछ किया जावे, लेकिन राजनीतिक गतिविधियों को सबसे अहम न माना जाये।

वामपंथी बोलते हैं कि अयोध्या से संबंधित सारे मामले उच्चतम न्यायालय को सौंप दिये जायें ।सवाल यह है कि अब और कौन से मामले रह गये हैं जिन्हें उच्चतम न्यायालय को सौंपा जायें. यह मामला पहले से ही उच्चतम न्यायालय में विचाराधीन है। अब और कौन सा मामला वहां जाना बाकी रह गया है. फिर भी यदि मामले का कोई अंश बाकी रह गया है तो उसे क्यों अदालत के सुपुर्द किया जाये. क्यों न उस आपसी सुलह से सुलझानें की कोशिश की जाये। हममें कब इस प्रकार की अकल आयेगी कि भावना और आस्था के मामले कानूनी और अन्य सबूतों से सिद्ध नहीं किये जा सकते. इन्हें सिर्फ आपसी वार्ता से ही सुलझाया जा सकता है। अभी कुछ दिन पहले ही हमने देखा है कि उच्चतम न्यायालय के समक्ष हलफनामे पेश किये गये। उत्तर प्रदेश की तत्कालीन सरकार ने उच्चतम न्यायालय को आश्वासन दिये पर फिर वायदा–खिलाफी की गई। उच्चतम न्यायालय की तौहीन की गई। इस

ताजे उदाहरण से हम सीख सबक क्यों न लें। कुल मिलाकर निष्कर्ष यही निकलता है कि मामला हमें अदालत के बाहर सुलझाना होगा।

इसमें कोई शक नहीं कि भाजपा ने साम्प्रदायिकता की मदद से अपनी लोक सभाई शक्ति बढ़ाई है। ....यहां तक की भाजपा नेता श्री अटल विहारी वाजपेयी ने भी गहन अफसोस जाहिर किया है। हम यह भी कहना चाहेंगे कि भाजपा की साम्प्रदायिक प्रवृत्ति पर अंकुश लगाना भी जरूरी है यह अंकुश स्वयं भाजपा को लगाना होगा और दूसरों को भी भाजपा की साम्प्रदायिकता पर अंकुश लगाना होगा। लेकिन भाजपा ही नहीं दूसरी पार्टियां भी साम्प्रदायिकता के लिये जिम्मेदार हैं। साम्प्रदायिकता को समाप्त करने के संदर्भ में सत्तासीन कांग्रेस पार्टी को दुबारा सोचना होगा कि उस पर तुष्टीकरण का जो आरोप लगाया जाता है वह कहां तक सच है। कांग्रेसियों को आज गंभीरता से सोचना होगा कि तुष्टीकरण की नीति आगे न चलाई जाये। तुष्टीकरण किया गया है, यह निसंदेह सच है। जबकि तुष्टिकरण किसी का नहीं किया जाना है। हमें देखना होगा कि तुष्टिकरण से सबका नुकसान हो रहा है और दरअसल में सबसे ज्यादा उनका नुकसान हो रहा है जिनके लिये यह नीति अपनाई गयी है। तुष्टिकरण से सुविधायें सहूलियतें मिल जाती हैं जो अन्यथा नहीं मिलनी चाहिये थीं। नतीजा यह रहता है कि बिना मतलब के असंतुलन बनते हैं, खिचाव– तनाव पनपते हैं और फिर शांति व्यवस्था में खलल पड़ती हैं। तुष्टीकरण ने साम्प्रदायिकता का बढ़ावा दिया है भले ही अपरोक्ष तरीके से ।

– एन.सी.ब्योहार

दैनिक भास्कर–दिनांक 13 दिसंबर 1993

चुनाव–1993 में मुद्दों की उपयोगिता

चुनाव तीन प्रकार के हुआ करते हैं, राष्ट्रीय चुनाव लोक सभा के लिये, प्रान्तीय चुनाव विधानसभाओं के लिये तथा स्थानीय चुनाव नगर निगमों तथा ग्राम पंचायतों के लोक सभा के चुनावों में राष्ट्रीय महत्व के मुद्दे आकर्षक होते हैं, प्रान्तीय विधान सभाओं के चुनावों में प्रान्तीय महत्व के मुद्दे महत्वपूर्ण होते हैं तथा स्थानीय स्वायत्व संस्थाओं के चुनावों के समय स्थानीय समस्याओं से संबंधित मुद्दे प्रासंगिक बनते हैं। लोक सभा के उम्मीदवार से इस प्रकार की उम्मीद की जाती है कि राष्ट्रीय महत्व के मुद्दों तथा समस्याओं पर वह उम्मीदवार अपने क्षेत्र का बेहतर तरीके से प्रतिनिधित्व कर सके। कुछ मुद्दे ऐसे हैं जिनकी व्यापकता प्रान्तीय स्तर के विधायक ही ज्यादा अच्छे तरीके से निपटा सकते हैं। उसी प्रकार स्थानीय स्तर की अनेक समस्याएं ऐसी होती हैं जिन्हें सांसद या विधायक नहीं सुलझा सकते और जिन्हें पार्षद या सरपंच–पंच ही ज्यादा प्रभावशाली तरीके से सुलझा सकते हैं। सत्ता के विकेन्द्रीकरण के सिद्धान्त के अनुसार यह व्यवस्था उपयोगी है। यदि हम इस सिद्धांन्त को ध्यान में रख सकते हैं, तब आसानी से हमें यह बात साफ समझ में आ जायेगी कि अभी हाल ही में सम्पन्न हुये चुनावों में राष्ट्रीय महत्व के तमाम मुद्दे क्यों मतदाताओं को प्रभावित न कर सके. तथा क्यों उन्होंने प्रान्तीय तथा स्थानीय आवश्यकताओं को ध्यान में रखकर मतदान किया. शुरू शुरू में तो सभी बड़ी पार्टियों ने राष्ट्रीय महत्व के मुद्दों को उछाला, अपने अपने चुनाव घोषणा पत्रों में राष्ट्रीय महत्व के वायदे किये। पर कुछ ही दिनों में तमाम बड़े नेताओं को समझ में आ गया कि ये प्रान्तीय विधान सभाओं के लिये चुनाव हो रहे थे और इनमें राष्ट्रीय महत्व की समस्याओं का ढ़िंढ़ोरा पीटकर मतदाताओं को सहलाया नहीं जा सकेगा। इसलिये सभी नेताओं ने तुरंत अपनी रणनीति बदली तथा उन्होंने प्रान्तीय तथा स्थानीय समस्याओं को सुलझाने के वायदे करना शुरू कर दिये। इस प्रकार की स्थिति हमारे पिछले कुछ चुनावों से साफ बनते चली आ

रही है। चुनाव 1993 ने इसकी मजबूतीकरण कि दिशा में एक बडा कदम आगे बढ़ाया है।

सबसे पहले हमें यह देखना जरूरी है कि बड़ी पार्टियों ने कौन से राष्ट्रीय मुद्दे शुरू में उठाये थे. भारतीय जनता पार्टी ने ये राष्ट्रीय मुद्दे उठाये– अयोध्या में राम मंदिर का निर्माण करना, सार्वजनिक जीवन में भ्रष्टाचार समाप्त करना तथा राष्ट्रवादी–धर्मनिर्पेक्षता स्थापित करना। कांग्रेस पार्टी ने जो राष्ट्रीय मुद्दे उठाये– साम्प्रदायिक सद्भाव स्थापित करना, धर्म निर्पेक्षता और मजबूत करना। जनता दल का राष्ट्रीय मुद्दा एक ही था और वह यह कि मंडलवादी सामाजिक न्याय व्यवस्था स्थापित करना। मुलायम सिंह यादव की समाजवादी पार्टी का मुद्दा यही रहा कि प्रान्त में प्रमुख दोनों सम्प्रदायों के बीच में सौहार्द्र स्थापित करना। सपा के जोड़ीदार गठबंधक बहुजन समाज पार्टी का मुद्दा क्या रहा होगा. ब्राम्हणों तथा उंची जातियों को हराना. शताब्दियों के इतिहास का उनसे बदला लेना. दरअसल में कांशीराम का कोई मुद्दा था ही नहीं, और यदि था तो नकारात्मक। पर फिर भी कांशीराम का हाथी नवम्बर, दिसंबर 1993 की सबसे सनसनी खेज खोज रही।

सबसे पहले हम भारतीय जनता पार्टी के राम–कार्ड पर चर्चा करें। पार्टी के सभी बड़े नेता कहते हैं कि सिर्फ राम–कार्ड पर ही चुनाव नहीं लडा गया। यह जरूर है कि इस बार 1990 तथा 1991 के विधान सभाई और लोक सभाई चुनावों की तुलना में राम–कार्ड पर भाजपा द्वारा उतना ज्यादा जोर नहीं दिया गया क्योंकि आडवानी, वाजपेयी, जोशी जानते थे कि 6 दिसंबर 1992 की अयोध्या घटनाओं के बाद अनेकानेक हिन्दु मतदाता भी भाजपा से दूर हो गये थे। पर फिर भी ऐसा भी नहीं कहा जा सकता कि राम–कार्ड पर जोर दिया ही नहीं गया। चारों प्रान्तों में चुनावी भाषणों में जोर शोर से कहा गया कि राम मंदिर बनाया जायेगा। उत्तर प्रदेश, मध्य प्रदेश, हिमाचल प्रदेश और राजस्थान की तुलना में यह बात ज्यादा बल देकर कही गई। पर उत्तर प्रदेश में इसका असर मध्य प्रदेश की तुलना में ज्यादा रहा। इसका एक कारण यह होना चाहिये कि अयोध्या, मथुरा तथा वाराणसी उत्तर प्रदेश में ही स्थित हैं। वैसे यह सही है कि पूरे उत्तर प्रदेश में राम–कार्ड का असर इस बार कम रहा। 1990

में भाजपा को 425 में से 220 सीटें मिली थीं जो कि इस बार घट कर 177 सीटें रह गईं माने 43 सीटों का अच्छा खासा घाटा। क्योंकि भाजपा ने बसपा–सपा के 176 सीटों वाले गठबंधन से एक सीट ज्यादा जीत कर देश के सबसे बड़े राज्य में आज भी पहला स्थान ही अर्जित किया है, इस कारण इतना तो कहा जा सकता है कि कांटे की टक्कर के बावजूद भी कम से कम उत्तर प्रदेश तो एक राज्य है जहां राम–कार्ड की अपील भी काफी कुछ असरदार है। मुलायम सिंह की पार्टी को अलग से 101 सीटें मिली हैं जो कि ज्यादातर मुस्लिम वोटों की बदौलत ही जीती गई हैं। अतः यह ▸ आज भी सिद्ध है कि मुलायम सिंह के धर्म निर्पेक्षवाद की तुलना में भाजपाई राम–कार्ड नवम्बर, दिसंबर 1993 में ज्यादा गुणकारी रहा।

हिमाचल प्रदेश, मध्य प्रदेश, राजस्थान में भाजपा का राम–कार्ड ज्यादा न चल सका। राजस्थान में भाजपा ने 95 सीटें जीतीं, पहला स्थान अर्जित किया और आज वहां भाजपा की सरकार बन गई। इस प्रकार 1990 में भाजपा शासित बनने वाले चार राज्यों में से राजस्थान ही एक मात्र ऐसा राज्य है जहां पर पहले की स्थिति लगभग कायम रही आयी। भैरो सिंह शेखावत 1990 में मुख्यमंत्री बने थे सो आज फिर दुबारा बने हैं। अन्तर सिर्फ इतना है कि 1990 में भाजपा ने 85 सीटें जीतीं थीं और इस बार 10 सीटें ज्यादा जीती हैं। परंतु दूसरी तरफ कांग्रेस ने 1990 में सिर्फ 50 सीटें जीती थीं जबकि इस बार 76 सीटें जीतकर 26 सीटों का इजाफा किया है। दोनों की बढ़ोत्तरी जनता दल की कीमत पर हुई है। अतः निष्कर्ष तो यही निकाला जाना चाहिये कि राजस्थान में न तो भाजपा राम–कार्ड की बदौलत आगे बढ़ी और न ही कांग्रेस को उसके धर्म–निर्पेक्षवाद ने किसी प्रकार की सहायता की । चूंकि जनता दल का घर टूट रहा था, इसलिये उसके सदस्य यहां–वहां बिखर गये। कुछ भाजपा के किनारे लग गये, तो कुछ दूसरे कांग्रेसियों के साथ हो लिये। मध्य प्रदेश देश के सबसे शांति प्रिय राज्यों में से एक रहा है। यहां के निवासियों को दंगे, फसाद, उपद्रव पसंद नहीं हैं। यहां के मतदाताओं की यही शांति–उन्मुख मनोवृत्ति इस बार उजागर होकर सामने आयी। राष्ट्रीय मुद्दे मध्य प्रदेश में असरहीन साबित हुये। कहा जा रहा है कि

सुन्दर लाल पटवा ने बहुतों का नाराज कर लिया। इसका भी अंश रहा होगा। पर मध्य प्रदेश में मुख्य कारण यही रहा कि यहां के लोगों ने वापस शांति व्यवस्था के पक्ष में मत डाले। हिमाचल प्रदेश में बताया जाता है कि यहां के 1.60 लाख सरकारी कर्मचारी शांता कुमार से नाराज थे क्योंकि उन्होंने हड़ताली कर्मचारियों के खिलाफ सख्ती से काम लिया, ''काम नहीं–वेतन नहीं'' नीति का पालन किया। कहा जाता है कि उन्होंने सेव–कास्तकारों को नाराज कर लिया। अपनी सब्सिडी वापस उठा लेने की नीति से। कहने का अर्थ यहा रहा कि शांता कुमार ने अनुशासनात्मक कार्यवाही की और खामियाजा इस प्रकार का भुगता कि सीटें हाथ से गईं तथा खुद चुनाव हारे । निष्कर्ष यह भी रहा कि हिमाचल प्रदेश में राम–कार्ड या किसी भी दूसरे राष्ट्रीय मुद्दे पर मत नहीं डाला गया। रहा सवाल दिल्ली का सो यहां पर भाजपा ने जो 49 सीटें जीति हैं वे राम–कार्ड के बलबूते नहीं जीती गई हैं। दिल्ली में केन्द्र सरकार के खिलाफ असंतोष है और दिल्ली वासियों ने केन्द्र सरकार तथा कांग्रेस पार्टी को एक ही समझ लिया । लिहाजा नेशनल केपीटल रीजन दिल्ली में कांग्रेस पार्टी पर गुस्सा निकाला गया ।

मतदान के पहले भाजपाई नेता कहा करते थे कि ये चुनाव इस मुद्दे पर रीफरेन्डम या जनमत–संग्रह साबित होंगे कि मतदाता क्या चाहते हैं– भाजपा का राष्ट्रवादी धर्म निर्पेक्षवाद या कांग्रेस का छद्म–धर्म निर्पेक्षवाद। अब हम देखते हैं कि ये लोग गलत कहां करते थे। इन चुनावों में किसी प्रकार जनमत–संग्रह इस मुद्दे पर नहीं हुआ है। सबसे पहले और सबसे बडा कारण तो यह है कि रिफरेन्डम या जनमत–संग्रह सिर्फ छः राज्यों में नहीं हो सकता, बल्कि सारे देश में होना चाहिये। छः राज्यों की इच्छा को बाकी सारे देश की इच्छा कैसे कहा जा सकेगा। दूसरा कारण यह है कि भाजपा को सभी राज्यों में नहीं ठुकराया गया है। यदि इसे मध्य प्रदेश और हिमाचल प्रदेश में ठुकराया गया है तो इसे दिल्ली और राजस्थान में अपनाया गया है तथा उत्तर प्रदेश में भी पर्याप्त सीमा तक इसी अपनाया/ठुकराया गया है। इन हालातों में ऐसा कैसे कहा जाये कि भाजपा के इस मुद्दे पर रिफरेन्डम इस बार हो गया है।

कांग्रेस को पूर्व भाजपा–शासित इन राज्यों में जितनी भी सीटें मिली हैं या फिर जिस प्रतिशत तक भी लोकप्रिय मत इसे मिले हैं उस तथ्य से एक मात्र यही आशय निकाला जा सकता है कि इन इलाकों में उतने लोग हैं जो भाजपा की साम्प्रदायिक नीति का समर्थन नहीं करते या फिर ये वे लोग हैं जो कि सबसे पुरानी पार्टी की क्षत्र–छाया में आपसी भाईचारे से रहना चाहते हैं तथा अपने–अपने धर्म–मजहब को अपने घरों की चहर दीवारी तक सीमित रखना चाहते हैं। अर्थ यह हो सकता है कि हिमाचल प्रदेश तथा मध्य प्रदेश में 'एन्टी एस्टाब्लिसमेंट' प्रतिक्रिया ने असरदार काम कर दिखाया। हमें यह भी कहना होगा कि हर्षद मेहता के आरोपों को मतदाताओं ने ठुकराया तथा भाजपा के भ्रष्टाचार के कार्ड का कोई असर न पड़ सका। कांग्रेस पार्टी ने राष्ट्रीय मुद्‌दा उठाया था कि यह पार्टी राष्ट्रीय हित वाले धर्म निर्पेक्षवाद का प्रतिनिधित्व करती है और धर्म निर्पेक्षवाद कांग्रेस पार्टी के हाथों सुरक्षित रहेगा। निष्कर्ष यह निकाला जा सकता है कि इस मुद्‌दे पर भी एक जैसा मतदान सभी जगह नहीं दर्ज हुआ है। उत्तर प्रदेश में कांग्रेस की यह अपील स्वीकार नहीं की गई है जहां पर इसे 26 सीटें ही मिली हैं, माने 1990 की तुलना में 28 सीटें कम । उत्तर प्रदेश में मतदाताओं ने जाहिर किया है कि मुलायम सिंह इस काम के लिये कांग्रेसियों की अपेक्षा ज्यादा उपयुक्त हैं। परंतु मध्य प्रदेश में तो मतदाताओं ने साफ शब्दों में जाहिर कर दिया है कि कांग्रेस पार्टी ही साम्प्रदायिक सद्‌भाव स्थापित कर सकती है। आशय यही निकला कि भिन्न भिन्न स्थानों की अपनी–अपनी भोगोलिक परिस्थितियों के कारण वहां के निवासियों की विशिष्ट मनोवृत्तियां बनती–बिगड़ती हैं जो कि अलग–अलग चुनावी नतीजों के रूप में उजागर होती हैं।

जनता दल का एक ही मुद्‌दा रहा, मंण्डलवाद पर आधारित सामाजिक न्याय स्थापित करना। वैसे तो विश्वनाथ प्रताप सिंह, राम विलास पासवान, अजीत सिंह, शरद यादव, नितिश कुमार, लालू प्रसाद यादव आदि सभी जद नेता यही कहेंगे कि पार्टी के और दूसरे भी चुनावी मुद्‌दे थे, पर यह सच है कि इस पार्टी ने अपने आप को मंण्डलवाद का पर्यायवाची बना डाला और इसे एक मुद्‌दे वाली पार्टी कहा गया। चुनावी नतीजों के बाद पार्टी के प्रदर्शन पर जो पोस्ट मार्टम आज कल चल रहा है

उसमें यही कहा जा रहा है कि एक मुद्दे को लेकर कोई भी पार्टी चुनाव नहीं जीत सकती। राम कृष्ण हेगडे ने सही कहा था कि सामाजिक न्याय में आरक्षण के सिवाय और भी बहुत सारी दूसरी सामाजिक आवश्यकतायें आती हैं। यह बात दूसरी है कि तमाम जद नेता यह कहकर संतोष करने की कोशिश कर रहे हैं कि जिस सामाजिक न्याय का प्रचार इस चुनाव में उन्होंने किया उस सामाजिक न्याय की जीत हुई। इन जद नेताओं का मानना है कि समाजवादी पार्टी और बहुजन समाज पार्टी ने भी इसी सामाजिक न्याय को अपना चुनावी मुद्दा बनाया था। यदि हम सपा–बसपा के चुनावी प्रदर्शन का बारीकी से अध्ययन करते हैं तो हम पायेंगे कि इनके चुनावी अभियान की तह में सामाजिक न्याय जैसी कोई बात ही नहीं थी, या फिर उत्तर प्रदेश में जनता ने सपा–बसपा को इस कारण इतने ज्यादा मत नहीं दिये हैं कि ये लोग तरसती हुई जनता को अब कहीं जाकर सामाजिक न्याय दिला सकेंगे क्योंकि यदि मुलायम सिंह वाकई में सामाजिक न्याय के इतने ज्यादा हित–चिन्तक और अभिलाषी हैं तो फिर उन्होंने पिछली सरकार द्वारा बनाये गये नकल–विरोधी कानून को वापस ले लेने का वायदा क्यों किया था. मुख्यमंत्री पद की शपथ लेने के आधे घंटे के भीतर ही उन्होंने इस कानून को वापस ले भी लिया। अब वे कहते हैं कि ऐसी परिस्थितियां बनाई जायेंगी ताकि छात्रों को नकल करना ही न पड़े । कब ऐसी परिस्थितियां बनेंगी . कब ऐसा आदर्श माहौल बनेगा. बनेगा या न बनेगा. और तब तक छात्रों को नकल मारने की कानूनन फिर खुली छूट. मुलायम सिंह के इस एक सबसे पहले कदम ने ही बहुत सारी बातें कह डाली हैं। उनमें से एक यह है कि उन्हें या कांशीराम को किसी भी सामाजिक न्याय की कतई चिन्ता नहीं है और न ही इन दोनों ने वह चुनाव सामाजिक न्याय के किसी राष्ट्रीय मुद्दे पर लड़ा। दूसरी बात यह जाहिर हो गई है कि मुलायम सिंह ने अपने इस सबसे पहले कदम से ही अपनी सरकार की कब्र खोदना अभी से शुरू कर दिया है। उधर कांशीराम अपनी बोली से शायद ही बाज आयें। सारांश में हम यही कहना चाहेंगे कि नवंबर 1993 में उस प्रकार का स्वर्णिम युग नहीं आ गया था जब मतदाता रचनात्मक मुद्दों से आकर्षित होते तथा इन्हें पूरा करने में सक्षम उम्मीदवारों से प्रभावित होकर मतदान करने लगते हैं।

पिछले कुछ चुनावों के माफिक चुनाव–1993 भी एक लिहाज से मुद्दा–रहित नकारात्कम प्रवृत्ति वाला चुनाव रहा। चुनाव हो रहे हैं, किसी न किसी को तो मत डालना ही है, पिछली बार घनश्याम को वोट दिया था चलो इस बार राधे श्याम को वोट दिया जाये। इसके सिवाय दूसरा और कोई जरिया नहीं। इस बार कोई लहर भी नहीं रही जो मतदाताओं को निर्णय लेने की परेशानी से बचा देती। यदि हम अपने दिमाग को जरा सा भी कुरेदें तो हम अभी से बता सकते हैं कि अगले चुनाव में कौन जीतेगा, फिर अगले चुनाव आज से कितने ही वर्षों बाद क्यों न होने वाला हो.

–एन.सी.ब्योहार

दैनिक भास्कर–10 दिसंबर 1993

चुनाव–1993 में वी.पी.सिंह का जनता दल

1991 में हुये विधानसभाई चुनाव में जनता दल को उत्तर प्रदेश, मध्य प्रदेश, राजस्थान और हिमाचल प्रदेश में इन चारों राज्यों की कुल 1013 सीटों में से कुल 183 सीटें मिली थीं और इस प्रकार इसका दूसरा स्थान रहा। भारतीय जनता पार्टी ने 560 सीटें जीतकर पहला स्थान हांसिल किया था जबकि 260 सीटों के साथ कांग्रेस का तीसरा स्थान रहा। राजस्थान में भारतीय जनता पार्टी 85 सीटों के साथ 54 सीटों वाले जनता दल ने सरकार बनाई थी। इसके अतिरिक्त उत्तर प्रदेश में जनता दल को 90, मध्य प्रदेश में 28 तथा हिमाचल प्रदेश में 11 सीटें मिली थीं। उस वक्त वी.पी.सिंह +अजीत सिंह समझौता वाले जनता दल को इन चारों राज्यों में कुल 21.3 प्रतिशत मत मिले थे। भारतीय जनता पार्टी की प्रलयकारी विजय को ध्यान में रखते हुये जनता दल की विजय को काफी उल्लेखनीय बताया गया था। उम्मीद की जा रही थी कि इस बार भी जनता दल का प्रदर्शन संतोषजनक ही रहेगा। एक्सप्रेस न्यूज़ पेपर समूह द्वारा किये गये सर्वेक्षण ने जनता दल को उत्तर प्रदेश में 55 में से 45 सीटें मिलने की उम्मीद दर्शायी थी। दिल्ली, हिमाचल प्रदेश, मध्य प्रदेश, और राजस्थान में एक्सप्रेस न्यूज़ पेपर, इंडिया टुडे– मार्ग तथा व्हीक मोड़ सर्वेक्षणों द्वारा जनता दल को कोई खास अहमियत न थी और इस कारण जनता दल की उम्मीदों के बारे में उन्होंने किसी प्रकार का अनुमान नहीं दर्शाया। जनता दल को इन सर्वेक्षणों ने अन्य दर्जे में रखा था। इससे साफ जाहिर होता है कि मतदान के पूर्व जनता दल से इस बार किसी को ज्यादा उम्मीद नहीं थी। सभी जानते हैं कि जनता दल का ज्यादा प्रभाव उत्तर प्रदेश और बिहार में ही है। और इस कारण इस बार भी ज्यादा उम्मीदें उत्तर प्रदेश में ही लगी थीं। जनता दल के नेताओं ने इस बार ज्यादा जोर उत्तर प्रदेश में ही लगाया। मध्य प्रदेश में इनके सारे नेता आये तक नहीं । लिहाजा इस बार उनके परिणाम भी वैसे ही रहे। इस बार उत्तर प्रदेश में ही इस पार्टी को सबसे ज्यादा सीटें मिली हैं और यहां जद को 12 प्रतिशत मत मिले हैं। परंतु उत्तर प्रदेश में इसका स्थान

पिछले मर्तबे के दूसरे स्थान की तुलना में गिरकर चौथा रह गया है। दरअसल में समाजवादी पार्टी तथा बहुजन समाज पार्टी को अलग से आंका जाता है तो जनता दल का पांचवा स्थान रहना चाहिये। मध्य प्रदेश, राजस्थान, दिल्ली और हिमाचल प्रदेश में जनता दल को क्रमशः4,6,4 और 4 सीटें मात्र मिली हैं, अतः कुल चार राज्यों में 65 सीटें मिली हैं जो कि 1990 की तुलना में 114 सीटें कम हैं। यह एक निःसंदेह भारी नुकसान है। मिजोरम में मिजोरम जनता दल को 12 सीटें मिली हैं और यदि यह पार्टी इसी जनता दल का हिस्सा है तो फिर इसे एक कामयाबी मानना होगा। मध्य प्रदेश में 1991 में जनता दल को 7.71 प्रतिशत मत मिले थे जो इस बार घटकर 3.85 प्रतिशत रह गये हैं। राजस्थान में यह प्रतिशत इस बार घटकर 6 प्रतिशत रहा। उत्तर प्रदेश में भी गिरावट आई और इस बार मत प्रतिशत 12 रहा। दिल्ली में भी जनता दल ने 12 प्रतिशत मत हासिल किये जबकि हिमाचल प्रदेश में जद प्रत्याशियों को कुल 1 प्रतिशत मत ही मिले। आंकडे अधूरे हैं, पर फिर भी इनसे साफ जाहिर होता है कि जनता दल का प्रदर्शन नवम्बर 1993 में निराशा जनक ही कहा जायेगा।

जनता दल के तमाम शीर्षस्थ नेता वी.पी.सिंह, राम विलास पासवान, शरद यादव, लालू प्रसाद यादव, जार्ज फर्नान्डिज नितिश कुमार आदि सभी एक ही बात कह रहे हैं और वह यह कि सामाजिक न्याय के जिन सिद्धान्तों को लेकर जनता दल ने चुनाव लड़े थे, उन्हीं सिद्धान्तों को लेकर मुलायम सिंह और कांशीराम के सपा–बसपा गठबंधन ने चुनाव लड़ा था और इस प्रकार मानना चाहिये कि जनता दल के सिद्धान्त जीते । ये सारे नेता इस बात पर संतोष करना चाहते हैं कि प्रत्याशियों की तुलना में सिद्धान्तः कहीं ज्यादा गौड हुआ करते हैं। और जनता दल के प्रत्याशी न भी जीते हों, उनके आदर्श तो जीते। परंतु कर्नाटक के पूर्व मुख्यमंत्री राम कृष्ण हेगडे इस आंकलन से कतई सहमत नहीं रहे। प्रणव राय और विनोद दुआ के चुनावी विश्लेषण कार्यक्रम में उन्होंने स्पष्ट कह दिया कि इन चुनावों ने बता दिया है कि जनता दल की उपयोगिता ही समाप्त हो गई है और बेहतर रहेगा कि इस पार्टी को ही समाप्त कर दिया जाये। जतना दल की इस चुनावी दुर्दशा का कारण बताते हुये उन्होंने कहा कि जनता दल की सामाजिक न्याय की परिभाषा ही गलत

थी क्योंकि सामाजिक न्याय से जनता दल ने यह अर्थ निकाला कि आरक्षण ही सारा सामाजिक न्याय होता है। उन्होंने दो टूक कहा कि सामाजिक न्याय में आरक्षण के सिवाय और दूसरी आवश्यकतायें भी आती हैं, जैसे कि पीने की पानी की सुविधा, इलाज की सुविधा, आवासीय समस्या, आदि। जनता दल ने अपने आप को आरक्षण के मुद्दे तक ही सीमित रखा, आरक्षण के मुद्दे ने आम मतदाता को उतना ज्यादा प्रभावित नहीं किया और इसी गल्ती का खामियाजा पार्टी को भुगतना पड़ा। यह रही श्री राम कृष्ण हेगड़े की समीक्षा।

वैसे तो लगभग सभी बड़ी पार्टियां आपसी एवं आंतरिक कलह का शिकार हैं, पर सबसे ज्यादा यह बिखराव जनता दल में रहा। राष्ट्रीय मोर्चे के अध्यक्ष एस.आर.बोम्मई हैं पर राष्ट्रीय मोर्चे के सारे घटक आपस में एक दूसरे से दूर रहे आये। मुलायम सिंह अपनी अलग समाजवादी पार्टी बना चुके थे। बहुत कोशिश की गई कि मुलायम सिंह के साथ चुनावी गठबंधन बना लिया जाये।

पर मुलायम सिंह नहीं माने क्योंकि वे समझ गये थे कि उनकी पार्टी को मुस्लिम मतदाताओं के अधिकांश मत अयोध्या मामले की प्रतिक्रिया के रूप में मिलना गारंटी–शुदा, तो फिर क्यों कर किसी दूसरे का हाथ थामा जाये। मुलायम सिंह दूरदर्शिता का परिचय देते हुये बहुजन समाज पार्टी को उगते सूरज के साथ समझौता करना ज्यादा हितकर समझा और इस रणनीति ने पूरा पूरा लाभ पहुंचाया। अजीत सिंह शुरू से ही अलग और असंतुष्ट रहे आये, पिछली बार केन्द्र में सरकार बनाने में उनके 20 सांसदों ने नरसिंह राव को संजीवनी बूटी जैसा जीवन दान दिलाया था। तब से अजीत सिंह को अपनी ताकत पर गुरूर था। चुनाव के एक पखवाडे पहले वे वी.पी. सिंह के कहे में आये, गठबंधन बना, पर तब तक देर हो चुकी थीं और कांशीराम– मुलायम सिंह बाजी मार चुके थे। आज कल पार्टी के चुनाव विश्लेषण चल रहे हैं। लगभग सभी नेता यही बात दुहरा रहे हैं कि पार्टी के पास एक मजबूत एवं व्यवस्थित चुनाव–तंत्र नहीं था और इस कारण परिणाम अनुकूल न रह सके। परंतु फिर 1991 में कौन सा ज्यादा अच्छे तंत्र इस पार्टी के पास थे। लगभग इसी प्रकार के साधनों से पिछला चुनाव लडा गया और जीता गया। एक दूसरा कारण यह बताया जा रहा है कि जनता दल सुप्रीमो वी.पी.सिंह

ज्यादा समय अपनी आंख की बीमारी से त्रस्त रहे आये और वे प्रत्याशियों को चुनावी प्रचार के लिये उपलब्ध न रह सके। निःसंदेह यह एक कारण हो सकता है । राजा मांडा ने उत्तर प्रदेश में सघन चुनावी दौरा किया, उनकी सभाओं में काफी भीड जमा होती थीं और यहां पार्टी को जो 27 सीटें मिली हैं वे मुख्यतया उनके ही प्रयासों के कारण मिली हैं। पर फिर यदि वी.पी.सिंह पूरी तरह स्वस्थ रहते और सभी जगह ज्यादा अच्छा दौरा कर सकते थे तब भी जनता दल को लगभग इतनी ही सीटें मिलतीं शायद कुछ ज्यादा हो जातीं। पर बहुत ज्यादा फर्क न पड़ता।

जनता दल की निराशा जनक प्रदर्शन का प्रमुख कारण यही होना चाहिये कि जनता दल के पास मंडलवाद के सिवाय और कोई दूसरा प्रभावशाली मुद्दा था ही नहीं और जब प्रधानमंत्री नरसिंहराव ने मंडल आयोग की पिछडे वर्गों को 27 प्रतिशत आरक्षण देने वाली सिफारिश केन्द्र सरकार द्वारा मान लेने की घोषणा कर दी तब जनता दल के हाथ से उसका हुकुम का इक्का भी जाता रहा। एक लिहाज से ऐसा कहना गलत न होगा कि उत्तर प्रदेश में अभी हाल ही में आये चुनावी नतीजे मंडलवाद पर जरूरत से ज्यादा जोर देने का प्रतिक्रियात्मक परिणाम है। मंडलवाद तथा सामाजिक न्याय की बात सभी कर रहे थे, खासकर कांग्रेसजन, कांशीराम तथा मुलायम सिंह। लिहाजा इन मुद्दों से जुड़े बोट आपस में बंटने ही वाले थे। यदि वे बटे तो इसमें क्या आश्चर्य है। मुलायम सिंह की तरफ उद्धारक के रूप में तमाम मुसलमान–मतदाताओं ने कातर दृष्टि से देखा और वे ही सपा के सबसे बड़े मतदाता रहे। उन्हें जातिवादी और दूसरे वोट भी मिले। कांशीराम को दलित–पिछडों तथा जनजातियों के तमाम वोट मिलने ही थे और ऐसा हुआ भी। रही सही कसर कांग्रेस पार्टी ने पूरी कर दी। लिहाजा जनता दल के हत्थे बचा ही क्या जो वे विजयी होते। जनता दल की पराजय का मुख्य कारण यही है। चुनावी प्रक्रिया प्रारंभ होने के पहले तमाम जनता दल नेता और खासकर वी.पी.सिंह कहा करते थे कि जनता दल का मंडलवाद भारतीय जनता पार्टी के कमंडलवाद का सफलता पूर्वक सामना कर सकेगा। इन सबका यह भी कहना रहा कि मंडलवाद उनका मुख्य चुनावी मुद्दा था। जनता दल के नेता चुनावी नतीजे आ जाने के बाद आज भी वही पुरानी राग अलाप रहे हैं कि वे देश में मंडल राज स्थापित करना चाहते हैं ।

मतलब यही निकला कि जनता दल के नेताओं ने चुनाव 1993 से किसी प्रकार का सबक नहीं लिया है। तमाम दूसरी पार्टियों के भविष्य हैं, किसी का ज्यादा प्रकाशमान भविष्य है तो दूसरी पार्टी का जरा कम प्रकाशमान भविष्य है। यहां तक की कम्युनिस्ट पार्टियों का भी एक निश्चित भविष्य है। इस बार के चुनावों में सभी रंगों के कम्युनिस्टों को 2–4 सीटें यहां वहां मिली हैं। उन्हें कभी भी ज्यादा सीटें नहीं मिलीं । मतदान के पहले सांसद इंन्द्रजीत गुप्ता ने साफ कह दिया था कि कम्युनिस्टों को यही देखना है कि उनके मत प्रतिशत के कारण दूसरी पाटियों पर कितना असर पड़ता है । अगले चुनावों में भी कम्युनिस्टों की चुनावी स्थिति लगभग यही रहेगी जो नवंम्बर दिसंबर 1993 में रही। इन लोगों का इस प्रकार का भविष्य तो कम से कम सुरक्षित है। परंतु जनता दल के बारे में ऐसा नहीं कहा जा सकता है सभी पार्टियों में जनता दल का भविष्य आज सबसे ज्यादा अंधकार मय नजर आता है। केन्द्र सरकार द्वारा मंडल सिफारिशें पूरी तरह लागू करने के बाद जनता दल की उपयोगिता ही समाप्त नजर आ रही है क्योंकि इन नेताओं का किसी दूसरे मुद्दे पर राष्ट्रीय या प्रान्तीय स्तर पर किसी प्रकार का योगदान ही नजर नहीं आ रहा है। रामविलास पासवान, शरद यादव, अजीत सिंह, नितिश कुमार, विश्वनाथ प्रताप सिंह आदि राष्ट्रीय स्तर पर मान्यता प्राप्त हैं। परंतु इसका कारण यह है कि इन नेताओं का जनता दल पार्टी से अलग हटकर उनकी व्यक्तिगत हैसियत से साख बनी हुई है। ऐसा कहना गलत न होगा कि इन नेताओं के कारण जनता दल अस्तित्व में है तथा ऐसा नहीं कहा जा सकता कि जनता दल के कारण ये नेता अपने अपने चुनाव जीता करते हैं। कहने का मतलब यह है कि जनता दल उन कुशल नेताओं का कच्चा पक्का समुदाय है जो जनता दल में सिर्फ इस कारण है क्योंकि वे किसी और दूसरी पार्टी में सदस्यता ले नहीं सकते तथा इस कारण भी कि उन्हें आखिरकार किसी न किसी पार्टी का सदस्य तो होना ही पड़ेगा। आगे आने वाले दिनों में देखना यही है कि जनता दल के कर्णधार और कौन से मुद्दे ढूंढ़ निकालते हैं और अब किस प्रकार से अपनी प्रसांगिकता सिद्ध करा पाते हैं।

–एन.सी.ब्योहार

नव भारत—23 सितंबर 1993

विधानसभा चुनाव समरः सभी पार्टियां व्यूहरचना में जुटीं

मुख्य चुनाव आयोग ने उत्तर प्रदेश, मध्य प्रदेश, राजस्थान, हिमाचलप्रदेश, तथा मिजोरम की विधान सभाओं के लिये चुनावी कार्यक्रमों की घोषणा कर दी है। इसके मुताबिक ये चुनाव क्रमशः नवम्बर 19 से 28 के बीच उत्तर प्रदेश नवम्बर 28 से दिसंबर 7 के बीच मध्यप्रदेश, नवम्बर 6 से 12 के बीच राजस्थान, नवम्बर 6 से 12 के बीच हिमाचल प्रदेश तथा 30 नवम्बर को मिजोरम में कराये जायेंगे। मिजोरम विधान सभा का 5 वर्षीय कार्यकाल 29 जनवरी 1994 को पूरा हो जायेगा और इस कारण वहां चुनाव कराये जा रहे हैं। जबकि उपरोक्त 4 भाजपाई शासित राज्यों में चुनाव इस कारण कराये जा रहे हैं क्योंकि बाबरी—मस्जिद कांण्ड के बाद इन विधान सभाओं को भंग कर दिया गया था। उत्तर प्रदेश की विधान सभा घटना के ही दिन यानि 6 दिसंबर 1992 को भंग कर दी गई थी, जबकि बाकी तीन विधान सभायें राष्ट्रपति की अधिसूचना के अनुसार 15 दिसंबर 1992 को भंग की गई थीं। चारों राज्यों में राष्ट्रपति शासन की 6 माह वाली अवधि एक बार बढ़ाई जा चुकी है। अतः अब उत्तर प्रदेश विधान सभा के चुनाव 6 दिसंबर 1993 के पहले हो जाना चाहिये ।इसी प्रकार मध्य प्रदेश, राजस्थान, तथा हिमाचल प्रदेश में चुनाव 15 दिसंबर 1993 के पहले तक हो जाना जरूरी है। चुनावों के लिये अधिकृत अधिसूचना चुनाव आयोग द्वारा 30 अक्टूबर को जारी की जायेगी जिसमें नामांकन भरने तथा नाम वापिस लेने तथा मतदान की तिथियां दर्शायी जायेंगी अतः इन सभी चुनावों की निश्चित तिथियां घोषित किया जाना बाकी है।

उल्लेखनीय है कि ये पांचों चुनाव 6 नवम्बर से शुरू होकर 7 सितंबर तक फैले हैं। इस प्रकार इनमें 1 माह का समय लगेगा। इस बात को लेकर लगभग सभी राजनीतिक दल परेशान हैं। उनका कहना है कि एक माह फैलाव का समय काफी ज्यादा होता है। उनका सुझाव है कि चुनाव

हफ्ते दस दिन के भीतर समाप्त हो जाना चाहिये। खास परेशानी विरोधी दलों को है उनका आरोप है कि सबसे पहले मतदान हिमाचल प्रदेश और राजस्थान में इस कारण कराया जा रहा है क्यूंकि इन दो राज्यों में कांग्रेस पार्टी की स्थिति उत्तर प्रदेश और मध्य प्रदेश की तुलना में बेहतर है, लिहाजा यदि हिमाचल प्रदेश और राजस्थान में कांग्रेस पार्टी को प्रारंभिक बढ़त मिल जाती है, तो इसका अनुकूल प्रभाव आगे होने वाले उत्तर प्रदेश और मध्य प्रदेश के चुनावों पर पड़ेगा। इस प्रकार विरोधी दलों का, खासकर भारतीय जनता पार्टी का, आरोप है कि मुख्य चुनाव आयुक्त टी.एन.शेषन चुनावी कार्यक्रम इस प्रकार तय कर रहे हैं ताकि कांग्रेस पार्टी को अधिक से अधिक फायदा मिल सके। अब चूंकि तारीखें घोषित कर दी गई हैं तो फिर सभी विरोधी दल इन्हें बंधनकारी मानकर अपनी–अपनी तैयारियों में पूरी तरह मशगूल हो गये हैं।

पर ऐसा भी नहीं है कि सत्ता रूढ़ कांग्रेस पार्टी भी श्री टी.एन.शेषन की कार्यवाही से पूरी तरह खुश हों। इस बार चुनावी तारीखें घोषित करने के पहले चुनाव आयुक्त ने चारों राज्यों की सरकारों से चुनावी मसले पर विचार –विमर्श नहीं किया है और तारीखें अपने इकतरफा विवेक से घोषित कर दी है।

श्री टी.एन.शेषन की कार्यप्रणाली से सभी दल पहले से ही परेशान चले आ रहे हैं। उल्लेखनीय है कि 2 अगस्त 1993 को उन्होंने एकाएक आदेश निकालकर उपरोक्त चारों राज्यों के चुनाव 18 दिसंबर 1993 तक के लिये स्थगित कर दिये गये थे। इस आदेश से सारी चुनावी प्रक्रिया थम कर रह गयी थी, श्री शरद पवार और श्री प्रणव मुखर्जी अपनी–अपनी मुसीबतों में उलझ गये थे विभिन्न उच्च न्यायालयों में याचिकायें दायर की गई थीं तथा उच्चतम न्यायालय में भी मामले दायर किये गये। श्री.टी.एन.शेषन के खिलाफ पहले से लंबित महाभियोग के प्रस्ताव को आगे बढ़ाने की बात भी कही गई थी पर फिर एकाएक श्री शेषन ने अपना विवाद स्पद आदेश स्वमेव वापिस ले लिया और इस प्रकार देश को एक असाधारण संविधानिक संकट से छुटकारा मिल गया।

अभी यह कहना भी नामुमकिंन है कि सारे चुनाव बिना किसी उतार चढ़ाव के संपन्न हो जायेंगे। दरअसल में अभी एक महत्वपूर्ण मुद्‌दे का हल

होना बाकी है और वह मुद्‌दा है, चुनावी इलाकों में शांति व्यवस्था कायम रखने के लिये पैरा–मिलिटरी बलों की नियुक्ति करना तथा दोषी कर्मचारियों को दंडित करने का मुद्‌दा। श्री शेषन चाहते हैं कि केन्द्रीय रिजर्व पुलिस फोर्स की टुकडियाँ तैनात की जायें, जबकि राज्य सरकारों का कहना है कि इन राज्यों में शांति व्यवस्था कायम रखना उनका निजी–दायित्व है जिसे वे किसी भी प्रकार के पुलिस बल के जरिये निभा सकते हैं। सम्बंधित राज्य सरकारों को पसंद नहीं है कि उन्हें चुनाव आयुक्त द्वारा जताया जाये कि शांति व्यवस्था किस बल की सहायता से कायम की जाये। इस मुद्‌दे को लेकर चुनाव आयुक्त तथा केन्द्र सरकार के दरम्यान पूर्व में ठन भी चुकी है। देखना है कि इस बार श्री शेषन इस मुद्‌दे पर किस प्रकार का रवैया अपनाते हैं।

बहरहाल संबंधित सभी पक्षकार विशेषकर कांग्रेस पार्टी, भारतीय जनता पार्टी और जनता दल, अपने–अपने चुनावी अभियानों में अभी से पूरी तरह व्यस्त हो गये हैं। सबसे पहली चुनावी हलचल यह है कि टिकिट हासिल करने के लिये अभी से इच्छुक उम्मीदवारों ने अपने–अपने अभियान गतिमान कर दिये हैं। भारतीय जनता पार्टी वालों का कहना है कि वे उन्हीं उम्मीदवारों को टिकिट देंगे जो जीतने की गारंटी दे सकेंगे। कांग्रेस पार्टी ने कहा है कि साफ–सुथरी छवि वाले उम्मीदवारों को ही पार्टी की टिकिट दी जायेगी।

भारतीय जनता पार्टी की तैयारी का सबसे बड़ा सबूत यह है कि पार्टी की चार जनादेश यात्रायें 11 सितंबर 1993 से प्रारंभ हुई हैं जो कि 25 सितंबर को भोपाल में एक बृहत आम सभा के रूप में समाप्त होगी।

उधर जनता दल के नेता भी सक्रिय हैं। खास सक्रिय श्री विश्वनाथ प्रताप सिंह हैं, जिन्होंने राजधानी नई दिल्ली यह कहकर छोड़ दी है कि वे वापिस तभी लौटेंगे जब केन्द्र सरकार द्वारा मंडल आयोग की सिफारिशों को पूरी तरह लागू करने की घोषणा कर दी जाती है कि मंडल आयोग कि उस सिफारिश को लागू किया जायेगा जिसके तहत दूसरे–पिछडे वर्गों के लिये 27 प्रतिशत स्थान आरक्षित रखे जायेंगे।

रहा सवाल बहुजन समाज पार्टी का, तो पार्टी के अध्यक्ष कांशीराम की मुख्य चिन्ता यही है कि किस प्रकार इन राज्यों में अपनी पार्टी की उपस्थिति ज्यादा से ज्यादा दर्ज करायी जा सके। कांशीराम यह भी चाहेंगे कि पार्टी के मत प्रतिशत में इजाफा हासिल कराया जा सके।

चुनाव तिथियों की घोषणा से फिलहाल कुर्सी की रस्सा–खींच थम गई लगती है। श्री अर्जुन सिंह तथा श्री शरद पवार ने अपने–अपने दावे कुछ समय के लिये ठंडे बस्ते में डाल दिये हैं और अपना हित वे इस बात में देख रहे हैं कि चुनावी संग्राम में वे एक जुटता दर्शायें । लिहाजा दिखता यही है कि बहरहाल श्री नरसिम्हा राव की कुर्सी का खतरा टल गया है। अगामी चुनाव में 2 सबसे बड़े मुद्दे रहेंगे– भ्रष्टाचार तथा धर्म–विधेयक । इसकी मुख्य वजह यह है कि चुनाव मुख्तया कांग्रेस पार्टी तथा भाजपा के बीच ही लडे जाने हैं।

कांग्रेस पार्टी का अपने प्रमुख विरोधियों पर सबसे बड़ा आरोप यही रहेगा कि इन चारों भाजपा सरकारों ने अपने शासन काल में कुछ भी उल्लेखनीय रचनात्मक कार्य नहीं किये थे, बल्कि बाबरी मस्जिद गिराने जैसे जघन्य अपराध किये गये तथा सारे देश में साम्प्रदायिकता का दौर फैला दिया था।

श्री नरसिम्हा राव की खुश किस्मती है कि हर्षद मेहता के आरोप की धार लगभग बोथली पड़ गई है और आम आदमी समझ चुका है कि आरोप निराधार थे ।

–एन.सी.ब्योहार

दैनिक भास्कर–दिनांक 5 जनवरी 1994

जे.पी.सी रिपोर्ट निरर्थक कर दी गई

अभी हाल ही में भूतपूर्व प्रतिभूति घोटाला या स्क्युरिटी स्कैम के अध्याय 1 का पटाक्षेप हो गया है। 29 और 30 दिसंबर 1993 के दो दिनों संसद की विशेष बैठक में संयुक्त संसदीय समिति या जे.पी.सी. की रिपोर्ट पर चर्चा हुई और इसके बाद कांग्रेस पार्टी का निर्णय आ गया है कि वित्तमंत्री डॉ. मनमोहन सिंह स्वास्थ व परिवार कल्याण मंत्री बी. शंकरानन्द, शहरी विकास मंत्री रामेश्वर ठाकुर या किसी भी अन्य मंत्री को अपने पदों से इस्तीफे देने की कतई जरूरत नहीं है। घोटाले के दूसरे अध्याय का पटाक्षेप तब होगा जब हर्षद मेहता तथा अन्य दूसरे अभियुक्तों के खिलाफ फौजदारी मामलों के अदालतीय निर्णय सुनाये जायेंगे। घोटाले के सबसे बड़े खिलाडी हर्षद मेहता ने एस.के.देसाई और राम जेठमलानी जैसे प्रतिष्ठित तथा सबसे महंगे वकील लगा रखे हैं साथ ही साथ हर्षद मेहता को फौजदारी कानून व प्रक्रिया की तमाम खामियों का भरपूर फायदा मिलेगा और हो सकता है कि सारे अभियुक्त परंपरागत शंका का फायदा पा कर बरी हो जायेंगे। हर्षद मेहता की चमडी बचाने में कुछ राजनायिक, आर्थिक सचिव आदि भी दिलचस्पी रखते हैं क्योंकि उन पर भी आंच आने की पूरी संभावना रहेगी। अतः सब मिलकर हर्षद मेहता को बचाने की कोशिश करेंगे, और हर्षद मेहता बच निकल सकते हैं। हो सकता है कि हर्षद मेहता को सजा भी हो जाये। पर इससे क्या फर्क पड़ेगा। यदि ध्यान से देखा जाये तो दरअसल में हर्षद मेहता इस घोटाले में सबसे बड़े खिलाडी नहीं हैं। हर्षद मेहता का रोल इस घोटाले में मडर केस के उस अभियुक्त के जैसा है जो छुरे से वार करता है जबकि हत्या की साजिश रचने वाला दिमाग किसी और का होता है। यदि हत्या की साजिश बनाने वाले दिमागी व्यक्ति को मुल्जिम न बनाया जाये तो कैसा रहेगा. यदि सिर्फ छुरा चलाने वाले को सजा दे दी जाये तो क्या कहा जायेगा कि न्याय हो गया. स्क्युरिटी स्कैम में ठीक यही हो रहा है। तमाम दिमागी अभियुक्त अभी से निर्दोष छूट गये हैं तथा छुरा चलाने वाला हर्षद मेहता अपनी कुर्बानी की राह देख रहा है। इन तमाम मंत्रियों

को इस्तीफे देना चाहिये या नहीं ये अलग बात है। पर सबसे महत्वपूर्ण तथा देश के हित में सबसे घातक बात यही है कि हर्षद मेहता से कहीं ज्यादा जवाबदार दोषी व्यक्तियों की या तो शिनाख्त नहीं हो पायेगी या फिर उनकी शिनाख्त हो जाने के बाद भी उन्हें सजा नहीं दिलाई जा सकेगी। प्रधान मंत्री नरसिंहाराव ने इस चर्चा के दौरान कहा है कि जो कुछ भी जरूरी है वह अवश्य किया जावेगा। सवाल यही है कि अब क्या जरूरी बाकी रह गया है जो वे करेंगे। क्या वे जांच आयोग बिठावेंगे. दोषी मंत्रियों तथा अधिकारियों को वे कैसे दंडित करायेंगे. क्या वे चाहते हैं कि देशवासी इतनी जांच पड़ता मात्र से संतोष कर लें कि जे.पी.सी की रिपोर्ट आ गई और संसद में लंबी चर्चा के बाद सत्तारूढ़ पार्टी ने करोड़ों देशवासियों को ठेंगा दिखा दिया कि गल्ती हम मंत्रियों की कतई नहीं है, यह मामला तो सिस्टम फैलयर का मामला है। मामला प्रणाली–विफलता का है। यदि देश की प्रणाली ही फेल हो गई तो हम प्रधानमंत्री हम बेचारे मंत्रिगण क्या करें। हमनें तो अपना काम ठीक से किया, यदि सिस्टम ही फेल हो जाये तो इसमें हम क्या करें। आम करदाताओं और बैंकों में छोटे बड़े अकाउन्ट होल्डरों के आठ हजार करोड़ रूपये यदि स्क्युिरिटी स्कैम में लापता हो गये हों तो हो जायें इसमें हम मंत्री लोग क्या करें। पचासी करोड़ आबादी वाले इस महान देश के पास इतनी विशाल संपदा है कि आठ हजार करोड़ रूपये क्या मायने रखते हैं।

हालाकि सही दिशा में सोचने विचारने वाले देशवासी इस प्रकार का आश्चर्य करेंगे कि यदि मामला सिस्टम फैलयर का था तो फिर सी.बी. आई. से महंगी जांच कराने की क्या जरूरत थी। जे.पी.सी. बिठाने की क्या जरूरत थी। क्या हमारी सत्तारूढ़ पार्टी को पहले नहीं मालूम था कि सिस्टम फैलयर हो गया था। क्या इन लोगों को दो दिनी बहस के दौरान मालूम पड़ा कि दोष इंसानों में नहीं बल्कि हमारी संस्थाओं में था। क्या प्रधान मंत्री तथा दूसरे मंत्री चाहते हैं कि देशवासी जे.पी.सी रिपोर्ट को गलत मान लें. उर्जा मंत्री एन.के.पी. साल्वे ने लोक सभा में कहा कि जे.पी.सी की रिपोर्ट संसद के आदर की पात्र नहीं है। मान लीजिये रिपोर्ट अनुकूल होती तब क्या मंत्री साल्वे उसे आदर का पात्र मानते.

वाणिज्य मंत्री प्रणव मुखर्जी ने और भी ज्यादा हास्यास्पद बचाव दिया है। लोक सभा में उनका कहना रहा कि टी.टी. कृष्णामाचारी ने हरिदास मूंदड़ा–जीवन बीमा निगम कांड 1957 तथा के.डी माल्वीय को आइल एण्ड नेचरल गैस कांड के बाद इस कारण इस्तीफे देना पड़े थे क्योंकि उनके खिलाफ कमीशन आफ इन्क्वायरी या जांच आयोग की रिपोर्ट आई थी जबकि डां. मनमोहन सिंह आदि के खिलाफ इस प्रकार की रिपोर्ट नहीं आयी है ।बल्कि संयुक्त संसदीय समिति की रिपोर्ट आयी है। दूसरे शब्दों में वित्तमंत्री पद के लुके छिपे दावेदार प्रणव मुखर्जी हमें समझाना चाहते हैं कि संयुक्त संसदीय समिति की तुलना में कमीशन आफ इन्क्वायरी की भी कहीं ज्यादा अहमियत रहती है। यदि मान भी लिया जाये कि कमीशन आफ इन्क्वायरी की ज्यादा कानूनी गरिमा होती है, तब भी ऐसा कैसे कहा जाये कि संयुक्त संसदीय समिति की सिफारिशों की इतनी भी अहमियत नहीं होती कि उन पर लेश मात्र भी अमल न किया जाये। सारे विपक्षीय सांसद तो यही कह रहे हैं कि जे.पी.सी का महत्व कहीं ज्यादा होता है। यदि कोई आम नागरिक सांसदों या विधायकों के बारे में कोई प्रतिकूल टिप्पणी करता है या फिर उच्चतम न्यायालय कोई पसंदीदा फैसला सुनाता है तब हमारे तमाम सांसद, विधायक एक स्वर में कहने लगते हैं कि विधायिका सर्वाच्च है। यही जनप्रतिनिधि आज कह रहे हैं कि संसद की विशेष अधिकारों से लैश एक खास समिति ज्यादा महत्वपूर्ण नहीं वरन् कमिशन आफ इन्क्वायरी ज्यादा महत्वपूर्ण है। कल यदि कमिशन आफ इन्क्वायरी की रिपोर्ट किसी मंत्री के खिलाफ जाती है तब सरकार कहेगी कि कमिशन की रिपोर्ट पर अमल करना सरकार पर अनिवार्य नहीं है। आम नागरिक पशोपेश में है कि सच क्या है, न्याय क्या है।

इस लोक सभायी बहस ने कई विसंगतियों को उभारा है जिनमें से एक यह है कि तीस सदस्यीय संयुक्त संसदीय समिति में कई कांग्रेसी सांसद शामिल थे जिन्होंने रिपोर्ट पर हस्ताक्षर किये जिसमें मंत्रियों पर आरोप लगाये गये, पर आगे चलकर इन्हीं सांसदों ने उन मंत्रियों का बचाव किया तथा कहा कि इन्हें इस्तीफे देने की कोई जरूरत नहीं है। जैसे कि एच.हनुमंथप्पा, मणिशंकर अय्यर तथा बल्लभ पाणिगृही। समिति

के अध्यक्ष राम निवास मिर्धा ने स्वयं कहा है कि डां. मनमोहन सिंह को इस्तीफा देने की अनिवार्यता नहीं है। सवाल यही आता है कि फिर इन मंत्रियों के खिलाफ रिपोर्ट देने की क्या जरूरत थी या फिर इन्हें किस प्रकार दण्डित किया जायेगा. इन्हें दण्डित किया जायेगा या नहीं. या फिर क्या इन्हें प्यार भरी एक मीठीं सीं झिडकी दे दी जायेगी कि बेटा आगे से ऐसी गलती मत करना। इस बार तो तुम्हें छोड़ देते हैं पर आगे से तुम सावधान रहना। अपने आक्सफोर्ड यूनिवर्सिटी के दिनों को याद करते हुये डा महनमोहन सिंह हमें सहलाते हैं कि यदि कोई व्यक्ति तीन भूले बिसरे गल्तियां कर देता है तो उसे माफ किया जाना चाहिये। मतलब यही रहा कि इस प्रकार की दो गलतियां सरदार जी अभी और करेंगे या कर सकते हैं और तब तक हमें उनके खिलाफ कुछ नहीं करना चाहिये। स्मरणीय है कि मामले में दूर से संबद्ध पी.चिदाम्बरम विमान दुर्घटना के बाद माधव राव सिंधिया तथा के.राममूर्ति पहले ही इस्तीफे दे चुके हैं और तब तो कहीं गुहार नहीं उठी थी कि इनके इस्तीफे वापिस लिये जायें। कैसे कहा जाये कि पी.चिदाम्बरम तथा माधव राम सिंधिया, डा मनमोहन सिंह की तुलना में कम महत्वपूर्ण थे। यदि डा. मनमोहन सिंह जाते भी हैं तो क्या इस महान देश में दूसरा कुशल अर्थशास्त्री नहीं मिलेगा. क्या उनके बगैर उनकी उदारवादी आर्थिक नीतियों को आगे नहीं चलाया जा सकेगा. हो सकता है कि यह जरूरी नहीं हो कि डा. मनमोहन सिंह जायें, हो सकता है कि अगले माह पेश किये जाने वाले बजट के लिये मौजूदा वित्तमंत्री का पद पर बने रहना एक लिहाज से जरूरी भी हो। पर फिर इस प्रकार का संकेत क्यूं दिया जाये कि किसी भी एक व्यक्ति विशेष के बिना इस महान देश का काम नहीं चलेगा. हो सकता है कि डा. मनमोहन सिंह के इस बचाव में सच्चाई हो कि वित्तमंत्री बनने के बाद पहले नौ दस माह वे देश की विदेश पूंजी भंडार की माली हालत सुधारने में मशगूल रहे आये जिसके कारण उन्हें बम्बई स्टाक एक्सचेन्ज में शेयरों की अप्रत्याशित बढ़ोत्तरी के सही कारणों का आभास न हो सका तथा जब उन्हें पता चला तब उन्होंने जानकी रमन समिति की स्थापना कर दी। हो सकता है कि उनके व्यक्तिगत बचाव में सच्चाई का अंश हो। डां. सुब्रमणियम स्वामी ने लोकसभा में सही कहा कि डा. मनमोहन सिह भ्रष्टाचार के दोषी नहीं वरन् कर्तव्य निर्वाह न कर पाने के दोषी हैं, वे

डैरेलिक्शन आफ ड्यूटी के दोषी हैं। पर फिर जे.पी.सी का सबसे ज्यादा आक्रमण डा मनमोहन सिंह के खिलाफ ही रहा है। रिपोर्ट ने कहा है कि वित्त मंत्रालय ने बैंकों पर निगरानी रखने का अपना दायित्व नहीं निभाया वरना स्क्यिुरिटी स्कैम न होता। वित्तमंत्री ने बिना नियंत्रण वाली उदारवादी आर्थिक नीतियों को अपनाया और खुद बेखबर रहे आये, विदेशी बैंक घोटाले के लिये मुख्यतया जिम्मेदार रहे और उन पर मंत्रालय का नियंत्रण नहीं रहा। इन तमाम प्रश्नों के उत्तर आज भी हमारे सामने संतोष जनक तरीके से नहीं आये हैं। यदि जे.पी.सी. की रिपोर्ट हम सही मानते हैं तो एक मात्र निष्कर्ष यही निकलेगा कि गलती हमारी संस्थाओं में नहीं बल्कि हमारे उन व्यक्तियों में थी जिन्होंने इन संस्थाओं को चलाया। जे.पी.सी. ने अनेक मंत्रियों को 'सार्वजनिक राशि के आपराधिक दुरूपयोग' का दोषी पाया है। यह कोई हल्का आरोप नहीं है। मान भी लिया जाये कि डा मनमोहन सिंह को समझने–सीखने में समय लग गया और हम उन्हें शक का फायदा देने को तैयार हो जाते हैं, पर फिर दूसरे मंत्रियों को कैसे छोड़ा जाये. वे भी तो सैकडों–करोड़ों रूपयों के नुकसान के जवाबदार हैं। मतलब यही रहा कि आम जनता के आरबों रूपये घाटालों में चूसे जा सकते हैं और शंकरानन्द व रामेश्वर ठाकुर जैसे व्यक्तियों के खिलाफ कुछ भी नहीं किया जा सकता क्योंकि गलती उनमें नहीं बल्की गलतियां खामियां तमाम बैंकों तथा उन सभी सार्वजनिक संस्थानों उपक्रमों में थीं जो उस वक्त उनके अधीन थीं। इस मोड़ पर संविधान निर्माता भारत रत्न डा. भीमराव अंम्बेडकर के चिरपरिचित शब्द या आ जाते हैं जिन्होंने संविधान बनने के बाद कहा था यदि आगे आने वाले दिनों में हमारा काम काज ठीक से नहीं चलता है तो खामियां हमारी संस्थाओं में उतनी ज्यादा नहीं रहेंगी जितनी की उन व्यक्तियों में पाई जायेंगी जो उन संस्थाओं को चला रहे होंगे।

–एन.सी.ब्योहार

दैनिक भास्कर–दिनांक 16 दिसंबर 1993

चुनाव–1993 में जाति एवं साम्प्रदायवादी समीकरण

अभी हाल ही में संपन्न हुये विधान सभायी चुनावों का जो सबसे बडा़ नतीजा रहा है वह यह है कि जातिवाद को और ज्यादा बढ़ावा मिला है। हमारे चुनावों पर जातिवाद की पकड़ और भी ज्यादा मजबूत हो गई है। सभी बड़ी छोटी, नई पुरानी पार्टियों ने भलि भांति देख समझ लिया है कि जाति वाद, धर्म–साम्प्रदाय वाद देश और समाज के लिये कितने ही घातक क्यों न हों, यदि चुनाव जीतना है तो जातिवादी समीकरण के आधार पर ही उम्मीदवार खड़े किये जाने चाहिये। देखना होगा कि किसी चुनाव क्षेत्र में किस जाति की मतदाता संख्या ज्यादा है, किस जगह किस जाति के द्वारा चुनावी नतीजे प्रभावित किये जा सकते हैं अतः उसी जाति के उम्मीदवार को उस जगह खड़ा किया जाये। चुनाव 1993 में बहुत सारे चुनावी नतीजे ऐसे रहे हैं जहां जीत–हार का फैसला कुछ ही हजार वोटों से या फिर कुछ ही सैकडा वोटों से हुआ है। ऐसा इसलिये हुआ क्योंकि किसी एक जाति के मतदाता निर्णायक साबित हो गये। देखा जा रहा है कि कांग्रेस तथा भारतीय जनता पार्टी के स्थायी मतदाताओं की संख्या अब लगभग तय हो चुकी है कि इतने मतदाता कांग्रेस को वोट देंगे ही तथा इतने मतदाता भाजपा को वोट देंगे। हार जीत का निर्णय ....प्लोटिंग वोट्स' करते हैं जो आखिरी समय फैसला करते हैं कि किसे अपना मत दिया जाये। उदाहरण के लिये इस बार दिल्ली के चुनावों में इन प्लोटिंग वोट vote ने काफी असर दिखाया, अतः दोनों पार्टियों ने इन असंबद्ध मतदाताओं को रूझाने का पूरा प्रयास किया। इसी प्रकार जातिबद्ध मतदाता अनेक चुनाव क्षेत्रों में निर्णायक साबित हो रहे हैं। धीरे–धीरे वे दिन अब लदते जा रहे हैं जब हरिजनों, आदिवासियों, दलितों और पिछड़ों के तमाम मत थोक भाव से कांग्रेस उम्मीदवारों को मिल जाया करते थे। 1990 और 1992 के दिन भी इतने जल्दी दूर हो गये। जब तमाम हिन्दु मतदाताओं पर राम–मंदिर बनाने की

अपील जादू का असर काम कर गई थी और समृद्ध तथा पिछड़े सभी प्रकार के हिन्दुओं ने भाजपा के कमल पर मुहर लगा दी थी। इसकी कल्पना नहीं की गई थी कि भाजपा का इस प्रकार का चुनावी गुणा भाग इतने जल्दी जातिवाद के सामने अपना महत्व खोने लगेगा। इसकी अपील अभी भी है, पर जातिवाद नवम्बर दिसंबर 1993 में और भी ज्यादा गुणकारी साबित हुआ है। यदि 1990 और 1992 के चुनावों ने धार्मिक–साम्प्रदाय वाद को चुनावी तथ्य के रूप में आगे बढ़ाया था तो चुनाव 1993 ने जाति वाद को नये आयाम दिलाये हैं।

कहने का मतलब यह नहीं है कि जाति वाद इसके पहले हमारे चुनावों में हाजिर नहीं था। 1952 से हो रहे हमारे तमाम चुनाव जाति वाद से कम या अधिक प्रभावित रहे आये हैं और हर अगले चुनाव के साथ जाति वाद और ज्यादा प्रभावशाली होते गया है। कहने का मतलब यह भी नहीं है कि इन चुनावों में जाति वाद अपनी चरम सीमा पर पहुंच गया था वास्तविकता तो यह है कि हमारे चुनावों पर जाति वाद की पकड़ अभी और ज्यादा होना बाकी है। चुनाव 1993 का खतरा यही है कि जाति वाद यदि अपने कदम इसी रफ्तार से बढ़ाता गया तो एक समय ऐसा आना अवश्यंभावी दिखता है जब चुनावी नतीजे जातिवादी आधार पर ही निर्णित हुआ करेंगे।

आंकड़े अभी पूरे उपलब्ध नहीं हैं ।पर जितने भी उपलब्ध हैं उनसे काफी कुछ अंदाज मिल जाता है। बात समझने के लिये एक उदाहरण ही पर्याप्त है। उत्तर–पूर्व उत्तर प्रदेश में कुल 45 विधान सभायी सीटें हैं, इनमें से इस बार 8 सीटें सवर्ण उम्मीदवारों ने जीती है जिनमें से भाजपा, कांग्रेस तथा सपा ने क्रमशः 5, 2 तथा 1 सीटें जीती हैं बाकी 37 सीटें हरिजन, दलित, पिछड़े वर्ग के उम्मीदवारों ने जीती हैं सभी पार्टियों ने अपने अपने उम्मीदवारों की लिस्ट तैयार करते समय इस बात का पूरा–पूरा ध्यान रखा कि किस क्षेत्र में किस जाति का बाहुल्य है, इसलिये कोशिश की गई कि उम्मीदवार इस प्रकार का हो कि उसे क्षेत्र की प्रभावशाली जाति का समर्थन मिल रहा हो, कुछ पार्टियों ने यह कहा था कि उसी उम्मीदवार को टिकिट दी जायेगी जिसके जीतने के आसार हों ऐसा कहने से तात्पर्य यही है कि प्रस्तावित उम्मीदवार जातिवादी

समीकरण पर कितना खरा उतर सकता है। उत्तर प्रदेश में यादव लगभग 1 करोड़ हैं जबकि हरिजनों की संख्या यहां पर लगभग 1.58 करोड़ है जबकि कुल मतदाता आठ करोड़ से कुछ कम हैं। मुलायम सिंह यादव तथा कांशीराम ने देखा कि यदि 2.58 करोड़ मतदाताओं को एक सूत्र में बांध दिया जाता है तो नतीजे चौकाने वाले निकलेंगे, उत्तर प्रदेश में मुस्लिम कुल मतदाताओं के लगभग 19 प्रतिशत होते हैं जबकि हरिजन और यादव क्रमशः 21 तथा 17 प्रतिशत होते हैं। कुल 57 प्रतिशत हुये मुलायम सिंह यादव तथा कांशीराम ने मात्र इतना ही किया है कि इन 57 प्रतिशत मतदाताओं की भावनाओं का फायदा उठाया है मुस्लिम मतदाता भाजपा और कांग्रेस दोनों से खफा थे उन्हें जनता दल और सपा–बसपा गठबंधन में से किसी एक को चुनना था, उन्होंने सपा–बसपा को चुना और नतीजे अब आज हमारे सामने हैं कहने का मतलब यही है कि उत्तर प्रदेश में जातिवाद तथा साम्प्रदाय वाद दोनों ने मिलकर चुनावी नतीजे बनाये–बिगाड़े । उत्तर प्रदेश से ही एक और महत्पूर्ण तथ्य हमें मिलता है और वह यह है कि भाजपा ने कल्याण सिंह को ही अपना भावी मुख्य मंत्री प्रस्तुत किया था। प्रदेश भाजपा अध्यक्ष कलराज मिश्रा या वरिष्ठ नेता राजनाथ सिंह को आगे नहीं बढ़ाया गया क्योंकि ये दोनों सवर्ण हैं, जबकि कल्याण सिंह कुर्मी हैं। प्रेक्षक आज यह कह रहे हैं कि यदि भाजपा ने कल्याण सिंह को भावी मुख्य मंत्री के रूप में पेश न किया होता तो भाजपा को उत्तर प्रदेश में 177 से कम सीटें मिलतीं। कल्याण सिंह दूरदर्शी निकले। उन्होंने देख लिया कि मुस्लिम तथा यादवों के गठबंधन से भाजपा को भारी नुकसान हो सकता था। अतः उन्होंने ने होशियारी से लोढ़ा राजपूतों, कुर्मियों तथा पिछड़े यादवों को अपनी तरफ आकर्षित किया। इन क्षेत्रों का उन्होंने सघन दौरा किया और अपने अभियान में काफी कुछ सफल रहे। कहा जाता है कि कलराज मिश्रा या राजनाथ सिंह ऐसा करने में सक्षम नहीं होते। इन दोनों की अपील सवर्ण मतदाताओं को प्रभावित करती, जबकि सवर्ण मतदाता तो पहले से ही भाजपा के खेमे में शामिल हो चुके थे।

परंतु फिर भी भाजपा को दलितों, हरिजनों, आदिवासियों, पिछड़ों का उतना ज्यादा समर्थन नहीं मिल पाया है जितनी इस पार्टी की अभिलाषा

थीं। कुछ दिन पहले पार्टी की एक मीटिंग में पार्टी जनरल सेकेटरी के गोविन्दाचार्य ने कहा है कि पार्टी को आगे आने वाले दिनों में सामाज के इस वर्ग को अपनी तरफ और भी ज्यादा आकर्षित करना होगा। उन्होंने सुझाव दिया है कि पार्टी को इन वर्ग के प्रतिनिधियों को उंचे पदों पर आसान करना होगा। यह सच है कि भाजपा को आज सवर्णो, बनियों, व्हाईट कालर अफसरानों, शहर निवासियों आदि की पार्टी कहा जाता है। लिहाजा अब भाजपाई कर्णधार तय कर रहे हैं कि समाज के निचली सतह पर आगे आने वाले दिनों में अपनी घुसपैठ दर्ज की जावे। चुनाव 1993 से भाजपा ने यही सीख सबक ली है ।

लगभग इसी प्रकार की सीख–सबक कांग्रेस की रही। लगभग 110 वर्ष पुरानी यह राष्ट्रीय पार्टी अभी तक लगभग एकाधिकार के रूप में हरिजनों, गरीबों, पिछड़ों, आदिवासियों का प्रतिनिधित्व करते चली आ रही है। इसकी तमाम सारी नीतियां अभी तक इन्हीं लोगों का हित पोषण करते रही है। पर अब यही जातियां, जनजातियां धीरे–धीरे कांग्रेस का ही साथ छोड़ रहीं हैं, कांग्रेस की मौजूदा स्थिति का एक सबसे बडा कारण यही है । मुसलमानों ने अपनी संलग्नता बदली है। बाबरी मस्जिद मामले के बाद उन्होंने उत्तर प्रदेश में लगभग एकमतेन कांग्रेस की खिलाफत की है तथा मुलायमसिंह को अपना रहनुमा माना। परंतु मध्य प्रदेश में पर्याप्त अंश तक उन्होंने कांग्रेस का ही साथ दिया। अब आज यह पार्टी परेशान है, अपनी अगली रणनीति बना रही है। सबसे ज्यादा चिन्ता इसे उत्तर प्रदेश की है जहां 425 विधायक तथा 84 सांसद चुने जाते हैं । यह लगातार तीसरा चुनाव रहा जिसमें कांग्रेस ने मुंह की खाई है। इसकी विधायक संख्या 95 से घटकर 46 हुई और अब 28 रह गयी है। उत्तर प्रदेश में जातिवाद शायद और राज्यों से ज्यादा प्रभावशाली है, इस मामले में लालू प्रसाद यादव का बिहार ही उत्तर प्रदेश से आगे हो सकता है।

दिल्ली और हिमाचल प्रदेश से जातिवाद की गूंज उतनी ज्यादा नहीं सुनाई पड़ी है। हालाकि बाहरी दिल्ली के इलाकों में जातिवाद का असर रहा जो क्षेत्र सांसद सज्जन कुमार तथा दिल्ली कांग्रेस अध्यक्ष एच.के. एल. भगत के प्रभाव क्षेत्र में आते हैं। यहां 27 लाख मतदाता हैं जिनमें

से ज्यादातर गरीब तबके के तथा झुग्गी–झोपड़ी निवासी हैं, जनता दल और कांग्रेस ने इन क्षेत्रों में सघन प्रचार किया, शायद भाजपा से भी ज्यादा। पर भाजपा की ही ज्यादा जीत रही। दिल्ली की 70 सीटों में से भाजपा को 49, कांग्रेस को 24 तथा जद को 4 सीटें मिली हैं। इससे साफ जाहिर होता है कि नेशनल कैपीटल रीजन तथा राष्ट्रीय राजधानी दिल्ली में नवम्बर 1993 में जातिवाद की पकड़ उतनी ज्यादा नहीं रही। परंतु राजस्थान और मध्य प्रदेश में जातिवादी समीकरण आगे रखे गये। मध्य प्रदेश की तुलना में राजस्थान में शायद ज्यादा। बलराम जाखड़ जाट हैं। नाथूराम मिर्धा और रामनिवास मिर्धा जाट हैं। राजस्थान में मारवाड़ी–बनियों का भी प्रभाव है टिकिट वितरण इसी आधार पर हुआ। इन दिग्गजों ने अपनी–अपनी जातियों के मतदाताओं को आकर्षित करने की भरपूर चेष्टा की। बाजी मार ले गये राजपूत भैरो सिंह शेखावत, क्योंकि उनके व्यक्तित्व का अपना अलग प्रभाव रहा। कहा जाता है कि कांग्रेस पार्टी ने रिश्तेदारों को टिकिट दिये और ये सारे निकटतम रिश्तेदार हारे तथा अपने साथ अपनी पार्टी को ले डूबे वरना हो सकता है कि कांग्रेस को मौजूदा 76 सीटों से कुछ और ज्यादा सीटें मिल सकतीं थीं तथा भाजपा की 95 सीटों के नजदीक और भी ज्यादा आ सकती थी निष्कर्ष यही निकलता है कि राजस्थान में जातिवादी समीकरण सक्रिय जरूर रहा, परंतु उत्तर प्रदेश की तुलना में कम ही रहा।

इन चुनावों में जातिवादी समीकरण का सबसे ज्यादा फायदा कांशीराम की बहुजन समाज पार्टी को ही मिला है। मध्य प्रदेश में इसे इस बार 11 सीटें मिलीं हैं जबकि 1990 में इसे मात्र 2 सीटें मिली थीं। 1990 तथा 1993 में बसपा का लोकप्रिय मत प्रतिशत क्रमशः 3.55 तथा 7.12 रहा। 1990 में इसके 186 उम्मीदवार चुनाव लड़े जबकि इस बार हाथी के 286 उम्मीदवार थे। कुल 572 उम्मीदवारों में से कुल 13 उम्मीदवारों का चुना जाना कोई बड़ी उपलब्धि नहीं मानी जानी चाहिये। परंतु फिर भी इसे बड़ी उपलब्धि ही माना जा रहा है। उत्तर प्रदेश में बसपा की विधान सभायी शक्ति 4 से बढ़कर 71 हो गई है। यहां बसपा–सपा जोड़ी को 28 प्रतिशत मत मिले हैं। अतः यह कहना मुश्किल है कि बसपा अकेले को उत्तर प्रदेश में कितने प्रतिशत मत मिले। परंतु बसपा को अपना

भविष्य औरों की तुलना में कहीं ज्यादा आशावान नजर आता है क्योंकि लगभग राज्यों में हरिजनों, दलितों, पिछड़ों की संख्या करीबन 30 से 40 प्रतिशत है तथा जन जातियां भी लगभग इसी प्रतिशत में हैं। माने कुल मतदाता प्रतिशत का 60 से 70 प्रतिशत बसपा के संभावी अनुयायियों का ही है। नवम्बर 1993 में कांशीराम की उम्मीद जागी है कि और अच्छे साधनों से तथा और ज्यादा सघन चुनावी प्रचार की मदद से बसपा को कहीं ज्यादा सीटें मिल सकती हैं। बसपा ने और बाकी राज्यों में भी प्रत्याशी खड़े किये, परंतु कामयाबी उत्तर प्रदेश और मध्य प्रदेश में ही मिली। इसका निष्कर्ष यही है कि इस बार बसपाई–जातिवाद सीमित ही रहा। पर कांशीराम को अहंकारी बना देने के लिये यह कामयाबी पर्याप्त रही। वे बोलते हैं कि उनकी पार्टी ब्राम्हणों को 6 प्रतिशत आरक्षण देने पर विचार कर सकती है जब बसपा सत्ता में आ जावेगी। आज सभी पार्टियां कांशीराम की धमकीनुमा चुनौतियों का सामना करने की तैयारी कर रही हैं। हालाकि पूरी अवधि वाले विधान सभायीं 1995 में होने वाले हैं। मध्य प्रदेश में हरिजन के लिये उप मुख्य मंत्री पद बनाने की संभावना पर गौर किया जा रहा है। अर्जुन सिंह तथा सीताराम केसरी ने पहले कहा ही था कि मध्य प्रदेश का अगला मुख्य मंत्री हरिजन होना चाहिये। पर बाजी मार ले गये सवर्ण दिग्विजय सिंह।

बसपा के बाद निःसंदेह विश्वनाथ प्रताप सिंह के जनता दल ने ही सबसे ज्यादा जातिवाद पर जोर दिया क्योंकि मंडलवाद स्पष्ट तया जातिवाद पर ही आधारित है।

पर जनता दल की सबसे ज्यादा दुर्दशा हुई। जातिवादी माहौल में जातिवाद के पर्यायवाची जनता दल की दुर्दशा क्यों हुई. क्योंकि जातिवाद की डगर चलने वाले नवम्बर 1993 में और दूसरे भी पदयात्री थे। हुआ यह कि दूसरे यात्री इस बार जद से पहले मंजिल पर पहुंच गये।

–एन.सी.ब्योहार

दैनिक भास्कर दिनांक 8 दिसंबर 1993

चुनाव–1993 में बहुजन समाज पार्टी

अभी हाल ही में संपन्न हुये विधान सभायी चुनाव में बहुजन समाज पार्टी एक नई बड़ी शक्ति के रूप में उभरी है। इसे उत्तर प्रदेश में 71 और मध्यप्रदेश में 11 सीटें मिली हैं और दोनों में इसने अपनी पिछली सीटों की संख्या तथा लोक प्रिय मतदान के प्रतिशत में बृद्धि की है। उत्तर प्रदेश में समाजवादी पार्टी के साथ इस पार्टी ने साझा चुनाव लड़ा और आज दोनों पार्टियों ने मिलकर देश के सबसे बड़े प्रान्त में सरकार बनाई है। मध्य प्रदेश में कांग्रेस तथा भारतीय जनता पार्टी के बाद बसपा तीसरी बड़ी पार्टी रही। इसने पिछले चुनावों की उभरती पार्टी जनता दल को इस बार पीछे ढ़केल दिया है। हालाकि बसपा को दिल्ली, हिमाचल प्रदेश, राजस्थान में कामियाबी नहीं मिली है और इसकी शक्ति उत्तर प्रदेश और मध्य प्रदेश तक में इस बार सीमित रह गयी, पर फिर भी इसकी तरक्की उल्लेखनीय रही। चुनाव प्रचार में सबसे कम व्यय इसी पार्टी का रहा क्योंकि इनके पास साधनों की स्पष्ट कमी थीं, और न ही इनके उम्मीदवारों को बड़े ओद्योगिक घरानों ने आर्थिक मदद दीं। इसके पास कांशीराम को छोड़कर राष्ट्रीय या यहां तक तक की प्रान्तीय स्तर का कोई नेता नहीं था जो कि इसके उम्मीदवारों का प्रचार करता। पार्टी के समर्थक साईकिलों पर निकलते थे। न ज्यादा चुनावी सभायें हुईं, न अखबारों में चुनावी अपीलें छपीं और न ही मतदाताओं को लाने ले जाने के लिये वाहन छोड़े। उत्तर प्रदेश में जरूर बसपा के उम्मीदवारों के समर्थन में मुलायम सिंह, अजीत सिंह आदि ने कुछ भाषण दिये। पर मध्य प्रदेश में तो इतना प्रचार भी न हो सका। पर फिर भी इन दो प्रमुख राज्यों में बसपा नव–शक्ति के रूप में उभरी है। सबसे बड़ी बात यह है कि बसपा के आगे आने वाले दिनों में और भी ज्यादा फैलने–फूलने–फलने की संभावना से इंकार करना नामुमकिन है। पिछले चुनाव में जनता दल तेजी से उभरी थी और उसने इन चारों राज्यों में कई सीटें हासिल की थीं। पर इस बार जनता दल का राजनायिक अस्तित्व लगभग मिट सा गया है और इसका भविष्य अंधकारमय दिख रहा है। बसपा के

बारे में ऐसा कुछ भी नहीं कहा जा सकता। इसके विपरीत हर किसी की जबान पर यही है कि आगे आने वाले चुनावों में जब बसपा के पास और भी ज्यादा आर्थिक साधन होंगे, और भी ज्यादा अच्छा चुनावी तंत्र होगा तथा उम्मीदवारों की महत्वकांक्षायें और भी ज्यादा उंची होंगी तब यह पार्टी न जाने क्या कर दिखायेगी। मध्य प्रदेश में इस पार्टी ने इन चुनावों में उतना ज्यादा प्रचार नहीं किया जितना उत्तर प्रदेश में किया गया। नतीजा यह रहा कि बसपा की जो 11 सीटें मध्य प्रदेश में मिली हैं वे रीवा, सतना, शहडोल शहरों में मिली हैं जो जिले उत्तर प्रदेश की सीमा से जुड़े हैं। अगले चुनावों तक बसपा का प्रसार और भी ज्यादा फैल सकता है और इस कारण इसके और भी ज्यादा सफल होने की भरपूर संभावना है।

बहुजन समाज पार्टी के सुप्रीमो हैं सांसद कांशीराम, जिन्होंने इस पार्टी की स्थापना 1985 में की। आश्चर्य की बात है कि भारतीय राजनायिक आसमान पर एक उदीप्तमान नक्षत्र के समान उभरने वाले कांशीराम के बारे में ज्यादा जानकारी नहीं है, उनके बारे में अखबारों में ज्यादा कुछ भी नहीं छपा है और न ही बहुजन समाज पार्टी को अभी तक किसी ने ज्यादा तवज्जों दी है। पर अब सबका ध्यान कांशीराम तथा उनकी पार्टी की तरफ हो गया है। हर कोई पूंछ रहा है कि ये कांशीराम कौन हैं. ज्यादातर लोग बाग यही मानकर चले हैं कि कांशीराम हरिजन या पिछड़े वर्ग के हैं। पर ऐसा नहीं है। वे रोपर पंजाब से आने वाले रामदसिया सिख हैं। इस समय उनकी उम्र लगभग 60 वर्ष की है और वे कुंआरे हैं। पंजाब से साइंस में ग्रेजुएट बनने के बाद वे पूना गये जहां पर उन्होंने डिफेन्स रिसर्च डेवलपमेंन्ट लेबारिटरी में नौकरी की तथा उन्होंने रिपब्लिकन पार्टी आफ इंडिया की सदस्यता ग्रहण की, पिछड़े तथा अल्पसंख्यक कर्मचारी फेडरेशन तथा दलित शोषित समाज संघर्ष समिति में सक्रिय काम किया और फिर अंत में उन्होंने अपनी खुद की पार्टी बनाई जो आज बसपा है। 1985 के पंजाब विधान सभाई चुनावों में कांशीराम की बसपा ने चुनाव लड़कर अपने राजनायिक जीवन की शुरूआत की । हालाकि पंजाब में इसे 1985 में एक भी सीट नहीं मिली, पर मत का प्रतिशत 2.2 रहा जो किसी भी शुरूआती के लिये उत्साह

वर्धक कहा जायेगा। इसके बाद कांशीराम स्वयं चुनावी अखाड़े में उतरे। 1988 में उन्होंने अलाहाबाद उप–चुनाव वी.पी.सिंह के खिलाफ लड़ा और हारे। 1989 में उन्होंने राजीव गांधी के खिलाफ लड़ने की हिम्मत दिखाई और हारे । पर इन हारों के बावजूद कांशीराम समाचारों में आते रहे। कामयाबी मिलना 1990 से शुरू हो गयी जब बसपा को उत्तर प्रदेश और मध्य प्रदेश में 6 और 2 सीटें मिलीं। पार्टी के 3 सांसद 1990 में चुने गये, स्वयं कांशी राम इटावा उत्तर प्रदेश से लोक सभा के लिये चुने गये। अगला पड़ाव रहा 1993 का विधान सभायी चुनाव– जिसमें पार्टी की कामयाबी आज हमारे सामने उजागर है। उत्तर प्रदेश में आज बसपा सरकार का एक अंग बन बैठी है। कुछ ही दिन पहले पत्रकार वार्ता में कांशीराम ने साफ जाहिर कर दिया है कि उनका लक्ष्य अब नई दिल्ली है। वे कहते हैं कि ब्राम्हणों के राज करने के दिन अब समाप्त हो गये हैं और उत्तर प्रदेश के इन चुनावी नतीजों ने यह साबित कर दिया है। क्या वजह है कि कांशी राम के इन अहंकार नुमा बयानों को इतनी गंभीरता से लिया जा रहा है. क्या कारण है कि बहुजन समाज पार्टी के हाथी की चिन्घाडती चाल से सभी लोग अभी से इतने ज्यादा भयभीत नजर आते हैं.

इस व्याकुलता, घबराहट का एक कारण सीधा–साधा है, और वह यह है कि लगभग सारे प्रान्तों में हरिजन, पिछडे, तथा दलित वर्ग कुल आबादी के 33 से 40 प्रतिशत तक है तथा आदिवासी 30 से 35 प्रतिशत तक है। इस प्रकार कुल आबादी में इन जाति–जनजातियों का कुल प्रतिशत 60 से 70 प्रतिशत तक है,यदि ये मतदाता विचार कर लें कि इन्हें अपनी मुहर हाथी पर ही लगाना है तब सवाल यही है कि बाकी उम्मीदवारों का, कांग्रेस या भाजपा जैसे दलों का क्या हस्र होगा। चुनाव– 1993 के बाद प्रश्न पूछे जा रहे हैं कि क्या कांशी राम आगे आने वाले चुनावों में इसी समीकरण के आधार पर मतदान करायेंगे. क्या पिछडे और दलित वर्ग के मतदाता इसी अपील के अधीन मतदान करेंगे. अस्तु, आखिरकार इसी चुनाव में नारा था '' जोड़ी बन गये मुलायम सिंह कांशीराम हवा में उड़ गया जय श्री राम'' या फिर ब्राम्हण, ठाकुर, लालों को जूता मारो सालों को। अपनी सभी सभाओं में कांशी राम

सबसे पहले बोलते थे। बताया जाता है कि उनकी सभा से ब्राम्हणों, ठाकुर आदि चले जायें क्यों कि वे उनके बारे में बुरा बोलेंगे। बताया जाता है कि वे स्पष्ट बोल देते थे कि उन्हें ब्राम्हणों के वोट नहीं चाहिये ।अभी मालूम नहीं हुआ है कि किन घटनाओं ने कांशी राम को इतना ज्यादा ब्राम्हण–विरोधी बना दिया। तमिलनाडू में रामास्वामी परिवार का ब्राम्हण–विरोध जग जाहिर है। क्या बसपा–सुप्रीमो ने द्रमुक के स्थापक से अपना ब्राम्हण–विरोध अपनाया. उन पर भारत रत्न भीमराव अम्बेडकर का प्रभाव स्पष्ट है। पर डा अम्बेडकर इस सीमा तक विरोधी नहीं थे। अपने पांच लाख अनुयायियों के साथ डा. अम्बेडकर ने बौद्ध धर्म स्वीकार कर लिया था। पर उनमें उच्च वर्ग के प्रति घृणा के अंश नहीं थे। वे भारतीय संविधान के निर्माता कहलाये। संविधान में पिछडों तथा दलितों के लिये जितने भी प्रावधान हैं वे सब डां. अम्बेडकर ने शामिल कराये हैं। पर उन्होंने ब्राम्हण–नफरत कभी नहीं दर्शाई। फिर क्या कारण है कि कांशीराम ब्राम्हणों से इतनी ज्यादा नफरत करते हैं.

इस नफरत के कारण जो भी हो। एक तथ्य स्पष्ट है और वह यह कि बसपा की स्थापना भाजपा की साम्प्रदायिकता के उत्तर में नहीं की गई है। जैसा की कोई लोग कहा करते हैं। क्योंकि बसपा 1985 में अस्तित्व में आई। पूरी संभावना है कि कांशीराम के दिमाग में बसपा की स्थापना के बीज 1985 से कई वर्ष पहले से पनप रहे होंगे। हो सकता है कि वे 10–12 वर्ष पहले से कल्पना कर रहे होंगे कि एक दिन इस प्रकार की पार्टी वे बनायेंगे। और यदि ऐसा है तो फिर इसे भाजपा के खिलाफ या फलस्वरूप एक प्रतिक्रिया नहीं कहा जा सकेगा। भारतीय जनता पार्टी आज जिस रूप में उसका गठन 1984 में हुआ। 1977 में हल्दर निशान वाली जनता पार्टी में जन संघ एक अंग था। 1977 के परीक्षण के बाद जनसंघ ने इस गठबंधन से बाहर निकल आने का फैसला किया और 1984 में भारतीय जनता पार्टी ने अपना अस्तित्व आरंभ किया और लोक सभा में मात्र 2 सीटें हासिल की। बाद में हिन्दु कार्ड की बदौलत 1988 में 88 तथा 1990 में 118 लोक सभायी सीटें भाजपा ने हासिल की। जाहिर है कि भाजपा का हिन्दु–कार्ड 1988–89 में सक्रिय हुआ। जबकि बहुजन समाज पार्टी 1985 में ही जन्म ले चुकी थी। अतः बसपा के प्रार्दुभाव के

लिये भाजपा को दोषी ठहराना न्यायोचित न होगा। हालाकि इस संभावना से भी शायद इंकार नहीं किया जा सकेगा कि जिस सीमा तक भाजपा ने धार्मिक साम्प्रदाय वाद को चुनावी फायदे के लिये उकसाया है उस अनुपात तक अब पिछले कुछ वर्षों में बसपा के संकीर्ण जातिवाद को भी शह मिली हो। और फिर यह तो सभी को मानना होगा कि धार्मिक सम्प्रदाय वाद तथा संकीर्ण जातिवाद दोनों एक बराबर घातक हैं, देश की उन्नति तथा एकता के लिये नुकसान दायक हैं।

कांशीराम कहते हैं कि हरिजन, दलित, शोषित, पिछडे वर्ग शताब्दियों से सताये गये हैं, उन्हें न्याय नहीं मिला और अब वे जाग उठे हैं। यह सही है कि यह वर्ग शताब्दियों से शोषण का शिकार रहा है और इंकार नहीं किया जा सकता कि ब्राम्हणवाद से हिन्दु समाज को काफी नुकसान भी हुआ। पर अब अहम सवाल यह होना चाहिये कि आजादी के बाद शोषण इसी सीमा तक बरकरार है. या फिर क्या कमी नहीं आई है. निःसंदेह आज भी इन लोगों के उत्थान में काफी कुछ करना बाकी है, और किसी को कोई आपत्ति नहीं यदि कुछ भी किया जाता है। पर फिर वास्तविकता से क्यों मुंह मोड़ा जाये कि इस दिशा में काफी कुछ किया भी गया है। हमारे संविधान की प्रस्तावना में लिखा है कि हमारा संविधान सभी वर्गों को आर्थिक, सामाजिक तथा नैतिक समानता दिलायेगा। संविधान के बुनियादी–मौलिक अधिकार तथा नीति निर्देशक तत्व मूल तथजा इन्हीं वर्गों के उत्थान के लिये है। सारे कानून–कायदे उत्थान–वर्धक हैं। आरक्षण हर क्षेत्र में उपलब्ध है सीमा 50 प्रतिशत तक या कहीं कहीं इससे भी ज्यादा है। उच्च न्यायालयों में न्यायाधीश इस समुदाय से लिये जा रहे हैं, उच्चतम न्यायालय में भी इन्हें प्रतिनिधित्व मिल रहा है। इनके सांसदों विधायकों की संख्या पर्याप्त से कम नहीं है। उप–राष्ट्रपति तक उच्च स्थान इस वर्ग को मिला है। राज्यपाल, मुख्यमंत्री इस वर्ग बने, सारांश में हम यही कहना चाहेंगे कि हमारे कानूनों में किसी भी प्रकार का भेद–भाव नहीं है तथा वास्तविक जिन्दगी में भी सभी वर्गों में सौहार्द्र बनते जा रहा है। सभी वर्ग आपस में हिल–मिल कर रहना चाहते हैं, ठीक जिस प्रकार सभी धर्मावलंबी आपस में भाईचारे के साथ रहना चाहते हैं। लिहाजा बेहतर तो यही होगा कि ऐसा कुछ भी नहीं

किया जाये जिससे जातिवाद या साम्प्रदाय वाद और भी ज्यादा फैले–पनपे।

विश्वनाथ प्रताप सिंह जैसे लोगों की भूमिका ज्यादा नजर आती है, जातिवाद को इतना ज्यादा बढ़ा देने के मामले में रामकृष्ण हेगडे ने प्रणव राय–विनोद दुआ के चुनावी विश्लेषण में ठीक ही कहा था कि विश्वनाथ प्रताप सिंह का सामाजिक–न्याय महज मंडलवादी समाजिक–न्याय तथा आरक्षण तक ही सीमित रहा आया। जबकि सामाजिक न्याय में कई और दूसरे पहलू भी हैं जैसे कि स्वास्थ–सुविधायें दिलाना, आवासीय सुविधायें मुहैया कराना, सुरक्षा दिलाना आदि। इस प्रकार की इक तरफा नीति खेल जाने के बाद विश्वनाथ प्रताप सिंह और उनके साथी शरद यादव, रामविलास पासवान, बोल रहे हैं कि जिस सामाजिक न्याय की मुहीम उन्होंने चलाई उसका फायदा कांशीराम और उनकी बसपा को मिला। ऐसा कहना अपने आप में गलत है।

कांशीराम कहते हैं कि कांग्रेस पाटी एक ऐसी पार्टी है जो ब्राम्हणवादी–व्यवस्था की पोषक है तथा इस कार्य में उसे भाजपा से समर्थन–सहयोग मिलता है। वे यह भी कहते हैं कि समाजिक व्यवस्था इस वक्त वर्टिकल खड़ी है जिसे वे हारीजान्टल कर देना चाहते हैं। आगे आने वाले दिन बतायेंगे कि वे क्या और कितना करते हैं अब वे सत्ता के गलियारे में हैं जहां ब्राम्हण, ठाकुर, कायस्थ, दलित–शोषित सभी हैं। सभी के सांथ मिलकर सत्ता चलाई जा सकती है। देखना यही है कि क्या वे इस प्रकार के सामाजिक न्याय के काल खण्ड में भारतीय समाज को ले जाते हैं जिसकी परिकल्पना उनके अराध्य डा. अम्बेडकर ने की थी, या फिर महज संकीर्ण व्यक्तिगत महत्वकांक्षाओं को बढ़ावा देते हुये वे भारतीय समाज में और भी ज्यादा वर्ग–संघर्ष को उभार देते हैं।

–एन.सी.ब्योहार

नव भारत–दिनांक 19 नवम्बर 1993

कश्मीरः ढुलमुल नहीं सख्त व स्पष्ट नीति जरूरी

श्रीनगर के हजरतबल दरगाह जहां मोहम्मद पैगम्बर के पवित्र अवशेष रखे हैं पर आतंकवादियों ने कब्जा जमा रखा है। यह बात स्पष्ट हो चुकी है कि पाकिस्तान की गुप्तचर एजेंसी आई.एस.आई. की योजना के तहत ही आतंकवादियों ने दरगाह पर कब्जा किया है। सुरक्षा बलों ने दरगाह की घेराबंदी कर रखी है। इसके साथ ही आतंकवादियों से दरगाह को मुक्त कराने के लिये वार्ता भी चल रही है। शर्त यही है कि आतंकवादी अपने हथियार समर्पित करके आत्म समर्पण कर दें। ऐसा करने पर उनके साथ मानवीय व्यवहार करने का आश्वासन भी दिया गया है। आतंकवादी आत्म समर्पण के लिये अब तक तैयार नहीं हुये हैं। उन्हें मनाने के प्रयास जारी हैं और वार्तायें चल रही हैं। संभव है कि यह लेख आपके हाथों में पहुंचने तक हजरतबल समस्या का कोई हल निकल आये। इस समस्या के कश्मीर के मसले को एक नया मोड़ दे दिया है।

बुद्धिजीवियों के एक वर्ग का मत है कि दरगाह की घेराबंदी उठा ली जानी चाहिये क्योंकि इससे बंधकों के मानवाधिकारों का उल्लंघन हो रहा है। नायब इमाम और सांसद शहाबुद्दीन भी कहते हैं कि दरगाह की घेराबंदी उठा लेनी चाहिये। गौरतलब यह है कि पाकिस्तान में भी इसी प्रकार की मांग को लेकर प्रदर्शन हुये हैं कि घेराबंदी उठा ली जाये। लेकिन पाकिस्तान में इस प्रकार की मांग उठाई जाना स्वाभाविक है क्योंकि पाकिस्तान इस नीति पर ही चल रहा है कि किसी बहाने कश्मीर में कोई न कोई नई समस्या पैदा कर दी जाये और फिर भारत सरकार द्वारा उठाये गये कदमों की निन्दा की जाये। देश के बुद्धिजीवियों द्वारा घेराबंदी हटाने की मांग करना आश्चर्य जनक है। जबकि होना यह चाहिये था कि सभी तरफ से एक ही प्रकार के स्वर उठते कि दरगाह को आतंकवादियों से मुक्त कराया जाये। उनके साथ नरमी का बर्ताव नहीं किया जाना चाहिये। देश के मुस्लिम नेताओं को भी भरपूर आवाज उठानी चाहिये कि मस्जिदों दरगाहों का दुरूपयोग आतंकवादी अपराधी

कार्यवादियों के लिये कतई नहीं करने दिया जायेगा। हम देख रहे हैं कि देश के किसी भी भाग में ऐसी चिंता नहीं दिखाई पड़ रही है कि लोगों के मन रोष हो कि उनकी दरगाह की पवित्रता के साथ खिलवाड़ करने की कोशिश की जा रही है।

कश्मीर में आतंकवाद पर काबू न पा सकने की एक वजह यह भी है कि कश्मीरी आतंकवाद के खिलाफ प्रभावशाली जनमत काम नहीं कर रहा है। कश्मीर के भीतर यदि वहां की जनता आतंकवादियों की खिलाफत नहीं कर रही है, तो कम से कम देश के दूसरे राज्यों में तो एक प्रबल जनमत तैयार हो जाना चाहिये जो इस प्रकार की घटनाओं का खुलकर विरोध करे। पंजाब में आतंकवाद पर काबू पा लिये जाने का एक कारण यह है कि वहां पर जनता आतंकी घटनाओं से ऊब चुकी थी और उसने हिम्मत के साथ खुलकर आतंकवाद का विरोध किया और भरपूर सहायता प्रदान की । कश्मीर के हालात दूसरे हैं, वहां पर आतंकवादियों को परोक्ष या अपरोक्ष आम जनता का सहयोग मिल रहा है। लिहाजा इन हालातों में कश्मीर में आतंकवाद के खिलाफ देश के दूसरे स्थानों पर एकमतेन जनमत की अनिवार्यता है। अफसोस की बात है कि अभी हाल ही में हजरतबल दरगाह में जो कुछ भी हुआ उसके खिलाफ सारे देश में विरोधी मुहिम लगभग गायब सी रही।

ऐसा हमारा कहना नहीं है कि कश्मीर मसले पर सरकार ने गलती न की हो, हो सकता है कि सरकारी नीतियों के कारण कश्मीरी समस्या और भी ज्यादा गंभीर हो गयी हों, पर इसका मतलब यह तो नहीं कि इस मसले पर सरकार की हर नीति की निंदा ही की जाये। मान लीजिये यदि सरकार ने घटना के शुरू होते ही आतंकवादियों को छोड़ दिया होता, तब क्या कहा जाता. क्या सरकार की तारीफ की जाती। सख्त से सख्त शब्दों में निंदा की जाती कि देश के दुश्मनों को खुल्लम–खुल्ला जाने दिया गया, सरकार ने देश की सर्व–सम्प्रभुता का त्याग कर दिया, इत्यादि।

कश्मीर समस्या के बरकरार रहे आने में अमरीकी भूमिका साफ उजागर है। यदि देश के भीतर आम–जनमत प्रभावी नहीं हो पा रहा है, तो अंतर्राष्ट्रीय जगत में अमरीकी नीति के कारण आम–जनमत तैयार

नहीं हो पा रहा है। हालांकि यह जरूर है कि अमरीका के सिवाय दूसरे मुल्क इस मुद्दे पर सामान्य तया खामोश ही हैं। कुछ अरब मुल्क जरूर पाकिस्तान का साथ दे रहे हैं। आज से कुछ दशक पहले अमरीका के अलावा इंग्लैण्ड और फ्रांस संयुक्त राष्ट्र संघ में कश्मीर मसले पर भारत को दुविधा में डालते रहते थे, पर अब ये दोनों देश शांत हैं, जबकि अमरीका न सिर्फ भारत विरोधी वक्तव्य दिये जा रहा है वरन् उसके बोलने में पिछले कुछ दिनों में और भी ज्यादा कटुता आई है। सभी जानते हैं कि अमरीकी शह के बल पर ही पाकिस्तान कश्मीर में तोड़–फोड़ करने वाले और आतंकवाद फेलाने वाले जंगजुओं को सरहद पार भेज रहा है। सभी जानते हैं कि पाकिस्तान द्वारा भारत से अघोषित युद्ध लड़ा जा रहा है। अमरीका इन तमाम तथ्यों से पूरी तरह अवगत है। पर फिर भी पाकिस्तान का ही साथ दिये जा रहा है। लिहाजा निष्कर्ष यही निकलता है कि पिछले कुछ वर्षों में कश्मीर में स्थिति के बिगड़ने में बाहरी हस्तक्षेप की कहीं ज्यादा भागीदारी है।

कुछ समय पहले संयुक्त राष्ट्र संघ की सामान्य सभा में अमरीकी राष्ट्रपति बिल क्लिन्टन बोले थे कि बोस्निया, सोमालिया और कश्मीर में मानवाधिकारों के उल्लंघन से चिंता हो रही है। उनके इस एक कथन से भारत को निराशा हुई । आशा की गई थी कि बिल क्लिन्टन खुद एक डेमोक्रेट हैं, डेमोक्रेटिक पारटी की टिकिट पर राष्ट्रपति बने हैं। अतः दुनिया के सबसे बड़े लोकतांत्रिक राष्ट्र भारत को वे भावनात्मक सहयोग देंगे। पर हुआ इसका ठीक उल्टा ही । भारतीय घावों पर तीखा नमक छिड़कते हुये अमरीकी विदेश विभाग की एक प्रवक्ता सुश्री राबिन रफैल ने कहा कि अमरीकी विदेश नीति सदा से यही चली आ रही है कि अमरीका ने कश्मीर को एक विवादित भूखण्ड माना है तथा कश्मीर का भारत में विलय मंजूर नहीं किया जा सकता है। कश्मीर के भारत में विलय को इस प्रकार चुनौती देकर अमरीका ने भारत पर तीखा कूटनीतिक प्रहार किया है। इतना ही नहीं, भारत में पदस्थ किये जा सकने वाले स्टीफेन सोलार्ज ने भी एक विस्मयकारी प्रश्न किया है कि यदि कश्मीर भारत से अलग हो जाता है तो इसका असर भारत के दूसरे राज्यों पर क्या पड़ेगा।

सवाल यही उठता है कि भारत क्या करे। निःसंदेह आज कश्मीर समस्या का महत्व भारत के आंतरिक अस्तित्व को मद्दे नजर रखते हुये कहीं ज्यादा बढ़ गया है। कश्मीर समस्या के साथ हमारी भौगोलिक अखण्डता का प्रश्न भी जुड़ गया है। यदि कश्मीर पृथक हो जाता है तो पृथकतावादी आवाजें और भी जगह उठ सकती हैं। यदि कश्मीर में पृथकतावादी अभियान कुचल दिया जाता है तो देश की अखंण्डता को बल मिलेगा और पृथकतावादी ताकतें परस्त हो जायेंगीं। भारत सरकार अपने देश की जनता का लक्ष्य भारत को शक्तिशाली बनाना ही होना चाहिये।

–एन.सी.ब्योहार

दैनिक भास्कर–दिनांक 10 जनवरी 1994

सांसदों को और अधिक भत्ते देने का मामला

अभी हाल ही में संसद की एक संयुक्त संसदीय समिति ने सिफारिशें पेश की हैं कि सांसदों को और अधिक सुविधायें दी जायें । अब्दुल रहमान अंतुले इस समिति के अध्यक्ष थे। सिफारिशें लोक सभाध्यक्ष के सामने पेश की गई हैं तथा उन पर चर्चा के बाद ऐसा कानून बन सकता है। कुछ सिफारिशें इस प्रकार की हैं–लोक सभायी क्षेत्र में विकास कार्यों के लिये सांसदों को दो करोड़ रूपये सालाना दिये जायें जबकि अभी उन्हें छत्तीस हजार रूपये सालाना मिलते हैं। तीन लाख टेलीफोन काल्स सालाना मुफ्त दिये जायें तथा मुफ्त एस.टी.डी. टेलीफोन दिये जायें जबकि अभी तक उन्हें पचास हजार टेलीफोन काल्स सालाना मुफ्त मिलते हैं। एम्बेसडर डीजल कार खरीदने के लिये अग्रिम राशि दी जाये, जिस पर पांच प्रतिशत ब्याज लगे जबकि अभी तक पचास हजार रूपये ब्याज वाले दिये जाते हैं, हवाई यात्राओं पर कोई सीमाबंदी न हो तथा उनसे किराया भी कम लिया जाये, जबकि अभी तक अट्ठाईस मुफ्त हवाई यात्रायें सालाना एक साथी के साथ उपलब्ध हैं, एक सचिव तथा एक स्टेनोग्राफर जिसकी तनख्वाह सरकार के द्वारा जी जावे जबकि अभी तक इन कामों के लिये एक हजार रूपये माहवार दिये जाते हैं। अभी तक का सिद्धांत यह है कि सांसद महोदय जितने दिन रजिस्टर में हस्ताक्षर करते हैं उतने दिन का भत्ता उन्हें मिलता है, पर अब सिफारिश यह कहती है कि उनसे हस्ताक्षर का प्रतिबंध हटा दिया जाना चाहिये। अभी तक का सिद्धान्त यह रहा है कि पूरी अवधि सांसद रहने के बाद पेंशन दी जानी चाहिये, पर आगे से ऐसा होना चाहिये कि अविध की पाबंदी हटा दी जानी चाहिये।

इन सिफारिशों पर विभिन्न दलों के सांसदों ने अलग–अलग प्रकार की प्रतिक्रियाएं व्यक्त की हैं। सामान्यतया सभी दलों ने सिफारिशों को मंजूर किया है, हालाकि किसी ने भी पूरी सिफारिशों को मंजूर नहीं किया है, तथा ऐसा एक भी सांसद नहीं है जिसने कहा हो कि इन

अतिरिक्त सुविधाओं की अब जरूरत नहीं है। कम्युनिष्ट पार्टी आफ इंडिया तथा मार्क्सवादी पार्टी के सांसदों की तरफ से सबसे ज्यादा विरोध आया है, हालाकि इन सांसदों ने भी कहा है कि सचिव सुविधा और ज्यादा दी जानी चाहिये। मार्क्सवादी सांसदों का कहना है कि सांसदों का नगद राशि देने के बदले उन्हें वास्तविक सुविधायें देना चाहिये क्योंकि नगद राशि देने का दुष्परिणाम यह रहेगा कि जन–प्रतिनिधियों तथा जनता के दरम्यान अन्तर और भी ज्यादा बढ़ जायेगा। मार्क्सवादियों का कहना है कि सांसदों को और अधिक सुविधायें देने का परिणाम यह रहना चाहिये कि उनकी सेवाओं के स्तर में बढ़ोत्तरी नजर आये। देश के एक प्रमुख अंग्रेजी अखबार ने अभी कुछ ही दिन पहले एक कांग्रेसी सांसद के विचार छापे हैं। उनका कहना है कि सांसदों को तमाम प्रस्तावित अतिरिक्त सुविधायें दी जानी चाहिये क्योंकि भारतीय सांसद दुनिया में सबसे कम वेतन तथा भत्ते पाने वाले सांसद हैं, कहना पड़ेगा कि यह उनका अपना निजी विचार है, परंतु मानने के पर्याप्त कारण हैं कि यह लगभग सभी सांसदों का विचार होना चाहिये। अभी तक किसी एक भी सांसद की तरफ से ऐसी मुहिम नहीं उठी है कि सांसदों को अतिरिक्त सुविधाओं की कोई जरूरत नहीं आ पड़ी है।

इस मुद्दे पर आम नागरिकों का क्या रूख होना चाहिये. आम नागरिकों ने अभी तक ऐसा जनमत जाहिर नहीं किया है कि उनके जन प्रतिनिधियों को और अधिक सुविधायें न दी जायें। हालाकि सामान्य नागरिकों की यही धारणा होनी चाहिये कि उनके जन प्रतिनिधियों को पर्याप्त भुगतान होता है। आम नागरिकों ने मंत्रियों, सांसदों, विधायकों, तथा दूसरे प्रभावशाली नेताओं को सामाज की सबसे उंची श्रेणी पर आसीन कर रखा है भले ही आम नागरिकों का स्वयं का आध्यात्मिक, नैतिक एवं शैक्षणिक स्तर कहीं ज्यादा उंचा क्यों न हो. आम नागरिक जानता है कि उसका मंत्री उसका नेता उसका नफा– नुकसान कर सकता है और इस कारण उससे डरता है, उसकी वंदना करता है। इस मनोविज्ञान के कारण आम आदमी किसी प्रकार का विरोध नहीं करता जब उसके सांसद, विधायक, ऐसे विधेयक बनाते हैं जिनसे उन्हें और अधिक सुविधायें मुहैया करायी जाती हैं। हालाकि आम आदमी यह भी

कहता फिरता है कि औसत जन प्रतिनिधि तमाम दूसरे तरीकों से इतना ज्यादा कमा लेता है कि ये सुविधायें कोई मायने नहीं रखतीं। हम इसे मंजूर करें या न करें पर यह सच है कि औसत जन प्रतिनिधियों के बारे में आम नागरिक का यही नजरिया है। हमारा ऐसा कहना कदापि नहीं है कि सभी जनप्रतिनिधि इसी आचरण के शिकार हैं। ऐसे अनेंक जनप्रतिनिधि हो सकते हैं जिनका सेवा समर्पण का रिकार्ड है। सेवा–भावना वाले मितव्ययी मंत्री उपलब्ध हैं। पर फिर आम आदमियों को क्यों और कैसे दोषी ठहराया जा सकता है यदि वे इस प्रकार का रूख अख्तियार करते हैं. क्या जनप्रतिनिधि स्वयं जवाबदार नहीं है. बिहार के उदाहरण से इस बात को समझा जा सकता है। कुछ समय पहले बिहार में एक कानून बनाया गया है कि भूतपूर्व मुख्यमंत्रियों को मुफ्त बंगले आजीवन मिलेंगे, सुरक्षा सुविधा मिलती रहेगी, बढ़ी हुई पेंशन मिलती रहेगी, साथ ही साथ टेलीफोन यातायात सुविधायें मुफ्त मिलती रहेंगी। लगभग इसी प्रकार की सुविधायें मंत्रियों तथा विधायकों को भी मिलती रहेंगी। बताया जाता है कि इस तमाम ताम–झाम पर सालाना अठारह करोड़ का खर्चा अतिरिक्त आयेगा। बिहार की हालत क्या है. यह किसी से छिपी बात नहीं है। जातिवाद वहां सबसे ज्यादा है जो कि दलगत राजनीति की सीधी–साधी उपज है। बिहार का मंत्री मंडल सबसे बड़ा भीमकाय है। बिहार में कानून व्यवस्था शायद सबसे निम्न स्तरीय है। इन सब परिणामों के लिये कौन जबावदार है. वहां जो कुछ अच्छा हो रहा है उसके लिये लालू प्रसाद यादव श्रेयकार हो सकते हैं। पर खराब के लिये जवाबदार कौन होना चाहिये. बिहार के जैसे उदाहरणों से आम जनता भड़कती है कि जन प्रतिनिधियों को और ज्यादा क्यों दिया जाये। कुछ समय पहले उत्तर प्रदेश विधान सभा में भारी हंगामा हुआ। भाजपा तथा सपा–बसपा विधायक आपस में लड़े–झगड़े, खून खराबा हुआ, अनेक विधायक गंभीर रूप से जख्मी हुये। सारे देश में निंदा हुई। क्या हमारे जन प्रतिनिधियों से इसी प्रकार के आचरण की अपेक्षा है. क्या आम करदाता का रक्त पसीने का पैसा इसलिये है कि जन प्रतिनिधियों को अनुशासन हींनता बरतने के लिये खर्च किया जावे. हालाकि इस प्रकार के उपद्रवी प्रदर्शन आये दिन नहीं उत्पन्न होते हैं। पर फिर भी यह किसी से छिपा नहीं है कि संसद तथा विधानसभाओं में बिरले सांसद तथा

विधायक ऐसे होते हैं जो सभाओं में सक्रिय रहते हैं। कहने का मतलब यही है कि बहुतायत संख्या में वे जनप्रतिनिधि हैं जो निष्क्रिय पाये जाते हैं। नतीजा यह रहता है कि जन आकाक्षांयें पूरी नहीं हो पातीं, आम जनता का भला नहीं हो पाता, सामान्य तथा अनिवार्य सुविधाओं से आम आदमी वंचित रहे आते हैं, कष्ट तथा कमी की जिंदगी जीते रहते हैं। लिहाजा आम मानस–पटल आक्रोश कर बैठता है जब जन प्रतिनिधि ऐसा प्रस्ताव पेश करते हैं कि उन्हें और अधिक सुविधायें दी जायें। ऐसा किसी का कहना नहीं है कि हमारे जनप्रतिनिधि तंगी की जिन्दगी जीते रहें, उन्हें न्यूनतम सुविधायें दी जायें और उनसे सिर्फ काम ही लिया जाये। आम नागरिक सेवाओं के बदले समुचित सुख–सुविधायें देना जानते हैं। आम आदमी अहसानबंद है, खुद रूखी–सूखी खाकर अपने जन प्रतिनिधि को तमाम आवश्यक सुविधायें देने के लिये आम नागरिक तैयार हैं। पर फिर आम नागरिक को स्वयं मिल क्या रहा है. इस प्रश्न का उत्तर कितने सांसदो तथा विधायकों के पास है कि वे सच्ची सेवा के ऐवज में वेतन–भत्ते मांग रहे हैं.

इस मुद्दे को एक और नजरिये की मदद से समझा जा सकता है। मध्य प्रदेश में विधान परिषद की स्थापना होने वाली है। हालाकि अब इस विषय पर चर्चा ज्यादा सार्थक नहीं हो सकती, क्योंकि निर्णय लिया जा चुका है और उस पर सिर्फ अमल होना बाकी रह गया है और यह कसर भी कुछ दिनों में पूरी हो जायेगी। परंतु इतना तो अवश्य कहा जा सकता है कि इस विषय पर सार्वजनिक चर्चा नहीं हुई कि विधान परिषदों की जरूरत है या नहीं। यदि विधान परिषद बनाये जाने चाहिये तो सिर्फ मध्यप्रदेश में ही क्यों. देश के दूसरे राज्यों में भी क्यों नहीं जहां विधान परिषद नहीं हैं. मध्य प्रदेश अकेले में एकाएक ऐसी कौन सी विशेषतायें आ गईं कि यहां पर विधान परिषद की जरूरत पड़ गई. कुछ राज्यों में पहले विधान परिषद थे, जिन्हें आगे चलकर बंद कर दिया गया। मध्य प्रदेश में क्या विधान सभा अकेले से काम नहीं चल रहा था. विधान परिषदों को खोलने या न खोलने का मुद्दा एक राष्ट्रीय सवाल है जिसे राष्ट्रीय स्तर पर लिया जाना चाहिये। विधान परिषद खोलने का मामला एक अलग विवाद है जिसे यहां सिर्फ इस कारण उठाया जा रहा

है ताकि दिखाया जा सके कि मध्य प्रदेश विधान परिषद से करोड़ों रूपयों का खर्चभार प्रदेश की गरीब जनता के कमजोर कंधों पर पड़ेगा तथा उस अनुपात से परिषद की उपयोगिता नहीं रहेगी। इससे हमारी राजनीति की उस मानसिकता की एक झलक मिलती है जो सांसदों तथा विधायकों को आए दिन और अधिक सुविधायें दिलाने के पीछे सक्रिय रहती है।

कहना मुश्किल है कि अभी और कितने वर्षों तक राजनीति हमारे देश में सर्वोच्च पद पर कायम रही आयेगी और कब तक वैज्ञानिक, साहित्यकार, पत्रकार आदि बुद्धिजीवी पिछली सीटों पर बैठे रहेंगे । हो सकता है कि हमारे जीवनकाल में ऐसा ही रहा आये, फिर शिक्षा के प्रसार से स्थिति में कुछ सुधार आये। पर जब तक संतुलन नहीं सुधर जाता है तब तक हमें ऐसा ही भार बर्दास्त करना होगा। जन प्रतिनिधियों से उम्मीद करना नामुमकिन है कि वे स्वयं आगे बढ़कर कहें कि हम निस्वार्थ सेवा कार्य के क्षेत्र में आये हैं तथा हमें उतना ही दिया जाये जो हमारा गरीब देश सह सकता है तथा जो हमारे द्वारा दी गई सेवाओं के अनुपात में है।

–एन.सी.ब्योहार

दैनिक भास्कर–दिनांक 20 नवम्बर 1993

तमिलनाडु में आरक्षण बावत हड़ताल

अभी हाल ही में तमिलनाडु में आरक्षण के मुद्दे को लेकर राज्य व्यापी हड़ताल आयोजित की गई है। इस हड़ताल का आव्हान राज्य सरकार द्वारा किया गया था। दलगत विरोधों से उपर उठते हुये इस हड़ताल में सभी पार्टियां शमिल हुई, जैसे अन्नाद्रमुक, द्रमुक, फार्वर्ड ब्लाक, रिपब्लिकन पार्टी आफ इंडिया, कम्युनिष्ट पार्टी आफ इंडिया, मार्क्सवादी कम्युनिष्ट आदि राज्य के प्रमुख विरोधी दल कांग्रेसी पार्टी ने भी इसमें शिरकत की, मतलब यही रहा कि ये पार्टियां दूसरे मुद्दों पर आपस में एक दूसरे की कितनी ही दुश्मन क्यों न हों आरक्षण के मुद्दे पर ये सब एक ही मंच पर हैं । बताया जाता है कि 16 नवम्बर की यह हड़ताल पूरी तरह सफल रहीं, सारे दफ्तर बंद रहे, सारे बाजार बंद रहे।

हड़ताल क्यों आयोजित की गई. आरक्षण के मुद्दे पर राज्य सरकार की क्या नई मांग है. मकसद जाहिर करते हुये तमिलनाडु की मुख्य मंत्री सुश्री जयललिता ने बताया है कि राज्य सरकार सारे देश का और केन्द्र सरकार का ध्यान खासकर इस ओर आकर्षित करना चाहती है कि तमिलनाडु में आरक्षण का प्रतिशत 69 ही चलने देना चाहिये, गौरतलब है कि विगत वर्ष उच्चतम न्यायालय ने एक फैसला दिया है, जिसमें कहा गया है कि आरक्षण का कुल प्रतिशत पुलिस सथानों का पचास प्रतिशत ही होना चाहिये तथा किसी भी कीमत पर आरक्षण 50 प्रतिशत से उपर नहीं जाने देना चाहिये। गौरतलब यह भी है कि तमिलनाडु में शिक्षा संस्थानों में भरती के मौकों पर कुल आरक्षण 69 प्रतिशत निर्धारित किया गया है और यह व्यवस्था वहां पर कामराज नाडर के जमाने से ही चली आ रही है। इसे बनाये रखने में एम.जी.राम चंन्द्रन और करूणानिधि जैसे दिग्गजों का योगदान रहा है, और इसे शुरू किया गया था पेरियार नाडर द्वारा जिन्होंने ब्राम्हणवाद तथा उंची जातियों का आजीवन घोरतम विरोध किया और पिछड़ी जातियों की इसी अनुपात में हिमायत की थीं। लिहाजा अब आज किसमें हिम्मत है कि तमिलनाडु में आरक्षण के प्रतिशत

को घटाने की बात करे। कम से कम सुश्री जयललिता तो इस प्रकार का खतरा मौजूदा हालातों में नहीं उठाने वालीं जबकि उनकी लोकप्रियता का ग्राफ पिछले कुछ दिनों से लगातार नीचे की तरफ तेजी से गिरते चला जा रहा था तथा उनके घोरतम विरोधी एम. करूणानिधि उनके पीछे साया जैसे लगातार छाये चले आ रहे थे। जयललिता ने कावेरी जल के मामले में ट्रिब्यूनल के अवार्ड के खिलाफ अनिश्चित कालीन भूख हड़ताल करके आम जनता की सहानुभूति काफी कुछ वापस हासिल कर ली थी। वे दूसरे मौके की तलाश में थीं। आरक्षण के मामले से अच्छा मुद्दा उन्हें कोई दूसरा नहीं मिल सकता था अतः हड़ताल आयोजित की गई।

उच्चतम न्यायालय का फैसला 16 नवम्बर 1992 के दिन सुनाया गया था और यह हड़ताल ठीक एक वर्ष बाद यानि 16 नवम्बर 1993 को आयोजित की गई। फैसले के तुरंत बाद इसे क्यों नहीं आयोजित किया गया. एक वर्ष तक रूकने की क्या वजह थी. क्या राज्य सरकार को इसके पहले नहीं मालूम था कि उच्चतम न्यायालय के फैसले के पालन में राज्य सरकार को आरक्षण के प्रतिशत में कटौती करनी होगी. क्या जयललिता द्वारा ऐसा बचकाना बचाव लिया जा सकता है कि इसके पहले उनका ध्यान दूसरे मामलों में उलझा हुआ था और उन्हें अब कहां जाकर फुरसत मिल पाई . यदि इन तमाम प्रश्नों के उत्तर जयललिता के पास नहीं हैं तब फिर एक ही निष्कर्ष निकाला जा सकता है और वह यह है कि उन्होंने आरक्षण के मुहरे को अपने व्यक्तिगत राजनायिक फायदे के लिये अपनी सुविधा के अनुसार चला है। नतीजे सामनें हैं, सुश्री जयललिता की लोकप्रियता का ग्राफ फिर उपर की तरफ बढ़ गया है। हड़ताल के पहले 9 नवम्बर 1993 के दिन राज्य विधान सभा ने एक मतेन प्रस्ताव पारित किया था कि केन्द्र सरकार से कहा जाये कि एक संविधानिक संशोधन लाया जाये ताकि तमिलनाडु में आरक्षण का प्रतिशत 69 प्रतिशत पूर्ववत ही चले रहने दिया जाये। प्रस्ताव आगे बढ़ाते हुये सुश्री जयललिता ने कहा था कि होने वाली हड़ताल केन्द्र सरकार की नीति या उच्चतम न्यायालय के फैसले के विरोध में न होकर महज इस कारण आयोजित की जा रही थी कि पिछड़े वर्गों के लोगों की अभिलाषाओं को उजागर किया जा सके। लिहाजा अब चूंकि हड़ताल सफलता पूर्वक आयोजित की जा चुकी है अतः अब केन्द्र सरकार पर

भारी दबाव बनेगा कि संविधान में इस आशय का उचित संशोधन लाया जाये। केन्द्र सरकार की मुश्किल आसानी से समझी जा सकती हैं ।

यदि संशोधन लाया जाता है तो इसका मतलब यह रहा कि उच्चतम न्यायालय के फैसले को राज्य सरकार के क्षेत्र तक निष्प्रभावी कर दिया गया। यदि संशोधन नहीं लाया जाता है तो राज्य में आंदोलन छिड़ेंगे। कहा जायेगा कि केन्द्र द्वारा राज्य के करोड़ों दलितों की भावनाओं के साथ खिलवाड किया गया। आंदोलन उग्र रूप धारण कर सकते हैं और तमिलनाडु में अलगाववादी हवा को तेजी मिल सकती है। दूसरी तरफ यह भी आसानी से समझा जा सकता है कि जयललिता की सबसे बड़ी चिंता है अपना राजनायिक अस्तित्व बरकरार रखना तथा यह सब जो कुछ भी किया जा रहा है वह सिर्फ अपने संकीर्ण व्यक्तिगत राजनायिक लाभ के लिये ही किया जा रहा है। फिर चाहे देश का कुछ भी हो, आंदोलनों के परिणामस्वरूप खून खराबा हो तो होता रहे।

जयललिता की इस एक नीति से साफ जाहिर होता है कि आरक्षण का मामला किस प्रकार हमारे राजनायिकों के लिये उनके व्यक्तिगत फायदों का जरिया बना बैठा है। कुछ समय पहले वी.पी.सिंह ने ऐलान किया था कि जब तक केन्द्र सरकार द्वारा मंडल आयोग की सिफारिशों को पूरी तरह अमल में लाने की घोषणा नहीं कर दी जाती तब तक वे दिल्ली वापिस नहीं लौटेंगे। दरअसल में उत्तर प्रदेश, राजस्थान, मध्य प्रदेश आदि स्थानों पर चुनावी प्रचार के लिये उन्हें लम्बे अरसे तक बाहर रहना ही था, अतः बहाना यह खोजा गया कि आरक्षण के मसले पर वे देश की राजधानी का कुछ समय के लिये त्याग कर रहे थे। कुछ दिनों बाद प्रधान मंत्री नरसिंहा राव ने घोषणा कर दी कि मंडलवाद पूरी तरह लागू किया जा रहा है तब राजा मांडा ने दूसरी भीष्म प्रतिज्ञा का ऐलान कर दिया कि जब तक मंडल सिफारिशों को मंजूर करते हुये किसी दलित की किसी सरकारी पद पर नियुक्ति नहीं कर दी जाती तब तक वे नई दिल्ली में पैर तक न रखेंगे। ऐसी नियुक्ति अभी तक नहीं हुई है और भूतपूर्व प्रधान मंत्री की दिल्ली वापसी रुकी हुई है। हो सकता है कि वे भी कोई दूसरा नया आंदोलन खड़ा कर दें। कहने का मतलब यही है कि इन दोनों बातों से साफ स्पष्ट होता है कि अपने संकीर्ण राजानयिक

लाभों के लिये हमारे राजनेता किस कदर निम्न स्तर तक गिर सकते हैं, किस हद तक वे देश को वर्ग–संघर्ष की आग में झोंक सकते हैं।

कर्नाटक में भी आरक्षण का प्रतिशत सामान्य से ज्यादा है। तो फिर वहां भी तमिलनाडु जैसी स्थिति बन सकती है। कावेरी ट्रिब्युनल में अवार्ड के खिलाफ कर्नाटक की विधान सभा में प्रस्ताव पारित किया गया था कि अवार्ड नामंजूर है। इसी विधान सभा ने इस प्रकार का प्रस्ताव पारित किया है। कहने का मतलब यही रहा है कि संभावित संविधान संशोधन यही कहेगा कि तमिलनाडु तथा कर्नाटक जैसे राज्य 69 प्रतिशत आरक्षण कायम रख सकते हैं।

तमिलनाडु में कहा गया है कि उच्चतम न्यायालय के न्यायमूर्तियों ने तमिलनाडु की विशेष परिस्थितियों को नजरअंदाज कर दिया है जिनके कारण यहां 69 प्रतिशत रखना जरूरी है भला कौन समझदार इंसान इस तर्क को मानेगा कि उच्चतम न्यायालय के न्यायमूर्ति देश कि विभिन्न परिस्थितियों से वाकिफ नहीं हैं। यह फैसला नौ सदस्यीय संविधान पीठ के द्वारा तैयार किया गया है। यही एकमात्र कारण होना चाहिये कि आरक्षण की अधिकतम सीमा 50 प्रतिशत तक सीमित करने वाले इस प्रमाणिक फैसले को सभी पक्षों द्वारा स्वीकार कर लिया जाना चाहिये ।इन नौ विद्वानों न्यायमूर्तियों में से कुछ ये हैं– सर्वश्री एम.एन. वेंकटचलैया, एस.आर पाण्डियन, टी.के थाम्मन, बी.पी.जीवन रेड्डी । ये सभी विद्वान न्यायमूर्ति दक्षिण भारतीय हैं। अतः कैसे माना जाये कि ये न्यायमूर्ति तमिलनाडु की परिस्थितियों से गैरवाकिफ हैं। न्यायमूर्ति पाण्डियन और न्यायमूर्ति थाम्मन पिछड़े वर्ग का प्रतिनिधित्व करते हैं। वे तो निसंदेह पिछडे वर्गों की महत्वाकांक्षाओं से भली भांति अवगत होंगे। यदि न्यायमूर्ति व्यवस्था बनाते हैं कि आरक्षण की अधिकतम सीमा 50 प्रतिशत से ज्यादा आरक्षण दिया जा सकता है। जैसे कि तब जबकि इस प्रकार की अतिरिक्त सुविधा के इच्छुक लोग ग्रामीण तथा वन अंचलों में रहते हों तथा राष्ट्रीय जीवन की मूलधारा से दूर हों, सिर्फ इसी प्रकार के पिछडे लोगों के लिये आरक्षण का प्रतिशत 50 से ज्यादा किया जा सकता है। जाहिर है कि ये परिस्थितियां तमिलनाडु के बड़े शहरों में रहने वाले शहरी पिछड़ों पर लागू नहीं होती है। फिर ऐसी कौन सी विशेष

परिस्थितियां होनी चाहिये जिनके कारण तमिलनाडु में आरक्षण 69 प्रतिशत तक रह सकता है.

संविधान सभा के तर्कों में डा. भीमराव अम्बेडकर ने दो बातें बहुत स्पष्ट कर दी थीं। एक तो यह कि आरक्षण का प्रतिशत न्यूनतम सीटों के लिये रहना चाहिये। दूसरी यह कि आरक्षण को शनैः–शैनः समाप्त कर दिया जाना चाहिये। उन्होंने कह दिया था कि यदि आरक्षण का प्रतिशत ज्यादा रखा जाता है तो इससे आरक्षण का मूल तत्व हीं जाता रहेगा। वे आरक्षण के स्थायीकरण के खिलाफ थे। डा. भीमराव अम्बेडकर की शाब्दिक वंदना सभी करते हैं। सबसे ज्यादा वे लोग करते हैं जो मंडलवाद की वकालत करते हैं। पर उनकी दो खास हिदायतों की खुल्लम–खुल्ला मुखालफत की जा रही है। सही दिशा में सोचने, समझने, लिखने, बालने वालों को शक की निगाह से देखा जा रहा है। और अपना व्यक्गित हित–पोषण करने वाले स्वार्थी तत्वों को पिछड़ों का मसीहा कहा जा रहा है। मंडलवाद पर उच्चतम न्यायालय का प्रमाणिक एवं अंतिम शब्द आ चुका है। जैसा और दूसरे उच्चतम निर्णयों के साथ किया गया है, इस निर्णय को भी तमाम राजनेताओं द्वारा अपने अपने व्यक्तिगत स्वार्थों को ध्यान में रखकर निष्क्रिय कर दिये जाने की कुचेष्ठा की जा रही है। पिछले कुछ वर्षों में उच्चतम न्यायालय के जितने भी फैसले आये हैं उनसे यही जाहिर होता है कि उच्चतम न्यायाधीशों ने संविधान की मंशा के मुताबिक आरक्षण के प्रतिशत एवं स्वरूप को कानूनी सीमा के अंतर्गत ही सीमित रखने का प्रयास किया हे ताकि योग्यता का नुकसान न हो परंतु हमारे राजनेता इस प्रयास को लगातार विफल किये जा रहे हैं। आरक्षण का विस्तार लगातार किया जा रहा है, उसमें नये–नये तत्व शामिल किये जा रहे हैं। आरक्षण को स्थायि कर दिया जा रहा है। इस सबसे यही अनुमान लगाया जा सकता है कि आजादी के बाद पिछले 47 वर्षों में हमारे देश ने गरीबों और पिछड़ों के सामाजिक, आर्थिक, नैतिक उत्थान के लिये कुछ नहीं किया है और जैसे कि इनकी स्थिति आज भी वैसी ही है जैसी कि पहले थी। तमिलनाडु की यह हड़ताल इसी तथ्य को रेखांकित करती है।

–एन.सी. ब्योहार

दैनिक भास्कर–दिनांक 6 दिसंबर 1993

चुनाव–1993 में राष्ट्रीय कांग्रेस पार्टी

अभी हाल ही में संपन्न हुये चुनावों में कांग्रेस पार्टी की मध्य प्रदेश और हिमाचल प्रदेश में सरकारें बनी हैं। हिमाचल प्रदेश में वीरभद्र सिंह ने मुख्यमंत्री के रूप में शपथ ले ली है जबकि इस वक्त मध्य प्रदेश में इस पद के लिये दावेदारी चल रही है। पिछली बार इन दोनों पदों पर शांताकुमार और सुन्दरलाल पटवा आसीन थे, अतः इस प्रकार कांग्रेस ने इन दो प्रांतों से भारतीय जनता पार्टी से कुर्सी वापस छीनी है। चुनाव 1993 का कांग्रेस का यह सबसे बड़ा फायदा माना जाना चाहिये। राजस्थान में कांग्रेस की पूर्ववत दूसरी पोजीशन रही। रहा सवाल उत्तर प्रदेश का तो यहां पर भाजपा पूर्ववत पहले स्थान पर रही, जबकि समाजवादी पार्टी मुलायम सिंह तथा बहुजन समाज पार्टी काशीराम के गठबंधन ने उतनी ही सीटें हासिल की हैं जितनी की भाजना, सपा, एवं बसपा को अलग से 101 एवं 71 सीटें क्रमशः मिली हैं, जबकि कांग्रेस तथा जनता दल को क्रमशः 28 एवं 27 सीटें ही मिली हैं। इस प्रकार हम कह सकते हैं कि दरअसल में कांग्रेस को उत्तर प्रदेश में चौथा स्थान मिला है जबकि 1991 में इसका तीसरा चुनाव है जबकि कांग्रेस को न सिर्फ सत्ता से बाहर रहना पड़ा है बल्कि पार्टी की विधान सभाई शक्ति में लगातार गिरावट आते जा रही है। 1991 में कांग्रेस को 46 सीटें मिली थीं और तब काफी दुख मनाया गया था, पर इस बार 18 सीटें और हाथ से गईं। उत्तर प्रदेश हमेशा से कांग्रेस का गढ़ रहा है और इस प्रकार कहा जा सकता है कि इस बार इस पार्टी का यहां और भी ज्यादा नुकसान हुआ है। दरअसल में अनेक प्रेक्षक कह रहे हैं कि अगले चुनाव में उत्तर प्रदेश में देश की सबसे बड़ी और सबसे पुरानी पार्टी का क्या होगा, कहीं बसपा के बढ़ते कदमों के आगे यह राष्ट्रीय पार्टी और भी ज्यादा बौनी न हो जाये। इस अतिवादी निराशा पर पहुंचने की कोई जरूरत नजर नहीं आती क्योंकि कांग्रेस के मत मूल चिरस्थायी हैं जबकि दूसरी नई पार्टियां अभी भी अपना अस्तित्व जमाने में मशगूल हैं। राजस्थान में भाजपा के भैरवसिंह शेखावत शपथ ले चुके हैं जबकि 1991 में वे ही मुख्य मंत्री

बनाये गये थे। मिजोरम में मुख्य मुकाबला कांग्रेस तथा मिजो नेशनल फ्रंट के बीच है और देखना है कि क्या वहां पर कांग्रेस लगातार दूसरी बार सरकार बना पाती है या नहीं। नेशनल कैपिटल रीजन दिल्ली में मदनलाल खुराना की भाजपा सरकार सत्तारूढ़ हो चुकी है। यहां कांग्रेस को दूसरे स्थान से संतोष करना पड़ा। इस प्रकार इन चुनावों का परिणाम यह कि कांग्रेस को दो स्थानों पर सरकार बनाने का मौका मिल रहा है। जबकि 1991 में इस पार्टी के हाथ एक जगह भी सत्ता नहीं थी। मतदाता ने भाजपा तथा कांग्रेस को लगभग बराबरी से मिठाई बांटी है और लगभग इसी अनुपात में तडी भी दी है।

1991 में उत्तर प्रदेश में कांग्रेस को 46 सीटें मिली थीं जबकि इस बार यह संख्या घटकर 28 रह गयी है। मध्य प्रदेश में 1991 में 56 सीटें मिली हैं और इस प्रकार 115 सीटें ज्यादा हासिल की हैं। मध्य प्रदेश में निसंदेह पार्टी ने और स्थानों की तुलना में सबसे ज्यादा कामियाबी हासिल की है। राजस्थान में इस बार कांग्रेस ने 76 सीटें हासिल की हैं जबकि 1991 में इसे 50 सीटें मिली थीं, पार्टी ने 16 सीटें ज्यादा हासिल कीं। हिमाचल प्रदेश में 1991 में पार्टी ने महज 8 सीटें प्राप्त की थीं जबकि इस बार 45 सीटें ज्यादा हासिल कर 53 सीटों के साथ वापस सत्ता प्राप्त की हैं। वैसे तो हिमाचल प्रदेश में कांग्रेस को दो तिहाई मत मिल गया है जबकि मध्य प्रदेश में कांग्रेस को दो तिहाई निशान से 35 सीटें कम मिली हैं। पर फिर भी दोनों राज्यों की शारीरिक बनावट तथा विधान सभाई शक्ति हिमाचल प्रदेश 68 सीटें, मध्य प्रदेश 320 सीटों को देखकर यही कहना पड़ेगा कि मध्य प्रदेश की वापसी ज्यादा उल्लेखनीय रही। दिल्ली की कुल 70 सीटों में से कांग्रेस को 17 सीटें मिली हैं जबकि भाजपा की 49 सीटें रहीं।

हिमाचल प्रदेश में इस बार कांग्रेस को कुल 49 प्रतिशत लोकप्रिय मत मिले हैं जबकि पिछली बार इसे 37 प्रतिशत मत मिले थे। राजस्थान में कांग्रेस ने पिछली बार के 33 प्रतिशत लोकप्रिय मतों की तुलना में इस बार 7 प्रतिशत की बढ़ोत्तरी करके कुल 40 प्रतिशत मत प्राप्त किये हैं। दिल्ली में कांग्रेस को 34 प्रतिशत मत मिले और पिछले लोक सभाई चनावों के अंश को ध्यान में रखते हुये इसे 5 प्रतिशत कम मत मिले।

हिमाचल प्रदेश में मत दाताओं का रूझान कांग्रेस की तरफ 11 प्रतिशत एका–एक बढ़ गया। उत्तर प्रदेश में कांग्रेस को महज 15 प्रतिशत मत इस बार मिले जबकि एक समय ऐसा भी था कि यहां पर कांग्रेस को तीन चौथाई तक स्थान मिल जाते थे। वैसे उत्तर प्रदेश में घमासान भी सबसे ज्यादा रहीं। यहां पर मुलायम सिंह और कांशीराम अपनी अपनी समाजवादी पार्टी तथा बहुजन समाज पार्टी लेकर नई शक्तियों के रूप में उभरे हैं और इन दोनों पार्टियों ने मुख्यतः कांग्रेस के परंपरागत हरिजन, आदिवासी तथा मुस्लिम बोट हथियाए हैं। हालाकि इन दोनों के हाथों 27 सीटों वाले जनता दल का भी काफी कुछ नुकसान हुआ है। बाबरी मस्जिद कांड के बाद कांग्रेस के मजबूत–तम बोट बैंक मुस्लिमों ने उत्तर प्रदेश में लगभग एकजुट होकर कांग्रेस के खिलाफ तथा सपा के उम्मीदवारों के पक्ष में वोट डाले और इस प्रकार कांग्रेस का नुकसान किया। आगे आने वाले दिन बतायेंगे कि क्या उत्तर प्रदेश में कांग्रेस की इस दिशा में स्थायी नुकसान हो गया है या नहीं। मध्य प्रदेश में लगभग चमत्कार सा ही हुआ है। इस बार यहां भाजपा को 39.3 प्रतिशत मत मिले हैं, जबकि कांग्रेस को 40.8 प्रतिशत माने भाजपा से सिर्फ 1.5 प्रतिशत अधिक मत मिले हैं तथा सीटों के मामलें में भाजपा को मात्र 144 सीटें मिली हैं और कांग्रेस को अभी तक के 316 स्थानों पर घोषित चुनावी नतीजों में से 171 सीटें मिली हैं।

उपरोक्त आंकडे चुनाव 1993 में कांग्रेस पार्टी की स्थिति दर्शाते हैं। सवाल यही है कि इसे संतोष जनक प्रदर्शन कहा जाये या असंतोषजनक.

चुनाव के पहले सर्वेक्षणों में कांग्रेस को उतनी ज्यादा उम्मीद नहीं

दिलाई गयी थीं जितनी की इसे मिली सीटें दर्शाती हैं। एक्सप्रेस न्यूज पेपर समूह, इंडिया टुडे मार्ग तथा वीक–मोड़ ने अलग अलग सर्वेक्षण कराये। ये सर्वेक्षण उत्तर प्रदेश, राजस्थान, व दिल्ली में लगभग सही रहे क्योंकि यहां कांग्रेस को जितनी सीटें मिली हैं उतनी ही इन सर्वेक्षणों के द्वारा दर्शायी गई थी। परंतु हिमाचल प्रदेश और मध्य प्रदेश में सर्वेक्षण थोडे गलत रहे। यहां पर कांग्रेस ने सर्वेक्षणों में दर्शायी गई सीटों से ज्यादा सीटें हासिल की हैं । जैसे कि वीक–मोड़ ने अनुमान लगाया

था कि मध्य प्रदेश में 200 से 240 सीटें लेकर भाजपा की सरकार बनेगी तथा कांग्रेस को 70 से 90 सीटें मिलेंगी। दूसरे पत्रों ने मध्य प्रदेश में सर्वेक्षण नहीं किये। परंतु अनुमानों से आगे बढ़कर कांग्रेस ने मध्य प्रदेश में सत्ता हासिल कर ली है। सर्वेक्षणों के अतिरिक्त आम नागरिक आम स्थानों पर यही कहते नजर आते थे कि भाजपा पुनः सभी स्थानों पर सत्तासीन होगी तथा कांग्रेस की हालत और भी ज्यादा खराब होगी। पर आज चुनावी नतीजे बताते हैं कि हुआ काफी कुछ इसका उल्टा ही है।

चुनावी प्रक्रिया प्रारंभ होने के पहले कांग्रेस पार्टी की साख बहुत ज्यादा आशा जनक नहीं थीं। हर्षद मेहता के आरोपों ने कांग्रेसाध्यक्ष पी. वी. नरसिंहराव को गंभीर आरोपों के घेरों में ला खड़ा किया था। एक समय तो आम नागरिक विचलित हुआ कि जब पार्टी का मुखिया ही इस प्रकार का बर्ताव कर सकता है तब बाकी का क्या होगा ।जस्टिस रामा स्वामी प्रकरण ने शायद और भी ज्यादा नुकसान पहुंचाया। पार्टी के बारे में आम गलियारों में कहा जाने लगा कि यह पार्टी भ्रष्टाचार तथा भ्रष्टाचारियों को प्रश्रय देती है। अमेठी में कांग्रेस अधिवेशन में दो दिनों में बताया जाता है कि बीस करोड़ खर्च हो गये, अन्ध–तूफ़ान ने अधिवेशन भी नहीं होने दिया सो अलग। अयोध्या मामले को लेकर कांग्रेस की भूमिका की अलोचना लगातार हो रही थी। पार्टी में गुट–बंदी सबसे ज्यादा प्रचलित थी। तमाम प्रदेश–कांग्रेस समितियां अलग अलग खेमों में बटी थीं और कहा जा रहा था कि आपस में बटा खेमा भाजपा की सशक्त चुनौतियों का मुकाबला नहीं कर पायेगा। प्रधानमंत्री/ कांग्रेसाध्यक्ष नरसिंहराव के नेतृत्व पर प्रश्न–चिन्ह लगाये जा रहे थे। कहा जा रहा था कि उनके तथा कथित कमजोर नेतृत्व के आधीन पार्टी को ज्यादा उम्मीदें नहीं करनी चाहिये थीं। नेतृत्व परिर्वतन की मुहीम चली और मानव संसाधन मंत्री अर्जुन सिंह की ओर से कई चुनौतियां आईं । आगे चलकर कांग्रेस का चुनाव अभियान भी देर से शुरू हुआ। उधर भाजपा की जनादेश यात्रायें चारों दिशाओं से आकर 25 सितंबर 1993 को भोपाल में इकट्ठी हो चुकी थीं और इधर कांग्रेस पार्टी की तैयारी ग गणेश का से शुरू नहीं हुई थी। प्रत्याशियों के चयन में भी विलंब हुआ। कहीं कहीं तो ऐसा हुआ कि एक स्थान पर तीन चार उम्मीदवारों ने

आवेदन पत्र दाखिल कर दिये तथा वापसी की तारीख पर चंन्द घंटों पहले अधिकृत प्रत्याशी की घोषणा की गई। भावी कांग्रेसी प्रत्याशियों की संख्या भी दूसरी पार्टियों की तुलना में ज्यादा रही। रिश्तेदारों को टिकिट देने में कांग्रेस ही सबसे ज्यादा आगे रही । खासतौर पर राजस्थान में इस प्रकार का भाई–भतीजावाद सबसे ज्यादा उजागर हुआ है। सारांश यही है कि मतदान के पहले चुनावी माहौल कांग्रेस के खिलाफ ही था। तो फिर क्या कारण है कि नवम्बर–दिसंबर 1993 में कांग्रेस की स्थिति उम्मीद से कहीं ज्यादा बेहतर रही. अब इसके परंपरागत स्तर पर बनाये गये प्रतिद्वंदी भाजपा की तुलना में कांग्रेस की स्थिति निसंदेह बेहतर रही है। कांग्रेसाध्यक्ष/प्रधानमंत्री नरसिंहाराव की स्थिति व्यक्तिगत तौर पर मजबूत दिखती है। कांग्रेस संसदीय दल की आम सभा ने एक प्रस्ताव पारित किया है, उनके नेतृत्व में आस्था दर्शायी है, कुछ मंत्रियों द्वारा दिये गये बयानों की निंदा की है, तथा हजरत बल दरगाह कांड को शांतिपूर्वक निपटा लेने पर श्री राव की सराहना की गई है। इस आश्चर्य जनक परिवर्तन के क्या कारण होना चाहिये।

कारण जानने के लिये हमें उत्तर प्रदेश की परिस्थितियों का अध्यन करना होगा। राम जन्म भूमि, कृष्ण जन्म स्थान तथा बाबा विश्वनाथ मंदिर–ज्ञानवापी मस्जिद क्रमशः आयोध्या, मथुरा, वाराणसी में है। पर फिर भी इन तीनों संभागों में भाजपा को 1991 की तुलना में कम सीटें मिली हैं। 1991 तथा 1993 इन तीनों संभागों में भाजपा को 44 में से 32 तथा 12, 42 में से 24 तथा 20, 46 में से 20 तथा 12 क्रमशः सीटें मिली हैं। राम कार्ड का प्रभाव सबसे ज्यादा इन तीन संभागों में होना चाहिये। लेकिन इन तीनों में सबसे ज्यादा हिन्दु–आस्थायी इलाकों में भाजपा का नुकसान हुआ है। 16 नवम्बर 1990 के दिन उत्तर प्रदेश के मुख्य मंत्री मुलायम सिंह थे जिन पर आरोप है कि उन्होंने कार सेवकों पर गोली चलाने के आदेश दिये थे। आज यही मुलायम सिंह प्रणव राय के शब्दों में उत्तर प्रदेश के मेंन ऑफ दी मेंच चुने गये हैं और वापस अपनी 101 सीटों के साथ मुख्यमंत्री बन गये हैं।

निष्कर्ष यही निकाला जाना चाहिये कि आम मतदाता ने साम्प्रदायिकता की राजनीति के खिलाफ अपना जनमत जाहिर किया है

परंतु यहां पर साफ समझ लिया जाये कि साम्प्रदायिक राजनीति एक अलग बात है और हिन्दुत्व–आस्था दूसरी एकदम अलग बात है जो कि पूर्ववत कायम एवं स्थायी है। चुनावी नतीजों का इस आस्था से किसी भी प्रकार का सरोकार नहीं। हिमाचल प्रदेश एवं मध्य प्रदेश ने भी कुछ इसी प्रकार का संदेश ट्रांसमिट किया है कि धर्म का राजनयिक दोहन न किया जाये। परंतु फिर दूसरी तरफ राजस्थान और दिल्ली हैं जहां पर कांग्रेस दूसरे स्थान पर रही क्या राजस्थान और दिल्ली में साम्प्रदायिक वोट–नीति के खिलाफ जनमत नहीं दिया गया. राजस्थान और दिल्ली में कारण दूसरे हैं। यहां पर भाजपा की संगठनात्मक शक्ति कांग्रेस पर भारी रही। वैसे भी राजस्थान और दिल्ली में कांग्रेस का मत प्रतिशत आशातीत रहा है जिससे सिद्ध होता है कि यहां पर भी कांग्रेस के सिक्यूलरिज्म को मानने वालों की तादाद कम नहीं थी। मध्य प्रदेश से शायद सबसे ज्यादा संदेश ट्रांन्स्मिट हुये हैं– यहां के चुनाव– नतीजों ने जाहिर कर दिया है कि सामन्य हिन्दु एक शांति प्रिय प्राणी है जो भरपूर अस्थाई होते हुये भी सहअस्तित्व में भरोसा करता है। यही वजह है कि भ्रष्टाचार के मुद्दे की इतनी ज्यादा उपस्थिति के बावजूद भी कांग्रेस को पहले से ही ज्यादा उम्मीद नहीं थी। नरसिंहा राव ऐसा कह चुके थे। उनका कहना था कि उत्तर प्रदेश में कांग्रेस की स्थिति में सुधार होगा, पर हुआ यह कि स्थिति और भी ज्यादा बिगड़ी।

–एन.सी.ब्योहार

दैनिक भास्कर–दिनांक 27 नवम्बर 1993

चुनाव–1993 के कुछ नये आयाम

शाम के पांच बजते ही चुनाव प्रसारण का काम समाप्त हो गया है। दिल्ली, राजस्थान, उत्तर प्रदेश, हिमाचल प्रदेश और मध्य प्रदेश में लोक तांत्रिक प्रक्रिया का एक महत्वपूर्ण पहलू समाप्त हो गया है। कुछ ही दिनों में चरम सीमा पर पहुंच जाने वाला चुनावी कोलाहल अब एकाएक शांत हो गया है और अब इन चुनाव–ग्रस्त स्थानों में एक अजीब सी शांति छा गई है, पर यह एक बेचेनी की शांति है क्योंकि उम्मीदवारों के अब दिल धडकना शुरू हो गये हैं कि आगे आने वाले कुछ दिनों में उनका भाग्य किस करवट बैठेगा। मिजोरम में चुनावी प्रसारण जारी है पर वहां भी कुछ ही दिनों में फिर वही पूर्ववत खामोशी व्याप्त होने वाली है। वैसे तो देश के अन्य भागों में चुनाव नहीं कराये गये हैं, पर वहां भी उत्सुकता है कि नतीजे क्या रहेंगे। सही दिशा में सोचने समझने वाले सभी लोग जानना चाहते हैं कि अभी हाल ही में संपन्न हुये ये चुनाव देश के लोकतांत्रिक जीवन में किस प्रकार का रास्ता प्रशस्त करते हैं।

पिछले पांच वर्षों से कम समय में तीन बड़े चुनाव हो चुके हैं। 1996 में होने वाले लोकसभाई चुनावों तक किसी दूसरे बड़े चुनाव की संभावना नहीं है, जब तक की कोई अप्रत्याशित अनहोनी न हो जाये तब तक मतदाता–आम नागरिक चैन की बंशी बजाना चाहेंगे। तब तक देश का प्रशासन सामान्य तौर–तरीके से चलने देना चाहिये क्योंकि हमने देख लिया है कि जब भी इस स्तर के चुनाव होते हैं तब सारी प्रशासनिक मशीनरी लगभग ठप्प हो जाती हैं। चुनावों का स्वागत सभी आम नागरिक करने को तत्पर हैं क्योंकि चुनावों के माध्यम से ही देश की लोकतांत्रिक आस्था सबसे अधिक मुखरित होती है। परंतु जरूरी यह भी है कि आम नागरिकों के बोझिल कंधों पर अनावश्यक चुनाव बिना–बजह न लाद दिये जावें। रचनात्मक दृष्टिकोण यही कहता है कि इन चार राज्यों में इन चुनावों की कतई जरूरत नहीं थी। अच्छी भली खासी लोकतांत्रिक सरकारें चल रही थीं, उन्हें गिराया गया, राजनेताओं का मनोरंजन हुआ

भले ही आम–करदाता के अरबों खर्च हो गये। कुछ ही दिनों में अगला बजट आने वाला है। जिसका स्वागत हम अभी से ही सिर्फ इस कौतूहल से कर रहे हैं कि हमें देखना है कि किस उपभोक्ता–वस्तु की कीमत कितनी बढ़ाई जाती है, कर किस सीमा तक बढ़ाये जाते हैं, आम आदमी की दैनिक जिन्दगी किस हद तक और ज्यादा त्रस्त हो जाती है, अस्तु चुनाव नतीजे आये नहीं हैं और देश की सबसे बड़ी विरोधी पार्टी अभी से कह रही है कि अधिकांश राज्यों में उसकी सरकारें बन जाने की स्थिति में वे लोग मांग करेंगे कि केन्द्र सरकार भंग की जानी चाहिये ताकि लोक सभाई मध्यावधि चुनाव कराये जायें।

दरअसल में इस प्रकार की मांग भाजपा पहले से ही कर रही है ।लेकिन यदि इन विधान सभाई चुनावों में इस पार्टी को आशातीत सफलता मिल जाती है तो ये लोग कहेंगे कि आम मतदाता ने अपना विश्वास भाजपा की तरफ दर्शा दिया है और केन्द्र में सत्ताधारी इंका सरकार ने अपना जनाधार खो दिया है। ये लोग भूल जायेंगे कि इन छः स्थानों से सारा देश नहीं बनता। कैसे कहा जाये कि बाकी राज्यों तथा केन्द्र शासित स्थानों में भी जनाधार का प्रवाह बदल गया है। राष्ट्रीय जवाबदारी यही कहेगी कि अपने दलगत एवं संकीर्ण व्यक्तिगत हितों को राष्ट्रीय भले बुरे के सामने ज्यादा महत्वपूर्ण न ठहरायें। पर तर्क का तकाजा यही कहेगा कि जब पिछली पार्टी ने राष्ट्रीय हित का खयाल नहीं रखा तो फिर हम क्यों इस बोझ से दब मरें। कहने का मतलब यही है कि दो जून की रोजी रोटी की जुगाड़ में मशगूल हम आम इंसान हर ऐसे चुनाव का पुरजोर स्वागत करने को तैयार हैं जो हमारे गले से कड़वी कुनैन सिर्फ चंद राजनायिक सूर–वीरों का सामरिक भला करती है। लिहाजा जरूरी यही है कि जिन आम नागरिकों की जिन्दगी इन खर्चीले चुनावों के नतीजन और भी ज्यादा दूभर होते जा रही है वे आवाज उठायें कि सामान्य गति से होने वाले चुनाव ही होने दिये जायें। यही ठीक है कि हमारा देश पाकिस्तान और बांग्लादेश और मायमांर से कही ज्यादा बेहतर है, जिन युवकों में तानाशाही फौजी हुकमरानों ने लोगों को अपने पैरों तले दबा रखा था अभी भी दबाये रखे हैं हम इस प्रकार का कोई बचाव नहीं ले सकते कि हम पाकिस्तानियों, बांग्लादेशियों और बर्मियो से

तो कितने ज्यादा खुश नसीब हैं कि हम कम से कम खुली हवा में सांस तो ले रहे हैं। निसंदेह यह अपने आप में बड़ी कामयाबी है कि हमारे यहां फौजी तानाशाही कभी नहीं रही। सवाल यह है कि यदि हम इससे और भी ज्यादा बेहतर जिन्दगी अपने आप को दिला सकते हैं तो इसमें क्या बुरा है। अतः अब आगे से आम आदमी तय कर ले कि वे अनावश्यक चुनावों का उंची आवाज में विरोध किया करेंगे।

बहरहाल यह तो रहा चुनावों का औचित्य का एक दार्शनिक नजरिया। वास्तविकता में वापस आ जाने पर हम पाते हैं कि हमने आखिरकार एक और चुनाव को झेल ही लिया है। इन चुनावों के बारे में चुनावी नतीजे के आने के पहले हमारे सबसे पहली टिप्पणी क्या हो सकती है. निसंदेह यही कि इस बार लगभग सभी पार्टियों ने शालीनता का परिचय दिया है। 1990 में हुये चुनावों में आक्रामकता कहीं ज्यादा थीं। प्रतिद्वंदता का स्तर कही ज्यादा उंचा एवं कटीला था। भाषा कहीं ज्यादा निम्न–स्तरीय थीं। इसका कारण यह नहीं है कि उस समय लोक सभाई चुनाव हो रहे थे और इस कारण दांव पर ज्यादा उंची प्रतिष्ठा लगी हुई थी। हम ऐसा भी नहीं कहना चाहते कि नवम्बर 1993 में विभिन्न उम्मीदवारों ने पूर्ण खेल–भावना का सकारात्मक प्रदर्शन किया। प्रतिस्पर्धा इस बार भी पूर्वत थीं, पर माहौल में गैर–संसदीय भाषा की अनुपस्थिती साफ उजागर रही। इस दृष्टिकोंण से सबसे ज्यादा साधुवाद का पात्र समूचा भाजपाई तंत्र ही है जिसने अपने प्रसारण में आश्चर्य जनक परिपक्वता का प्रदर्शन कर दिखाया। 1990 के चुनावों के तीखे कैसेटों का स्मरण कीजिये। उस वक्त सबसे बड़ा ताज्जुब यही था कि इन कैसेटों के कारण, उन तमाम आव्हानों के कारण साम्प्रदायिक उपद्रव क्यों नहीं फैले। पर इस बार इस प्रकार के कैसेट कहीं सुनाई नहीं पड़े, चोट पहुंचाने वाले भाषण भी गायब ही रहे। बताया जाता है कि भाजपाई आला–कमान ने सख्त निर्देश दे रखे थे कि ऐसी भाषा इस्तेमाल न की जाये जो दूसरे की भावना को आहत कर सकती हो। कांग्रेस पार्टी और जनता दल के चुनावी अभियान पूर्ववत ही रहे आये। उनमें कटुता या विनम्रता उसी सीमा तक उपस्थित या अनुपस्थित रहीं जैसा की पहले के चुनावों में हुआ करता था। दरअसल में इन दो बड़ी पार्टियों को आक्रामक प्रसारण के लिये

उतना ज्यादा नहीं माना गया जितना की भारतीय जनता पार्टी को । निसंदेह चुनाव 1993 का यह सबसे ज्यादा उज्जवल पहलू है और इसके लिये हम सबसे ज्यादा भाजपा को ही मुबारकबाद देना चाहेंगे। हो सकता है कि भाजपा ने अब अहसास कर लिया हो कि अब नवम्बर 1993 में 1990 की पुनरावृति नहीं की जा सकती, और अब हिन्दुत्व का राजनायिक दोहन उस सीमा तक फिर दोबारा नहीं किया जा सकता। कारण जो भी रहा हो, भाजपाई रूख में बदलाहट साफ जाहिर रही। शायद इसका एक अच्छा परिणाम यह रहा कि नवम्बर 1993 में चुनावी हिंसा अपेक्षाकृत कम ही रही। बूथ-कैप्चरिंग की वारदातें नदारत रहीं, दोबारा मतदान कम ही स्थानों पर आदेशित किया गया है। पुलिस फायरिंग एक दो स्थानों पर ही हुई, कुल चार, पांच जानें ही गईं, ये घटनायें अपने आप में दुखदायी हैं, पर हम संतोष की सांस ले सकते हैं कि नुकसान और ज्यादा नहीं हुआ। इसका कुछ श्रेय हमें चुनाव आयोग तथा संबंधित अधिकारियेां को भी देना होगा जिन्होंने अपने कर्तव्यों का जवाबदारी के सांथ निर्वाह किया।

यदि भारतीय जनता पार्टी का चुनावी अभियान गंभीरता की ओर झुका नजर आया, तो बहुजन समाज पार्टी ने इस कमी को पूरा करने की चेष्टा की। यह पार्टी अभी उठ रही है। इसके सांसद तथा विधायकों की संख्या अभी कम है, इसका लोकप्रिय मत प्रतिशत पिछली मर्तबा लगभग चार प्रतिशत था। परंतु बसपा प्रमुख कांशीराम को मालूम है कि उनके हाथी के पीछे कुल जनसंख्या के कम से कम 52 प्रतिशत अनुयायी हैं जिनके पीछे शताब्दियों का इतिहास है। कांशीराम जानते हैं कि उन्हें ज्यादा कुछ नहीं करना, महज इन 52 प्रतिशत मतदाताओं की भावनाओं को ही उभारना है। और वे ठीक यही कर रहे हैं। कहा जाता है कि अपनी तमाम चुनावी सभाओं में वे कहा करते थे कि उच्च वर्ग के लोग दूर चले जायें क्योंकि उनके लिये भला बुरा कहा जायेगा। नवम्बर 1993 में ऐसा भला बुरा कहा भी गया है। देखना यही है कि कांशीराम वर्ग-भावना किस सीमा तक उभार पाते हैं। चुनाव 1993 का यह एक चिंता जनक नया पहलू है। उम्मीद यही की जा रही है कि बहुजन समाज पार्टी अपनी स्थिति इस बार कहीं ज्यादा सुधारेगी। यदि पिछडा तथा

दलित वर्ग किसी एक पार्टी के झंडे तले एकजुट हो जाता है तो यह स्वागतीय है। हो सकता है कि चुनाव 1993 इस दिशा में एक मील का पत्थर साबित हो।

–एन.सी.ब्योहार

दैनिक भास्कर–दिनांक 1 दिसंबर 1993

चुनाव–1993 में सबसे पहले जीते टी.एन.शेषन

चुनाव 1993 में कोई भी पार्टी कितनी ही सीटें जीते या हारे, कोई भी उम्मीदवार कामयाब रहे या न रहे, यह सब आगे देखा जायेगा, पर अभी से ऐसा कहा जा सकता है कि सारी चुनावी प्रक्रिया के सबसे पहले विजेता निसंदेह मुख्य चुनाव आयुक्त टी.एन.शेषन ही हैं। निसंदेह चुनावों का सबसे बड़ा विजेता भारतीय लोकतंत्र ही रहेगा, पर विजेता में सबसे पहला स्थान टी.एन.शेषन को ही देना पड़ेगा और हम देख भी रहे हैं कि निष्पक्ष प्रेक्षक उन्हें यह सेहरा दे भी रहा है। चुनावों में न सिर्फ पार्टियों और उम्मीदवारों की प्रतिष्ठायें दांव पर लगी थीं, वरन टी.एन.शेषन भी एक बड़ी परीक्षा के दौर से गुजर रहे थे। सभी लोग देखना चाहते थे कि वे इन बड़े चुनावों को हिंसा–रहित सुचारू पूर्ण तरीके से सम्पन्न करा पायेंगे या नहीं। चुनाव लगभग पूरे संपन्न हो गये हैं। सिर्फ मिजोरम में मतदान होना बाकी रह गया है। मिजोरम सबसे शांतिपूर्ण इलाका है और इस कारण पूरी उम्मीद है कि यहां सारा काम और भी ज्यादा शांति के साथ पूरा हो जायेगा। मतगणना जरूर बाकी रह गयी है, पर उसमें भी अभी किसी प्रकार की बाधा की संभावना नहीं दिखती। हालाकि हम ऐसा भी नहीं कहना चाहते कि नवम्बर 1993 के इन चुनावों में कुछ भी गलत नहीं हुआ, परंतु 1989 तथा 1990 में हुये विधान सभाई एवं लोक सभाई चुनावों की तुलना में इस बार चुनावी हिंसा नहीं के बराबर हुई। चुनावी हिंसा में तीन या चार जानें गई हैं। जो अपने आप में दुखदायी हैं ।पर संतोष इस बात का है और ज्यादा खून खराबा नहीं हुआ। पांच या छह स्थानों पर दुबारा मतदान के आदेश दिये गये हैं। बूथ कैप्चरिंग की वारदातें नहीं सुनाई पड़ी हैं। फर्जी मतदान कुछ ही स्थानों पर हुआ और दोषी व्यक्ति पकड़े गये। सबसे दुखद घटना बस्तर में घटी जहां पर नक्सलियों ने बारूदी सुरंग लागकर बारह पुलिस कर्मियों को जान से खत्म कर दिया जो चुनावी ड्यूटी करके लौट रहे थे। यह अपने आप में एक हृदय विदारक घटना है। और हमारी संवेदनायें दुखी परिवार जनों को जाती हैं। पर इस घटना को चुनावी हिंसा के साथ जोड़ना गलत

होगा क्योंकि बस्तर एक नक्सलवादी इलाका है और वहां पर इस प्रकार की कानून–व्यवस्था की घटनायें होती ही रहती हैं। लिहाजा इस घटना को अलग रखना होगा। बस्तर में सबसे कम मतदान अर्थात 19 प्रतिशत रिकार्ड किया गया है। इसकी वजह यह है कि नक्सलवादियों ने चुनावों के बहिष्कार की घोषणा कर रखी थी और धमकी दी थी कि जो भी मत डालेंगे उनको जान से खत्म कर दिया जायेगा। अन्यथा पूरी तरह से निर्विघ्न तरीके से संपन्न हुये इन चुनावों में बस्तर की यही घटना इस मात्र काला धब्बा है जिसके लिये चुनाव आयोग या अन्य अधिकारियों को दोषी ठहराना शायद अनुचित होगा।

मुख्य आयुक्त टी.एन.शेषन के साथ–साथ सात राज्यों के मुख्य सचिवों, जिलाध्यक्षों, हजारों चुनाव अधिकारियों तथा तमाम पुलिस कर्मियों को भी श्रेय देना होगा जिन्होंने जवाबदरी के साथ अपना कर्तव्य–निर्वाह किया। राज्यों के चुनाव आयुक्त अपने अलग से हैं और उन्होंने भी अपनी तरफ से किसी प्रकार की कोई कसर नहीं छोड़ी। इस प्रकार हम देखते हैं कि एक सामूहिक प्रयास के फलस्वरूप अभी हाल ही में कराये गये चुनाव लगभग निर्विघ्न गुजर गये। लेकिन सबसे ज्यादा श्रेय निसंदेह मुख्य चुनाव आयुक्त को ही जायेगा। महज इस कारण नहीं कि वे मुख्य चुनाव आयुक्त हैं और उपरी औपचारिकता का तकाजा इतना ही है कि युद्ध जीतने वाले सेनापति को विजय का सारा सेहरा दिया जाये। वाकई में टी.एन.शेषन ने चुनावी लड़ाई अपने कुशल सामरिक नेतृत्व के बल–बूते जीती है। और इस कारण उन्हें उचित श्रेय दिया जा रहा है।

श्री टी.एन.शेषन ने सबसे अच्छा काम सबसे पहले जो किया वह यह रहा कि उन्होंने सभी मुख्य सचिवों को स्पष्ट आदेश भेज दिये कि चुनावी अधिसूचना जारी किये जाने की तारीख से नतीजे आ जाने तक चुनावी ड्यूटियों में तैनात किसी भी अफसर या कर्मचारी को मुख्य चुनाव आयोग की लिखित अनुमति के बिना एक स्थान से दूसरे स्थान हस्तांतरित नहीं किया जायेगा। इस प्रकार की स्थिति राजस्थान में बनते दिखी। इस राज्य में अभी कुछ ही दिन पहले श्री के.एन.ठाकुर को डायरेक्टर जनरल आफ पुलिस तथा श्री अश्क अली टाक को अल्प संख्यक आयोग का अध्यक्ष नियुक्त किये जाने के आदेश जारी किये

गये। मुख्य चुनाव आयुक्त ने इस पर सख्त आपत्ति जाहिर की। फलस्वरूप राज्य सरकार तथा चुनाव आयोग के बीच गंभीर टकराहट की नौबत बन गई। पर टी.एन.शेषन अपने स्थान से नहीं हिले। उन्होंने साफ कह दिया कि यदि ये दोनों नियुक्तियां स्थगित नहीं रखी जाती हैं तो राज्य में सारा चुनाव स्थगित कर दिया जायेगा। लिहाजा राज्य सरकार को झुकना पड़ा, नियुक्तियां रोक दी गयीं और राजस्थान में चुनाव पूरे हो गये ।

टी.एन.शेषन ने राज्यों के मुख्य सचिवों तथा चुनाव आयुक्तों को सख्त हिदायतें दे रखीं थीं कि उनके अधीनस्थ तमाम अधिकारियों द्वारा आदर्श चुनावी संहिता का पालन कराना मुख्य सचिवों तथा चुनाव आयुक्तों की जवाबदारी है और यदि उल्लंघन पाये गये तो दोषी अधिकारियों के खिलाफ कार्यवाही की जायेगी।

मुख्य चुनाव आयुक्त की अनुशासन प्रियता से अब तक सभी वाकिफ हो चुके हैं। सभी समझ गये कि यदि गलती हुई तो टी.एन. उन्हें नहीं बख्सेंगे। अतः सभी ने जवाबदारी से अपना काम किया।

श्री टी.एन.शेषन ने श्री गुलशेर अहमद के खिलाफ कार्यवाही करके सबको दिखा दिया कि वे सिर्फ धमकियों में विश्वास नहीं रखते, बल्कि जो कहते हैं वैसा कर दिखाते हैं फिर भले ही दोषी व्यक्ति कितने ही उंचे स्थान पर क्यों न बैठा हो। श्री गुलशेर अहमद पर भारतीय जनता पार्टी ने आरोप लगाया कि वे अपने पुत्र सैइद अहमद के चुनावी प्रचार के लिये अपने पद का दुरूपयोग कर रहे थे। मुख्य चुनाव आयुक्त ने जिलाध्यक्ष सतना को आदेश पारित किये कि वे तुरंत जांच पड़ताली रिपोर्ट जमा करें कि क्या श्री गुलशेर अहमद अपने पद का उपयोग अपने पुत्र के चुनावी फायदे के लिये कर रहे थे, क्या उन्होंने सरकारी वाहन श्री सईद अहमद के चुनावी उपयोग पर मुहैया करा रखी थी। जिलाध्यक्ष सतना की रिपोर्ट गुलशेर अहमद के खिलाफ गई, मुख्य चुनाव आयुक्त ने किसी प्रकार की नरमी नहीं बरती और नतीजा यह रहा कि श्री गुलशेर अहमद को राज्यपाल पद से इस्तीफा देना पडा। चुनाव जनवरी 1994 तक के लिये स्थगित कर दिया सो अलग। इस प्रकार उन्होंने यह धाक जमा ली

कि मौका आने पर वे कडी से कडी कार्यवाही कर सकते हैं। भला ऐसे माहौल में कौन अधिकारी गफलतबाजी से काम करना चाहेगा.

दूरदर्शन पर प्रणव राय तथा विनोद दुआ के साथ वार्तालाप में अभी दो दिन पहले ही उन्होंने एलानिया कह दिया है कि उन्हें किसी का भय नहीं और वे अपने आप को देश के पचासी करोड़ नागरिक तथा पचपन करोड़ मतदाताओं के प्रति मात्र ही उत्तरदायी मानते हैं। इस प्रकार के बख्तरबंद मानस का धनी भला क्यों कर प्रधानमंत्री, मुख्यमंत्री, या और किसी से डरने चला.

लेकिन फिर इसी अति आत्मविश्वास का एक नतीजा यह है कि टी. एन.शेषन के कई फैसलों से यही झलकता है कि वे तुनक मिजाजी हैं।

उनके कई फैसले विवाद जनक रहे जिनसे सभी पार्टियों को, केन्द्र और राज्य सरकारों को दुविधा का सामना करना पड़ा है। 2 अगस्त 1993 को उन्होंने एक आदेश जारी कर दिया था कि चारों राज्यों के विधान सभाई चुनाव 18 दिसंबर 1993 तक के लिये स्थगित कर दिये गये थे। इस प्रकार लगभग चार माह तक सारी चुनावी प्रक्रिया एकदम ठप्प रहने का आदेश निकाल दिया गया। इस अवधि में महाराष्ट्र के मुख्यमंत्री शरद पवार और केन्द्रीय मंत्री प्रणव मुखर्जी के चुनाव भी होना थे। वे दोनों भीषण सकते में आ गये। यहां तक कि श्री शरद पवार को शीर्ष अधिवक्ता नारीमन को लगाकर उच्चतम न्यायालय में इस आदेश के खिलाफ याचिका दायर करनी पड़ी। उच्चतम न्यायालय तथा कुछ उच्च न्यायालयों में याचिकायें दायर की गईं और मुख्य चुनाव आयुक्त के इस विस्मयकारी आदेश को चुनौती दी गई। पर फिर इस बीच टी.एन.शेषन ने गंभीरता और जवाबदारी से पूरे मसले पर नये सिरे से सोचा विचारा, अपना इरादा बदला और नतीजन आज ये चुनाव हुये जा रहे हैं। श्री टी. एन.शेषन इस प्रकार की आदतन तुनक मिजाजी के लिये शुरू से ही विवाद ग्रस्त रहे आये हैं, इस सीमा तक की उनके खिलाफ लोक सभा में महाभियोग का प्रस्ताव लंबित एवं विचाराधीन है। जस्टिस रामास्वामी प्रकरण के बाद दक्षिण भारतीय टी.एन.शेषन के खिलाफ महाभियोग का प्रस्ताव कहां तक सफल हो सकेगा, यह अपने आप में एक दूसरा प्रश्न

है या फिर क्या इसी समीकरण की वास्तविकता के कारण टी.एन.शेषन इतने ज्यादा हठ धर्मी हो गये हैं, यह भी एक अहम सवाल है।

इन तमाम मुश्किलातों से निपटने के लिये केन्द्र सरकार ने दो और चुनाव आयुक्तों की नियुक्ति कर डाली श्री जी.वी.जी. कृष्णामूर्ति तथा डा एम.एम.गिल इस प्रकार मुख्य चुनाव आयोग को बहुसदस्यीय बना दिया गया जैसा कि भाजपा की मांग थी। पर फिर स्थिती यह रही कि आसमान से गिरे तो खजूर पर लटके। टी.एन.शेषन तथा दोनों नये आयुक्तों के दरमियान अधिकारों के बंटन को लेकर घमासान छिड गई और एक समय ऐसा लगा कि शायद ये चुनाव समय पर न हो पायेंगे। एक अक्टूबर 1993 को राष्ट्रपति द्वारा जारी किये गये इस अध्यादेश को टी.एन.शेषन ने उच्चतम न्यायालय में चुनौती दी, उच्चतम न्यायालय ने 15 नवम्बर 1993 के दिन एक अंतरिम आदेश दिया कि चुनाव हो जाने तक सारे चुनावी कार्यो में टी.एन.शेषन ही सर्वोच्च रहेंगे, उन्हें पूरी स्वतंत्रता रहेगी, वे दो चुनाव आयुक्तों से विचार विमर्श कर सकते हैं, पर उनकी सलाह मानना मुख्य चुनाव आयुक्त पर अनिवार्य न होगा। जाहिर है कि उच्चतम न्यायालय की इस व्यवस्था ने टी.एन.शेषन को और भी ज्यादा आत्मविश्वासी बना दिया है। प्रणय राय तथा विनोद दुआ के चुनावी विश्लेषण के दौरान बातचीत में टी.एन.शेषन का यह आत्म विश्वास साफ उजागर नजर आ रहा था। इसमें अहंकार का अंश भी था। इस बीच श्री जी.वी.जी कृष्णामूर्ति और डा. एम.एस.गिल लंबी छुट्‌टी पर चले गये हैं और निर्वाचन भवन में टी.एन.शेषन का एक छत्र राज्य स्थापित हो गया है। रहा सवाल 1 अक्टूबर 1993 के इस अध्यादेश का जिसे लोक सभा के जाड़े के सत्र में कानून के रूप में तब्दील कर दिया जाना चाहिये वरना यह अपने आप अपास्त हो जायेगा। यदि केन्द्र सरकार द्वारा अध्यादेश को अपास्त हो जाने दिया जाता है तो यह टी. एन.शेषन की एक और विजय साबित होगी। फिलहाल तो हमें यह मानना होगा कि शांतिपूर्ण मतदान के प्रशासनिक कार्य में मुख्य चुनाव आयुक्त टी.एन.शेषन की एक प्रमुख भूमिका रही ।

–एन.सी ब्योहार

दैनिक भास्कर–दिनांक 4 दिसंबर 1993

चुनाव–1993 में भारतीय जनता पार्टी

जैसा कि हम सभी जानते हैं कि 1991 में उत्तर प्रदेश, मध्य प्रदेश, हिमाचल प्रदेश, और राजस्थान में भारतीय जनता पार्टी की सरकारें थीं जिन्हें 6 दिसंबर 1992 की अयोध्या घटनाओं के बाद अनुच्छेद 365 के तहत कार्यवाही करते हुये बर्खास्त कर दिया गया था। इसके बाद अभी हाल हीं में कराये गये ये चुनाव जरूरी हो गये। इन राज्यों के साथ नेशनल कैपिटल रीजन नई दिल्ली की विधान सभा के लिये चुनाव कराये गये जो 11 वर्षों के अंतराल के बाद कराये गये। साथ ही साथ मिजोरम में भी चुनाव कराये गये जो पांच वर्ष की पूरी अवधि बीत जाने पर कराये गये। मिजोरम में भारतीय जनता पार्टी ने चालीस सीटों में से 8 सीटों पर अपने उम्मीदवार खडे किये हैं। वहां पर मुख्य मुकाबला कांग्रेस तथा मिजा नेशनल फ्रंट के बीच है। भाजपा की दिलचस्पी मात्र इतनी है कि देखना है कि देखना है कि मिजोरम में भाजपा का खाता खुल पाता है या नहीं। अतः भाजपा के प्रदर्शन का आंकलन इन चार राज्यों तथा दिल्ली के चुनावी नतीजों के आधार पर किया जाना चाहिये।

चुनावों के बाद ताजा स्थिति यह है कि दिल्ली में भाजपा को 70 सीटों में से 49 सीटें मिली हैं और इस तरह भाजपा को दो तिहाई बहुमत मिल गया है। वहां पर श्री मदन लाल खुराना भाजपा के नेता चुन लिये गये हैं और इन पंक्तियों के छपने तक वे राज्यपाल पी.के. दबे द्वारा मुख्यमंत्री के रूप में शपथ दिलाये जा चुके होंगे। राजस्थान में पार्टी को 95 सीटें मिली हैं। 3 अन्य विधायक भाजपा के समर्थन पर विजयी हुये हैं, तथा अन्य 21 निर्दलियों में से कम से कम इतने विधायकों का समर्थन भाजपा को मिल जायेगा ताकि 200 में से 101 का आंकड़ा पार किया जा सके। राजस्थान में भाजपा सबसे बड़ी एक मात्र पार्टी के रूप में उभरी है। कांग्रेस को 76 सीटें मिली हैं और इस प्रकार कांग्रेस द्वारा 101 के निशान को पार करने में भाजपा की तुलना में ज्यादा दिक्कत जायेगी। अतः पूरी संभावना यही है कि राज्यपाल महोदय द्वारा भाजपा

को ही सरकार बनाने के लिये कहा जायेगा। उत्तर प्रदेश की स्थिति यह रही कि 425 सीटों में से यहां पर 421 स्थानों के लिये मतदान हुआ। यहां पर मुख्य खिलाड़ी भाजपा, सपा–बसपा, कांग्रेस तथा जनता दल रहे, इनमें से कोई 213 के लक्ष्य को पूरा नहीं कर पाया। इस लक्ष्य के सबसे नजदीक भाजपा तथा सपा–बसपा आये जिनको 178–178 सीटें मिलीं। कांग्रेस एवं जनता दल को क्रमशः 28 एवं 27 सीटें मिलीं। मार्क्सवादी, कम्यूनिस्ट पार्टी एंव जनता पार्टी को कुल 5 स्थान मिले। 1991 में राजस्थान एंव उत्तर प्रदेश में भाजपा को क्रमशः 80, एवं 211 सीटें मिली थीं जबकि जनता दल व कांग्रेस को क्रमशः 54 व 50 सीटें मिली थीं। राजस्थान में भाजपा एंव जद ने मिलकर सरकार बनायी थीं जबकि इस बार जद का कहना है इनका भाजपा से अब कोई लेदा–देना नहीं रहा। इस प्रकार राजस्थान में इस बार 10 सीटें ज्यादा लेकर भाजपा ने अपनी स्थिति सुधारी है हालाकि 101 का लक्ष्य इस बार भी पूरा न हो सका। हिमाचल प्रदेश में पिछली बार की 44 सीटों की तुलना में भाजपा ने मात्र 8 सीटें हासिल की हैं जबकि कांग्रेस ने पिछली 8 सीटों की तुलना में इस बार 68 सीटों में से 53 सीटें हासिल की हैं। निसंदेह हिमाचल प्रदेश में भाजपा की स्पष्ट पराजय एंव कांग्रेस की वापसी दर्ज हुई है। भाजपा के पूर्व मुख्यमंत्री शांता कुमार चुनाव हार गये हैं। बताया जाता है कि हिमाचल प्रदेश शासकीय कर्मचारी कुल मतदाताओं के 25 प्रतिशत हैं और यह भी बताया जाता है कि वे लोग शांता कुमार सरकार की अनुशासनात्मक नीतियों से न खुश थे। साथ ही साथ सेवफल के कास्तकार भी उनसे नाराज थे तथा इन दोनों प्रभावशाली वर्गों ने भाजपा के खिलाफ वोट डाले और इस प्रकार पेन्डुलम कांग्रेस की तरफ लुढ़क गया। कारण जो भी रहा हो हिमाचल प्रदेश में इस बार भाजपा को निसंदेह गंभीर धक्का सहना पड़ा है इसके बाद मध्य प्रदेश चलिये जहां पर इन लाईनों के लिखे जाने तक भाजपा को 112 सीटें मिली हैं जबकि कांग्रेस 178 सीटें लेकर पहले स्थान पर चल रही है और कांग्रेस ने 320 में से 161 का जादूई अंक काफी पहले पार कर लिया है। पिछली बार भाजपा को मध्य प्रदेश में कुल 220 सीटें मिली थीं, अतः इस प्रकार मध्य प्रदेश में भाजपा का स्पष्ट नुकसान हुआ है। मध्य प्रदेश में सत्ता ने हाथ बदल दिये हैं– भाजपा से वापस कांग्रेस की तरफ। इस प्रकार हम देखते

हैं कि चुनाव 1993 में भाजपा ने उत्तर प्रदेश और मध्य प्रदेश के दो विशाल क्षेत्रों में अपनी सत्ता खोयी है जहां पर कुल मिलाकर 745 विधायक तथा 124 सांसद चुने जाते हैं। ये दो प्रमुख हिन्दी भाषी क्षेत्र हैं तथा राजस्थान व बिहार को मिलाकर ये हिन्दी बेल्ट की रचना करते हैं। बिहार में तो लालू प्रसाद यादव के सामने भाजपा तथा कांग्रेस क्षेत्रों को ज्यादा प्रवेश नहीं मिल पाया है। इस प्रकार प्रथम दृष्टया तो यही दिखता है कि 1993 में भाजपा को उन स्थानों पर विधान सभाई नुकसान हुआ है जो अन्यथा इस पार्टी के सबसे प्रबल गढ़ माने गये हैं हालाकि भाजपाई नेता यह संतोष जरूर कर सकते हैं कि नेशनक कैपिटल रीजन दिल्ली में उनकी ही सरकार बनी है। और इस स्थान के राष्ट्रीय महत्व से कौन इंकार कर सकता है. जहां तक रहा लोकप्रिय मतदान का प्रतिशत, तो भाजपा को इस बार राजस्थान में 41 प्रतिशत, हिमाचल प्रदेश में 39 प्रतिशत, दिल्ली में 42 प्रतिशत, तथा उत्तर प्रदेश में 33 प्रतिशत मत मिले हैं। मध्य प्रदेश और मिजोरम के इस प्रकार के आंकडे अभी नहीं आये हैं।

एक बात और भी है जो कि ध्यान में रखने योग्य है। और वह यह है कि राष्ट्रीय अखबार के द्वारा जनमत संग्रह से पता चला था कि उत्तर प्रदेश, राजस्थान, और हिमाचल प्रदेश में क्रमशः 44 प्रतिशत, 59 प्रतिशत, तथा 56 प्रतिशत लोगों ने कहा था कि बाबरी मस्जिद गिराये जाने के बाद इन राज्यों में भाजपा सरकारों की इमारतें नहीं ढ़हाना था। कहने का मतलब यह है कि मध्य प्रदेश, राजस्थान और हिमाचल प्रदेश में भाजपा सरकारों को पूरी अवधि काम करने का मौका नहीं दिया गया और आंकलन अब लगाया जा रहा है कि यहां पर भाजपा सरकारों ने कुछ काम नहीं किया।

इन चुनावों में भारतीय जनता पार्टी की आंशिक सफलता–असफलता के परिवेश में अहम प्रश्न पूंछा जा रहा है कि क्या इस पार्टी के हस्र के साथ साथ उस हिन्दुत्व का भी नुकसान हो गया है, या फिर उस भारतीय–राष्ट्रवाद या फिर उसे विशुद्ध भारतीय–धर्म निर्पेक्षवाद का नुकसान हो गया है जिसका पक्ष समर्थन इस पार्टी ने इतने जोर शोर से किया था. इन चुनावों के नतीजों के बावजूद भी इन प्रश्नों का एक ही

उत्तर हो सकता है और वह यह है कि ऐसा कुछ भी नहीं हुआ है। उत्तर एक मात्र है और वह यह कि उपरोक्त विचारधारा अब स्थायी रूप धारण कर चुकी है, हिन्दु मतदाताओं का एक खास प्रतिशत भाजपा के पीछे एकत्रित हो गया है और अब हिन्दुओं का एक बड़ा वर्ग कांग्रेस की अपेक्षा अब भारतीय जनता पार्टी को अपनी रहनुमाई पार्टी मानने लगा है। जिस प्रकार कांग्रेसी राष्ट्र भक्तों को आजादी की लड़ाई में अपना सर्वस्व लुटाने वालों को अपनी आंखों से देखने वालों का एक वर्ग आज भी लगातार कांग्रेस को अपना बोट देते चला आ रहा है, उसी प्रकार आगे से हिन्दुओं का एक बड़ा प्रतिशत भाजपाई उम्मीदवारों को अपना वोट लगातार देते जायेगा आगे होने वाले तमाम चुनावों में। चुनाव 1993 में इस प्रकार के स्थायीकरण की दिशा में एक बड़ा कदम उठाया गया है।

हमको एक और पहलू से अपना मुंह नहीं छिपाना चाहिये, फिर हम चाहे किसी भी पार्टी से क्यों न जुड़े हों. वह पहलू यह है कि इन चुनावों में बाकी सभी पार्टियों की एक मात्र भीष्म प्रतिज्ञा यही थी कि किसी भी कीमत पर भाजपा को हराओ, इसे वापस सत्ता में न आने दो। प्रणय राय और विनोद दुआ के चुनावीं विश्लेषण में तमाम कांग्रेसी और जद नेता आये। उन सभी का एक मात्र उभयकारी कथन था कि उन्होंने भाजपा को परास्त करने का इरादा बना रखा था। ये विश्लेषण करोड़ों श्रोताओं ने सुने–देखे हैं, अतः अब इस सच्चाई से कैसे मुंह मोड़ा जाये। यहां तक सरदार हरकिशन सिंह सुरजीत कह गये कि सरकार किसी की भी बने सिर्फ भाजपा की न बने, जिन सुरजीत साहब की पार्टी की कोई खास उपस्थिति नहीं है। यह चुनावी संग्राम लगभग ऐसा ही रहा कि दारासिंह के खिलाफ एक साथ 10, 15 पहलवान लड रहे हों, तब क्या परिणाम रहेगा. दारासिंह तो कुछ देर हाथ पैर चलाने के बाद 4–6 की हड्डी–पसली तोड़ने के बाद हार मान जायेंगे। पर भाजपा ने उत्तर प्रदेश में तमाम विषम परिस्थितियों के बावजूद भी पहला स्थान ही हासिल किया। यह जरूर है कि चुनावों में तमाम पार्टियां एक दूसरे को हराने का प्रयास करती हैं पर इस बार कुछ दूसरा ही हुआ। सारे रास्ते रोम में जाकर मिलते हैं। इस बार सारे रास्ते भाजपा के गढ़ में जाकर टकराये। भाजपा को हम लाख कोसें, हम इसे साम्प्रदायिकता भड़काने वाला दल

कह डालें, यहां तक की हम में से कुछ अतिवादी स्थिति ले-लें कि भाजपा देश का दुश्मन समुदाय है, जो कुछ भी हो पर वास्तविकता आज यह है कि समूची भारतीय राजनीति में भारतीय जनता पार्टी धुरी-केन्द्र बन बैठी है जिसके चारों तरफ बाकी सारी पार्टियां चक्कर काट रहीं हैं। हर कोई उत्सुकता से देख रहा है कि भाजपा आगे क्या करेगी, हर किसी की व्याकुलता है कि भाजपा के बढ़ते प्रभाव को कैसे रोकें. जिस प्रकार अब आगे से हर किसी का प्रयास यही रहेगा कि काशीराम के बुल्डोजरनुमा हाथी कि मदमस्त चाल को कैसे रोका जाये. निसंदेह भाजपा ने भयंकर गलतियां की हैं और हम उनकी तरफ से आंख नहीं मूंद रहे हैं। हम तो सिर्फ आज की वास्तविकता की तरफ अपनी आंखे चेत रहे हैं। मतदाता बोलते पाये जाते हैं कि चलो हम नरसिम्हाराव को देख आयें, पर वे बोलते नजर आते हैं कि चलो हम अटल बिहारी वाजपेयी को सुन आयें, क्या यह वास्तविकता नहीं है.

चुनाव 1993 का एक महत्वपूर्ण प्रश्न यह भी है कि भाजपा के राम-कार्ड का क्या हुआ. यह नारा कितना कारगर रहा. शुरू में ही हम कहना चाहेंगे कि कुछ महत्वपूर्ण भाजपा नेता कहते हैं कि भाजपा ने राम-कार्ड इस बार नहीं खेला, या फिर दूसरे शब्दों में उन्होंने इस बार हिन्दुत्व का राजनायिक फायदा लेने का प्रयास नहीं किया। यहां सरासर गलत है। इस बार भी यही गलती की गई। परंतु इस प्रकार का विवाद इस वक्त अनावश्यक है कुछ तथ्य इस प्रकार हैं। समूचे उत्तर प्रदेश में पिछले अवसर पर हिन्दुत्व का सबसे ज्यादा जोर था तथा भाजपाई शीर्षस्थ नेता इस बार भी उम्मीद लगाये थे कि इस भावनात्कम सीढ़ी से चढ़कर वे सत्ता की मंजिल पर पहुंच जायेंगे। पर ऐसा इस बार न हो सका। हालाकि हमें इस तथ्य से भी इंकार न करना चाहिये कि इस बार उत्तर प्रदेश में सपा-बसपा गठ बंधन एक नई अहमियत के रूप में उभरा है। इतना तो कहना ही होगा कि यदि भाजपा ने कल्याण सिंह को भावी मुख्य मंत्री के रूप में पेश न किया होता तो उत्तर प्रदेश में पार्टी की स्थिति और भी ज्यादा पतली हो गई होती। हमें यह भी कहना होगा कि मुलायम सिंह की 102 सीटों वाली सफलता भाजपाई साम्प्रदायिक नीतियों की खुली बगावत है। राम-कार्ड का जोर फैजाबाद संभाग में

नकारा रहा, जहां पर बाबरी मस्जिद मौजूद थी। 1991 में फैजाबाद संभाग में 44 में से 32 सीटें जीती थीं ।बनारस में विवादास्पद ज्ञानदायी मस्जिद है, इस संभाग में 46 सीटों में से इस बार 12 सीटें मिली हैं जबकि 1991 में 20 सीटें थीं। आगरा संभाग के ये आंकड़े क्रमशः 42, 24, 20 हैं जहां पर कृष्ण जन्म भूमि हैं। इशारा साफ उजागर है – हिन्दुत्व का राजनायिक दोहन अब और ज्यादा न चल सकेगा। नवम्बर 1993 का भाजपा के हितार्थ यही एक मात्र संदेश है। मध्य प्रदेश और हिमाचल प्रदेश में तो यह भावना और भी कम कारगर रही। राजस्थान और दिल्ली में सफलता के कारण कुछ और ही हैं। देखना यही है कि क्या भाजपाई कर्णधार इस संदेश से सीख–सबक लेते हैं या फिर उसी पुरानी लीक पर चलना पसंद करेंगे।

–एन.सी.ब्योहार

दैनिक भास्कर–दिनांक 21 दिसंबर 1993

चुनाव–1993 में जीता भारत हारा भारत

अभी हाल ही में सम्पन्न हुये चुनावों पर पीछे मुडकर एक नजर डालने पर हम पाते हैं कि चुनाव के सकारात्कम पहलू कहीं ज्यादा रहे हैं, भारतवासी अपने आप को बधाईयां दे सकते हैं कि इतने विशाल चुनाव का आयोजन इतने शांतिपूर्ण तथा लोकतांत्रिक तरीके से संपन्न हो गया। लगभग 18 करोड़ मतदाताओं ने मतदान में भाग लिया जबकि सारे देश में लगभग 55 करोड़ मतदाता हैं। लगभग 18 हजार उम्मीदवारों में से 1086 विधायक चुने गये, चुनावी हिंसा हुई पर नहीं के बराबर, फर्जी मतदान हुये पर नहीं के बराबर। बूथ कैप्चरिंग की घटनायें हुयीं पर नहीं के बराबर। चुनाव स्थगित किये गये, पुनः मतदान कराये गये, पुनः मतगणना करायी गई, पर ये सब नहीं के बराबर हुआ। पिछले सारे चुनावों में इस प्रकार की घटनायें बहुत ज्यादा हुईं और इस भारत विरोधी विदेशियों को मीडिया प्रचार करने का मौका मिला कि भारत में लोकतंत्र अभी कच्चा है। पर अब उन्हें ऐसा बोलने बताने का कोई मौका नहीं मिला है। बी.बी.सी. ने भारतीय चुनावों की खुले दिल से तारीफ की है। पड़ोसी मुल्कों में भी भारतीय चुनाव की तारीफ हुई है। मतदान का प्रतिशत इस बार पिछले दशकों में सबसे ज्यादा रहा। दिल्ली में 62 प्रतिशत, हिमाचल प्रदेश में 72 प्रतिशत, मध्य प्रदेश में 54 प्रतिशत, राजस्थान में 61 प्रतिशत, उत्तर प्रदेश में 62 प्रतिशत तथा मिजोरम में 80 प्रतिशत मतदाताओं ने अपने इस सर्वोच्च लोक तांत्रिक अधिकार का उपयोग किया। कहा जा रहा था कि इस बार मतदाता आये दिन होने वाले चुनावों के कारण उदासीन हैं तथा घर से कम ही लोग बाहर निकलेंगे, पर ऐसा नहीं हुआ। लोग भारी संख्या में मत डालने आये, जैसा कि हम पहले ही देख चुके हैं कि इस आयोजन की सफलता का एक कारण यह है कि मुख्य चुनाव आयुक्त टी.एन.शेषन ने अपना दायित्व जवाबदारी से निभाया, पर मुख्यतया श्रेय तो करोड़ों मतदाताओं को ही जायेगा जिन्होने अभूतपूर्व अनुशासन का परिचय दिया। टी.एन.शेषन ने बखूबी दिखा दिया है कि यदि कोई एक उच्च अधिकारी ही तय कर ले कि उसे सारा

कामकाज सुचारू पूर्ण तरीके से पूरा कराना है तो ऐसा किया जा सकता है। उसके अनुशासित होने से अधीनस्थ सारे अधिकारी अपने–अपने दायित्व ठीक से निभाने लगते हैं और फिर सब कुछ ठीक–ठाक हो जाता है। हम आशा करना चाहेंगे कि इस उदाहरण से सीख–सबक लेकर दूसरे उच्चतम अधिकारी अपने अपने स्थानों पर वफादार रहेंगे ताकि प्रशासन सफल हो सके।

सभी पार्टियां इन चुनावों का मूल्यांकन अपनी –अपनी विचार धाराओं के आधार पर कर रही हैं। भारतीय जनता पार्टी का कहना है कि इन चुनावों में राष्ट्रवाद की जीत हुई है जबकि कांग्रेस तथा दूसरी सह–विचारधारा वाली पार्टियों का कहना है कि भाजपा के साम्प्रदायवाद के खिलाफ मतदान हुआ है। परंतु इन सभी व्यक्तिगत मूल्यांकनों से परे हटकर एक राष्ट्रवादी मूल्यांकन है जो दलगत मूल्यांकनों से उपर उठकर है। यदि हम इस राष्ट्रवादी नजरिये को अख्तियार करते हैं तो हमें कहना होगा कि सभी पार्टियां अपनी–अपनी जगह सही हैं, सभी विचारधाराओं में अच्छाई का अंश है तथा सच्चा राष्ट्रवाद यही कहेगा कि सभी की अच्छाईयों का एक मूल विचारधारा में समावेश किया जाये। यदि हम चुनावी नतीजों को बारीकी से परखते हैं तो हम पाते हैं कि 1993 के मतदाता ने एक मात्र यही संदेश भेजा है कि एक राष्ट्रवादी विचारधारा बनायी जाये जो सारे राष्ट्र का भला बुरा सोचती हो और जो समस्त संकीर्णताओं का समापन करती हो। दरअसल में नवम्बर 1993 में इस रचनात्मक दिशा में एक बड़ा कदम आगे बढ़ाया गया प्रतीत होता है और यही सबसे सुखद पहलू है। वरना क्या कारण है कि सारे राज्यों में भाजपा नहीं हारी है, या फिर क्या वजह है कि सारे राज्यों में एक साथ कांग्रेस नहीं जीती है। यदि सारे मतदाताओं के दिमागों में भाजपा के तथा–कथित हिन्दु उग्रवाद के खिलाफ आक्रोश पनप उठा था तो फिर इसे दिल्ली और राजस्थान में क्यों नहीं हराया गया तथा उत्तर प्रदेश में इसे क्यों सबसे ज्यादा सीटें दी गईं। यदि कांग्रेस पार्टी ने मात्र तुष्टिकरण की नीति ही अपनायी थीं तथा इसने छद्म– निरपेक्षवाद को ही बढ़ावा दिया है तो फिर क्यों कर इसे तीन राज्यों में सत्तासीन कर दिया गया है। निष्कर्ष एक ही होना चाहिये और वह यह कि इन दोनों विचार धाराओं के

पालन कर्ताओं की संख्या भारी है और ऐसा कहना गलत होगा कि किसी एक ही विचारधारा में सारी अच्छाईयां हैं तथा दूसरी विचारधारा में सिर्फ खराबियां हैं। यदि दोनों पार्टियों की अच्छाईयों को एक स्थान पर इकट्ठा कर दिया जाता है तो राष्ट्रीय हित पोषक विचारधारा का प्रादुर्भाव होगा। 1993 के मतदाता की यही एक मात्र अपेक्षा है और उसका यह सर्वप्रथम संदेश रहा।

बहुजन समाज पार्टी के उत्थान के बाद गंभीरता से सोचने की आवश्यकता दिखती है कि क्या यथार्थ में इस वर्ग के साथ अभी तक अन्याय होते जा रहे हैं या फिर क्या इनके साथ भरपूर न्याय नहीं हो पाया है. बेहतर तो यही दिखता है कि सभी वर्ग के जिम्मेदार प्रतिनिधि एक साथ बैठ जायें तथा देखें कि कहां गलती हो रही है। एक राष्ट्रीय नीति बनाने की परम आवश्यकता है जो सभी वर्गों का भला सोचती हो। अन्यथा यदि ऐसा हुआ कि कांशीराम अपने तरीके से अपने अनुयायियों का सामाजिक न्याय दिलाने चल लडते हैं तो सामाजिक असंतुलन और भी ज्यादा फैलेगा जो वर्ग–संघर्ष को बढ़ावा दे सकता है। चुनाव 1993 का यह सबसे गंभीर नतीजा बनकर उभरा है। इसे एक खतरे के रूप में देखा जा रहा है जबकि जरूरत इस बात की है कि अभी से सामंजस्य की एक राष्ट्रीय नीति अभी से तैयार कर ली जाये। यदि भारतीय जनता में पहले एक प्रकार का असंतुलन था तो अब दूसरे प्रकार का असंतुलन न पनप पाये।

चुनाव 1993 के बाद यदि किसी एक मुद्दे पर सबसे ज्यादा चर्चा की जा रही है तो वह है सामाजिक न्याय का मुद्दा, इस मुद्दे पर चुनाव के दौरान बहस नहीं की गई तथा चुनाव के पहले भी यह मुद्दा विचार में नहीं था। हालाकि विश्वनाथ प्रताप सिंह तथा उनके जद साथी यही कहेंगे कि उन्होंने इसी मुद्दे पर चुनाव लडा था। परंतु सभी जानते हैं कि उनकी अपील पर न तो किसी ने ज्यादा ध्यान ही दिया था और न ही वह चुनावी नतीजों के रूप में ज्यादा कारगर साबित हुये। चुनाव समाप्त होने के बाद सामाजिक न्याय का मुद्दा एकाएक सबसे ज्यादा जीवित हो उठा है, लेकिन इसका कारण यह नहीं है कि नवम्बर 1993 के पहले भारतीय समाज में आजादी मिलने के बाद से समाज के गरीब और पिछड़े तबके

पर सिर्फ अन्याय ही होता चला आ रहा था। ऐसा शायद ही किसी का कहना होगा, यहां तक की कांशीराम तथा विश्वनाथ प्रताप सिंह भी ऐसा नहीं कहना चाहेंगे कि पिछला 47 वर्षों का हमारा आजाद अस्तित्व गरीबों और पिछड़ों पर लगातार अत्याचारों का एक कालखंड रहा है। मिशाल के तौर पर केन्द्र सरकार किसानों के लिये अनुदार नीतियां बनाते चली आ रही हैं, अभी तक की हमारी आठों पंचवर्षीय योजना कृषि–आधारित रही हैं। पर फिर भी महेन्द्र सिंह टिकैत हर दिन रोते रहते हैं कि किसानों के लिये कुछ नहीं किया जा रहा है। उसी प्रकार कांशीराम और विश्वनाथ प्रताप सिंह का घड़ियाली रोना है कि सामाजिक न्याय दिलाया जाये। निसंदेह सामाजिक न्याय की दिशा में अभी बहुत कुछ करना बाकी है पर सामाजिक न्याय उस सीमा तक आपेक्षित नहीं रहा आया है जैसा कि बताया जा रहा है। चुनाव 1993 में सामाजिक न्याय के मुद्दे के राजनीतिकरण का एक नया अध्याय शुरू कर दिया है। कुछ समय पहले धर्म का उपयोग किया गया। अब आगे आने वाले दिनों में सामाजिक न्याय को एक मुहरा बनाया जायेगा और फायदा निकाला जायेगा। इस सीमा तक चुनाव 1993 में भारत हारा है।

इस चुनाव में अल्प संख्यकों को बराबरी से प्रतिनिधित्व नहीं मिल पाया है। हो सकता है कि कुछ सीमा तक अल्प संख्यक वर्ग के कुछ नेता खुद जवाबदार रहे आये हों जिन्होंने अपने आप को लोकप्रिय तथा स्वीकार्य न बनाया हो। राजनायिक पार्टियां ऐसे उम्मीदवारों को टिकिट नहीं देना चाहेगी जिनके हारने की ज्यादा उम्मीद हो। मंत्री मंडलों के गठन के समय इस कमी को पूरा किये जाने की कोशिश की जा रही है। निष्कर्ष यही निकाला जा सकता है कि पार्टियों द्वारा भविष्य में कोशिश की जाये कि अल्प संख्यक वर्ग के योग्य व्यक्तियों को खोजकर सार्वजनिक जीवन में बाहर लाया जावे तथा उन्हें उम्मीदवार बनाया जावे, ताकि अल्प संख्यक वर्ग के नेताओं को विश्वास आ जाता है कि वे अपने आप को राष्ट्रीय मूल धारा से जोड़ लें। अन्यथा यह स्थिति बरकरार रही आयेगी। अब आम भारतीय मतदाता समझदार हो गया है तथा अब उसे बहलाया नहीं जा सकता। कहा जाता है कि एक समय था जब मतदाता एक आज्ञाकारी सेवक था जिसे कह दिया जाता है कि उसे बैल

जोड़ी पर, या चरखा काटती महिला चुनाव चिन्ह पर या बछड़े को दूध पिलाती गाय के चुनाव चिन्ह पर मुहर लगानी है और वह बिना सवाल–जवाब किये ऐसा कर देता था। और तीन चौथाई कांग्रेसी उम्मीदवार लाखों के अंतर से जीत जाते थे। कहा यह जा रहा है कि तब से लेकर अब तक दरिया से काफी पानी बह चुका है, वैसे समर्पित उम्मीदवार भी न रहे तथा मतदाता भी अब उम्मीदवारों व पार्टियों में से चयन करना सीख गया है। इस कथन में निसंदेह सत्यता का अंश है, पर फिर आंशिक रूप से चुनाव 1993 ने आम मतदताओं की मानसिक जाग्रति की दिशा में एक और बड़ा कदम आगे बढ़ाया है। यह इसी बात से साफ उजागर सा होता है कि एक ही पार्टी सभी स्थानों पर न तो हरायी गई है और न ही उसे जिताया गया है। अब पहले जैसे चुनावी आंधी–तूफान का जमाना नहीं रहा कि उत्तर प्रदेश, मध्य प्रदेश, हिमाचल प्रदेश, राजस्थान, दिल्ली, मिजोरम सभी स्थानों पर ही पार्टी के उम्मीदवार जीत गये। मतदाता ने इतना तो अवश्य सीख समझ लिया है कि उसकी क्षेत्रीय तथा स्थानीय आवश्यकतायें क्या हैं. तथा उन्हें किस पार्टी के द्वारा पूरा किया जा सकता है. चुनाव 1993 ने दर्शा दिया है कि आम भारतवासी अभी भी तलाश कर रहा है, भटक रहा है, दर–दर की ठोकरें खा रहा है, उन कर्तव्य निष्ठ तथा वायदे निभाने वालों की खोज में जो अपने समाज और देश का भला करना चाहते हैं, हो सकता है कि अब कुछ के उम्मीदवारों के दिमागों पर इस बात का कुछ.... तो असर पड़ा हो कि यदि राजनीति में टिकना है तो अब बिना कुछ कर दिखाये काम न बनेगा इस प्रकार के भविष्य की तरफ एक और बड़ा कदम आगे बढ़ाया गया है। नवम्बर–दिसंबर 1993 में इस सीमा तक चुनाव 1993 में भारत जीता है।

–एन.सी.ब्योहार

दैनिक भास्कर–दिनांक 28 दिसंबर 1993

चुनाव–1993 में दिये गये गलत बयानात

चुनाव –1993 के दौरान दो सबसे प्रमुख गलत वक्तव्य जो हमारे सामने आये हैं वे भारतीय जनता पार्टी के शीर्षस्थ नेता श्री अटल विहारी वाजपेयी तथा कांग्रेस पार्टी के श्री रंगानाथन कुमार मंगलम के द्वारा कहे गये हैं जो कि उस समय संसदीय मामलों के मंत्री थे और जिन्होंने आगे चलकर अपने पद से इस्तीफा दे दिया है। हो सकता है कि दलगत राजनीति के आधार पर ये बयान गलत न भी माने जायें या फिर इन दोनों नेताओं के अपने–अपने व्यक्तिगत कारण रहे हों। परंतु यदि सामान्य हित–अहित के समीकरण ध्यान में रखे जाते हैं तो निष्कर्ष यही निकलेगा कि ये बयानात गलत थे। सबसे पहले हम वाजपेयी जी के कथन पर विचार करें।

इतवार 27 नवम्बर 1993 के दिन वाजपेयी जी ने कहा था कि दिल्ली राजस्थान, और उत्तरप्रदेश में कांग्रेस पार्टी के खराब प्रदर्शन के कारण सारे देश की राजनीति पर असर पड़ेगा तथा लोकसभा के भंग कराये जाने की मांग प्रबल होगी। उन्होंने कहा कि नरसिंहा राव सरकार को नया जनादेश लेना होगा तथा कांग्रेस पार्टी के भीतर नेतृत्व परिवर्तन की बात उठ सकती है। जब यह बात कही गई तब चुनावी नतीजे आ रहे थे, यहां तक की इन तीन राज्यों के पूरे नतीजे तक नहीं आये थे। निसंदेह उस समय तक जो भी नतीजे आये थे वे ज्यादातर के पक्ष में तथा कांग्रेस के खिलाफ गये थे। पर फिर भी उस समय तक हिमाचल प्रदेश के नतीजे आ गये थे जिनमें कांग्रेस को भाजपा की तुलना में कही ज्यादा सीटें मिली थीं। भाजपा की 8 सीटों के मुकाबले में कांग्रेस ने 52 सीटें जीती और आगे चलकर वहां पर कांग्रेस सरकार सत्तासीन हुई। जाहिर है कि वाजपेयी जी ने हिमाचल प्रदेश के इन चुनावों को हिमाचल प्रदेश के नतीजों को उत्तर प्रदेश, राजस्थान तथा दिल्ली के नतीजों की तुलना में कम आंका होगा। वे इस बात को भी मानकर चले होंगे, कि राजस्थान में कांग्रेस की स्थिति उतनी खराब नहीं है, जितनी की चुनाव के पहले

उम्मीद की जा रही थी। 1990 के चुनावों में भाजपा जनता दल और कांग्रेस को क्रमशः 85, 54, और 50 सीटें मिली थीं जबकि इस बार इन तीनों को क्रमशः 95, 6 तथा 76 सीटें मिली हैं। भाजपा और कांग्रेस के मतदान का अंश क्रमशः 38.5 प्रतिशत व 38.7 प्रतिशत है। राजस्थान में भाजपा 63 स्थानों पर तथा कांग्रेस 81 स्थानों पर दूसरे स्थानों पर रही। इन तथ्यों के बावजूद भी कांग्रेस को भाजपा की तुलना में कम सीटें मिलीं। कांग्रेस पार्टी के 27 उम्मीदवार ऐसे थे जो मंत्रियों आदि के नजदीकी रिश्तेदार थे, जिन्हें टिकिट दी गई और जो चुनाव हारे। कहा जाता है कि यदि इनकी जगह और दूसरे योग्य उम्मीदवारों को अधिकृत उम्मीदवार बनाया गया होता तो कांग्रेस की स्थिति और भी ज्यादा बेहतर होती। अतः कम से कम राजस्थान के मामले में तो हमें कहना पड़ेगा कि वाजपेयी जी का आंकलन गलत रहा। हम पहले ही उपर देख चुके हैं कि हिमाचल प्रदेश में यदि किसी पार्टी का प्रदर्शन खराब रहा है तो वह भाजपा ही रही है।

वाजपेयी जी का कथन इस सीमा तक सही हो सकता है कि उत्तरप्रदेश में कांग्रेस का प्रदर्शन निराशाजनक रहा। 1990 में कांग्रेस को 46 सीटें मिली थीं, जबकि इस बार इस पार्टी को महज 28 सीटें ही मिल पाई हैं। ....अपूर्ण............यहां पर कल्याण सिंह सत्तासीन थे जबकि इस बार यहां पर सपा, बसपा, गठबंधनके मुलायम सिंह सत्तासीन हो गये हैं। उत्तर प्रदेश जैसे सबसे महत्वपूर्ण स्थान से सत्ता का हाथ से निकल जाना किसी भी मायने में छोटा नुकसान नहीं कहा जायेगा।

वाजपेयी जी के कहे गये कथन के मौके तक मध्य प्रदेश एवं हिमाचल प्रदेश के नतीजे नहीं आये थे। हम देख चुके हैं कि 28 नवम्बर 1993 तक जितने भी नतीजे आये थे उन्हें ध्यान रखने पर भी वाजपेयी जी का कथन गलत साबित हो गया था। आज स्थिति यह है कि मध्य प्रदेश और मिजोरम में कांग्रेस सरकारें स्थापित हो चुकी हैं। मध्य प्रदेश में पिछली मर्तबे सुन्दर लाल पटवा की भाजपा सरकार स्थापित थी तो अब आज यहां पर दिग्विजय सिंह की कांग्रेस सरकार बन गई है। क्या हम ऐसा कह सकते हैं कि वाजपेयी जी को पूरी उम्मीद थी कि मध्य प्रदेश और

मिजोरम में भी कांग्रेस को कामयाबी नहीं मिलेगी. या फिर क्या उन्होंने सोचा था कि दिल्ली उत्तर प्रदेश तथा राजस्थान मात्र के चुनावी नतीजों के आधार पर अपना निष्कर्ष निकाला जा सकता है. हमारा तो सुझाव यही है कि पूरे चुनावी नतीजे आ जाने के बाद किसी प्रकार का अंतिम आंकलन निकाला जाना चाहिये था। कम से कम अटल विहारी वाजपेयी जैसै प्रतिष्ठित राष्ट्रीय नेता से तो यही उम्मीद की जाती है कि वे इस प्रकार की जल्दबाजी में ऐसे बयान न दें जो थोडे ही दिनों में गलत साबित हो जायें और फिर उन्हें इस बात का भी ध्यान रखना चाहिये था कि इन छह राज्यों से पूरा देश नहीं बनता। कैसे कहा जाये कि बाकी राज्य भी यही चाहते हैं कि लोकसभा भंग करायी जाये तथा मध्यावधि चुनाव कराये जायें.

6 दिसंबर 1992 को जब कल्याण सिंह सरकार गिरायी गयी तथा 15 दिसंबर 1992 को जब मध्य प्रदेश, राजस्थान तथा हिमाचल प्रदेश की सरकारें गिरायी गईं तथा इन चारों राज्यों में गैर–लोकतांत्रिक कहा जाने वाला राष्ट्रपति शासन लागू किया गया, तब तमाम भाजपाई नेताओं ने यही कहा था कि लोक तांत्रिक तरीके से स्थापित की गई लोकप्रिय सरकारें गिरायी गईं, अनुच्छेद 356 का खुल्लम–खुल्ला दुरूपयोग किया गया तथा जनता पर अनावश्यक चुनाव लाद दिये गये। भाजपाई नेताओं ने यह भी कहा था कि पाकिस्तानी अदालतों की तर्ज पर हमारी अदालतों को भी ऐसे फैसले देने चाहिये थे जिनसे पूर्व की सरकारें बहाल हो जातीं ताकि चुनाव न कराना पड़े। भाजपा द्वारा इसी कारणवश मध्य प्रदेश उच्च न्यायालय के फैसले की तारीफ की गई। भाजपा के उन्हीं तर्कों के बल पर निष्पक्ष प्रेक्षक यही कहना चाहेंगे कि लोक सभा को भंग कराने की कतई जरूरत नहीं है। लोक सभाई चुनावों में अरबों का खर्च आता है। चुनावी हिंसा होती है जिसके फलस्वरूप निर्दोष जानें जाती हैं। खर्चीले चुनावों का खामियाजा अंत में आम जनता को ही भुगतना पड़ता है। अतः जहां तक हो सके मध्यावधि चुनाव टाले जाना चाहिये। आश्चर्य की बात है कि सुलझे विचारों के धनी मध्यम पंथी अटल विहारी वाजपेयी इन राष्ट्रीय अनिवार्यताओं को कैसे नजर अंदाज कर बैठे। उल्लेखनीय है कि पूरे चुनावी नतीजे आ जाने के बाद उनका दोबारा कथन नहीं आया है कि

लोक सभा भंग करायी जायें तथा कांग्रेस पार्टी में नेतृत्व परिर्वतन कराया जाये।

दूसरा गलत वक्तव्य आया है श्री रंगानाथन कुमार मंगलम की तरफ से उन्होंने प्रधानमंत्री/कांग्रेसाध्यक्ष श्री पी.वी.नरसिंहाराव को एक पत्र लिखा है जिसमें उन्होंने लिखा है कि इन चुनावी नतीजों को ध्यान में रखते हुये कांग्रेस कार्य कारिणी समिति के तमाम सदस्यों को नैतिक जवाबदारी लेते हुये अपने पदों से इस्तीफे दे देने चाहिये। यह पत्र इतवार 28 नवम्बर 1993 को लिखा गया था और उस समय तक उत्तर प्रदेश, राजस्थान, दिल्ली तथा हिमाचल प्रदेश के नतीजे आये थे। इस लंबे पत्र को पढ़कर यही अनुमान लगाया जा सकता था कि श्री कुमार मंगलम का विश्वास प्रधान मंत्री के नेतृत्व से उठ गया था और उनका इशारा यही था कि श्री नरसिंहा राव को दोनों पदों से इस्तीफा दे देना चाहिये था। पत्र में लिखा गया है कि प्रधान मंत्री की चुनावी सभाओं में श्रोताओं की संख्या बहुत कम रहती थी जिससे साफ जाहिर होता है कि उनके नेतृत्व में जन साधारण को आकर्षित करने की क्षमता नहीं रह गई। कुमार मंगलम ने यह भी आरोप लगाया है कि नरसिंहराव की कल्याणकारी नीतियां आम जनता में लोकप्रिय न हो सकीं। उन्होंने पी.वी.नरसिंहा राव की अयोध्या नीति की भी भरपूर आलोचना की । कहने का अर्थ यही रहा कि कुमार मंगलम ने श्री राव में तमाम खामियां ही खामियां पायीं।

श्री कुमार मंगलम ने ठीक इसी प्रकार का कथन प्रणव राय तथा विनोद दुआ के चुनावी विश्लेषण संबंधी दूरदर्शन के कार्यक्रम पर 28 नवम्बर की रात को भी दिया था। प्रणव राय ने उनसे पूंछा था कि क्या उन्होंने इस आशय का पत्र कांग्रेसाध्यक्ष को लिखा था कुमार मंगलम ने स्वीकार किया कि उन्होंने ऐसा पत्र लिखा था और उन्होंने दुबारा दोहराया कि चुनावी नतीजों को मद्दे नजर रखते हुये कांग्रेस कारिणी समिति के सदस्यों को अपने अपने पदों से स्तीफे दे देना चाहिये। इस कार्यक्रम में श्री माधव राव सिंधिया भी मौजूद थे और पूंछे जाने पर उन्होंने मत व्यक्त किया कि कांग्रेस का प्रदर्शन इतना खराब नहीं था जितना की कुमार मंगलम बता रहे थे। इस प्रकार दो जवाबदार कांग्रेसी नेताओं में आम जनता के सामने एक टकराहट की स्थिती बिना–वजह बन गई।

कुमार मंगलम ने भी वही गलती की जो श्री वाजपेयी जी ने की थी। वे जल्दबाजी के शिकार हो गये तथा मध्य प्रदेश व मिजोरम के नतीजों के लिये अपने आप को न रोक सके। उन्होंने हिमाचल प्रदेश के नतीजों को भी नजर अंदाज कर डाला।

–एन.सी.ब्योहार

दैनिक भास्कर–दिनांक 13 मई 1979

इंग्लैण्ड के चुनावों से हम क्या सीखें

जिन्दगी में सफलता कब किसके कदम चूम ले, कुछ नहीं कहा जा सकता। 21 वर्ष की युवा उम्र में टाईगर....वुड्स ने गोल्फ की सबसे बड़ी खिताबी जीत अमरीकी ओपन जीत ली और इसे सबसे कम उम्र में जीतने वाले खिलाड़ी बन गये। ख्याति प्राप्त लेखक निराद चौधरी का लेखन कार्य सत्तावन वर्ष की उम्र बीत जाने के बाद आरंभ हुआ, जब वे सरकारी नौकरी से रिटायर हुये। उसके बाद वे इंग्लैण्ड गये, लेखन आरंभ किया और प्रसिद्ध हुये। राजनीति में प्रसिद्धि या कामियाबी आक्सर जिन्दगी के छठवे या सातवे दशक में मिलती रही है। जॉन फित्सगैराल्ड कैनेडी ने तैतालीस वर्ष की युवा अवस्था में अमरीकी राष्ट्रपति का पद हासिल कर दिखाया और सारी दुनिया को संदेश भेजा कि आज का जमाना समय खोने का नहीं है, जो कुछ करना है उसे शीघ्र इसी वक्त करना है।

इसी संदेश को आगे बढ़ाते हुये तैंतालीस वर्ष की युवावस्था में टॉनी ब्लेयर इंग्लैण्ड के नये प्रधानमंत्री बन गये हैं। अपनी–अपनी जिन्दगियों में कामयाबी हासिल करने के मकसद में मशगूल हम और आप अक्सर ऐसे मौकों पर विस्मय एवं आश्चर्य करते हैं कि जॉन फित्सगैराल्ड कैनेडी या टॉनी ब्लेयर जैसे व्यक्तियों में ऐसी कौन सी करिश्माई खूबी है, जो उन्हें इतनी कम उम्र में दुनिया के उच्चतम शिखर पर आरूढ़ कर देती है। हम निष्कर्ष पर पहुंचते हैं कि इन व्यक्तियों की सफलता के पीछे कई गुणों का योगदान होता है तथा साथ ही साथ कई बार संयोग की नियति भी जवाबदार रहती है।

टॉनी ब्लेयर की सफलता उस दिन प्रारंभ हो गई, जिस दिन उन्हें लेबर पार्टी ने अपनी पार्टी का नेता चुन लिया था। निष्पक्ष प्रेक्षक मानते थे कि कंजरवेटिव पार्टी के सत्ता में दिन अब पूरे हो रहे थे और अगले चुनावों में जॉन मेजर दुबारा न चुने जायेंगे और न ही उनकी कंजरवेटिव पार्टी सत्ता में अपना लगातार दूसरा दशक पूरा कर सकेगी। इंग्लैण्ड के

मतदाता बदलाव चाहते थे, उनके मत में कन्जरवेटिव पार्टी को 18 वर्ष सत्ता में रखकर उन्हें लेवर पार्टी को सत्ता का सुख देना चाहिये । प्रधानमंत्री के रूप में जॉन मेजर के खिलाफ कोई विशेष शिकायतें नहीं थीं। एक संघीय यूरोपियन समाज की स्थापना तथा कामन यूरोपियन करेंन्सी के मुद्दों पर कन्जरवेटिव पार्टी के परंपरागत ब्रितानी नजरिये को लेकर जॉन मेजर निःसंदेह कुछ सीमा तक चर्चा का विषय बने, पर फिर भी इन मुद्दों पर विवाद इस सीमा तक नहीं गहराया कि इंग्लैण्ड में किसी प्रकार का गंभीर संकट छा जाये।

जॉन मेजर के कार्यकाल में इंग्लैण्ड की आर्थिक स्थिति सुधरी और यही कारण है कि अपने बधाई संदेश में विदा–लेते प्रधानमंत्री जॉन मेजर ने कार्यभार संभालने वाले टॉनी ब्लेयर से यही कहा था कि ....मैं आपके हाथों एक फलती फूलती अर्थ–व्यवस्था छोड़ते जा रहा हूं। उधर अमरीका में बिल क्लिन्टन दुबारा महज इस कारण चुने गये, उनकी सारी व्यक्तिगत कमजोरियां इस कारण नजर अंदाज कर दी गई क्योंकि उन्होंने अपने पहले पांच वर्षों में अमरीकी अर्थ–व्यवस्था को और अधिक सुदृढ़ता दिलाई परंतु इधर जॉन मेजर के मामले में यह फार्मूला काम न कर सका। मुख्यतया इसी कारण कि ब्रितानी मतदाता बदलाव के लिये तरस रहे थे, परंतु टॉनी ब्लेयर को कामयाबी के लिये उचित श्रेय देना भी न्याय संगत न होगा। अपनी युवावस्था तथा आकर्षक व्यक्तित्ववादी छवि के कारण टॉनी ब्लेयर ने युवा आदर्शवाद की किरणें ब्रितानी मतदाताओं के मानसिक पटल पर अंकित करने में कामियाबी हासिल की है।

निःसंदेह उनका सबसे बड़ा योगदान यही रहा है कि उन्होंने पुरातन .. लेबर पार्टी को एक नया रूप दिया, न्यू लेबर की स्थापना की। लेबर पार्टी का पुराना रूप यही था कि यह पार्टी हड़तालें कराती है, ट्रेड़ यूनियनिज्म का पर्यायवाची है, अमीरों की खिलाफत करती है, स्टेट कंन्ट्रोल की वकालत करती है और इस प्रकार पुरातन किताबियां समाजवाद की लीक पीटती हैं। टॉनी ब्लेयर की लेबर पार्टी ने यह संदेश भेज दिया कि आगे आने वाले दिनों की लेबर पार्टी अमीरों–गरीबों, मिल मालिकों –मजदूरों, वाईट कॉलर–ब्लू कालर सभी को साथ लेकर चलेगी, एक ऐसी उभयकारी अर्थ–व्यवस्था निर्मित करेगी, जिसमें आर्थिक

प्रशासन से जुड़े बड़े–छोटे सभी के हितों पर बराबरी से ध्यान दिया जायेगा । निःसंदेह इंग्लैण्ड का आम मतदाता न्यू–लेबर के इस प्रोग्राम से प्रभावित हुआ और नतीजे आज हमारे सामने है।

जॉन मेजर तथा उनके कन्जरवेटिव साथीगण आज परेशान हैं कि लेबर पार्टी ने उनके तमाम कार्यक्रमों एवं नीतियों को अपना कर चुनावी मैदान में बाजी मार ली है। मतदान के पहले पाया गया कि अनेक महत्वपूर्ण मुद्दों पर दोनों पार्टियों के वायदे एक जैसे ही थे, जैसे कि दोनों पार्टियों ने आश्वासन दिया कि वे आयकर नहीं बढ़ायेंगे, बेरोजगारी समाप्त करेंगे, समाज में बढ़ती अपराध प्रवृत्ति पर काबू पायेंगे इत्यादि। मतदान केन्द्र की तरफ बढ़ता आम ब्रितानी मतदाता हैरान सा था कि लगभग एक से उभयकारी कार्यक्रमों वाले दो उम्मीदवारों में से वह किसे चुने। इंग्लैण्ड में अभी हाल ही में सम्पन्न हुये इन चुनावों का सबसे बडा अर्थ या सबसे ज्यादा इतिहास निर्माणक संदेश क्या हम यही निकालें कि अब लगभग सारी दुनिया में सिर्फ एक ही प्रकार की आर्थिक नीति कारगर हो सकती है या फिर सारा मानव समाज एक ही प्रकार की आर्थिक व्यवस्था के नियंत्रण में गिरफ्त होते जा रहा है तथा यह आर्थिक व्यवस्था है मार्केट–फ्रेन्डली उदारवादी आर्थिक नीति । इंग्लैण्ड में द्वि–पार्टी व्यवस्था है, पर इन चुनावों ने जाहिर कर दिया है कि चूंकि आम आदमियों का हित सर्वोपरि है और चूंकि आम आदमी अपनी खुशहाली चाहता है आर्थिक नीति चाहे कुछ भी क्यों न हो, इस आम हित को सिर्फ एक ही राष्ट्रीय आर्थिक नीति से पूरा किया जा सकता है। इस प्रकार का इतिहास अमरीका में भी रचा गया है। ऐसी परिपाटी वहां भी डल गई है क्योंकि डेमोक्रेटिक पार्टी तथा रिपब्लिकन पार्टी आज एक ही प्लेटफाम पर खड़ी हैं।

इधर भारत में भी लगभग यही हो रहा है। अर्थ व्यवस्था तथा सामाजिक न्याय के मुद्दों पर हमारी सभी पार्टियां लगभग एक ही भाषा का इस्तेमाल कर रहीं हैं। मंडलवादी समाजिक न्याय के मसले पर सभी पार्टियां एक ही मंच पर हैं, आरक्षक के मसले पर किसी भी पार्टी की हिम्मत नहीं है कि विरोधी राग अलापा जाये, कांग्रेस पार्टी ने नेहरू युग की समाजवादी नीति लगभग त्याग दी है और मार्केट–फ्रेन्डली उदारवादी

आर्थिक नीति अपनाते हुये मीनू मसानी की स्वतंत्र पार्टी तथा भारतीय जनता पार्टी की पूर्व पार्टी जनसंघ की खुली– व्यवस्था की हिमायती नीति का अनुसरण खुले आम करना आरंभ कर दिया है। सारा मानव समाज एक है उसका हित एक है। क्या इंग्लैण्ड के इन चुनावों ने सर्वाधिक प्रमाणिक संदेश यही दिया है कि हितकारी नीति एक ही हो सकती है– उनका क्रियान्वयन करने वाले चाहे लेबर पार्टी का चोला पहने या फिर कंन्जरवेटिव पार्टी का लेवल लगाकर अपने आप को पेश करें।

इंग्लैण्ड के इन तमाम चुनावों में 635 सीटों में से 120 सीटों पर महिलाओं को कामियाबी मिली है, जिनमें से अधिकांश लेबर पार्टी की सदस्या हैं। हाउस ऑफ कामन्स में महिलाओं की सदस्य संख्या का यह रिकार्ड है। हो सकता है कि भविष्य में इससे भी ज्यादा सीटें महिलाओं को मिल जायें इस तथ्य से हम क्या सीख सबक लें। उल्लेखनीय है कि इंग्लैण्ड में महिलाओं के लिये आरक्षण का प्रावधान नहीं है। वहां की दोनों पार्टियों ने अधिक से अधिक महिलाओं को प्रत्याशी बनाया। ऐसा हम भी क्यों न करें। क्यों न हम भी ऐसी ही प्रथा बना लें कि अधिक से अधिक महिला प्रत्याशियों को चुनाव में पार्टी टिकिट दिये जायेगे।

ऐसा होने पर हमें कानून बनाने की जरूरत न रहेगी। हमारी सभी पार्टियां इस आशय का कानून बनाने के लिये बचन बद्ध हो गई हैं, पर फिर भी वास्तविकता यह है कि मन ही मन वे इस प्रकार का कानून नहीं चाहती। कम से कम 33 प्र.श. आरक्षण के पक्ष में कोई भी पार्टी नहीं दिखती। संयुक्त मोर्चे की आंतरिक सभा में पिछले दिन 15 प्र.श आरक्षण की बात कही गई। हो सकता है कि आगे चलकर आखिरकार 33 प्र.श. आरक्षण वाला कानून बन ही जाये। अभी भी हमारे पास समय है क्यों न हमारी पार्टियां स्वतः आगे बढ़कर प्रस्तावना दें कि भविष्य में वे एक स्थान पर दो महिला प्रत्याशी चुनावी मेदान में होंगी तो एक महिला की जीत सुनिश्चित हो जायेगी। इंग्लैण्ड के उदाहरण से सीख सबक लेना हमारे लिये बुद्धिमानी की बात होगी।

–एन.सी.ब्योहार

दैनिक भास्कर–दिनांक 15 अप्रैल 1997

वर्तमान अनिश्चितता एवं देश का उज्जवल भविष्य

सही दिशा में सोच विचार करने वाले लगभग हर भारतीय को 11 अप्रेल 1997 के दिन लगभग 12 बजे जरूर दुख हुआ होगा कि प्रधान मंत्री देवगोड़ा के नेतृत्व वाली साझा सरकार विश्वास मत अर्जन न कर सकी। निःसंदेह घटना क्रम 1 जून 1996 के तुरंत बाद से ठीक उसी रास्ते पर चल रहे हैं जो रास्ता मध्यावधि चुनावों के दरवाजे पर समाप्त होता है और जिस नियति की कामना पूर्व प्रधान मंत्री अटल विहारी वाजपेयी एवं उनकी भारतीय जनता पार्टी तब से ही करते चले आ रहे हैं, परंतु श्री अटल विहारी वाजपेयी के इस नाटकीय दिन के भाषण को सुनने पर ऐसा आभास नहीं हुआ कि जो कुछ हुआ वह सब उनके मन मुताबिक ही हुआ। श्री अटल विहारी वाजपेयी ने अवश्य ऐसा कहा है कि मध्यावधि चुनाव अब रोके नहीं जा सकते ।परंतु उन्होंने ऐसा भी नहीं कहा कि मध्यावधि चुनाव इतने कम अंतराल में दुबारा होना चाहिये। दरअसल में भारतीय जनता पार्टी के वक्ताओं के भाषणों के वेग से आंकलन लगाया जा सकता है कि कांग्रेस अध्यक्ष सीताराम केसरी का समर्थन– वापसी का निर्णय किस सीमा तक अदूर दर्शिता का परिचायक है। अटल विहारी वाजपेयी भलि भांति जानते थे कि सरकार परास्त होने की स्थिति में ही मध्यावधि चुनाव का रास्ता प्रशस्त होगा, उनकी पार्टी के बारवीं लोकसभा में संभवतः स्पष्ट बहुमत के साथ विजयी होने की परिणति निर्मित होगी और एक बार फिर वे सम्प्रभुसत्ता संपन्न, धर्मनिर्पेक्षता एवं समाजिक न्याय प्रणाली पर आधारित भारतीय लोकतंत्र –प्रजातंत्र के अगले प्रधानमंत्री बन सकेंगे, दीवाल पर लिखी इस संभावना के बावजूद भी अटल विहारी वाजपेयी के ललाट पर चिन्ता की रेखायें स्पष्ट जाहिर थी कि उनकी संभावित तरक्की का रास्ता कहीं ज्यादा राष्ट्रीय तरीके से प्रशस्त होता तो बेहतर रहता। संकीर्ण दलगत राजनीति के स्वार्स्थवादी समीकरणों से उपर उठकर सोचने वाले हर भारतीय को इस दिन पूरे

समय बैचेनी रहेगी होगी कि लोकतंत्र की जड़ें मजबूत करने वाला एक अभिनव प्रयोग बिना वजह असफल हो रहा है और वह भी एक ऐसी राष्ट्रीय पार्टी के कारण जिसका स्वतंत्रता संग्राम में लगभग एकाधिकारवादी योगदान रहा है, और वह भी एक ऐसे व्यक्ति के अनेक संदेहों से घिरे निर्णय के कारण जो कि उस राष्ट्रीय पार्टी का अध्यक्ष है।

हमें दुख इस बात से नहीं है कि देवगौड़ा सरकार त्रुटिहीन दायित्व निर्वाह कर रही थीं। देवगौड़ा सरकार से गल्तियां हुई हैं अवश्य, पर यह सरकार उतना ही अच्छा या खराब काम कर रही थी जितना की पिछली दो साझा सरकारों ने किया है। दुख हमें इस बात का नहीं है कि निकट भविष्य में एच.डी.देवगौडा के रिक्त स्थानों की पूर्ति न हो सकेगी। ऐसा नहीं है। भारत देश महान है, भारतवासी महान हैं। देश में कुशल प्रशासकों की कतई कमी नहीं है। हम यह भी अच्छी तरह जानते हैं कि भारतीय देश के वक्षस्थल में इस प्रकार की हर्कतों को फेंकने की असीमित क्षमता है और हम यह भी जानते हैं कि देश का आम जन–जीवन शीघ्र ही सामान्य राह पर आ जावेगा तथा शीघ्र ही देशवासी इस छोटी–ओछी घटना को भूल जावेंगे। उनकी गलतियां और स्वभाविक कमजोरियों के बावजूद भी शायद हम एच.डी.देवगौड़ा के साथ सहानुभूति प्रदर्शित कर सकते हैं कि यदि उनकी नियति ने उन्हें इस शीर्षस्थ कार्यपालिका के स्थान पर बिठा दिया है तो उन्हें लंगडी मारकर क्यों गिराया जाये। साफ सुथरी प्रतिस्पर्धा की भावना रखने वाले आम भारतीय के लिये यह खिन्न होने का विषय रहा कि उन्हें गैर–खिलाड़ी तरीके से अपदस्थ किया जा रहा है ।परंतु सबसे ज्यादा दुख हमें इस बात का हुआ कि साझा सरकार के प्रयोजन को क्षण भर के लिये गतिरोध का सामना करना पड़ा, देश का प्रजातांत्रिक लोकतंत्र कुछ देर के लिये अवरुद्ध हुआ। हम देख रहे हैं कि भारत देश राष्ट्रीय कांग्रेस की एक–पार्टी सरकार की ऐतिहासिक भूमिका की सुखद स्थिति से साझा सरकार द्वारा चलित प्रशासन के हस्तांतरण की दिशा में बढ़ रहा है और हमें इस वास्तविकता के लिये तैयार हो जाना चाहिये, तमिलनाडु, असम, पंजाब, कश्मीर आदि स्थानों पर राष्ट्रीय पार्टियों को अब ज्यादा उम्मीद नहीं करना चाहिये और इस कारण अब ज्यादा बेहतर यही है कि हम

साझा सिद्धांन्त पर आधारित राष्ट्रीय सरकारों की परिकल्पना करें, लेकिन यदि हम आये दिन ऐसी समझौता सरकारों की भ्रूणावस्था में ही हत्या करते रहेंगे तो फिर हम आम भारतीयों की आकांक्षाओं को कैसे पूरा कर सकेंगे. इस प्रकार की हर्कतों से आम आदमी का जीवन और ज्यादा दुष्वार होता है, उसकी तरक्की कुछ कदम पीछे चली जाती है और यदि प्रयोजन के सफल होने से जन जीवन सामान्य रहता है तो सबसे ज्यादा फायदा आम आदमी, आम मतदाता व आम भारतीयों का ही होता है।

हमें सबसे दुख इसी बात का है कि 11 अप्रेल 1997 के इस दिन मध्य रात्रि की तरफ धीरे–धीरे बढ़ते अंतिम क्षणों में देश भारत वर्ष द्वारा भारतवासियों द्वारा हरदन हल्ली डोडेगौडा देवगौडा उस दिन उतने ज्यादा नहीं हारे जितना हम और आप हारे। विश्वास का प्रस्ताव केन्द्रीय मंत्रीमंण्ड उतना ज्यादा न हार सका जितना अपने जन प्रतिनिधियों के माध्यम से शासन चलाने वाला आम मतदाता हारा। हमें दुख इन बातों को लेकर कहीं ज्यादा है।

प्रधान मंत्री देवगौडा चाहते तो लोकसभा को भंग किये जाने की सिफारिश`कर सकते थे और भारतीय संविधान के अनुच्छेद 74 के तहत महामहीम राष्ट्रपति को इस सलाह को मानना अनिवार्य हो जाता, परंतु इस प्रकार की सलाह न देकर श्री देवगौडा ने निसंदेह अपनी राजनायिक परिपक्वता का परिचय दिया है। अब सारे रास्ते खुले हैं। श्री अटल विहारी वाजपेयी को प्रयास करने के लिये आमंत्रित किया जा सकता है। देवगौडा–विहीन संयुक्त मोर्चे के समर्थन से निर्मित कांग्रेस सरकार आसीन होने की संभावना है जिसके मुखिया सीताराम केसरी ही हो सकते हैं या फिर कांग्रेसी खेमें में बगावत हो उठने के परिणाम स्वरूप सीताराम केसरी को अपदस्थ कर दिये जाने की दूरंदराज स्थिति में उस प्रकार की कांग्रेस पार्टी के समर्थन पर गठित देवगौडा सरकार की पनाह वापिसी की क्षीर्ण संभावना से भी इंकार नहीं किया जा सकता।

इस वक्त हम एक ही कथन पूरे विश्वास के साथ कह सकते हैं और वह यह है कि मध्यावधि चुनाव को टालने के बोझ से जुड़े व्यक्तिगत स्वार्थ के भलि भूत किसी भी प्रकार के गठबंधन एकाएक निर्मित हो

सकते हैं जैसे कि भारतीय जनता पार्टी सहित संयुक्त मोर्चा, या फिर यहां तक कि देवगौड़ा तथा सीताराम केसरी के साथ या बगैर कांग्रेस सहित संयुक्त मोर्चा । भविष्य में कुछ भी संभव है। किसी भी पार्टी को साम्प्रदायिक कहना अब आज न्यायोचित नहीं रहा गया है और न ही एक समय साम्प्रदायिक कहलाये जाने वाली किसी भी पार्टी के साथ गठबंधन करना आज की स्थिति में अवसरवादिता की परिभाषा में आता है। साझा एवं मिली जुली सरकारों के इस काल चक्र में शेर और मेंमने आज एक ही घाट पर एक ही साथ पानी पीते हैं। 19 वीं सदी के अंत में इंग्लैण्ड के विदेश मंत्री कह गये हैं राजनीति में स्थायी मित्र नहीं होते, राजनीति में स्थायी दुष्मन नहीं होते, राजनीति में सिर्फ व्यक्तिगत हित ही स्थायी होते हैं। उ.प्र. में आज बसपा तथा भाजपा की साझा सरकार सत्ता रूढ़ हैं। पंजाब में अकाली दल और भाजपा साझा सरकार बनाये हैं। मौजूदा राजनायिक वास्तविकतायें हर निष्ठर मानसिकता के कवच को भेदकर रही हैं। दोस्त–दुश्मन की दीवारें ध्वस्त हो रही हैं तथा व्यक्तिगत व दलगत स्वार्थ गारा–सीमेंन्ट का काम कर रहे हैं। देश को राजनायिक स्थिति से एक नई परिपाटी निर्मित हो रही है और वह यह है कि राष्ट्रपति के संवेधानिक विवेकाधिकारी अधिकारों के क्षेत्र में निरंतर बृद्धि हो रही है, इनकी व्याख्या हो रही है। अभी तक स्थिति यह रही है कि संवेधानिक व्यवस्था में भारतीय राष्ट्रपति की भूमिका सीमित मानी गई है। प्रधानमंत्री की सलाह पर कार्य संपादन करना राष्ट्रपति के लिये अनिवार्य माना गया है ।पर अब राष्ट्रपति के स्वविवेक अधिकारों के दायरे का खुलासा हो रहा है। लोक सभा को भंग करने तथा नये प्रधानमंत्री की नियुक्ति के मामलों में राष्ट्रपति के विवेक अधिकार अब सीमित नहीं रह गये हैं।

मौजूदा राजनायिक संकट का यही एक रचनात्मक पहलू है। हमने उद्‌गमवादी व्यवस्था को अंगीकार किया है। लोक सभा में विश्वास प्रस्ताव पर चर्चा के दौरान पूर्व लोक सभा अध्यक्ष श्री शिवराज पाटिल ने सुझाव दिया है कि हम जर्मन संविधान का अनुसरण कर लें जिसके मुताबिक जर्मन चान्सलर को नकारात्क प्रस्ताव पर नहीं हटाया जा सकता बल्की जर्मन चान्सलर को सकारात्मक प्रस्ताव पर तभी हटाया जा सकता

है जब किसी दूसरे व्यक्ति को चान्सलर चुना जाना हो। राष्ट्रपति–प्रणाली अपना लेने का भी सुझाव एक ओर से आया। इस संदर्भ में हम यही कहना चाहेंगे कि हमारे प्रतिनिधि अपने गिरेबान में ही झाकें कि खामि उनमें है या उन संस्थाओं में जिन्हें चलाने का दायित्व उन पर देश वासियों ने सौंपा है।

–एन.सी.ब्योहार

दैनिक भास्कर–दिनांक 18 अप्रैल 1997

मुख्य न्यायमूर्ति श्री जगदीश शरण वर्मा

25 मार्च 1996 के दिन न्यायमूर्ति श्री जगदीश शरण वर्मा ने भारतीय गठाराज्य के सत्ताईसवें मुख्य न्यायाधीश के पद के शपथ ली है। मध्य प्रदेश की अपेक्षाकृत छोटे शहर सतना में सन् 1933 में जन्मे, परंतु जबलपुर में अधिकांश रूप में फलीभूमि हुये श्री जगदीश शरण वर्मा आज देश की आकांक्षाओं के केन्द्र बिन्दु बने हैं। मुख्य न्यायाधीश के रूप में उनकी अपेक्षाकृत दस माह की कम अवधि में आम भारतीय उनसे उम्मीदें लगाये बैठा है कि न सिर्फ वह न्याय पालिका को और अधिक अनुशासित कर देंगे वरन् आम जनता को भ्रष्टाचार के बढ़ते सैलाब से मुक्ति दिलाने में अपना योगदान अदा कर जायेंगे। आज आम आदमी उच्चतम न्यायालय की ओर उम्मीद कि निगाहों से देख रहा है। उसके जन–प्रतिनिधि उसके द्वारा प्रदर्शित किये गये विश्वास के साथ खिलवाड़ कर रहे हैं। सार्वजनिक सम्पत्ति, धन, दौलत निर्दयता के साथ लूटी जा रही है। अनेक मेगा स्कैम आये दिन सामने आ रहे हैं। जन मानस त्रस्त एवं परेशान है।

हमारी संसदीय व्यवस्था में कार्यपालिका एंव विधायिका एक दूसरे के अभिन्न अंग हैं और इस कारण कार्यपालक की गल्तियों के खिलाफ आम भारतीय के पास कोई अपीलीय फोरम नहीं बचा है। ऐसे अगाढ़ वक्त में उच्चतम न्यायालय ने हस्तक्षेप कर देश की डूबती नैय्या को किनारे लगाया है। उच्चतम न्यायालय के अनेक न्यायाधीशों ने एक्टिविस्ट की भूमि निभाई है, परंतु अभी हाल ही में सर्वाधिक सक्रिय योगदान निसंदेह न्यायमूर्ति श्री जगदीश शरण वर्मा का ही रहा है। उच्चतम न्यायालय के न्यायमूर्ति गण श्री एस.पी भरूचा, श्री एस.सी. सेन, श्री कुलदीप सिंह, श्री बी.एन.किरपाल, श्री हंसलिया, श्री फैजानुद्दीन आदि ने महत्वपूर्ण फैसले सुनाये हैं, परंत यह निर्विवाद है कि इस क्षेत्र में सबसे ज्यादा योगदान न्यायमूर्ति श्री जगदीश शरण वर्मा का रहा है। उन्होंने हवाला

मामले को गति दी और फलस्वरूप ऐसे दूसरे मामले भी गतिशील हो उठे।

पत्रकार विनीत कुमार तथा तीन अन्य सामाजिक कार्यकर्ताओं ने 10/10/1993 को एक पब्लिक इन्टरैस्ट याचिका दायर की थी कि हवाला कांड में अरसा बीत जाने के बाद भी किसी प्रकार की कार्यवाही नहीं की गई तथा उच्च पदेन व्यक्तियों को संरक्षण दिया जा रहा था। याचिका के शुरूआती दिनों में तो कोई तरक्की नहीं हुई, पर फिर दिनांक 30/11/1994 को पहली बार जब न्यायमूर्ति श्री जगदीश शरण वर्मा ने मामले की सुनवाई की तब वर्षों से सुप्त पड़े मामले में एकाएक गति आ गई। उन्होंने आदेश जारी कर दिया कि किसी भी व्यक्ति के खिलाफ मामला समाप्त नहीं किया जायेगा। भले ही व्यक्ति कितने ही उंचे स्थानों पर क्यों न बैठा हो। सी.बी.आई. के तत्कालीन निर्देशक रामाराव को आदेश दिया गया कि वे मामले की सुनवाई के हर मौके पर व्यक्तिगत रूप से हाजिर रहें। न्यायमूर्ति महोदय ने समय – समय पर जांच ब्यूरो को आगाह किया कि संस्था का काम संतोष जनक रूप से नहीं चल रहा है तथा यदि यही हाल रहा आया तो लाचार होकर यह जवाबदारी किसी दूसरी जांच संस्था को सौंपनी पड़ेगी।

जांच संस्था तथा उसके निर्देशक विजय रामा राव तुरंत सक्रिय हुये तथा 04/03/1995 को जैन बंधु एस.के जैन तथा एन.के.जैन गिरफ्तार कर लिये गये। आगे चलकर जब सी.बी.आई. के निर्देशक जोगिन्दर सिंह बने तब न्यायमूर्ति श्री जगदीश शरण वर्मा द्वारा उनकी आलोचना की गई कि निदेशक द्वारा हवाला कांड के किंग पिन अमीन भाई का प्रत्यार्पण हांग कांग से नहीं कराया जा सका तथा अमीन भाई का गिरफ्तार नहीं किया जा सका। इस फटकार के बाद जोगिन्दर सिंह मुस्तैद हो गये और उन्होंने अपना काम गति से शुरू कर दिया है। फलस्वरूप न सिर्फ हवाला कांड में तरक्की हो गई है, वरन लगभग दूसरे सभी मामलों में चालान तैयार हो गये हैं और आदलत में पेश किये जा रहे हैं।

7 अक्टूबर 1996 को न्यायमूर्ति जगदीश शरण वर्मा तथा न्यायमूर्ति श्री बी.एन.किरपाल द्वारा गठित एक खंडपीठ द्वारा पारित एक आदेश में कहा गया है कि सी.बी.आई को कुछ व्यक्ति विशेषों के प्रभाव से दूर

करना आवश्यक हो गया है ताकि यह संस्था निष्पक्ष तथा निर्भीक तरीके से अपना कार्य कर सके, दूसरे देशों में प्रचलित जांच संस्थाओं की कार्य प्रणालियों का अध्यन करके हमें अपने मामले में कुछ ऐसी व्यवस्था बनानी होगी ताकि हमारी जांच ऐजेन्सी खास व्यक्तियों के प्रभाव से हटकर स्वतंत्र रूप से अपना कर्तव्य निर्वाह कर सके। इस आशय का आदेश माननीय न्यायमूर्तियों द्वारा अधिवक्ता अंकुल चन्द्र प्रधान द्वारा दायर एक परमादेश याचिका के तहत दिया गया है, जिसमें प्रार्थना की गई है कि उच्च न्यायालय हस्ताक्षेप करे तथा केन्द्रीय जांच ब्यूरो को स्वतंत्र तथा निष्पक्ष संस्था बनाये जाने में मदद मिले। वैसे देखा जाये तो यह पाया जायेगा कि केन्द्रीय जांच ब्यूरो केन्द्रीय गृह मंत्रालय के आधीन काम करता है और इस कारण सारी जवाबदारी गृह मंत्रालय की है तथा सामान्यतः न्याय पालिका की जवाबदारी महज इस सीमा तक है कि उनके द्वारा यह देखा जाये कि ब्यूरो द्वारा कानून का पालन किया जा रहा है या नहीं, परंतु फिर आज सारा देश चिन्तित है कि उच्चपदेन मंत्री तथा अफसरान अपने पदों का दुरूपयोग करके अपने आप को संगीनतम अपराधों से साफ बचा लेते हैं या फिर जांच ब्यूरो की जांच पड़ताल की कार्यवाही वर्षों ठण्डे बस्ते में पड़ी रहती है और फिर एक दिन तमाम सबूत मिट जाने के कारण उस व्यक्ति के खिलाफ खात्मा रिपोर्ट डालने पड़ती है । 1986 से लेकर आज तक सी.बी.आई. के पास 153 व्यक्तियों के खिलाफ कार्यवाही करने के लिये अनुमति के प्रकरण विचाराधीन हैं।

न्यायमूर्ति श्री जगदीश शरण वर्मा तथा न्यायमूर्ति श्री राजकृष्ण तन्खा ने 12/9/1972 के दिन अपने पद की शपथ जबलपुर में ली। उस समय श्री जगदीश शरण वर्मा मात्र 39 वर्ष के थे जो निसंदेह मध्य प्रदेश उच्च न्यायालय में रिकार्ड हैं। कदाचित राष्ट्रीय स्तर पर रिकार्ड न्यायमूर्ति कौशलेन्द्र राव का है, जो 36 वर्ष की आयु में न्यायमूर्ति बने । 16/06/1986 को वे मध्य प्रदेश उच्च न्यायालय के मुख्य न्यायाधीश बने तथा 28/08/1996 को उन्हें राजस्थान उच्च न्यायालय ट्रान्सफर कर दिया गया। 1990 में उन्हें उच्च न्यायालय में पदस्थ किया गया। श्री जगदीश शरण वर्मा आपकाल में कुछ समय बाद चर्चित हुये, जब उन्होंने तथा मध्य प्रदेश उच्च न्यायालय के दूसरे माननीय न्यायमूर्ति श्री आनंद प्रकाश सेन

ने खौफनाक कानून मीसा के अंतर्गत गिरफ्तार किये गये बंधियों को रिहा किये जाने के आदेश पारित किये। ऐसे आदेश पारित करने वाले वे देश के कुछ गिने–चुने न्यायमूर्ति में शामिल हुये। बताया जाता है कि किसी कारण नाराजगी वश उनका ट्रान्सफर किया गया, परंतु जिन लोगों ने न्यायमूर्ति श्री जगदीश शरण वर्मा को नजदीक से देखा है वे भली भांति जानते हैं कि शासन से.....लेना उनके स्वभाव का एक अभिन्न अंग है। उदाहरणार्थ 1986 में उन्होंने तत्कालीन मुख्यमंत्री श्री अर्जुन सिंह के खिलाफ शराब लायसेन्स मामले में आदेश पारित किया। चुरहट लॉटरी काण्ड के मामले में उन्होंने आदेश पारित किया कि जांच आयोग के अध्यक्ष को बदला नहीं जावेगा, जबकि मध्य प्रदेश सरकार ऐसा चाहती थी। श्री विद्याचरण शुक्ला के चुनाव को उन्होंने इस बिना पर रद्द कर दिया कि उन्हें बहुचर्चित किस्सा कुर्सी का मामले में दिल्ली की एक अदालत द्वारा सजा सुनाई गई थी। बहुचर्चित न्यायाधीशों के मामले में एस.पी.गुप्ता विरूद्ध यूनियन ऑफ इंडिया में उन्होंने व्यवस्था दी कि न्यायमूर्तियों की नियुक्तियों के मामले में सरकार की किसी प्रकार की भूमिका नहीं होनी चाहिये। उल्लेखनीय है कि आज केन्द्र सरकार एक ऐसे कानून को बनाने की योजना पर गौर कर रही है जिसके तहत एक राष्ट्रीय न्यायिक आयोग बनाया जा सके ताकि उच्चतम न्यायालय के मुख्य न्यायाधीश की चयन के मामले में भूमिका सीमित रह जाये। इसी प्रकार सरकार द्वारा लोकहित जन याचिकाओं को पेश किये जाने बावत् एक कानून बनाने पर विचार किया जा रहा है। प्रस्तावित है कि जनहित याचिकाकर्ता को उच्चतम न्यायालय में दायर की गई याचिका के खिलाफ 1 लाख रूपये तथा उच्च न्यायालय में दायर की गई याचिका के लिये 50 हजार रूपये जमा करने होंगे। चर्चा में यह भी है कि भ्रष्टाचार निवारण अधिनियम के दायरे से मंत्रियों, सांसदों, विधायकों तथा जन प्रतिनिधियों को अलग रखने वाला कानून भी सरकार के विचार विमर्श में है। सारे देश में चिन्ता है, परंतु हमें विश्वास है कि कम से कम मुख्य न्यायाधीश श्री जगदीश शरण वर्मा के कार्यकाल में सरकार ऐसे जन–विरोधी कानून न बना सकेगी। अभी हाल ही में न्यायमूर्ति श्री जगदीश शरण वर्मा का हिन्दुत्व संबंधित निर्णय चर्चित हुआ है। डा. रमेश यशवंत प्रभु एवं बाल ठाकरे बनाम प्रभाकर काशीनाथ कुन्ते एवं अन्य के

चुनाव याचिका मामले में न्यायमूर्ति श्री जगदीश शरण वर्मा (जैसा कि वे उस समय थे), न्यायमूर्ति श्री एन.पी.सिंह तथा न्यायमूर्ति श्री के. वैंकटस्वामी की पीठ ने निर्णय सुनाया है, परंतु निर्णय न्यायमूर्ति श्री जगदीश शरण वर्मा द्वारा लिखाया गया है। महाराष्ट्र उच्च न्यायालय ने अपीलार्थी डा. रमेश यशवंत प्रभु के चुनाव को इस आधार पर रद्द कर दिया कि उन्होंने तथा शिव सेना प्रमुख बाल ठाकरे ने धर्म के आधार पर वोट मांगने वाली अपील की थी।

उच्च न्यायालय के उस आदेश के खिलाफ उच्चतम न्यायालय में अपील की गई, जो अपीलें खारिज की गई । इस चर्चित फैसले के कुछ अंश इस प्रकार हैं– यदि धर्म के आधार पर वोट डालने की अपील की जाती है तो जरूरी नहीं है कि यह अपील आम शांति, अमन चैन के लिये खतरा साबित होगी, चुनावी भाषण में हिन्दुत्व या हिन्दू धर्म जैसे शब्दों के उपयोग को जन–प्रतिनिधि अधिनियम 1951 के तहत भ्रष्ट तरीका नहीं ठहराया जा सकता, हिन्दुत्व या हिन्दुज्म शब्द को धार्मिक परिभाषा तक सीमित नहीं रखा जा सकता, क्योंकि हिन्दुत्व या हिन्दुज्म उप महाद्वीप के निवासियों के जीवन का तरीका है, हमारे जन प्रतिनिधियों को ऐसे भाषण नहीं देने चाहिये, जो एक समुदाय के लिये आपत्ति जनक हों।

बेहतर होता कि मुख्य न्यायमूर्ति के रूप में श्री जगदीश शरण वर्मा की अवधि पूर्व मुख्य न्यायमूर्ति द्वय श्री वाय.वी.चन्द्रचूड़ तथा श्री ए.एम. एहमदी के समान थोड़ी और दीर्घ होती, परंतु अभी तो हमारा गर्व यह है कि मध्य प्रदेश उच्च न्यायालय से जाने वाले वे उच्चतम न्यायालय में दूसरे मुख्य न्यायमूर्ति बने हैं। सबसे पहला सौभाग्य मुख्य न्यायमूर्ति श्री वी.पी.सिंह का रहा, जो पटना उच्च न्यायालय से ट्रान्सफर होकर 24/02/1951 को मध्य प्रदेश उच्च न्यायालय के मुख्य न्यायमूर्ति बने, 1954 में उच्चतम न्यायालय में पदस्थ हुये तथा भारत के मुख्य न्यायमूर्ति 01/10/1959 को बने। उनके पहले श्री विवियन बोस मध्यप्रदेश उच्च न्यायालय से उच्चतम न्यायालय पहुंचने वाले यहां के पहले न्यायमूर्ति बने। न्यायमूर्ति श्री मोहम्मद हिदायतुल्लाह 11/12/1958 को उच्चतम न्यायालय में पदस्थ हुये। न्यायमूर्ति श्री आनंद प्रकाश सेन 27/07/1978 के दिन उच्चतम न्यायालय में पदस्थ हुये। न्यायमूर्ति श्री जी.एल.ओझा

27/10/1995 के दिन उच्चतम न्यायालय में पदस्थ हुये। न्यायमूर्ति श्री एन.डी.ओझा इलाहाबाद उच्च न्यायालय से यहां आये और 20/01/1988 के दिवस उन्होंने उच्चतम न्यायालय में पदार्पण किया। इस श्रंखला में अंतिम नाम न्यायमूर्ति श्री फैजानुद्दीन, जो अभी कुछ ही समय पहले अवकाश प्राप्त हुये हैं। अवकाश प्राप्ति के पहले मुख्य न्यायमूर्ति श्री जगदीश शरण वर्मा उच्चतम न्यायालय में निर्भीकता, निष्पक्षता,एवं उच्चतम श्रेंणी की न्यायप्रियता की परिपाटी छोड़ जायेंगे, जो गुण उन्होंने अपने वरिष्ठ सहयोगीं एवं प्रचुर तादाद में चरित्र निर्माता पूर्व मुख्य न्यायमूर्ति श्री गुरू प्रसन्न सिंह के सन्निध्य से गृहण किये हैं।

–एन.सी. ब्योहार

दैनिक भास्कर–19 मार्च 1997

परसाई चिंतन एवं लेखन

परसाई की रचनाओं की एक बहुत बड़ी विशेषता यह है कि मुख्य विषय पर लिखते समय परसाई जी चलते–चलते कोई न कोई नीति निर्देशक अंश अपने लेख में जोड़ लेते हैं। जरूरी नहीं कि इस अंश का मुख्य विषय से सीधा संबंध हो, परंतु चूंकि इस अंश में इतनी गूढ़ता भरी रहती है कि ऐसा लगता ही नहीं है कि लेखक कहां से इस अंश को एकाएक बीच में ले आया, बल्कि पूरे लेख को पढ़ जाने के बाद अक्सर तो लगता यही है कि वही अंश सबसे ज्यादा स्मरणीय है । आगे चलकर पाठक की मनोस्थिति ऐसी हो जाती है कि अगले लेख में वह पहले से ही इन मोतियों को पूरे हार में से चुन निकालने को आतुर रहता है। दरअसल में इन्हीं अंशों में सब कुछ भरा रहता है। व्यक्तिगत या मानसिक प्रवृत्ति, प्रचलित तर्कहीन रूढ़ी या प्रथा की तरफ लेखक का इशारा और कहने का तरीका तिलमिलाते, व्यंग में व्यक्त किया जाता है। बेईमानी की परत का एक उदाहरण पेश है–

पिता श्री जब मेरे कपड़े सिलाने देते थे, तो दर्जी से कह देते थे– जरा बढ़ते शरीर का बनाना। जब से अपने कपड़े बनवाने का जिम्मा खुद लिया है, हर बार दर्जी से कहना चाहता हूं – जरा घटते शरीर का बनाना। शरीर जब तक दूसरों पर लदा है, तब तक मुटाता है, जब अपने ही उपर चढ़ जाता है तब दुबलाने लगता है, जिन्हें मोटे रहना है, वे दूसरों पर लदे रहने का सुभीता कर लेते हैं– नेता जनता पर लदता है, साधु भक्तों पर, आचार्य मत्वाकांक्षी छात्रों पर और बड़ा साहब जूनियरों पर ।

साधु महंत के बेटे की मैं परसाई जी यह सशक्त मुद्दा उठाते हैं कि– साधो दक्षिण में ही एक तिरूपति मंदिर है। इसका मामला अरबों का है। यहां भक्तों के मुण्डन के बालों की बिक्री ही लाखों की होती है, इस मंदिर का विज्ञापन छपता है जिसमें लिखा होता है कि वहीं स्थित बैंक में 25 रूपये जमा करो, रसीद लो, रसीद दिखाओ तब भगवान का विशेष दर्शन कराया जायेगा। साधो भगवान को 25 रूपये की रसीद दिखाई

जाती है तब वे भक्त को अलग द्वार से पास बुलाकर दर्शन देते हैं । जो 25 रूपये जमा नहीं करते वे फ्री फोकट वाले टुटपुंजिये लाईन लगाये जलते पत्थर पर खड़े रहते हैं और नम्बर आने पर दूर से भगवान के दर्शन पाते हैं। बिना पेमेंन्ट वालों को भगवान पास ही सही फटकने देते हैं।

कितनी सही और चुभती टिप्पणी है हमारी मूढ़ धर्मान्धता पर हमारे निर्जीव विवेकहीन समर्पण पर की कुछ ज्यादा पैसा दे देने पर किसी खास स्थान पर से मूर्ति में कैद भगवान के दर्शन ज्यादा अच्छे से हो सकेगें और उस सीमा तक हमारा जीवन सफल हो सकेगा।

इसी प्रकार समाज में एक अंध विश्वास व्याप्त है कि मंगली लड़की से शादी लड़के के लिये अनिष्टकारी होती है। एक दिन अखबार में परसाई जी ने दुखद समाचार पढ़ा कि एक युवती ने आग लगाकर इसलिये आत्म हत्या कर ली कि वह मंगली थी और इस कारण उसकी सगाई टूट गई थी। परसाई जी की संवेदनशील लेखनी से पर्दाफाश करने वाले ये दो टूक शब्द टूट पड़े ।

साधो, लड़की व्यर्थ मर गई। मुझसे कहा जाता तो मैं ही कुल 10 रूपये में उसके मंगल को हटा देता, 25 रूपये में तो मंगल का बाप शनि शांत होता है। सारे ज्योतिषी और पंडित झूठी कुण्डलियां बनाने का धंधा करते हैं। किसी पुराने काल में पेट भरने के लिये यह गृह दशा में चक्कर चलाया था । फलित ज्योतिष के घोर अवैज्ञानिक पाखण्ड को चलाया था। अगर शनि का फल सही है तो शनि कैसा पोंचा गृह है कि 25 रूपये की पूजा और दान में अपने को समेट लेता है।

साधो घोर आदमखोर विश्वास है, ये ईसाई मुसलमान` भी कम अंधविश्वासी नहीं होते पर उनके यहां लड़की मंगली क्यों नहीं होती. शनि उनके सिर पर सवार क्यों नहीं होता. सारे अनिष्ठ कारक गृह इसी हिन्दु जाति के सिर पर नाचते हैं और वह भी गरीब हिन्दु के सिर पर। पैसे वाला हिन्दु तो गृहों को भी अपने इशारे पर चलाता है।

तरह तरह के विश्वासों, अंध विश्वासों के वशीभूत हो जाने की हमारी कोई सीमा नहीं। नये नये भगवानों और देवताओं पर हम तुरंत भरोसा करने लगते हैं। चमत्कारी बाबाओं के चंगुल में हम आसानी से फंस जाते

हैं। कष्ट निवारण के लिये पूजा, पाठ, यज्ञ आदि पर हम अपना सब कुछ न्यौछावर करने को तैयार हो जाते हैं। हम आये दिन ठगाते रहते हैं। पूजा–पाठ, यज्ञ, ब्राम्हण दक्षिणा के बाद भी हमारी जिन्दगी पूर्ववत कष्टदायक संघर्ष मय बनी रहती है। पर हम अपनी पंगू मानसिकता से उभर नहीं पाते, पर हम खुश नसीब हैं कि हमारी इस आत्मघाती विश्वास परस्ती को झकझोरने के लिये परसाई जी की सचेतक लेखनी ने अपना दायित्व निर्वाह किया है। माहयज्ञ या पाखंड यज्ञ 1955 में परसाई जी के ओजस्वी वचन हैं....

यज्ञ का अर्थ घी को आग में झोंकना मात्र नहीं है। वह जाति मूर्ख और अभागी है, जो मामूली पदार्थों को आग में झोंक देती हैं, मानो घी जला दिया जाता है और इस देश में बच्चों को भी खाने को नहीं मिलता। कितने मन अन्न झोंक दिया जाता है और इधर मनुष्य भूख से मर रहे हैं। कहां का लोक मंगल है इसमें. इसमें केवल उन लोगों का पेट भरता है जो युगों से निठल्ले हैं और भोली जनता के युक्त के मार्ग पर गुलछर्रे उड़ाने के आदि हैं। ये साधु कहलाते हैं पर होते क्या हैं वे जानें, उनके भगवान जाने हम कुछ भी नहीं जानते। भारत में साधु पहले भी होते थे, पर वे समाज से खाने को लेते थे, तो समाज को बदले में देते भी थे– वे समाज को पढ़ाते थे, ज्ञान देते थे, समाज सेवा करते थे, और आज कल के हमारे साधु . ये समाज से केवल लेने का रिश्ता पालते हैं, समाज के हिताहित से बिल्कुल निरपेक्ष उसकी अर्थ व्यवस्था पर बोझ बनकर लदे हैं।

हम हरिशंकर परसाई को व्यंगकार मानते हैं, पर वास्तव में यदि ध्यान से देखा जाये तो वे मात्र एक सामाजिक चिन्तक थे जीवन के कड़वे मीठे अनुभवों को अपनी भाषा में पिरोते जाते थे। जुवान उनकी लिखने तथा बोलने में कटु थी, चुभती थी। कभी कभी हंसाती थीं, कभी कभी विचलित करती थीं। इसलिये उन्हें सुविधा के तौर पर व्यंगकार कहा जाता है अपने व्यंग पर उन्होंने मूल्यांकन किया है। अपनी कैफियत में वे लिखते हैं –

मैं यह कह रहा हूं कि जीवन के प्रति व्यंगकार की उतनी ही निष्ठा होती है जितनी गंभीर रचनाकार की बल्कि ज्यादा ही, वह जीवन के प्रति दायित्वों का अनुभव करता है।

ये गंभीर रचनाकार क्या होते हैं. क्या परसाई जी का मतलब कवि उपन्यासकारों, निबंध लेखकों, कहानीकारों से है, जिन्हें पुरातन काल से ही साहित्यकार के रूप में मान्यता मिली है। क्या व्यंग लेखक गंभीर रचनाकार नहीं हैं। मेरी कैफियत में स्वयं परसाई जी कहते हैं –

वह व्यंग है और लोगों का कहना सही है कि वह कठोर होता है। उस व्यंग का उत्स कटुता में नहीं, करूणा में है। व्यंग मानव–सहानुभूमि का बहुत उंचा रूप है। यह हास्य नहीं है, रूदन है, मगर अरण्य रूदन नहीं है, में दुखी और बेचैन आदमी हूं।

अपनी बात 1956 में परसाई लिख गये हैं– यह भी कहा गया है कि मेरा व्यंग कटु होता है। होता तो है पर चट्टान सी बुराई पर अगर कोई सुनार को छोटी हथौड़ी से प्रहार करे तो यह उसकी नासमझी ही कही जायेगी। चट्टान पर तो लुहार के घन का भरपूर हाथ ही पड़ना चाहिये। सामाजिक बुराईयों के प्रति में बहुत कटु हूं। शेर को टायगन से जिस दिन मारना संभव हो जायेगा उस दिन फिर सोचूंगा कि क्या करूं।

परसाई जी के साहित्य में संत कबीरदास, तुलसीदास, सूरदास, रहीम, पद्माकर, रसखान, बिहारी, गालिब, प्रेमचन्द्र, मुक्तिबोध, एण्टन चेखव, वाल्तेयर आदि के नाम निरंतर आते रहते हैं। इससे साफ जाहिर है कि इन दार्शनिकों ने परसाई जी के चिन्तन के निर्माण में अहम रोल अदा किया है। पर सबसे ज्यादा नाम कबीर तथा वाल्तेयर के ही आते हैं। संत कबीर ने धार्मिक कटुता के खिलाफ जी खोल कर लिखा। उसी प्रकार वाल्तेयर ने ईसाईयों की धर्मान्धता के खिलाफ अजीवन जेहाद छेड़ी । यही सबसे प्रमुख कारण है कि क्यों कबीर और वाल्तेयर परसाई जी को सर्वाधिक भाये। मुक्तिबोध से परसाई जी मुख्यतया इसलिये प्रभावित दिखते हैं क्योंकि वे भी वामपंथी साहित्यकार थे। महामानव थे, मुफलिसी और कमी में अजीवन संघर्ष जारी रखा। पैसा चाहते थे पर पैसे को त्यागते रहे, इत्यादि काफी कुछ मुक्तिबोध के रास्ते पर ही परसाई जी ने अपने जीवन को तराशा । सबसे ज्यादा परसाई जी ने अपने आम आदमियों से ही गृहण किया है कि आम जिन्दगी ही उनका सबसे बड़ा स्त्रोत रही है।

हरिशंकर परसाई ने जीवन को बहुत नजदीक से बहुत बारीकि से देखा है और समझा है। ढुलवा साहित्य में 1957 में ही वे लिख गये हैं – जीवन को चित्रित करने के लिये जीवन देखना पड़ता है और समझना पड़ता है। मानव जीवन गणित के सूत्रों पर नहीं चलता। वह मनोविज्ञान के नियमों से ही बंधा नहीं है। लेखन के शुरूआती दिनों में ही यदि लेखक को इस बात का एहसास हो जाये कि उसे अपने सारे प्लाट, स्त्रोत, दैनिक जिन्दगी के कड़वे मीठे अनुभवों से ही हासिल करने हैं तो फिर वह जो कुछ भी कहेगा लिखेगा उसमें मौलिकता होगी।

उसमें नकल मिलावट नहीं मिलेगी। यह जरूर है कि आज भी लेखकों, कलाकारों, साहित्यकारों को समाज में वह स्थान नहीं मिल पाया है जिसके वे वास्तविक हकदार हैं या फिर जो स्थान ऐसे ही साहित्यकारों को पश्चिम में मिल जाता है, पर फिर भी पाठकों, दर्शकों, को एक जागरूक वर्ग आज बन गया है, जो मौलिक और नकल में अंतर बड़ी आसानी से पकड़ लेता है और जो मौलिक को तुरंत अपना लेता है पर नकल को दूर फेंक देता है। हरिशंकर परसाई के लेखन में पाठक को यही मौलिकता एकदम दिखाई पड़ गई। इसमें पाठक ने एक नवीनता का अनुभव किया, एक ताजगी का स्वाद चखा, और यही कारण है कि हरिशंकर परसाई जी को दिन प्रतिदिन नये पाठक मिलते गये।

ऐसा किसी का भी कहना नहीं होगा कि व्यंग लिखने वाले हरिशंकर परसाई ही सबसे पहले लेखक हैं, पर यह जरूर है कि इस माध्यम से अजीवन समर्पित रहे, आने वाले शायद वे पहले ही लेखक थे। लेखन को पढ़ने से अंदाज होता है कि 1957–58 या उसके आस पास उन्होंने समझ लिया कि मनुष्य समाज की कमजोरियों और विसंगतियों को देखने समझने में सामर्थ वाली तेज निगाह उनके पास कुदरतन मौजूद है और ऐसा लगता है कि लगभग इन्हीं दिनों उन्होंने फैसला कर लिया, उन्हें जो कुछ भी कहना लिखना है उसका एक मात्र सीधा–साधा तरीका सिर्फ वही है, जिसे आज व्यंग कहा जाता है। बस फिर क्या था, जिन्दगी से हर क्षण हर पल वे नये अनुभव लेते रहे, जिन्हें बोली वाली भाषा में वे अनविरल लिखते गये, लिखते गये। नतीजा आज यह है कि यदि कोई व्यक्ति 6 भागों वाली हरिशंकर परसाई रचनावली को पूरा पढ़ डाले तो

उसे ऐसा लगेगा कि उसने लगभग पूरी जिन्दगी पढ़ डाली। सारी जिन्दगी उसकी आंखों के सामने जैसे की पर्दे पर चलती बोलती एक फिल्म के समान गुजर जायेगी।

जिन्दगी और मौत परसाई जी की 1957 में लिखी कहानी है जो वसुधा में छपि इसमें वे लिखते हैं।

पर जो जीवन की कशमकश में उलझे हैं, जो पसीने की एक–एक बूंद से एक–एक दाना कमाते हैं, जिन्हें बीमार पड़ने भी फुरसत नहीं....

ये रिफ्रेन की तरह परसाई रचनाओं में जहां तहां आता रहता है। क्यूं ऐसा बार बार परसाई जी लिखते रहते हैं. ऐसा इसलिये होना चाहिये कि उन्हें वास्तव में सर्वहारा गरीब, पिछड़े, सताये लोगों के लिये हमदर्दी है। दुख का ताज 1958 वसुधा में उनका एक वाक्यांश है।

जिसके पास कुछ नहीं होता अनंत दुख होता है, वही धीरे–धीरे शहादत के गर्व के साथ कष्ट भुगतता है। जीने के लिये आधार चाहिये और आभाव में यह दुख ही जीवन का आधार हो जाता है।

हरिशंकर परसाई पैदाइश वाम पंथी थे, उनकी खुद भी परिस्थिति में उनका रूझान और भी ज्यादा वाम पंथि एवं विद्रोही बना दिया। अपनी जिन्दगी का एक मात्र मकसद उन्होंने बना लिया। अपने समाज में सुधार लाने की कोशिश करना। माध्यम चुनाव उन्होंने लेखन का 1983 साहित्य अकादमी दिल्ली में उन्होंने स्पष्ट किया कि वे क्यों लिखते हैं।

.....में इसलिये लिखता हूं कि एक तो में स्वयं मुनष्य को, अपने समाज को और दुनिया को समझाना चाहता हूं । में... इसलिये लिखता हूं कि व्यक्ति और समाज आत्म साक्षात्कार और आत्मालोचन करें और अपनी कमजोरियां, बुराईयां, विसंगतियां, विवेकहीनता, न्यायहीनता, त्याग कर जैसा वह है उससे बेहतर बने। अन्ध विश्वासों, झूठी मान्यताओं, अवैधानिक आग्रहों और आत्मघाटी रूढ़ियों से मुक्त हों। वह न्यायी दयालु, संवेदनशील हों, दासता और परमुखापेक्षिता से मुक्त हों, मानव गरिमा की प्रतिष्ठा हो।

–एन.सी.ब्योहार

दैनिक भास्कर–7 अप्रैल 1997

व्यक्ति से पार्टी और देश ज्यादा महत्वपूर्ण

सबसे पहले तो हम यह कहना चाहेंगे कि ज्यादा बेहतर तो यही कहना होगा कि देवगौडा सरकार से कांग्रेस ने समर्थन वापिस नहीं लिया है वरन् कांग्रेस पार्टी अध्यक्ष सीताराम केसरी ने समर्थन वापस लिया है। 30 मार्च 1997 की इस अप्रत्याशित घटना के बाद शरद पवार जैसे उच्चपदेन कांग्रेसी नेताओं ने जिस प्रकार के बयान दिये हैं, जैसे कि ए बोल्ट फ्राम द ब्लू, उससे तो यही जाहिर होता है कि कांग्रेस कार्यकारिणी के सदस्यों को न तो विश्वास में लिया गया और न ही इसे समूची पार्टी का निर्णय माना जायेगा। यह बात दूसरी है कि तुरंत दूसरे दिन से लगभग सभी कांग्रेसजनों के कथन उत्तर–दक्षिण बदल गये और वे कहने लगे कि यह कांग्रेस पार्टी का निर्णय है और हम इस मौके पर कांग्रेस पार्टी तथा पार्टी के अध्यक्ष के साथ हैं।

यदि समर्थन वापिसी के लिये सीताराम केसरी पूरी तरह न सही ज्यादा तौर पर जवाबदार हैं, जो कि संभावित है, तो फिर सवाल यही उठते हैं कि ऐसा उन्होंने क्यों किया। क्या उन्हें नहीं मालूम था कि जो खतरनाक फैसला वे लेने जा रहे थे और जो फैसला उन्होंने ले ही डाला उसका एक संभावित परिणाम बेमौसम के मध्यावधि चुनाव होंगे और क्या वे यह नहीं जानते थे कि यदि चुनाव हुये तो सबसे ज्यादा घातक नुकसान उनकी ही पार्टी को होंगे और यदि ऐसा हुआ तो क्या वे यह नहीं जानते थे कि पार्टी अध्यक्ष होने के नाते पार्टी की दुर्गति के लिये सबसे ज्यादा उन्हें ही दोषी ठहराया जायेगा। आप किसी भी पान के ठेले पर, किराने फर्चून की छोटी–मोटी दुकान पर, नुक्कड़ पर बनी चाय, समोसे की दुकान पर, किसी भी दिन चुपचाप कान खड़े करके पांच मिनट बिता लीजिये या फिर यदि आप अपने आपको अभिजात वर्ग का सदस्त मानते हैं तो फिर कॉफी हाउस में कॉफी की प्याली खाली करते वक्त सुन लीजिये कि हमारे आपके जैसे दो जून की रोजी–रोटी जुटाने वाले, परंतु देश के भार को अपने कंधों पर उठाये रखने वाले आम

आदमी यही कहते पाये जायेंगे कि पिछली लोकसभा में तो कांग्रेस को 139 सीटें मिल गईं, यदि इस बार अभी चुनाव हुये तो सेन्चुरी भी पूरी न हो पायेगी।

यदि आप देश की गतिविधि भांपना, नापना, चाहते हैं तो इन आम स्थानों से इस काम के लिये दूसरी अच्छी जगह नहीं। कांग्रेस पार्टी की वर्किंग कमेंटी की बैठक में या फिर भारतीय जनता पार्टी की कार्यकारिणी सभा में या फिर कम्युनिष्टों के पालित ब्यूरो में या, फिर संयुक्त मोर्चे के संसदीय बोर्ड के मंत्रणाभवन में शायद एक बार आपको गलत दिशा भ्रम हो जाये, पर तुच्छ कहलाये जाने वाले इन स्थानों पर आम आदमी, जो बात कहता है वह अचूक अर्जुन–बाण साबित होती है। तो फिर जब हमारे जैसे बहुत कम वखत रखने वाले आम इंसान की कौड़ी देख–समझ सकते हैं तो फिर क्या 81 बसंत देख चुकने वाले पेशेवर राजनीतिक में पक चुकने वाले सीताराम केसरी नहीं जानते कि भविष्य क्या हो सकता है।

कार्टूनिस्ट लक्ष्मण ने अपने दो कार्टूनों में सारी स्थिति का जायजा बहुत ही सटीक तरीके से लिया है। पहले कार्टून में दिखाया गया है कि कांग्रेस पार्टी की बैठक चल रही है, सीताराम केसरी के हमशकल एक बुजुर्ग कांग्रेसजन भाषण दे रहे हैं– हमने देवगौडा सरकार से समर्थन वापस ले लिया है... अब चूंकि हम यहां इकट्ठे होकर समस्या पर बारीकी से गंभीरता से चर्चा करने जा रहे हैं तो हमें मालूम हो जायेगा कि हमने किन कारणों से समर्थन वापस लिया है। दूसरे कार्टून में दिखाया गया है कि खाईयों के बीच कांग्रेस पार्टी की मोटर गाड़ी सीताराम केसरी चला रहे हैं। पहली खाई पर लिखा है जल्दिबाजी में लिया गया फैसला, व्यक्तिगत महत्वाकांक्षा आदि तथा दूसरी खाई की दीवालों पर जिस दिशा में मोटर गाड़ी जा रही है, उस पर लिखा है– चुनाव में जीत की संभावना क्षीर्ण, प्रधानमंत्री पद मिलना दुश्वार। 31 मार्च 1997 के दिन महामहिम राष्ट्रपति को लिखे पत्र में कांग्रेसाध्यक्ष सीताराम केसरी ने मोर्चा सरकार पर, जो आरोप लगाये हैं वे इस प्रकार हैं– मोर्चा सरकार धर्म निरपेक्ष ताकतों को एक जुट करने में असफल रही, मोर्चा सरकार के दस महीनों में कानून व्यवस्था की स्थिती ध्वस्त हो गई, मोर्चा

सरकार ने कांग्रेस को कमजोर करने की कोशिश की, संयुक्त मोर्चा सरकार में समन्वयव की कमी है। इन आरोपों का हम बारीकी से विश्लेषण करें।

पहले दो आरोपों को हम सुविधा की दृष्टिकोंण से एक साथ ले लें। आरोप है कि मोर्चा सरकार धर्मनिरपेक्ष ताकतों को एक मंच पर नहीं ला पाई तथा कानून व्यवस्था कि स्थिति बिगड़ गई। यह भी कहा गया है, अलग से पत्र में की भारतीय जनता पार्टी की साम्प्रदायिकता पर काबू नहीं हासिल किया गया। दूसरे शब्दों में सीताराम केसरी का सीधा–सादा आक्रमण यही है कि चूंकि भारतीय जनता पार्टी का प्रसार विगत महीनों में दूसरी पार्टियों की तुलना में कहीं ज्यादा हुआ है, इसलिये देश में साम्प्रदायिकता बढ़ रही है और इस प्रकार धर्मनिरपेक्ष ताकतें एक जुट नहीं हो पाई हैं। हम और आप भारतीय जनता पार्टी की नीतियों से सहमत हों अथवा न हों, परंतु एक तथ्य तो हमें निःसंदेह स्वीकार करना होगा कि आंतरिक अनुशासन कुशल नेतृत्व तथा स्पष्ट कार्यक्रमों के कारण इस पार्टी ने आसाधारण प्रगति की है और इस प्रगति के साथ–साथ पार्टी में परिपक्वता आई है, जो इस बात से जाहिर है कि पार्टी ने मथुरा–काशी के मुद्दे फिलहाल ठण्डे बस्ते में रख दिये हैं। कांशीराम–मायावती की बहुजन समाज पार्टी से उत्तर–प्रदेश में रचा गया गठबंधन प्रथम दृष्टया अवसरवादी जरूर दिखता है, पर लाईनों के बीच में पढ़ने पर मालूम पड़ता है कि यह प्रक्रिया सभी के लिये लाभजनक है। क्या यह क्रांतिकारी क्रम नहीं है कि अभी तक के शेर और मेंमने एक ही घाट पर एक ही साथ पानी पी रहे हैं। क्या इस घटनाक्रम से सम्प्रदायवाद तथा जातिवाद पर काबू नहीं हासिल किया जायेगा और फिर धर्म निरपेक्ष ताकतों को इकट्ठा करने के लिये हरदनहल्ली डोन्डेगौडा देवगौडा को क्या करना चाहिये था। क्या उन्हें इन पार्टियों की मजलिस बुलानी थी, या फिर क्या कोई कानून बनाना था।

दस महीने की कम अवधि में इतनी बड़ी कार्यवाही कैसे हो सकती है, जबकि कांग्रेस पार्टी अपने दशकों पुराने शासनकाल में यह काम नहीं कर पायी। गौरतलब यह भी है कि पिछले कुछ महीनों में देश साम्प्रदायिक उन्मादों से मुक्त रहा आया है। कहीं से किसी प्रकार के समाचार नहीं

आये हैं। भला ऐसे माहौल में इस प्रकार के आरोपों को कैसे स्वीकार किया जाये, यह भी कहा जा रहा है कि कानून व्यवस्था ध्वस्त हो गई है। हम सभी जानते हैं कि हमारे देश में कानून व्यवस्था सबसे ज्यादा ही ध्वस्त होती है, जब साम्प्रदायिक उन्माद फैलते हैं। लिहाजा जब धार्मिक उन्माद शांत है, तब कानून व्यवस्था कैसे कर ध्वस्त होगी। हमारी समझ से परे है। दीगर चोरी–चपाटी हत्यायें, डकैतियां हो रही हैं, होती रहेंगी। इन्हें कानून व्यवस्था का मामला कहना ठीक न होगा।

अगला आरोप है कि मोर्चा सरकार ने कांग्रेस को कमजोर करने की कोशिश की, किस प्रकार क्या सीताराम केसरी के खिलाफ डा. टंवर हत्याकांड तथा गैर अनुपाती सम्पत्ति इकट्ठी रखने के खिलाफ जांच पड़ताल आरंभ कराके। या फिर क्या के.करूंणाकरण के खिलाफ सी.बी. आई. जांच पड़ताल आरंभ कराके कांग्रेस पार्टी को कमजोर किया गया है। जिस पार्टी से आक्सीजन सिलेन्डर जैसा जीवन दायी समर्थन मिला हो, उस पार्टी के दिग्गजों के खिलाफ जांच पड़ताल बिठाकर हरदनहल्ली के इस अम्बुल फार्मर ने हो सकता है अपनी राजनायिक अदूरर्शिता ही दर्शाई हो, परंतु ऐसा नहीं कहा जा सकता कि इससे पार्टी कमजोर होती या फिर प्रधानमंत्री का यही मकसद रहा हो। यदि कांग्रेस कमजोर हो रही है तो इसके कारण साफ उजागर हैं, किसी को बताने की जरूरत नहीं। इस राष्ट्रीय पार्टी का कमजोर हो जाना हमारे वर्तमान इतिहास का एक दुखद अध्याय है, पर इसके लिये पार्टी के उसूल नहीं वरन् इसके नेता पूर्णतया जिम्मेदार हैं।

अंतिम आरोप है कि संयुक्त मोर्चा में समन्यवय की कमी है। हो सकता है कि 13 अलग–अलग पार्टियों के गठजोड़ से बने इस संयुक्त मोर्चा में आपसी भेद–भाव हों, परंतु फिर 10 माह में त्रुटिहीन आदर्श स्थिति को हासिल कर लेना भी असंभव है। यदि मान लीजिये देवगौडा सरकार गिरती है और फिर कांग्रेस पार्टी के नेतृत्व में अगली सरकार बनती है, तो फिर अगली सरकार भी संयुक्त ही होगी। 139 सदस्यीय कांग्रेस पार्टी में न तो अपने बलबूते पर सरकार बनाने की क्षमता है और न ही निकट भविष्य में किसी दूसरे दल या मोर्चे से वांछित सहायता की मदद से सरकार बनाने की संभावना कांग्रेसजनों में दिखती है।

लिहाजा क्या गारंटी है कि कांग्रेस के नेतृत्व वाला आगामी संयुक्त मोर्चा देवगौडा मोर्चा की तुलना में ज्यादा टिकाउ होगा। हमारे देश की यह एक दुखद, लेकिन वास्तविक सच्चाई है कि अब वे दिन समाप्त हो गये, जब कांग्रेस पार्टी को कश्मीर से लेकर कन्याकुमारी तक और इधर कच्छ से लेकर कलकत्ता तक दो तिहाई या कभी कभी तीन चौथाई बहुमत मिल जाता था तथा एक पार्टी की पूरे पांच वर्ष वाली सरकार बन जाती थी। क्षेत्रीय भावना के उभार के साथ–साथ इसी अनुपात में राष्ट्रीय पार्टियों की शक्ति क्षीर्ण हुई है और अब हमें फलस्वरूप इस वास्तविकता से समझौता कर लेना चाहिये कि भविष्य में हमारा राज्य शासन हमारी साझा सरकारें चलाया करेंगी। लिहाजा अब हमें ऐसा कुछ नहीं करना चाहिये जिससे मौजूदा साझा सरकार कमजोर हो जाये तथा उसका पतन हो जाये। यदि साझा सरकारें किसी अपने द्वारा निर्मित कारणवश गिरती हैं या फिर सामूहिक उत्तरदायित्व के संवेधानिक सिद्धान्त का उल्लंघन करने के कारण बरखास्त होती हैं, तो हम समझ सकते हैं, परंतु अच्छी खासी चलती सरकार को लंगडी मारकर गिराने की कोशिश करना हम न तो समझ सकते हैं और न हम माफ कर सकते हैं।

अब आजकल सीताराम केसरी कह रहे हैं कि उनका सारा झगडा प्रधानमंत्री देवगौडा से है, संयुक्त मोर्चा या दूसरे मंत्रियों से उनका कोई झगडा नहीं है, यदि देवगौडा प्रधानमंत्री पद से हटा दिये जाते हैं तो उन्हें संयुक्त मोर्चा सरकार से कोई शिकायत न रह जायेगी। यही वजह है कि अनेक मध्यस्त नेतागण इस प्रकार का राजीनामा फार्मूला तैयार करने की कोशिश कर रहे हैं कि देवगौडा के स्थान पर जी.के.मूपनार संयुक्त मोर्चे का नेता बना दिया जाये। सीताराम केसरी को यह फार्मूला मंजूर रहेगा। सवाल यह उठता है कि महामहिम राष्ट्रपति को लिखे गये पत्र में तो उन्होंने ऐसा नहीं लिखा है कि उनका बैर सिर्फ प्रधानमंत्री एच.डी. देवीगौडा से है। पत्र में उन्होंने समूचे संयुक्त मोर्चे के खिलाफ शिकायत की है। सीताराम केसरी के किस बयान पर विश्वास किया जाये। राष्ट्रपति महोदय को लिखे गये पत्र में दर्ज बयान पर या फिर अखबारों को दिये गये मौखिक बयान पर। दोनों बयानों में से कोई एक ही सही हो सकता है। दोनों बयान एक साथ सही नहीं हो सकते। केसरी ही बतायें

उनके किस बयान पर भरोसा किया जाये, ऐसे मौकों पर सही दिशा में सोचने वाला व्यक्ति यही कहता है कि आपसी में विरोधाभासी दोनों बयानों पर भरोसा न किया जाये तथा बयानकर्ता को झूठा तथा फरेबी माना जाये। अगला सवाल यह भी उठता है कि क्या उन्हें महामहिम राष्ट्रपति को गुमराह करने की कोशिश की है या फिर क्या वे पूरे देश को गुमराह कर रहे हैं। जब तक सीताराम केसरी इस प्रश्न का उत्तर देते हैं तब तक हम इस निष्कर्ष पर आसानी से पहुंच सकते हैं कि सीताराम केसरी ने समर्थन वापसी के जो कारण बताये हैं उन पर भरोसा नहीं किया जा सकता। फिर सवाल आता है कि किन वास्तविक कारणों वश उन्होंने ऐसा किया।

सीताराम केसरी जिन्दगी में बहुत छोटी परिस्थिति से उपर उठे हैं। दानापुर बिहार में उनकी पारिवारिक किराना की दुकान है उस स्थान से उठकर आज वे राष्ट्रीय कांग्रेस के अध्यक्ष बने हैं और उसके कुछ समय बाद संसदीय दल के मुखिया चुने गये हैं। दो अत्यंत महत्वपूर्ण पद आज उनके पास हैं। अब एक ही महत्वपूर्ण पद पाना बाकी रह गया है और वह है प्रधानमंत्री का पद । सीताराम केसरी की महत्वाकांक्षा जग जाहिर है, वरना कांग्रेस अध्यक्ष बनने के बाद कांग्रेस संसदीय दल का मुखिया बनना इंकार करके वे एक स्वस्थ परंपरा कायम कर सकते थे कि एक व्यक्ति एक पद पर रहे, जिस परंपरा की आवाज कांग्रेसी गलियारों में विगत वर्षों से उठ रही है और जिस परंपरा की आवश्यकता आज इस पार्टी की प्रथम अनिवार्यता के रूप में है। ऐसी परंपरा को निर्मित करने के वजाये उन्होंने श्रीमति इंन्दिरा गांधी तथा पी.वी.नरसिंहराव का अनुसरण करना या वैसा करने की चेष्टा करना ज्यादा बेहतर समझा, जिन दो भूतपूर्व प्रधान मंत्रियों के पास एक साथ एक समय तीनों पद थे। सीताराम केसरी ने इसी प्रकार का सर्वशक्तिशाली, सम्प्रभुसत्ता संपन्न व्यक्ति बनना श्रेयसकर समझा। कहा जा रहा है कि मुकदमों से बचने के लिये सीताराम केसरी ने देवगौडा की कुर्सी के नीचे से दरी ही खींच डाली ताकि न तो देवगौडा प्रधानमंत्री रहे आयें और न सीताराम केसरी पर मुकदमें चलें। के करूणाकरण भी इसी नाव पर अपने अध्यक्ष के साथ सवार हैं। उन पर भी मुकदमे का खौफ है, इसी कारण उन्होंने सीताराम

केसरी को समर्थन वापिसी की मंत्रणा दी, राष्ट्रपति को लिखा गया पत्र के.करूणा करण ने ही ड्राफ्ट किया है। सीताराम केसरी आज 81 वर्ष पूरे कर चुके हैं और इस कारण वे जल्दी में हैं। भारत के इतिहास को ऐसा कहने का मौका क्यों मिले कि सीताराम केसरी सब कुछ तो बने सिर्फ प्रधानमंत्री भर न बन पाये। या फिर सीताराम केसरी के मन में कशिश क्यों बाकी रह जाये कि हम प्रधानमंत्री नहीं बन पाये और इस कारण हम जिन्दगी में कुछ न बन पाये।

आम आदमी, आम मतदाता, आम करदाता कहलाये जाने वाले हम और आप जैसे आम भारतीयों के लिये इस नाटकीय घटनाक्रम से क्या सीखना समझना है। हमारे लिये क्या संदेश है। यही की इस प्रकार की हरकतों के खिलाफ जनादेश तैयार किया जाये ताकि आगे चलकर इनकी पुनरावृत्ति न होवे। सारे विभागों के कामकाज ठप्प हैं, महत्वपूर्ण फैसले रूके पड़े हैं। सभी की निगाहें 11 अप्रैल पर लगी हैं। आपसी विचार विमर्श चले हैं। इस बात को लेकर नहीं कि देश का भविष्य कहीं ज्यादा महत्वपूर्ण है, बल्कि इस बात को लेकर की किस प्रकार मध्यावधि चुनाव टाला जाये। वैसे भी मध्यावधि चुनाव न होना हम और आपके हित में कही ज्यादा है, क्योंकि हमारे आपके ही तीन–चार अरब रूपये खर्च होंगे। चुनावी हिंसा में हमारे आपके ही तीस–चालीस घर अपने परिवार जन से मरहूम होंगे। नये नोट छापे जायेंगे, मुद्रा स्फीति होगी, कीमतें बढ़ेंगी, हमारा आपका जीवन दुष्वार होगा, नेताओं का तो सिर्फ मनोरंजन होगा। यह सब बरबादी रोकी जा सकती है। एक मजबूत व प्रभावशाली जनमत की सहायता से। अब हम और आप और ज्यादा इस आत्मघाती गफलत में नहीं जी सकते कि राजनीति में तो ऐसा होता ही है।

–एन.सी.ब्योहार

देश के संकटः एक राष्ट्रवादी चिंतन

कुछ दिन पहले जनसत्ता के संपादक प्रभाष जोशी ने कहा है 'आज देश के सामने जो संकट है वह उन संकटों से भिन्न है जिनका हम अभी तक सामना करते आये हैं। आज विचारशील बुद्धिजीवी सभी के मन में कहीं न कहीं मंथन चल रहा है। हम आज तक जैसा देश को जानते आये हैं क्या वैसे देश रहेगा. या बदल जायेगा। आज मात्र यह सवाल नहीं है कि राष्ट्र का स्वरूप कैसा हो. पूरे देश में जो छटपटाहट है उसका कोई रेडीमेड उत्तर नहीं है।

अखबार में अधूरी रिपोटिंग के कारण हम नहीं जान सके कि प्रभाष जोशी ने पूरी बात क्या कही। पर फिर भी ऐसा लगता है कि उन्होंने इस तरफ इशारा किया है कि हमारा देश आज जिस भौगोलिक स्थिति में है क्या आगे आने वाले दिनों में यह वैसा रह पायेगा. हम जिस अखंण्ड भारत की बात करते हैं, क्या हमारे ही क्रियाकलापों से वह भारत खंड–खंड तो नहीं हो जायेगा. इन्हीं चिन्ताओं को ध्यान में रखकर उन्होंने कहा है ''हम आज तक जैसा देश को जानते आये हैं क्या वैसा देश रहेगा या बदल जायेगा'' ।

प्रभाष जोशी की बात पर हमें ध्यान देना होगा। सिर्फ इस कारण से नहीं कि वे बड़े समाचार पत्र के संपादक हैं और इस कारण प्रभावशाली बुद्धिजीवियों की फेहरिस्त में उनका नाम लिया जा सकता है। बल्कि ध्यान इस कारण दिया जाना है कि उन्होंने अहम सवाल उठाये हैं जो उनके सिवा सैकड़ों, हजारों सही दिशा में सोचने–विचारने वाले भारतीयों के मन को इस वक्त आंदोलित किये हुये हैं। निसंदेह हम इस वक्त कुछ नये प्रकार के संकटों से घिरे हैं। अभी तक देश के सामने सबसे बड़ा संकट आर्थिक संकट बताया जाता था, गरीबी की रेखा से नीचे की बात की जाती थी, विशाल फैली हुई शिक्षित–अशिक्षित बेरोजगारी की बात कही जाती थी, विदेशी कर्जे का खौफ हमारे सामने पेश किया जाता था। ऐसा नहीं है कि हमारे ये परंपरागत आर्थिक संकट दूर हो गये हों। अधिकांश जनता आज भी या तो गरीबी की रेखा के आस पास मंडरा रही है या फिर भरपूर उल्लास मय जीवन बिता न पाने के कारण

आधी–अधूरी जिन्दगी गुजार देने के भय से त्रस्त है। सभी चीजों की कीमतें आसमान को छू रही हैं, हर साल के राष्ट्रीय बजटों का एक मात्र मतलब यही रह गया है कि किस प्रकार और नये–नये टैक्स लगाये जायें, तंगी की कशमकश से लगभग सभी अभ्यस्त से हो गये हैं, यहां तक की एक खास प्रकार की विचारधार प्रचलित हो उठी है कि हममें ही कीमती चीजों को खरीदने की क्षमता कई गुना बढ़ गई है जिसके कारण कीमतें इतनी ज्यादा बढ़ गई हैं। एक अजीब से आर्थिक मनोविज्ञान का निर्माण कर लिया है, हमने जिसकी वृष्टिछाया में हम संतुष्ट छिपे हुये हैं। देश में साम्प्रदायिक उन्माद आये दिन होते रहे हैं हालाकि ये अभी पिछले कुछ सालों में ज्यादा बढ़ गये हैं। इनमें सैकड़ो–हजारों जाने जाती हैं। सम्पत्ति का भारी नुकसान होता है पर हम इन दंगा फसादों को हजम कर जाते हैं, अयोध्या की घटनाओं के बाद लगभग सारे देश में अभूतपूर्व खून–खराबा हुआ, पर इसे भी हम पचा गये। बम्बई में भयंकर बम विस्फोट हुये जिनमें सैकडों जानें थोक के भाव गईं और अरबों की राष्ट्रीय सम्पत्ति का नुकसान हो गया। पर हमने खुशियां मनाई की बम्बई इस्टाक एक्सचेन्ज दूसरे तीसरे दिन काम करने लगा, जन–जीवन इतने जल्दी सामान्य हो गया। कलकत्ते में विस्फोट हुआ जिसमें 80 आदमी एक किश्त मारे गये, पर बम्बई की घटना के सामने कलकत्ते की हताहत संख्या नगण्य सी साबित होकर रह गई। रक्तपात सह लेने की अदम्य शक्ति है हम भारतवासियों में, उधर कश्मीर और पंजाब में माहौल ठंडा नहीं हुआ है आतंकी हर्कतों से अनेक बेगुनाह जाने वहां रोज जा रही हैं। टी.वी. पर हम इन खून–खराबे के चित्र रोज देख लेते हैं और अपने–अपने काम में आगे बढ़ जाते हैं क्योंकि जिसका दोनों लुढ़कता है वही सूखा खाता है। जांबाज रिबेरो–गिल ने जरूर पंजाब में लगभग उस स्तर की सफलता हासिल कर ली है जिस प्रकार की सफलता सर जान स्लीमन ने ठगों पर पिछली शदी में हासिल की थी। लिहाजा आर्थिक संकट तथा आतंकवाद–साम्प्रदायिक उन्माद अब इस प्रकार के संकट नहीं रह गये हैं जिनका हमने सामना न किया हो। विदेशी आक्रमण की संभावना कम से कम बहरहाल तो नहीं है, हालाकि इस संकट से भी हम पूरी तरह वाकिफ हैं। फिर किस प्रकार के नये संकट की बात कर रहे हैं

प्रभाष जोशी. ऐसा कौन सा नया संकट एकाएक पैदा हो गया है जिससे वे इतना ज्यादा परेशान हो उठे हैं.

प्रभाष जोशी जिस राष्ट्रीय संकट की बात कर रहे हैं वह शायद इन तमाम संकटों के मिले जुले प्रभाव के कारण ही निर्मित हुआ है। अभी तक हमने इन तमाम संकटों को अलग अलग अकेले झेला है, उनका सामना किया है, उन पर यदि जीत हासिल नहीं भी की है तो कम से कम उन्हें अपने उदर में हजम कर डाला है। अब ये सारे संकट एक साथ मंडराते से दिख रहे हैं। साम्प्रदायिक उन्माद एक नये प्रकार के अलगाववाद को जन्म दे रहा है– मानसिक अलगाववाद। और यह मानसिक अलगाववाद अभी तक के भौगोलिक अलगाववाद से कहीं ज्यादा खतरनाक साबित हो सकता है। भौगोलिक अलगाववाद को तो शायद कुचला जा सकता है, स्थानीय मांगों को स्वीकार करके दबाया जा सकता है, पर मानसिक अलगाववाद का कोई इलाज नहीं होता। यदि यह एक बार पनप गया तो फिर उसका कोई इलाज नहीं । कैंसर के माफिक यह भी रोगी की मृत्यु में ही समाप्त होता है। मानसिक अलगाववाद का शायद यही एक मात्र निदान है कि इसे शुरू में ही न बढ़ने दिया जाये, अभी हाल ही में मुम्बई में घटी बम–विस्फोटों की वारदातों को यदि हमने इस मानसिक अलगाववाद का संकेत नहीं माना और यदि हमने सीख–सबक लेकर भविष्य में समुचित कदम नहीं उठाये तो इसका मतलब सिर्फ यही रहेगा कि हमने मौजूदा इतिहास से किसी प्रकार का दिशा–निर्देश नहीं लिया। मतलब यही रहेगा कि शुतरमुर्ग के माफिक हम अपना सिर रेत में धसाये रहे कि हम सुरक्षित हैं और पीछे से आकर शिकारी हमें पकड़ लेगा। निसंदेह यह मानसिक अलगाववाद अभी पूरी तरह फला–फूला नहीं है और न ही इसकी संभावनाओं को नामंजूर करना हमारी सबसे बड़ी भूल होगी। साम्प्रदायिक उन्मादों की भी कोई अधिकतम सीमा हो सकती है और अब समय आ गया है कि हम तय कर लें कि भविष्य में कम से कम इस तरीके से हमें अपने पड़ोसियों की जानें नहीं लेना है। निस्संदेह जवाबदारी सभी पर है, साम्प्रदायिक सद्भाव सभी को कायम करना है। राष्ट्रीय मूल विचारधारा के प्रवाह में सभी को आना है, खासकर उन्हें जो इससे अभी तक हटे हैं। पर फिर यहां हम एक बात साफ करना चाहेंगे

कि आम आदमी तो निसंदेह राष्ट्रीय मूल विचारधारा का अंश बनना चाहता है या फिर काफी कुछ बन भी गया है। सवाल यही है कि उसके नेता उसे इसमें रहने दें। व्यक्तिगत राजनीतिक स्वार्थों से प्रेरित ये नेता ही आम आदमी को राष्ट्रीय विचारधारा से समय समय पर दूर करते रहते हैं ताकि उनकी दुकान चलती रहे।

प्रभाष जोशी जिस संकट की तरफ इशारा कर रहे हैं वह भौगोलिक अलगाववाद से भी जुड़ा है। कश्मीरी अलगाववाद आज भी हमारी सबसे बड़ी समस्या है। पंजाब में कानून–व्यवस्था पर काबू पा लिया गया है पर वहां भी अलगाववाद आज भी मौजूद है। उत्तर पूर्व के कुछ इलाके अलगाववाद का राग आये दिन अलापते रहते हैं। दक्षिण में अलगाववाद के शुरूआती अंगारे अभी–अभी सुलगना शुरू हुआ है, देखना यही है कि स्थानीय राजनयिक क्या इन अंगारों पर और ज्यादा ज्वलनशील तरल डालते हैं या नहीं तथा केन्द्रीय सरकार इस समस्या का अभी से किस प्रकार का हल खोज निकालती है। तमिलनाडु में हिन्दी थोपे जाने के भय का भूत आये दिन खड़ा किया जाता है जबकि हिन्दी किसी के भी द्वारा किसी पर भी कहीं भी नहीं थोपी जा रही है। अब जब यह नारा वहां के संकीर्ण नेताओं को नहीं मिल पा रहा है तब वे राजनीतिक अलगाववाद का हौआ खड़ा करना चाहते हैं। कुछ दिन पहले मुख्य मंत्री जयललिता ने अन्नाद्रमुक का कांग्रेस से अलग हो जाना ऐलान कर दिया है। देखना यही है कि क्या गठ–बंधन के टूट जाने पर तमिलनाडु सरकार भंग कर दी जायेगी और वहां पर राष्ट्रपति शासन लगा दिया जायेगा। दूसरे शब्दों में देखना यही है कि क्या फिर अनुच्छेद 356 का दुरूपयोग किया जायेगा। यदि ऐसा हुआ तो यह अत्यंत दुर्भाग्यशाली होगा क्योंकि कुछ पार्टियों ने इशारे कर ही दिये हैं कि सरकार गिरा दिये जाने की स्थिति में प्रथकता की मांग की जायेगी। लिहाजा संकट यह है कि क्या हमारे राष्ट्रीय कार्णधारों में इतनी सूझबूझ समझदारी, स्वार्थ विहीनता रहेगी कि व्यक्तिगत राजनीतिक लाभ–हानि को बलाय ताक रखकर वे राष्ट्रीय हित की बात कर सकें?

देश की अखंडता के खतरे के बारे में यदि हमारे मन में किसी प्रकार की शंका है तो उसे हम जितने जल्दी हल कर लें तो बेहतर होगा।

सोवियत संघ, युगोस्लाविया तथा चैकोस्लाविया के उदाहरणों से हमें सबक लेनी होगी। पुराना सोवियत संविधान अनुच्छेद 24 के तहत सभी सोवियत गणराज्यों को आत्म निर्णय का अधिकार देता था और इसी अधिकार का उपयोग करके सोवियत गणराज्य स्वतंत्र हो गये। हालाकि इस प्रकार का प्रावधान भारतीय संविधान में नहीं है, पर फिर और दूसरी समानतायें हैं। विघटित सोवियत संघ के समान भारत में भी अनेक साम्प्रदाय रहते हैं, अनेक भाषायें हैं रीति रिवाज अलग हैं। इस कारण हमारे यहां पृथकता की बात कभी भी कही जा सकती है। सोवियत संघ तथा इन दो पूर्व साम्यवादी राष्ट्रों के विघटन या टूटने का सबसे ज्यादा फाल आउट भारत में ही महसूस किया जा सकता है। दरअसल में दुनिया के कई देशों के भौगोलिक नक्शे अभी भी बन रहे हैं, बिगड़ रहे हैं। भारत को इस खतरे से उभरने के लिये अभी बहुत कुछ करना बाकी है। शायद इसी संकट को मद्दे नजर रखते हुये प्रभाष जोशी कहते हैं कि आज मात्र यह सवाल नहीं है कि राष्ट्र का स्वरूप कैसा हो. सवाल यह है कि क्या हम राष्ट्र में रह पायेंगे.

कुल मिलाकर सही सोच विचार करने में सक्षम लोगों के मन में एक अजीब सी बेचैनी है, सारे देश में 'छटपटाहट' है । मन में भय है, आतंक है। आतंकी घटनाओं की चपेट में नये इलाके आते जा रहे हैं चिन्ता है कि कल हम भी इसके शिकार न हो जायें। व्यक्तिगत चिन्ता से भी ज्यादा चिन्ता देश के अस्तित्व की सता रही है।

संकट इस बात का भी है कि इन संकटों से निपटने के लिये हमारे पास कोई हल नहीं है, हमारे पास कोई रेडीमेड उत्तर नहीं है और न हमारे पास ऐसा कोई प्रभावशाली राष्ट्रीय नेता है जिसकी बात हर कोई सुने। समस्या राष्ट्रीय चरित्र की है, पर कुछ इस प्रकार नहीं कि चारित्रिक सुधार समूचे देशवासियों में आना है। दरअसल में चारित्रिक सुधार की जरूरत उनमें कहीं ज्यादा है जिनके हाथों में सत्ता सौंपी गई है। आम आदमी कही ज्यादा चरित्रवान, परिश्रमी, देश और समाज के प्रति निष्ठावान तथा कर्तव्य परायण है और दैनिक जीवन की आवश्यकताओं को मुहैया कराने के संघर्ष में मशगूल यह आम आदमी देश का भार कहीं ज्यादा अपने मजबूत कंधों पर वहन किये हुये है। यह

आम आदमी समझदार है, होशियार है, दूरदर्शी है। वह जानता है कि देश के सामने जो तमाम संकट हैं वे कुछ हद तक अन्तराष्ट्रीय समस्याओं के परिणाम हैं, अंश हैं। आतंकवाद आज एक बड़ी अन्तर राष्ट्रीय समस्या है। जिसकी चपेट में भारत भी आ रहा है। आम आदमी यह भी समझ सकता है कि देश में फैल रहे आतंकवाद को बढ़ावा पड़ोसी राष्ट्र द्वारा दिया जा रहा है, पर वह यह भी भली भांति जानता है कि इस समस्या से अपेक्षाकृत आसानी से कामयाबी से निपटा जा सकता है। आम भारतीय में इतनी क्षमता है कि वह इन तमाम गैर मुल्की कारणों से तो भली भांति जूझ सकता है, परंतु वह लाचार और मजबूर उन संकटों से निपटने में महसूस करता है जो उसके ही नेताओं द्वारा बना दिये जाते हैं। सभी संकटों समस्याओं का बोझ–भार वहन करने में आम भारतीयों के कंधे सक्षम हैं, अपवाद के रूप में सिर्फ उन नेताओं का भार ये कंधे नहीं उठा पायेंगे जो देश को रचनात्मक नेतृत्व देने में असफल हो रहे हैं।

–एन.सी.ब्योहार

दैनिक भास्कर–दिनांक 08 अप्रैल 1994

महात्मा गांधी पर मायावती के विचार

9 मार्च 1994 को बहुजन समाज पार्टी की महासचिव मायावती ने लखपड़ में पत्रकारवार्ता के दौरान महात्मा गांधी के बारे में कहा ' महात्मा गांधी दलितों के शुभचिन्तक नहीं थे, बल्कि वे तो उनके सबसे खराब दुश्मन थे। गांधी जी अश्पृश्यता मिटाना चाहते थे परंतु उन्होंने अश्पृश्यों को हरिजन कहकर इसका उल्टा ही किया। यदि सिर्फ दलित लोग ही हरिजन थे तो फिर दूसरे लोग क्या शैतान की औलाद थे. अश्पृश्यता निवारण की सबसे पहली आवश्यकता यह थी कि सभी समाजों के लोगों को एक जैसा समझा जाये। तो फिर सिर्फ दलितों को ही हरिजन क्यों कहा गया. महात्मा गांधी ने अपने आप को भी हरिजन क्यों नहीं कहा. स्वाधीनता संग्राम में गांधी जी की भूमिका सराहनीय थी परंतु बसपा उन्हें अपना सबसे बड़ा दुश्मन मानती है और पार्टी ने गांधी वाद का सफाया करने का संकल्प ले रखा है।

मायावती के इन कथनों ने सारे देश में वैसे ही विवाद का माहौल बना रखा था कि इतने में उनके गुरू कांशीराम की एक टिप्पणी आ गई है जो और भी ज्यादा विवादग्रस्त साबित हो। वैकोम सत्याग्रह की सत्तरवीं सालगिरह के मौके पर काशीराम ने महात्मा गांधी पर कुछ ऐसा कहा है –महात्मा गांधी अछूतों के प्रद्धारक नहीं थे बल्कि वे तो चतुर वर्ण व्यवस्था के समर्थक थे। 30 मार्च 1924 को जब वेकोम सत्याग्रह प्रारंभ किया गया था तब उन्होंने रामास्वामी नायकर को वेकोम सत्याग्रह में भाग नहीं लेने दिया था जो कि उस समय कांग्रेस पार्टी के अध्यक्ष थे और इस कारण उन्होंने पार्टी का अध्यक्ष पद छोड़ दिया तथा कांग्रेस से अपना नाता तोड़ लिया।

लगभग 34 वर्षीय मायावती कानून की स्नातक हैं और इस समय बसपा टिकिट पर राज्यसभा सदस्य हैं । इसके पहले वे बिजनौर से लोकसभा का चुनाव जीत चुकी हैं। निसंदेह आज वे जो कुछ भी हैं वे अपने राजनायिक गुरू कांशीराम के ही आशिर्वाद से हैं। महात्मा गांधी पर

उनके विवादग्रस्त कथनों से और दूसरी जगह चाहे कितना भी नुकसान क्यों न हुआ हो, खिचाव–तनाव कितने ही क्यों न बढ़ गये हों उनकी पार्टी के भीतर उनकी चर्चितता निसंदेह कई गुना एकाएक बढ़ गई है। बसपा सुप्रीमो काशीराम के बाद आज उनका स्थान दूसरा हो गया है। मायावती इस बात को साबित कर रही हैं कि किस प्रकार आपत्ति जनक बातें कहकर अपनी कीमत बढ़ाई जा सकती है तथा किस प्रकार अपना राजनयिक जीवन स्थिर व सुरक्षित बनाया जा सकता है।

कांशीराम और मायावती में और अन्य क्षेत्रों में तमाम दूसरी दक्षितायें क्यों न हों, अभी तक हमारे पास ऐसे कोई भी प्रमाण मौजूद नहीं हैं जिनके आधार पर हम कह सकें कि उन्हें तत्कालीन भारत के इतिहास पर अधिकारिक स्तर का ज्ञान है। ऐसा हम नहीं कह सकते कि उन्होंने गांधीवाद का गहन अध्यन कर रखा है और इस कारण वे जो भी कह रहे हैं वह उनकी व्यक्तिगत कुठाओं एवं घृणाओं के फलस्वरूप नहीं कहा जा रहा है। दरअसल में कांशीराम और मायावती गांधी दर्शन पर क्या राय दे सकते हैं जबकि उन्हें गांधी दर्शन का काम चलाउ सीमा तक ज्ञान नहीं है। 70–80 वर्ष पुरानी घटनाओं को आज एकाएक उखाडा जा रहा है, अपनी इच्छा मुताबिक उनकी व्याख्या की जा रही है। अभी तक हम सभी की यह मान्यता थी कि महात्मा गांधी ने दलितों, हरिजनों और पिछडों का उद्धार किया, सारी जिन्दगी उन्होंने इस महान कार्य में गुजार दी। अभी तक हम यही मान कर चले थे कि दलित हरिजन उनके सबसे प्रिय स्वजन थे, पर अब सहसा आज हमें समझाया जा रहा है कि राष्ट्रपिता तो समाज के इस बड़े वर्ग के जानी दुश्मन थे। दलितों–हरिजनों के घर जाकर उनकी पत्तलों में खाना जीमना, उनके बीमारों, कोढ़ियों के घाव अपने हाथ से धोना मोहन दास करमचन्द्र गांधी की दैनिक जिन्दगी की सबसे अभिन्न एवं अचूक अनिवार्यताये थीं तथा ठीक इन्हीं महान सेवाओं ने उन्हें एक साधारण मानव के दर्जे से उपर उठाकर महात्मा का दर्जा दिलाया। ठीक इन्हीं महा–मानवीय गुणों के कारण महानतम वैज्ञानिक अल्वर्ट – आइंस्टीन ने उनकी हत्या के मौके पर कहा था– आगे आने वाली पीढ़ियों को अचरज होगा कि क्या कभी खून –हाड़ – मांस का बना ऐसा इंसान रहा होगा।

महाराष्ट्र के महान संत महात्मा फुले ने दलितों पिछडों के लिये जो सेवायें की थीं ठीक उसी प्रकार की सेवायें महात्मा गांधी ने आजीवन की थीं। दरअसल में तत्कालीन भारतीय इतिहास महात्मा गांधी को एक महान समाज सुधारक निरूपित करता है और यदि यह वास्तविकता है तो फिर उन्हें यह मान्यता निसंदेह इन आत्मीय जनों की सेवाओं के बलबूते ही मिली है पर अब आज इसी वर्ग के कुछ नुमाइंदे इस प्रकार के सिरफिरे वक्तव्य दे रहे हैं और गलतफहमी फैलाने की चेष्ठा कर रहे हैं। लेकिन हमें पूरा विश्वास है कि उनका यह कुप्रचार उनकी व्यक्तिगत कुन्ठाओं तक ही सीमित रहा आएगा तथा प्याली में तूफान के माफिक कुछ ही समय बाद अपने आप घुटकर समाप्त हो जायेगा।

कांशीराम और मायावती जो कुछ भी कह रहे हैं वह सब एक अभिमानी मानसिकता के घोतक हैं और यह अभिमानी मानसिकता चुनावी सफलताओं के परिणाम स्वरूप उपजी है। कहावत है कि जब अभिमान अपनी चरम सीमा पर पहुच जाता है तब उस आदमी का पतन शुरू हो जाता है। कहीं कांशीराम महज इस सत्य को चरितार्थ करने में तो मशगूल नहीं हैं. आगे आने वाला समय बतायेगा।

ऐसा भी नहीं है कि सिर्फ कांशीराम और मायावती ही महात्मा गांधी के विरोधी हों। चारों तरफ से बरसाती मेंढ़कों की तरह विरोधी स्वर सुनाई पड़ने लगे हैं। एक अंग्रेजी समाचार पत्र में भूतपूर्व सांसद अंसर हरवानी लिखते हैं– मायावती के कथनों का इस कारण स्वागत करना चाहिये क्योंकि हमें गांधीवाद का मूल्यांकन करने का मौका मिला है। उन्होंने ब्रिटिश–साम्राज्यवाद के खिलाफ चार आंन्दोलन चलाये लेकिन जब वे चरम सीमा और निर्णायक मोड़ पर पहुंच गये तब उन्हें वापस ले लिया गया। 1921 में उन्होंने असहयोग आंन्दोलन तथा खिलाफत आंन्दोलन वापस ले लिये क्योंकि चौरी चौरा में एक छोटी घटना घट गई थी। 1931 में उन्होंने गांधी–इरविन समझौते पर दस्तखत कर दिये और कांग्रेस पार्टी की मांग को त्याग दिया कि भगत सिंह जैसे राजनायिक बंदियों को छोड़ दिया जाये। 8 अगस्त 1942 को उन्होंने भारत–छोड़ो आंन्दोलन आरंभ किया लेकिन आगे चलकर होम सेक्रेटरी को लिखे गये पत्र में उन्होंने आन्दोलन से अपना नाता तोड़ लिया। यदि जवाहर लाल नेहरू ने उनकी

आर्थिक नीतियों का पालन किया होता तो आज भारत एक ऐसा देश होता जिसके पास भारी कारखाने न होते, इत्यादि।

अब आप ही बताईये कि महात्मा गांधी के खिलाफ कांशीराम –मायावती अकेले ही अगुवा हैं. एक लिहाज से यह अच्छा ही हुआ कि लोगों के मन के गुबार बाहर आ रहे हैं।

हमारा ऐसा कहना नहीं है कि महात्मा गांधी की नीतियों पर अपने विचार व्यक्त न किये जायें। पंडित मदन मोहन मालवीय, मोती लाल नेहरू तथा नेताजी सुभाष चन्द्र बोस से ज्यादा विरोधी और कौन रहे होंगे, परंतु इनका विरोध व्यक्तिगत नहीं था और इन महान विभूतियों के मन में महात्मा गांधी के लिये परम आदर था। इन नेताओं का मात्र इतना कहना था कि आजादी हासिल करने का उनका रास्ता दूसरा था। गांधी के योगदान का मूल्यांकन हो सकता है पर हम ऐतिहासिक तथ्यों को तोड़ मरोडकर पेश न करें तो बेहतर होगा। मिसाल के तौर हम सभी जानते हैं कि खिलाफत आंन्दोलन भारत में अली बंधुओं ने टर्की में ब्रिटिश दखलंदाजी के खिलाफ आरंभ किया था और जब टर्की की घटनायें शांत हो गईं तो खिलाफत आन्दोलन अपने आप समाप्त हो गया, इसके लिये महात्मा गांधी को जिम्मेदार ठहराना सरासर गलत होगा। चौरी–चोरा थाने में हिंसक भीड ने 22 पुलिस जवानों को जिन्दा जलाकर मार डाला,.... छोटी बुद्धि के लोगों के लिये यह एक छोटी घटना हो सकती है ।लेकिन अहिंसा के पुजारी के लिये यह एक सबसे बड़ी घटना थी जिसने यह सिखाया हो कि यदि किसी ने तुम्हारे एक गाल पर तमाचा मार दिया हो तो उसे दूसरा गाल दिखा दो। 1942 का भारत–छोड़ो आंन्दोलन 90 वर्षीय स्वाधीनता संग्राम की स्वर्णिम घटना है जिसे महात्मा गांधी के नाम से अभिन्न जोड़ा जाता है। लेकिन आज 50 वर्ष बाद अंसर हरवानी हमें समझाना चाहते हैं कि इस इस महान घटना का श्रेय हम महात्मा गांधी को न दें। यदि जनाब अंसर हरवानी की बात मानी जाती है तो हमें मंजूर करना पड़ेगा कि स्वतंत्रता संग्राम में इस आदमी का कतई रोल नहीं है जिसे हम महात्मा गांधी के नाम से जानते हैं। कांशीराम–मायावती कम से कम इतना तो कहते हैं कि वे महात्मा गांधी की इज्जत इस वजह से करने को तैयार हैं क्योंकि उन्होंने आजादी दिलाने में प्रमुख भूमिका अदा की।

वैसे हमें यह मंजूर करना पड़ेगा कि महात्मा गांधी का विरोध अन्य दूसरे हल्कों की तरफ से भी होता चला आ रहा है। कट्टरपंथियों का विरोध आजादी मिलने के पहले से ही चला आ रहा था जिस विरोध की परिणिति दिनांक 30 जनवरी 1948 के दिन शाम 5 बजे बिरला हाउस में हुई जब उनकी हत्या कर दी गई। इस विरोधी पक्ष का प्रतिनिधित्व नाथूराम गोडसे ने किया। पर फिर इतिहास तो यहां तक है कि गोली चलाने के पहले नाथूराम गोडसे ने महात्मा गांधी के पैर छुए और फिर बाद में स्पष्ट स्वीकार किया कि उसके मन में महात्मा गांधी के लिये आदर था। महात्मा गांधी के विचारों की हत्या करने वाले के मन में उनके लिये लेश मात्र श्रद्धा नहीं है वे तो सिर्फ ठंडे खून में हत्या करने में भरोसा रखते हैं। नाथूराम गोडसे के अनुयायी समर्थकों की शिकायत यह रही कि महात्मा गांधी के ही कारण भारत हिन्दु राष्ट्र न बन सका। हो सकता है कि 1948 से 1950 में हिन्दु राष्ट्र न बनाकर भूल की गई हो क्योंकि इस घोषणा के बावजूद भी हिन्दु मानसिकता तो धर्म–निरपेक्ष ही रही आयी, पर फिर यदि महात्मा गांधी तथा तमाम कांग्रेसी नेता चाहते भी कि भारत को हिन्दु राष्ट्र बना दिया जावे तब भी ऐसा न हो पाता क्योंकि सनातन काल से ही हिन्दु–मानस में उस आक्रामक धार्मिक कट्टरता की कमी चली आ रही है जो किसी देश को धर्म–साम्प्रदाय–देश स्थापित कराने में कारगर होती है। लेकिन फिर भी महात्मा गांधी को दोषी ठहराया जाता है कि उनके कारण हम हिन्दु– राष्ट्र न हो सके।

कुछ जानकार बताते हैं कि दलितों की नाराजगी की वजह यह है कि 1932 में महात्मा गांधी ने अलग मताधिकार की ब्रिटिश नीति के विरोध में भूख हड़ताल की थी और इस कारण ब्रिटिश सरकार को अपनी इस नीति का त्याग करना पड़ा। इतिहास साक्षी है कि ब्रिटिश सरकार 'फूट डालो शासन करो' की नीति का पालन कर रही थी और इस कारण वह चाहती थी कि दलितों और मुसलमानों के लिये अलग स्थान हों तथा उन्हें अलग मताधिकार मिलें। महात्मा गांधी ने फिरंगियों की इसी भारत–विरोधी नीति का विरोध किया। आज कैसे कहा जाये कि उन्होंने गलती की थी। आज यदि भारत एकीकृत है तो उसकी एक मात्र वजह

यही है कि महात्मा गांधी ने अंग्रेजों की इस अनिष्टकारी नीति को सफल न होने दिया।

वैसे राष्ट्रपिता की अवहेलना किये जाने का उदाहरण सिर्फ भारत द्वारा ही पेश किया जा रहा हो सो ऐसा नहीं है। कुछ समय पूर्व तक के सोवियत संघ ने अपने राष्ट्र निर्माता ब्लादीमिर इल्योनिविच लेनिन की भरपूर अवहेलना की । लेनिनग्राद शहर का नाम बदलकर फिर दुबारा ... पीटर्सबर्ग रख दिया गया। चौराहों से उनकी आदमकद मूर्तियां क्रेनों से उखाड़ बहार फेकी गईं। मास्को के स्मारक गृह में रखी उनकी मृत देह–निशानी को दफना देने की पेशकश की गई। सोवियत संघ के विखंडन के बाद स्वतंत्र हुये गणराज्यों में लेनिन के नाम का अता पता तक नहीं रह गया है। जिस सीढ़ी से चढ़कर सोवियत संघ महान शक्तिशाली राष्ट्र बना उसी सीढ़ी को रूसियों ने लात मारकर फेंक दिया। जनवादी चीन आज अमरीका की टक्कर का सुपर पावर है । सभी जानते हैं कि अफीमचियों के उस मुल्क को इस सर्वोच्च शिखर पर माओवादी अनुशासन ने ही पहुचाया है। आज चीन पाश्चात्य रास्ते पर चलने को है। कोई आश्चर्य न होगा यदि चीनी जनता माओ त्सेतुंग के साथ भी ऐसा ही सलूक पेश करने लगे। यदि हम भारतवासी महात्मा गांधी के साथ बदसलूकी पेश कर रहे हों तो इसमें आश्चर्य की क्या बात है। आखिरकार आम भारतवासियों की एक प्रिय उक्ति है– मजबूरी का नाम महात्मा गांधी।

–एन.सी.ब्योहार

दैनिक भास्कर–दिनांक 24 अक्टूबर 1996

इतने अधिक स्कैम एकाएक क्यों

कभी आपने सोचा है कि हमारे यहां आज कल इतने ज्यादा स्कैम क्यों हो रहे हैं. आये दिन नये–नये स्कैम क्यों सामने आ रहे हैं. अभी पिछले दो तीन वर्षों में इतने अधिक स्कैम बरसाती सहसा उभर पड़े हैं कि 65 करोड़ रूपयों की दलाली वाला बोफोर्स कांड तथा हर्षद मेहता का शेयर मार्केट कांड पुराने ऐतिहासिक मामले नजर आने लगे हैं। यहां तक कि स्कैम शब्द से भी हम लोग एकाएक अभी ही वाकिफ हुये हैं, हालाकि यह शब्द अंग्रेजी डिक्शनरी में शताब्दियों से चला आ रहा है। पहले हम कांण्ड शब्द का उपयोग करते हैं– मुन्दडा कांण्ड, बोफोर्स काण्ड, एच.डब्लू.डी पन्डुब्बी कांण्ड, रेल्वे बैगन कांण्ड इत्यादि। कभी कभी घपला शब्द का उपयोग किया गया है, पर अब स्कैम शब्द प्रचलन में है। कम से कम दस बड़े भरकम स्कैम एकाएक उजागर हो उठे हैं। जैन बंधुओं द्वारा कम से कम बयालीस प्रमुख राजनायिकों तथा ब्यूरोकैट्स को 65 करोड़ रूपये किक–बैंक दिलाने वाला हवाला स्कैम, 133 करोड़ रूपयों की कीमत का यूरिया आयात कराने वाला यूरिया स्कैम झारखण्ड मुक्ति मोर्चा के चार सांसदों की खरीद फरोख्थ वाला 3.5 करोड़ की कीमत का रिश्वत स्कैम, सेन्ट किट्स स्कैम, लक्खू भाई पाठक स्कैम, सुखराम के घर 3.66 करोड़ रूपये पाये जाने वाला स्कैम, एन.डी.एम.सी का 5.25 करोड़ रूपयों का स्कैम, 950 करोड़ रूपयों का पशु–चारा स्कैम इत्यादि। इनके अतिरिक्त और दूसरे मामले भी हैं– जैसे कि पूर्व केन्द्रीय मंत्री कैप्टन सतीश शर्मा पर पैट्रोल पंप आवंटन के मामले में भाई–भतीजावाद का आरोप, श्रीमति शीला कौल पर आवंटन में घोर अनियमिततायें बरतने का आरोप, जयललिता और शशिकला पर ...उल्लंघन तथा गैर अनुपाती मिल्कियत करने के आरोप, पूर्व केन्द्रीय मंत्री शंकरानंद पर करोड़ों रूपयों की कीमत के डाक्टरी उपकरणों की खरीद में ख्यानत के गंभीर आरोप इत्यादि। ऐसा नहीं है कि ऐसे मामले पहले नहीं हुआ करते थे। आजादी के बाद शायद जो सबसे पहला बड़ा कांण्ड उजागर हुआ था, वह था मूंदडा कांण्ड। उसके बाद और भी कांण्ड हुये हैं, पर वे लंबे अंतराल के

बाद होते थे तथा इस बड़ी स्केल पर नहीं होते थे। आप जरूर आश्चर्य में पड़े होंगे कि इतने भारी भरकम स्कैम एक साथ उजागर हो उठे हैं। पर क्या आपने कभी उत्तर प्राप्त करने की कोशिश की है कि क्या वजह है कि स्कैम आजकल आम बात हुये जा रहे हैं.

केन्द्रीय जांच ब्यूरो या सी.बी.आई. के नये निदेशक जोगिन्दर सिंह ने एक विश्वसनीय कारण सुझाया है 31 जुलाई 1996 को जब उन्होंने विजय रामा राव से चार्ज लिया था, तब उस वक्त उन्होंने कहा था – इस स्तर के भ्रष्टाचार के ये मामले नये मामले हैं और चिन्ता का विषय है। यह सारे मामले उदारीकरण की नई आर्थिक नीति के फलस्वरूप हो सकते हैं और हमारी उदार आर्थिक व्यवस्था में, जो अर्थ–शक्ति आ रही है उससे ये मामले बन सकते हैं। उदारीकरण से कई लोगों की उन्नती हुई है तथा कुछ लोग गलत तरीकों से धनवान बनना चाहते हैं। आर्थिक उदारीकरण की नीति पूर्व अर्थ मंत्री डा. मनमोहन सिंह ने प्रारंभ की है। उदारीकरण ने विदेशी कंपनियों तथा मल्टीनेशनल कंपनियों के लिये भारतीय बाजार में पूंजी निवेश के लिये सहसा दरवाजे खोल दिये। फलस्वरूप अरबों रूपये भारतीय कैपिटल मार्केट में पानी के माफिक बहने लगा। लायसेन्सों पर लगी फौलाद नुमा पाबंदी एकाएक हटा ली गई तथा पब्लिक सेक्टर की तुलना में प्रायवेट सेक्टर को कहीं ज्यादा तबज्जो दी जाने लगी। नेहरूवादी आर्थिक व्यवस्था या मिश्रित अर्थ व्यवस्था को एकाएक गुड–बाय कह दिया गया। कठोर अनुशासित समाजवाद से स्वच्छंद व्यक्तिवादी लैसेस–फेयर का उत्तर–दक्षिण नुमा रास्ता कुछ ही घंटों में तय कर लिया गया। परिणाम स्पष्ट तथा शर्तियां थे। वे लगाम स्वार्थ निहित राजनायिकों तथा उच्च पदेन अफसरशाहों के लिये फेयर एण्ड फाउल तरीकों से बेशुमार धन–दौलत कमाने के रास्ते रातों–रात खुल गये। टेलीफोन विभाग जैसे कुछ विभाग हैं, जिनमें उदारीकरण के बाद भारी प्रसार की भरपूर संभावना थी। भारी प्रसार के लिये करोड़ों रूपयों की उपरकरण खरीदी आवश्यक थीं। सुखराम ने मौके का फायदा उठाया, रूनु घोष नामक आला अफसर के रूप में उन्हें एक आसान व भरोसेमंद मददगार मिल गया, जिसने खरीदी की सारी फाईलें सीधे मंत्री को भेजना शुरू कर दिया फिर क्या था, कुछ ही वर्षों में सुखराम ने 3.

66 करोड़ रूपये कमा लिया तथा रूनु घौष लगभग 37 लाख की मालकिन बन बैठी।

भ्रष्टाचार के इस उफनते सैलाब के लिये उदारीकरण जिस सीमा तक जवाबदार हो, सच बात तो यह है कि भ्रष्टाचार का एक अलग मनोविज्ञान है और वह यह है कि औसत आदमी धन–दौलत कमाना चाहता है जल्दी कमाना चाहता है, सोचता है कि जिन्दगी एक बार मिलती है उसे क्यों न आराम से गुजारा जाये। इमानदारी से सारी जिन्दगी तपस्या में गुजारी तथा बमुश्किल जवाबदारियां पूरी कर पाये। इससे अच्छा समझौते की जिन्दगी जी ली तथा सारी जवाबदारियां आसानी से निभ गई या फिर क्यूं न एक बार भ्रष्ट आचरण की सीढ़ी से कामयाबी का एक उंचा सौपान चढ़ लिया जाये, फिर उस सीढ़ी को लात मारकर ढुकरा दिया जाये। बाकी शेष जिन्दगी शोहरत में गुजारी जाये। फिल्म इन्डस्ट्रीज में अभिनेत्री पहले अंग प्रदर्शन वाले तथा दूसरे भड़काउ रोल लेती हैं, उसका मार्केट बन जाता है, तब आगे चलकर ऐसे रोल लेना बंद कर देती तथा अच्छे रोल उसके पास अपने आप आने लगते हैं। हम भ्रष्टाचार को चाहे जितना भला बुरा कहें, पर वास्तविकता यही है कि भ्रष्ट आचरण मनुष्य स्वभाव का कुदरतन एक अभिन्न मनोविज्ञान है। मनुष्य समाज की तमाम तरक्की के पीछे भ्रष्ट आचरण का बडा रोल हमेशा से रहा आया है। अठावरी, उन्नीसवी शदी में यूरोप तथा पाश्चात्य देशों में आर्थिक क्रान्ति आयी, नये कारखाने बने। मिल मालिकों ने मजदूरों का बेरहमी से शोषण किया, जब वे धनाढ्य हो गये तब उन्होंने उदारता दिखाना शुरू कर दिया। आज का सफल पाश्चात्य लोकतंत्र एक समय के आर्थिक शोषण के मलवे पर आसीन है। अमरीकी राष्ट्रपति रिचर्ड निक्सन के उदाहरण को लीजिये। अपने प्रतिद्वंदी जार्ज मैकगवर्न को हराने के लिये उन्होंने डेमोक्रेटिक पार्टी मुख्यालय के टेलीफोन खूफिया टेप कर डाले ताकि सारी जानकारी रिपब्लिकन पार्टी को चुपचाप मिलती रहे। नतीजा यह रहा कि मेकगवर्न सिर्फ एक राज्य में विजयी रहे, जबकि बाकी 49 राज्यों में निक्सन विजयी रहे। सारी दुनिया ने इसे वाटर गेट काण्ड के नाम से जाना। लाक हीड हवाई जहाज खरीद काण्ड दूसरा ज्वलंत उदाहरण है। इस आशय के भ्रष्टाचार का। इस अमरीकी कंपनी ने जापानी प्रधानमंत्री

को लाखों डालर रिश्वत में दिये ताकि लाक हीड जहाज बिके। पकड़े जाने पर जापानी प्रधानमंत्री ने खुल्लम खुल्ला मंजूर किया कि उन्हें यह डालर अमरीकी कंपनी ने भेंट स्वरूप दिये थे और इस प्रकार उन्होंने सारी दुनिया को भ्रष्टाचार की एक नई मौलिक परिभाषा दी। मजे की बात है कि जापानी प्रधानमंत्री न सिर्फ बरी किये गये बल्की चुनाव में जीते। क्या इसे औद्योगिक क्षेत्र में उन्नततम राष्ट्र का आधुनिक आचार–विधान कहा जाये. क्या ऐसा तो नहीं कि भौतिकवाद की ओर बढ़ते बाकी सारे उन्नतशील राष्ट्र इसी प्रकार के आचार–विधान की ओर बढ़ रहे हैं. कहीं भारत भी इसी रास्ते पर तो नहीं चल पड़ा है.

अंग्रेज हुक्मरान अक्सर कहा करते थे करप्शन ट्रिकल्स फ्राम टाप टुवर्डस बाटम। अर्थात भ्रष्टाचार का प्रसार उपरी शिखर से निचली सतह की ओर होता है। अंग्रेज जानते थे कि यदि उन्हें भारत में अपनी हुकूमत जमाये रखना है तो उन्हें ईमानदारी के साथ शासन करना होगा। लिहाजा उनके उंचे अफसर ईमानदार बने रहे, नतीजा यह रहा कि मातहत अधिकारी, कर्मचारी, इन्सपेक्टर, पटवारी, सभी ईमानदार रहे आये। आज स्थिति एक दम उल्टी हो चुकी है। हमारे यहां के अधीनस्थ कर्मचारी किस सीमा तक भ्रष्ट हैं। इसके सबूत हम सभी के पास व्यक्तिगत उदाहरणों से मौजूद हैं। कितनी ही शिकायतें कीजिये। उपर बैठे अधिकारी द्वारा कुछ भी नहीं किया जाता। अतः धीरे–धीरे हर किसी के मन में एक ही निष्कर्ष घर करता जा रहा है कि यदि अपना काम बनाना है तो ले देकर काम बना लो। लक्खू भाई पाठक मानते हैं कि उन्होंने तांत्रिक चन्द्रा स्वामी को एक लाख डालर की रिश्वत दी, पर साथ ही साथ चाहते हैं कि काम न बनने पर आरोपियों को सजा दी जाये। अपने आचरण से लक्खू भाई पाठक आज के प्रचलित मनोविज्ञान को दर्शा रहे हैं कि भ्रष्ट आचरण की सीढ़ी से भौतिकतावादी कामयाबी की उपरी मंजिल किस प्रकार चढ़ी जाये। इस प्रकार का मनोविज्ञान सर्व–व्याप्त है। आज लगभग हर आदमी इसी रास्ते को अख्तयार करने के लिये तत्पर है। जिनके हाथ में नेतृत्व हैं, वे जैसा कर रहे हैं, उसका अनुसरण उनके अनुयायी कर रहे हैं। अंतर्राष्ट्रीय स्तर पर सारे उन्नतशील देश अमरीकी लोकतंत्र तथा उदारवादी आर्थिक नीति का अनुपालन कर रहे हैं। अमरीका में जो अच्छा

हो रहा है तथा वहां के कल्चर में जो हो रहा है और जो कुछ अभी तक शताब्दियों से भारत जैसे परंपरावादी देशों में अभी तक नहीं हुआ था। उसका भी पालन हमारे यहां हो रहा है। भूतपूर्व अमरीकी राष्ट्रपति जान कैनेडी पर जिस प्रकार के नैतिक आचरण के आरोप लगाये गये, लगभग वैसे ही आरोप आज वर्तमान राष्ट्रपति बिल क्लिन्टन पर लगाये जा रहे हैं। स्वच्छंद आचरण आज के समय में पाश्चात्य समाज का सामान्य जीवन बन गया है, परंतु फिर भी जान कैनेडी तथा बिल क्लिन्टन के उदाहरण सारी दुनिया को यही सीख सबक दे रहे हैं कि उच्च आसन पर बैठकर किस प्रकार ऐशो आराम तथा विलास की भौतिकतावादी जिन्दगी जी ली जाये। क्योंकि भारत जैसे पुरातन समाज एकाएक पाश्चात्य चाल चलन तथा आर्थिकवाद को अपना रहे हैं तो फिर हमें निसंदेह उन तमाम महामारियों के प्रसार के लिये तैयार रहना चाहिये, जिन्हें आजकल हम स्कैम नाम से जान पहचान रहे हैं।

–एन.सी.ब्योहार

दैनिक भास्कर–दिनांक 30 सितंबर 1996

विवाद के घेरे में मकबूल फिदा हुसैन

ख्यातिप्राप्त चित्रकार मकबूल फिदा हुसैन के कुछ उन चित्रों को लेकर महिलायें तथा महिला संगठन उनसे नाराज हैं, जिनमें उन्होंने हिन्दु देवियों को उनके कहे अनुसार नग्न रूप में चित्रित किया है, उच्च न्यायालय में रिट दायर की गई है कि इन चित्रों पर प्रतिबंध लगाया जाये तथा चित्रकार को दंण्डित किया जाये, मकबूल फिदा हुसैन के पुतले दहन किये जा रहे हैं।

चर्चा के प्रारंभ में ही हम कहना चाहेंगे कि यदि मकबूल फिदा हुसैन ने हिन्दु देवियों को इस रूप में चित्रित किया है तो उन्हें निसंदेह इस प्रकार चित्रण नहीं करना चाहिये था, इसकी मुख्य वजह यह है कि कोई भी काम किसी भी व्यक्ति के द्वारा नहीं किया जाना चाहिये, जिससे दूसरों की मार्मिक भावनाओं को ठेस पहुंचे तथा साम्प्रदायिक खिचाव–तनाव बनने की संभावना बने। निसंदेह ऐसी अनेक महिलायें हो सकती हैं जिनकी भावनाओं को सदभावना पूर्ण तौर पर ठेस पहुंची होगी, इस मामले को हम एक बहुत ही चर्चित उदाहरण से समझ सकते हैं– यह उदाहरण है बम्बई–मुम्बई में जन्मे ब्रितानी लेखक सलमान रश्दी के विवादस्पद उपन्यास सैटनिक वर्सेस या शैतान की आयतों का निसंदेह सभी दूसरे लेखकों के साथ सलमान रश्दी को भी विचार अभिव्यक्ति की पूरी आजादी है, परंतु इस आजादी का उपयोग इस प्रकार किया जाना चाहिये, ताकि दूसरों की भावनाओं का पूरा ख्याल रहा आये। पाश्चात्य देशों ने सलमान रश्दी की तरफदारी विचार अभिव्यक्ति के उनके मौलिक अधिकार की बिना पर की है, परंतु यहां पर उनका दोगलापन उजागर हो जाता है, अपने धर्म तथा अपने भगवानों की रक्षा के लिये तो उन्होंने कानून बना रखे हैं कि उनके बारे में कुछ भी आलोचनात्मक लिखा या कहा नहीं जा सकता है, लेकिन इस प्रकार का कानून वे दूसरे धर्मों के लिये बनाने को तैयार नहीं हैं। बंगलादेश की लेखिका तसलीम नसरीन का उदाहरण लेना गलत होगा, उनके विवाद स्पद उपन्यास लज्जा ने

बंगलादेश में ....अच्छा खासा बवाल पैदा कर रखा है तथा लेखिका को अपनी जान बचाते हुये स्वीडन में शरण ली। लज्जा में एक हिन्दु परिवार पर किये गये अत्याचारों का चित्रण किया गया है तथा उपन्यास में कुछ भी आपत्ति जनक नजर नहीं आया, लिहाजा तसलीमा नसरीन को विचार अभिव्यक्ति का मौलिक अधिकार उपलब्ध है तथा ऐसा नहीं कहा जा सकता है कि उन्होंने इस आजादी का दुरूपयोग किया है। अहम सवाल लिहाजा यही है कि क्या मकबूल फिदा हुसैन ने विचार–अभिव्यक्ति के इस मौलिक अधिकार का दुरूपयोग किया है.

यदि हम चर्चा के लिये यह मान कर चलते हैं कि मकबूल फिदा हुसैन ने ऐसा चित्रण किया है, जिसे समाज का एक वर्ग आपत्तिजनक मानता है, तब भी शायद ही कोई ऐसा आलोचक होगा जो यह आरोप लगाये कि उन्होंने जानबूझकर धर्मावलंबियों की भावनाओं को ठेस पहुंचाई है, पचास वर्ष पूर्व फिल्मों के पोस्टर बनाकर अपनौ करिअर आरंभ करने वाले मकबूल फिदा हुसैन में कुछ ऐसी व्यवसायिक कुशलता आवश्य होना चाहिये, जिसकी मदद से आज उनके चित्र लाखों रूपये में हाथों हाथ बिक जाते हैं और उनके चित्र सारी दुनिया की आर्ट–गैलरियों में प्रदर्शित किये जाते हैं। मकबूल फिदा हुसैन अपनी धार्मिक आस्थाओं के लिये नहीं जाने गये हैं और न ही उन्हें नमाजी मुसलमान के रूप में जाना गया है, एक तरफ उन्होंने श्रीमति इन्द्रा गांधी को आपातकाल के दिनों में दुर्गा के रूप में दिखाया था तो दूसरी तरफ फिल्म तारिका माधुरी दीक्षित के प्रति अपने आकर्षण को वे स्वयं उजागर करते हैं तथा माधुरी दीक्षित को वे एक पूर्ण नारी के रूप में पेश करने की कोशिश करते हैं। हो सकता है कि यदि वे अपने धर्म के प्रति पूर्ण आस्था से जुड़े होते तो शायद वे दूसरे धर्मों का ऐसा चित्रण पेश करने से बाज आते जो आपत्ति जनक की श्रेणी में आ जाता।

एक बात गौर–तलब और है तथा वह यह है कि मकबूल फिदा हुसैन के ये चित्र महज इस कारण विवाद जनक नहीं माने जाने चाहिये क्योंकि उन्हें एक मुसलमान चित्रकार ने बनाया है। विवाद को साम्प्रदायिक रंग देना सर्वथा अनुचित होगा, यदि इस प्रकार का चित्रण किसी हिन्दु चित्रकार द्वारा किया जाता है तो वह भी उतनी ही आपत्ति जनक होना

चाहिये, हमें याद नहीं कि किसी हिन्दु चित्रकार, कलाकार या कथाकार द्वारा हिन्दु देवियों को इस रूप में दिखाया जैसा कि मकबूल फिदा हुसैन के बारे में कहा जा रहा है, परंतु फिर हिन्दु देवी देवताओं को आये दिन स्वयं हिन्दुओं द्वारा कुछ ऐसे तौर–तरीके से दिखाया जाता है, जिसे इस मापदण्ड पर निसंदेह घोर–आपत्तिजनक, तीव्र–अपमानजनक कहना होगा, फिर क्यों उन पर आवाज नहीं उठाई जाती, तब क्यों चुपचाप सब कुछ सहा जाता है. इतना ही नहीं, तब क्यों स्वयं हिन्दु ही इस आपत्ति जनक तथा हास्यास्पद स्थिति के जनक बनते हैं।

सबसे अच्छी मिसाल के तौर पर दूरदर्शन पर दिखाये गये हास्य अभिनेता असरानी के सीरियल नटखट नारद को लिया जा सकता है। नटखट नारद में हिन्दुओं के शीर्षस्थ देवताओं की भरपूर मखौल उडाई गई है, ब्रम्हा, विष्णु, महेश को मुम्बई की लोकल रेलों में घूमते दिखाया गया है। स्मलगरों से चुनाव हारते दिखाया गया है। ... आदि दुख और आश्यर्च की बात यह है कि सरकारी माध्यम दूरदर्शन पर यह सब कुछ हुआ, दूसरे शब्दों में देश के बहु संख्य धर्म का मखौल स्वयं राज्य शासन द्वारा उडाया गया। नटखट नारद सीरियल का मजा सबसे ज्यादा हिन्दुओं द्वारा ही लिया गया। खूब तालियां बजीं तथा खूब कहकहे छूटे, बल्कि दूसरे धर्मावलंबियों ने ज्यादा संयम बरता, श्री रामचरित मानस हिन्दुओं का सर्व प्रथम धार्मिक ग्रंथ है, पर मानस पर पैरोडी तैयार की गई है जिसे गडबड–रामायण कहते हैं इसे चाहे जब सुना जा सकता है। सबसे ज्यादा इसे पूजा–दशहरे के पुनीत मौकों पर लाउड स्पीकरों पर सुना जाता है, इसके कैसिट चल पड़े हैं, जब भी वे कैसिट बजाये जाते हैं तब अच्छी खासी भींड जमा हो जाती है। मर्यादा पुरूषोत्तम भगवान राम हिन्दुओं के शीर्षस्थ पुराण पुरूष हैं, पर वे भी अछूते नहीं रह सके, जब हम लोग स्कूल में पढ़ते थे तब कबड्डी में सर्विस यह कहकर की जाती थी– राम चले लंका की ओरा, सिर पर रखे भूंसा को बोरा। मास्टर जी बाजू में खड़े सुनते थे, पर कहते कुछ भी नहीं थे। कहने का मतलब यही है कि अत्यंत ग्रहणशील दिनों में ही छात्रों के मानसिक पटल पर गुरूजन द्वारा अमिट छाप अंकित कर दी जाती थी कि शीर्षस्थ देवी देवता तक फूहड़ता का शिकार हो सकते हैं, हिन्दु आस्था में श्रीगणेश का उच्चम

स्थान है, शुभ काम की शुरूआत गणेश–अराधना से की जाती है, जब छात्र पढ़ाई शुरू करता है तब उसे सबसे पहले सिखाया जाता है या गणेश का लेकिन शायद ही कोई दूसरा देवता होगा, जिसको इतने हास्यास्पद तरीके से चित्रण किया गया हो, गणेश जी को माडर्न आर्ट के तरीके से पेश किया जाता है, इस प्रकार का चित्रण हिन्दु चित्रकार, कलाकार ही करते हैं ।हम मानते हैं कि होलिका खल–नायिका थी, पर फिर होलिका पौराणिक कथा में अवश्य जुड़ी है, बालक प्रहलाद को जलाकर खाक कर देने का दायित्व हिरण्यकश्यप ने उस पर डाला था। हुआ यह कि न जल सकने वाली होलिका जलकर खाक हो गई तथा भक्त प्रहलाद का बाल बांका न हुआ, आज होली के मौके पर होलिका को लगभग न्यूड रूप में दिखाया जाता है, नारद तथा हनुमान भी प्रकार प्रकार के प्रश्नों के विषय हैं, भले ही उन्हें भगवानों की श्रेणी में नहीं रखा जाता है। इस प्रकार के उदाहरणों का कोई अंत नहीं है, कितने ही उदाहरण दिये जा सकते हैं जिनसे हम आप सभी पूरी तरह वाकिफ हैं। हमारे कहने का मतलब यह नहीं है कि जब हिन्दु ही अपने देवी देवताओं का मजाक उडाते हैं तब .... दरअसल में हो भी यही रहा है हिन्दुओं की तुलना में दूसरे धर्मावलंबी कहीं ज्यादा संयमशील तथा अनुशासित हैं, हम तो सिर्फ यह बताने की कोशिश कर रहे हैं कि स्वयं हिन्दुओं ने ऐसा माहौल बना रखा है जो कि समय समय पर ऐसी परिस्थितियां निर्मित कर देता है, जिनसे हिन्दुओं को आघात लगता है।

भारत सिक्युलर या धर्मनिरपेक्ष राष्ट्र है ।परंतु हमारी धर्म–निरपेक्षता त्रुटिहीन नहीं है, कहना गलत न होगा कि हमारा सिक्युलरिज्म आज लगभग विकृत रूप में है, धर्म निरपेक्षता का मतलब ही यही है कि बहुसंख्यक धर्म–सम्प्रदाय फल फूल सकें। फिर यदि बहुसंख्यक धर्म–सम्प्रदाय हिन्दु धर्म हो, जिसके धर्म गुरूओं ने शताब्दियों से यही सिखाया हो कि दूसरे धर्म से आया व्यक्ति हिन्दु नहीं हो सकता अर्थात हिन्दु वही है जो हिन्दु मां–बाप से पैदा हुआ हो तब फिर उस धर्म में भीतरी तथा बाहरी आक्रमणों से बचाने की क्षमता कहां से आयेगी, जहां एक ओर अत्यंतवादी संकीर्ण धार्मिक कट्टरता या धर्मान्धता निन्दनीय है, दूसरी ओर अपने स्वतः के धार्मिक देवी–देवताओं के प्रति फूहड और

ओछा नजरिया अख्त्यार करना भी उतना ही निन्दनीय है। धार्मिक सहिष्णुता एवं साम्प्रदायिक सौहार्द जहां एक ओर भारत जैसे बहु–समाजी राष्ट्र के अस्तित्व एवं प्रगति के लिये प्राथमिक आवश्यकता है, वहीं पर दूसरी तरफ अपनी आध्यात्मिक प्रतिबद्धता के प्रति आदर प्रदर्शित करना भी उतनी ही महत्वपूर्ण अनिवार्यता है, मकबूल फिदा हुसैन सर्वप्रथम एंव अंत में भारतीय हैं, जिनका व्यक्तित्व का विकास मौजूदा परिस्थितियों ने ही किया है। यदि उन्होंने किसी प्रकार की गलती की है तो वह उसी प्रकार तथा उस सीमा तक ही की है, जिस प्रकार कोई दूसरा व्यक्ति कर सकता था, भले ही उसका धर्म साम्प्रदाय कुछ भी क्यों न हो।

–एन.सी.ब्योहार

दैनिक भास्कर–दिनांक 23 दिसंबर 1996

न्यायमूर्ति श्री जगदीश शरण वर्मा

अभी हाल ही में केन्द्रीय विधि मंत्री श्री रमाकान्त खलप ने कहा है कि न्यायमूर्ति श्री जगदीश शरण वर्मा भारत के अगले मुख्य न्यायाधीश होंगे। मुख्य न्यायाधीश श्री ए.एम.अहमदी मार्च 1997 में अवकाश प्राप्त करेंगे और तब न्यायमूर्ति श्री जगदीश शरण वर्मा आगामी नौ माह के लिये पदभार ग्रहण करेंगे। कुछ समय पहले चर्चा थी कि न्यायमूर्ति श्री वर्मा को सुपरसीड कर दिया जायेगा। श्री रमाकान्त खलप के इस कथन ने इस चर्चा को समाप्त कर दिया है । उल्लेखनीय है कि विगत दो दशकों में उच्चतम न्यायालय तथा विभिन्न उच्च न्यायालयों में अनेक न्यायमूर्तियों को सुपरसीड किया गया तथा कनिष्ठ न्यायमूर्तियों को उन्नत किया गया तथा उच्च न्यायालयों का मुख्य न्यायाधीश बनाया गया। इससे कतिपय न्यायमूर्तियों के मन में असंतोष फैला तथा कुछ न्यायमूर्तियों ने इस्तीफे दे दिये। उच्चतम न्यायालय में सत्तर के दशक में श्री हेगड़े, श्री जे.सी.शाह तथा श्री ग्रोवर को सुपरसीड करके श्री ए.एन.रे को मुख्य न्यायाधीश बनाया गया था, जिसके परिणाम स्वरूप तीनों वरिष्ट न्यायमूर्तियों ने इस्तीफे दे दिये थे। उसके बाद ऐसा न्यायमूर्ति श्री एच.आर.खन्ना के साथ हुआ, जिन्होंने शिवाकान्त शुक्ला बनाम ए.डी.एम जबलपुर नामक जाने–माने फैसले में निर्णय दिया था कि देश में आपातकाल हो या न हो रूल आफ लॉ अथवा कानून का राज सर्वोपरि होता है तथा किसी भी नागरिक को उसकी नागरिक एवं वैधानिक आजादियों से वंचित नहीं किया जा सकता। श्री एच.आर.खन्ना सुपरसीड किये गये तथा उन्होंने इस्तीफा दिया।

इन उदाहरणों ने आम आदमियों के मन में शंका बना दी है कि सरकार सिर्फ उन न्यायमूर्ति महोदय को मुख्य न्यायमूर्ति बनायेगी, जिन्होंने सरकार विरोधी फैसले ने दिये हों। सामान्य जानकारी में भली–भांति है कि श्री जगदीश शरण वर्मा के कुछ निर्णयों ने केन्द्र सरकार तथा अनेक मंत्रियों व सांसदों का नाखुश किया है और इस

कारण चर्चा का विषय बना कि श्री जगदीश शरण वर्मा शायद सुपरसीड कर दिये जायेंगे।

न्यायपालिका तथा कार्यपालिका–विधायिका के मध्य द्वंद काफी पुराना है। 1930 में ग्रेट इकानामिक डिप्रेशन के बाद अमरीकी प्रशासन ने कुछ आर्थिक नीतियां घोषित कीं, जिन्हें अमरीकी सुप्रीम कोर्ट ने अमरीकी संविधान के अनुच्छेद 3 के तहत असंवेधानिक धोषित किया। तत्कालीन अमरीकी राष्ट्रपति ने कहा– आई विल पैक द जुड़ीशियरी अथवा मैं अपनी मर्जी के न्यायमूर्ति नियुक्त कर दूंगा। इस धमकी के बावजूद अमरीकी सुप्रीम कोर्ट ने अपनी निर्भीकता एंव स्वतंत्रता नहीं त्यागी तथा कालान्तर में अमरीकी राष्ट्रपति ने भी संयम से काम लेते हुये अपनी धमकी ...कली भूत नहीं किया। 1967 में तत्कालीन विधि मंत्री श्री कुमार मंगलम ने कहा था कि न्याय मूर्तियों की नियुक्ति के समय पर व्यक्ति की सामाजिक विचारधारा को ध्यान में रखा जायेगा। इसे कुमार मंगलम नीति कहा गया। इससे पहले सिर्फ न्यायिक योग्यता को ही मद्दे नजर रखा जाता था पर अब इस नीति घोषणा के बाद आम भय व्याप्त हो गया कि सरकार द्वारा सिर्फ ऐसे व्यक्ति की न्यायमूर्ति पद पर नियुक्ति की जायेगी, जो सरकारी नीतियों का अनुसरण करता हो। इस पृष्ठ भूमि में चिन्ता होना स्वभाविक ही था कि क्या केन्द्र सरकार सुपर सेशन का एक और नया तथा कदाचित अब तक का सबसे अधिक चर्चित उदाहरण पेश करने वाली है, पर अब ऐसा नहीं होगा।

18 जनवरी 1933 के दिन मध्यप्रदेश के अपेक्षाकृत छोटे शहर सतना में जन्मे श्री जगदीश शरण वर्मा विगत 24 वर्षों से न्यायमूर्ति के रूप में कार्यरत हैं और इस प्रकार शायद वे देश के सबसे लंबी अवधि वाले कार्यरत न्यायमूर्ति हैं। उन्होंने अपनी वकालत 1955 में आरंभ की। 12 वर्ष बाद 1967 में वे जबलपुर आ गये तथा यहां मध्यप्रदेश उच्च न्यायालय में उन्होंने श्री गुरू प्रसन्न सिंह जो आगे चलकर मध्यप्रदेश उच्च न्यायालय के मुख्य न्यायमूर्ति बने। उच्च न्यायालय में मात्र 5 वर्ष की वकालत के बाद 1972 में वे न्यायमूर्ति नियुक्त किये गये, 12 सितंबर 1972 को उन्होंने शपथ ग्रहण की। तब वे 39 वर्ष 9 माह के थे और इस प्रकार न्यायमूर्ति श्री कौशलेन्द्र राव के बाद सबसे कम उम्र में न्यायमूर्ति बनने का

उन्हें कीर्तिमान प्राप्त है। अपने स्वागत भाषण में उस दिन उन्होंने कहा था– हम आज अपने देश में शीघ्र होने वाले ऐतिहासिक परिवर्तनों में सहभागी हैं, जो परिवर्तन सामाजिक व्यवस्था में हो रहे हैं। में न्यायिक विचारधाराओं में ऐसे द्रुतगामी घटनाक्रम होते देख सकता हूं, जो कि समाजवादी शासन व्यवस्था के हित के लिये आवश्यक हैं। मुझे यह नहीं मालूम की क्यों कुछ लोग ऐसा सोचते हैं कि वकील तथा न्यायमूर्ति पुरातनवादी होते हैं तथा समय के साथ नहीं बदलते।

न्यायमूर्ति के रूप में श्री जगदीश शरण वर्मा ने अपनी इस दूरगामी दृष्टि का उपयोग किया है। अधिवक्ता के रूप में निर्भीक रहे, अपने स्वयं के लिये उन्होंने उंचे अनुशासन का स्तर रखा। उनके व्यक्तित्व पर श्री गुरू प्रसन्न सिंह का सबसे ज्यादा प्रभाव पड़ा। श्री गुरू प्रसन्न सिंह अधिवक्ता तथा न्यायमूर्ति के रूप में पारदर्शी निष्पक्षता, उच्चतम आदर्शवाद तथा निर्भीकता के पर्यायवाची माने गये हैं और यही गुण श्री जगदीश शरण वर्मा ने उनके सानिध्य से अपने व्यक्तित्व में उतारे। मिसाल के तौर पर अधिवक्ता श्री जगदीश शरण वर्मा न्यायमूर्ति श्री गुरू प्रसन्न सिंह के न्यायालय में कभी उपस्थित नहीं हुये।

न्यायमूर्ति के रूप में श्री जगदीश शरण वर्मा की पहली अग्नि परीक्षा 1978–79 में हुई जब आपातकाल लागू था, जिन्होंने मीसा बंदियों को रिहा करने के आदेश पारित किये तथा इस प्रकार ट्रान्सफर का खतरा मोल लिया। 1980 में उन्होंने चुरहट लॉटरी कांण्ड के मामले में श्री अर्जुन सिंह के खिलाफ आदेश लिखा। 1980 में ही उन्होंने किस्सा कुर्सी का नाम बहुचर्चित चुनावी मामले में श्री विद्याचरण शुक्ल का चुनाव रद्द घोषित किया तथा हारे प्रत्याशी श्री पुरूषोत्तम लाल कौशिक के पक्ष में फैसला इस आधार पर दिया कि श्री विद्याचरण शुक्ल को सत्र न्यायाधीश दिल्ली ने एक सत्र प्रकरण में निर्णय दिनांक 27/02/1979 के अनुसार दोषी ठहराया था और इस कारण उन्हें जनप्रतिनिधित्व अधिनियम 1951 की धारा 100 के तहत आयोग्य पाया। 1985 में वे मध्य प्रदेश उच्च न्यायालय के मुख्य न्यायमूर्ति बने तथा 1989 में उन्हें राजस्थान उच्च न्यायालय के मुख्य न्यायमूर्ति के रूप में पदासीन किया गया। 3 जून 1989 को वे उच्चतम न्यायालय के न्यायमूर्ति बने। 1991 में

भारत सरकार ने उन्हें श्री राजीव गांधी की हत्या के लिये दोषी सुरक्षा कर्मियों का पता लगाने के लिये एक–सदस्यी आयोग नियुक्त किया। उन्होंने 15 माह की अल्प अवधि में अपनी रिपोर्ट पेश कर दी और साथ ही साथ न्यायमूर्ति के रूप में प्रतिदिन का कार्यभार भी नियमित रूप से संभालते हैं।

विगत 3–4 वर्षों से उच्चतम न्यायालय में जुड़ीशियल एक्टीविज्म या न्यायिक सक्रियता का एक नया तथा अति गतिमान दौर आरंभ हुआ है, जिसके तहत न्यायालय ने ऐसे आदेश पारित किये हैं, जो कि समान्यतया कार्य पालिका द्वारा पारित किये जाने चाहिये और जो आदेश न्यायालयों द्वारा इस कारण पारित किये गये, क्योंकि कार्यपालिका द्वारा अपना कर्तव्य निर्वाह नहीं किया जा रहा है। उच्चतम स्तर पर इस न्यायिक सक्रियता के क्षेत्र में सबसे अधिक योगदान निसंदेह न्यायमूर्ति श्री जगदीश शरण वर्मा का रहा है। वर्षों से मृत पड़े हवाला कांण्ड मामले को पुनः जीवत करने का श्रेय श्री जगदीश शरण वर्मा को ही जाता है। पत्रकार विनीत कुमार तथा तीन अन्य सामाजिक कार्यकर्ताओं ने एक पब्लिक इन्टरेस्ट याचिका इस आशय की दायर की थी कि हवाला कांण्ड में अरसा बीत जाने के बाद भी सी.बी.आई. द्वारा किसी प्रकार की कार्यवाही नहीं की जा रही थी तथा इस प्रकार उच्च पदेन व्यक्तियों को परोक्ष रूप से संरक्षण दिया जा रहा था। 30/11/1994 को जब न्यायमूर्ति श्री जगदीश शरण वर्मा ने पहली बार इस मामले की सुनवाई की, तब वर्षों से सुप्त पड़े मामलों में एकाएक गति आ गई। उन्होंने आदेश पारित कर दिया कि किसी भी व्यक्ति के खिलाफ मामला खारिज नहीं किया जायेगा, भले ही वह व्यक्ति कितने ही उंचे पद पर क्यों न आसीन हो। सी.बी.आई. के तात्कालीन निदेशक विजयरामा राव को निर्देश दिया गया कि वे मामले की हर सुनवाई के मौके पर व्यक्तिगत रूप से हाजिर रहें, ताकि प्रमाणिक जानकारी निदेशक से बिना समय खोये हासिल की जा सके। न्यायमूर्ति श्री जगदीश शरण वर्मा ने समय समय पर जांच ब्यूरो को आगाह किया कि संस्था का जांच पड़ताल का काम संतोष जनक नहीं था तथा यही हालात रहे तो लाचार होकर यह जवाबदारी किसी संस्था को सौंपनी पडेगी। जांच संस्था तथा उसके निदेशक विजय रामा

राव तुरंत क्रियाशील हुये तथा 04/03/1995 को जैन बन्धु एस.के.जैन तथा एन.के.जैन गिरफतार किये गये। आगे चलकर जब सी.बी.आई के निदेशक जोगिन्दर सिंह बने तब न्यायमूर्ति महोदय ने उनकी आलोचना की, कि निदेशक द्वारा हवाला काण्ड के किंग पिन अमीन भाई का प्रत्यर्पण हांग कांग से नहीं कराया जा सका तथा अमीन भाई को गिरफतार नहीं किया जा सका। इस फटकार के बाद निदेशक जोगिन्दर सिंह पुर्नजीवित हो उठे हैं तथा अपना काम मुस्तैदी से कर रहे हैं।

न्यायमूर्ति श्री जगदीश शरण वर्मा द्वारा प्रारंभ की गई इस न्यायिक सक्रियता का राष्ट्र व्यापी असर पड़ा। विभिन्न उच्च न्यायालयों द्वारा नव निर्मित न्यायिक सक्रियता दिखाई जा रही है। अधीनस्थ न्यायाधीश एन. एस. धींगरा, प्रेमकुमार, अजीत भारिहोक निर्भीक आदेश पारित कर रहे हैं। सी.बी.आई अपने इतिहास में शायद पहली बार पूरी स्वच्छंदता के साथ कार्य कर रही है। उदाहरणार्थ प्रधान मंत्री एच.डी.देवगौडा की सम्पत्ति की जांच पड़ताल आरंभ हो गई है। आज स्थिति यह है कि सांसदों द्वारा आवाज उठाई जा रही है कि उन्हें भ्रष्टाचार प्रतिबंध अधिनियम 1948 के दायरे से बाहर रखा जाये तथा संशोधन किया जाये कि वे पब्लिक सर्वेन्टस नहीं हैं। कुछ ही दिन पहले न्यायमूर्ति श्री जगदीश शरण वर्मा तथा न्यायमूर्ति सुजाता मनोहर की खण्डपीठ ने एक आदेश पारित किया है, जिसके द्वारा सांसद फूलन देवी की वह अर्जी खारिज कर दी गई है जिसमें प्रार्थना की गई थी कि उनके खिलाफ कानपुर के एक अधीनस्थ न्यायालय में विचाराधीन 54 मामले हत्या तथा डकैती से संबंधित वापिस उठा लिये जायें। न्यायमूर्ति श्री जगदीश शरण वर्मा का अभी हाल ही में दिया गया हिन्दुत्व संबंधित निर्णय काफी चर्चित हुआ है। डा. यशवंत रमेश प्रभु बनाम प्रभाकर काशीनाथ कुन्ते एवं अन्य तथा बाल ठाकरे बनाम प्रभाकर काशीनाथ कुन्ते एंव अन्य नामक ये दो चुनावी अपीलें हैं, जो कि मुम्बई उच्च न्यायालय के निर्णय दिनांक 07/04/1989 के खिलाफ पेश की गई थीं तथा जिस निर्णय के द्वारा अपीलार्थी रमेश यशवंत प्रभु का चुनाव इस बिना पर रद्द कर दिया गया था कि जन प्रतिनिधि अधिनियम 1951 की धारा 100 के तहत अपीलार्थी का चुने जाना रद्द किये जाने योग्य था, क्योंकि अपीलार्थी के एजेन्ट बाल ठाकरे

ने अपने तीन भाषणों में हिन्दुत्व अपील के आधार पर वोट मांगे थे ।हालाकि अपीलें खारिज की गईं, अपीलार्थी का चुनाव रद्द रखा गया तथा शिवसेना सुप्रीमो बाल ठाकरे के लिये तीखी टिप्पणी की गई कि प्रमुख राजनायिकों को अपने भाषणों में संयम भाषा का उपयोग करना चाहिये, परंतु उन्होंने हिन्दुत्व एवं हिन्दुज्म के बारे में कुछ टिप्पणी की जो चर्चित हुईं। उन्होंने कहा कि हिन्दुत्व एक जीवन का तौर तरीका है, जिसे धर्म की परिभाषा के क्षेत्र के सीमित नहीं किया जा सकता। चुनावी भाषण में हिन्दुत्व या हिन्दुज्म शब्द का उपयोग करना वर्जित क्षेत्र में प्रवेश करना नहीं माना जा सकता, यह दर्शाना आवश्यक होगा कि हिन्दुत्व या हिन्दुज्म का उपयोग इस अपील के साथ किया जा रहा है कि संबंधित प्रत्याशी को वोट दिये जायें क्योंकि यह हिन्दु या फिर किसी दूसरे प्रत्याशी को वोट न दिये जायें क्योंकि वह प्रत्याशी हिन्दु नहीं है।

हवाला मामले के माफिक श्री जगदीश शरण वर्मा, बिहार चारा कांण्ड, सेंन्ट किड्स मामला, झारखण्ड सांसद रिश्वत कांण्ड तथा लक्खू भाई पाठक मामले से भी जुड़े हैं और उन्हीं के निर्देश पर इन मामलों में आरोप पत्र दायर किये गये हैं। इन मामलों में देश के लगभग सभी बड़े राजनायिक संबंद्ध हैं और आज लगभग सारे सांसद तथा अनेक शीर्षस्थ अफसर सकते में हैं। न्यायमूर्ति श्री जगदीश शरण वर्मा जानते हैं कि जुड़ीशियल एक्टीविज्म की भी एक सीमा है, जिसका अतिक्रमण नहीं किया जा सकता। मंत्रियों, सांसदों, ब्यूरदोक्रेड्स को एक सीमा तक निर्देशित किया जा सकता है। न्यायालयों द्वारा पुलिस का भी रोल अदा नहीं किया जा सकता। कहा जा रहा है कि स्विस बैंकों में लगभग 5 करोड़ रूपये भारतीयों ने जमा कर रखे हैं। अभी जो कुछ स्कैम उजागर हुये हैं, उनमें 5 हजार करोड़ रूपये घपलाकारों के खाते में गये हैं। निर्दोष भारतवासी तथा आम करदाता कब तक अच्छे दिन की आशा लगाये बैठें। आज आम आदमी न्याय पालिका का सामान्यतया तथा न्यायमूर्ति श्री जगदीश शरण वर्मा का विशेषकर शुक्रगुजार है कि देश की विपुल सम्पदा को बेरहमी से लूटने वाले स्वार्थ निहित राजनायिक आज अपने आप को कटघरे में पा रहे हैं।

–एन.सी.ब्योहर

दैनिक भास्कर–01 जनवरी 1997

देश चलाने वाले हम और आप

क्या आपने कभी सोचा है कि सारे देश में भ्रष्टाचार के इस पैमाने पर व्याप्त होने के बावजूद भी देश का काम काज चल ही रहा है। क्या आपने कभी कारण पता लगाने की कोशिश की है। अभी हाल ही में भ्रष्टाचार के अनेक स्कैम एकाएक हमारे सामने आये हैं, पर इसका मतलब यह नहीं कि भ्रष्टाचार पहले नहीं हुआ करता था। दरअसल आजादी के बाद भ्रष्टाचार में दिनों दिन फैलाव –प्रसार आया है। चुनाव के मौकों पर हर पार्टी साफ सुथरे प्रशासन का आश्वासन देती है और सत्ता हासिल करने के बाद भ्रष्टाचार में लिप्त हो जाती है। आज प्रशासन के हर तंत्र में हर स्तर पर भ्रष्टाचार व्याप्त हैं। नौकरी से लेकर मिलती हैं, तरक्की के लिये भी लेना देना पड़ता है, अवकाश प्राप्ति के बाद पेन्शन भी बिना लिये दिये नहीं मिलती। आज ट्रान्सफर–इन्डस्ट्री एक विशाल फली–फूली इन्डस्ट्री है। नगर निगम नर–कंकालों का रूप धारण कर रहे हैं, सरकारी ग्रान्टों से कर्मचारियों के वेतन भुगतान हो रहे हैं। विश्वविद्यालयों की इमारतें रहन रखी गईं हैं ताकि कर्मचारियों को वेतन मिल सके। दफ्तरों में फाईलें टेबिल तक तभी पहुंचती हैं, जब बाबू की जेब गरम की जावे। अस्पतालों में मशीनें खराब पड़ी हैं वर्षों से, विभागाध्यक्ष मरीजों को अपने प्रायवेट नर्सिंगहोम में आने को मजबूर कर रहे हैं। सरकारी उपक्रमों में काम काज न्यूनतम हैं, उत्पादन कम हैं, परंतु बोनस और भत्तों के लिये हड़तालें घेराव धरना आये दिन हो रहे हैं। राजनायिक पदों पर आपराधिक–इतिहास के धनी आरूढ़ होते जा रहे हैं और आई.ए.एस अफसर उनकी यस सर–यस सर ! कह कर अगुवाई कर रहे हैं। मंत्रियों का अधिकांश समय फीता काटने में बीत रहा है और उधर महत्वपूर्ण फाईलों का अम्बार लग रहा है। लोकसभा की कार्यवाही जिस एक घंटे तक दूरदर्शन पर दिखाई जाती है तब तक तो हमारे सांसद शालीनता से काम लेते हैं, और दूरदर्शन की स्विच ऑफ हुई नहीं कि हमारे सांसद अपने आदतन रंग रूप में आ जाते हैं। विधान सभाएं हुल्लड़ के जो नजारे आये दिन पेश करती रहती हैं वैसे नजारे हमें हमारे चौगड्डों पर बिरले ही

देखने को मिलते हैं। रेलें घंटों लेट चल रही हैं, रेल वैगने काटी लूटी जा रही हैं। आजाद हुये लगभग 50 वर्ष हो गये हैं पर आज भी वही पुराना बचाव दिया जा रहा है कि हमारे पुलिस बल ने बरबरता एवं कर्तव्यहीनता अपने अंग्रेज पूर्वजों से लीगेसी के रूप में हासिल की है। सर्वव्यापी अनुशासन हीनता के बावजूद भी देश चल रहा है। उंचे पदों पर आसीन इतने सारे लोग वैसे ही गतिविधियों में लिप्त हैं जिनसे देश टूट सकता है, पर फिर भी देश चल ही रहा है। ऐसा क्यों क्या आपने सोचा, ऐसा क्यों।

हमें समझाया जाता था कि जिस प्रकार बालक बड़ा होने पर युवावस्था में बिगड़ने लगता है और फिर जिन्दगी के धक्के खाने के बाद सुधर जाता है, ठीक उसी प्रकार किसी भी देश की जिन्दगी में भी ऐसा ही पतन और उत्थान आते हैं। कहने और समझाईश का मतलब यही है कि आज हमारा देश भारत महान बिगाड की इसी युवावस्था के दौर से गुजर रहा है तथा आगे चलकर भविष्य हमारा उज्जवल है। दूसरे देशों के उदाहरण दिये जाते थे और बताया जाता था कि पश्चिम के जितने भी देश, इंग्लैण्ड, फ्रांस, जर्मनी, जापान, आदि जो आज उन्नत हैं उन सभी ने खराब दिन देखे हैं, लेकिन फ्रांस तथा रूस ही हमें ऐसे दो नाम याद आते हैं तो भ्रष्टाचार के भीषणतम आगोश में फंसे, रक्त क्रांतियों के दौर से गुजरे तथा फिर शक्तिशाली राष्ट्र बने।

18वी सदी के उत्तरार्द्ध में फ्रांस की हालत यह थी कि जब पैरिस राजकीय प्रासाद बैसेलिका का भूंखे-प्यासे, नंगे-निर्धनों की हजारों की संख्या वाली भीड ने घेर लिया तब छज्जे पर खडी रानी एन्टोनायट ने एक सभासद से पूंछा की ये लोग क्या चाहते हैं। उत्तर मिलने पर कि ये लोग रोटी के लिये जमा हुये हैं तब रानी ने कहा कि इन्हें ब्रेड दे दो। फ्रांस में उन दिनों नौकरियां बिकती थीं, जितनी बड़ी नौकरी उतनी ही उंची बोली। बेतहाशा भीड ने कानून अपने हाथ में लिया, राजा रानी गुलेटिन पर चढ़ाये गये। 20 सितंबर 1779 के दिन 20 हजार फ्रान्सीसी गुलेटिन पर चढ़ाये गये। लिवर्टी-फ्रेटनिर्टी-इकवलिटी के विश्व युग का उदय हुआ। रूस के जारों के भ्रष्ट तरीकों तथा अत्याचारों से सारी दुनिया वाकिफ है, 1917 में ब्लादीमिर लेनिन रूसी मंच पर आये,

प्रोलीटेरियर रिवोल्युसन हुआ, डिक्टेटरशिप आफ प्रोलिटेरियर कायम हुआ। लेकिन फिर 1991 में उसी सोवियत संघ का विघटन हुआ और आज नौबत यह है कि मास्को में मुसोलियम ब्लादीमिर लेनिन के रखे शव का बाहर कर दिये जाने की चर्चा चल रही है।

यदि हम थोड़ा गौर से देखें तो हमें एहसास होगा कि आज भारत की हालत लगभग वैसी ही है,.....खूनी क्रान्तियों के दिन लगभग गुजर चुके हैं। भारतीय जन–मानस उद्गमवादी हैं। इन तमाम कारणों से हमारे यहां फ्रांस या रूस की पुनरावृत्ति नहीं हो सकती। निकट भविष्य में सुधार की गुंजाईश भी नहीं दिखती पर फिर भी देश का काम काज ले देकर चल ही रहा है। ऐसा क्यों, क्या आपने कभी सोचा है, ऐसा क्यों।

एफ.एस. नरीमन कहते हैं कि जब तक अदालतों में दोष सिद्धि नहीं की जाती है तब तक आम जनता को अपने फैसले नहीं देने चाहिये।..... आम करदाता के पचास हजार करोड़ रूपये इन स्कैमो में गये। मेडिकल स्कैम, इम्पीरियल टोबेको कंपनी स्कैम, फेरा उल्लंघन के सारे स्कैम आदि की बात ही छोडिये। जो स्कैम आज भी सतह के तले लुके छिपे पडे हैं उनमें कितने करोड़ अरब गये हैं, उसका हिसाब अंदाज ही नहीं है। राजीव गांधी की कही गयी उक्ति अकसर ऐसे मौके पर याद आती है कि आम आदमी की जेब से निकले एक रूपये में से 15 पैसे निर्माण कार्य में खर्च होते हैं तथा बाकी 85 पैसे दूसरों के जेब में जाते हैं। ऐसा क्यों, क्या आपने कभी सोचा है, ऐसा क्यों.

इस प्रश्न का सीधा साधा उत्तर यह है कि हम आप आम आदमी, आम मतदाता, आम करदाता, आम कार्यकर्ता, आम नागरिक, कहलाये जाने वाले आम भारतीय ही भारत वर्ष कहलाये जाने वाले इस पुरातन देश को चला रहे हैं, हम ही इसे जीवित, गतिशील, गतिमान, दिशावान रखे हैं। यह देश हमारे आपके ही शक्तिशाली कंधों पर टिका है। साथ ही साथ हम ही इन स्कैम कर्ताओं का बोझ उठाये हुये हैं। हमारे मंत्री, जनप्रतिनिधि तथा अफसरान तो सिर्फ मजा–मौज कर रहे हैं, अपने–अपने पदों का उपयोग महज इसलिये कर रहे हैं ताकि उनके निजी खजाने लभालभ भर सकें। 2 जून की रोटी, कपड़ा, मकान, और दवा हसते रोते जुटाने वाले हम आपका यह सौभाग्य है कि राजनायिकों के विपरीत

दूसरी तरफ कुछ ऐसे साधारण–असाधारण सामाजिक कार्यकर्ता हैं, जो देश को जीवित रखने में अपना योगदान दे रहे हैं।

आज से लगभग 25 वर्ष पहले हिमालय की तराई इलाकों में पेडों को निर्दयता से काटने का सिलसिला शुरू किया गया। सुन्दरलाल बहुगुणा तथा उनके साथी पेडों को पकड़कर चिपक गये कि अब हो सके तो पेडों को काटो। लिहाजा पेड नहीं काटे जा सके, इस बचाव अभियान को आज हम चिपको–आन्दोलन के नाम से जानते हैं। तब से लेकर आज तक मेगासायसे पुरस्कार विजेता सुन्दरलाल बहुगुणा पर्यावरण–रक्षण के कार्य में जुटे हैं। उनके इस कार्य को अब आगे चला रहीं हैं ।मेधा पाटकर आज हमारा वातावरण जिस सीमा तक प्रदूषण से बचा हुआ है तो सरकार प्रयासों के कारण कम तथा सुन्दरलाल बहुगुणा तथा मेधा पाटकर के अथक प्रयासों के कारण कहीं ज्यादा ।

लगभग 25–30 वर्ष पूर्व गुजरात में पटवारी तथा जोशी नामक दो सामाजिक कार्यकर्ताओं द्वारा लोक अदालतें शुरू की गईं। इन दोनों ने देखा कि आम प्रकरणकारियों का काफी समय तथा पैसा निरर्थक लंबी अदालतीय कार्यवाहियों में बीतता है, क्यों न उभय पक्षकारों को पास–पास बिठाकर आपसी राजीनामे करा दिये जायें। गांवों में पेडों के नीचे टेबिल कुर्सियां डालकर समझौतों की कार्यवाहियां प्रांरभ की गईं। पहले तो आंशिक सफलता मिली पर आगे चलकर समझौतों की ये कार्यवाहियां सफल होने लगीं और लोक–अदालत पद्दति ने जन्म लिया। आज सारे देश में शासकीय स्तर पर लोक–अदालतें चलाई जा रही हैं।

बिहार कि एक जेल का दौरा करते समय उच्चतम न्यायालय की अधिवक्ता कपिला हिन्गोरानी ने देखा कि जेल में ऐसे सैकडों कैदी हैं जो उनके द्वारा किये गये अपराध के लिये प्रावधानित अधिकतम सजा अवधि से भी ज्यादा समय से जेलों में पड़े थे तथा उनके मामलों में कुछ भी नहीं हुआ था। उन्होंने उन तमाम विचाराधीन कैदियों की तरफ से उच्चतम न्यायालय में एक लोक–हित याचिका दायर की । उच्चतम न्यायालय ने केन्द्र सरकार तथा बिहार राज्य सरकार को नोटिस भेजे, रिकार्ड बुलवाये तथा जांचे गये। नतीजा यह रहा कि हजारों विचाराधीन कैदी तुरंत रिहा किये गये।

स्वामी अग्निवेश ने देखा कि देश के कई स्थानों पर आज भी हजारों की संख्या में मजदूर दशकों से बंधुवा बने बैठे हैं। उन्होंने बंधुवा मुक्ति मोर्चा नामक संस्था की स्थापना की, उच्चतम न्यायालय में उन्होंने लोकहित याचिका दायर की तथा तमाम बंधुवा मजदूरों को गुलामी की जंजीरों से राहत दिलाई। आगे चलकर स्वामी अग्निवेश ने राजनीति के क्षेत्र में कदम रखने की कोशिश की, असफल रहे। हम मानकर चलेंगे कि वे सिर्फ समाज सेवा के क्षेत्र की तरफ मुखातिब हो चुके हैं।

आज कल अन्ना हजारे और उनका भ्रष्टाचार विरोधी अभियान समाचार की सुर्खियों में है। अन्ना हजारे महाराष्ट्र के एक साधारण नागरिक हैं, जिन्होंने आज से लगभग 20 वर्ष पहले अपने निवास स्थान रालेगांव की हालत सुधारने का बीड़ा उठाया, उन दिनों रालेगांव की हालत निम्नतम थी, फसलें खराब थीं, शराबखोरी–अपराध चरम सीमा पर थे, असमय मौतें सामान्य थीं, अशिक्षा सर्व–व्याप्त थी, पर आज 20 वर्ष बाद रालेगांव को देश के सबसे अच्छे गांवों में से एक माना जाता है। सिर्फ अन्ना हजारे के कारण। अभी पिछले कुछ समय से उन्होंने अपना ध्यान भ्रष्टाचार उन्मूलन की ओर दौडाया है। महाराष्ट्र सरकार के कुछ मंत्रियों के खिलाफ पुख्ता सबूत पेश कर रहे हैं, दो मंत्री बरखास्त कर दिये गये हैं। बाल ठाकरे, मुख्यमंत्री मनोहर राव जोशी तथा दूसरे मंत्री भयभीत हैं। अन्ना हजारे को धमकियां दी जा रही हैं पर वे निर्भीक कार्यरत हैं।

बम्बई–मुम्बई म्युनिसिपिल कारपोरेशन के असिस्टेन्ट कमिश्नर जी. आर.खैरनार ने अवैध कब्जों को हटाने तथा बिना परमिट बनी बहुमंजिला इमारतों को गिराने का काम अपने हाथों लिया। दाउद इब्राहिम जैसे भयानक अंडर वर्ल्ड डॉन की बिल्डिंगों को जी.आर. खैरनार ने खुद सामने खड़े होकर गिराया या गिरवाया। दिलेरी तथा साहस के लिये वे सारे देश में चर्चित हुये पर फिर वैस्टेड इन्टरेस्ट प्रबल हुआ, जी.आर. खैरनार पहले तो निलंबित किये गये और फिर नौकरी से अंत में जाकर बाहर निकाल फेंके गये।

वर्ल्ड बैंक अमरीका में एक अच्छे पद` से आसीन थे, अरूण शौरी। उनमें पत्रकारिता की इच्छा प्रबल हुई, नौकरी छोड़ी, भारत वापस आये

तथा इंडियन एक्सप्रेस से जुड़ गये। सहसा उनका ध्यान अब्दुल रहमान अंतुले के इन्द्रा गांधी प्रतिष्ठानम् की ओर गया, इस न्यास की गतिविधियों की उन्होंने बारीकी से खोजबीन की। उजागर हुआ सीमेंन्ट घोटाला, न्यास के खाते में अवैध रूपये से जमा 5 करोड़ रूपये आदि घपले। अंतुले मुकदमों में फंसे, कुछ वर्ष गुमनामी के अंधेरे में जिये। पर आज फिर सांसद या मंत्री बने हैं पर इस बीच अरूण शौरी खोजी–पत्रकारिता की नीव डाल गये, उन्हें मेगासायसे पुरूष्कार दिया गया। नई दिल्ली स्थित इंडियन एक्सप्रेस कार्यालय में उन पर गंभीर हमला किया गया, पर फिर भी आज फ्री लांस जर्नालिस्ट के रूप में उनकी कलम अविरल दौड रही है।

मुम्बई में इस समय एक और पत्रकार चर्चित हो रहे हैं। महानगर के संपादक निखिल वागले। उन्होंने बाल ठाकरे और शिवसेना कार्यकर्ताओं के खिलाफ कलम दोड़ाई है, अंडरवर्ल्ड के खिलाफ वे निर्भीकता से लिखते हैं। महाराष्ट्र विधान सभा में अवमानना का प्रस्ताव पारित किया गया, निखिल वागले ने माफी नहीं मांगी और चार दिन जेल में काटे। अभी कुछ ही दिन पहले उनका कार्यालय तोड़–फोड का शिकार बना, पर निखिल वागले निर्भीक लिखे जा रहे हैं।

टी.एन.शेषन के मुख्य चुनाव आयुक्त बनने के पहले इस पद और इस संस्था को गंभीरता से नहीं लिया जाता था तथा चुनावी सुधारों की महज औपचारिक चर्चा की जाती थी। पर अपने 6 वर्षीय कार्यकाल में टी.एन. शेषन दूरगामी सुधार कर गये हैं, मतदाताओं के पहचान पत्र तैयार किये गये हैं और फर्जी मतदान काफी सीमा तक समाप्त हो गया है। स्थानों पर चुनाव समय पर और शांतिपूर्वक कराये गये। चुनाव अभिनयान के समय हो हल्ला समाप्त हो गया, यदि वे एक कार्यकाल और बने रहते तो शायद जन–प्रतिनिधियों के लिये शिक्षा–अर्हता का प्रावधान बना जाते। उन्हें प्रतिष्ठित मेगासायसे पुरूष्कार मिला।

पुलिस अधिकारी किरण बेदी टैनिस में एशियन चैम्पियन रहीं, पहली महिला आई.पी.एस आफिस्सर हैं। 1984 में एशियन गेम्स के दौरान उन्होंने तत्कालीन प्रधानमंत्री श्रीमति इन्द्रा गांधी की कार को क्रेन से टोचन कर दूर रख दिया, क्योंकि कार ट्राफिक नियम का उल्लंघन कर रही थी।

कुछ वर्ष पूर्व उन्होंने जेल सुधार अभियान शुरू किया, आम जनता में लोक प्रियता हासिल की, पर अफसरान की नाराजगी का शिकार बनीं तथा उक्त पद से अलग कर दी गईं। उन्हें मेगासायसे अवार्ड से नवाजा गया है।

पंजाब में आतंकवाद को समाप्त करने में तीन व्यक्तियों को मुख्यतया श्रेय दिया जा सकता है, जूलियस रिबैरो, के.पी.एस.गिल, तथा बेअंत सिंह। जूलियस रिबैरो सबसे पहले पुलिस प्रमुख हैं, जिन्होंने आतंकियों के खिलाफ वास्तविक मोर्चा संभाला। अवकाश प्राप्ति के बाद भारत के राजदूत बनाये गये, ब्रुसेल्स में उन पर आतंकियों द्वारा हमला किया गया, परंतु वास्तविक सफल कार्यवाही का श्रेय के.पी.एस.गिल को जाता है। उन्होंने आतंकियों का आमना सामना किया। अफसोस की बात है कि आज उनके पक्ष में बोलने वाले कम हैं, मुख्य मंत्री बेअंत सिंह का योगदान भी अविस्मरणीय रहेगा। आज पंजाब इन तीन कर्तव्य निष्ठावानों के कारण सुरक्षित है।

फेहरिस्त यहीं पर समाप्त नहीं हो जाती। आम नागरिकों की फेहरिस्त तैयार नहीं की जा सकती। हजारों लाखों मजदूर निष्ठा से काम कर रहे हैं। गांवों के स्कूलों में बिरले शिक्षक कर्तव्य परायणता के उदाहरण पेश करते हुये गरीब बच्चों को पढ़ा रहे हैं। रेल्वे स्टेशन में आरक्षण की खिडकी पर आपका हाथ आगे है तथा दरवाजा कलाई पर गिरा दिया जाता है, पर कुछ एक ऐसे भी बाबू हैं जो ऐसा नहीं करते।

सरकारी उपक्रमों में समय पर आने जाने वाले तथा पूरे समय काम करने वालों की महती संख्या है। कर्तव्यनिष्ठ भारतीयों की संख्या में वे अखबारों की सुर्खियों में नहीं है, परंतु यही वे वास्तविक भारतीय हैं जो देश चला रहे हैं तथा चुपचाप लेकिन प्रभावशाली तरीके से उत्तर दे सकते हैं इस ज्वलंत प्रश्न का ऐसा क्यों. क्या आपने सोचा है, ऐसा क्यों.

– एन.सी.ब्योहार

दैनिक भास्कर–24 दिसंबर 1996

अनुच्छेद 356 पर इलाहाबाद उच्च न्यायालय का निर्णय

अभी हाल ही में इलाहाबाद उच्च न्यायालय की लखनउ पीठ ने उत्तर प्रदेश में महामहिम राष्ट्रपति की अधिसूचना दिनांक 17/10/1996 को अवैध घोषित कर दिया है, जिसके द्वारा उत्तर प्रदेश में दोबारा राष्ट्रपति शासन लागू किया गया था। याचिका कर्ता हरिशंकर जैन, आर.के.वर्मा तथा लाल जी टंडन ने एक परमादेश याचिका दायर की थी, जिसमें भारतीय संविधान के अनुच्छेद 356 के तहत पारित अधिसूचना की वैधानिकता को चुनौती दी गई थी। पहले यह मामला न्यायमूर्ति श्री सैयद हैदर अब्बास और न्यायमूर्ति श्री ए.एन.गुना की दो सदस्यीय खंडपीठ ने सुना था, तथा इस खंडपीठ ने दिनांक 19/11/1996 को विरोधी फैसले दिये थे। फलस्वरूप मुख्य न्यायमूर्ति महोदय ने मामले को एक विशेष पीठ को सौंप दिया था, जिसका गठन न्यायमूर्ति श्री बृजमोहन लाल, न्यायमूर्ति श्री मार्कण्डेय काटजू तथा न्यायमूर्ति श्री बृजेश कुमार द्वारा किया गया था। विशेष पीठ ने अपने फैसले में यद्यपि अधिसूचना को अवैध करार घोषित किया गया है, लेकिन प्रास्पैक्टिव ऑपरेशन के नियम के आधार पर फैसले का क्रियान्वयन 26/12/1996 तक के लिये स्थगित रखा, ताकि यदि राज्यपाल रोमेश भंडारी चाहें तो राज्य में लोकप्रिय सरकार का गठन किया जा सके, लेकिन लोकप्रिय प्रजातांत्रिक सरकार का गठन नहीं किया गया तथा केन्द्र सरकार ने उच्चतम न्यायालय में अपील दायर करके स्थगन आदेश हासिल कर लिया है।

न्यायमूर्ति श्री बृजमोहन लाल ने अपने फैसले में जो सबसे महत्वपूर्ण बात कही है वह यह है कि उत्तर प्रदेश के राज्यपाल पर संवेधानिक पाबंदी नहीं थी कि वे सबसे अधिक सीटें हासिल करने वाली पार्टी को सरकार बनाने के लिये आमंत्रित करें, यदि उन्हें ऐसा लगता कि अनुच्छेर 164 के प्रावधान के तहत उस पार्टी को सदन का विश्वास प्राप्त नहीं था, परंतु फिर भी राज्यपाल महोदय के लिये यह लाजमी था कि वे मतदाताओं के द्वारा चुनी गई सरकार बनाने की दिशा में हर संभव प्रयास

करते तथा न्यायमूर्ति के मतानुसार राज्यपाल द्वारा ऐसा नहीं किया गया था। न्यायमूर्ति श्री मार्कण्डेय काटजू ने निर्णय दिया है कि क्योंकि राज्यापाल ने चुनावी नतीजों की घोषणा के तुरंत बाद विभिन्न पार्टियों के नेताओं से गंभीर तथा शीघ्र विचार विमर्श नहीं किया, क्योंकि उन्होंने चुनाव आयोग को अनुच्छेद 73 के तहत नोटिफिकेशन जारी करने के लिये तुरंत नहीं लिखा तथा चूकि उन्होंने सरकार गठन के लिये विधान सभा की बैठक तुरंत नहीं बुलाई, इस कारण राज्यपाल की सिफारिशों पर आधारित अधिसूचना दिनांक 17/10/1996 को अवैध करार किया। न्यायमूर्ति महोदय ने सुझाव दिया कि अभी भी अनुच्छेद 174 के तहत विधान सभा को बुलाया जाये, विधान सभा द्वारा सरकार गठन की कार्यवाही की जाये तथा मुख्य मंत्री की नियुक्ति की जाये। न्यायमूर्ति श्री बृजेश कुमार ने अपने निर्णय में कहा है कि सरकार का गठन विधान सभा के फर्श पर होता है, तथा राज्यपाल ने कानून उपलब्ध सरकार गठन के सारे प्रयास नहीं किये थे तथा राष्ट्रपति को अपनी सिफारिश भेज दी थी। तीनों विद्वान न्यायमूर्तियों ने एकमतेन होकर निर्णय दिया है कि अनुच्छेद 356 की संबंधित उपधाराओं के तहत यह व्यवस्था है कि किसी भी राज्य में राष्ट्रपति शासन एक वर्ष से अधिक अवधि के लिये बढ़ाया जाये, इसके लिये आवश्यक है कि राज्य में आपातकाल की स्थिति मौजूद हो तथा संसद के दोनों सदनों द्वारा प्रस्ताव पारित किये हों तथा चुनाव आयोग द्वारा इस आशय का सर्टिफिकेट दिया जावे कि राज्य में चुनाव कराया जाना संभव नहीं है। क्योंकि वर्तमान मामले में उपरोक्त शर्तें उपस्थित नहीं थीं, इस कारण अधिसूचना का कोई औचित्य नहीं था।

मामला दूरगामी महत्व का है, अनुच्छेद 356 तथा राज्यपाल का पद विगत वर्षों में महती चर्चा एवं कटु आलोचना के विषय बन चुके हैं, इसलिये हम चाहेंगे कि शीर्षस्थ न्यायालय द्वारा इन मुद्दों पर एक प्रामाणिक निर्णय प्रदान किया जाये। उल्लेखनीय है कि कुछ समय पहले मध्य प्रदेश उच्च न्यायालय ने अनुच्छेद 356 से संबंधित एक ऐतिहासिक निर्णय सुनाया था, सुन्दरलाल पटवा बनाम राज्य शासन एवं अन्य जिस फैसले के द्वारा राष्ट्रपति द्वारा 14/12/1992 को जारी की गई अधिसूचना को अवैध घोषित किया था। उल्लेखनीय है कि 06/12/1992 के दिन

अयोध्या में घटी वारदातों के फलस्वरूप मध्य प्रदेश में उपद्रव हुये थे, जिनमें भोपाल में 62 आदमी मारे गये थे। 300 जख्मी हुये थे तथा उज्जैन में 9 आदमी मारे गये थे तथा बाकी राज्य तनावपूर्ण आवश्य रहा, पर गंभीर वारदातें अन्य स्थानों पर नहीं हुई थीं। राज्यपाल महोदय ने 8.10 तथा 13 दिसंबर 1992 को 3 रिपोर्ट राष्ट्रपति को भेजी थीं कि राज्य में बिगड़ती कानून व्यवस्था को देखते हुये विधान सभा भंग कर दी जानी चाहिये तथा राज्य में राष्ट्रपति शासन लागू कर दिया जाना चाहिये। इन सिफारिशों पर अमल करते हुये महामहिम राष्ट्रपति ने राज्य की विधान सभा को भंग कर दिया था। मुख्य न्यायमूर्ति श्री एस.के.झा तथा न्यायमूर्ति श्री डी.एम.धरमाधिकारी ने अधिसूचना को अवैध घोषित किया था तथा न्यायमूर्ति श्री के.एम. अग्रवाल ने विरोधी निर्णय देते हुये कहा था कि मामले में जो मुद्‌दे उठाये गये हैं वे प्रतिबंधित क्षेत्र के अंतर्गत आते हैं, जिनमें न्यायालयों तथा न्यायमूर्तियों को प्रवेश नहीं करना चाहिये।

मध्य प्रदेश उच्च न्यायालय का यह निर्णय इस ऐतिहासिक महत्व का था कि अपने प्रकार का यह पहला फैसला था, जिसमें राष्ट्रपति द्वारा जारी अधिसूचना को असंवेधानिक घोषित किया गया हो, निर्णय के खिलाफ उच्चतम न्यायालय में अपील की गई तथा उच्चतम न्यायालय के प्रमाणिक निर्णय की प्रतीक्षा की गई, परंतु आगे चलकर प्रदेश में विधान सभाई चुनाव संपन्न हो गये तथा प्रमाणिक व्याख्या उपलब्ध न हो सकी। हम आशा करते हैं कि इस बार प्रमाणिक निर्णय हमें प्राप्त हो सकेगा।

दोनों स्थितियों में कुछ अंतर है। मध्य प्रदेश विधान सभा भंग कर दी गई थी, जबकि उत्तर प्रदेश विधान सभा भंग नहीं की गई है, वरन् मात्र निलंबित की गई है। मध्य प्रदेश में दिनांक 15/12/1992 की अधिसूचना के मुताबिक विधान सभा पहली बार भंग की गई थी, जबकि उत्तर प्रदेश में राष्ट्रपति शासन 17/12/1995 से लागू था, 17/12/1996 को इसकी अवधि समाप्त होने जा रही थी। मध्य प्रदेश में कानून व्यवस्था की स्थिति के कारण अनुच्छेद 356 का उपयोग किया गया था, जबकि इस आधार पर उत्तर प्रदेश में इस प्रावधान को अमल में नहीं लाया गया है, वरन उत्तर प्रदेश में कारण यह रहा कि राज्यपाल रोमेश भंडारी के मतानुसार किसी भी पार्टी या पार्टियों के समुदाय में बहुमत प्राप्त न होने के कारण

सरकार बनाने की क्षमता नहीं थी। इन असमानताओं के बावजूद दोनों मामलों में एक अत्यंत महत्वपूर्ण उभयकारी पक्ष हैं और वह यह है कि अनुच्छेद 356 दोनों मामलों में विचाराधीन है। दोनों मामलों में राज्यपाल की भूमिका विवादास्पद थी या है तथा इन दोनों संवेधानिक मुद्दों पर अंतिम व्यवस्था आना प्रतीक्षित है।

राज्यपाल रोमेश भंडारी आज भी दावा कर रहे हैं कि उन्होंने विधान सभा को मात्र निलंबित किया है, भंग नहीं किया है और यदि कोई पार्टी उन्हें आश्वस्त कर देती है कि उसे 211 सीटें उपलब्ध हैं, तो वे उस पार्टी को सरकार गठन के लिये आमंत्रित करेंगे तथा उत्तर प्रदेश में आज भी लोकतांत्रिक सरकार गठित हो सकती हैं। सिफारिश भेजते समय उनके कहे अनुसार किसी पार्टी या समुदाय ने 211 सीटों का दावा पेश नहीं किया था और इस कारण उन्होंने निलंबन की सिफारिश भेजी। निष्पक्ष प्रेक्षक यह कहते हैं कि राज्यपाल रोमेश भंडारी बिना वजह इस गुणाभाग में उलझ गये कि किस पार्टी के पास 211 सीटें थी तथा किस पार्टी के पास इतनी सीटें नहीं थीं, उन्हें तो मात्र इतना करना था कि किस पार्टी के पास सबसे ज्यादा सीटें थी तथा फिर उस पार्टी के लीडर को मंत्री मंडल बनाने के लिये आमंत्रित कर देना। उन्हें मई 1996 के उदाहरण से सीख–सबक लेना था, जब राष्ट्रपति डां. शंकर दयाल शर्मा ने लोक सभा चुनाव के बाद भारतीय जनता पार्टी के नेता अटल विहारी वाजपेयी को सरकार बनाने के लिये आमंत्रित किया था, क्योंकि भारतीय जनता पार्टी सबसे बड़ी एकल पार्टी के रूप में उभरी थी, तदानुसार श्री अटल विहारी वाजपेयी ने सरकार बनायी भले ही यह सरकार मात्र 13 दिन टिकी, लोकसभा में विश्वास न सिद्ध कर सकी तथा चौदहवे दिन से आगे देवगौडा साझा सरकार स्थापित हो गई। पूंछे जाने पर रोमेश भंडारी बचाव पेश करते हैं कि उन्होंने इस उदाहरण का अनुसरण इसलिये नहीं किया क्योंकि केन्द्र में राष्ट्रपति शासन लागू नहीं किया जा सकता।

उत्तर प्रदेश के इस संवेधानिक घटना चक्र में सबसे अहम संवेधानिक मुद्दा यह है कि क्या राज्यपाल सबसे बड़ी एकल पार्टी को सरकार बनाने के लिये आमंत्रित करने के लिये कानून बाध्य है, भले ही उस पार्टी को बहुमत प्राप्त न हो, इस प्रश्न का सीधा–साधा उत्तर यही दिखता है कि

सबसे बड़ी एकल पार्टी को सरकार बनाने का मौका न देना उस पार्टी तथा मतदाताओं के साथ अन्यायपूर्ण ही होगा, जिन मतदाताओं से उस पार्टी में अपना विश्वास निवासित किया है। आम मतदाताओं का मत है कि राज्य में सरकार बने, यदि बहुमत वाली सरकार नहीं बन सकती है, तो सबसे अधिक मत प्रतिशत तथा सीटें जीतने वाली पार्टी सरकार बनायें, यदि आम मतदाताओं ने स्पष्ट बहुमत उस एकल पार्टी को भले ही न दिया हो तो भी उन्होंने सबसे ज्यादा शक्ति उसी पार्टी को दी है, सबसे ज्यादा जनादेश उसी पार्टी को दिया है। सबसे बड़ी एकल पार्टी के नेता को सरकार बनाने की जवाबदारी सौंपने के बाद राज्यपाल की संवेधानिक कार्यवाही समाप्त हो जाती है और फिर नियुक्त किये गये, मुख्यमंत्री की जवाबदारी आरंभ हो जती है, या फिर यह सिद्ध करें कि उसे सदन का विश्वास प्राप्त है या फिर उसके पास बहुमत अर्जित है। सरकार चलने योग्य है अथवा नहीं, इस प्रश्न का उत्तर विधायिका के फर्श पर होना चाहिये न कि राज्यपाल के मस्तिष्क में ।

1967 में राज्यपाल धरमवीर ने पश्चिमी बंगाल में अत्यंत विवादस्पद भूमिका निभायी थी तब से इस श्रंखला का शुरूआत हुआ है। एक समय था जब राज्यपाल निष्पक्ष एवं निर्भीक प्रहरी हुआ करते थे, पर पेशेवर राजनीति के उत्तरोत्तर प्रचलन के साथ इस पद की गरिमा भी शनै–शनै क्षीणतर होना प्रारंभ हो गई, जिस पद पर पहले डा. पद्मजा नायडू या सी.बी.पट्टारमेया जैसे स्वतंत्रता सेनानी बैठा करते थे, उस पद पर बेरोजगार पूर्व मंत्रियों तथा अवकाश प्राप्त ब्यूरोक्रेट्स को बिठाया जाने लगा।.....एक समय था जब सारी कोशिश की जाती थी कि किस प्रकार वामपंथियों को सरकार बनाने से रोका जाये, मिसाल के तौर 1959 में केरल में नम्बूदरीपाद सरकार गिरायी गई थी। आज सारी कोशिश यह की जा रही है कि किस प्रकार भाजपा सरकार न बनने दी जाये। आम मतदाता यही चाहता है कि स्थित एवं कुशल सरकार बने भले ही पार्टी कोई भी क्यों न हो, जब तक राज्यपाल केन्द्र सरकार के इशारों पर चलते रहेंगे तथा जब तक वे दलगत राजनीति के समीकरणों में अपने आपको उलझाते रहेंगे, तब तक मध्य प्रदेश तथा उत्तर प्रदेश के जैसे उदाहरण आये दिन आते रहेंगे।

–एन.सी.ब्योहार

दैनिक भास्कर–दिनांक 15 अक्टूबर 1996

जुड़ीशियल एक्टिविज्म या न्यायिक सक्रियता

जुलाई 1996 में इलाहाबाद उच्च न्यायालय में एक परमादेश याचिका को अंतिम बहस के लिये मंजूर कर लिया था, जिसमें यह कहा गया था कि बिना सांसद बने श्री एच.डी.देवगौड़ा द्वारा प्रधानमंत्री का पद ग्रहण करना असंवैधानिक है। इस वक्त अनेक सांसदों द्वारा पुरजोर आवाज उठाई गई कि न्याय पालिका द्वारा अपने क्षेत्र का अतिक्रमण किया जा रहा है। न्याय पालिका द्वारा सुपर गवर्नमेंन्ट के जैसे काम किया जा रहा है, न्यायिक अंतकवाद को समाप्त करना होगा इत्यादि। जबसे हवाला काण्ड, यूरिया कांण्ड तथा सेन्ट किट्स मामले ने उच्चतम न्यायालय तथा दिल्ली पटना उच्च न्यायालयों में गति पकड़ी है, जबसे पूर्व प्रधानमंत्री पी.वी. नरसिंहराव को जमानत मिलने के मामले में चीफ मेट्रोपालिटन मजिस्ट्रेट प्रेम कुमार तथा सी.बी.आई के स्पेशल जज अजीत भारिहोक को अदालत में कानूनी कठिनाई का सामना करना पड़ा है, तथा जब से सी.बी.आई को सामान्यतया तथा सी.बी.आई के निदेशक जोगिन्दर सिंह को विशेष तौर पर उच्चतम न्यायालय तथा पटना उच्च न्यायालय ने आड़े हाथों लिया है, तब से जुड़ीशियल एक्टिविज्म या न्यायिक सक्रियता के खिलाफ निरंतर आवाज उठाई जा रही है तथा धीरे–धीरे माहौल तैयार किया जा रहा है। अभी हाल ही में लोक सभाध्यक्ष पी.ए. संगमा ने कहा है कि अदालतों की न्यायिक सक्रियता ने विधायिका के सामने खतरा उत्पन्न कर दिया है तथा शीघ्र ही कुछ न कुछ करना होगा।

यह बात अवश्य है कि न्यायिक सक्रियता के विरूद्ध आम जनता द्वारा कुछ भी नहीं कहा जा रहा है, बल्कि आम जनता द्वारा न्यायिक सक्रियता का इस बिना पर स्वागत किया जा रहा है कि उनके हितों की रक्षा में न्यायपालिका ने मोर्चा संभाला है। न्यायिक सक्रियता के विरूद्ध उन लोगों द्वारा आवाज उठाई गई है। जिनके निजी व्यक्तिगत स्वार्थों पर कुठाराघात हो रहा है। दूसरे शब्दों में आवाज उठाने वाले वे मंत्री, सांसद ब्यूरोक्रेट्स तथा कुछ खास उंचे लोग हैं, जिनके खिलाफ अदालतीय

आदेश आ रहे हैं। राजनीतिक दलों में से ज्यादा आवाज कांग्रेसियों की है, क्योंकि मौके पर सत्ता वे ही संभाले हैं। दरअसल में इस वक्त सारे देश में मंत्रियों, सांसदों तथा राजनायिकों के खिलाफ असाधारण तौर पर माहौल बन गया है, इन लोगों की साख अपने निम्नतम धरातल पर है तथा न्यायपालिका की प्रतिष्ठा उच्चतम शिखर पर है। हो सकता है कि एकाध मौके पर उच्च न्यायमूर्तियों द्वारा अति उत्साह में आकर एक दो निर्णयों–अदेशों को पारित करते समय आंशिक रूप से क्षेत्राधिकार का अतिक्रमण कर दिया हो परंतु सामान्य स्तर पर न्यायमूर्तियों की सक्रियता का स्वागत किया गया है।

आजादी मिलने के बाद जबसे उच्चतम न्यायालय तथा समस्त उच्च न्यायालयों ने अपना–अपना कार्यभार संभाला है, तबसे इन न्यायालयों ने अपने आपको अपने अपने क्षेत्रों में सीमित रखा है तथा कार्यपालिका व विधायिका को अतिक्रमण की शिकायत का मौका नहीं दिया है, परंतु यह उल्लेखनीय है कि हमारी उच्च न्यायपालिका ने आम नागरिकों के मौलिक तथा कानूनी अधिकारों की रक्षा में कानूनी प्रावधानों तथा संविधान के शब्दों की उदारता पूर्वक व्याख्या की है। यह बात सम्पत्ति के अधिकार के मौलिक अधिकार के मामले में खास तौर पर परिलक्षित हुई है। जिस व्यक्ति की सम्पत्ति राज्य शासन द्वारा किसी सार्वजनिक उद्देश्य से अधिग्रहण की गई है। उसे न्यायोचित मुआवजा दिलाने की दिशा में उच्चतम न्यायालय ने अनेक मामलों में विशेष प्रकार की न्यायिक सक्रियता ही दिखाई थी, जिसका आगे चलकर परिणाम यह निकला कि 44 वें संवेधानिक संशोधन के जरिये सम्पत्ति के अधिकार को संविधान के भाग–3 बुनियादी अधिकार के दायरे से बाहर निकालते हुये इस अधिकार को और दूसरे कानूनी अधिकारों के माफिक एक आम कानूनी अधिकार बना दिया गया है। उच्च न्यायपालिका की न्यायिक सक्रियता मुख्य न्यायाधीश श्री पी.एन भगवती के काल में सबसे ज्यादा मुखरित हुई, जब उन्होंने पब्लिक इन्टरेस्ट लिटिगेशन को बढ़ावा दिया। इस नई कानून प्रक्रिया के तहत भागलपुर आंख फोड़ मामला, बिहार विचाराधीन कैदियों का मामला, बम्बई के फुटपाथों पर जिन्दगी बिताने वाले लाखों गरीबों के हितों को उजागर करने वाला ओलगा टैलिस बनाम महाराष्ट्र

सरकार का मामला, स्वामी अग्निवेश द्वारा उठाया गया बंधुआ मजदूरों का मामला आदि अनेक चर्चित मामले सामने आये, चूकि इन मामलों से मंत्रियों आदि का कुछ भी नुकसान नहीं हुआ, इस कारण न्यायिक सक्रियता पर ज्यादा गौर नहीं किया गया।

विगत दो–तीन वर्षों में न्यायिक सक्रियता को असाधारण गति मिली है। उच्चतम न्यायालय के न्यायमूर्तिगण श्री जे.एस.वर्मा, श्री एस.पी. भरूचा, श्री एस.सी.सेना, श्री कुलदीप सिंह, श्री बी.एन.किरपाल, श्री हंसलिया, श्री फैजानुद्दीन, पटना उच्च न्यायालय के न्यायमूर्तिगण श्री एस.एन.झा तथा श्री एस.जे. मुखोपाध्याय, दिल्ली उच्च न्यायालय के श्री महाजन, श्री वाय.के. सबरवाल और श्री डी.के.जैन आदि ने न्यायिक सक्रियता को एक नया और विलक्षण रूप प्रदान किया है, परंतु यह निर्विवाद है कि इस क्षेत्र में सबसे अधिक प्रभावशाली योगदान उच्चतम न्यायाधीश श्री जे.एस.वर्मा का रहा है। न्यायमूर्ति श्री जी.एस.वर्मा ने हवाला मामले को गति प्रदान की है। हालाकि हवाला मामले में शुरूआती दिनों में सुनवाई करने वाली संवैधानिक पीठ के अन्य दो सदस्य श्री एस. पी.भरूचा, तथा श्री एस.सी.सेन न्यायमूर्तिगण थे तथा हालाकि उनका योगदान भी उल्लेखनीय है, परंतु तत्कालीन न्यायिक सक्रियता का पर्यायवाची नाम है न्यायमूर्ति श्री जे.एस.वर्मा ।पत्रकार विनीत कुमार तथा तीन अन्य सामाजिक कार्यकर्ताओं ने 10/10/1993 को एक पी.आई.एल याचिका दायर की थी कि हवाला कांण्ड में सी.बी.आई द्वारा अरसा बीत जाने पर भी किसी प्रकार की कार्यवाही नहीं की गई तथा उच्च पदेन व्यक्तियों को परोक्ष रूप से संरक्षण दिया जा रहा था। याचिका मामले में उच्चतम न्यायालय में शुरू में तो कोई उल्लेखनीय तरक्की नहीं देखी। पर फिर 30/11/1994 को पहली बार जब न्यायमूर्ति श्री जे.एस.वर्मा ने मामले की सुनवाई प्रारंभ की तब वर्षों से सुप्त पड़े मामले में एकाएक गति आ गई, उन्होंने आदेश जारी कर दिया कि किसी भी व्यक्तियों के खिलाफ मामला समाप्त नहीं किया जायेगा। भले ही वह व्यक्ति कितने ही उंचे पद पर क्यों न आसीन हो। सी.बी.आई. के तत्कालीन निदेशक विजय रामा राव को आदेश दिया गया कि वे मामले की हर सुनवाई के मौके पर उच्चतम न्यायालय में व्यक्तिगत रूप से हाजिर रहें, ताकि प्रमाणिक

जानकारी सीधे निदेशक से बिना समय खोये हासिल की जा सके। न्यायमूर्ति श्री जे.एस.वर्मा ने समय–समय जांच ब्यूरो को आगाह किया कि संस्था का जांच–पड़ताल का काम संतोष जनक नहीं था तथा यदि यही हाल रहा आया तो लाचार होकर यह जवाबदारी किसी दूसरी जांच संस्था को सौंपनी पड़ेगी। जांच संस्था तथा उसके निदेशक विजय रामा राव तुरंत क्रियाशील हुये तथा 04/03/1995 को जैन बंधु एस.के.जैन तथा एन.के.जैन गिरफतार कर लिये गये। आगे चलकर जब सी.बी.आई के निदेशक का भार जोगिन्दर सिंह द्वारा संभाला गया तब न्यायमूर्ति श्री जे.एस.वर्मा ने उनकी आलोचना की कि निदेशक द्वारा हवाला कांण्ड के किंग पिन अमीन भाई का प्रत्यार्पण हांग कांग से नहीं कराया जा सका तथा अमीन भाई को गिरफ्तार नहीं किया जा सका। इस फटकार के बाद निदेशक जोगिन्दर सिंह पुनर्जीवित से हो गये हैं तथा अपना काम पूरी मुस्तैदी से कर रहे हैं।

उच्चतम न्यायालय के उदाहरण से सीख–सबक लेकर पटना उच्च न्यायालय तथा दिल्ली उच्च न्यायालय ने पशु चारा घोटाला तथा झारखंड मुक्ति मोर्चा के सांसदों द्वारा रिश्वत लेने के मामलों को मानीटर प्रारंभ कर दिया है। विगत दिवस सी.बी.आई के उप निदेशक यू.एन. विश्वास ने पटना उच्च न्यायालय को बताया है कि निदेशक जोगिन्दर सिंह द्वारा जांच–पड़ताल के काम में गलत हस्तक्षेप किया जा रहा है तथा कुछ प्रमुख आरोपियों के नाम खारिज करने की कोशिश की जा रही है। फलस्वरूप न्यायमूर्ति श्री एस.एन.झा तथा न्यायमूर्ति श्री एस.जे. मुखोपाध्याय द्वारा निदेशक जोगिन्दर सिंह को चेतावनी दी गई कि वे इस मामले की जांच कार्यवाही से अपने आप को दूर रखें, क्योंकि उनकी दखलंदाजी न्यायालय की अवमानना ठहरायी जा सकती है तथा उप निदेशक यू.एन विश्वास को कहा गया है कि वे सीधे उच्च न्यायालय से संपर्क साधें। झारखंड मुक्ति मोर्चा के सांसदों के रिश्वत संबंधी मामलों में दिल्ली उच्च न्यायालय की सक्रियता के परिणाम स्वरूप सी.बी.आई ने उच्च न्यायालय को सूचित किया है कि मामले में 29/10/1996 तक आरोप पत्र न्यायालय में दायर कर दिया जायेगा। मामले में पूर्व प्रधानमंत्री पी.वी.नरसिंहराव एक सह अभियुक्त हैं। न्यायमूर्ति श्री वाय.के

सबरवाल तथा न्यायमूर्ति श्री डी.के.जैन द्वारा गठित खंडपीठ द्वारा सी.बी. आई के तीन अधिकारियों पर जांच कार्यवाही का भार सौंपा गया है तथा गंभीर चेतावनी दी गई है कि किसी भी व्यक्ति द्वारा उनके कामों में किसी प्रकार का दखल नहीं दिया जायेगा तथा तीनों अधिकारियों को कहा गया है कि वे सीधे उच्च न्यायालय से संपर्क कायम रखें।

विगत दिवस 7 अक्टूबर को न्यायमूर्ति श्री जे.एस.वर्मा तथा न्यायमूर्ति श्री बी.एन.किरपाल द्वारा गठित एक खंडपीठ द्वारा एक आदेश में कहा गया है कि सी.बी.आई. को कुछ व्यक्तियों विशेष के प्रभाव से दूर करना आवश्यक हो गया है ताकि सी.बी.आई. निष्पक्ष तथा निर्भीक रूप से अपना काम कर सके, दूसरे देशों में प्रचलित जांच संस्थाओं की कार्य प्रणालियों का अध्यन करके हमें अपने मामले में कुछ ऐसी व्यवस्था बनानी होगी ताकि हमारी जांच ऐजेन्सी खास व्यक्तियों के प्रभाव से हटकर स्वतंत्र रूप से अपना कर्तव्य निर्वाह कर सके। इस आशय का आदेश माननीय न्यायमूर्तियों द्वारा अधिवक्ता अंकुल चंन्द्र प्रधान द्वारा दायर की गई एक परमादेश याचिका के तहत दिया गया है, जिसमें याचिकाकर्ता द्वारा प्रार्थना की गई है कि उच्चतम न्यायालय हस्तक्षेप करे तथा केन्द्रीय जांच ब्यूरो को स्वतंत्र एवं निष्पक्ष संस्था बनाने में निर्देश प्रदान करे। उच्चतम न्यायालय द्वारा एटर्नी जनरल श्री अशोक देसाई तथा सालीसिटर जनरल श्री टी.आर. आन्ध्या अर्जिना को नोटिस जारी किये गये हैं कि वर्तमान व्यवस्था में किस प्रकार के सुधार लाये जा सकते हैं ताकि केन्द्रीय जांच ब्यूरो को बाहरी हस्तक्षेप के चंगुल से मुक्त कराया जा सके। वैसे तो देखा जाये तो यह पाया जायेगा कि यह संस्था केन्द्रीय गृहमंत्रालय के अधीन काम करती है और इस कारण इसके सभी प्रकार के मामलों की जिम्मेदारी गृह मंत्रालय पर है तथा सामान्य तया न्याय पालिका की जवाबदारी महज इस सीमा तक है कि न्यायालयों द्वारा यह देखा जाये कि ब्यूरो द्वारा कानून का पालन किया जा रहा है या नहीं। परंतु फिर आज सारा देश चिन्तित है कि उच्च पदेन मंत्री तथा अफसरान अपने पदों का दुरूपयोग करके अपने आप को संगीनतम अपराधों से साफ बचा लेते, या फिर जांच ब्यूरो की जांच पड़ताल की कार्यवाही वर्षों ठंडे बस्ते में पड़ी रहती है और फिर एक दिन तमाम सबूत मिट जाने के

कारण उस व्यक्ति के खिलाफ खात्मा रिपोर्ट डालनी पड़ती है। उदाहरण के तौर पर केन्द्रीय कानून मंत्री रमाकान्त खलप द्वारा जांच ब्यूरो को दिये गये निर्देश को दिया जा रहा है कि लक्खू भाई पाठक ठगी मामले में श्री नरसिंहराव की जमानत की अर्जी का विरोध न किया जाये। दूसरा उदाहरण है कि बिहार के मुख्यमंत्री लालू प्रसाद यादव द्वारा 950 करोड़ रूपयों वाले पशु चारा कांण्ड से अपने नाम को काटने की कोशिश करना तथा जांच ब्यूरो पर ऐसा करने के लिये अनुचित दबाव डालना। लक्खू भाई पाठक मामला लगभग 10 वर्ष पुराना है, इसमें प्राथमिक सूचना 1987 में न्यूयार्क में दर्ज की गई थी, परंतु सी.बी.आई के द्वारा दशक तक कुछ भी नहीं किया जा सका। तांत्रिक चन्द्रा स्वामी आये दिन शिकायत कर्ता को ताने मारते रहे कि उनका क्या बिगाड लिया गया। उच्चतम न्यायालय के हस्तक्षेप का ही परिणाम है कि अरबों रूपयों को पानी जैसा बहाने वाले तथा–कथित तांत्रिक चन्द्रा स्वामी आज तीन महीनों से जेल में हैं और एक पूर्व प्रधानमंत्री एक प्रकार से ..... मांग रहे हैं कि अदालत में व्यक्तिगत रूप से उपस्थित होने से छूट दी जाये, उनकी अदालत बदली जाये, उनके खिलाफ दायर फौजदारी मुकदमा खारिज कर दिया जाये। आरोपित व्यक्तियों की फेहरिस्त और अधिक लंबी है। आज आम आदमी के मन में यह विश्वास जाग रहा है कि कानून की पकड़ से बड़ा आदमी तक नहीं बच सकता। भले ही देर क्यों न लग जाये। आज आम आदमी हैरत से गिन रहा है कि बोफोर्स मामले में 65 करोड़ रूपये विन चड्डा तथा दूसरे दलालों के जेब में गये, पशु चारा कांण्ड में 950 करोड़ रूपये मंत्रियों तथा ए.एच.डी विभाग के अफसरान द्वारा अपने–अपने खातों में जमा कर लिये गये तथा बिहार में आज हालात यह हैं कि पशु जिनके लिये यह राशि खर्च की जानी थी वे चारे के आभाव में भूखे मर रहे हैं। 133 करोड़ रूपये यूरिया कांण्ड में हजम किये गये। सुखराम के घर से 3 करोड़ रूपये पाये गये और वे बचकाना बचाव ले रहे हैं कि उन्हें नहीं मालूम कि ये रूपये किसके हैं। झारखंण्ड मुक्ति मोर्चा के चार सांसद डेढ़ करोड़ रूपयों में बिक गये। बिहार के आई.जी. पुलिस तथा दूसरे आला अफसरान 70 लाख रूपयों का आपराधिक दुर्विनियोग कर गये और पुलिस कर्मी वर्दियों से वंचित रह गये। इत्यादि। दूसरी तरफ स्व. प्रधानमंत्री राजीव गांधी का यह कथने

याद आता है कि एक रूपये में से पचासी पैसे अफसरों के जेब में चले जाते हैं तथा पंन्द्रह पैसे वास्तविक योजना कार्य में खर्च होते हैं। आम करदाता की तकलीफें निरंतर बढ़ते जा रही हैं। बढ़ती मंहगाई से उसे निजात कौन दिलाये। कार्य पालिका तथा विधायिका दिन–प्रतिदिन पथभ्रष्ट होती जा रही हैं। लिहाजा यदि ऐसे माहौल में न्याय पालिका आगे बढ़ रही है तो आम आदमी इस साहसिक कदम का स्वागत कर रहा है। भारत के उच्चतम न्यायालय ने सारी दुनिया में प्रशंसा अर्जित की है। यहां तक कि पाकिस्तानी न्यायालयों में भारतीय न्यायपालिका की तारीफ की गई तथा कहा गया है कि इसी प्रकार पाकिस्तानी सुप्रीम कोर्ट तथा हाईकोर्टों को भी भ्रष्टाचार समाप्त करने की दिशा में पहल करनी चाहिये।

इधर न्यायालय की स्थिति यह है कि जब उच्चतम न्यायालय द्वारा पूर्व केन्द्रीय मंत्री कैप्टन सतीश शर्मा तथा श्रीमति शीला कौल को कारण बताओ नोटिस जारी किये जाते हैं कि उनके द्वारा पैट्रोल पंपों तथा दुकानों के गैरकानूनी व भाई–भतीजावाद के आधार पर किये गये आवंटनों को खारिज किये जाने पर क्यों न उनसे हर्जाना वसूल किया जाये, तब भले ही दूसरे मंत्रियों के मन में खलबली मचती है, पर आम आदमी राहत की सांस लेता है कि आखिरकार कानून सर्वोपरि है। अठारहवीं शदी के राजनीती शास्त्र के के विचार मान्टेस्क्यू ने कार्य विभाजन तथा एक दूसरे पर नियंत्रण का सिद्धान्त प्रतिपादित किया था, जिसके अनुसार कार्यपालिका, विधायिका, न्याय पालिका अपने–अपने क्षेत्र में सर्वोच्च हैं, उन्हें एक दूसरे के मामलों में हस्तक्षेप नहीं करना चाहिये तथा चैक एण्ड बैलेन्स सिद्धान्त के आधार पर तीनों मुकदमों को आपसी नियंत्रण तथा समंजस्य बनाये रखना चाहिये। भारतीय उच्चतम न्यायालय ने साबित कर दिया है कि यह व्यवस्था तब तक ही कारगर साबित हो सकती है, जब तक कार्य पालिका तथा विधायिका अपने–अपने क्षेत्रों में सीमित रही आती हैं तथा यदि आम आदमी का शोषण होना शुरू हो जाता है तो न्याय पालिका एक मूक दर्शक के रूप में देश की बरबादी नहीं देख सकेगी।

–एन.सी.ब्योहार

दैनिक भास्कर–17 दिसंबर 1996

प्रणाली परिवर्तन का मुद्दा

अभी हाल ही में भारतीय जनता पार्टी के प्रवक्ता श्री प्रमोद महाजन ने कहा है कि देश में संसदीय प्रणाली असफल हो गयी है और इस कारण हमें अध्यक्षीय प्रणाली अपना लेनी चाहिये। इससे कुछ दिन पहले श्री अटल बिहारी वाजपेयी जी कह चुके हैं कि हमें प्रणाली परिवर्तन कर लेना चाहिये। इन भाजपाई नेताओं द्वारा यह आवाज उत्तर प्रदेश के विधान सभाई चुनावों के बाद उठाई जा रही है। इन चुनावों में 173 सीटें प्राप्त कर भारतीय जनता पार्टी ने सबसे बड़ी एकल पार्टी कहलाने का श्रेय प्राप्त किया, किन्तु राज्यपाल श्री रोमेश भंडारी ने भारतीय जनता पार्टी को सरकार बनाने का मौका नहीं दिया और उत्तर प्रदेश में राष्ट्रपति शासन लागू कर देने की सिफारिश पेश की। हो सकता है कि राज्यपाल रोमेश भंडारी ने असंवैधानिक कृत्य किया तथा हो सकता है कि वे पूर्वाग्रह से ग्रसित थे क्योंकि चुनावी नतीजों के पहले ही वे कह चुके थे कि जरूरी नहीं कि सबसे अधिक सीटें जीतने वाली पार्टी को ही सरकार बनाने के लिये कहा जाये। पर फिर एक राज्यपाल की गलत कार्यवाही के लिये समूचे संविधान को पूर्णतया दोषी ठहराना कहां तक उचित है. समूची शासन पद्धति को नये सिरे से बदल डालना कहां तक न्यायोचित होगा.

राज्यपालों की भूमिका विगत वर्षों में विवाद जनक रही है। अनेक राज्यपालों ने पक्षपात पूर्व रवैया अपनाया है और गैर–संवैधानिक सिफारिशें भेजी हैं। चर्चा कई बार यहां तक चली हैं कि राज्यपाल का पद हटा दिया जाये। गौरतलब यह भी है कि राज्यों में राज्यपाल का वही रोल है, जो कि केन्द्रीय स्तर पर राष्ट्रपति का है। यदि राज्य स्तर पर राज्यपाल गलत फैसले ले सकते हैं तो फिर क्या गारंटी है कि अध्यक्षीय प्रणाली लागू किये जाने के बाद अध्यक्षीय राष्ट्रपति द्वारा इसी प्रकार का पक्षपात पूर्व रवैया नहीं अपनाया जायेगा कैसे कहा जा सकता है कि राष्ट्रपति द्वारा सरकारों को पूर्वाग्रह से ग्रस्त होकर बना या बिगाडा नहीं

जायेगा। एक तरफ तो हम राज्यों में राज्यपाल का पद जड़ से समाप्त कर देने की बात कह रहे हैं, तो दूसरी तरफ हम केन्द्र में अध्यक्षीय राष्ट्रपति स्थापित करने का सुझाव दे रहे हैं। दोनों सुझावों में आपस में विरोधाभास है। यदि प्रमोद महाजन तथा अटल विहारी वाजपेयी ऐसा कहते हैं कि केन्द्र में तो अध्यक्षीय राष्ट्रपति प्रणाली हो तथा राज्य स्तर पर रबर–स्टाम्प जैसे राज्यपाल वाली संसदीय प्रणाली कायम रहा आये, तो ऐसा नहीं हो सकता। यदि केन्द्र में अध्यक्षीय राष्ट्रपति चाहिये तो राज्य स्तर पर भी अध्यक्षीय राज्यपाल होना आवश्यक है, परंतु भाजपाई नेताओं का सुझाव इस प्रकार का नहीं है।

भाजपाई नेताओं की दूसरी बड़ी चिन्ता यह है कि आगे आने वाले दिनों में किसी भी एक राष्ट्रीय पार्टी को पूर्ण बहुमत हासिल न हो पायेगा और इस प्रकार राजनैतिक अस्थिरता की स्थिति निरंतर बनते रहेगीं। उत्तर प्रदेश के चुनावी नतीजों के बाद तथा राज्यपाल रोमेश भंडारी की विवादस्पद भूमिका के बाद इस प्रकार की चिन्ता करना स्वभाविक ही है। कहा जा रहा है कि यदि बढ़ती क्षेत्रीयता पर नियंत्रण नहीं कायम किया जाता है तो देश में जगह–जगह से अलगाववाद की आवाज उठने लगेगी। निसंदेह संकीर्ण क्षेत्रीय भावना आज हमारी एक सबसे बड़ी समस्या है। असम में असम गण परिषद, मिजोरम में मिजो नेशनल कांग्रेस, बंगाल में मार्क्सवादी कम्यूनिष्ट पार्टी, तमिलनाडु में द्रविड मुनेत्र कषगम कर्नाटक में जनता पार्टी, आंध्रप्रदेश में तेलगु देशम, पंजाब में आकाली दल, काश्मीर में नेशनल कान्फ्रेन्स, आदि क्षेत्रीय पार्टियों ने अपने पैर गहरे गडा रखे हैं, जिस कारण से इन राज्यों में कांग्रेस, भारतीय जनता पार्टी तथा जनता दल जैसे राष्ट्रीय पार्टियों को अपनी एकल सरकार बनाने का मौका नहीं मिल पा रहा है। हमें यह भी स्वीकार करना पड़ेगा कि इन क्षेत्रीय पार्टियों ने महज क्षेत्रीय भावनाओं को उभार कर सत्ता हासिल की है और इस कारण राष्ट्रीय भावनाओं को अकथनीय क्षति पहुंचाई है, परंतु फिर ऐसा कहना एकदम उचित नहीं होगा कि क्षेत्रियता की इसी भावना के कारण अलगाव वाद उपजा है। दरअसल में वास्तविकता यह है अलगाव वाद की भावना पहले से ही मौजूद है और इस अलगाव वाद ने क्षेत्रियता को उपजाया है। लिहाजा यदि अलगाव वाद पर काबू प्राप्त करना है तो हल

दूसरे होना चाहिये। प्रणाली परिवर्तन इस प्रकार का हल नहीं हो सकता। मुरासोली मारन भरपूर आवाज में कहते हैं कि तमिल नाडु का तमिल कल्चर दूसरा है तथा बाकी भारत का हिन्दु कल्चर इससे भिन्न दूसरा कल्चर है। ये शब्द उन्होंने लोक सभा के फर्श पर कहे हैं, लेकिन आज वे हमारे केन्द्रीय मंत्री हैं। सारी दुनिया जानती है कि तमिलनाडु में हिन्दी नहीं थोपी जा रही है, पर आये दिन वहां पर हिन्दी विरोधी आंन्दोलन होते रहते हैं। तमिल अभिनेत्रियां हिन्दी फिल्मों में छायी हुये हैं, पर हिन्दी के नाम पर वहां पर तोड़–फोड़ होती रहती है। इस राष्ट्र विरोधी प्रवृत्ति पर कैसे रोक लगाई जाये ।क्या गारंटी है कि अध्यक्षीय राष्ट्रपति या अध्यक्षीय राज्यपाल इस अलगाव वाद को उखाड़ फेकेंगे। पंजाब, जम्मू–कश्मीर, पूर्वोत्तर क्षेत्र में अलगाव वाद सक्रिय है। इस प्रकार के अलगाव वाद पर काबू पाने के लिये जूलियस रिबैरो, के.पी.एस. गिल और बेअंत सिंह जैसे अनुशासित शासकों की जरूरत है। प्रणाली चाहे कुछ भी हो– संसदीय या अध्यक्षीय।

जिस दुखद स्थिति की चिन्ता अटल विहारी वाजपेयी या प्रमोद महाजन कर रहे हैं, उसके लिये स्वयं राजनैतिक पार्टियां काफी सीमा तक जवाबदार हैं। उदाहरण के तौर पर कांग्रेस पार्टी को लीजिये। लगभग 110 वर्ष पुरानी इस पार्टी के अनेक शीर्षस्थ नेता आज भ्रष्टाचार के मामलों में लिप्त हैं। पार्टी की साख गिर चुकी है। यही मुख्य कारण है कि आज इस प्रमुखतम राष्ट्रीय पार्टी को अपने लगभग सभी पुराने गढ़ों में मुंह की खानी पड़ रही है। उत्तर प्रदेश के इन चुनावों में इस पार्टी को मात्र 37 सीटें मिलीं, जबकि कुछ चुनाव पहले इसे 3 चौथाई या दो तिहाई सीटें मिल जातीं थीं। भारतीय जनता पार्टी ने विगत कुछ वर्षों में काफी तरक्की है। पर इसे अभी भी गैर हिन्दु मतदाताओं के दिल जीतना बाकी है। पार्टियों की इस स्थिति के लिये संविधान को या संसदीय प्रणाली को दोषी ठहराना उचित न होगा।

अध्यक्ष प्रणाली के पक्ष में एक तर्क यह भी दिया जा रहा है कि देश की अखंण्डता कायम रखने के लिये मजबूत केन्द्र का होना अत्यंत आवश्यक है। हमारे संघात्मक ढ़ांचे में राज्यों की तुलना में केन्द्र को कहीं ज्यादा शक्तियां दी गई हैं। पर विगत दशक दो दशकों में राज्य सरकारों

ने आर्थिक व राजनायिक क्षेत्रों में और अधिक स्वायत्तता की मांग की है और इस कारण इसी अनुपात में केन्द्र सरकार की शक्ति कम हुई है। मौजूदा माहौल में इसे एक नुकसान दायक सूचक माना गया है। गौरतलब है कि हमारा संघात्मक ढ़ांचा अमरीकी संघात्मक ढ़ांचे का अनुसरण करता है। संयुक्त राष्ट्र अमरीका के माफिक भारत वर्ष भी एक विशाल देश है, दोनों देशों में एकात्मक प्रणाली सफल नहीं हो पाती, क्योंकि एकात्मक प्रणाली इंग्लैण्ड जैसे छोटे देश में सफल होती है। विशाल देशों में सत्ता का विकेन्द्रीय करण आवश्यक है। इन तमाम तर्कों को मद्दे नजर रखते हुये हमारे संविधान निर्माताओं ने हमारे यहां संघात्मक स्वरूप की रचना की। शुरूआती दिनों में तो राज्य सरकारें खामोश रही आयीं। शायद मुख्यतया इस कारण की आजादी के बाद के प्रारंभिक वर्षों में विभिन्न राज्यों के मुख्यमंत्री थे। डा विधान चन्द्र राय, पंडित रवि शंकर शुक्ल, डा संपूर्णानंद, कैलाश नाथ काटजू, भक्त वत्सलम, सुब्रोयान आदि जो स्वतंत्रता संग्राम के तपे सैनानी थे। जैसे–जैसे सत्ता पेशेवर राजनायिकों के हाथों में जाने लगी, वैसे–वैसे व्यक्तिगत स्वार्थ उभरने लगे। .....मुख्य मंत्रियों को अपनी सत्ता बरकरार रखने के लिये और अधिक स्वायत्तता की मांग करना आवश्यक हो गया। कहने का मतलब यही है कि यदि कतिपय राजनायिकों के व्यक्तिगत स्वार्थ ज्यादा प्रभावशाली एवं सक्रिय हो रहे हैं तो इसके लिये हमारी प्रणाली को उत्तरदायी ठहराना उचित न होगा।

यह पहला मौका नहीं है जब इस मुद्दे पर चर्चा छिड़ी है। कदाचित सर्वप्रथम इस मुद्दे पर चर्चा 1967 में हुई थी, जब दल बदलने की प्रवृत्ति अपनी चरम सीमा पर थी। उस समय यही कहा गया था कि संसदीय प्रणाली की सबसे बड़ी कमजोरी यही है कि इसमें दल बदलने की प्रवृत्ति पर अंकुश लगाना बहुत कठिन है। वे आया राम और गयायाम के दिन थे, उस समय राष्ट्रीय कांग्रेस इंडीकेट और सिंडीकेट नामक दो धड़ों में टूट गई थीं और उस समय श्रीमति इंन्द्रा गांधी प्रधान मंत्री थीं तथा सिंडीकेट के पक्ष में निजलिन्गप्पा, अतुल घोष, एस.के.पाटिल, मोरारजी भाई देसाई, देवराज उर्स आदि प्रभावशाली व्यक्तित्व थे। एक समय ऐसा लगा कि वाकई में संसदीय प्रणाली को बदलना बेहतर होगा, पर शीघ्र ही

श्रीमति इन्द्रा गांधी ने अपने राजनायिक कौशल से बिगड़ती परिस्थिति पर नियंत्रण हासिल कर लिया और इस प्रकार विवाद ठंडे बस्ते में चला गया। मुद्दा दोबारा 1980 में गरमाया, जब आपातकाल के दिनों के बाद हलधर किसान चुनाव चिन्ह वाली जनता पार्टी के दुखद अनुभव के बाद श्रीमति इन्दिरा गांधी दोबारा सत्ता में आयीं। उनकी पार्टी को मजबूत बहुमत नहीं मिला, राजनायिक अस्थिरता की डांबाडोल स्थिति पुनः बनी और मुद्दा पुनः जीवित हुआ कि संसदीय प्रणाली त्याग दी जाये। श्रीमति इन्द्रा गांधी के विशाल व्यक्तित्व को ध्यान में रखते हुये उनके सहयोगी साथियों अनुयायियों ने सुझाव आगे बढ़ाया कि अध्यक्षीय प्रणाली कायम कर दी जाये तथा श्रीमति इन्दिरा गांधी को राष्ट्रपति बना दिया जाये। शीर्षस्थ अधिवक्ता नानी पालखीवाला ने अध्यक्षीय प्रणाली का पक्ष समर्थित किया, जबकि उतने ही ख्याति लब्ध न्यायशास्त्री श्री एस.एन. सीरवई तथा डा. एल.एम सिंघवी ने यथास्थिति कायम रखने का सुझाव दिया। पर फिर कुछ समय बाद अपने आप श्रीमति इन्दिरा गांधी की स्थिति मजबूत हो गयी। राजनायिक स्थिरता कायम हो गयी और इस प्रकार विवाद पुनः एक बार ठंडे बस्ते में चला गया। तीसरी बार मुद्दा पुनः एक बार मई 1984 में विचाराधीन हुआ, जब तत्कालीन वित्तमंत्री श्री प्रणव मुखर्जी ने कहा कि देश में अध्यक्षीय शासन प्रणाली लागू करने के विषय पर पुनः चर्चा होनी चाहिये। 1984 में राजनायिक स्थिरता मौजूद थी, परंतु फिर भी चर्चा छेडी गई। चूंकि ज्यादातर लोगों ने विषय के खिलाफ मंशा जाहिर की, इसलिये मुद्दे को और ज्यादा आगे नहीं आगे नहीं बढ़ाया गया। 31 अक्टूबर 1984 के दिन इंन्दिरा गांधी की नृशंस हत्या कर दी गई, उनके जेष्ठ पुत्र राजीव गांधी प्रधान मंत्री बने। उन्होंने समस्या का अंतिम निराकरण करने की दिशा में दल–बदलू प्रतिबंधक अधिनियम बनाया। उस समय यह समझा गया कि अब प्रणाली परिवर्तन की कोई आवश्यकता नहीं रहेगी, क्योंकि अधिनियम प्रारंभिक दिनों में कारगर साबित हुआ। दल–बदल कुछ कम हुये तथा राजनीतिक स्थिरता कायम हुई। लिहाजा चर्चा का विषय फिर एक जहां का तहां छोड़ दिया गया। हम यह नहीं कहना चाहेंगे कि दल–बदल प्रतिबंधक अधिनियम पूर्णतः कारगर साबित हो गया है, पर अब एक नई समस्या ने जन्म ले लिया है और वह यह है कि कतिपय राज्यों में किसी भी राष्ट्रीय पार्टी

को स्पष्ट बहुमत नहीं मिल रहा है और अस्थिर स्थिति के परिणाम स्वरूप राष्ट्रपति शासन लगाने का अपेक्षाकृत अप्रजातांत्रिक कदम बार–बार उठाना पड़ रहा है, उत्तर प्रदेश एंव गुजरात के उदाहरण ताजे हैं।

उपरी सतह पर तो यही दिखता है क्योंकि उत्तर प्रदेश में भारतीय जनता पार्टी को सरकार बनाने का मौका नहीं दिया गया। इसी कारण इस पार्टी द्वारा प्रणाली परिवर्तन की बात की जा रही है। गौरतलब यह भी है कि केन्द्र में साझा सरकार सत्तासीन है तथा काम काज चल ही रहा है। यदि अध्यक्षीय प्रणाली लागू करना है तो परिवर्तन का ज्यादा सरोकार केन्द्र से ही होगा।

संविधान निर्माता डा. भीमराव अंम्बेडकर ने कहा था कि यदि भविष्य में हमारे विधान तथा हमारी संस्थायें हमें वांछित फल प्राप्त नहीं करा पाते हैं या हमारी प्रजातांत्रिक संस्थायें असफल हो जाती हैं, तो इसके लिये हमारे जन–प्रतिनिधि कहीं ज्यादा जवाबदार होंगे, जिनके हाथों में इन संस्थाओं को चलाने का भार सौंपा जायेगा । श्री प्रमोद महाजन इस ऐतिहासिक उक्ति को नजर अंदाज कर रहे हैं। वास्तविकता यही है कि दोष हमारे संविधान या विधानों में नहीं है, हमारी लोकतांत्रिक–प्रजातांत्रिक संस्थायें अपने आप में पर्याप्त सशक्त हैं, वास्तव में सारा दोष हमारे जन प्रतिनिधियों में नजर आता है, जिन्होंने अपना दायित्व भली भांति नहीं निभाया है। इस संदर्भ में विख्यात अमरीकी विधि–शास्त्री जोसेफ स्टोरी का एक प्रसिद्ध कथन याद आता है– प्रजातंत्रों की स्थापना आम नागरिकों के गुण, सामाजिक सेवा भावना तथा उनके बौद्धिक कौशल द्वारा होती है। प्रजातंत्रों का पतन तब हो जाता है जब बुद्धिमानों को जन संस्थाओं से अलोप कर दिया जाता है। सिर्फ इस कारण क्योंकि वे इमानदार होने की हिम्मत नहीं कर सकते हैं तथा अवसरवादियों को लाभ दिलाये जाते हैं क्योंकि अवसरवादी लोग आम नागरिकों की चापलूसी करते हैं ताकि वे आम नागरिकों को धोखा दे सकें। यही उक्ति भारतीय परिद्रश्य पर आज पूरी तरह खरी उतरती है। हम देख रहे हैं कि किस प्रकार हमारे देश की असीमित.....को हमारे मंत्री, सांसद, विधायक, सरकारी अफसर बेरहमी से लूट रहे हैं। पतन आया है हमारे जन प्रतिनिधियों के चारित्रिक स्तर पर । हमारी संस्थायें,

हमारी शासन प्रणाली पूर्ववत अच्छी है। वे असफल नहीं हुई है, उन्होंने हमें निराश नहीं किया है। वरन हमारे जन प्रतिनिधियों ने उन्हें असफल बना दिया है। इस चारित्रिक पतन की राष्ट्रीय समस्या का निदान प्रणाली–परिवर्तन में खोजना शुतरमुर्ग की माफिक रेत में सिर छिपाने जैसा होगा। जरूरत है कुछ देश भक्त नेताओं की जो पारदर्शक ईमानदारी के व्यक्तिगत उदाहरण पेश कर सकें। कहावत है कि भ्रष्टाचार उपरी सतह से नीचे की तरफ उतरता है। देश का दुर्भाग्य है कि आज हमें ऐसे शासक नहीं मिल पा रहे हैं। असल समस्या यही है।

–एन.सी.ब्योहार

दैनिक भास्कर–दिनांक 8 अक्टूबर 1996

विधायिका में महिलाओं के आरक्षण का मामला

महिलाओं को संसद तथा विधान सभाओं में 33 प्रतिशत स्थान सुरक्षित कराने वाला विधेयक विगत मानसून सत्र में पास न हो सका और इसे अब अगले सत्र में लिया जायेगा। पंचायत अधिनियम में 33 प्रतिशत स्थान आरक्षित रखने का प्रावधान अमल में आने लगा है, स्थानीय स्वशासी संस्थाओं में महिलाओं के लिये आरक्षण प्रारंभ हो गया है। अतः यह अब कुछ ही दिनों की बात है जब 33 प्रतिशत महिलायें लोक सभा तथा राज्य सभा की सदस्य हुआ करेंगी तथा 33 प्रतिशत महिलायें विधायिकायें हुआ करेंगी। मौजूदा लोक सभा में महिला सदस्यों की संख्या लगभग 8 प्रतिशत है, अर्थात कुल सदस्य संख्या 545 में से महज 43 महिला सांसद, कानून बन जाने के बाद 545 में से 180 महिला लोक सभा सदस्या हुआ करेंगी तथा राज्य सभा में उनकी संख्या 83 हुआ करेगी। देश के कुल विधायकों की संख्या यदि लगभग 4000 है तो आगे आने वाले दिनों में महिला विधायकों की संख्या 1320 हुआ करेगी। निसंदेह यह अपने आप में एक बड़ा कदम होगा, जब देश में महिला सांसदों तथा विधायकों की संख्या लगभग 1583 हुआ करेगी। भले ही विगत मानसून सत्र में देवगौडा सरकार के पास महत्वपूर्ण मुद्दों के कारण समय की कमी थी, पर फिर भी यदि सरकार चाहती तो विगत सत्र में ही कानून बन सकता था। इस सोच विचार की स्थिति में क्या अर्थ निकाला जाये. कानून बनाने के लिये सरकार वचन बद्ध है, लिहाजा पीछे हटने का अब सवाल ही नहीं उठता है। तब फिर क्या सरकार इस बात से शंकित है कि आरक्षण का प्रस्तावित 33 प्रतिशत कुछ ज्यादा नजर आ रहा है.

इसमें कोई शक नहीं कि संसद तथा विधान सभाओं में अभी तक महिलाओं की संख्या बहुत ही कम रही है और दो मत नहीं हो सकते कि इस संख्या में वृद्धि की तुरंत आवश्यकता है। आंशिक विवाद इस मुद्दे मात्र पर हो सकता है कि क्या आरक्षण ही एक मात्र जरिया है तथा क्या

मौजूद आठ प्रतिशत से एकदम 33 प्रतिशत अर्थात एक तिहाई संख्या बढ़ा देना तर्क–संगत होगा।

स्कूल–कॉलेजों में दाखिले के अवसर पर तथा नौकरियों और तरक्की के मौकों पर हरिजन आदिवासी तथा पिछड़े वर्ग के लिये मौजूदा आरक्षण की सुविधा से महिलाओं के लिये जन–प्रतिनिधित्व में 33 प्रतिशत स्थान मुहैया कराने वाला प्रस्तावित प्रावधान सैद्धान्तिक स्तर पर कुछ भिन्न है। पहले वाले आरक्षण के पीछे मुख्यतया यह विचारधारा प्रबल है कि हरिजन आदिवासी तथा पिछड़ों को समाज में आर्थिक–सामाजिक कानूनी तरक्की दिलाना प्राथमिक अनिवार्यता है, जबकि दूसरी श्रेणी के आरक्षण का निर्माण मुख्यतया इस कारण किया जा रहा है कि महिलाओं के मौजूदा प्रतिनिधित्व का प्रतिशत बहुत ही कम है। इस कानून को इस कारण विशेष से प्रभावित होकर नहीं बनाया जा रहा है कि महिला जन–प्रतिनिधियों की संख्या चार गुनी बढ़ा देने से आम महिलाओं की बहु–आयामी स्थिति में वांछित सुधार आ जायेगा। संख्या का प्रतिशत तुरंत बढ़ा देना ही इस विधेयक का एक मात्र आधार नजर आता है।

गौर–तलब यह भी है कि हम आरक्षण के युग में जी रहे हैं। विश्वनाथ प्रताप सिंह द्वारा मंडल सिफारिशों रूपी भानुमती के पिटारे को खोल देने के बाद आरक्षण का जो सिलसिला शुरू हुआ, तो उसके कहीं थमने का नाम ही नहीं है। देश में विचारधार प्रचलित है कि सारे सुधार आरक्षण द्वारा ही किये जा सकते हैं। लिहाजा यदि महिलाओं की जन–प्रतिनिधित्व संबंधित स्थिति में सांख्यकीय सुधार करना है तो फोरन आरक्षण लागू कर दिया जाना चाहिये। साबित हो चुका है कि प्रथम श्रेणी का आरक्षण हरिजन, आदिवासियों तथा पिछडों के वोट बटोरने के चुनावी मकसद से मुख्यतया बढ़ाया जा रहा है। हो सकता है कि दूसरी श्रेणी के आरक्षण के पीछे भी राजनायिक लाभ का समीकरण सक्रिय हो, जो दल आज सत्ता में है, वह दल महिलाओं पर यह प्रभाव डालने की कोशिश कर रहा है। उसने महिलाओं के हित में यह कानून बना दिया, जबकि सत्ता से परे विरोधी दल यह बताने की कोशिश कर रहे हैं कि उन्होंने कानून बनाने में किसी प्रकार का विरोध नहीं किया और इस प्रकार मार्ग प्रशस्त किया।

यदि अभी तक सांसद और विधान सभाओं में महिलाओं को पर्याप्त स्थान नहीं मिले हैं, तो इसका कारण यही रहा है कि विभिन्न राजनीतिक दल ऐसे उम्मीदवारों को टिकिट देने तथा चुनाव लडाने का जोखिम नहीं उठाना चाहते थे जिनके जीतने की संभावना कम थी। यही वजह है कि अल्प संख्यकों का प्रतिनिधित्व भी संतोष जनक नहीं रहा है। यही कारण महिलाओं पर लागू रहा है। जीतने की उम्मीद कम होने की वजह से महिला उम्मीदवारों को बहुत कम टिकिट दिये गये हैं। राजनीतिक क्षेत्र में सामान्यता तथा चुनावी क्षेत्र में विशेष तौर पर आजादी मिलने के बाद महिलाओं की उदासीनता निरंतर बढ़ती गई है। संभ्रान्त पुरूष उम्मीदवार भी सक्रिय राजनीति से शनै–शनै दूर होते गये हैं। .....अभी हाल ही में केन्द्रीय गृहमंत्री इन्द्रजीत गुप्त ने खुलासा कबूल कर लिया है कि अपराधिक तत्वों पर काबू पाना या राजनीति से दूर रखना लगभग असंभव है। ऐसे वर्जित क्षेत्र से पुरूषों की तुलना में महिलायें और भी अधिक दूर रहना चाहेंगी। एक तरफ तो हम देख रहे हैं कि आपराधिक व्यक्ति केन्द्रीय मंत्री तक बन सकते हैं तो दूसरी तरफ हम कुदरतन सौम्य एवं सुशील महिला वर्ग को एकाएक 33 प्रतिशत स्थान देने का कानून बना रहे हैं। इस कानून से राजनीति से साफ–सफाई का काम तो नहीं हो पायेगा, होगा यह कि योग्य एंव इच्छुक महिला उम्मीदवारों की गैर उपलब्धता में खाली स्थानों की पूर्ति ऐसे नेताओं की पत्नियों, बहनों, बहुओं आदि द्वारा की जायेंगी जिन्हें खास कारणोंवश टिकट नहीं दिये जा सके। इस प्रकार के उदाहरण आज भी मिल सकते हैं। कानून बन जाने के बाद एकाधिकार की यह प्रथा और भी ज्यादा आम बात बन जायेगी। निसंदेह अनेक योग्य महिलाओं को सक्रिय राजनीति में प्रवेश मिल सकेगा, परंतु कम से कम शुरूआती दिनों में तो इस कानून के सदुपयोग कम तथा दुरूपयोग की ज्यादा संभावनायें कहीं अधिक हैं।

जैसा कि हम उपर पहले ही कह चुके हैं कि देश में आज कल आरक्षण का प्रसार हो रहा है। 1950 में भारतरत्न संविधान निर्माता अम्बेडकर चाहते थे जबकि उस समय हरिजन आदिवासियों पिछडों तथा गरीबों की आर्थिक और सामाजिक स्थिति आज की तुलना में कही ज्यादा खराब थी। हम सभी जानते हैं कि आरक्षण का उपयोग

राजनीतिक तथा चुनावी फायदों के लिये किया जा रहा है। अतः इस नये कानून के बन जाने के बाद अगला खतरा साफ दिखाई दे रहा है कि अगला आरक्षण उस.....आधार पर किया जायेगा जिसका विरोध महात्मा गांधी तथा राष्ट्रवादी कांग्रेस पार्टी द्वारा किया गया था तथा अनुपातिक प्रतिनिधित्व दिलाने वाली जिस चाल का खेल अंग्रेजी सत्ता ने खेलने की जीं तोड़ कोशिश की थीं। इस दिशा में एक .बड़ा कदम अभी कुछ ही दिन पहले उठाया जा चुका है। क्यों न और बड़े नुकसान से हम अपने आप को बचा लें। आज होना यह चाहिये कि किस प्रकार योजनाबद्ध तरीके से आरक्षण को धीरे–धीरे वापस उठा दिया जाये तथा उसी अनुपात में आरक्षण के हितग्राहियों को और दूसरी प्रकार की सभी सुविधायें मुहैया करा दी जायें, जिनसे उनकी चौतरफा तरक्की हो सके।

हरिजन, आदिवासियों, पिछडों तथा गरीबों को आरक्षण की आवश्यकता शायद आज भी हो सकती है, पर महिलाओं को इस बैसाखी की कतई आवश्यता नहीं है। इसकी वजह यह है कि हमारे समाज के किसी और दूसरे वर्ग ने इतनी ज्यादा तरक्की नहीं की है जितनी की हमारी महिलाओं ने की है। महिलाओं ने पिछले दो–तीन दशकों में सामाजिक क्रान्ति ही ला डाली है। उन्होंने लाखों–करोड़ों घरों के नक्शे ही पूरी तरह बदल डाले हैं। आज लाखों घरों में कमाने वाले दो सदस्य हैं–पति और पत्नि दोनों, अनेक घरों में पत्नियां ज्यादा कमा रही हैं तथा कुछ के घरों में तो कुछ विशेष परिस्थितियों के परिणाम स्वरूप सिर्फ पत्नि ही कमा रही हैं। आज औसत भारतीय महिला का स्वरूप घूंघट निकालकर घर की चारदीवार में छिप जाने का पुराना परंपरागत चित्रण नहीं रह गया है। दहेज अपराधों की आये दिन प्रकाशित होने वाली घटनाओं के बावजूद भी अब महिलायें अपने पतियों तथा सास, ससुर के अत्याचारों का सामना करने के लिये उठ खड़ी हुई हैं। आज औसत महिला स्वाभिमानी तथा स्वावलंबी है। उसने अपने घर, पति तथा बच्चों के साथ अपने कैरिअर को भी बराबरी की अहमियत देना शुरू कर दिया है। महिलाओं ने उन क्षेत्रों में प्रवेश कर लिया है तथा कुछ उन खास क्षेत्रों में तो लगभग एकाधिकार सा जमा लिया है जो क्षेत्र अभी तक महिलाओं के लिये वर्जित क्षेत्र माने जाते थे तथा जिन क्षेत्रों में शताब्दियों से पुरुषों

का एक छत्र राज्य कायम था। 1970 में किरण बेदी पहली महिला भारतीय पुलिस सेवा अफसर बनीं, तब से लगातार हर वर्ष अनेक नव–युवतियां उनका अनुसरण कर रही हैं। मुम्बई में एक गृहिणी महिला ने कुछ वर्ष पूर्व लोकोमोटिव ड्रायवर की नौकरी हासिल करके चुप–चाप एक बड़ी सामाजिक क्रान्ति का शंखनाद किया है। इंडियन एयर लाईन्स में लगभग 20 महिला पायलट हैं, सौदामणी देशमुख ऐसी प्रथम महिला बनीं जो जेट 737 की कामण्डर नियुक्त की गईं। सबनीत शेरगिल और शिविका खुराना प्रथम इंडियन ऐयर फोर्स अफसर बनीं। जब से विछिन्द्री पाल ने माउन्ट ऐवरेस्ट पर कदम रखकर पहली भारतीय महिला बनने का गौरव हासिल किया है, तब से 29052 फुट उंची विश्व की सबसे उंची पर्वत–चोटी पर चढ़ना महिलाओं के लिये लगभग बांये हाथ का खेल होते जा रहा है। एन.सी.सी. की लडकियां माउन्टेनियरिंग में अपने कैरिअर बना रही हैं। भारतीय प्रशासकीय सेवा की लिस्ट में हर वर्ष सफल महिला उम्मीदवारों की संख्या लगातार बढ़ते जा रही है। पी.एम.टी–पी.ई. टी. तथा दूसरे सभी प्रकार के परीक्षा परिणामों में लड़कियां धीरे–धीरे लड़कों को पीछे छोड़ते जा रही हैं। सुश्मिता सेन, ऐश्वर्या राय तथा मनप्रीत ब्रार ने औसत भारतीय नव–युवती के मन में अपने व्यक्तित्व तथा सौंदर्य के प्रति जागृति उत्पन्न कर दी है। आज आम भारतीय पुरूष घमंड के साथ दावा कर रहा है कि उसकी मां कांलेज की प्रिंसपल है, उसकी पत्नि डा. या किसी दफ्तर में अफसर है या फिर उसकी बहन एक सफल वकील है। भला बताईये कि ऐसे प्रगतिशील वातावरण में भारतीय महिला को किसी भी प्रकार के आरक्षण की क्या आवश्यकता है।

आजादी की लड़ाई के दिनों में ही जेल जाकर तथा लड़ाई में अगुवाई दिखाकर भारतीय महिलाओं ने यदि किसी एक तथ्य को स्थापित कर दिखाया है, तो वह यह है कि महिलायें नेतृत्व संभाल सकती हैं। कस्तूरबा, स्वरूपा नेहरू, कमला नेहरू, श्रीमति सरोजनी नायडू, राजकुमारी अमृत कौर, श्रीमति पद्मजा नायडू, श्रीमति तारा अली बेग, श्रीमति अरूणा आसिफ अली, श्रीमति विजय लक्ष्मी पंडित, श्रीमति इन्दिरा गांधी, श्रीमति सुचेता कृपलानी, श्रीमति ऐनी बीसेन्ट, श्रीमति मीरा बेन आदि अनेक महिलाओं ने संग्राम की मशाल थामी थी। उस समय तो

आरक्षण नाम की कोई व्यवस्था ही नहीं थी। आजादी के बाद श्रीमति इन्दिरा गांधी ने प्रधानमंत्री बनने का इतिहास रचा और उनका अनुसरण इसरायल की गोल्डामायर, श्रीलंका की श्रीमति सिरिमाओ बंदरानायके, तथा पाकिस्तान की बेनजीर भुट्टो ने किया। आज से लगभग 65 वर्ष पूर्व एक यूगोस्लाव महिला ने भारत को स्थायी तौर पर अपना घर बनाया जिन्हें आज सारी दुनिया नोबल शांति पुरूस्कार विजेता मदर टैरेसा के नाम से जानती है। मदर टेरेसा से प्रेरणा लेकर आज भारतीय महिला समाज सेवा के क्षेत्र में बढ़ रही है। राजनीति के क्षेत्र में भी भारतीय महिला को पीछे छोड़ना एक दिन नामुमकिन साबित होगा, परंतु ऐसा भारतीय महिला की आत्म निर्भरता के कारण होगा, आरक्षण की सीढ़ी से लेश मात्र भी नहीं।

–एन.सी.ब्योहार

दैनिक भास्कर–दिनांक 14 नवम्बर 1996

बिल क्लिंटन, उनका चरित्र और राष्ट्रपति पद

अभी हाल ही में अमरीकी राष्ट्रपति पद के लिये संपन्न हुये चुनाव ने एक तथ्य को स्पष्ट रूप से साबित कर दिया है और वह यह है कि आम अमरीकी मतदाता किसी भी उम्मीदवार की व्यक्तिगत जिन्दगी तथा उसकी नैतिकता पर उतना ज्यादा ध्यान नहीं देता जितना इस बात पर वह ध्यान देता है कि उस उम्मीदवार में आम अमरीकियों की समस्याओं को खासकर आर्थिक समस्याओं को सुलाझाने की पर्याप्त योग्यता है या नहीं, आर्थिक कारण हर देश में सर्वोपरि होते हैं, मुल्क उन्नत हों अथवा उन्नतशील। आर्थिक परेशानियां सभी देशों में मौजूद हैं, लिहाजा जीतेगा वही उम्मीदवार जो इन्हें दूर करने की योग्यता रखता हो या प्रदर्शित करने में सफल हो गया हो। विलियम जैफरसन बिल क्लिंटन इस मापदंड पर सफल उतरे। आम अमरीकी मतदाता उनकी पिछली आर्थिक मोर्चे पर कामियाबियों से प्रभावित रहा तथा उसे उम्मीद बन गई, आज से लेकर वर्ष 2001 तक जो भी आर्थिक कठिनाईयां आयेंगी उनसे निपटने में बिल क्लिंटन अपने रिपब्लिकन पार्टी के 73 वर्षीर्य उम्मीदवार बाब डोल की तुलना में कहीं सक्षम हैं। कहने का मतलब यह नहीं है कि अमरीका में नैतिकता का पूरी तरह ह्रास हो गया है। आज भी 90 प्रतिशत अमरीकी ईश्वर में आस्था रखते हैं। औसत अमरीकी नियम पूर्वक चर्च जाता है। बाईबिल में आस्था रखता है। कहने का मतलब सिर्फ यही है कि अमरीकियों ने एक विशेष भौतिकवादी नैतिकता का विकास कर लिया है। आम अमरीकी वर्तमान में जीना चाहता है, आज की जिन्दगी भरपूर भोग–विलास के साथ जीना चाहता है, वह जानता है की इस भौतिक वादी अस्तित्व के सिवा आगे पीछे कोई दूसरी जिन्दगी नहीं, तो फिर क्यों न इस जिन्दगी को पूरे मजे मौज के साथ जी लिया जाये। भूखे पेट वाली परंपरागत पारिवारिक नैतिकता अब उसे महज ढ़कोसला नजर आने लगी है। परिवार टूट रहे हैं, तो टूटते रहें। अविवाहित मातृव्य बढ़ रहा है तो बढ़ते रहे। युवा पीढ़ी में मादक द्रव्यों, सिगरेट, तथा व्यसनों का प्रचलन बढ़ते जा रहा है तो बढ़ते जाये। सिर्फ आर्थिक मंदी न आये,

विदेशों में निर्यात न घटे, बेरोजगारी घटते रहे, आम आदमी की दैनिक जिन्दगी और ज्यादा सुखमय होते जाये। जो भी उम्मीदवार इस प्रकार के आश्वासन भली भूत कर सकता है, आज औसत अमरीकी उसी के पक्ष में मत देगा। हो सकता है कि किसी भी दूसरे परंपरावादी देश में बिल क्लिंटन के जैसा.....उम्मीदवार सफल न हो पाता। पर अब आज अमरीकी चुनावों ने साबित कर दिया है कि व्यक्तिगत छवि की तुलना में सार्वजनिक छवि पर ज्यादा बल दिया जायेगा।

रिपब्लिकन उम्मीदवार बाब ड़ोल के चुनावी प्रयास का एक अहम मुद्दा यह था कि सर्वोच्च कार्यपालिक पद पर ऐसा व्यक्ति आसीन होवे जिसके चरित्र पर किसी प्रकार की आंच न हो। उन्होंने अमरीकी प्रशासन में साफ सुथरी व्यक्तिगत नैतिकता पर भरपूर जोर दिया। अपने आप से राष्ट्रपति बिल क्लिंटन की तुलना करते हुये, उन्होंने समझाया कि द्वितीय महायुद्ध में जर्मन सैनिकों से हाथ– से हाथ लडते हुये उन्होंने अपनी जान की बाजी लगा दी, उन्हें स्थायी रूप से अजीवन अपंग होना पड़ा। दूसरी तरफ बिल क्लिंटन ने अनिवार्य सैनिक सेवा में अपने आप को बचाया था। ड्रैफ्ट–इवेजन किया। बाब ड़ोल ने अपने साफ सुथरे व्यक्तिगत चरित्र पर जोर दिया, दूसरी तरफ बिल क्लिंटन की चारित्रिक कमजोरियों को भरपूर उछाला। 16 अक्टूबर 1996 को दोनों उम्मीदवारों के बीच जो डिबेट हुआ उसमें बाब ड़ोल ने बिल क्लिंटन पर भीषण चारित्रिक आक्रमण किये। अपनी पूर्व नियोजित रणनीति के अनुसार बिल क्लिंटन सावधानी से इन आक्रमणों को नजर अंदाज करते गये तथा बाब डोल के सारे आक्रमण बोथले रह गये। महत्वपूर्ण यह रहा कि मतदाताओं पर इसका कोई विपरीत असर न पड़ा। गैलप पोल्स पर 15 प्रतिशत की बढ़ोत्तरी जो बिल क्लिंटन को शुरू से ही प्राप्त थी, वह दूसरे डिबेट के तुरंत बाद भी मौजूद रही आयी । अंत में बिल क्लिंटन तथा बाब ड़ोल को 50 प्रतिशत तथा 41 प्रतिशत मत मिले और इस प्रकार बाब ड़ोल बढ़ोत्तरी को 6 प्रतिशत से कम करने में कामयाब रहे। कुछ प्रेक्षक बताते हैं कि यह कमी इस कारण हुई कि इस अपील का असर आखिरकार कुछ मतदाताओं पर हुआ और वे उस पल्ले तरफ झुक गये, पर अंतिम नतीजा यही है कि कम से कम 50 प्रतिशत अमरीकी बिल क्लिंटन की.....

कर्मियों को माफ करने को तैयार हैं तथा उन्हें दुबारा कार्यभार सौंप रहे हैं।

1992 में प्रथम राष्ट्रपति बनने के पहले बिल क्लिंटन अरकांसास राज्य के गवर्नर थे।.....जैनीफर फ्लावर्स नामक महिला ने पत्रकार वार्ता बुलाकर साफ जाहिर किया कि उसके बिल क्लिंटन के साथ नाजायज संबंध 8 वर्ष तक चले। जैनीफर फ्लावर्स ने बिल क्लिंटन पर हर्जाने की कानूनी कार्यवाही भी आरंभ कर दी, परंतु राष्ट्रपति होने के नाते बिल क्लिंटन कानूनी उन्मुक्ति की मदद से बहरहाल बच गये, जिसके अनुसार कार्यरत राष्ट्रपति पर फौजदारी मुकदमा नहीं चलाया जा सकता। मामले में गवर्नर हाउस के सैनिक अंगरक्षक गवाही देने को तैयार थे कि किस प्रकार गवर्नर क्लिंटन उनका उपयोग महिलाओं को लाने के काम के लिये करते थे। जैनीफर फ्लावर्स के आरोपों की चरम सीमा के दिनों में बिल क्लिंटन गंभीर कठघरे में खड़े दिखाई दिये, उनकी लोकप्रियता कम हो गई। पौला जोन्स नामक दूसरी महिला ने उन पर खुल्लम खुल्ला आरोप लगाये। इसका खुलासा पौला जोन्स ने किया।

पर फिर क्यों आम अमरीकियों पर इस तथ्य का पुरजोर असर न हुआ.....`. इसका उत्तर एक यही हो सकता है कि दिन पर दिन आम अमरीकी भी इसी प्रकार की स्वच्छंद जिन्दगी जीं रहा है। जग जाहिर है कि अमरीका में तलाक का प्रतिशत निरंतर बढ़ते जा रहा है, परिवार टूट रहे हैं, टीन एज प्रग्नेन्सी बढ़ रही है, विवाह से पहले संतान प्राप्ति आम बात होते जा रही है, अस्तु। एक और उदाहरण के तौर पर हेवीवेट विश्व चैम्पियन माईक टायसन की बात कीजिये। माईक टायसन ने जिस महिला गबिन गिब्स से विवाह किया उसे संतान रहित तलाक दे दिया। सौन्दर्य प्रतियोगी डेजरी वाशिंगटन ने किस प्रकार माईक टायसन को 6 वर्ष की जेल यात्रा पर रवाना किया। यह जग–जाहिर है। ऐसे अनेकों उदाहरण हैं। कुल मिलाकर औसत अमरीकियों की छवि ......उन्मुख भौतिकवादी है ।

स्व. राष्ट्रपति जॉन एफ कैनेडी पर भी ऐसे ही आरोप लग चुके हैं। विख्यात अभिनेत्री मारलिन मोनरो से उनके अंतरंग संबंध अखबारी सुर्खियों की सामग्री आज भी बने हुये हैं। राष्ट्रपति कैनेडी के और दूसरी

आकर्षक महिलाओं से संबंध थे ऐसा कहा जाता है। कैनेडी 43 वर्ष के लगभग युवा सीनेटर थे जब वे राष्ट्रपति बने। जिस प्रकार का रचनात्मक कार्य वे कर रहे थे उससे यही लगता था कि वे दुबारा राष्ट्रपति चुने जायेंगे। अंदाज लगाया जा रहा था कि 52 वर्ष की लगभग युवा उम्र पर अवकाश पाने पर कैनेडी क्या करेंगे कि 18 मार्च 1964 के दिन टैक्सास शहर में ली हार्वे ओसवाल्ड ने उनकी हत्या कर दी। कैनेडी आदर्शवादी थे, विश्व शांति में उनकी आस्था थी, सोवियत संघ के साथ शीत युद्ध को सीमित रखने में निकिता खुश्चैव के साथ उन्होंने भागीदारी निभाई, उन्नतशील देशों को उन्होंने आर्थिक सहायता के कार्यक्रम बनाये, अमरीका में आंतरिक शांति स्थापित की। अल्पकाल में इन उपलब्धियों के कारण उनकी व्यक्तिगत कार गुजारियों पर पर्दा सा डाल गया। जैकलीन कैनेडी अत्यंत आकर्षक तथा सुन्दर महिला थीं, ठीक जिस प्रकार आज हिलैरी क्लिंटन अत्यंत युवा एंव आकर्षक हैं। ऐसे कोई सबूत नहीं मिले हैं कि जैकलीन तथा हिलैरी ने अपने–अपने पतियों की गलतियों पर सार्वजनिक स्तर पर रोष जाहिर किया हो। ऐसा भी नहीं कहा जा सकता कि उन्हें तथ्यों की जानकारी नहीं थी। शायद दोनों प्रथम महिलाओं ने चुप रहना ही बेहतर समझा।

जॉन फितस गैराल्ड कैनेडी के माफिक बिल क्लिंटन करिश्माई व्यक्तित्व के धनी हैं। 51 वर्ष की अपेक्षाकृत युवावस्था में वे दुनिया के सबसे शक्तिशाली प्रशासक दुबारा बनने जा रहे हैं। अमरीकियों ने बाब... की युद्धकालीन सेवाओं को मान्यता दी, उन्हें नेक इरादों वाला इंसान माना। पर व्हाइट हाउस का आधिपत्य बिल क्लिंटन को ही दिया इस बिना पर कि वे अपने आर्थिक कार्यक्रमों को चार वर्ष और कार्यान्वित कर सकें। बिल क्लिंटन की पहली टर्म में लगभग एक करोड़ नई नौकरियां बनीं तथा इस सीमा तक बेरोजगारी के बढ़ते अभिशाप पर काबू पाया गया, मुद्रा स्फीति तीन प्रतिशत के आंकड़े पर स्थित हो गई, आर्थिक बढ़ोत्तरी की दर पांच प्रतिशत तक पहुंचा दी गई, निर्यात 35 प्रतिशत बढ़ गया, आम उपभोक्ता रोजमर्रा की सामग्रियां आसानी से मिलने लगीं। इस सफलता का श्रेय आम अमरीकी बिल क्लिंटन को दे रहा है, जिनमें जोश–खरोश है, जिनमें अपनी आलोचनाओं को नजर

अंदाज करते हुये आगे बढ़ने की क्षमता व योग्यता है। मेंच जिताने वाले कप्तान को टीम से कोई भी चयनकर्ता बाहर नहीं करना चाहता। नवम्बर 1996 में बिल क्लिंटन को अमरीकी चयनकर्ताओं ने ठीक उसी प्रकार का मेंच जिताने वाला कप्तान माना जिसकी दूसरी पारी 20 जनवरी 1997 में आरंभ होगी।

–एन.सी.ब्योहार

दैनिक भास्कर–दिनांक 22 अगस्त 1998

हरिशंकर परसाई का चिंतन

23 नवम्बर 1947 को प्रहरी में हरिशंकर परसाई की पहली रचना पैसे का खेल छपी। लक्ष्मी पूजन के दिन सेठ जी की चमचमाती कार को एक गरीब मजदूर परिवार देखता है, उस परिवार का एक छोटा बच्चा 9–10 साल का छू लेता है, उसे डांट पड़ती है, उसके हाथ की लैया गिर जाती है, उसे भूख लगती है। मां के पास पैसे नहीं हैं। परिवार भूखा–प्यासा घर वापस चला जाता है। सेठ जी कार में बैठकर चले जाते हैं। कहानी खत्म। पर शुरू में हरिशंकर परसाई के साहित्य भंडार के निर्माण की गौरवशाली यात्रा की इस पहली रचना में व्यंग्य नहीं है। इसमें करूणा है, सर्वहारा वर्ग के लिये सहानुभूति संवेदना है– गरीबों के लिये दुख दर्द है। सारी जिन्दगी यही भावना उनके चिंतन, उनके लेखन की आधारशिला बनी रहती है।

प्रहरी में 11 दिसंबर 1949 को उनकी दूसरी रचना धोखा छपी इसमें गरीब लोग अमीरों के खिलाफ विद्रोह करने के लिये भड़क उठते हैं, तभी तीन पंडित उन्हें समझाते हैं कि गरीबी भगवान का वरदान है, गरीब को भगवान सबसे ज्यादा प्यारे होते हैं, गरीब इस बात को मान लेते हैं और उस व्यक्ति को दूर खदेड़ देते हैं जो उन्हें गरीबी–अमीरी के खिलाफ विरोध का पाठ सिखाता है, अज्ञान, अंध–विश्वास, पुरातन विचारधारा मानसिकता से जुड़कर आम आदमी गरीबी के अभिषाप को अपनी नियति मानकर चलता है, विद्रोह नहीं करता । परसाई चिंतन की इमारत का दूसरा आधार स्तंभ ।

बेचारा कामनमेंन 18 दिसंबर 1949 प्रहरी में छपी रचना।

भीतर का घाव प्रहरी 25 दिसंबर 1994 बहुत सुंदर भावनात्मक लेख, घर में भाभी पर मां, बाप, विधवा चाची के अत्याचार। किस प्रकार बड़े भाई चुपचाप रहे आते हैं।

क्या कहा प्रहरी 10 नवम्बर 1950 एक ऐसे आदमी की कहानी जो एक साथ पांच लडकियों से प्यार का स्वांग रखता है, पांचों लडकियों को यह बात बाद में समझ में आती है।

फ्रंट सीट–प्रहरी 26 नवम्बर 1950 ये ऐसे लोग होते हैं, जो हर कठिनाई को बचाकर किस प्रकार घिसटते हुये जिंदगी की राह पर चलते हैं। ये ऐसे मुर्दे होते हैं कि जहां हैं वहीं रहना परम भाग्य समझते हैं। ये संतोषी नहीं होते कायर होते हैं। बुजदिल होते हैं। अपने अधिकारों में से बहुत से ये दूसरों के लिये छोड़ रखते हैं। ये लोगे ऐसे होते हैं, जो झंझट पसंद नहीं करते। सरलता से अगर इन्हें पेट भरने को चने मिल जावें तो रोटी की इच्छा नहीं करते– परसाई जी का सबसे बडा आजीवन चलने वाला दुख, उनके मनोविज्ञान का सबसे बड़ा स्तंभ इसी थीम फिलासफी को लेकर बहुत कुछ लिखा उन्होंने, सारी जिंदगी कलम के जरिये विद्रोह व्यक्त करने में बिता दी। उनका यह मनोविज्ञान उनकी जिंदगी की शुरूआत में ही बन गया था।

किताब का एक पन्ना– प्रहरी 24 जून 1951 परसाई जी की पिक्चरैक्स भाषा शैली का एक उदाहरण के लिये यह वाक्यांश– उस छोर पर बरातियों की स्त्रियां बैठी थीं। एक–दो ऐसी थीं, जिनके यौवन के सम्राज्य में बुढ़ापे के गुप्तचर सफेद बालों के रूप में घुस आये थे। शेष बाल–मातायें थीं। जिन की खुद की अवस्था मां की गोद में खेलने की थी, पर जो गोद में बालक खिला रही थीं। बचपन से छलांग लगाकर ये ....प्रोणावस्था में प्रवेश कर रहीं थीं। ऐसा लगता था इनके मुख से इनकी जिंदगी की किताब के दो पन्ने एक साथ उलट दिये गये हों और कहीं व्यतिक्रम आ गया है।

वे दोनों प्रहरी 8 जुलाई 1951..... पड़ोसी के बच्चे मई 1953.... पड़ोसी आठ बच्चे पैदा कर लेता है। तन्ख्वाह सीमित, खर्चे ज्यादा। इस कहानी का एक वाक्यांश.. लोग समानाधिकार की बात करते रहते हैं। आदमी–आदमी की समानता की बात तो अभी दूर की है, पशु के समान तो अधिकार मिल जायें आदमी को। परसाई जी की उग्र आदर्शवादी अभिव्यक्ति।

भूख के स्वर, मई 1953 हममें से अधिकांश के लिये सहानुभूति भी एक कला है। भाषा के वैभव ने हमें क्षमता दी है कि हम चुनंदा शब्द उच्चारित करें। नाट्य कला ने सुविधा दी है कि दर्द का भाव चेहरे पर बिछा लें। इस कहानी में बताया गया है कि जानवर बाडी तोड़कर अनाज खा लेते हैं। चारा चर लेते हैं और आराम से जुगाली करते हैं। पर दोनों मजदूर कुछ नहीं कर पाते। भूखे खडे रहते हैं।

सेवा का शौक मई 1953, समाज सेवा का फैशन,.... समाज के समृद्ध वर्ग में व्याप्त, परंतु जहां मौत को रोज टालते जाना ही जिंदगी का मतलब रहता है, वहां उम्र को नापते चलने वाला जरा पास–पास कदम रखता है।

में नर्क से बोल रहा हूँ– गणतंत्र दिवस 1954 पर मुझे इस जानवर के सामने चीखने में लज्जा आई। इधर मेरे पेट में आखरी ऐंठ आई और पंछी ने पिंजरा खाली किया, उधर मेरे कुत्ते की भी दम टूटी। डंडे की चोट बड़े मर्ग की थी। दोनों मरे, एक साथ मरे– फर्क इतना की वह खाकर मरा और में बिना खाये।

ढ़पोल शंख मास्टर हो गये, प्रहरी 29 अगस्त 1954– स्कूल के प्रबंधक मंडल के सदस्य का रिश्तेदार नौकरी पाता है जिसे कुछ नहीं आता, पर योग्य उम्मीदवार रिजेक्ट हो जाते हैं।

कप्तान साहब 26 जनवरी 1955– समरथ को नहीं दोष गुसाईं वाली कहावत को – दर्शाने वाली कहानी।

घेरे के भीतर– वसुधा अगस्त 1956– मनोवैज्ञानिक कहानी, स्त्री पुरूष का आपसी मनोविज्ञान, पति अपनी पत्नि को छोड़कर दूसरी स्त्री को प्रेम पत्र लिखते रहता है। पत्नि पूछती है तो पिटती है। कुछ समय बाद पत्नि एक काल्पनिक आदमी को चिट्‌टी लिखने लगती है। पति ईर्ष्यालु हो जाता है । पत्नि से जवाब– सवाल करता है। पत्नि पिटती है, पर उसे संतोष है कि उसका पति उस दूसरी स्त्री से तो कम से कम दूर होते जा रहा है।

पहला पापी जून 1956 तथा स्मारक जून 1956। विशुद्ध एवं परंपरागत कहानी, उंचे स्तर की कहानी। परसाई जी की शुरू की

कहानियां बहुत उंचे स्तर की हैं। यदि उन्होंने व्यंग्य न लिखा होता तो वे कहानीकार के रूप में प्रतिष्ठित हो जाते।

तीन सयाने जून 1956– किस प्रकार एक समय सिर्फ धर्म विज्ञान और कला का ही राज था, पर किस प्रकार फिर राजनीति ने प्रवेश कर सब कुछ चौपट कर दिया।

'जिंदगी और मौत' वसुधा जून 1957– पर जो जिंदगी की कशमकश में उलझे हैं, जो पसीने की एक एक बूंद से एक–एक दाना कमाते हैं, जिन्हें बीमार पड़ने की भी फुरसत नहीं है । ये रिफ्रेन परसाई की रचनाओं में जहां–तहां आते रहता है। परसाई जी ऐसा क्यों बार–बार लिखते रहते हैं। ऐसा इस कारण मात्र से होना चाहिये क्योंकि उन्हें वास्तव में सर्वहारा, गरीब, पिछडे सताये लोगों के दिली–हमदर्दी है। उनका बस चलता तो लतीनी क्रांतिकारी ग्वेवारा के समान रायफल लेकर निकल पड़ते। पर यही काम उन्होंने कलम रूपी रायफल से किया। किसी ने कहा कि कलम तलवार से ज्यादा ताकतवर होती है कलम की ताकत से ही वाल्टेयर, मान्टेस्क्यू, जान स्टुअर्ट मिल, कार्ल मार्क्स आदि ने दुनिया का नक्शा बदला है। परसाई जी इतना ज्यादा और इतना प्रभावशाली लिख चुके हैं कि अब तक कब की हमारे यहां क्रांति आ जानी थी। कब तक बहुतों के जीवन के तौर–तरीके बदल जाने थे, सुधर जाने थे।

हम यह भी नहीं कहना चाहते कि उनके लेखों को पढ़कर पाठकों ने सीख–सबक नहीं लिया। पर फिर यह भी नहीं कहा जा सकता कि शासकीय प्रशासकीय तंत्रों पर सामाजिक संस्थाओं पर उनके लेख प्रभावहीन रहे। इतने सशक्त निरंतर प्रहारों का प्रभावहीन रहना असंभव है। सबसे अहम बात शायद यही है कि सामाजिक बदलाव धीमे–धीमे आता है, किसी को साफ नहीं दिखता। पर कुछ समय बाद अनुभव होने लगता है कि हम काफी कुछ बदल गये हैं।

दुख का ताज–वसुधा मई 1958 । सेडिस्टिक प्लैजर का बखूबी वर्णन–जिसके पास कुछ नहीं होता अनंत दुख होता है, वह धीरे–धीरे

शहादत के गर्व के साथ कष्ट भुगतता है। जीने के लिये आधार चाहिये और अब आभाव से यह दुख हीं जीवन का आधार हो जाता है।

सामाजिक की डायरी वसुधा जुलाई 1958, अनाथालय में रहने वाले बच्चे अनाथ नहीं हैं बल्कि अनाथ वे हैं जो अध्यक्ष, मेंम्बरान इनके जोड़े पैसों पर फल–फूल रहे हैं।

गांधी जी का ओवर कोट–प्रचलित गांधीवाद पर व्यंग। गांधीवाद की बात सब करते हैं पर सब कुछ बनावटी।

स्वर्ग से नरक पहरी 16 मई 1948। क्योंकि ब्रम्हा का एक दिन मनुष्य के हजार वर्ष के बराबर होता है, ऐसा हमारे पड़ोस के सत्यनारायण की कथा वाले पंडित जी कहते हैं, स्वर्ग से नरक ....परसाई जी की सबसे पहली रचनाओं में से एक जिसमें उन्होंने रूढ़िवाद के खिलाफ आवाज उठाई।

परसाई जी के प्रारंभिक दिनों की रचनाओं की एक छोटी झलकी है। उपर्युक्त परिचर्चा। और भी अनेक कहानियां हैं, उनके प्रारंभिक दिनों की ।इन कहानियों के अवलोकन से साफ जाहिर होता है कि प्रारंभिक दिनों परसाई जी आदर्शवादी थे, गंभीर थे, उनकी शैली कहानीकार की शैली थी।

पर फिर धीरे–धीरे उनमें बदलाव आया, शैली बदली, आम आदमी की भाषा अख्तयार की गई। छुपा हुआ व्यंगकार और ज्यादा उभरकर सामने आने लगा और अंत में जाकर वे व्यंग शिल्पी के रूप में प्रतिष्ठित हुये। परंतु देखने समझने की बात है कि हरिशंकर परसाई के लेखन में गंभीरता है या नहीं, गंभीर चिंतन है या नहीं, इसमें गहराई है या नहीं, सबसे पहली बात तो यह है कि उन्होंने खूब लिखा है।

परसाई रचनावली 6 वाल्यूम्स में लिखी गई है जिसमें ढ़ाई हजार पन्ने हैं, इसके अतिरिक्त भी उन्होंने बहुत लिखा है, आखिरी दिनों तक चिंतन–लेखन करते रहे। उनके लेखन में निसंदेह चिंतन होना चाहिये तभी तो वे इतने छपे। इस सत्य को सत्यापित करती हुई उनकी रचना है– फिर उसी नर्मदा मेंया की जय। जिसमें वे लिखते हैं–पर विनाश के बाद जीवन नहीं फिर बस जाता है और विनाश की राह देखता है।

विनाश को भूलकर जीवन फिर वहीं आ जाता है। जिजीविषा बड़ी प्रबल होती है। मनुष्य मृत्यु पर विजय पाने भी हर क्षण कोशिश करता है। घायल हो जाता है, पर फिर लडने को तैयार हो जाता है।

....में बताउं की एक मनुष्य की पतन की जिनती गहराई है उससे अधिक उचाई मनुष्यता के उत्थान की है......मनुष्य कितना जटिल है, कितना समस्या मूलक है। कितना क्रूर है, कितना दयालु है। इस कहानी में दर्शाया गया है कि ....बाण में आई नदी तबाही फैलाती है। इंसान मरते हैं, पर फिर भी इंसान नदी की पूजा करता है। तबाही फैलाने वाली उसी नदी के किनारे फिर बसने लगते हैं। ऐसा क्यों.

क्या हरिशंकर परसाई का लेखन व्यंग मात्र है. क्या यह सिर्फ हंसाने वाला कामेडियन है. ऐसा नहीं है। निसंदेह एक ऐसा तत्व इस लेखन में है, जो महज व्यंग और हंसोडपन से उपर इस लेखन को उठाती है और वह तत्व है हरिशंकर परसाई का गंभीर चिंतन मनुष्य की मानसिकता के विभिन्न रंग–बिरंगे, कडवे–मीठे पहलुओं का अन्वेषणात्मक अध्ययन, हर स्तर के आदमियों के मनोविज्ञान की सूक्ष्म जांच पड़ताल का दूसरा नाम है परसाई–साहित्य।

'साहित्य और राज्य संरक्षण' वसुधा–संपादकीय 1 मई 1957 वसुधा का कुछेक संपादकियों में हरिशंकर परसाई इस खतरे की तरफ अपना ध्यान छेड़ते हैं कि राज्य सरकारों द्वारा लेखकों–रचनाकारों को रेडियो (अब दूरदर्शन) या सचिवालय में नौकरी सरकारी सम्मान आदि से विमुख कर दिया जाता है। संपादकीय में वे लिखते हैं– यह माना कि भारत में अभी तक लिखने से रोटी नहीं मिलती, फिर भी यह तो सही है कि रोटी कमाने के काम में सारी शक्ति और समय लगाकर श्लथ मन और तन से लेखक आखिर क्या लिखेगा.

जो आदमी जिस चीज का चिंतन करता है उससे उसे रोटी मिलती है। कुम्हार को बर्तनों से रोटी मिलती है, चमार को जूते से, जो साहित्य का निर्माण करता है उसे ही आखिर रोटी क्यों न मिले. नहीं मिलती, इसका कारण है कि घड़ा खरीदने वाले तो समाज में हैं पर पुस्तक खरीदने वाले नहीं।

मतलब यही कि हरिशंकर परसाई तमाम महात्वांकाक्षीय लेखकों को चेतावनी देते हैं कि जिन्हें भी इस क्षेत्र में आना है उन्हें समझ लेना चाहिये कि इसमें आमदनी नगण्य है, इसमें तपस्या है कठोर तपस्या, इसमें साधना–अराधना है, प्राप्ति कुछ भी नहीं। इस क्षेत्र में सिर्फ वही लोग आयें, जो समाज को देने मात्र में भरोसा करते हैं और बदले में समाज से कुछ भी उम्मीद नहीं करते, परंतु फिर हरिशंकर परसाई को समाज से बहुत कुछ मिला भी. लेकिन बाद में मुंशी प्रेमचंद्र ने फटे जूतों में जिन्दगी गुजारी, पर आज वे और उनका साहित्य अमर है, परसाई खुशनसीब रहे कि वे अपने जीवन में अपना सम्मान देख गये।

–एन.सी.ब्योहार

दैनिक भास्कर–दिनांक 16 अप्रैल 1998

चुनाव–1998 का सबसे दूरगामी परिणाम

अभी हाल ही में संपन्न हुये लोक सभाई चुनाव के कई महत्वपूर्ण परिणाम सामने आये हैं। जैसे कि केन्द्र में दूसरी बार भाजपा–प्रभावित सरकार का गठन होना, देश में संघीय प्रशासकीय व्यवस्था को एक नया बल मिलना, छोटी–छोटी पार्टियों को अत्यधिक महत्व मिलना, श्रीमति सोनिया गांधी का सक्रिय राजनीति में पदार्पण, भारतीय जनता पार्टी को पश्चिम बंगाल, तमिलनाडु जैसे राज्यों में दाखिला मिलना, चुनाव परिणामों का जातिवाद तथा निसंदेह ये सब महत्वपूर्ण परिणाम हैं, परंतु सबसे ज्यादा दूरगामी परिणाम एक ही है, और वह यह है कि चुनाव अभियान के दौरान तथा चुनाव परिणाम के पश्चात भारतीय जनता पार्टी का नये रूप में देशवासियों के सामने पेश होना। आज हमारे राजनायिक मंच पर भारतीय राष्ट्रीय कांग्रेस, भारतीय जनता पार्टी, राष्ट्रीय मोर्चा तथा मार्क्सवादी कम्युनिस्ट पार्टी, व कम्युनिस्ट पार्टी आफ इंडिया के रूप में हमारे दो प्रमुख साम्यवादी प्रवर्तक आदि प्रमुख खिलाडी हैं और विभिन्न प्रांतों में क्षेत्रीय पार्टियां अपना–अपना प्रभुत्व जामये हुये हैं जैसे कि तमिलनाडु में जयललिता–द्रमुक तथा करूणानिधि–द्रमुक, पश्चिम बंगाल में ज्योति बसु की मार्क्सवादी पार्टी, जम्मू काश्मीर में फारूख अब्दुल्ला का नेशनल कान्फ्रेन्स, असम में प्रफुल्ल महंता का असम गण परिषद, पंजाब में प्रकाश सिंह बादल का अकाली दल, कर्नाटक में रामकृष्ण हेगडे की जनता पार्टी से रूपांतरित लोक शक्ति पार्टी, आंध्रप्रदेश में चंद्र बाबू नायडू के हाथों थमी तेलगू देशम पार्टी आदि। इन सभी पार्टियों की विचार धाराओं में बदलाव आया है। चुनाव 1998 का एक महत्वपूर्ण परिणाम यह भी है कि बहुजन समाज पार्टी की सदस्य संख्या पिछले बार के 11 से घटकर इस बार 5 रह गयी है और बसपा सुप्रीमो कांशीराम चुनाव हार गये हैं। इसका परिणाम यह रहा कि मतदाताओं ने संकीर्ण जातिवाद पर लडने वाली बसपा को सीख–सबक सिखा दिया है कि यदि देश में चुनाव जीतना है तो सबको साथ लेकर चलना होगा।

गौरतलब है कि चुनाव 1998 जातिवाद के समीकरण से पूरी तरह प्रभावित रहा, मिसाल के तौर पर उम्मीदवारों का चयन सभी पार्टियों ने जातिवाद के आधार पर किया, उत्तर प्रदेश, बिहार, राजस्थान, गुजरात, मध्य प्रदेश, महाराष्ट्र आदि राज्यों में जातिवाद ने सबसे प्रमुख भूमिका अदा की है। मतदाताओं ने भी जातिवाद के आधार पर मत डाले हैं। जातिवाद के ज्वार–भाटे पर समाजवादी पार्टी के मुलायम सिंह यादव उत्तर प्रदेश में तथा राष्ट्रीय जनता दल के लालू प्रसाद यादव बिहार में कामयाब हो गये, परंतु आश्चर्य की बात है कि जातिवाद के पर्यायवाची काशीराम न तो स्वयं जीत सके और न ही अपनी पार्टी को लोकसभा में वे 35 सीटें दिला सके जिनकी मदद से वे चुनाव के पहले प्रधानमंत्री बनने की घोषणा करते रहते थे। संकेत मिले हैं कि अब आज बसपा कुछ इस प्रकार का मन बना रही है कि यदि आगे आने वाले दिनों में पार्टी को मटियामेट होने से बचाना है तो फिर सवर्णों को भी साथ लेकर चलना होगा। निसंदेह यह अपने आप में चुनाव 1998 का एक अत्यंत महत्वपूर्ण परिणाम है। संकीर्ण जातिवाद को जिस सीमा तक भी चुनावी अखाडे में नुकसान सहना पड़ता है, वह नुकसान उस अनुपात तक देश के वृहत हित में सहायक सिद्ध होगा। ये सब महत्वपूर्ण परिणाम हैं, जो आगे आने वाले दिनों में देश की राजनीति तथा सामाजिक जिंदगी को प्रभावित करेंगे, परंतु चुनाव 1998 का निसंदेह सबसे महत्वपूर्ण परिणाम यही है कि भारतीय जनता पार्टी ने अपने आप को एक नये परिवेश में पेश किया है। आज भारतीय जनता पार्टी उग्रवादी पार्टी नहीं है जो 1991 में थी और आज पार्टी के प्रमुखतम नेतागण वैदिक हिन्दुत्व की वह भाषा इस्तेमाल नहीं कर रहे हैं जो उनके मुख मंडल से 1991 व 1993 के दिनों में सुनने को मिलती थी।

श्यामा प्रसाद मुखर्जी द्वारा संस्थापित जन संघ ने 1952, 1957 तथा 1962 लोक सभाई चुनावों में दो, चार और 14 सीटें हासिल कीं, लेकिन 1967 के चुनाव में जन संघ को 35 सीटें मिली। 1971 के चुनाव में यह संख्या घटकर 22 रह गयी। 1977 के महत्वपूर्ण चुनाव में जनसंघ एक घटक के रूप में हलधर किसान चुनाव चिन्ह वाली जनता पार्टी में शामिल हो गयी। जनता पार्टी को 299 सीटें मिलीं, पार्टी की सरकार बनी परंतु

प्रयोग असफल रहा। 1980 के आगामी चुनाव में 351 सीटें जीतकर कांग्रेस पार्टी पुनः सत्तासीन हुई और 31 सीटें हासिल करके जनता पार्टी नेस्तनाबूत हो गई। सीख–सबक लेकर भारतीय जनता पार्टी ने अपना अलग अस्तित्व बनाया, परंतु चुनाव 1984 में इस नई पार्टी को महज दो सीटें मिलीं। संस्थापक श्यामाप्रसाद मुखर्जी ने निसंदेह प्रखर हिन्दु राष्ट्रवाद की वकालत की और इस विचारधारा को पंडित दीनदयाल उपाध्याय और प्रोफेसर बलराज मधोक जैसे नेताओं ने ध्वनित किया, परंतु फिर भी इन संस्थापकों ने उस अतिवादी हिन्दुत्व की बात कभी न की जो साध्वी ऋतंबरा और अति उत्साही उमा भारती के मुख से 1991 के चुनावी दिनों में सुनने को मिलीं। हिन्दुत्व का सहारा लेते हुये पार्टी ने अपनी सीट संख्या 1986 में 86 तक पहुंचा दी और यह पहला मौका था, जब पार्टी के कर्णधारों ने एहसास किया कि विशुद्ध हिन्दुत्व का दोहन करते हुये पार्टी द्वारा चुनावी रण क्षेत्र में असीमित बुलंदियों को छुआ जा सकता है। फिर क्या था, संग्राम 1991 की तैयारी युद्ध स्तर पर की गई, भड़काउ हिन्दुवादी भाषण दिये गये और इसी प्रकार के कैसेट तैयार किये गये, भारतीय जनता पार्टी के चुनाव अभियान को ब्लित्ज–क्रीज की उपमा दी गई। इलेक्ट्रानिक साधनों का बड़े पैमाने पर उपयोग किया गया। फलस्वरूप पार्टी ने 120 लोकसभाई सीटें 1991 में जीतीं।

कुछ समय पश्चात 6 दिसंबर 1992 की दुखद घटना घटी, जब बाबरी मस्जिद गिरा दी गई। शिवसेना प्रमुख बाल ठाकरे ने जवाबदारी स्वीकारी, परंतु भारतीय जनता पार्टी ने अपने आपको शिवसेना तथा संघ परिवार के अन्य सदस्यों से परे नहीं बताया और इस प्रकार आम भारतीयों के मन में इस धारणा को बने रहने दिया कि बाबरी मस्जिद के गिराये जाने में भारतीय जनता पार्टी का भी सहयोग है। उन दिनों उत्तर प्रदेश में मुख्य मंत्री कल्याण सिंह ही थे। 1991 के चुनावी दिनों तक जनता पार्टी खुल्लम खुल्ला हिन्दुत्व वादी पार्टी के रूप में स्थापित हो चुकी थी और इस बुनियाद पर अपना मजबूत पैर रखते हुये चुनाव 1996 में पार्टी ने 161 लोक सभाई सीटें हासिल की। इधर एक तरह पार्टी की चुनावी कामयाबी बढ़ती गई ।परंतु साथ ही साथ पार्टी कर्णधारों ने अहसास करना शुरू कर दिया कि विशुद्ध हिन्दुत्व का दोहन करके अधिक से

अधिक सबसे बड़ी पार्टी का ओहदा हासिल किया जा सकता है तथा महज हिन्दुत्व उन्हें स्पष्ट बहुमत या इससे ज्यादा सीटें नहीं दिला सकता ताकि 5 साल तक पार्टी की सरकार काम करते रहे। मई 1996 में अटल बिहारी वाजपेयी की अल्पमतीय भारतीय जतना पार्टी सरकार बनी, जो 13 दिन बाद अपदस्थ हो गई। पार्टी ने सौदे बाजी करना उचित न समझा, लिहाजा विश्वास का प्रस्ताव जीता न जा सका। उस वक्त वाजपेयी जी ने कहा था कि यदि इस बार पार्टी सौदे बाजी किये बिना गिर भी जाती है तो अगले चुनाव में स्पष्ट बहुमत हासिल करके अपने अकेले बलबूते पर सरकार बनायेगी, परंतु फरवरी–मार्च 1998 में जब पुनः चुनाव हुये तो स्थिति लगभग काफी कुछ 1996 जैसी रही आयी। इस बार पार्टी की स्थिति में आंशिक सुधार हुआ और सीठ संख्या 161 से बढ़कर 180 हो गई। उधर उत्तर प्रदेश में जनवरी 1998 में राजनायिक घटनाक्रम पार्टी को एक नया सबक कड़वे मीठे अनुभवों के आधार पर सिखा गये थे और वह यह कि यदि सत्ता में बने रहना है तो पुराने आदर्शवाद को छोड़ना होगा और समय के मुताबिक चलते हुये सौदेबाज बनना पडेगा। नतीजा यह रहा कि कल्याण सिंह सरकार में विश्व कीर्तिमान निर्माता 97 सदस्यी कैबिनेट का गठन किया गया। दूसरा सबक तब तक पार्टी ने यह भी सीख लिया कि यदि और अधिक वोट हासिल करने हैं तो पार्टी को सभी सम्प्रदायों के वोट हासिल करने की चेष्ठा करनी होगी। अभी तक पार्टी की साख यह थी कि भाजपा सवर्ण हिन्दुओं की पार्टी है। उच्चवर्गी हिन्दू इसके मतदाता हैं, पार्टी का प्रसार शहरों तक सीमित है, दूसरे धर्मावलंबी न तो इसे वोट देते हैं और न ही इसे उनके वोटों की चिंता थी। पार्टी की इमेज इंग्लैण्ड की कंजरवेटिव पार्टी या अमेरिका की रिपब्लिकन पार्टी जैसी थी जो पार्टियां पुरातन विचार धाराओं से जुड़ी हैं तथा जो पार्टियां दक्षिण पंथी मार्ग अपनाती हैं। शनै–शनै पार्टी में अटल विहारी वाजपेयी तथा जसवंत सिंह जैसे उदारवादियों का प्रभाव सक्रिय होता गया तथा अतिवादी हिन्दुवाद का प्रभाव कुछ कम होने लगा। इन तमाम अनुभवों का मिला–जुला असर यह रहा कि पार्टी ने चुनाव अभियान 1998 में अपना एक नया रूप–स्वरूप पेश किया।

इस नये रूप–स्वरूप का सबसे अहम तत्व यह है कि पार्टी ने अयोध्या–काशी–मथुरा, अनुच्छेद 370 तथा सामान्य नागरिक संहिता के मुद्दों पर ज्यादा जोर नहीं दिया। पहले के सभी चुनाव इन्हीं भावनात्मक मुद्दों पर सामान्तया तथा राम मंदिर के मुद्दे पर विशेषकर लडे गये। एक समय कहा जाता था कि इन मुद्दों के परे भारतीय जनता पार्टी के अस्तित्व की कल्पना ही नहीं की जा सकती। राम मंदिर अयोध्या में विवाद ग्रस्त स्थान पर ही बनाये जाने की कटिबद्धता बारमबार दुहराई गई, परंतु चुनाव 1998 में स्थिति काफी कुछ बदली हुई थी। इन मुद्दो का चुनावी घोषणा पत्र में समावेश के बावजूद भी अभियान के दौरान अटल विहारी वाजपेयी, डा.जसवंत सिंह आदि द्वारा यही कहा गया कि अयोध्या–काशी–मथुरा पार्टी के ऐजेन्डा का हिस्सा नहीं है। 3 जनवरी 1998 की चुनावी सभा में चेन्नई में अटल विहारी वाजपेयी ने यह बात कही तथा इसी सभा में यह भी कहा कि महिलाओं को और अधिक स्थान दिलाने के लिये सामान्य नागरिक संहिता का निर्माण किया जायेगा। 4 जनवरी 1998 को पार्टी अध्यक्ष लाल कृष्ण आडवाणी ने एक चुनावी सभा में कहा कि हिन्दु तथा मुसलमानों के पारिवारिक कानून महिलाओं के साथ भेद भाव का बर्ताव करते हैं और इस कारण उन्होंने कहा कि सत्ता में आने पर पार्टी द्वारा समान नागरिक संहिता बनायी जायेगी। श्रीमति सुषमा स्वराज ने कहा कि पार्टी द्वारा इस मुद्दे पर पहले एक राष्ट्रीय आम राय निर्मित की जायेगी और उसके बाद ही समान नागरिक संहिता बनायी जायेगी। इस प्रकार हम देखते हैं कि पार्टी कर्णधारों ने इस विवादग्रस्त मसले पर रूख बदले हुये आपसी समझौते की भाषा स्तेमाल करना आरंभ कर दिया।

पार्टी कर्णधारों द्वारा मुसलमानों को साथ लेकर चलने की बात करना आरंभ कर दिया। 19 फरवरी 1998 की एक सभा में लाल कृष्ण आडवाणी ने कहा – हम मुसलमान भाईयों को अपने ही रक्त.मांस की तरह मानते हैं और उन्हें दिलासा दिलाते हैं कि उन्हें सामाजिक, राजनीतिक, आर्थिक एवं शैक्षणिक गतिविधियों में बराबरी की भागीदारी का मौका दिया जायेगा। 10 जनवरी 1998 को पत्रकारों से वार्ता के दौरान अटल विहारी वाजपेयी जी ने कहा कि भारत एक धर्म–निरपेक्ष

राष्ट्र है और सदा रहेगा। 19 फरवरी 1998 को गौड़ा में उन्होंने कहा भारतीय जनता पार्टी मुसलमानों को वोट बैंक नहीं मानती, बल्कि उन्हें भारत माता की संतान मानती है। पार्टी नेताओं के मुख से इस प्रकार के कथनों की पहले कल्पना ही नहीं की जा सकती थीं। पर अभियान 1998 के दौरान पार्टी दिग्गजों को मजारों पर चादरपोशी करते देखा गया। रोजा–इफ्तार पार्टियों में शिरकत करते देखा गया, शिव–सेना प्रमुख बाल ठाकरे को विवाद ग्रस्त स्थान पर राष्ट्रीय स्मारक बनाने की वकालत करते सुना गया, अस्तु। नतीजे जल्दी ही सकारात्मक आये। मुस्लिम मतदाताओं का रूझान ....उम्मीदवारों की तरफ 5 प्रतिशत बढ़ा ।

सरकार गठन की आवश्यकता ने भाजपा को और अधिक समझौते के लिये झुकने हेतु विवश कर दिया है। भारतीय जनता पार्टी और सहयोगी घटकों द्वारा जो राष्ट्रीय ऐजेन्डा तैयार किया गया, उसमें अयोध्या–काशी–मथुरा, अनुच्छेद 370 और समान नागरिक संहिता का समावेश नहीं किया गया है। भाजपायी नेतागण स्पष्टीकरण दे रहे हैं कि जब उनकी सरकार बनेगी तब इन मुद्दों को पूरी तरह कियान्वित किया जायेगा, परंतु आज सवाल यही है कि क्या भविष्य में कभी इन मुद्दों को उठाया जा सकेगा और क्या उन्हें कियान्वित किया जा सकेगा. कही ऐसा तो नहीं कि राष्ट्रवादी हिन्दुत्व के पर्यायवाची ये तीनों मुद्दे हमेशा–हमेशा के लिये त्याग दिये गये हैं। यदि आगामी किसी चुनाव में भारतीय जनता पार्टी को स्पष्ट बहुमत मिल भी जाता है और पार्टी द्वारा बिना दूसरी पार्टियों के सहयोग के सरकार बनायी जाती है, तो भी क्या उस अत्यंत सुखदायी स्थिति में भी इन मुद्दों को पुर्नजीवित किया जा सकेगा, खासकर इस कारण की चुनाव 1998 के इन खास दिनों में सभी धर्मावलंबियों के मन में एक उम्मीद घर कर गयी है कि ये मुद्दे अब नहीं उठाये जा सकेंगे।

हर बीतने वाले दिन के साथ इन मुद्दों को कियान्वित करने का उचित समय धीरे–धीरे समाप्त होते जा रहा है, लिहाजा कहीं ऐसा तो नहीं कि भारतीय जनता पार्टी ने अपने हिन्दुत्व कार्यक्रम को ...भलीभूत करने का सर्वात्तम मौका हमेशा–हमेशा के लिये हाथ से निकल जाने दिया। भारतीय जनता पार्टी के शीर्षस्थ नेता चाहे लाख वादे करते रहें,

पर आम भारतीय भली भांति समझ गया है कि आगे आने वाले दिनों में अनुच्छेद 370 को नहीं हटाया जा सकेगा, समान नागरिक संहिता का बनाया जाना नामुम्किन है और न तो अयोध्या में राम मंदिर बनाया जा सकेगा और न ही काशी–मथुरा–हिन्दुओं को वापिस मिलने वाले हैं। अब भलाई इसी में है कि इन मुद्दों की चर्चा करना ही बंद कर देना चाहिये, चुनाव 1998 का यही सबसे सशक्त संदेश है, हम सभी को अहसास भले ही न हो, पर यह सच है कि चुनाव 1998 ने भारत के समाजिक एवं सांस्कृतिक इतिहास के निर्माण में शायद सबसे ज्यादा भूमिका अदा की है।

अभियान 1998 के दौरान भारतीय जनता पार्टी और शिवसेना ने हिन्दुत्व–वादी मुद्दों को फिलहाल ठंडे बस्ते में रखने की बात कहना आरंभ कर दिया है, आगे आने वाले दिनों में संघ परिवार के बाकी सदस्य भी यही बात कहना आरंभ कर देंगे। विशुद्ध हिन्दुत्व के विलीनीकरण की शुरूआत आरंभ कर दी है चुनाव 1998 ने और इन चुनावों का निःसंदेह वही सबसे दूरगामी परिणाम हैं।

–एन.सी.ब्योहार

दैनिक भास्कर–दिनांक 2 अप्रैल 1998

चुनाव–1998 में राष्ट्रवादी नेता अटल विहारी वाजपेयी

अभी हाल ही में संपन्न हुये लोक सभायी चुनाव में भारतीय जनता पार्टी पक्ष की ओर से शीर्षस्थ नेता निःसंदेह श्री अटल बिहारी वाजपेयी रहे ।हालाकिं चुनाव अभियान के समय पार्टी के अध्यक्ष श्री लाल कृष्ण आडवाणी रहे। पार्टी में नंम्बर 2 स्थान पर रहने के बावजूद भी वे सबसे ज्यादा सामरिक दिनों के दरम्यान पूरी पार्टी द्वारा नंम्बर 1 स्थान पर दर्शाये गये। ऐसा क्यों.1991 के दिनों में जब पार्टी ने अपनी स्थिति एकाएक तीव्रतम गति से सुधारी थी, तब शीर्षस्थ स्थान पर लाल कृष्ण आडवाणी बिठाये गये थे, क्योंकि वे पार्टी के इतिहास के सबसे ज्यादा आक्रामक दिन थे, पार्टी ने अपनी संपूर्ण छवि हिन्दुत्व–वादी बना रखी थी, जिस परिप्रेक्ष्य में अपेक्षाकृत उग्रवादी लाल कृष्ण आडवाणी ही सफल हो सकते थे तथा जिस परिप्रेक्ष्य में अपेक्षाकृत उदारवादी अटल विहारी वाजपेयी को दूसरा या तीसरा स्थान ही मिल सकता था। लिहाजा अटल विहारी वाजपेयी उन दिनों काफी कुछ हासिये पर चले गये। जाहिर है कि उन्होंने श्री लाल कृष्ण आडवाणी की रथ यात्राओं का लगभग विरोध किया, क्योंकि इनसे स्थानों पर साम्प्रदायिक खिचाव–तनाव बनता था। उन्होंने बाबरी मस्जिद गिराये जाने की खुलकर भर्त्सना की । सारा संघ परिवार लगभग एक मतेन खुशी मना रहा था, पर सारे कोलाहल के माहौल में राजनायिक एवं सामाजिक परिपक्वता की एक आवाज एक विशिष्ट वेदना की ध्वनि मुखरित कर रही थी और वह थी आज के प्रधानमंत्री अटल विहारी वाजपेयी की व्यथा–अभिव्यक्ति कि जो कुछ भी हो मस्जिद नहीं ढ़हाई जानी थी। पार्टी को उग्रवादी शिरे से उदारवादी शिरे तक ले जाने का श्रेय निसंदेह अटल बिहारी वाजपेयी को ही जाता है। अयोध्या–मथुरा, समान नागरिका संहिता तथा अनुच्छेद 370 जैसे विवाद ग्रस्त मुद्दों को वृहत राष्ट्रीय हितों को मद्दे नजर रखते हुये आम सहमति के निर्माण तक ठंडे बस्ते में रखना श्रेयस्कर होगा, इस

रचनात्मक निर्णय को उन्होंने 26 मई 1996 को प्रस्तुत किया, जब वे अपनी प्रथम अवधि के दौरान विश्वास मत पर हो रही बहस के समय उत्तर दे रहे थे। नतीजा सामने है–आज भारतीय जनता पार्टी सच्चे मायनों में राष्ट्रीय पार्टी होती जा रही है, चुनाव 1998 में पार्टी ने पश्चिम बंगाल और तमिल नाडू जैसे प्रांतों में अपने खाते खोले हैं, पार्टी की तरफ मुस्लिम मतदाताओं का रूझान लगभग 5 प्रतिशत बढ़ा है। कुछ अपेक्षाओं के साथ आज अल्प संख्यक वर्ग भारतीय जनता पार्टी तथा उसके शीर्षस्थ नेताओं से अपेक्षाकृत कम भयभीत हैं। इस परिवर्तन का श्रेय निसंदेह अटल विहारी वाजपेयी जी को ही दिया जायेगा।

अटल विहारी वाजपेयी आज हमारे सोलहवे प्रधानमंत्री के रूप में पदस्थ हैं। मई 1996 में वे 13 दिन इस पद पर रह चुके हैं। उनकी कदाचित सबसे बड़ी विशेषता यही है कि वे पहनावे से, आचरण–व्यवहार से, बोलचाल से पूर्ण रूपेण विशुद्ध भारतीय प्रतीत होते हैं। परिधान, धोती, कुर्ता या विदेश भ्रमण के दौरान जोधपुरी सूट, माथे पर टीका, अभिव्यक्ति का माध्यम विशुद्ध हिन्दी, हर वाक्य में विशुद्ध राष्ट्रवादिता की पुनरावृत्ति, हिन्दू तीज, त्यौहारों तथा धार्मिक शास्त्रों के साथ–साथ अन्य सभी धर्म साम्प्रदायों के प्रति बराबरी का आदर भाव, परमाणु शस्त्रों से सुसज्जित अखंड भारत की परिकल्पना के पर्यायवाची भारतीय मानव की कल्पना अर्थात अटल बिहारी वाजपेयी, 1997 में हल्दर किसान निशान वाली जनता सरकार के विहारी मंत्री के.. उन्होंने संयुक्त राष्ट्र संघ में भाषा हिन्दी में भाषण दिया। उनका तर्क था कि जब विश्व में हर पांचवा व्यक्ति हिन्दी में बोलता है तब हिन्दी को संयुक्त राष्ट्र संघ में उसे उसके सम्मान का दर्जा क्यों न दिया जाये। 19 मार्च 1998 को उन्होंने हिन्दी में शपथ ली, लिहाजा कुछ और मंत्रियों ने भी हिन्दी में शपथ ली।

चुनाव 1998 में अटल विहारी वाजपेयी पर एक आरोप दुहराया गया कि उन्होंने 1942 के भारत–छोड़ो आंदोलन में भाग नहीं लिया, घर तथा बटेश्वर–प्रकरण में उन्होंने अंग्रेजों की मुखबिरी की थीं, उन्होंने खुद के लिये क्षमा याचना की जिसके फलस्वरूप दो स्वाधीनता सेनानियों को जेल की सजा सुनाई गयीं। आरोप लगाया गया कि वे अप्रूवर बने थे, माने सरकारी गवाह बने थे। वाजपेयी जी कहते हैं कि यह आरोप उनपर

हर चुनाव के समय लगाया जाता है, बाकी समय ऐसा नहीं कहा जाता और न ही आरोप को सिद्ध करने के लिये सबूत पेश किये जाते हैं। अभी हाल ही की बहस के दौरान राजद सांसद लालू प्रसाद यादव ने पुनः आरोपों को दुहराया है तथा किसी पत्रिका का उल्लेख किया है। अटल विहारी वाजपेयी ने यहीं उत्तर दिया कि आरोप–कर्ता सदन के पटल पर सबूती दस्तावेज पेश कर दें और उन्हें अध्यक्ष का निर्णय स्वीकार होगा। गौर तलब है कि यदि वास्तव में श्री वाजपेयी जी ने किसी शासकीय प्रकरण में सरकारी गवाह की भूमिका अदा की थी तो उसे तथ्य के प्रमाणिक सबूत पेश करने में क्या दिक्क्त थीं। हो सकता है कि आज छप्पन वर्ष बाद शायद दस्तावेजी सबूत नष्ट हो गये हों, रिकार्ड न मिल रहे हों। पर फिर आरोप तो 1957 से लगातार लगाये जा रहे हैं, जब वाजपेयी जी ने अपने संसदीय जीवन का पहला चुनाव लडा था। आजादी के महज दस वर्ष बाद अदालतीय आदेशों की प्रमाणित प्रतिलिपि हासिल करने में क्या परेशानी थी। यदि आज आरोप दुहराये जा रहे हैं तो आम जनता की अपेक्षा रहेगी कि आज भी या तो दस्तावेजी सबूत से आरोप को एक बार सिद्ध कर दिया जावे या फिर आरोप को हमेशा–हमेशा के लिये निराधार निरूपित करते हुये सुपुर्दखाक कर दिया जावे।

बारहवीं लोक सभा के चुनाव में भारतीय जनता पार्टी को जो भी कामयाबी मिली है, उसके लिये ज्यादा श्रेय निसंदेह अटल विहारी वाजपेयी को जाता है। पार्टी अध्यक्ष लाल कृष्ण आडवाणी भूतपूर्व अध्यक्ष डॉ मुरली मनोहर जोशी, जसवंत सिंह, उपाध्यक्ष सिकंदर बख्त, श्रीमति सुषमा स्वराज, फिल्म स्टार शत्रुधन सिन्हा आदि ने निसंदेह अहम रोल अदा किये। पार्टी प्रवक्ता गोविंदा चार्य तथा वैंकटया नायडू ने पार्टी के मत को बखूबी मीडिया के जरिये आम मतदाता तक पहुंचाया। पर पार्टी के प्रमुखतम चुम्बक रहे प्रभावशाली एंव ओजस्वी वाणी के धनी अटल विहारी वाजपेयी, निसंदेह चुनाव 1998 के वह सुपर स्टार साबित हुये। भारतीय जनता पार्टी की ओर से अटल विहारी वाजपेयी तथा भारतीय राष्ट्रीय कांग्रेस की ओर से उनकी स्टार कैम्पेनर श्रीमति सोनिया गांधी। अटल विहारी वाजपेयी अपनी पार्टी को पिछली बार की तुलना में 15 सीटें ज्यादा दिलाने में कामयाब रहे। एक अनार सौ बीमार की तर्ज पर

जबकि एक–एक वोट तथा एक–एक सीट के लिये भीषणतम संग्राम छिडा हो, तब अपनी पार्टी को पुनः पहला स्थान दिलाना अपने आप में मायने रखता है। दूसरी तरफ श्रीमति सोनिया गांधी भारी भीड एकत्र करने में कामयाब रहीं, परंतु यह ...भीड़ चुनावी वोटों के रूप में तब्दील न हो सकी। दोनों सुपर स्टारों के तरीकों में अंतर था। एक सुपर स्टार अत्यंत प्रभावशाली भाषण के जरिये मतदाता को प्रभावित करता था, तो दूसरी और दूसरे सुपर स्टार का तरीका था लिखे–लिखाये चुनावी भाषण को पढ़कर हिट–एण्ड रन के तौर पर अगली सभा के लिये उड जाना। यही कारण है कि एक मौके पर श्री लाल कृष्ण आडवाणी ने कहा था कि मतदाता अटल विहारी वाजपेयी को सुनने आते हैं, जबकि वे लोग श्रीमति सोनिया गांधी को देखने आते हैं। 1998 के इन चुनावों के नतीजे दोनों सुपर स्टारों के लिये लाभदायक साबित हुये। श्री अटल विहारी वाजपेयी आज हमारे प्रधानमंत्री हैं जबकि श्रीमति सोनिया गांधी आज भारतीय राष्ट्रीय कांग्रेस की अध्यक्ष हैं, तथा कांग्रेस संसदीय दल की मुखिया हैं। मतलब यही रहा है कि भविष्य में यदि मौजूदा सरकार गिरती है तो फिर पूरी संभावना है कि श्रीमति सोनिया गांधी हमारी अगली प्रधान मंत्री होंगी।

चुनावी अभियान के दौरान आलोचकों द्वारा आरोपित किया गया कि पार्टी अध्यक्ष लाल कृष्ण आडवाणी तथा अटल बिहारी वाजपेयी में गंभीर आपसी मतभेद हैं। इन अफवाहों का निराकरण करते हुये स्वयं लालकृष्ण आडवाणी ने एक से अधिक चुनावी सभाओं में साफ जाहिर कर दिया था कि राजनीति में अटल बिहारी वाजपेयी उनके सीनियर हैं और इस कारण उनके आधीन उप–प्रधानमंत्री बनने में उन्हें किसी प्रकार की आपत्ति न होगी। श्री आडवाणी ने यह भी स्पष्ट किया कि पूरी पार्टी द्वारा श्री अटल विहारी वाजपेयी को एक सोची समझी नीति के तहत संभावित प्रधान मंत्री के रूप में प्रस्तुत किया जा रहा था। पार्टी की यह नीति कारगर साबित हुई, मतदाताओं ने अटल विहारी वाजपेयी को भावी प्रधानमंत्री के रूप में स्वीकार किया, पार्टी को निसंदेह और अधिक वोट मिले। नीति यह भी दर्शाती है कि पार्टी में आज अटल विहारी वाजपेयी सबसे ज्यादा स्वीकार्य हैं। शायद न सिर्फ भारतीय जनता पार्टी में, वरन्

समूचे भारतीय जन मानस में। यह बात अलग है कि अतिवादी कम्यूनिष्ट ज्योति बसु और मध्यम मार्गीय कम्युनिस्ट हर किशन सिंह सुरजीत, समाज वादी पार्टी के मुलायम सिंह यादव, राष्ट्रीय जनता दल के लालू प्रसाद यादव या फिर परास्त सुदा बसपा सुप्रीमो कांशीराम इस सरकार को साम्प्रदायिक तथा फासिस्ट बता रहे हैं, पर फिर भी लोकप्रिय अभिमत यह भी चलन में है कि साझा सरकार में 18 और भी घटक हैं जिन्हें साम्प्रदायिक तथा फासिस्ट कैसे और क्यों कहा जाये, या फिर इस तथ्य को कैसे नजर अंदाज किया जावे कि भारतीय जनता पार्टी ने सभी विवाद जनक मुद्दों को ठंडे बस्ते में रख दिया है, या फिर इस तथ्य को कैसे कर दर किनार किया जाये कि अटल विहारी वाजपेयी आज आम सहमति की बात कर रहे हैं, सभी को साथ लेकर चलने का प्रयास कर रहे हैं, अस्तु आज देश का हित सर्वोपरि होना चाहिये । बात ऐसी करना चाहिये जिससे देश को राजनायिक स्थायित्व प्राप्त हो। यदि आप अपना घर निर्माण करते हैं तो आपको आपके मित्र आपके आलोचक सभी शुभकामना देते हैं। ठीक इसी प्रकार हम आप सभी भारतीय यही अपेक्षा करते हैं कि यदि किसी पार्टी विशेष की सरकार बनती है तो सभी के लिये यह आवश्यक है कि वे उस पार्टी को शुभकामना प्रेषित करें कि आप सरकार सुचारू पूर्ण तरीके से चलायें। पर इधर हुआ यह कि 4 मार्च 1998 को चुनावी परिणाम घोषित हुये कि भारतीय जनता पार्टी को सबसे बड़ी एकल पार्टी होने का सम्मान मिला है, तथा आगे चलकर 15 मार्च को महामहिम राष्ट्रपति द्वारा अटल विहारी वाजपेयी को सरकार बनाने के लिये निमंत्रित किया गया तथा 19 मार्च को दिन शपथ ग्रहण के लिये नियत किया गया कि नहीं कि विरोधियों ने अपने अनर्गल प्रचार करना शुरू कर दिये कि वे किसी भी कीमत पर वाजपेयी सरकार को एक दिन न चलने देंगे। भला बताईये कि इस प्रकार के दूषित वातावरण में किसी भी सरकार का चलना कैसे संभव है। सर्वोपरि राष्ट्रहित निसंदेह यही चाहता है कि हम सब राष्ट्रहित की बात करें, फिर भले ही सरकार कोई भी पार्टी चलाये– भारतीय जनता पार्टी या फिर भारतीय राष्टीय कांग्रेस।

–एन.सी.ब्योहार

दैनिक भास्कर–दिनांक 24 मार्च 1998

चुनाव–1998 में स्टार कैम्पेनर श्रीमति सोनिया गांधी

अभी हाल ही में बारहवी लोकसभा के लिये संपन्न हुये चुनाव के दो सबसे महत्वपूर्ण घटनाक्रम सामने आये हैं, पहला तो यह कि श्री अटल विहारी वाजपेयी के नेतृत्व में भारतीय जनता पार्टी की अगुवायी में केन्द्र में एक मिली–जुली सरकार बनी है और दूसरा यह कि श्रीमति सोनिया गांधी भारतीय राष्ट्रीय कांग्रेस की अध्यक्ष अत्यंत नाटकीय परिस्थितियों में शनिवार 14 मार्च 1998 के दिन चुनी गई हैं और इत्तवार 15 मार्च 1998 के दिन कांग्रेस संसदीय दल की मुखिया चुनी गई हैं।

दूसरा घटना क्रम बहुत ज्यादा दूरगामी प्रभाव रखता है, क्योंकि भविष्य में यदि वाजपेयी सरकार किन्हीं कारणोंवश गिरती है तो महामहिम राष्ट्रपति के निमंत्रण पर श्रीमति सोनिया गांधी के प्रधान मंत्री बनने की पूरी संभावना रहेगी। नतीजा यह भी रहा कि मराठा सरदार शरद पवार एक बार भी सत्ता की होड़ में पिछड गये। महाराष्ट्र में कांग्रेस को 48 में से 33 सीटें मिली हैं तथा कांग्रेस गठबंधन को 37 सीटें मिली हैं जबकि 1996 में कांग्रेस गठबंधन को मात्र 15 सीटें मिलीं थीं। दूसरी ओर मुख्य प्रतिद्वंदी भाजपा को 10 सीटों से संतोष करना पड़ा है।

इस अभूतपूर्व कामयाबी का श्रेय शरद पवार को दिया जा रहा है और एक समय लग रहा था कि इस बार वे अपने गंतव्य को पा लेंगे, पर उन्हें लोकसभा में कांग्रेस पार्टी के नेता सांत्वना पद से संतोष करना पड़ रहा है जिस प्रकार लंबे अरसे से श्रीमति सोनिया गांधी पर कांग्रेस जनों द्वारा पार्टी की सत्ता संभालने के लिये निरंतर दबाव डाला जा रहा था, उसे मद्दे नजर रखते हुये यही कहना पड़ेगा कि इस बार 113 वर्ष पुरानी इस पार्टी के शीर्षस्थ नेतागण मंतव्य बनाये बैठे थे कि चाहे जो कुछ भी हो इस बार श्रीमति सोनिया गांधी को पार्टी प्रमुख बना ही दिया जायेगा।

वर्षों इंकार के बाद जनवरी 1998 में पार्टी के चुनाव प्रचार का कार्यभार स्वीकार कर लेने का निर्णय इतना सशक्त इशारा था कि यदि भविष्य में मौका पड़ा तो वे सत्ता का और ज्यादा स्वाद चखने को तैयार रहेंगी। अपनी चुनावी सभाओं में उमड़ती भीड़ को देखकर उन्होंने अंत में निर्णय ले लिया कि सत्ता के गलियारों में सर्वोच्च सिंहासन पर बैठना अपने आप में अलग अहमियत रखता है, साथ ही साथ कांग्रेस पार्टी में एक गुट हावी है जो चाहता है कि यदि हम सारी सत्ता के केन्द्र नहीं बन सकते हैं तो शरद पवार क्यों कर सर्वेसर्वा बने। कहने का मतलब यही है कि सारी परिस्थितियां शनै–शनै अनुकूल बनती गई और आज चुनाव 1998 का शायद सबसे ज्यादा दूरगामी परिणाम यह है कि श्रीमति सोनिया गांधी आज मध्यम मार्गी इस पुरातन पार्टी की मुखिया बन गई हैं।

चुनाव 1998 में श्रीमति सोनिया गांधी का सबसे बड़ा योगदान निसंदेह यह रहा है कि पार्टी छोड़कर दूसरी पार्टियों की पनाह लेने का सिलसिला रूक गया। शीर्षस्थ पार्टी नेता और आम कार्यकर्ता एक जुट हो गये। केन्द्रीय मंत्री वी.के.थुंगन, बी.पी.मोर्य चौदह साथियों के साथ सुरेश कल्माड़ी, मणि शंकर अैय्यर, सुनील शास्त्री, अरविंद नेताम आदि नेताओं ने कांग्रेस पार्टी छोड़ दी। ममता बेनर्जी की तृणमूल कांग्रेस में भर्ती होकर चुनाव जीतने वाले मणि शंकर अय्यर आज फिर कांग्रेस में वापिस आ गये हैं। सोनिया गांधी की घोषणा के बाद पार्टी छोड़ने का सिलसिला निसंदेह रूक गया, इतना ही नहीं दूसरी पार्टियों को छोड़कर कतिपय नेता कांग्रेस में आ गये।

11 फरवरी 1998 से श्रीमति सोनिया गांधी ने श्री पेरम्बदूर तमिलनाडू से अपना चुनावी अभियान शुरू किया। तीसरे चरण के मतदान के दो दिन पहले तक उन्होंने 134 चुनावी सभाओं को संबोधित किया। पति राजीव गांधी की नृशंस हत्या वाले स्थान श्रीपरेम्बदूर की पहली सभा में ज्यादा से ज्यादा 15000 श्रोता आये, खेमे में थोडी निराशा हुई। अगली सभा कोच्चि आंध्रप्रदेश में भारी भीड इकट्ठी हुई। उत्साह बढ़ा और फिर आम जनता का शैलाब बढ़ता गया। कहा जाता है कि पार्टी ने श्रीमति सोनिया गांधी मात्र पर 10 करोड़ रूपये खर्च किये। उनके लिये विशेष

विमान किराये पर लिये गये। उन्हें अभूतपूर्व सुरक्षा दी गई। भिलाई, रामलीला मेदान नई दिल्ली जैसे स्थानों पर लाख सवा लाख लोग आये, सोनिया गांधी को देखने–सुनने के लिये घंटों इंतजार करते रहे। विपक्षीय भाजपाई खेमे में निसंदेह खलबली सी मच गई। भाजपाई नेताओं ने अपनी रणनीति बदली, उन्होंने तय किया कि श्रीमति सोनिया गांधी पर व्यक्तिगत आक्रमण नहीं करना चाहेंगे अन्यथा उनके पक्ष में सहानुभूति और ज्यादा जाग उठेगी।

श्रीमति सोनिया गांधी के तूफानी चुनावी प्रचार को भाजपायी नेताओं ने हिट एण्ड रन कैम्पेन की संज्ञा दी। कारण यह कि पूरे चुनावी अभियान के दौरान उन्होंने पत्रकार वार्ताओं से अपने–आप को दूर रखा, जो कुछ कहना था इस सभा में उन्होंने कहा, आरोप लगाया और अगले क्षण अगली सभा के लिये चली गई। हक्के बक्के विरोधी जब तक एक आरोप का उत्तर देते, तब तक दूसरा आरोप तैयार था। अपनी दूसरी सभा में उन्होंने सहसा बोफोर्स दलाली का मामला उठा लिया और कहा कि बोफोर्स दलालों के नाम जाहिर किये जायें, मेरे पति का नाम इस मामले में लिया गया है और में चाहती हूं कि बात साफ हो जाये, अस्तु। भाजपाई खेमा भौचक रह गया, क्योंकि इस मुद्दे की आक्रामक तीर के रूप में उठाने का इरादा पहले से ही भाजपा नेताओं ने बना रखा था। अब भाजपायी नेता बचाव भी मुद्रा में आ गये। आरोप प्रत्यारोपण का सिलसिला 13 जनवरी को चरम सीमा पर पहुंच गया, जब एक चुनावी सभा में श्रीमति सोनिया गांधी ने कहा– श्री अटल विहारी वाजपेयी सरासर झूठ बोल रहे हैं। कुछ दिन बाद श्री वाजपेयी ने उत्तर दिया कि अपने संसदीय जीवन के 50 वर्षों में उन्होंने कभी झूठ नहीं बोला है। नई दिल्ली की सभा में और ज्यादा आक्रामक रूख अपनाते हुये सोनिया गांधी ने कहा– वे एक औरत से डर गये। मतलब यह कि इससे साफ जाहिर होता है कि बहुत ही कम समय में श्रीमति सोनिया गांधी ने विरोधियों से निपटने का साहस बटोर लिया।

सारे चुनावी अभियान में श्रीमती सोनिया गांधी ने श्रोताओं की सहानुभूति जीतने की कोशिश की, उन्होंने भावनाओं को जगाया। उदाहरणार्थ उनके कुछ कथन इस प्रकार हैं– भिलाई 20 जनवरी–: पंडित जवाहर लाल नेहरू नें मजबूत और स्वावलंबी अर्थव्यवस्था की सुहढ़ नीव

रखी, जबकि श्रीमती इन्द्रा गांधी ने समाज के गरीब और कमजोर वर्ग के लोगों के उत्थान के लिये कार्य किया। अपनी मां की हत्या के बाद राजनीति में आये राजीव गांधी ने पूर्ण समर्पण के साथ देश की सेवा की, तथा रोजगार के अवसर बढ़ाने और विभिन्न क्षेत्रों में विकास की गति को तेज करने के लिये हर संभव उपाय किये।

देश सेवा मेरे परिवार की परंपरा रही है। गुवाहाटी 22 जनवरी... मैं एक ऐसे परिवार से हूं, जिसने हिंसा को झेला है। चौदह वर्ष पहले मुझे गोलियों से छलनी अपनी सास श्रीमती इंदिरा गांधी की पार्थिव देह देखनी पड़ी। कुछ वर्ष पहले इसी हिंसा ने मुझे विधवा कर दिया। रोहतक की एक सभा– ये लोग मेरे सुहाग की रक्षा नहीं कर सके। बिग्रेड परेड ग्राउंड 5 फरवरी कलकत्ता– अब में अकेली हूं। सारी दुनिया में मेरा जो कुछ भी है, वह है मेरे दो बच्चे और आप लोगों का स्नेह तथा सहयोग। उन्होंने बार–बार स्पष्ट कर दिया कि 30 वर्ष पहले राजीव गांधी से शादी के बाद वे भारतवासी हैं। भारत ही उनका घर है और यही पर रहने का उन्होंने फैसला कर लिया है, अस्तु।

आम भावनाओं को उगाहने के लिये उन्होंने स्थान विशेष की भाषा में बोलने की कोशिश की। जैसे कि तमिलनाडू में उन्होंने तमिल शब्द सहोधरर–सहोधरिगल बराबर भाईयो और बहनों इस्तेमाल किये। बैंग्लौर में उन्होंने कन्नड़ भाषा में बोलने की कोशिश की। भिलाई म.प्र. में उन्होंने बुंदेलखण्डी शब्द लिये। ज्यादातर उन्होंने अंग्रेजी व हिन्दी का उपयोग किया। उनके भाषण तैयार रहते थे और वे उन्हें महज पढ़ती थीं। बोफोर्स, भ्रष्टाचार, राजनीति का अपराधी करण आदि मुद्दों पर उन्होंने चुप्पी साधना उचित समझा। ज्यादा समय नेहरू गांधी परिवार के त्यागों का ब्यौरा दिया।

मतदाताओं की भावनाओं का दोहन करते हुये चंडीगढ़ की एक सभा में 25 जनवरी को उन्होंने ऑपरेशन ब्लू स्टार तथा नवम्बर 1984 के दंगों के लिये खेद प्रकट किया। बाबरी मस्जिद गिराये जाने के लिये कांग्रेस घोषणा पत्र में माफी मांगी गई, पर जाहिर है कि सिख मतदाताओं पर खेद व्यक्त करने की इन नीति का कोई विशेष प्रभाव नहीं पड़ा।

बात चुनावी नतीजों से साफ जाहिर होती है। राजधानी दिल्ली की 7 सीटों में से 6 सीटें भाजपा ने जीतीं। एक मात्र करौलबाग सुरक्षित सीट

पर मीरा कुमार जीतीं। सिख बाहुल क्षेत्रों में कांग्रेसी प्रत्याशी अजय माकन 15 –16 हजार मतों से पिछड़े। पंजाब में कांग्रेस को 13 में से एक भी सीट न मिल सकी और ऐसा इस पार्टी के साथ इन बारह चुनावों में पहली बार हुआ। श्रीमती सोनिया गांधी की चुनावी सभाओं का वोट हासिल करने के मामले में कितना असर पड़ा इसके लिये आंकड़ों की शरण में जाना बेहतर होगा। 1996 में कांग्रेस पार्टी को 140 सीटें मिली थीं। सो इस बार भी यह संख्या 140 ही रही। 1996 में समूचे भारत में कांग्रेसी प्रत्याशियों को 28.8 प्रतिशत मत मिले थे, इस बार यह प्रतिशत 25.4 रह गया, माने 3.4 प्रतिशत मतों का स्पष्ट नुकसान। कांग्रेस गठबंधन को 166 सीटें इस चुनाव में मुहैया करायीं। उत्तर प्रदेश में श्रीमती सोनिया गांधी ने भीषणतम चुनावी सभायें की, परंतु यहां परिणाम सबसे ज्यादा निराशा जनक रहे।

....85 में से कांग्रेस पार्टी को एक भी सीट न मिल सकी, जबकि पार्टी ने 76 स्थानों पर अपने उम्मीदवार खड़े किये। प्रदेश पार्टी के अध्यक्ष नारायण दत्त तिवारी नैनीताल से श्रीमती इला पंत के हाथों पराजित हुये। उल्लेखनीय है कि इन दो स्थानों से जवाहर लाल नेहरू, श्रीमती इंदिरा गांधी और राजीव गांधी बर हमेश विजयी रहे हैं। मेरठ से श्रीमती मोहसिना किदवई, रामपुर से बेगम नूर बानो और फर्रूखाबाद से सलमान खुर्शीद जैसे दिग्गज नेता पराजित हुये। देश के दूसरे सबसे बड़े राज्य बिहार में 54 में से कांग्रेस को सिर्फ दो सीटें मिलीं। म.प्र. में भी सोनिया फैक्टर का कोई खास असर नहीं दिखता। 1996 में पार्टी को 8 सीटें मिली थीं और इस बार यह संख्या 10 हो गई है। यहां पर भारतीय जनता पार्टी 27 सीटें लेकर 1996 में प्रथम स्थान पर थीं और आज 30 सीटें लेकर पुनः पहले स्थान पर है। म.प्र. में अर्जुन सिंह तथा विद्याचरण शुक्ल जैसे शीर्षस्थ नेता जीत न पाये।

जाहिर है कि श्रीमती सोनिया गांधी की सभाओं में एकत्रित भीड़ ने इसी अनुपात में पार्टी उम्मीदवारों को वोट नहीं दिये हैं। बड़े आश्चर्य की बात है कि यह निश्चित तौर पर कह पाना आसान नहीं है कि अमुक स्थान पर कांग्रेसी उम्मीदवार की जीत सिर्फ इस कारण से हुई कि उस स्थान पर स्टार कैम्पेनर सोनिया गांधी गई थीं। उल्लेखनीय यह भी है

कि उनके स्थान उनकी पुत्री प्रियंका वढ़ेरा, पुत्र राहुल गांधी तथा दामाद राबर्ट वढ़ेरा भी जाते थे। गांधी परिवार कौतुहल का केन्द्र बना रहा, परंतु आज नतीजों के बाद हमें शायद ही अटल विहारी वाजपेयी के कथन से सहमत होना पड़ेगा कि लोग श्रीमती सोनिया गांधी को देखने जाते हैं और लोग मुझे सुनने आते हैं। क्या वजह है कि उनके प्रचंड अभियान के बावजूद भी कांग्रेस पार्टी छोड़ में पहला स्थान न पा सकी।

कहा जाता है कि श्रीमती सोनिया गांधी ने अपना अभियान देर से शुरू किया था और इस कारण उनके व्यक्तित्व का प्रभाव पूरा न पड़ सका। एक कारण यह भी बताया जा रहा है कि उनका चुनावी अभियान महज हवाई जहाजी अभियान था। वे हवाई जहाज या हैलीकॉप्टर से आईं, एस.पी.जी. के अभेद्य घेरे में सुरक्षित रहकर उन्होंने अपना भाषण पढ़ा और आगे बढ़ गईं। आम मतदाताओं से उनका संपर्क लेश मात्र न हो पाया। एक कारण यह भी बताया जा रहा है कि कांग्रेसी उम्मीदवार अच्छे नहीं थे और वे अपने स्टार कैम्पेनर के प्रयासों को वोटो में परिवर्तित न कर पाये। चुनावी परिणामों के कारण जो भी हों, साफ जाहिर है कि कांग्रेस पार्टी के कर्णधारों ने श्रीमती सोनिया गांधी को साधुवाद देना ही उचित समझा जो कि कांग्रेस कार्यकारी समिति के एक मतेन धन्यवाद प्रस्ताव से परिलक्षित होता है। चुनाव 1998 में एक निष्कर्ष और है जिसे उजागर कर दिया है और वह यह है कि नेहरू गांधी परिवार का आकर्षण आज भी विद्धमान है।

आम नियम यह है कि, यदि आप अपने समाज या देश के लिये कोई कार्य करते हैं तो आपका समाज या देश आपको आपकी सेवाओं के बदले में कई गुना ज्यादा फायदा दे देता है। निसंदेह नेहरू गांधी परिवार के आत्मोत्सर्ग की लंबी फेहरिस्त है, पर फिर क्या भारत वर्ष ने इस परिवार के सदस्यों को शीर्षस्थ स्थानों पर नहीं बैठाया है। क्या उन्हें इतिहास के पन्नों में स्वर्णिम शब्दों से उल्लेखित नहीं किया है। परिवार की कितनी पीढ़ियों तक हम कृतज्ञ भारतवासी अपना आभार व्यक्त करते रहेंगे।

–एन.सी.ब्योहार

किताब के संबंध में

लेखक एन.सी.ब्योहार के अनेक लेख तत्कालीन एवं सामाजिक विषयों पर विभिन्न समाचार पत्रों में विगत अनेक वर्षों में प्रकाशित हुये हैं, उन्हीं लेखों को इन उप खण्डों में प्रकाशित किया जा रहा है, इन लेखों के विषय आज भी प्रासंगिक एवं उपयोगी हैं, अतः पूर्ण आशा एवं विश्वास है कि वे पाठकों को उपयोगी साबित होंगे, लेखों को तीन उपखंडों अथवा Volumes में प्रकाशित किया जा रहा है, यह द्वितीय उपखंड अथवा Volume है, आशा है कि सम्मानीय पाठकों द्वारा इन्हें उपयोगी निरूपित किया जायेगा।

लेखक के संबंध में

अभी हाल ही में के लेखक एन.सी.ब्योहार मध्य प्रदेश उच्च न्यायालय जबलपुर में अधिवक्ता हैं, अधिवक्ता होने के साथ वे एक लेखक भी हैं, वे Atlanta USA स्थित World Association for Vedic Studies (WAVES) नामक अंतराष्ट्रीय संस्था के स्थाई सदस्य हैं, और उनके पेपर्स अथवा शोध पत्र नेपाल, भारत एवं अमरीका में अनेक अधिवेशनों में उनके द्वारा प्रस्तुत किये गये हैं।

www.ingramcontent.com/pod-product-compliance
Ingram Content Group UK Ltd.
Pitfield, Milton Keynes, MK11 3LW, UK
UKHW042111021026
15589UKWH00001B/339

9 798885 030496